사 례 교 재

헌 법(국가조직)

신 우 철

중앙대학교 법학전문대학원 교수

문우사
MoonWoo

Casebook

Constitutional Law

The Structure of Government

SHIN, Woo Cheol
Professor of Law
School of Law, Chung-Ang University

2017
MoonWooSa
Korea

머 리 말

헌법학자로서 교재를 집필한다는 것은 한편으로는 위험한 일이지만, 다른 한편으로는 불가피한 일이기도 하다. 새로운 지식의 생산을 의미하는 논문과 연구서 집필에 집중해야 할 학자로서, 기껏해야 기성지식의 정리에 불과한 교재집필에 몰두하고 종속되는 모습이 결코 바람직한 것은 아니다. 그러나 어쩌랴! 지식의 전달자라는 역할이 교수라는 직업의 또 다른 일면인 이상, 강의부담을 줄여 연구에 필요한 시간을 확보하기 위해서라도, 교재의 집필은 피해갈 수 없는 일이었다. 이 책은 직업인으로서 내게 부과된 강의의무의 이행을 위해, 반드시 포함되어야 할 최소한의 내용을 가급적 효율적인 방법으로 전달하려는 의도에서 집필된 것이다.

이 책은 헌법을 공부하는 학부·로스쿨의 학생이나 각종 시험을 준비하는 수험생으로 하여금, ① 핵심적인 개념과 기본적인 이론 및 최소한의 배경지식을 익히고, 이를 토대로 ② 헌법재판소 결정을 중심으로 한 선례의 동향을 충실히 학습하고, 나아가 ③ 논란되는 쟁점과 제기될 법한 가상의 사례에도 접할 수 있도록 하려는 데 주안점을 두었다. 각 장의 I. II. III.으로 나뉜 각 절에서 위 ①②③의 내용을 각각 담았다. 즉, 각 장의 I.절은 기본적인 개념·이론과 배경지식을 서술한 부분이고, II.절은 선례의 흐름을 요약한 이 책의 핵심 부분이며, III.절은 특수한 논쟁점과 가상의 사례를 소개한 부분이다. 독자들은 각 장 I.절과 II.절의 원리적 이해를 바탕으로 각 장 III.절의 쟁점과 사례를 연습하게 될 것이다.

모름지기 헌법재판제도를 30년이나 충실히 운용한 나라라면, 그 30년 동안 쌓인 이야기의 줄거리를 정확히 전달해주는 것이 헌법강의의 1차적인 내용이 되어야 한다. 헌법재판소의 결정과 무관한 현란한 외국이론이나 비교헌법·헌법사의 지식이란 고급한 연구의 대상일 수는 있어도 기본학습의 대상일 수는 없다. 수시로 그 내용이 바뀌는 헌법분야 부속법령들도 실무가의 관심 대상일 수는 있어도 헌법교재에 반드시 포함되어야 할 내용이라고 할 수는 없다. 축적된 선례에서 공통의 법 원리를 발견하고(귀납적 과정), 그 법 원리를 적절히 가공하여 새로운 사안에 적용함으로써 문제의 결론을 도출하며(연역적 과정), 그것이 쌓여 다시 새로운 법 원리를 형성하는(귀납적 과정) '법의 영원회귀'야말로 법률가의 시시포스적인 운명이다. 법률가가 세상을 함부로 변혁하려 들지 않고, '선례를 수호하는'(stare decisis) 겸손한 해석자의 역할에 기꺼이 머물고자 할 때, 법은 우리에게 '평화와 안전'(pax et securitas)이라는 은총을 내릴 것이다.

무려 1,600 페이지에 육박하는, 들고 다닐 수도 없는 분량의 교과서들이 교재라는 이름으로 출판되는 현실은 저자로서는 감당하기조차 어렵다. 이 책은 그러한 감당할 수 없는 현실에 대한 저자의 작은 반란으로 기획되었다. 그 작은 반란의 결과물을 자가 편집과 무 인세로 출판 비용을 최소화하여, 한 손에 쏙 들어오는 신국판의 360면 분량으로 세상에 내보낸다. 민주의 바람이 거세게 몰아치는 지금의 세상에서, 자유를 이야기하는 저자의 외로운 호소가 진하게 읽혀질 것이다. 흔들리는 찻간에서나 혹은 공원의 적요한 벤치에서나 부디, 가볍게 귀기울여주기 바란다.

2017년 7월
저자 씀

차 례

제1장 헌법과 헌법재판

I.

[1] 헌법의 특징 헌법의 본질을 파악하여 그 개념을 간결한 몇 마디 말로써 규정하기란 결코 쉽지 않다. 첫째, 특정 시기 국가의 권력현상을 규율대상으로 하는 정치규범으로서, **헌법의 역사성·정치성**이라는 특징 때문이다. 근대시민혁명이라는 역사적 조건 하에 잉태되었던 '어린 헌법'은 한편으로는 법학, 특히 민법학의 전래된 기본개념들을 수용하면서도, 다른 한편으로는 그 규율대상의 상이함으로 말미암아 기성의 법 분과와 다른 역동적 발전을 계속해 왔다. 당대의 정치적 타협의 소산으로서 헌법은 낡은 개념에 구속되기를 거부하는 젊은 법이며, 헌법학 역시 젊은 법학이다. 둘째, 국가공동체의 근본적 가치질서(Wertordnung)를 규정하는 이념규범 내지 가치규범으로서, **헌법의 이념성·가치지향성**이라는 특징 때문이다. 특정 개인이 보유한 이념이나 가치는 상이할 수밖에 없으며, 특정 국가가 지향하는 이념이나 가치도 상이할 수밖에 없다. 그렇다면 헌법이란 본시 '특정의 헌법'(Die Verfassung)으로 존재할 수밖에 없고, 시공을 초월하여 보편타당한 헌법개념이란 존재할 수 없게 된다. 셋째, 일국의 법체계 안에서 효력 상 정점을 차지하는 최고규범으로서, **헌법의 개방성**이라는 특징 때문이다. '규율하는 규율'(norma normans)로서 헌법은 효력 상 하위에 위치하는 여타 법규범들, 즉 '규율되는 규율'(norma normata)의 효력을 판별하는 일종의 메타 법으로 작동한다. 상응하여 헌법의 조문들은 대체로 미완결적이고 불확정적이며 향후의 해석으로 내용이 완결·확정될 것을 예정하고 있는 까닭에, 그 구체적 규범내용을 명쾌하게 정의내리기란 어려울 수밖에 없다.

[2] 헌법의 개념요소 첫째, 헌법은 정치공동체로서 **국가의 존재를 전제**로 한다. 국가란 과연 무엇이냐는 난제를 둘러싸고 과거 바이마르공화국 시기 실로 다채로운 '국가론'(Staatslehre)이 개화했지만, 오늘날 헌법이론에서는 국가 개념에서 공동체 개념으로의 전화(轉化) 현상이 뚜렷하다('국가법의 탈국가화'). 여기서 헌

법이 전제로 하는 국가란 혈연적 관계의 망에 기초한 운명체(status fortunae)로서 왕조국가가 아니라, 헌법이라는 규범적 청사진에 의거 이성적으로 설계된 인공물(corpus artificialis)로서 근대국가, 즉 헌법국가(Verfassungsstaat)를 말한다. 둘째, 헌법은 자유의 기술로서 권리장전(Bill of Rights)과 권력의 기술로서 통치구조(Constitution)를 내용으로 한다. 카를 슈미트(Carl Schmitt)는 전자를 배분원리(자유의 무제한성과 권력의 제한성)와 조직원리(권력의 분할과 한정)가 지배하는 법치국가적 구성부분으로, 후자를 민주주의(피통치자의 동의에 의한 권력의 정당화)가 지배하는 정치적 구성부분으로 각각 구분했다. 셋째, 헌법은 그것이 내포하는 가치를 매개로 국가공동체를 지속적으로 통합해 나아가는 기능을 수행한다. 루돌프 스멘트(Rudolf Smend)에 의할 때, 국가는 완성된 정지물이 아니라 스스로 계속 통합해 가는 동태적 과정의 존재이며, 헌법의 본질 역시 정신적 가치공동체인 국가의 지속적 통합을 가능케 한다는 점에서 기능적으로 해명된다. 넷째, 헌법은 일국의 법체계 안에서 최상의 규범적 효력을 갖는 최고규범이다. 헌법의 최고규범성은 헌법재판제도에 의해 담보되고 실현된다. 상·하위 규범의 단계구조 그 자체가 곧 국가라고 보았던 한스 켈젠(Hans Kelsen)이 최고법인 헌법을 기준으로 규범 상호간의 충돌·모순을 해결하는 헌법재판제도를 중시한 이유도 바로 여기에 있다. 다섯째, 헌법은 원칙적으로 법조문의 형식으로 존재하는 법규범이다. 따라서 헌법이 규정한 권력은 자의적인 권력이 아니라 헌법의 틀 안에서 행사되는 입헌적 권력이며, 국가의 운명을 결정하는 최고·독립의 힘으로서 주권(Souveraenitaet)도 헌법국가의 입헌성(Konstitutionalitaet)에서 일탈할 수 없다는 한계(헌법제정권력[pouvoir constituant]의 한계)를 갖게 된다.

[3] 헌법재판의 의의 휴즈(Charles Evans Hughes) 대법원장의 지적처럼, "헌법이란 결국 법원이 헌법이라고 말하는 것(The Constitution is what the Court says it is)"일 뿐이다. 헌법재판제도가 일반화된 오늘날, 헌법의 구체적 의미는 헌법해석기관이 결정하는 것일 수밖에 없다. 권력의 정당화(민주주의)와 권력의 제한(권력분립과 법치주의)이라는 근대입헌주의의 요체 가운데 전자가 의회제도·정당제도·선거제도 등에 의해 구현된다면, 후자는 헌법재판제도에 의해 구현되고 있다. 위헌법률

심판과 위헌위법명령규칙심사 등 규범통제장치를 통해 입헌권(제헌권·개헌권)과 입법권(및 행정입법권) 내지 행정권 사이의 권력분립을 실현하고, 권한쟁의심판을 통해 국가기관 및 지방자치단체 사이의 수평적 권력분립과 수직적 권력분립(지방자치)을 실현하며, 헌법소원심판을 통해 국가공권력의 남용으로부터 국민의 자유와 권리를 지킴으로써 법치주의(기본권 보장)를 실현한다. 그 밖에 탄핵심판이나 정당해산심판을 통해 정치적 분쟁을 법적 절차 안에서 해결함으로써 정치적 평화를 실현하며(선거쟁송심판 포함), 아울러 헌법의 적(敵), 민주주의의 적으로부터 헌법의 규범적 효력을 지키고 민주주의를 적극적으로 방어하는 역할까지 맡게 된다(탄핵심판은 국회의 탄핵소추권 부분에서, 정당해산심판과 선거쟁송심판은 정당제도와 선거제도 부분에서 각각 상론함). 다수결의 결과인 입법을 사법절차를 통해 무력화시킨다는 점에서 헌법재판제도는 그 본질상 **반 다수결주의적인**(counter-majoritarian) 속성을 지닌다. 선거에서의 득표를 의식할 수밖에 없고, 경제적 특정이익집단의 영향력에 취약하며, 자신의 정치적 입지를 무엇보다 우선시하는 입법자, 즉 국회의원들로서는 헌법적 가치에 반하는 지역주민 보호입법, 특수이익 보장입법, 정치관련(정당·선거) 입법 등을 가결할 유인이 크다('민주주의의 실패'). 정당정치의 산물로서, 의안통과를 위한 협상(log-rolling) 결과 위헌적인 입법이 무분별하게 가결될 소지도 있다. 그러므로 정치적 권력인 입법부와 행정부의 단기적·정파적인 속성을 감안할 때, 종신(내지 장기)의 임기와 독립적인 지위가 보장되는, 3부 중 '가장 덜 위험한' 사법부(the least dangerous branch)로 하여금 장기적·중립적인 안목에서 국가대계를 숙고케 할 필요가 있는 것이다. **정치의 사법화** 또는 **사법의 정치화**에 대한 타당한 우려에도 불구하고, 반 다수결주의적인 속성의 헌법재판제도가 정당화되는 이유가 바로 여기에 있다.

II.

[4] 구체적 규범통제와 재판의 전제성 위헌심사제의 유형은 주관적 소송사건의 해결에 중점을 두는 **미국형 사법심사제도**(judicial review)와 객관적 법규범의 효력규명에 중점을 두는 **유럽형 규범통제제도**(Normenkontrolle)로 대별된다. 전자에서 법규범의 위헌심사는 당

사자의 제소, 즉 사건쟁송성(cases and controversies)을 요건으로 할 뿐 아니라 여기에 종속되고(부수적 위헌심사), 후자에서는 주관적 소송사건과 분리된 법규범의 효력통제 그 자체가 별도의 본안이 된다(독립적·본원적 규범통제). 현행헌법은 **위헌위법명령규칙심사**는 전자의 예에 의하도록 하고(헌§107②), **위헌법률심판**은 후자의 예에 의하되 소송사건의 존속을 조건으로 하는 **구체적 규범통제**만을 인정(헌§107①·§111①1호)했다(추상적 규범통제 배제). 따라서 위헌위법명령규칙심사의 결과 위헌·위법으로 결정된 명령·규칙은 당해 사건에서 적용이 거부될 뿐이지만, 위헌법률심판의 결과 위헌으로 결정된 법률은 일반적 효력이 부정된다. 그러나 양자 모두 **'재판의 전제성'**을 요건으로 하는 점에서는 동일하다. 여기서 **재판**이란 판결·결정·명령 등 형식을 불문하며 본안에 관한 재판과 소송절차에 관한 재판, 종국재판과 중간재판을 모두 포함한다(94헌바1). 여기서 **전제성**이란 "구체적인 사건이 법원에 계속되어 있을 것, 위헌 여부가 문제되는 법률이 당해 소송사건 재판에 적용될 것, 당해 법률의 위헌 여부에 따라 다른 내용의 재판을 하게 될 것"을 의미한다(92헌가10등). **적용되는 법률**은 간접 적용되는 것도 해당되지만, 제청당시 미시행이고 결정당시 폐지된 법률이 쟁의행위·집회시위의 단순한 계기에 불과한 경우까지 포함되지는 않는다(97헌가4·97헌가5). **다른 내용의 재판**이란 재판의 주문에 영향이 없더라도 재판의 이유나 그 법률적 의미가 달라지는 경우까지 포함한다(92헌가10등). 재판의 전제성은 제청시점뿐 아니라 심판시점에도 구비되어야 하지만, **당해 소송이 종료**되었더라도 위헌 여부의 해명이 헌법적으로 중요하거나 기본권 침해가 반복될 위험성이 있는 경우 심판의 필요성을 인정한다(93헌가2). 재판의 전제성 충족 여부의 판단에서는 사건기록을 보유한 **제청법원의 법률적 견해를 원칙적으로 존중**하며, 그것이 명백히 불합리하여 유지될 수 없을 때 헌법재판소가 이를 직권으로 조사할 수 있다(92헌가10등·2004헌가29등).

[5] 위헌법률심판의 제청 위헌위법명령규칙심사와 달리 위헌법률심판의 경우 유럽형 구체적 규범통제의 논리적 귀결로서 **위헌제청권은 법원에, 위헌결정권은 헌법재판소에** 각각 분리·귀속되므로(헌§107①·§111①1호), 법원의 직권 또는 당사자의 신청으로 법률의 위헌 여부의 심판이 **제청**(헌재§41①)되었을 때 헌법재판소의 위헌법률

심판절차가 비로소 개시된다. 위헌법률심판의 제청에는 위헌의 확신까지는 아니더라도 담당법관의 단순한 의심을 넘어선 합리적인 위헌의 의심이 요구된다(93헌가2). 법원의 독자적인 합헌결정권 인정 여부에 대해서는 견해가 대립되나 헌법재판소는 헌법재판소법 제41조 제4항 및 제68조 제2항을 법원 합헌판단권의 인정 근거로 볼 수 없다고 한다(90헌바35). 법률의 위헌 여부 심판이 제청되면 당해 소송사건의 재판은 위헌 여부의 결정이 있을 때까지 정지된다(헌재§42①). 위헌법률심판제청의 신청이 기각된 때 당사자는 헌법재판소에 헌법소원심판을 청구할 수 있으나(헌재§68②), 당해 사건의 소송절차(상소심 소송절차 포함)에서 동일 사유로 다시 위헌법률심판제청신청을 할 수는 없다(2006헌바40). 헌법재판소법 제68조 제2항에 의한 헌법소원(위헌소원 또는 위헌심사형[규범통제형] 헌법소원)의 경우 그 적법요건은 재판의 전제성을 기준으로 하며, 이때 헌법재판소법 제42조 제1항의 경우처럼 당해 소송사건의 재판이 정지되는 효력은 없다.

[6] 위헌법률심판의 대상과 심사기준 법률과 동일한 효력을 갖는 긴급재정경제명령(헌§76①), 긴급명령(헌§76②), 헌법에 의하여 체결·공포된 조약과 일반적으로 승인된 국제법규(헌§6①) 등의 위헌 여부 심사권한은 헌법재판소에 전속하며, 유신헌법 제53조에 근거한 긴급조치도 법률과 동일한 효력을 가지므로 그 위헌 여부 심사권한은 헌법재판소에 전속한다는 것이 헌법재판소의 태도이다(2010헌바70등). 단, 대법원은 긴급조치는 국회의 입법권행사라는 실질을 전혀 가지지 못한 것이어서, 그 위헌 여부 심사권한은 대법원에 최종적으로 귀속된다고 본다(2010도5986). 또, 헌법재판소는 종전의 선례를 변경하여, 법률과 법률의 해석은 구분할 수 없으며 해석에 의해 구체화된 법률의 의미와 내용에 대한 헌법적 통제는 헌법재판소의 고유권한이므로, 한정위헌결정을 구하는 청구도 원칙적으로 적법하다고 본다(2011헌바117). 폐지된 구법의 위헌 여부도 신법이 소급 적용되기 위한 전제문제로서 판단의 이익이 있다면 그에 대한 위헌제청은 적법하고(88헌가5등), 폐지된 법률이라도 그 부칙에 의해 시행령이 효력을 지속하고 있다면 재판의 전제성이 인정되어 위헌법률심판의 대상이 된다(92헌가18). 법률과 같은 효력을 갖는 조약과 마찬가지로 법률과 같은 효력을 갖는 관습법도 위헌법률심판 대상이 된다(2009헌바129·2013

헌바396등). 위헌심사의 대상이 되는 법률에는 형식적 의미의 법률 및 이와 동일한 효력을 갖는 조약 등이 포함되지만, **헌법의 개별규정** 자체는 그 대상이 될 수 없으며, 그것은 헌법재판소법 제68조 제1항 소정의 공권력 행사의 결과도 아니므로 헌법소원심판의 대상이 될 수도 없다(95헌바3·94헌바20). 헌법재판소가 행하는 구체적 규범통제의 심사기준은 원칙적으로 **헌법재판을 할 당시에 규범적 효력을 가지는 헌법**이므로, 유신헌법 제53조에 근거한 긴급조치의 위헌성 심사에서 준거규범은 유신헌법이 아니라 현행헌법이다(2010헌바70등).

헌재 2012. 12. 27. 2011헌바117 : "종래 헌법재판소와 법원의 선례들은, '법' 제41조 제1항의 위헌법률심판제청신청과 제68조 제2항의 헌법소원의 대상은 '법률'이지 '법률의 해석'이 아니므로 법률조항 자체의 위헌판단을 구하는 것이 아니라 '법률조항을 … 으로(이라고) 해석하는 한 위헌'이라고 청구하는 소위 한정위헌청구는 원칙적으로 부적법하고, 다만 ① 법률조항 자체의 불명확성을 다투는 것으로 볼 수 있는 경우(헌재 2000. 6. 1. 97헌바74), ② 심판대상규정에 대한 일정한 해석이 상당기간에 걸쳐 형성·집적되어 법원의 해석에 의하여 구체화 된 심판대상규정이 위헌성을 지닌 경우(헌재 1995. 5. 25. 91헌바20), ③ 위 두 가지 경우에 해당되지는 않지만 법률조항 자체에 대한 위헌의 다툼으로 볼 수 있는 경우(헌재 2000. 6. 29. 99헌바66등) 등, 3가지의 경우에는 예외적으로 적법한 청구로 보고 있다. … 법률조항과 그에 대한 해석은 … 동전의 양면과 같은 것이어서 서로 분리될 수 없는 것이다. 따라서 '법' 제41조 제1항의 '법률'이나 '법' 제68조 제2항의 '법률'의 의미는 당해 사건과는 관계없는 일반적·추상적인 법률규정 그 자체가 아니라, 당해 사건 재판의 전제가 되고, 해석에 의하여 구체화·개별화된 법률의 의미와 내용을 가리키는 것이다. … 헌법재판소가 이러한 전속적 권한인 위헌법률심판권 등을 행사하기 위해서는 … 필수적으로 통제규범인 헌법에 대한 해석·적용과 아울러 심사대상인 법률조항에 대한 해석·적용을 심사하지 않을 수 없는 것이다. 그러므로 일반적인 재판절차에서와는 달리, 구체적 규범통제절차에서의 법률조항에 대한 해석과 적용권한은 (대)법원이 아니라 헌법재판소의 고유권한인 것이다. … 한정위헌결정도 위헌결정의 한 형태이고, 일부 위헌결정의 한 방식인 이상, 법 제47조 제1항에 의하여 법원 기타 국가기관을 기속하는 것이다. … 그렇기 때문에 구체적 규범통제절차에서 제청법원이나 헌법소원청구인(의) … 한정위헌청구 역시 원칙적으로 적법한 것으로 보아야 할 것이다. … 다만 … 재판소원을 금지하고 있는 '법' 제68조 제1항의 취지에 비추어, 한정위헌청구의 형식을 취하고 있으면서도 실제로는 당해 사건 재판의 기초가 되는 사실관계의 인정이나 평가 또는 개별적·구체적 사건에서의 법률조항의 단순한 포섭·적용에 관한 문제를 다투거나, 의미 있는 헌법문제를 주장하지 않으면서 법원의 법률해석이나 재판결과를 다투는 경우 등은 모두 현행의 규범통제제도에 어긋나는 것으로서 허용될 수 없는 것이다."

헌재 2016. 4. 28. 2013헌바396등 : "헌법 제111조 제1항 제1호, 제5호 및 헌법재판소법 제41조 제1항, 제68조 제2항에 따르면 위헌심판의 대상을 '법률'이라고 규정하고 있는데, 여기서

'법률'이라고 함은 국회의 의결을 거친 형식적 의미의 법률뿐만 아니라 법률과 같은 효력을 갖는 조약 등도 포함된다. 이처럼 법률과 동일한 효력을 갖는 조약 등을 위헌심판의 대상으로 삼음으로써 헌법을 최고규범으로 하는 법질서의 통일성과 법적 안정성을 확보할 수 있을 뿐만 아니라, 헌법에 합치하는 법률에 의한 재판을 가능하게 하여 국민의 기본권 보장에 기여할 수 있다. 그렇다면 법률과 같은 효력을 가지는 이 사건 관습법도 헌법소원심판의 대상이 되고, 단지 형식적 의미의 법률이 아니라는 이유로 그 예외가 될 수는 없다(헌재 2013. 2. 28. 2009헌바129). [재판관 이진성·김창종·조용호의 각하의견] 성문법은 관습법을 폐지할 수 있지만 관습법은 성문법을 폐지할 수 없고, 민사에 관한 관습법은 법원(法院)에 의하여 발견되며 성문의 법률에 반하지 아니하는 경우에 한하여 보충적인 법원(法源)이 되는 것에 불과하다(민법 제1조). 따라서 관습법은 형식적 의미의 법률과 동일한 효력이 없으므로 헌법재판소의 위헌법률심판이나 헌법재판소법 제68조 제2항에 따른 헌법소원심판의 대상이 될 수 없는 것이다. … 관습법의 승인, 소멸은 그것에 관한 사실인정이 전제되어야 하고, 법원(法院)이 관습법을 발견하고 법적 규범으로 승인되었는지 여부를 결정할 뿐 아니라 이미 승인된 관습법의 위헌, 위법 여부는 물론 그 소멸 여부에 대하여도 판단하고 있으므로 관습법에 대한 위헌심사는 법원이 담당하는 것이 타당하다."

[7] 위헌법률심판의 결정과 그 효력 위헌법률심판에서의 결정유형에는 단순위헌결정과 단순합헌결정 외에, 헌법불합치결정 또는 한정합헌결정·한정위헌결정 등의 **변형결정**이 존재한다(한정합헌결정·한정위헌결정은 합헌적 법률해석 부분에서 상론함). 입법자의 개선입법이 있을 때까지 위헌법률의 효력을 잠정적으로 유지시키는 **헌법불합치결정**은 단순위헌결정으로 초래될 법적 공백과 혼란을 막고 입법자의 형성재량을 존중할 필요가 있는 경우에 행해진다. 국민에게 기탁금·세금 등 일정 부담을 과하는 법률에서 그 부담의 정도가 과중한 경우(88헌가6·2006헌바112등), 평등권을 침해하는 수혜법률에서 수혜대상·수혜범위의 조정이 문제되는 경우(99헌마494·2004헌마675등), 자유권 제한입법의 합헌 부분과 위헌 부분의 경계가 불분명한 경우(2000헌바84) 등이 그것이다. 헌법재판소의 위헌결정은 **법원 등 국가기관과 지방자치단체를 기속**하지만(헌재§47①), 재판관 9인 중 6인 이상이 찬성하지 아니한 결정이유는 기속력을 가질 수 없다(2006헌마1098등). 헌법재판소는 헌법불합치결정 또는 한정합헌결정·한정위헌결정 등 변형결정의 기속력을 모두 인정하지만(96헌마172등), 대법원은 한정위헌결정의 기속력을 명시적으로 부정한 바 있다(95누11405). 법률의 위헌결정은 원칙상 장래효만을 가지나 **형벌에 관한 법률(조항)은 소급효**를 갖는데(헌재§47②③), 헌법재판소는 이외에도 일정 경우 해석에 의한 소급효를 인정하고

있다. 즉, 헌법재판소에 법률의 위헌결정을 위한 계기를 부여한 당해사건, 헌법재판소의 위헌결정 전 동종의 위헌 여부에 대해 당해 법률(조항)이 재판의 전제가 되어 법원에 계속 중인 사건, 당사자의 권리구제를 위한 구체적 타당성의 요청이 현저한 반면 소급효를 인정해도 법적 안정성이나 기득권자의 이익을 침해할 우려가 없는 경우 등이다(92헌가10등). 또, 위헌법률에 근거한 행정처분의 효력과 관련하여, 법률이 헌법에 위반된다는 사정은 헌법재판소의 위헌결정이 있기 전에는 객관적으로 명백한 것은 아니므로 특별한 사정이 없는 한 그러한 하자는 행정처분의 취소사유일 뿐 당연무효사유는 아니며, 따라서 위헌인 법률에 기한 행정처분이더라도 더 이상 취소소송을 제기하여 다툴 수 없게 된 때(즉 '불가쟁력'이 발생한 때)에는 그 뒤에 한 위헌결정의 효력이 여기에 미치지 않는다고 본다(2010헌바251). 즉, 제소기간이 경과한 뒤에는 행정처분의 근거 법률이 위헌임을 이유로 무효확인소송을 제기하더라도 행정처분의 효력에는 영향이 없음이 원칙이므로 재판의 전제성을 인정할 수 없게 된다(2010헌바251).

헌재 2008. 10. 30. 2006헌마1098등 : "헌법재판소법 제47조 제1항 및 제75조 제1항에 규정된 법률의 위헌결정 및 헌법소원 인용결정의 기속력과 관련하여 입법자인 국회에게 기속력이 미치는지 여부, 나아가 결정주문뿐 아니라 결정이유에까지 기속력을 인정할지 여부는 헌법재판소의 헌법재판권 내지 사법권의 범위와 한계, 국회의 입법권의 범위와 한계 등을 고려하여 신중하게 접근할 필요가 있다. … 위헌결정 이유 중 비맹제외기준이 과잉금지원칙에 위반한다는 점에 대하여 기속력을 인정할 수 있으려면, 결정주문을 뒷받침하는 결정이유에 대하여 적어도 위헌결정의 정족수인 재판관 6인 이상의 찬성이 있어야 할 것이고(헌법 제113조 제1항 및 헌법재판소법 제23조 제2항 참조), 이에 미달할 경우에는 결정이유에 대하여 기속력을 인정할 여지가 없다고 할 것인바, 앞서 본 바와 같이 2003헌마715등 사건의 경우 재판관 7인의 의견으로 주문에서 비맹제외기준이 헌법에 위반된다는 결정을 선고하였으나, 그 이유를 보면 비맹제외기준이 법률유보원칙에 위반한다는 의견과 과잉금지원칙에 위반한다는 의견으로 나뉘면서, 비맹제외기준이 과잉금지원칙에 위반한다는 점과 관련하여서는 재판관 5인만이 찬성하였을 뿐이므로 위 과잉금지원칙 위반의 점에 대하여 기속력이 인정될 여지가 없다고 할 것이다. … 입법자인 국회에게 기속력이 미치는지 여부 및 결정주문뿐 아니라 결정이유에까지 기속력을 인정할지 여부 등에 대하여 나아가 살펴 볼 필요 없이 이 사건 법률조항이 위 위헌결정의 기속력에 저촉된다고 볼 수는 없을 것."

헌재 1993. 5. 13. 92헌가10등 : "법률에 대한 위헌결정의 효력에 관련된 외국의 입법례를 살펴보면 다음 세 가지 형태로 요약된다. 첫째로 위헌결정에 소급효(ex tunc)를 원칙적으로 인정하면서 이를 부분적으로 제한하는 예로서는 독일, 스페인, 포르투갈 등이 있다. … 둘째로

> 위헌결정에 장래효(ex nunc)를 원칙으로 하면서 부분적으로 소급효를 인정하는 입법례로는 오스트리아, 터키 등이 있다. … 셋째로 위헌결정에 소급효를 인정할 것인가를 구체적인 사건마다 결정하는 예로는 미합중국, 독일의 일부 주 등이 있다. … 법 제47조 제2항은 결코 세계에 유래가 없는 특수입법례가 아니고 위헌결정에 장래효만을 인정하면서 부분적으로 소급효를 인정하는 두 번째 형태의 입법례에 속하는 것임을 알 수 있다. … 헌법재판소에 의하여 위헌으로 선고된 법률 또는 법률의 조항이 제정 당시로 소급하여 효력을 상실하는가 아니면 장래에 향하여 효력을 상실하는가의 문제는 특단의 사정이 없는 한 헌법적합성의 문제라기보다는 입법자가 법적 안정성과 개인의 권리구제 등 제반이익을 비교형량하여 가면서 결정할 입법정책의 문제인 것으로 보인다. … 우리의 입법자는 법 제47조 제2항 본문의 규정을 통하여 형벌법규를 제외하고는 법적 안정성을 더 높이 평가하는 방안을 선택하였는 바, 이에 의하여 구체적 타당성이나 평등의 원칙이 완벽하게 실현되지 않는다고 하더라도 헌법상 법치주의의 원칙의 파생인 법적 안정성 내지는 신뢰보호의 원칙에 의하여 정당화된다 할 것이고, 특단의 사정이 없는 한 이로써 헌법이 침해되는 것은 아니라 할 것이다.”

[8] 위헌위법명령 규칙심사

위헌위법명령규칙심사(헌§107②)의 대상에는 대외적 구속력(국민과 법원에 대한 구속력)을 갖는 **법규명령**(대통령령[헌§75]·총리령·부령[헌§95]·대법원규칙[헌§108] 등)이 포함되지만, 대외적 구속력이 없이 행정부 내부만을 규율하는 **행정규칙**(고시·훈령·예규 등)은 여기에 포함되지 않는다. **대외적 구속력이 없음**에도 대통령령·부령 등 **법규명령**의 형식으로 규정된 사항('형식의 과잉')에 대해, 대법원은 시행령(대통령령)의 경우 법규성을 인정하는 입장을 취한 바 있다(97누15418). 단, 의무조항 위반에 대한 제재로서 행정처분의 기준을 정한 시행규칙(부령)은 행정기관 내부의 사무처리 준칙을 규정한 것에 불과하여 대외적 구속력이 없다고 한다(93누5635·94누6925·96누17288·97누20236). **대외적 구속력이 있음**에도 **행정규칙**으로 규정된 사항('형식의 부족')의 경우, 법령보충규칙이나 준 법규에 해당하는 것은 법규성이 인정된다(따라서 헌법소원심판의 대상적격도 인정된다)고 본다(90헌마13·91헌마25·99헌마455). 헌법의 명문규정은 없지만 대법원은 지방자치단체의 **조례**도 심사대상이 된다고 본다(95누7994). 또한, 헌법 제107조 제2항의 규정에도 불구하고 명령·규칙이 기본권을 직접 침해할 때에는 헌법소원심판의 대상이 된다는 것이 헌법재판소의 확립된 선례이다(89헌마178).

[9] 헌법소원의 대상 : 공권력의 행사

객관적 법규범의 효력규명에 중점을 두는 유럽형 규범통

제제도는 논리 필연적으로 주관적 기본권의 구제장치인 **헌법소원제도**를 필요로 하게 된다. 헌법의 위임(헌§111①5호)에 따라 헌법재판소법 제68조 제1항은 법원의 재판 이외의 공권력의 행사 또는 불행사로 헌법상 보장되는 기본권을 침해받은 자에 대해 다른 법률의 구제절차를 거친 다음 헌법소원심판(권리구제형 헌법소원)을 청구할 수 있도록 했다. **헌법소원심판의 대상**인 **공권력의 행사**에는 우선 형식적 의미의 법률, 법률과 동일한 효력을 갖는 긴급입법(헌§76①②)과 조약·국제법규(헌§6①), 행정입법(대통령령[헌§75]·총리령·부령[헌§95] 등), 사법입법(대법원규칙[헌§108] 등), 자치입법(조례[헌§117①]), 대외적 구속력이 있는 행정규칙(90헌마13·91헌마25·99헌마455) 등 제 **법규범**이 포함된다(단, 후술하는 '직접성' 요건을 갖추어야 함). 그러나 국가기관간의 내부적 행위에 불과한 대통령의 법률안제출(92헌마174)과 기획재정부장관의 예산안편성(2016헌마383) 및 국무회의의 파병동의안의결(2003헌마225), 국민에 대해 직접 법률효과(법적 구속력)을 발생시키지 않는 국회의 법률안의결(2003헌마566)과 예산안의결(2006헌마409) 등은 여기에 포함되지 않는다. **행정작용**의 경우, 대통령의 통치행위(긴급재정경제명령[93헌마186]), 강제성을 띤 권력적 사실행위(국제그룹해체지시[89헌마31], 서신검열·지연발송·지연교부[92헌마144], 결혼경위 등 기재요구[2003헌마87], 긴급보호·강제퇴거[2008헌마430] 등)나 규제적·구속적 성격의 행정지도(학칙시정요구[2002헌마337등] 등)는 포함되지만, 대외적 구속력이 없는 비권력적 사실행위(제3자 인수방식 부실기업정리[89헌마35], 전화예약에 의한 사증신청접수[2003헌마87], 우표제공 거부[2008헌마617] 등)나 임의적 성격의 행정지도(공공기관 개선요구·개선제시[2009헌마344] 등)는 여기에 포함되지 않는다. 행정계획(안) 내지 그 공고(통지행위) 가운데, 기본권에 직접 영향을 미치는 내용으로 향후 법령의 뒷받침에 의해 틀림없이 그대로 실시되리라 예상되는 것(국립대학입시요강[92헌마68등], 사법시험시행공고[2000헌마159], 공무원채용공고[2006헌마627] 등)은 포함되지만, 그렇지 아니한 비구속적 행정계획(안)(개발제한구역제도개선방안[99헌마538등], 대학입학제도개선안[2007헌마376], 공공기관선진화추진계획[2009헌마330등] 등)은 여기에 포함되지 않는다. 행정처분은 원칙상 포함되지 않지만, 법원의 재판에 대한 헌법소원심판의 청구가 예외적으로 허용되는 경우 그 재판의 대상인 원래의 행정처분은 여기에 포함된다(96헌마172등). 검사의 불기소처분에 대한 불복(재정신청)은 원칙상 관할 고등법원에서 관장하지만(형소§260), 기소유예처분이나 기소중지처분·

재기불요결정 등은 헌법소원심판의 대상이 된다. 그러나 기소처분·약식명령청구(재판절차에 흡수), 수사재기결정·내사종결처분(내부 의사결정에 불과)은 그 대상이 되지 않는다. 사법작용 가운데 재판은 원칙상 헌법소원심판의 대상이 되지 않지만(재판소원금지[헌재§68①]), 헌법재판소가 위헌으로 결정한 법률을 적용함으로써 국민의 기본권을 침해한 재판에 대해서는 헌법소원심판을 청구할 수 있다(96헌마172등).

헌재 2015. 10. 21. 2015헌마214 : "헌법재판소법 제68조 제1항은 '공권력의 행사 또는 불행사로 인하여 기본권을 침해받은 자'가 헌법소원을 제기할 수 있다고 규정하고 있는바, 여기에서 '공권력'이란 입법권·행정권·사법권을 행사하는 모든 국가기관·공공단체 등의 고권적 작용을 말하고(헌재 2001. 3. 21. 99헌마139등), 그 행사 또는 불행사로 국민의 권리와 의무에 대하여 직접적인 법률효과를 발생시켜 청구인의 법률관계 내지 법적 지위를 불리하게 변화시키는 것이어야 한다(헌재 2008. 1. 17. 2007헌마700, 헌재 2012. 2. 23. 2008헌마500등 참조). 한편 공법상의 행정처분이 아니라 국가기관·공공단체 등이 한 사법상의 법률행위는 헌법소원의 심판대상이 되는 공권력의 행사라고 볼 수 없다(헌재 1992. 11. 12. 90헌마160, 헌재 2007. 5. 31. 2003헌마579등 참조). 피청구인은 지방자치단체의 장이므로 공권력 행사의 주체라는 점에는 의문이 없다. 그러나 이 사건 토론대회 공모는 대학교 재학생·휴학생을 대상으로 하여 일정한 주제에 대하여 토론대회를 열고, 우수한 성과를 거둔 참가자들에 대하여 시상하겠다는 것으로 민법상 우수현상광고 또는 이와 유사한 성격의 법률행위라고 봄이 상당 … 피청구인이 한 이 사건 공고는 사법상 법률행위에 불과하다고 할 것이고, 공권력 행사의 주체라는 우월적 지위에서 한 '공권력의 행사'라고 볼 수 없다."

[10] 헌법소원의 대상 : 공권력의 불행사 헌법소원심판의 대상인 공권력의 불행사로서는 우선 입법의 부작위를 들 수 있다. 헌법재판소는 진정 입법부작위(입법의 흠결·공백, 입법권의 불행사)와 부진정 입법부작위(입법의 결함, 불완전·불충분한 입법권행사)를 구별하고 있으며(95헌마161), 전자의 경우 ① 헌법에서 명시적으로 입법위임을 하였거나, ② 헌법 해석상 국가의 입법의무가 발생하였음에도, ③ 상당한 기간 내에 입법을 하지 않는 경우 헌법소원심판의 대상이 된다고 본다(89헌마2). 행정입법의 부작위에 대해서는, ① 행정청에게 행정입법을 할 법적 의무(권력분립·법치행정의 원칙상 행정부의 행정입법의무는 헌법적 의무임)가 있음에도, ② 상당한 기간이 지났음에도 불구하고, ③ 행정입법권이 행사되지 않는 경우 헌법소원심판의 대상이 된다고 본다(96헌마246·2001헌마718). 행정부작위에 대한 헌법소원심판은 ① 공권력의 주체에게 헌

법에서 유래하는 작위의무가 특별히 구체적으로 규정되어, ② 이에 의거하여 기본권의 주체가 행정행위 내지 공권력의 행사를 청구할 수 있음에도, ③ 공권력의 주체가 그 의무를 해태하는 경우에만 허용된다(98헌마206). "공권력의 주체에게 헌법에서 유래하는 작위의무가 특별히 구체적으로 규정되어"가 의미하는 바는 ① 헌법상 명문으로 공권력 주체의 작위의무가 규정되어 있는 경우, ② 헌법의 해석상 공권력 주체의 작위의무가 도출되는 경우, ③ 공권력 주체의 작위의무가 법령에 구체적으로 규정되어 있는 경우 등을 포괄한다(2003헌마898·2006헌마788). 한편, 국회는 '공정한 헌법재판을 받을 권리'(헌§27·§111②③)의 보장을 위해, '상당한 기간' 내에 공석이 된 재판관의 후임자를 선출할 헌법상 작위의무를 부담하며, 그 위반은 역시 헌법소원심판의 대상이 된다(2012헌마2).

헌재 2014. 4. 24. 2012헌마2 : "헌법 제111조 제2항은 헌법재판소는 법관의 자격을 가진 9인의 재판관으로 구성한다고 규정하고 있다. 이는 단순히 9인의 재판관으로 헌법재판소를 구성한다는 의미가 아니라 다양한 가치관과 헌법관을 가진 9인의 재판관으로 구성된 합의체가 헌법재판을 담당함으로써, 헌법재판에서 헌법의 해석에 관한 다양한 견해가 제시되고 그 견해들 간의 경쟁 기능이 충분히 발휘될 수 있도록 하기 위한 것이다. 또한 헌법 제111조 제3항은 재판관 중 3인은 국회에서 선출하는 자를 임명한다고 규정하고 있는바, 이는 국민의 대표기관인 피청구인(국회)으로 하여금 최고헌법기관인 헌법재판소의 구성에 관여하도록 함으로써 민주적 정당성을 부여함과 동시에 권력의 균형을 꾀하고자 하는 데에 그 근본적 의의가 있는 것이다. 그러므로 헌법이 피청구인(국회)에 대하여 공석인 재판관의 후임자를 선출할 의무를 부과하는 명시적인 규정을 두고 있는 것은 아니지만, 헌법 제27조, 제111조 제2항 및 제3항의 해석상 피청구인(국회)이 선출하여 임명된 재판관 중 공석이 발생한 경우, 피청구인(국회)은 공정한 헌법재판을 받을 권리의 보장을 위하여 공석인 재판관의 후임자를 선출하여야 할 구체적 작위의무를 부담한다고 보아야 할 것이다. … 피청구인(국회)이 공석인 재판관의 후임자를 선출함에 있어 준수하여야 할 기간은 헌법재판소법 제6조 제3항 내지 제5항이 규정하고 있는 기간이 아니라, 앞서 본 헌법 제27조, 제111조 제2항 및 제3항의 입법취지, 공석인 재판관 후임자의 선출절차 진행에 소요되는 기간 등을 고려한 '상당한 기간'이라고 보아야 할 것이다."

[11] 헌법소원의 적법요건 헌법상 보장되는 기본권을 침해받은 자(헌재§68①)라야 헌법소원심판을 청구할 수 있다. 헌법의 명문규정이 없더라도 생명권(95헌바1·2010헌바402)이나 부모의 자녀교육권(89헌마88·2005헌마514)처럼 자연권으로서 기본권이 인정될 수 있다. 단, 헌법에 열거되지 아니한 기본권(헌§37①)을 새롭게 인정하려면, 그 필요성이 특별

히 인정되고, 그 권리내용(보호영역)이 비교적 명확해야 한다(평화적 생존권의 기본권성 부정[2007헌마369]). 주민투표권과 같은 **법률상의 권리**는 원칙상 헌법소원심판의 대상이 되지 못하지만(2004헌마530), 이 경우도 비교집단 상호간에 차별이 존재한다면 평등권 침해를 이유로 한 청구가 가능하며(2004헌마643), 기본권으로 보호될 수 없는 법률상 권리(국민참여재판을 받을 권리)도 이를 배제함에 있어서는 헌법상 적법절차에 따라야 한다는 제한이 부과된다(2012헌바298). 헌법은 지방자치단체의 장의 '선임방법'이라 규정했을 뿐이지만(헌§118②), 지방자치제도의 본질에 비추어 지방자치단체의 장 선거권도 헌법 제24조에 의해 보장되는 기본권이다(2014헌마797). 최근까지도 헌법재판소는 실체법상의 개념인 **기본권 주체성**(기본권능력)을 헌법소원심판의 적법요건으로 취급하고 있으나(2012헌마271·2014헌마367), 논리적으로는 소송법상의 개념인 헌법소원심판의 청구인능력(Beschwerdefaehigkeit) 문제로 표현하는 것이 옳다(헌재§40①·민소§51). 기본권을 침해받은 자(헌재§68①)라 함은 자신의(selbst) 기본권을 현재(gegenwaertig), 그리고 직접(unmittelbar) 침해받은 자를 말한다. 즉, **자기관련성·현재성·직접성**의 법적 관련성 요건을 구비해야 헌법소원심판의 청구인적격(Beschwerdebefugnis)을 인정받을 수 있다. 또, **기본권의 침해 가능성**이 존재해야 하므로 공권력의 행사가 청구인의 법적 지위에 아무런 영향을 미치지 않는 경우라면 적법한 청구가 될 수 없다(97헌마368·97헌마315).

[12] 자기관련성-현재성-직접성 헌법소원은 청구인 **자신의 기본권이 침해된 경우**에 제기할 수 있다(자기관련성). 공권력의 행사·불행사의 직접 상대방이 아니라 **간접적·사실적 또는 경제적인 이해관계가 있을 뿐인 제3자**는 이에 해당하지 않는다(89헌마123). 구성원을 대신한 단체의 청구(90헌마56)나 본인을 대신한 배우자의 청구(98헌마239)는 자기관련성이 없다. 국군의 외국파견 결정에 대해서는 파병군인만이(2003헌마255등), 연명치료 중단 등에 관한 입법부작위에 대해서는 치료 당사자만이(2008헌마385) 자기관련성이 있다. 집회 자유에 대한 침해가 문제된 경우, 주최자인 단체나 회원 이외에 상급의 산별노조는 자기관련성이 없다(2007헌마712). 수혜법령의 경우 그 수혜범위에서 배제된 자가 평등원칙 위반을 주장하거나(99헌마494·2002헌마312), 당해 수혜법령의 위헌 선고로 혜택이 제거되어 자신의 법적 지위가 상대적으로 향상

된다고 볼 여지가 있다면(2000헌마84), 당해 수혜법령의 직접 상대방이 아니더라도 자기관련성이 인정된다(2009헌마340). 제3자의 자기관련성 인정 여부는 입법의 목적 및 실질적인 규율대상, 법 규정에서의 제한이나 금지가 제3자에게 미치는 효과나 진지성의 정도 등을 종합적으로 고려하여 판단해야 한다(96헌마133·99헌마289·2001헌마605). 헌법소원은 청구인의 **기본권이 현재 침해되고 있는 경우**에 제기할 수 있다(현재성). 단, 헌법소원심판의 대상으로 인정되는 권력적 사실행위(과거의 침해)나 행정계획(안) 등(장래의 침해)의 경우에는 예외가 인정된다. 헌법재판소는 기본권 침해가 있기 전이라도 그것이 확실히 예상되는 경우라면, 기본권 구제의 실효성을 위해 침해의 현재성을 인정(상황성숙성 이론)한다(공포 후 시행 전의 법령[94헌마201·99헌마553·2014헌마372], 주기적으로 반복되는 선거[91헌마21·95헌마108·2008헌마438]). 헌법소원은 청구인의 기본권이 **구체적 집행행위의 매개를 거치지 않고 직접 침해된** 경우(집행행위에 의하지 않고 법령조항 그 자체에 의해 자유의 제한, 의무의 부과, 법적 지위의 박탈이 발생하는 경우)에 제기할 수 있다(직접성). 이 요건은 법령소원에서 주로 문제되는데, 법령 중 의무조항 위반에 대한 제재(형벌·과태료 등) 혹은 행정처분(등록취소·영업정지 등) 기준에 관한 조항(94헌마213·2004헌마431등·2007헌마860), 정의조항(96헌바77·2002헌마563·2006헌마1028·2007헌마716·2010헌마7등), 위임조항(94헌마213·2007헌마1105·2010헌마7등·2012헌마741·2014헌마374), 조직·직무규정(91헌마162·2002헌마563·2005헌마165등) 등은 원칙적으로 직접성이 인정되지 않는다(단, 정의조항의 경우 예외[96헌마109·99헌마494·2005헌마715·2005헌마1167], 위임조항의 경우 예외[2001헌마894·2005헌마222등·99헌마480·2005헌마506·2006헌마352] 각 있음). 그러나 ① 법령의 내용이 일의적이고 명백하여 집행행위에 재량의 여지가 없는 경우(2004헌마142·2007헌마1387), ② 집행행위를 대상으로 한 구제절차가 없거나 권리구제의 기대가능성이 없는 경우(98헌마55·99헌마480), 예외적으로 당해 법령의 직접성이 인정된다.

> 헌재 2006. 4. 27. 2004헌마562 : "이 사건 등록취소규정에 의하여 곧바로 … 사회당이 소멸하는 … 것이 아니라 위 규정 소정의 등록취소사유에 해당되는지 여부에 대한 중앙선거관리위원회의 심사 및 그에 이은 등록취소라는 집행행위에 의하여 비로소 정당이 소멸하게 된다. … 이 사건 사회당에 대한 등록취소처분이 행정소송의 대상이 됨은 명백하다고 할 것이고 그 정당 등록취소처분의 취소소송절차에서 위 규정에 의한 등록취소사유(예컨대 소정의 득표율에 미달되었는지 여부)에 대한 사실관계 확정과 더불어 얼마든지 위 규정에 대한 위헌 여부의 제청을 구할 수 있는 것이다. … 따라서 이 사건 등록취소 규정은 기본권 침해의 직접성을 결하고 있으므로 그에 대한 위헌확인 청구는 부적법하다. [재판관 송인준·주선회·조대현의 반대의견] 이 사건 등록취소규정은 정당이 구 정당법 제38조 제1항 각 호에 해당

하는 때에는 당해 선거관리위원회는 그 등록을 '취소한다'고 되어 있어 행정청에 그 취소에 대한 재량을 부여하고 있지 않으므로 … 법정의 등록취소요건에 해당하는 경우에는 반드시 등록을 취소할 수밖에 없다. … 이 사건 등록취소규정에 의해 등록취소된 정당이 행정소송을 제기하는 것이 가능하다 하더라도 그 소송은 … 이 사건 등록취소규정의 위헌 여부에 관한 판단을 우회하는 절차에 불과하게 된다. 그렇다면 이 사건 등록취소규정은 집행행위의 유무에 관계없이 국민의 기본권 관계를 확정적으로 정하고 있어 직접성이 인정되고, 행정소송이 가능하다고 보아 그 절차의 경유를 요구하는 것은 우회적인 경로를 강요하는 것밖에 되지 않는다 할 것이다."

헌재 2012. 7. 26. 2010헌마7등 : "사업시행계획서의 작성 및 인가, 관리처분계획의 수립 및 그 인가 등을 통하여 … 주거이전비 보상의 내용이 확정된다 하더라도 … 이 사건 시행규칙 조항의 일의적이고 명백한 기준에 근거하여 부담하는 법령상 보상의무의 내용에 따르는 것이므로, 이 사건 시행규칙 조항은 그 집행행위의 유무나 내용에 의하여 좌우될 수 없을 정도로 사업시행자인 정비사업조합과 그 조합원의 법적 지위를 정하고 있다 할 것이다. 사업시행자인 정비사업조합은 … 사업시행인가를 신청한 후 그에 대한 거부처분의 취소를 구하면서 그 전제가 되는 보상기준의 위헌성 여부를 다툴 수밖에 없으나, 이는 불필요한 우회절차를 강요하는 것이다. 조합원도 … 인가된 관리처분계획을 항고소송으로 다툴 수 있다 하더라도 … 그 내용 중 이 사건 시행규칙 조항의 기준에 따라 세입자에 대한 주거이전비 보상액을 부담하는 부분에 관해서는 불필요한 우회절차를 강요하는 것이 된다. [재판관 김종대·이동흡의 반대의견] 이 사건 시행규칙 조항은 세입자에 대한 주거이전비 보상의 기준을 정함에 불과하여 그 기준에 근거한 사업시행계획, 관리처분계획과 그에 대한 각 인가라는 구체적 집행행위가 매개되지 않는 이상 이 사건 시행규칙조항만으로는 … 기본권 침해의 결과가 발생한다고 볼 수 없다. 또한, 이와 같은 집행행위에 대하여 행정소송이라는 전형적인 불복방법이 존재하고 그 절차에서 집행행위의 근거가 되는 이 사건 시행규칙조항의 위헌 여부 심사를 통한 권리구제가 충분히 가능하므로, 이 사건 시행규칙조항의 경우 기본권 침해의 직접성을 인정할 필요도 없다."

[13] 보충성과 권리보호이익 헌법소원심판은 그 본질상 헌법상 보장된 기본권 침해에 대한 예비적이고 보충적인 최후의 구제수단이므로(92헌마247), **다른 법률에 구제절차가 있는 경우에는 그 절차를 모두 거친 후에 청구할 수 있다**(보충성의 원칙[헌재§68①]). 여기서 "다른 법률에 의한 구제절차"란 공권력의 행사 또는 불행사를 직접 대상으로 하여 그 효력을 다툴 수 있는 권리구제절차를 의미하는 것이므로, 사후적·보충적 구제수단인 손해배상청구나 손실보상청구는 이에 해당하지 않는다(88헌마3). 행정작용에 대한 헌법소원의 경우는 **행정심판**(소청)·**행정소송절차**가 여기에 해당하고(가령, 대법원장의 법관에 대한 인사처분[92헌마247]이나 국가인권위원

회의 진정각하·기각결정의 경우[2013헌마214등]), 법원 집행관의 강제집행이나 법원사무관의 처분의 경우 이의신청절차(89헌마203·89헌마235), 체포의 경우 체포적부심사절차(2008헌마628·2009헌바199), 수사기관의 편파적인 수사행위나 기자에 대한 보도자료 배포행위의 경우 고소와 항고·재항고 및 재정신청(2010헌마66·2012헌마652) 등도 여기에 해당한다. 그러나 청구인이 자신의 불이익으로 돌릴 수 없는 정당한 이유 있는 착오로 전심절차를 밟지 않은 경우 또는 전심절차로 권리가 구제될 가능성이 거의 없거나 권리구제절차가 허용되는지의 여부가 객관적으로 불확실하여 전심절차 이행의 기대가능성이 없는 경우에는 **보충성원칙의 예외**가 인정된다(88헌마22·91헌마80). 그 밖에 헌법재판소는 헌법소원심판의 대상으로 인정되는 법령이나 권력적 사실행위, 행정계획(안)(92헌마68등)의 경우에도 보충성의 원칙을 적용하지 않는다. 한편, 헌법소원심판도 주관적 권리(기본권) 구제수단인 이상, 적법요건으로서 **권리보호이익**을 갖추어야 한다. 그러나 헌법소원심판은 주관적 권리구제뿐만 아니라 객관적인 헌법질서의 보장 기능도 겸하고 있으므로, 청구인의 주관적 권리구제에는 도움이 되지 않더라도 같은 유형의 침해행위가 앞으로도 반복될 위험이 있고, 헌법질서의 수호·유지를 위하여 그에 대한 헌법적 해명이 긴요한 사항에 대해서는 심판청구의 이익을 인정하는 것이 헌법재판소의 확립된 선례이다(91헌마111·2000헌마111).

[14] 청구기간, 변호사 강제주의, 결정유형 헌법소원의 심판은 그 **사유가 있음을 안 날로부터 90일 이내**에, 그 **사유가 있은 날로부터 1년 이내**에 청구하여야 하며, 다른 법률에 의한 구제절차를 거친 헌법소원의 심판은 그 최종결정을 통지받은 날로부터 30일 이내에 청구하여야 한다(헌재§69①). **법령에 대한 헌법소원**의 경우, 그 청구기간은 기본권 침해가 확실히 예상되는 등 실체적 제 요건이 성숙하여 헌법판단에 적합하게 된 때부터 기산할 것은 아니며(상황성숙성 이론 적용 배제[93헌마198]), 법령의 시행과 동시에 기본권의 침해를 받게 되는 때에는 법령의 시행일을 기준으로(시행 유예기간 설정과 무관[93헌마198]), 법령이 시행된 후에 비로소 그 해당사유가 발생한 때에는 해당사유의 발생일을 기준으로 각각 청구기간을 기산한다(98헌마480등). 여기서 '법령에 해당하는 사유가 발생한 날'이란 법령의 규율을 구체적이고 현

실적으로 적용받게 된 최초의 날을 의미한다(2004헌마431등). 진정 입법부작위 등 **공권력의 불행사**를 이유로 한 헌법소원심판의 경우에는 청구기간의 제약이 없다. 헌법소원을 비롯한 헌법재판의 심판절차에서는 **변호사 강제주의**가 적용(헌재§23③)되며(2003헌마783), 헌법소원심판절차에서는 국선대리인 선임 신청도 가능(헌재§70)하다. 헌법소원심판청구에 대한 헌법재판소의 종국 결정으로는 ① **각하**(청구가 부적법한 경우), ② **기각**(청구가 이유 없는 경우), ③ **인용**(청구가 이유 있는 경우), ④ **심판절차종료선언**(청구인이 수계할 당사자 없이 사망하거나 청구를 취하한 경우) 등 네 가지가 있는데, 그중 인용 결정의 유형으로는 ① 공권력행사 취소, ② 공권력 불행사 위헌확인, ③ 공권력 행사 위헌확인, ④ 단순위헌·헌법불합치·한정위헌·한정합헌(위헌소원[§68②], 입법소원[§68①], 부수적 규범통제[§75⑤] 등 경우) 등이 있다.

[15] 권한쟁의 : 당사자 능력-당사자적격 **권한쟁의심판**은 '국가기관 상호간' 및 '동급 지방자치단체 상호간'의 수평적 권력분립, '국가기관과 지방자치단체' 및 '상·하급 지방자치단체 상호간'의 수직적 권력분립을 실현하는 제도적 장치로서 중요한 의미를 갖는다(권력분립). 국회와 행정부가 다수파 정당을 매개로 통합되는 현대 정당국가 체제에서 그것은 다수파의 월권적 행위를 소수파가 헌법원리에 입각해 통제하는 장치로서도 기능하게 되었다(소수자 보호). 권한쟁의심판의 **당사자능력**(Parteifaehigkeit)에 관해 헌법재판소는, 우선 **'국가기관 상호간'**의 권한쟁의심판(헌재§62①1호)의 경우 **예시설**에 입각하여, "헌법에 의하여 설치되고 헌법과 법률에 의하여 독자적인 권한을 부여받고 있는지 여부, 권한쟁의를 해결할 수 있는 적당한 기관이나 방법이 있는지 여부 등을 종합적으로 고려하여 판별할 것"이라고 보았다(96헌라2). 그리하여 국회의원과 국회의장(96헌라2), 국회상임위원회 위원장(2008헌라7등) 등 그 부분기관의 당사자능력은 인정하지만, 헌법이 아니라 법률에 의하여 설치된 국가인권위원회의 당사자능력은 인정하지 않는다(2009헌라6). **'국가기관과 지방자치단체 간'**의 권한쟁의심판(헌재§62①2호)에서 국가기관의 경우도 역시 **예시설**에 따라, 정부의 부분기관(해양수산부장관) 및 국회(2005헌라7)·법원 등의 당사자능력을 인정하며(2006헌라1), 각급선거관리위원회(강남구 선거관리위원회)도 국가기관으로서 당사자능력을 인정한다(2005헌라7). 그러나 **'지방자치단체 상호간'**의 권한쟁

의심판(헌재§62①3호)에서 지방자치단체의 경우 헌법재판소는 **열거설**에 따라, 지방자치단체의 기관에 불과한 지방자치단체장(시장)이라든가(2003헌라1) 지방자치단체의 의결기관을 구성하는 지방의회 의원과 그 의장(2009헌라11), 교육감(2014헌라1) 등의 당사자능력을 인정하지 않는다. **제3자 소송담당**에 대해 헌법재판소는 이를 인정하는 명시적 법률 규정이 없으며, 다수결원리와 의회주의의 본질에 반한다는 이유로 부정하고 있다(2005헌라8·2006헌라5·2011헌라2·2013헌라3). 한편, 권한쟁의심판의 **당사자적격**(Partei-befugnis)에 관해 헌법재판소는 처분 또는 부작위를 야기한 기관으로서 법적 책임을 지는 기관만이 피청구인적격을 가지므로, 권한쟁의심판은 이들 기관을 상대로 청구해야 한다고 한다(2008헌라7등·2009헌라8등·2015헌라1).

헌재 2007. 7. 26. 2005헌라8 : "국회의 의사가 다수결에 의하여 결정되었음에도 다수결의 결과에 반대하는 소수의 국회의원에게 권한쟁의심판을 청구할 수 있게 하는 것은 다수결의 원리와 의회주의의 본질에 어긋날 뿐만 아니라, 국가기관이 기관 내부에서 민주적인 방법으로 토론과 대화에 의하여 기관의 의사를 결정하려는 노력 대신 모든 문제를 사법적 수단에 의해 해결하려는 방향으로 남용될 우려도 있으므로, 국가기관의 부분 기관이 자신의 이름으로 소속기관의 권한을 주장할 수 있는 '제3자 소송담당'을 명시적으로 허용하는 법률의 규정이 없는 현행법 체계 하에서는 국회의 구성원인 국회의원이 국회의 조약에 대한 체결·비준동의권의 침해를 주장하는 권한쟁의심판을 청구할 수 없다. [재판관 송두환의 반대의견] 정부와 의회가 다수당에 의해 지배되어 의회의 헌법상 권한이 행정부에 의해 침해되었거나 침해될 위험에 처하였음에도 불구하고 의회의 다수파 또는 특정 안건에 관한 다수세력이 의회의 권한을 수호하기 위한 권한쟁의심판 등 견제수단을 취하지 않음으로써 의회의 헌법적 권한이 제대로 수호되지 못하고 헌법의 권력분립 질서가 왜곡되는 상황 하에서는, 의회 내 소수파 의원들의 권능을 보호하는 것을 통하여 궁극적으로는 의회의 헌법적 권한을 수호하기 위하여, 그들에게 일정한 요건 하에 국회를 대신하여 국회의 권한침해를 다툴 수 있도록 하는 법적 지위를 인정할 필요가 있고, 그 구체적 방안으로서 이른바 '제3자 소송담당'을 인정할 필요가 있다. 이 사건과 같은 권한쟁의심판에 있어서 '제3자 소송담당'은 적어도 국회의 교섭단체 또는 그에 준하는 정도의 실체를 갖춘 의원 집단에게는 권한쟁의심판을 제기할 수 있는 지위를 인정하여야 할 것이다."

헌재 2010. 12. 28. 2008헌라7등 : "피청구인 외통위 위원장은 외통위 의사절차의 주재자로서 질서유지권, 의사정리권의 귀속주체이므로 이 사건 심판청구의 피청구인적격이 인정될 것 … 우리나라 국회의 의안 심의는 본회의 중심이 아닌 소관 상임위원회 중심으로 이루어지며, 이른바 '위원회 중심주의'를 채택하고 있다(헌재 2003. 10. 30. 2002헌라1 참조). … 상임위원회의 심사권 자체는 법률상 부여된 위원회의 고유한 권한으로 볼 수 있다. 따라서 국회 상임위원회 위원장이 위원회를 대표해서 의안을 심사하는 권한이 국회의장으로부터 위임된 것임을 전제로 한 국회의장에 대한 이 사건 심판청구는 피청구인적격이 없는 자를 상대로 한 청구로서 부적법하다."

헌재 2009. 10. 29. 2009헌라8등 : "피청구인 국회의장은 헌법 제48조에 따라 국회에서 선출되는 헌법상의 국가기관으로서 헌법과 법률에 의하여 국회를 대표하고 의사를 정리하며, 질서를 유지하고 사무를 감독할 지위에 있고, 이러한 지위에서 의안의 상정, 의안의 가결선포 등의 권한을 갖는 주체이므로 피청구인적격이 인정된다. 이와 달리, 피청구인 국회부의장은 국회의장의 위임에 따라 그 직무를 대리하여 법률안 가결선포행위를 할 수 있을 뿐, 법률안 가결선포행위에 따른 법적 책임을 지는 주체가 될 수 없으므로 권한쟁의심판청구의 피청구인적격이 인정되지 아니한다(헌재 1997. 7. 16. 96헌라2, 헌재 2000. 2. 24. 99헌라1 참조)."

헌재 2016. 5. 26. 2015헌라1 : "권한쟁의심판에 있어서는 처분 또는 부작위를 야기한 기관으로서 법적 책임을 지는 기관만이 피청구인적격을 가지므로 권한쟁의심판청구는 이들 기관을 상대로 제기하여야 하고(헌재 2010. 12. 28. 2008헌라7등 참조), 법률의 제·개정 행위를 다투는 권한쟁의심판의 경우에는 국회가 피청구인적격을 가진다(헌재 2005. 12. 22. 2004헌라3, 헌재 2008. 6. 26. 2005헌라7등 참조). 따라서 청구인들이 국회의장 및 기재위 위원장에 대하여 제기한 이 사건 국회법 개정행위에 대한 심판청구는 피청구인적격이 없는 자를 상대로 한 청구로서 부적법하다."

[16] 권한쟁의 : 대상-요건-효력 권한쟁의심판을 청구하려면 청구인과 피청구인 상호간에 헌법 또는 법률에 의하여 부여받은 권한의 유무 또는 범위에 관하여 다툼이 있어야 하고(헌재§61①), 피청구인의 처분 또는 부작위가 헌법 또는 법률에 의하여 부여받은 청구인의 권한을 침해하였거나 침해할 현저한 위험이 있는 경우이어야 한다(헌재§61②). 여기서 **'처분'**이란 입법행위 외에 행정처분·행정입법 등 행정작용과 법원의 재판 및 사법행정작용까지 포함하는 넓은 의미의 공권력 처분을 말한다(2005헌라4·2005헌라7). 따라서 법률에 대한 권한쟁의심판도 허용되지만 이는 위헌법률심판과 원칙상 구분되어야 하므로, '법률 그 자체'가 아니라, **'법률의 제정 또는 개정행위'**가 심판대상이 되어야 한다(2005헌라4·2005헌라7). 또한, '처분'이란 법적 중요성을 지닌 것에 한하므로, 청구인의 법적 지위에 구체적으로 영향을 미칠 가능성이 없는 행위(강남구 선거관리위원회가 지방선거 예상 소요경비를 산출하여 강남구에 통보한 행위)는 '처분'이라 할 수 없다(2005헌라7). 청구인의 권한에 부정적인 영향을 주어서 법적으로 문제되는 것이라면 **사실행위나 내부적인 행위**(고속철도역의 명칭 결정)도 권한쟁의심판의 대상이 되는 처분에 해당한다(2003헌라2). 그러나

정부의 법률안제출행위는 입법을 위한 하나의 사전 준비행위에 불과하고, 권한쟁의심판의 독자적 대상이 되기 위한 법적 중요성을 지닌 행위로 볼 수 없다(2004헌라3). 한편, 여기서 **'권한의 침해'**란 피청구인의 처분 또는 부작위로 인한 청구인의 권한침해가 과거에 발생하였거나 현재까지 지속되는 경우를 의미하며, **'현저한 침해의 위험성'**이란 아직 침해라고는 할 수 없으나 침해될 개연성이 상당히 높은 상황을 의미한다(2005헌라4). 청구인(경기도)의 권한 사항에 속하지 않거나(국가사무로서 수도권 사립대학 정원규제[2010헌라3]), 헌법과 법률이 청구인(국회의원)에게 독자적으로 부여한 권능을 행사하는 경우가 아니라면(교원단체 가입현황 인터넷 공개[2010헌라1]), 청구인의 권한을 침해할 가능성이 없어 권한쟁의심판청구는 부적법하다. 권한쟁의심판의 객관적·공익적 성격에도 불구하고 그 심판청구는 취하할 수 있는 것이지만(2000헌라1), 국회의원 심의·표결권한의 침해를 주장하는 당사자가 사망한 경우 그 심판절차는 종료된다(2009헌라12). 권한쟁의심판의 청구에 대해 헌법재판소는 특별정족수가 아닌 일반정족수(헌재§23)로써 권한의 유무·범위에 관해 판단하고(헌재§66①), 권한침해의 원인이 된 피청구인의 **처분을 취소**하거나 그 **무효를 확인**할 수 있다(헌재§66②). 헌법재판소는 의사절차상의 하자로 국회의원의 심의·표결권한이 침해되었음을 확인하는 결정을 내린 경우에도, 국회의 자율권을 존중하는 취지에서 당해 의결 자체의 취소나 무효 확인은 인용하지 않는다(96헌라2·2008헌라7등·2009헌라8등·2009헌라7). 권한쟁의심판의 결정은 기속력을 갖지만 그 처분 취소결정이 소급효를 갖지는 않으며(헌재§67), 국회의원 심의·표결권한의 침해 확인결정의 기속력에 의결 자체의 취소선언·무효확인까지 포함되지는 않는다(2009헌라12).

헌재 2001. 5. 8. 2000헌라1 : "비록 권한쟁의심판이 개인의 주관적 권리구제를 목적으로 삼는 것이 아니라 헌법적 가치질서를 보호하는 객관적 기능을 수행하는 것이고, 특히 국회의원의 법률안에 대한 심의·표결권의 침해 여부가 다투어진 이 사건 권한쟁의심판의 경우에는 국회의원의 객관적 권한을 보호함으로써 헌법적 가치질서를 수호·유지하기 위한 쟁송으로서 공익적 성격이 강하다고는 할 것이다. 그렇지만 법률안에 대한 심의·표결권 자체의 행사 여부가 국회의원 스스로의 판단에 맡겨져 있는 사항일 뿐만 아니라, 그러한 심의·표결권이 침해당한 경우에 권한쟁의심판을 청구할 것인지 여부 또한 국회의원의 판단에 맡겨져 있어서 심판청구의 자유가 인정되고 있는 만큼, 위에서 본 권한쟁의심판의 공익적 성격만을 이유로 이미 제기한 심판청구를 스스로의 의사에 기하여 자유롭게 철회할 수 있는 심판청구의 취하를 배제하는 것은 타당하지 않다."

헌재 1997. 7. 16. 96헌라2 : "[재판관 김용준·김문희·이영모의 의견] 국회의 입법과 관련하여 일부 국회의원들의 권한이 침해되었다 하더라도 그것이 입법절차에 관한 헌법의 규정을 명백히 위반한 흠에 해당하는 것이 아니라면 그 법률안의 가결선포행위를 무효로 볼 것은 아니라고 할 것인바, 우리 헌법은 국회의 의사절차에 관한 기본원칙으로 제49조에서 '다수결의 원칙'을, 제50조에서 '회의공개의 원칙'을 각 선언하고 있으므로, 이 사건 법률안의 가결선포행위의 효력 유무는 결국 그 절차상에 위 헌법규정을 명백히 위반한 흠이 있는지 여부에 의하여 가려져야 할 것이다. … 이 사건 법률안의 가결선포행위에는 위에서 본 바와 같은 국회법 위반의 하자는 있을지언정 입법절차에 관한 헌법의 규정을 명백히 위반한 흠이 있다고 볼 수 없으므로, 이를 무효라고 할 수는 없다."

헌재 2010. 12. 28. 2008헌라7등 : "[재판관 김희옥·민형기·송두환의 기각의견] 행정소송에서의 사정판결의 법리를 유추 적용하여 위헌·위법한 처분의 권한침해는 확인하면서도 그 처분의 취소나 무효확인을 하지 아니하여 처분의 효력을 유지하도록 할 수도 있다. … 청구인들의 이 사건 동의안의 상정·회부행위에 대한 무효확인청구는 이를 기각함이 상당하다. [재판관 이공현의 기각의견] 헌법재판소로서는 피청구인의 정치적 형성권을 가급적 존중하여야 하므로, 재량적 판단에 의한 무효확인 또는 취소를 통하여 피청구인의 처분의 효력을 직접 결정하는 것은 권한질서의 회복을 위하여 헌법적으로 요청되는 예외적인 경우에 한정되어야 한다. [재판관 김종대의 기각의견] 입법관련 행위는 국회의 헌법상 지위(민의를 대표하는 국가최고기관)와 청구인용 정족수(헌법소원인용 정족수는 재판관 9인의 2/3인 6인이고, 권한쟁의심판 인용정족수는 의결정족수의 과반수에 지나지 아니함)의 헌법적 의미를 고려할 때, 일반적 처분과는 달리 헌법재판소가 권한쟁의심판절차로써 무효선언 내지 취소로까지 나아갈 수 있는 성질의 것이 아니다."

헌재 2009. 10. 29. 2009헌라8등 : "[재판관 이강국·이공현의 기각의견] 권한쟁의심판 결과 드러난 위헌·위법상태를 제거함에 있어 헌법재판소는 피청구인의 정치적 형성권을 가급적 존중하여야 하므로 … 국회의 입법에 관한 자율권을 존중하는 의미에서 헌법재판소는 처분의 권한 침해만을 확인하고, 권한 침해로 인하여 야기된 위헌·위법상태의 시정은 피청구인에게 맡겨 두는 것이 바람직하다. [재판관 김종대의 기각의견] 피청구인의 가결선포행위가 … 행정처분의 성격을 갖는 경우가 아닌 한, 국회의 법률제정과정에서 비롯된 이 사건 권한쟁의 심판사건에 있어서 … 법률안 가결선포행위의 효력에 대한 사후의 조치는 오직 국회의 자율적 의사결정에 의하여 해결할 영역에 속한다. [재판관 이동흡의 기각의견] 신문법안은 재적의원 과반수의 출석과 출석의원 중 압도적 다수의 찬성으로 의결되었는바 … 다수결의 원칙(헌법 제49조), 회의공개의 원칙(헌법 제50조) 등 헌법의 규정을 명백히 위반한 경우에 해당하지 아니하므로 무효라고 할 수 없다."

헌재 2011. 8. 30. 2009헌라7 : "국회 입법절차의 특성상 그 개개의 과정에서 의도적이든 아니든 헌법이나 법률의 규정을 제대로 준수하지 못하는 잘못이 있을 수 있고, 그러한 잘못이 현실로 나타날 경우 그로 인하여 일부 국회의원들의 입법에 관한 각종의 권한이 침해될 수 있으나, 만일 이러한 사정만으로 곧바로 법률안의 가결 선포행위를 무효로 한다면 국법질서의 안정에 위해를 초래하게 되므로, 국회의 입법과 관련하여 일부 국회의원들의 권한이 침해되었다 하더라도 그것이 입법절차에 관한 헌법의 규정을 명백히 위반한 흠에 해당하는 것이 아니라면 그 법률안의 가결 선포행위를 곧바로 무효로 볼 것은 아니라 할 것이다. 헌법은 국회의 의사절차에 관한 기본원칙으로 제49조에서 '다수결의 원칙'을, 제50조에서 '회의공개의 원칙'을 선언하고 있으므로, 결국 법률안의 가결 선포행위의 효력은 입법절차상 위 헌법 규정을 명백히 위반한 하자가 있었는지에 따라 결정된다 할 것이다(헌재 2009. 10. 29. 2009헌라8등, 헌재 1997. 7. 16. 96헌라2 참조). … 이 사건 법률안들에 대해 청구인의 반대토론 신청이 적법하게 이루어졌음에도 이를 허가하지 않은 채 표결을 강행하여 가결을 선포한 행위는 국회법 제93조에 위반된다 할 것이다. 그러나 그 심의·표결 절차에 있어 그 밖에 국회법상 다른 위반사항이 없고 … 그것이 입법절차에 관한 헌법규정을 위반하였다는 등 가결 선포행위를 취소 또는 무효로 할 정도의 하자에 해당한다고 보기는 어렵다."

헌재 2010. 11. 25. 2009헌라12 : "국회의원의 법률안 심의·표결권은 성질상 일신전속적인 것으로 당사자가 사망한 경우 승계되거나 상속될 수 없어 그에 관련된 권한쟁의심판절차 또한 수계될 수 없으므로, 권한쟁의심판청구는 청구인의 사망과 동시에 당연히 그 심판절차가 종료된다. [재판관 이공현·민형기·이동흡·목영준의 각하의견] 헌법재판소의 권한쟁의심판의 결정은 모든 국가기관과 지방자치단체를 기속하는바, 권한침해의 확인결정에도 기속력이 인정된다. 그러나 그 내용은 장래에 어떤 처분을 행할 때 그 결정의 내용을 존중하고 동일한 사정하에서 동일한 내용의 행위를 하여서는 아니 되는 의무를 부과하는 것에 그치고, 적극적인 재처분 의무나 결과제거 의무를 포함하는 것은 아니다. [재판관 김종대의 기각의견] 권한침해확인결정의 기속력을 직접 받는 피청구인은 그 결정을 존중하고 헌법재판소가 그 결정에서 명시한 위헌·위법성을 제거할 헌법상의 의무를 부담한다. 그러나 … 그 결정의 기속력에 의하여 법률안 가결선포행위에 내재하는 위헌·위법성을 어떤 방법으로 제거할 것인지는 전적으로 국회의 자율에 맡겨져 있다."

III.

[17] 헌법규정의 부재와 헌법해석 **헌법의 침묵**에 대해 헌법해석자는 어떤 판단을 내려야 하는가? 헌법의 **기본권 조항**의 침묵에 대해서는 이를 헌법에 열거되지 아니한 기본권(헌§37①), 즉 자연권으로 해석할 수 있다(앞 [11] 참조). 카를 슈미트의 배분원리(Verteilungsprinzip)에 따를 때, 전(前) 국가적인 시민의 자유는 원칙적으로 무제한적인 것이므로, 국민의 기본권은 헌법전에 명시적으로 규정되었는지 여부와 상관없이 당연히 보장되는 자연권임이 원칙이다(앞 [2] 참조). 헌법의 **통치구조 조항**의 침묵의 대해서는 정반대로 해석하여야 한다. 피통치자의 동의에 의한 권

력의 정당화, 즉 민주주의가 지배하는 정치적 구성부분에서는 국가권력은 원칙적으로 제한적인 것이며 헌법전에 명시적으로 위임된 한계 내에서만 보장된다(앞 [2] 참조). 헌법재판소는 대통령의 신임을 묻는 국민투표의 허용 여부와 관련하여, 이 점을 분명히 설시한 바 있다. 즉, 대통령의 임기를 절대적으로 보장한 헌법 제70조나 대통령의 궐위 사유를 한정적으로 규정한 헌법 제68조 제2항 등 헌법규범에 비추어볼 때, 대통령에 대한 국민의 신임 여부는 헌법 제72조의 '중요정책'에 포함되지 않는다고 보아야 하며(2003헌마694등[반대의견]), 헌법 제72조는 가능하면 대통령에 의한 국민투표의 정치적 남용을 방지할 수 있도록 엄격하고 축소적으로 해석되어야 하므로, 국민투표의 가능성은 국민주권주의나 민주주의원칙과 같은 일반적인 헌법원칙에 근거하여 인정될 수 없고, 따라서 대통령의 신임을 묻는 국민투표는 헌법에 명문으로 규정되지 않은 권한이어서 허용될 수 없다는 것이다(2004헌나1).

[18] 다수결의 한계와 규제입법의 심사강도 ① 헌재 1997. 7. 16. 95헌가6등 사건에서 헌법재판소는 구 민법 제809조 제1항 동성동본금혼규정을 헌법에 위반된다고 결정했다. ② 헌재 1996. 12. 26. 96헌가18 사건에서 헌법재판소는 구 주세법 제38조의7 및 제18조 제1항 제9호의 자도소주구입명령규정을 헌법에 위반된다고 결정했다. ③ 헌재 1989. 9. 8. 88헌가6 사건에서 헌법재판소는 국회의원선거의 과도한 기탁금규정이 헌법에 위반된다고 결정했다. 이 세 결정의 대상인 위헌적인 법률조항들을 국회가 스스로 개정하지 못한 원인은 과연 어디에 있을까?

위 ① 결정의 동성동본금혼규정의 적용대상자는 분산된 소수에 불과한 까닭에(당시 법 유지를 지지했던 조직된 다수의 유림세력과 비교해 볼 것), 입법부를 구성하는 국회의원선거에서 당락에 영향을 미치지 못하며, 따라서 정상적 법률혼을 영위할 수 없는 극도의 불이익에도 불구하고, 현실적으로는 법 개정을 압박하는 정치적 요인이 되지 못한다(법 개정을 위한 '선거에서의 득표' 유인의 부존재). 위 ② 결정의 자도소주구입명령규정의 입법화를 추진한 집단은 각 지역소주제조업체들로서, 지역구별로 선출되는 국회의원을 압박할 수 있는 위치에 있는 까닭에, 설령 전국적 차원에서 소비자의 선택권이 제한되더라도(지역구별 국회의원선거에 대한 그 영향은 분산적임), 지역이익을 대변하는 국회의원들로서는 스스로 법 개정에 나서기란 어려울 수밖에 없다(이익은 지역적으로 집중되나 비용은 전국적으로 분산되는 입법에 해당함). 위 ③의 과도한 기탁금규정은 서민층과 젊은 세대 등 소수자의 국회

진출을 실질적으로 저지하는 문제점을 낳지만, 이미 국회에 진출한 의원의 입장에서 이들의 입후보 포기는 곧 경쟁자 진입의 차단을 의미하는 까닭에, 입법자인 의원들은 오히려 기탁금 액수를 높이려는 유인에 사로잡힐 수밖에 없다. 요컨대 **'민주주의의 실패'**의 문제 상황(앞 [3] 참조)에서 다수결이라는 미명 하에 소수(또는 분산된 다수)의 기본권을 불합리하게 제한하는 입법에 대해서는 헌법재판을 통해 그 효력을 차단하지 않으면 안 된다. 그래서 다수결의 결과이지만 규제대상에게 **과중한 기본권의 제한**을 초래하는 입법(위 ①의 경우), **이익은 집중되지만 비용은 분산**되어 경제적·지역적 이익집단의 로비에 취약한 입법(위 ②의 경우), 입법자 자신의 정치적 입지를 스스로 규정하는 **정당·선거 등 정치관련 입법**(위 ③의 경우) 등은 그 합헌성 심사기준 또한 엄격한 것이라야만 한다.

[19] 헌법불합치결정의 의의 　헌재 2016. 12. 29. 2015헌마509등 사건에서 헌법재판소는 **비례대표국회의원선거의 기탁금규정**이 정당활동의 자유와 공무담임권을 침해한다고 결정했다. 그런데 법정의견은 비례대표국회의원선거의 기탁금규정에 대해 입법자가 2018. 6. 30.까지 개정하지 않으면 2018. 7. 1.부터 그 효력을 상실한다는 **헌법불합치결정**을 내려야 한다고 본 반면, 반대의견(재판관 이정미·이진성·안창호의 의견)은 **단순위헌결정**을 내려야 한다고 보았다. 양자의 차이는 비례대표국회의원선거의 기탁금규정이 정당활동의 자유와 공무담임권을 침해하는지 여부, 즉 과잉금지원칙을 위반하는지 여부를 판단함에 있어, 그 세부기준인 **목적의 정당성과 수단의 적합성** 위반 여부에 대해 상이한 입장을 취한 데서 비롯된 것이다. 결정문에 나타난 이 부분 법정의견과 소수의견의 입장 차이를 서로 비교·대조해 보자.

헌재 2016. 12. 29. 2015헌마509등 : "정당이 진지하게 숙고하지 아니한 채 비례대표국회의원 후보자를 무분별하게 추천함으로 인한 폐단(선거관리업무와 선거비용의 증가 및 선거과정에서의 불법 증가)을 예방하고, 과태료 및 행정대집행비용을 미리 확보하려는 비례대표 기탁금조항의 입법목적의 정당성은 인정된다. 나아가 후보자등록 신청 시 정당에게 후보자 1명마다 일정한 금액을 기탁금으로 납부하도록 하는 것은 비례대표국회의원선거에서 정당의 무분별한 후보자 추천을 예방하는 데 기여할 수 있고, 기탁금으로 과태료 및 행정대집행비용을 사전에 확보할 수 있으므로 위와 같은 입법목적 달성에 유효한 수단이 될 수 있다. 따라서 비례대표 기탁금조항은 입법목적의 정당성과 수단의 적합성을 갖추고 있다. … 정당에 대한 선거로서의 성격을 가지는 비례대표국회의원선거는 … 공직선거법상 허용된 선거운동을 통하여 선거의 혼탁이나 과열을 초래할 여지가 지역구국회의원선거보다 훨씬 적다고 볼 수 있다. 그럼에도 불구하고 비례대표 기탁금조항은 이러한 차이를 전혀 반영하지 않고 지역구국회의원선거에서의 기탁금과 동일한 금액을 기탁금으로 설정하고 있는바, 이는 후보자 추천의 진지성이나 선거관리업무의 효율성 확보 등의 입법목적을 달성하기 위해 필요한 최소한의 액수보다 지나치게 과다한 액수라 하지 않을 수 없다. … 통계에 비추어보면, 정당이 납부한 전체 과태료 액수가 후보자 1명에 할당된 기탁금 액수인 1천500만 원에도 현저히 미치지 못하고 있으므로, 과태료 등의 사전 확보의 입법목적과 관련해서 보더라도 위 기탁금 액수는 그 입법목적을 달성하기 위해 필요한 최소한의 액수보다 지나치게 과다한 액수이다. … 상대적으로 당비나 국고보조금을 지원받기 어렵고 재정상태가 열악한 신생정당이나 소수정당에게 후보자 1명마다 1천500만 원이라는 기탁금액은 선거에의 참여 자체를 위축시킬 수 있는 금액으로서, 비례대표제의 취지를 실현하기 위해 필요한 최소한의 액수보다 지나치게 과다한 액수이다."

헌재 2016. 12. 29. 2015헌마509등 : "[재판관 이정미·이진성·안창호의 위헌의견] 우리는 비례대표 기탁금조항이 … 목적의 정당성과 수단의 적합성도 인정되지 아니한다고 판단하므로 우리의 의견을 밝힌다. … 진지하지 못하고 불성실한 정당이 비례대표국회의원선거에 참여하는 것을 사전적으로 억제한다는 목적은 이미 정당법상 등록된 정당의 헌법상 지위와 기능을 부정하는 것으로서 정당제 민주주의나 비례대표제의 취지에 반하므로, 비례대표 기탁금조항의 입법목적으로 상정할 수 없다. … 비례대표국회의원선거에서는 앞서 본 바와 같이 설립절차와 등록요건을 갖추어 국민의 정치적 의사형성에 참여하는 정당만이 후보자를 추천하여 등록신청할 수 있고, 정당이 추천할 수 있는 후보자의 수도 의원정수 범위 내로 제한되므로 지역구국회의원선거에서와 같이 후보자가 진지성과 성실성을 결여한 채 입후보할 우려는 사전에 차단된다. … 공직선거법은 … 비례대표국회의원선거의 경우 기본적으로 후보자 개인이 아닌 정당을 선거운동의 주체로 하여 정당의 정강이나 정책을 홍보하는 것에 선거운동의 초점을 맞추고 있다. … 선거운동방법의 측면에서 보면, 정당이 등록신청하는 후보자 수의 증가가 곧바로 선거운동 양상을 무분별하게 과열시키거나 혼탁시킬 것이라는 추측은 기우에 불과하다. … 선거관리 내지 감독에 관한 업무나 비용이 다소 증가할 수 있다는 점을 대의제 민주주의에서 정당의 헌법적 기능 수행과 국민의 정치 참여를 위하여 중요한 전제가 되는 정당활동의 자유와 공무담임권의 보장을 유예할 만한 사유라고 볼 수는 없다. … 후보자명부에 대하여 고정명부식을 채택하고 있는 현행 비례대표국회의원선거에서는 … 헌법재판소가 국회의원선거에서 기탁금제도와 관련하여 언급한 바 있는 당선자로 하여금 다수표를 획득할 수 있도록 하여 민주적 정당성을 강화한다는 입법목적(헌재 1989. 9. 8. 88헌가6, 헌재 2003. 8. 21. 2001헌마687등)도 비례대표국회의원선거의 성격과 본질에 부합한다고 할 수 없(다)."

[20] 한정위헌청구의 적법성 인정사례분석 헌재 2012. 12. 27. 2011헌바117 결정에서 헌법재판소는 종전의 선례를 변경하여 한정위헌청구의 적법성을 원칙적으로 인정했으나, 이후 한정위헌청구의 형식을 취한 대부분의 사건들에 대해, "당해 사건 재판의 기초가 되는 사실관계의 인정이나 평가 또는 개별적·구체적 사건에서의 법률조항의 단

순한 포섭·적용에 관한 문제를 다투거나, 의미 있는 헌법문제를 주장하지 않으면서 법원의 법률해석이나 재판결과를 다투는 경우"에 해당하는 것으로 보아 청구를 각하하고 있다. 한정위헌청구의 형식을 취한 사건들에서 헌법재판소가 적법성을 인정한 것으로는 ① "청구의 전체적 내용"을 "명확성원칙 및 과잉금지원칙 위반"의 단순위헌 주장으로 "정리"한 사례(2015헌바247등), ② 외견상의 한정위헌청구를 "청구서의 기재내용을 종합"하여 법률조문의 "적용범위가 너무 넓어서 위헌"이라는 단순위헌 주장으로 선해한 사례(2012헌바408), ③ 한정위헌의 청구취지를 심판대상 법률에 대한 단순위헌 주장으로 "확장"하여 "위헌"으로 결정한 사례(2015헌마924), ④ 법률조문 전체의 위헌을 구하면서 동시에 일부 한정위헌 주장을 제기한 데 대해 "부진정 입법부작위가 위헌"이라는 취지로 선해한 사례(2013헌바120), ⑤ 외견상의 한정위헌청구 중 "조세법률주의·포괄위임금지원칙 위반 주장"을 단순위헌 주장으로 선해한 사례(2012헌바355) ⑥ "(대)법원의 해석에 의해 구체화된 법률조항"의 위헌을 다투는 것으로 본 사례(2012헌마798) 등이 있다. 요컨대 헌법재판소는, 위 ⑥의 경우를 제외하고는, 대체로 당사자의 한정위헌청구를 직접 적법한 것으로 인정하기보다, 단순위헌 주장으로 선해하여 그 적법성을 간접적으로 인정하고 있는 것으로 보인다.

[21] 헌법소원심판-위헌법률심판 사례연습 헌재 2016. 11. 24. 2014헌가6등 사건에서는 식품접객영업자 등의 준수사항에 관한 구 식품위생법 제44조 제1항과 제97조 제6호 중 '제44조 제1항' 부분이 포괄위임금지원칙(헌§75·§95) 및 죄형법정주의(헌§12①·§13①)에 위반되는지 여부가 위헌법률심판의 형식으로 헌법재판소에 제청되었다. 이 사건에서 법령 위반으로 기소되어 약식명령을 받은 자들이, 위헌법률심판절차가 아니라 헌법소원심판절차를 통해 권리구제를 도모한다고 가정했을 때, 그들은 어떤 공권력 행사를 대상으로 어떤 적법요건을 갖추어 헌법소원심판을 청구해야 하는가? 헌재 2016. 10. 27. 2013헌마450 사건에서는 구 수산자원관리법 제18조 및 구 수산자원관리법 시행규칙 제6조 중 '잠수용 스쿠버장비 사용'에 관한 부분이 행복추구권(헌§10)과 평등권(헌§11①)을 침해하는지 여부가 헌법소원심판의 형식으로 헌법재판소에 청구되었다. 이 사건에서 행복추구권과 평등권 침해를 주

장하는 자가, 헌법소원심판절차가 아니라 **위헌법률심판절차**를 통해 권리구제를 도모한다고 가정했을 때, 그는 어떤 **법률조항**을 대상으로 어떤 **적법요건**을 갖추어 위헌법률심판제청을 신청해야 하는가?

[22] 법령소원 직접성과 구체적 집행행위 헌재 2016. 11. 24. 2013헌마403 사건에서 법정의견은 **형벌조항의 구성요건 일부를 규정한 시행령조항**(뇌물죄의 공무원 의제조항)에 대해 기본권 침해의 직접성을 부정하는 입장을 취한 반면, 반대의견은 이를 인정하는 입장을 취했다. 법정의견은 이 경우 검사의 기소와 법원의 재판을 통한 형벌의 부과를 **구체적 집행행위**로 보았다. 또, 국민이 형벌조항을 위반하여 이미 기소된 후라면, 위헌법률심판제청신청이나 위헌위법명령규칙심사를 통한 **권리구제의 기대가능성**이 있다고 보았다. 반대의견은 제재수단으로서 형벌의 부과를 예정한 **의무조항의 직접성**을 인정한 선례들을 거론하면서, 시행령조항에 대한 **법원의 위헌심사**는 당해사건에서의 적용거부(무죄선고)에 그치는 **한계**가 있으므로, 시행령조항 자체를 대상으로 한 헌법소원심판청구의 직접성을 인정해야 한다고 보았다.

헌재 2016. 11. 24. 2013헌마403 : "이 사건 시행령조항은 형벌조항의 구성요건 일부를 규정하고 있는 조항으로서, 검사의 기소와 법원의 재판을 통한 형벌의 부과라는 구체적 집행행위가 예정되어 있으므로, 원칙적으로 기본권 침해의 직접성을 인정할 수 없다. 따라서 이 사건 시행령조항이 예외적으로 직접성이 인정되는 경우에 해당하는지 여부에 대하여 본다. … 이 사건 시행령조항은 형벌조항의 구성요건 일부를 규정하고 있음에 불과하므로, 집행기관인 검사 또는 법원이 이 사건 시행령조항만을 적용하여 그에 따라 기소나 재판을 할 수는 없고, 형벌조항인 특정범죄 가중처벌 등에 관한 법률 제4조, 형법 제129조 등과 함께 적용하여 그에 따른 사실인정과 판단을 통하여 비로소 기소 또는 재판을 하여야 하는 것이다. 따라서 이 사건 시행령조항은 집행기관이 심사와 재량의 여지없이 그 법령에 따라 일정한 집행행위를 하여야 하는 경우에 해당하지 않는다. … 국민이 형벌조항을 위반하여 기소된 후에는 재판과정에서 그 형벌조항이 법률인 경우에는 위헌법률심판제청신청을 통하여 헌법재판소에 그 위헌 여부에 관한 판단을 구할 수 있고(헌법재판소법 제41조, 제68조 제2항), 명령·규칙인 경우에는 곧바로 법원에 그 위헌 여부에 관한 판단을 구할 수 있다는 점에서(헌법 제107조 제2항) 구제절차가 없거나 있다고 하더라도 권리구제의 기대가능성이 없는 경우에 해당한다고 볼 수가 없다."

헌재 2016. 11. 24. 2013헌마403 : "[재판관 박한철·이정미·김이수·안창호의 반대의견] 헌법재판소는 다수의 결정에서, 국민에게 일정한 행위의무나 행위금지의무를 부과하는 법 규정을 정한 후 이를 위반할 경우 제재수단으로서 형벌을 부과하도록 한 경우에 그 형벌의 부과를 직접성에서 말하는 집행행위라고 할 수 없다는 이유로 행위의무나 행위금지의무를 내용으로 하는 형벌조항에 대하여 기본권 침해의 직접성을 인정하였는바, 형벌의 부과를 예정하고 있다는 이유로 직접성을 부정하고 있는 다수의견의 논리는 헌법재판소의 종래 입장에 배치된다. 또한 청구인이 기소된 이상, 재판 과정에서 곧바로 법원에 이 사건 시행령조항에 대한 위헌심사를 구할 수 있었다고 하더라도, 그러한 절차가 존재한다는 사정만으로 이 사건 시행령조항이 그 자체로 직접 기본권제한 효과를 발생시킨다는 점이 달라지지는 않는다. 헌법재판소는 일찍이 명령·규칙에 대한 헌법소원을 인정해 오고 있고, 특히 심판대상이 형벌조항인 경우에는 그 위헌성이 확인될 경우 당해사건에서만 무죄를 선고하는 데 그칠 것이 아니라 일반국민의 기본권 침해상태를 제거해 줄 필요성이 크다고 할 것이므로, 법원에 의한 위헌심사가 가능하다는 이유만으로 이 사건 시행령조항에 대하여 직접성을 인정할 필요가 없다는 다수의견에는 찬성할 수 없다."

제2장 헌법변론과 헌법해석

I.

[23] 헌법변론에서의 진보와 보수 　헌법문제를 둘러싼 공방(攻防), 즉 헌법재판에서의 헌법변론(constitutional advocacy)이란 그 본질상 법조문으로 표현된 특정 제도(가령, 사형제도·낙태규제·동성혼·인종차별 등등)의 존폐 또는 인부(認否)를 둘러싼 가치의 공방이 될 수밖에 없다. 헌법재판은 가치관의 재판이며 헌법변론은 가치관의 변론이다. 따라서 대부분의 헌법변론에서는 진보 또는 보수 중 어느 한 쪽의 입장이 직·간접적으로 표출될 수밖에 없다. 미국연방대법원에서의 헌법변론이야말로 이 점을 여실히 보여준다. 헌법은 변화된 현실을 적극 반영해야 한다고 보는 진보의 입장에서는 대체로 사회 속에서 '살아있는 헌법'(living constitution)을 발견해내는 데 중점을 둔다. 헌법의 원래의 의도나 의미에 집착하게 되면 실용주의적 관점에서 도저히 받아들일 수 없는 결과가 초래되므로, 헌법 자체가 원래 광범하고 탄력적인 문언으로 작성되었다는 점을 감안하여 동태적이고 개방적인 관점에서 새로운 의미를 발견해낼 것을 강조한다. 그리하여 이들은 때로는 성문의 헌법조문을 넘어 프라이버시권(right of privacy)같은 새로운 권리를 폭넓게 해석해내기도 하고, 브랜다이스 준비서면(Brandeis Brief)이나 인형실험(doll test)의 사례처럼, 각종 통계자료나 심리테스트 같은 사회과학적 변론기법을 적극 활용하기도 한다. 진보의 입장이 헌법의 사회적 맥락(contenxt) 속에서의 의미를 강조하는 것이라면, 보수의 입장은 대체로 헌법조문(text) 그 자체의 불변의 의미(fixation thesis)를 강조하는 것(문언주의[textualism])이라고 할 수 있다. 그리하여 이들은 헌법제정자들의 원래의 역사적 의도에 따라 헌법을 해석해야 한다는 '원의주의(原意主義)'(originalism)를 옹호하며, 다수 입헌자들의 주관적 의도(intention)란 합산될 수 없다는 난제(summing problem)에 직면하자, 입헌 당시 문언의 객관적 의미(meaning)를 강조하는 '신 원의주의'(new originalism)를 주장하기도 한다. 그러나 헌법문제를 둘러싼 가치의 공방이 법의 울타리를 벗어난 적나라한 이념투쟁·권력투쟁의 장(場)이 되어서는 안 된다. 적어도 문명사회에서의 헌법변론이란 적법한 법 형식을 갖추어, 사법(司法)의 절차를 통해, 법리(法

理)의 논쟁이라는 순화된 모습으로 진행되어야 한다. 헌법 속의 수많은 가치들을 형량(刑量)하되, 그중 어느 하나를 절대화하지 않고 가치의 경중을 고려하여 신중하게 중용(中庸)의 길을 모색하는, 이른바 '실제적 조화의 원리'(Prinzip der praktischen Konkordanz)를 따르는 것이라야 한다. 그렇지 않은 것이라면, 소수의 재판관들이 최종적으로 결정하는 헌법변론의 결과란, 결국 '가치의 독재'(Tyrannei der Werte)라는 오명을 피하기 어렵게 된다.

[24] 헌법해석의 방법과 특수성 헌법해석(Verfassungsauslegung)이란 헌법문제의 해결을 위해 거기에 적용될 성문의 헌법규범의 의미를 밝히는 작용을 말한다. 헌법도 법의 일종인 이상, 전통적인 법해석의 방법이 우선 적용된다. 첫째, 문리해석 또는 문법해석(grammatische Auslegung)의 방법으로, 이는 헌법조문에 사용된 문언의 일반적 용례에 따른 의미를 밝히는 해석방법을 말한다. 둘째, 체계해석(systematische Auslegung)의 방법으로, 이는 특정 헌법조문의 문언을 헌법규범 전체의 체계연관성을 고려하여 그 의미를 밝히는 해석방법을 말한다. 셋째, 역사해석(historische Auslegung)이란 헌법의 성립사를 추적하여 입헌자, 즉 헌법제정자나 헌법개정자의 의도를 밝히는 해석방법을 말한다. 문리해석이나 체계해석으로도 명백한 해석이 불가능할 경우 흔히 보충적으로 활용되는 해석방법이다. 넷째, 목적해석(teleologische Auslegung) 또는 기능해석(funktionale Auslegung)이란 당해 헌법조문이 추구하는 목적이나 기능을 고려하여 그 의미를 정하는 해석방법을 말한다. 일반적 법해석과 달리 헌법해석에서 특별히 고려해야 할 점으로, 헌법이 가지는 정치규범·개방규범·가치규범으로서의 성격을 들 수 있다. 우선, 정치규범으로서 헌법은 그 해석이 초래할 정치적 결과까지 고려하여 개별 조문의 의미를 결정하지 않으면 안 된다. 특히, 헌법의 통치구조 조항에 대한 해석은 각 헌법기관들에 대해 헌법이 수권한 기능을 모두 적정하게 발휘할 수 있도록 하는 것이라야만 한다. 다음, 개방규범으로서 헌법의 해석은 단순한 의미의 발견에서 나아가 헌법의 내용을 적극적으로 형성하는 작용(그것이 구체적 입법기능의 행사를 의미하지 않는 한에서)까지 포함한다. 따라서 개방적인 헌법규범 상호간의 해석·적용에서는 각 헌법규범에 내포된 가치의 형량(Abwaegung)을 요구할 수밖에 없다. 그런데 가치규범인 헌법의 해석

은 '헌법의 통일성'(Einheit der Verfassung)이라는 관점에서 상충하는 규범 상호간에 공존을 모색하는 것이라야만 한다. 특히, 헌법의 기본권 조항에 대한 해석에서는 상충하는 가치들의 우열을 고려하되, 그 모두가 최적의 효력을 발휘할 수 있도록 '실제적 조화'(praktische Konkordanz)를 추구하지 않으면 안 된다.

[25] 합헌적 법률해석의 의의와 한계 **합헌적(헌법합치적) 법률해석**(verfassungskonforme Gesetzesauslegung)이란 법률 또는 법률조문의 해석상 합헌 또는 위헌의 가능성이 공존할 때, 가급적 합헌 쪽의 해석을 택해야 한다는 법률의 해석원칙을 말한다. 일찍이 Ashwander v. Tennessee Valley Authority 사건(1936)에서 브랜다이스(Brandeis) 대법관은 사법자제적인 성격의 **헌법판단회피의 준칙** 7개를 제시한 바 있는데, 그중 마지막 7번째 준칙("When the validity of an act of the Congress is drawn in question, and even if a serious doubt of constitutionality is raised, it is a cardinal principle that this Court will first ascertain whether a construction of the statute is fairly possible by which the question may be avoided.")이 곧 합헌적 법률해석에 해당한다. 독일연방헌법재판소가 미국연방대법원의 판례상 원칙으로 확립된 **법률의 합헌성추정**(presumption of constitutionality)을 수용하여 발전시킨 것이 바로 합헌적 법률해석이다. 합헌적 법률해석의 이론적 근거로서는 ① 헌법을 정점으로 한 상·하위 법규범 간 **법질서의 통일성**(Einheit der Rechtsordnung) 유지, ② 권력분립과 민주주의의 관점에서 선출된 의원들이 행사하는 **입법권에 대한 존중**(Respekt vor dem Gesetzgeber), ③ 법적 안정성의 관점에서 요청되는 **규범유지**(Norm-erhaltung[*favor legis*])**의 필요성** 등을 들 수 있다. 그러나 이러한 논거에 대해서는 ① 상·하위 법규범 간의 충돌·모순은 법률에 대한 (전부 또는 일부) 위헌결정으로써도 해결될 수 있으므로 반드시 합헌적 법률해석만을 요청하는 것은 아니며, ② 민선의 입법자가 국민에게 정치적 책임을 지는 것이지 사법부가 입법자에게 합헌해석의 책임을 지는 것은 아닐뿐더러, 법률에 대한 위헌판단이 곧 사법부 스스로 입법권을 행사하는 결과가 되지도 않으며, ③ 유럽형 헌법재판소제도 하에서 법률에 대한 무리한 합헌해석은 일반법원의 법률해석에 지나치게 개입하는 결과가 된다는 등의 비판도 제기되고 있다. 합헌적 법률해석의 가능성에 관해 ① 대상 법률조문 속 언어의 가능한 의미를 뛰어넘을 수 없다는 **문의적(文意**

的) 한계, ② 입법자가 명시한 입법목적을 일탈해서는 안 된다는 법목적적(法目的的) 한계, ③ 헌법규범의 정상적 수용범위를 벗어날 수 없다는 헌법수용적 한계 등이 준수되어야 하는 이유도 바로 여기에 있다.

II.

[26] 비교법적 방법의 헌법변론 제도 자체의 정당성 문제를 둘러싸고 진행되는 헌법변론에 있어서, 추상적인 헌법조문이나 유사사건에서의 선례(stare decisis)에 의존하여 해답을 찾아내기는 결코 쉽지 않다. 기실, 제도 자체의 존폐·인부를 다투는 대형 사건들은 대부분 직접의 선례가 존재하지 않는 '난제(難濟) 사건들'(hard cases)이다. 이러한 사건의 헌법변론에서는 한편으로는 사안에 가장 근접한 선례를 찾아내어 비록 간접적일지라도 그 논거를 최대한 활용하면서도, 다른 한편으로는 외국 입법례의 조사(비교법학)나 입법연혁의 역사적 탐구(법사학), 각종 통계자료의 분석(법사회학) 등 다양한 방법론을 동원하여 새로운 사안에 대응한 새로운 논거를 제시하고자 노력하게 된다. 입헌주의·법치주의의 후발주자로서 우리에게 선진 제국(諸國)의 입법례에 대한 비교법적 검토는 헌법재판에서도 중요한 의미를 갖는다. 따라서 어떤 법제도의 위헌 여부가 문제로 제기되었을 때, 그와 유사한 법제도가 선진 제국에서도 발견된다면, 그러한 비교법적 조사·분석의 결과는 헌법변론의 보충적인 논거로서 활용될 수도 있다. 가령, 수형자의 선거권 제한에 대해 헌법재판소는 합헌성을 인정하면서, 선진 제국에 유사한 입법례가 있음을 적시한 바 있다(2002헌마411). 그런데 이로부터 10년 뒤 선례를 변경하여 그 합헌성을 부정했는데(헌법불합치결정), 이 기간 동안 상당수 국가들이 수형자 선거권 제한의 합헌성을 부정하는 방향으로 입장을 바꾼 점이 중요한 논거가 되었다(2012헌마409등). 보통선거의 원칙에 반하는 선거권 제한입법에 대해 엄격한 심사가 행해져야 한다는 것, 따라서 범죄의 종류나 내용 및 불법성의 정도를 감안하지 않은 일률적 선거권 제한은 피해최소성원칙에 위배된다는 것이 법리상의 논거였지만, 선진 제국을 위시한 세계의 보편적 입법추세를 거스를 수 없다는 점 또한 보충적인 비교법적 논거가 되었던 것이다.

헌재 2004. 3. 25. 2002헌마411 : "일본의 공직선거법도 우리나라와 비슷하게 금고 이상의 형을 선고받고 그 집행이 종료되지 아니한 자나 금고 이상의 형을 선고받고 그 집행을 받지 아니하기로 확정되지 아니한 자 … 등은 선거권을 갖지 못한다고 규정하고 있다. 영국의 국민대표법은 … 유죄판결에 의해 교도소 등에 수감 중인 자 등은 선거권을 갖지 못한다고 규정하고 있다. 미국은 … 대부분의 주에서 … 범죄행위로 유죄판결을 선고받고 시민권박탈형을 선고받은 자 등은 선거권을 갖지 못한다고 규정하고 있다. 프랑스의 선거법은 … 형법상 일정한 범죄행위로 3월 이상의 징역 또는 6월 이상의 집행유예 선고를 받은 자는 그 유죄판결이 확정된 날로부터 5년 동안 각 선거인명부에 등재될 수 없다고 규정하고 있다. … 캐나다선거법은 2년 이상의 징역형을 선고받고 교도소에 수감 중인 자 … 등은 선거권을 갖지 못한다고 규정하고 있다. 호주는 … 5년 이상의 금고형 이상의 선고를 받고 복역 중인 자 등은 선거권을 갖지 못한다고 규정하고 있다."

헌재 2014. 1. 28. 2012헌마409등 : "수형자의 선거권 제한 여부 및 그 범위와 방법은 나라마다 다양하게 나타난다. 수형자의 선거권을 제한하고 있는 나라 중 여러 곳에서 선거권 제한 규정이 전면적으로 재검토되고 있다. 캐나다는 모든 수형자의 선거권을 제한해 오다가 1993년과 2002년 두 번에 걸친 대법원의 위헌판결로 현재 모든 수형자가 선거권을 행사하고 있다. 남아프리카공화국 헌법재판소는 2004년 모든 수형자의 선거권을 박탈하는 규정에 대해서 위헌결정을 하였다. 영국법에 따르면 모든 수형자가 선거권을 행사할 수 없는데, 유럽인권재판소는 2005년 유럽인권조약상의 핵심적 권리인 선거권을 획일적·무차별적으로 제한하는 것은 유럽인권조약 제1의정서 제3조의 위반이라고 선언하였다. 호주 대법원은 2007년 모든 수형자의 선거권을 제한하는 규정에 대해서 위헌결정을 하였고, 프랑스 헌법위원회는 2010년 불법징수죄, 수뢰죄 등 특정범죄로 유죄판결을 받은 경우 판결확정 후 5년 동안 선거권을 제한하는 규정에 대해서 위헌결정을 하였다."

[27] 법사적(헌법사적) 방법의 헌법변론 비교법적인 입법의 추세는 헌법변론의 실제에서 헌법의 법리상 논거들 못지않게 중요한 사실상의 논거가 될 수 있지만, 설령 비교법적으로는 매우 드문 입법례라 하더라도, 우리 현실 속에서 장기간 유지되었던 제도로서 우리 **국민의 전통의식**에 뿌리내린 것이라면, 그 헌법적 정당성을 인정할 수 있다는 것이 헌법재판소의 태도이기도 하다. 존속상해치사·존속살해 등 형법상의 **존속관련범죄 가중처벌**이 평등원칙(헌§11①)에 위배되는지 여부에 대해, 헌법재판소는 그것이 비교법적으로는 매우 드문 사례라고 하면서도(2000헌바53), 입법연혁의 법사(法史)에 대한 추적을 통해 효(孝)라는 유교적 전통이 그 입법배경으로 작용했음을 받아들이고 있다(2011헌바267). 즉, **법사(法史)적인 입법연혁**에 대한 탐구는 법제도의 정당성을 논증하는 또 하나의 중요한 사실상의 근거가 될 수 있다.

그 밖에 헌법재판소는 헌법조문의 변화에 대한 역사적 추적(거시적인 차원에서)을 통해 이에 근거한 입법(법관정년제)의 헌법적 정당성을 논증하기도 하며(2001헌마557), 어떤 법제도의 입법연혁을 추적(미시적인 차원에서)함으로써 그 의미를 밝혀내고 이를 통해 당해 법조문의 헌법원칙(명확성원칙) 위반 여부를 판단하기도 한다(98헌바95등).

헌재 2002. 3. 28. 2000헌바53 : "영미법계의 국가들에서는 과거부터 존속상해치사죄는 물론 존속살해 등 존속관련범죄를 가중 처벌하는 예가 없었고 중화인민공화국을 비롯한 대다수의 국가에서도 마찬가지이나, 다만 존속관련범죄의 대표적 규정인 존속살해죄에 있어서는, 아직 그 규정을 두고 있거나(프랑스, 대만 등), 존속 뿐 아니라 비속이나 배우자를 살해한 경우에도 이를 가중 처벌하는 경우(이탈리아, 아르헨티나 등), 존속살해에 관한 기존의 규정을 삭제한 경우(독일, 헝가리 등) 등 각국의 역사적 배경이나 사회문화적 차이에 따라 다양한 입법례가 있다. … 일본에서는 형법상 존속관련범죄로서 존속상해치사 외에 존속살(尊屬殺), 존속유기, 존속체포·감금 등의 죄가 있었고, 최고재판소 역시 위 각 규정은 일본 헌법 제14조 제1항의 평등원칙에 위반되지 않는 합헌의 규정이라고 판단하여 왔으나, 1973. 4. 4. 위 존속살 규정이 위헌이라는 최고재판소의 판결 이후 … 1995. 5. 12. 다른 존속관련 가중처벌 규정들과 함께 모두 삭제되었다."

헌재 2013. 7. 25. 2011헌바267 : "효(孝)를 강조하는 유교적 전통사상이 강했던 조선시대에는 존속살인을 참형, 능지처사형 등 중형이 부과되는 십악(十惡) 중 하나로 규정하였고, 1905. 4. 29. 공포된 대한제국 형법대전에도 제498조에 친속존장 살해죄를 두고, 기수범의 법정형으로 교형(絞刑)을 규정하였다. 일제강점기에는 조선형사령에 의해 일본 형법이 의용되었는데, 일본 형법 제200조에는 자기 또는 배우자의 직계존속을 살해한 자를 사형 또는 무기징역에 처하도록 규정하고 있었다. 그 후 1953년 우리 형법이 제정되면서 제250조 제2항에 일본 형법과 같은 내용이 그대로 계수되어 40여 년간 유지되어 오다가, 1995년 제3차 형법개정 때 … 존속살해죄를 존치시키되 법정형이 '사형 또는 무기징역'으로 지나치게 과중하다는 지적을 수용하여 법정형에 '7년 이상의 징역'을 추가하였다. 이와 같이 조선시대 이래 현재에 이르기까지 존속살해죄에 대한 가중처벌은 계속되어 왔으며, 그러한 입법의 배경에는 우리 사회의 효를 강조하는 유교적 관념 내지 전통사상이 자리 잡고 있음을 부정할 수는 없다."

헌재 2002. 10. 31. 2001헌마557 : "법관의 정년을 직위에 따라 차이를 둔 것이 평등권 및 직업선택의 자유를 침해하거나 헌법 제106조의 법관의 신분보장 규정에 위배되는지 여부 … 우리 헌법은 제헌헌법부터 임기 10년의 법관임기제를 규정하고 있었고, 제5차 개정헌법(1962년 헌법)에서는 대법원장인 법관의 임기는 6년, 일반 법관의 임기는 10년으로 하는 임기제 규정을 두고 아울러 법관 정년을 일률적으로 65세로 한다고 헌법에 명시적으로 정년연령을 직접 규정하였다가, 제7차 개정헌법(1972년 헌법)에 이르러서는 정년연령을 헌법에 직접 명시하여 규정하지 않고, 다만, '법률이 정하는 연령에 달한 때에는 퇴직한다.'라고 규정하여,

정년제를 채택하되 그 구체적인 정년연령은 법률로 정하도록 하였으며, 제8차 개정헌법(1980년 헌법)에서 현행헌법과 같이 '법관의 정년은 법률로 정한다.'라고 헌법에서 법관정년제를 규정하면서 그 구체적인 정년연령은 법률로 정하도록 하고 아울러 대법원장, 대법관, 그 이외의 일반법관 사이에 차등을 두는 임기제를 규정하여 현행헌법에 이르게 되었다. 요컨대, 역대 우리 헌법은 법관의 임기제와 정년제를 채택하여 왔던 것이다."

헌재 2000. 4. 27. 98헌바95등 : "이 사건 법률규정의 원래 조문인 개정 전 구 변호사법 제78조 제2호는 비변호사의 금지대상사건에 '기타 일반의 법률사건'이 빠져 있었고, 금지대상행위에도 '법률상담 또는 법률관계 문서작성 기타 법률사무'가 규정되어 있지 않았다. … 원칙적으로 변호사로 하여금 법률사건을 처리하도록 하려는 법의 취지에 어긋나게 변호사 아닌 자들이 처음부터 금품 기타 이익을 목적으로 타인의 법률사건에 개입하여 당사자 기타 이해관계인의 이익을 해하고 법률생활의 공정·원활한 운용을 방해하는 등 법질서를 문란 시키는 사례가 발생하자 … 금지대상사건에 '기타 일반의 법률사건'을 추가하여 법률사건 일체를 규율대상에 포함시키고 금지대상행위에 '법률상담 또는 법률관계 문서작성 기타 법률사무'를 추가로 규정하여 법적 규제의 범위를 법률사무 전반으로 확대하였다. 입법연혁으로 볼 때, 이 사건 법률규정은 비변호사의 일체의 법률사무취급을 금지하려는 목적에서 … 일반적·포괄적인 구성요건을 채택하고 있는 것 … 죄형법정주의에서 요구하는 형벌법규의 명확성의 원칙에 위배된다고 볼 수 없다."

[28] 법사회학적 통계 분석과 그 활용 헌법조문 자체의 불변의 의미만으로써는 변화된 현실을 충분히 반영할 수 없다고 할 때, 그러한 현실의 변화는 결국 **법사회학적인 통계분석**을 통해 실증적으로 지득될 수밖에 없다. 가령, **간통죄**의 위헌 여부에 대해 헌법재판소는 그것이 비교법적 차원에서는 세계의 보편적 입법추세와 맞지 않음을 인정하면서도, 우리 국민의 성의식 등 가치관에는 어긋나지 아니한다는 취지로 설시했다가(2007헌가17등), 선례를 변경하여 결국 간통행위의 처벌에 대한 국민인식이 변화했음을 인정했는데, 그 접수·기소건수 및 구속기소 비율(전체 고소사건의 10% 미만) 그리고 고소취소로 인한 불벌사례의 증가 등 통계자료를 근거로 들었다(2009헌바17등). 통계자료로써 확인되는 변화된 현실이 헌법조문의 의미를 직접 변경하도록 만든 사례도 있다. 헌재 2001. 2. 22. 2000헌마25 결정에서 헌법재판소는 **국가유공자 가족에 대한 취업 가산점**(10%)을 합헌으로 보았으나, 헌재 2006. 2. 23. 2004헌마675등 결정에서는 선례를 변경하여 그것이 평등권과 공무담임권을 침해한다고 보았다. 즉, 5년의 기간 사이 통계적으로 확인되는 가산점 수혜대상자의 폭증, 특히 국가유공자 가족 수의 비약적인 증가를 반영하여, 헌

법 제32조 제6항은 전몰군경의 유가족만 포함하고 국가유공자나 상이군경의 가족까지는 포함하지 않는 것으로 축소해석했던 것이다. 그 밖에 헌법재판소는 태아 성별고지금지와 관련하여 형벌규정의 도입과 출생성비 사이에 통계적으로 상관관계가 없음을 밝힌 후, 이를 과잉금지원칙의 세부기준 중 피해최소성 판단에 활용한 바 있으며(2004헌마1010등), 안마사자격의 비맹제외기준과 관련하여 시각장애인 중 극히 일부만 실제 안마업에 종사하고 있음을 통계적으로 밝힌 후, 이 역시 피해최소성 판단에 활용한 바 있다(2003헌마715등).

헌재 2008. 10. 30. 2007헌가17등 : "남녀평등처벌주의는 우리나라의 현행형법과 미국의 몇몇 주에서 이를 채택하고 있다. 마지막으로 남녀평등불벌주의는 간통에 대하여 형사적 제재를 하지 않는 입법례로서 덴마크는 1930년, 스웨덴은 1937년, 일본은 1947년, 독일은 1969년, 프랑스는 1975년, 스페인은 1978년, 스위스는 1990년, 아르헨티나는 1995년, 오스트리아는 1996년에 각 간통죄 규정을 폐지하였다. … 오늘날 세계입법의 추세가 간통 및 상간행위에 대하여 형벌을 부과하지 아니하는 것이라는 점을 고려하더라도 … 각국의 시대적 상황이나 국민의 성의식 등 가치관은 현저한 차이가 있으므로 위와 같은 판단이 달라지는 것은 아니다."

헌재 2015. 2. 26. 2009헌바17등 : "[재판관 박한철·이진성·김창종·서기석·조용호의 위헌의견] 사회 구조 및 결혼과 성에 관한 국민의 의식이 변화되고, 성적 자기결정권을 보다 중요시하는 인식이 확산됨에 따라, 간통행위에 대하여 이를 국가가 형벌로 다스리는 것이 적정한지에 대해서는 이제 더 이상 국민의 인식이 일치한다고 보기 어렵게 되었다. … 간통행위가 처벌되는 비율은 매우 낮아지고 있다. 통계에 따르면 간통죄로 접수되는 사건 및 기소되는 사건의 수가 매년 줄어들고 있어 간통죄로 구속 기소되는 경우는 고소 사건의 10%에도 못 미치고, 수사나 재판과정에서 고소가 취소되어 공소권 없음 또는 공소기각으로 종결되는 사건이 상당수에 이름으로써 형벌로서의 처단기능이 현저히 약화되었다."

헌재 2006. 2. 23. 2004헌마675등 : "국가의 보훈대상자 수의 증가추세를 보면 2000년부터 보훈대상자(가산점 수혜자)가 비약적으로 증가하고 있으며, 이는 보훈대상자가 되는 가족들이 늘어나기 때문이라는 것을 알 수 있다(1990년 172,148가구 172,148명, 2000년 217,105가구 560,698명, 2001년 229,199가구 614,485명, 2002년 248,774가구 663,778명, 2003년 258,845가구 718,370명). … 가산점의 대상이 되는 국가유공자 … 가족의 수가 과거에 비하여 비약적으로 증가하고 있는 현실과 취업보호대상자에서 가족이 차지하는 비율 … 을 고려할 때, 위 조항의 폭넓은 해석은 필연적으로 일반 응시자의 공무담임의 기회를 제약하게 되는 결과가 될 수 있다. … 헌법 제32조 제6항의 대상자는 조문의 문리해석대로 '국가유공자', '상이군경', 그리고 '전몰군경의 유가족'이라고 봄이 상당하다."

헌재 2008. 7. 31. 2004헌마1010등 : "이 사건 규정이 신설된 1987년 이후 상당기간 동안(1996년까지 10년간)은 오히려 전체 출생성비가 높게 나타나고 있고, 특히 셋째아의 경우 출생성비는 1987년의 134.7에서 형벌규정을 둔 1994년 202.2로 급격히 높아져 이 사건 규정의 태아 성별고지금지 제도가 과연 실효성을 가진 제도인지 의문을 가지게 한다. … 통계자료를 살펴보면, 결국 태아의 성별고지를 금지하는 것과 여태아의 낙태를 방지하여 성비의 불균형을 해소한다는 것과의 사이에 상관성이 있다고 보기 어렵고 … 성별을 이유로 한 낙태 근절에 과연 효과가 있는지도 불분명한 태아의 성별고지금지를 임신기간 전 기간에 걸쳐 강제하는 것은 피해의 최소성원칙에 반하는 것."

헌재 2006. 5. 25. 2003헌마715등 : "[재판관 전효숙·이공현·조대현의 의견] 2005년 9월말 현재 전국 등록시각장애인은 184,965명이며, 그중 중증시각장애인은 36,183명인 데 비하여, 등록시각장애인 중 실제로 안마업에 종사하는 사람은 6,804명(중증시각장애인 6,752명, 경증시각장애인 52명)에 불과하여 전체 등록시각장애인의 3.68%, 중증시각장애인의 18.66%에 그치고 있다. 즉 시각장애인 중에서도 소수에 불과한 등록안마사를 위하여 비맹제외기준을 그대로 유지한다면 시각장애인을 제외한 나머지 신체장애인, 나아가 일반인의 직업선택의 자유를 지나치게 침해하게 됨으로써 기본권 침해의 최소성원칙에도 어긋난다."

[29] 헌법해석의 특수성 헌법재판소는 일찍이 국회의원선거의 기탁금규정에 대한 헌법불합치결정에서 **헌법해석의 창조적 기능**을 강조하면서, "헌법의 해석은 헌법이 담고 추구하는 **이상과 이념**에 따른 역사적·사회적 요구를 올바르게 수용하여 헌법적 방향을 제시하는 헌법의 창조적 기능을 수행하는 것"이라고 설시한 바 있다(88헌가6). 또한, 헌법재판소는 구체적 규범통제의 심사기준이 원칙적으로 헌법재판을 할 당시에 규범적 효력을 가지는 헌법이라는 논거로서, "헌법재판소의 헌법해석은 헌법이 내포하고 있는 **특정한 가치**를 탐색·확인하고 이를 규범적으로 관철하는 작업"이라는 점을 들기도 했다(2010헌바70등). 즉, 일반적 법해석과 구별되는 헌법해석의 특수성을 지적한 것이다. 그리하여 헌법재판소는 교육위원선거에서의 선거운동금지의 합헌성을 논증하면서, "지방교육자치에서 민주주의·지방자치·교육자주 중 민주주의의 요구만을 절대시하는 것은 허용될 수 없"는데, 이는 "헌법은 **중용**을 통하여 **조화**로운 질서를 실현하는 장치이며, 그 이상(理想)은 극대화가 아니라 **최적화**에 있기 때문"이라고 강조하기도 했다(99헌바113). 헌법재판소는 국회의 입법권에 대한 관계에서 대통령의 행정입법권을 한계 짓는, 헌법 제75조의 포괄위임금지원칙의 적용범위에 관해, 대통령령(헌§75) 외에 명시적 규정이 없는 부령(헌§95)뿐만 아니라(2012헌가3) 사법입법인 대법원규칙(헌§108)의 경우(2013헌바27·2013헌바370등)에도 그것이 준수되어야 한다고 보았다. 즉, **정치**

규범으로서 헌법이 정부와 대법원에 부여한 입법기능(행정입법·사법입법)을 국회 입법권과의 관계에서 적절히 한계 짓는 해석을 내린 것이다. 대표적인 개방규범이라 할 헌법 제10조의 행복추구권조항에 대해 헌법재판소는 포괄적인 의미의 자유권(93헌가14)으로서, 일반적 행동자유권을 위시한 다양한 행위유형들을 보충적으로 포함(2005헌마1167)하는 것으로 해석해 왔다. 특히, 그중 흡연권과 혐연권의 충돌이 문제된 사건에서는 전자를 하위기본권으로, 후자를 상위기본권으로 가치형량하는 입장(2003헌마457)을 취한 바 있다. 그 밖에 헌법재판소는 기본권충돌이 문제된 다수 사건들에서 '실제적 조화의 원리'에 따라 상충하는 가치들 사이 적정한 비례관계가 유지되고 있는지를 판단(2007헌마1189등)함으로써, 헌법의 가치규범으로서의 성격을 고려한 해석을 내리고 있다.

> 헌재 2013. 11. 28. 2007헌마1189등 : "대학의 자율성과 사립대학 운영의 자유 … 학교법인도 사립대학의 운영 주체로서 학교운영에 관한 자율적 결정권을 가지고 있으므로, 학교법인의 대학운영의 영역과 대학구성원에 의한 대학자치의 영역이 서로 겹칠 수 있고, 이 경우 양자의 기본권 사이에 충돌이 발생할 여지도 있다. 이와 같이 양 기본권의 보호영역이 중첩되는 관계에 있을 경우 어느 일방의 기본권을 우선하기보다는 실제적 조화의 관점에서 양자를 조정하는 방법을 도모하여야 할 것이다. … 대학평의원회의 설치 목적, '심의' 내지 '자문' 권한만을 부여함으로써 학교법인 이사회의 결정권한을 제약하지 않는 점, 학교법인에 정관을 통한 자율적 형성의 여지가 부여되어 있는 점 등을 종합적으로 고려하면, 헌법의 명령인 대학의 자율성을 보장하는 일환으로 사립대학에 대학평의원회를 설치하도록 한 법 제26조의2 제1항이 학교법인의 사학운영의 자유를 침해하는 것으로 볼 수 없다."

[30] 헌법해석의 한계와 관습헌법 헌법의 해석이란 말 그대로 기성의 법규범에 대한 '해석'에 머물러야 하며 새로운 법규범을 '창출'하는 것이어서는 안 된다. 헌법재판소는 어디까지나 헌법의 해석자이어야 하지, 스스로 헌법을 만드는 입헌자 또는 법률을 만드는 입법자가 되어서는 안 된다(민주주의와 권력분립의 한계). 헌법재판소는 헌재 2004. 10. 21. 2004헌마554등 사건에서 역사적 논거를 과도하게 확장하여, 서울이 수도라는 관습헌법을 '창출'해낸 후, 이를 근거로 「신행정수도의 건설을 위한 특별조치법」을 위헌으로 결정했다. 즉, ① 수도를 설정하는 것은 국가의 정체성을 표현하는 실질적 헌법사항이며, ② 서울이 수도라는 것은 계속성·항상성·명료성·국민합의 등 관습헌법의 성립요건을 충족하는데, ③ 성문

헌법과 동등한 효력을 갖는 이와 같은 관습헌법의 개정은 **헌법개정절차**에 의해야 함에도, ④ 단순법률의 형태로 이를 실현함으로써 헌법개정에서의 **국민투표권**(헌§130②)을 침해했다는 것이다. 이러한 논증에 대해서는 ① 자유민주주의와 입헌주의 하에서 수도의 위치는 헌법사항이 될 수 없으며, ② 서울이 수도라는 관행적 사실에서 관습헌법이라는 당위규범이 인정될 수는 없으며, ③ 관습헌법의 변경은 헌법개정절차가 아니라 법률의 제정·개정을 통해서도 가능하므로, ④ 법률에 의한 수도의 변경이 국민투표권(헌§130②)을 침해할 가능성은 없다는 반대의견이 있었다.

헌재 2004. 10. 21. 2004헌마554등 : "관습헌법도 성문헌법과 마찬가지로 주권자인 국민의 헌법적 결단의 의사의 표현이며 성문헌법과 동등한 효력을 가진다고 보아야 한다. … 헌법기관의 소재지, 특히 국가를 대표하는 대통령과 민주주의적 통치원리에 핵심적 역할을 하는 의회의 소재지를 정하는 문제는 국가의 정체성을 표현하는 실질적 헌법사항의 하나이다. … 서울이 우리나라의 수도인 것은 조선시대 이래 600여 년간 우리나라의 국가생활에 관한 당연한 규범적 사실이 되어 왔으므로 우리나라의 국가생활에 있어서 전통적으로 형성되어있는 계속적 관행이라고 평가할 수 있고(계속성), 이러한 관행은 변함없이 오랜 기간 실효적으로 지속되어 중간에 깨어진 일이 없으며(항상성), 서울이 수도라는 사실은 우리나라의 국민이라면 개인적 견해 차이를 보일 수 없는 명확한 내용을 가진 것이며(명료성), 나아가 이러한 관행은 오랜 세월 간 굳어져 와서 국민들의 승인과 폭넓은 컨센서스를 이미 얻어(국민적 합의) 국민이 실효성과 강제력을 가진다고 믿고 있는 국가생활의 기본사항이라고 할 것이다. 따라서 서울이 수도라는 점은 우리 헌법조항에서 명문으로 밝힌 것은 아니지만 관습헌법으로 성립된 불문헌법에 해당한다. … 우리나라의 수도가 서울이라는 점에 대한 관습헌법을 폐지하기 위해서는 헌법이 정한 절차에 따른 헌법개정이 이루어져야 한다."

헌재 2004. 10. 21. 2004헌마554등 : "[재판관 전효숙의 반대의견] 우리나라가 자유민주주의와 입헌주의를 주된 가치로 하고 있는 이상 수도의 위치 자체가 반드시 헌법제정권자나 헌법개정권자가 직접 결정하여야 하는 사항이라고 단정할 수 없다. … 다수의견이 오랜 역사와 전통의 측면에서 상세한 자료를 통해 논증하고 있는 바와 같이 서울이 수도라는 사실이 오랫동안 우리 민족에게 자명하게 인식되어 온 관행에 속한다 하더라도, 그것이 하나의 법규범으로서 다수의견이 말하는 바의 법적 확신을 가지고 있다고 인정하기는 어렵다. … 성문헌법을 지닌 법 체제에서, 관습헌법을 성문헌법과 '동일한' 효력 혹은 '특정 성문헌법 조항을 무력화 시킬 수 있는' 효력을 가진 것으로 볼 수 없다. … 수도와 같은 관습헌법의 변경을 반드시 헌법개정이라는 입법형식으로 행해야 하는 것은 아니다. 헌법의 개정은 '형식적 의미'의 헌법, 즉 성문헌법과 관련된 개념이다."

[31] 합헌적 헌법해석 사례와 그 한계 합헌적 법률해석의 방법은 헌법재판소의 변형결정 중 "… 라고 해석하는 한 헌법에 위반되지 아니 한다."는 한정합헌결정 및 "… 라고 해석하는 한 헌법에 위반된다."는 한정위헌결정으로 구체화되어 나타난다. 헌법재판소는 일찍이 국가보안법 제7조에 대한 위헌법률심판사건에서 "국가의 존립·안전이나 자유민주적 기본질서에 실질적 해악을 미칠 명백한 위험성이 있는 경우에만 제한적으로 적용되는 것으로 해석하는 한 합헌"이라는 한정합헌결정(89헌가113·90헌가11)을 내린바 있으며, 임원과 과점주주에게 연대책임을 부과한 상호신용금고법 규정의 위헌 여부에 관해 "부실경영의 책임이 없는 임원과 금고의 경영에 영향력을 행사하여 부실의 결과를 초래한 자 외의 과점주주에 대해서도 연대채무를 부담하는 것으로 해석하는 한 위헌"이라는 한정위헌결정(2000헌가5등)을 내린 바 있다. 이처럼 법률의 포섭범위에 대해 제한적·축소적인 해석을 내리는 경우만 합헌적 법률해석에 해당하는 것은 아니며, 반대로 법률의 의미를 넓게 해석해야만 합헌이라는 합헌적 확장해석의 사례도 발견된다(2004다22377). 한편, 합헌적 법률해석의 한계에 관해 헌법재판소는 문의적인 한계와 법 목적에 따른 한계를 인정한 바 있다(88헌가5등·2012헌마653). 또, 이미 실효된 법률조항을 대상으로 그에 대한 해석을 통해 형벌부과나 과세의 근거를 창설해내는 것은 사실상 입법행위에 해당하므로, 합헌적 법률해석으로서도 정당화될 수 없다고 보았다(2009헌바123). 그리고 전술한 바와 같이 한정위헌결정을 구하는 청구도 원칙적으로 적법하다고 본다(2011헌바117).

헌재 1990. 4. 2. 89헌가113 : "어떤 법률의 개념이 다의적이고 여러 가지 해석이 가능할 때 헌법에 합치되는 해석 즉 합헌적인 해석을 택하여야 하며, 위헌적인 결과가 될 해석을 배제해야 한다는 것이 헌법의 일반 법리이다. … 국가보안법 제7조 제1항 소정의 찬양·고무·동조 그리고 이롭게 하는 행위 가운데서 국가의 존립·안전이나 자유민주적 기본질서에 무해한 행위는 처벌에서 배제하고, 이에 실질적 해악을 미칠 명백한 위험성이 있는 경우로 처벌을 축소 제한하는 것이 헌법전문·제4조·제8조제4항·제37조제2항에 합치되는 해석일 것이다. 이러한 제한해석은 표현의 자유의 우월적 지위에 비추어 당연한 요청이라 하겠다. … 여기에서 국가의 존립안전이나 자유민주적 기본질서에 실질적 해악을 줄 명백한 위험성이 있는 경우란 특단의 사정이 없는 한 그 표현물의 내용이 그와 같은 경우일 때라고 볼 것이고 … 그 밖에 문제의 표현물과 외부관련성의 정도도 또한 여기의 위험성의 유무를 판단하는 별도의 기준이라 할 것."

헌재 1990. 6. 25. 90헌가11 : "합헌해석 또는 합헌한정해석이라 함은 법률의 규정을 넓게 해석하면 위헌의 의심이 생길 경우에, 이를 좁게 한정하여 해석하는 것이 당해 규정의 입법목적에 부합하여 합리적 해석이 되고 그와 같이 해석하여야 비로소 헌법에 합치하게 될 때 행하는 헌법재판의 한 가지 형태인바, 이것은 헌법재판소가 위헌심사권을 행사할 때 해석 여하에 따라서는 위헌이 될 부분을 포함하고 있는 광범위한 규정의 의미를 한정하여, 위헌이 될 가능성을 제거하는 해석기술이기도 하다. 이와 같은 합헌해석은 헌법을 최고법규로 하는 통일적인 법질서의 형성을 위하여서 필요할 뿐 아니라, 입법부가 제정한 법률을 위헌이라고 하여 전면 폐기하기보다는 그 효력을 되도록 유지하는 것이 권력분립의 정신에 합치하고 민주주의적 입법기능을 최대한 존중하는 것이어서 헌법재판의 당연한 요청이기도 하다. … 법률의 일부 위헌요소 때문에 전면위헌을 선언하게 되면 법적 안정성의 견지에서 도저히 감내할 수 없는 것."

헌재 2002. 8. 29. 2000헌가5등 : "임원과 과점주주에게 연대책임을 부과하는 것 자체가 위헌이 아니라 부실경영의 책임이 없는 임원 및 금고의 경영에 영향력을 행사하여 부실의 결과를 초래한 자 이외의 과점주주에게도 연대책임을 지도록 하는 것이 위헌 … 이 사건 법률조항을 단순위헌으로 선언할 경우 임원과 과점주주가 금고의 채무에 대하여 단지 상법상의 책임만을 지는 결과가 발생하고 이로써 예금주인 금고의 채권자의 이익이 충분히 보호될 수 없기 때문에, 가급적이면 위 법규정의 효력을 유지하는 쪽으로 이를 해석하는 것이 바람직하다고 할 것이다. 따라서 이 사건 법률조항의 입법목적에 비추어, 연대채무를 부과함이 상당하다고 인정되는 임원의 범위는 제한적으로 해석하여야 할 것이고, '부실경영의 책임이 없는 임원'과 '금고의 경영에 영향력을 행사하여 부실의 결과를 초래한 자 이외의 과점주주'에 대해서도 연대채무를 부담하게 하는 범위 내에서는 헌법에 위반된다 할 것이다."

대판 2004. 8. 20. 2004다22377 : "군인사법 제48조 제4항은 형사사건으로 기소되어 휴직명령을 받아 봉급의 반액을 지급받은 자는 '무죄의 선고를 받은 때' 그 차액을 소급하여 수령할 수 있도록 규정하고 있는바, 헌법 제28조에 따른 형사보상법은 단순히 무죄선고뿐만 아니라 면소 또는 공소기각의 재판을 받은 경우에도 보상을 청구할 수 있다고 규정하여 보상범위를 확대하고 있는 점, 헌법상 인정되는 인간의 존엄권 및 기본적 인권 보장, 평등권, 무죄추정의 법리 등 헌법이념에 비추어 보면, 위 군인사법 제48조 제4항 후단의 '무죄의 선고를 받은 때'라 함은 헌법이념에 합치되게 해석하여, 형식상 무죄판결뿐 아니라 공소기각재판을 받았다 하더라도 그와 같은 공소기각의 사유가 없었더라면 무죄가 선고될 현저한 사유가 있는 이른바 내용상 무죄재판의 경우까지로 확대 해석함이 상당하다. … 원심의 판단은 법률의 문의적 한계 내의 합헌적 법률해석에 따른 정당한 것."

헌재 1989. 7. 14. 88헌가5등 : "법률의 합헌적 해석은 헌법의 최고규범성에서 나오는 법질서의 통일성에 바탕을 두고, 법률이 헌법에 조화하여 해석될 수 있는 경우에는 위헌으로 판단하여서는 아니 된다는 것을 뜻하는 것으로서 권력분립과 입법권을 존중하는 정신에 그 뿌리를 두고 있다. 따라서 법률 또는 법률의 위 조항은 원칙적으로 가능한 범위 안에서 합헌적으로 해석함이 마땅하나 그 해석은 법의 문구와 목적에 따른 한계가 있다. 즉, 법률의 조항의 문구가 간직하고 있는 말의 뜻을 넘어서 말의 뜻이 완전히 다른 의미로 변질되지 아니하는 범위 내이어야 한다는 문의적 한계와 입법권자가 그 법률의 제정으로써 추구하고자 하는 입법자의 명백한 의지와 입법의 목적을 헛되게 하는 내용으로 해석할 수 없다는 법 목적에 따른 한계가 바로 그것이다. 왜냐하면, 그러한 범위를 벗어난 합헌적 해석은 그것이 바로 실질적 의미에서의 입법작용을 뜻하게 되어 결과적으로 입법권자의 입법권을 침해하는 것이 되기 때문이다."

헌재 2012. 5. 31. 2009헌바123 : "법률조항에 대한 해석이 한편에서는 합헌이라는 해석이, 다른 편에서는 위헌이라는 해석이 다 같이 가능하다면, 원칙적으로 헌법에 합치되는 해석을 선택하여야 한다는 '헌법합치적 법률해석'의 원칙도 존중되어야 하는 것 … 형벌조항이나 조세관련 법규를 해석함에 있어서 실효되어 더 이상 존재한다고 볼 수 없는 법률조항을 여전히 '유효한' 것으로 해석한다면, '법률의 부존재'로 말미암아 형벌의 부과나 과세의 근거가 될 수 없는 것을 법률해석을 통하여 이를 창설해 내는 일종의 '입법행위'에 해당하므로, 헌법상의 권력분립원칙에 반할 뿐만 아니라 죄형법정주의·조세법률주의의 원칙에도 반하는 것이다. '헌법합치적 법률해석' 역시 '유효한' 법률조항의 의미나 문구를 대상으로 하는 것이지, 이를 넘어 이미 실효된 법률조항을 대상으로 하여 헌법합치적인 법률해석을 할 수는 없는 것이어서, 유효하지 않은 법률조항을 유효한 것으로 해석하는 결과에 이르는 것은 '헌법합치적 법률해석'을 이유로도 정당화될 수 없다 할 것이다."

III.

[32] 비교법적 논거와 법사적 논거의 오류 헌법재판소가 비교법적 논거를 활용한 사례는 다양하지만 그것이 항상 설득력 있는 것만은 아니다. 가령, 헌재 2015. 12. 23. 2014헌바3 결정에서 헌법재판소는 '월급근로자로서 6개월이 되지 못한 자'를 해고예고제도의 적용예외 사유로 규정하고 있는 근로기준법 규정이 해고예고에 관한 권리를 포함하는 근로의 권리(헌§32①③)를 침해한다고 하면서, 독일·영국·일본의 해고예고법제를 비교법적 논거로 제시한 바 있다. 그러나 헌법재판소가 예로 든 유럽 각국 가운데 프랑스의 경우, 헌법재판소가 위헌으로 결정한 근로기준법 규정과 마찬가지로 근속기간 6개월 미만의 근로자에 대해서는 해고예고기간을 적용하지 않으며, 독일이나 영국의 경우, 근속기간 6개월 미만의 근로자에 대해서도 해고예고기간을 적용하지만, 그 해고예고기간은 1주(영국) 또는 2주(독일)로 정해져 있어 1개월의 기간을 보장하고 있는 우리 근로기준법 규정과의 단순 비교는 적절하지 않다. 헌법사의 연혁을 논거로 제시한 드문 사례 중에서 논증에

오류가 발견되는 경우도 있다. 가령, 헌재 2009. 9. 24. 2008헌가25 결정(위헌의견)에서 헌법재판소는, 헌법 제21조 제2항의 집회허가제 금지규정이 1960년 헌법에 신설되어, 1972년 헌법에서 삭제되었다가 현행 1987년 헌법에서 다시 부활된 입헌연혁을 근거로, 그것이 집회허가제에 대한 '절대적' 금지를 규정하려는 헌법개정자의 의도였다고 결론지었다. 그러나 1960년 헌법에서 이 규정을 처음 삽입할 당시 여러 기록에 나타난 헌법개정자의 의도는 결코 집회허가제의 절대적 금지를 조문화하려는 것이 아니었으며, 이 규정을 유지한 1962년 헌법이나 이 규정을 부활시킨 1987년 헌법 당시의 기록에서도 그러한 입헌 의도는 찾아낼 수 없다. 입헌자의 의도란 헌법의 제정 또는 개정 당시의 기록을 통해 확인되는 것이지(헌재 2013. 11. 28. 2012헌가10 결정 참조), 어떤 규정이 신설 또는 삭제되었다거나 삭제된 규정이 부활되었다는 사실 자체만으로 곧 입증될 수 있는 것이 아니다.

헌재 2015. 12. 23. 2014헌바3 : "비교법적으로 보더라도 독일·영국 등 유럽 각국 역시 해고예고제도를 법률로 규정하고 있지만, 근로자의 근로기간에 따라 해고예고기간을 달리 하고 있을 뿐 6개월 미만 근로한 월급근로자를 해고예고 대상에서 제외하고 있지 아니하다. 우리나라 근로기준법상의 해고예고제도와 거의 같은 제도를 갖고 있는 일본의 노동기준법 제21조도 '월급근로자로서 6개월이 되지 못한 자'는 해고예고의 적용제외 사유로 규정하고 있지 않다."

헌재 2009. 9. 24. 2008헌가25 : "[재판관 이강국·이공현·조대현·김종대·송두환의 위헌의견] 헌법 연혁적으로 살펴보건대, 집회에 대한 허가 금지조항은 처음으로 1960. 6. 15. 개정헌법 제28조 제2항 단서에서 규정되었으며, 1962. 12. 26. 개정헌법 제18조 제2항 본문에서 그대로 유지되었으나 1972. 12. 27. 개정헌법에서 삭제되었다가 1987. 10. 29. 개정된 현행헌법에서 다시 규정된 것이다. 위와 같은 이 사건 헌법규정의 연혁적 변천과정, 그중에서도 특히 1972년 소위 유신헌법에서 삭제되었던 언론·출판에 대한 허가나 검열의 금지와 함께 집회에 대한 허가제 금지규정을 다시 부활시킨 역사적 배경 내지 정치·사회·문화적 상황 등을 종합하여 보면, 이 사건 헌법규정은 … 그동안 삭제되었던 언론·출판에 대한 허가나 검열 금지와 함께 집회에 대한 허가제 금지를 다시금 살려내어, 집회의 허용 여부를 행정권의 일방적·사전적 판단에 맡기는 집회에 대한 허가제는 집회에 대한 검열제와 마찬가지이므로 이를 절대적으로 금지하겠다는 헌법개정권력자인 국민들의 헌법가치적 합의이며 헌법적 결단이라고 보아야 할 것이다."

헌재 2013. 11. 28. 2012헌가10 : "현행헌법 제27조 제2항은 군사법원의 평시 일반국민에 대한 재판권 중에서 '군사시설에 관한 죄'를 삭제하였(다). … 그 헌법개정의 경과를 살펴보면

… 당시 민주정의당은 … '군용물'에 관한 죄를 제외하는 내용의 헌법개정시안을, 통일민주당과 신한민주당은 평시 일반국민에 대한 군사법원의 재판권에 관한 규정 전부를 삭제하는 내용의 헌법개정시안을, 한국국민당은 … '군용물' 및 '군사시설'에 관한 죄 모두를 제외하는 내용의 헌법개정시안을 제출하는 등, 군사법원의 재판권을 축소하고자 하는 다양한 논의들이 있었고 … 국회에 제출된 현행 헌법개정안에도 그 주요골자 중의 하나로 '군사시설에 관한 죄를 범한 민간인에 대하여는 군사법원의 재판관할에서 제외'한다는 것이 명시되어 있다. … 현행헌법 개정과정에서 헌법개정권력자들은 '군사시설'에 관한 죄를 범한 일반국민에 대하여 군사법원의 재판권을 제외하기로 명백히 의도한 점 등을 종합하면, 현행 헌법 제27조 제2항에 규정된 '군용물'에는 '군사시설'이 포함되지 않는다고 해석하는 것이 법문의 내용에도 합치되고 헌법개정의 취지에도 부합한다."

[33] 관습헌법론의 필요성과 그 오류 헌재 2004. 10. 21. 2004헌마554등 결정에서 헌법재판소가 굳이 **관습헌법론**을 제기한 것은 우선, 「신행정수도의 건설을 위한 특별조치법」이란 민사·형사 등 구체적 소송사건에 적용되는 법률로서 그 **'재판의 전제성'**을 인정하기 곤란하여 위헌법률심판의 대상으로 삼기 어려웠고, 또한 국민을 직접 구속하는 법률로서 그 **'침해의 직접성'**을 인정할 수 없어 헌법소원심판의 대상으로 삼기도 어려웠던 데 이유가 있었다. 즉, 현행헌법상 필수적 국민투표는 헌법개정의 경우가 유일하므로(헌§130②), 기본권으로서 **국민투표권의 침해 가능성**을 인정하려면, 서울이 수도라는 사실이 헌법개정절차에 의해서만 변경될 수 있는 관습헌법이라는 논리가 필요했던 것이다. 헌법재판소는 ① 서울이 수도라는 관행은 중간에 깨어진 일이 없이 계속되었던 것인데, ② 설령 그것이 헌법에 명문으로 규정되지 않았더라도, ③ 명문규정의 부재는 그것이 자명한 규범이었기 때문일 뿐이라고 한다. 그러나 ① 임시정부 시기 **「대한민국건국강령」**(1941) 중의 "수도를 전정(奠定)하고"라는 문구에서 보듯 서울이 수도라는 관행이 일제강점기에도 단절됨 없이 항시 계속되었다고 볼 수만은 없고, ② 수도 역시 지방자치단체의 일종이라면 **헌법 제117조 제2항**의 명문규정(법률에 위임)이 존재하는 것이라고 볼 소지도 있으며, ③ 제헌 당시 참고된 비교헌법 자료 중 「중화민국헌법초안」(1936)에 수도조항이 있었음에도 「바이마르헌법」(1919)·「일본국헌법」(1946)의 예에 따라 이를 규정하지 않은 이유는 **헌법사항이 아닌 것**으로 보았기 때문일 수도 있다.

[34] 헌법해석의 사례 : 체결·비준동의권 헌법 제60조 제1항은 “국회는 … 조약의 체결·비준에 대한 동의권을 가진다.”라고 규정했다. 여기서 국회는 ① 조약의 **체결 ‘또는’ 비준**에 대해 각각의 동의권을 갖는지(즉, 비준 전 체결 단계에서부터 동의권을 갖는지), 아니면 ② 조약의 **체결 ‘그리고’ 비준**에 대해 하나의 동의권을 갖는지(즉, 체결 후 비준 전에 비로소 동의권을 갖는지) 여부가 문제된다. 미국연방헌법(Article II, Section 2, Clause 2)은 “… by and with the Advice and Consent of the Senate, to make Treaties”라고 규정하여, 상원이 조약체결권을 대통령과 분점 하는(즉, 조약 체결에 대한 동의권을 갖는) 구조로 되어 있다. 우리의 경우 헌법 제60조 제1항의 의미는 그 해석방법에 따라 달라질 수 있다. 우선, **문리해석**에 의할 때, **가운뎃점**(·)이란 “열거된 단위가 대등하거나 밀접한 관계임을 나타내는 문장부호”이므로, 위 ①의 해석과 ②의 해석이 모두 가능하다. 즉, 이 해석방법으로는 하나의 결론을 도출할 수 없다. 다음, **체계해석**에 의할 때, 헌법 제6조 제1항의 “헌법에 의하여 체결·공포된 조약”이란 “체결 ‘또는’ 공포된 조약”이라는 의미로 해석될 수 없고(조약 체결 없이 조약 공포만 있을 수 없음), 헌법 제73조의 “대통령은 조약을 체결·비준하고”란 “체결 ‘또는’ 비준하고”라는 의미로 해석될 수 없으므로(조약 체결 없이 조약 비준만 있을 수 없음), 위 ①의 해석 가능성은 배제될 수밖에 없다. 한편, **역사해석**에 의할 때, 1948년 헌법과 1960년 헌법에서 모두 “국회는 … 조약의 비준에 대하여 동의권을 가진다.”라고만 되어있던 것(§42)이 1962년 헌법에서 현행과 같이 바뀐 데에는, 비준절차를 거치지 않고 서명만으로 체결절차가 완료되는 약식조약이 늘어남에 따라, 약식조약까지 국회의 동의를 받아야 함을 명시하려는 데 헌법개정자의 의도가 있었던 것으로 보인다. 즉, 정식조약의 비준 전 체결 단계에서부터 국회에 동의권을 부여하려는 의도는 아니었으므로 위 ①의 해석 가능성은 역시 배제될 수밖에 없다. 마지막으로 **목적해석** 또는 **기능해석**에 의할 때, 헌법 제60조 제1항 및 헌법 제73조는 대통령과 국회 사이에서 대외적 권한을 배분함에 있어, 외국에 대해 대한민국을 대표하는 대통령(헌§66①)에게 적극적 조약체결권을 부여하고, 국민대표기관으로서 국민의 자유·권리 제한 여부를 위임받은 국회(헌§37②)에게 소극적 조약통제권을 부여하려는 데 그 취지가 있는 것으로 판단된다(2006헌라5[별개의견]). 그렇다면 기밀성·신뢰성·신속성을 요구하는 국가 간의 조약 체결과

정에서, 조약문이 확정되어 그에 대한 기속적인 동의의 표시가 요청되기 전의 단계에서부터 국회의 개입을 인정하는 위 ①의 해석은 타당성을 인정하기 어렵다(정치규범으로서 헌법이 조약체결·비준에 관해 대통령과 국회에 각각 수권한 기능을 적정하게 행사하도록 해석되어야 함).

> 헌재 2007. 10. 25. 2006헌라5 : "권한쟁의심판에 있어 '제3자 소송담당'을 허용하는 법률의 규정이 없는 현행법 체계 하에서 국회의 구성원인 청구인들은 국회의 조약에 대한 체결·비준동의권의 침해를 주장하는 권한쟁의심판을 청구할 수 없다. … 국회의원의 심의·표결권은 국회의 대내적인 관계에서 행사되고 침해될 수 있을 뿐 다른 국가기관과의 대외적인 관계에서는 침해될 수 없는 것이다. [재판관 이공현의 별개의견] 심의·표결권한의 침해행위는 국회 내부에서 뿐만 아니라 국회 외의 다른 국가기관에 의해서도 행하여질 수 있다. … 조약의 체결·비준에 관한 국회의 동의권은 대통령·정부의 조약의 체결·비준에 대한 관여로서 … '소극적 통제'로서의 성질에 그칠 뿐이며, 정부의 권한행사를 일정한 방향으로 형성해가는 적극적 참여권한으로서의 성격을 인정할 수 없다. 따라서 조약 체결과정의 개개 협상행위에 관여한다는 의미에서의 국회의 조약 체결·비준에 관한 동의권한은 존재하지 아니한다고 할 것이고, 결국 조약문이 확정되어 기속적 동의표시가 요청되기 이전에 국회의 동의권한 내지 국회의원의 심의·표결권한이 침해될 위험성은 없다고 볼 것이다."

[35] 헌재결정의 입법권 -사법권 개입강약 헌법재판소의 결정은 국회의 입법권 또는 법원의 사법권(법률해석권)에 대한 개입을 초래할 수밖에 없는데, 그 개입의 대상과 정도는 사건에 따라 각각 다르다. 첫째, 헌재 1991. 4. 1. 89헌마160 결정의 경우, 헌법재판소가 재판소원금지(헌재§68①)를 우회한 합헌적 법률해석의 방법으로써 법원의 해석을 변경했다는 점에서 사법권에 대한 개입은 강한 반면, 한정합헌해석에 있어 입법경과·입법목적·입법내용 등 입법관련 사정을 참작하지 않았다는 점에서 입법권에 대한 존중은 충분하지 않다. 둘째, 헌재 2002. 4. 25. 2001헌가27 결정의 경우, 헌법재판소가 법률해석을 법원의 소관에 일임하지 않고 일응의 해석기준을 제시한 점에서 사법권에 어느 정도 개입한 반면, 그러한 해석에 있어서 입법경과·입법목적·입법내용 등 입법관련 사정을 참작했다는 점에서 입법권을 어느 정도 존중하고 있다. 셋째, 헌재 2007. 4. 26. 2003헌바71 결정의 경우, 헌법재판소가 대법원 판례를 기준으로 법률에 대한 합헌판단을 도출하고 사실인정과 법률해석·적용을 법원의 소관에 일임한 점에서 사법권을 어느 정도 존중하고 있으며, 그러한 해석에 있어서 입법경과·입법목적·입법내용 등 입법관련 사

정을 참작했다는 점에서 입법권도 존중하고 있다(다섯 결정 중 가장 덜 개입적인 경우). 넷째, 헌재 2007. 11. 29. 2005헌가10 결정의 경우, 대법원 판례를 변경했다는 점에서 사법권에 대한 개입은 강하며, 법률조항을 대상으로 직접 위헌선언을 했다는 점에서 입법권에 대한 개입도 강하다(다섯 결정 중 가장 개입적인 경우). 다섯째, 헌재 2012. 5. 31. 2009헌바123 결정의 경우, 대법원 판례를 변경했다는 점에서 사법권에 대한 개입은 강하지만, '법률의 부존재'의 경우에도 해석을 통해 형벌부과·과세근거를 창설하는 법원의 실질적 입법권행사를 차단한 점에서 입법권에 대한 개입은 약하다.

헌재 1991. 4. 1. 89헌마160 : "민법 제764조가 동조 소정의 '명예회복에 적당한 처분'에 사죄광고를 포함시키는 것이라면 동 규정은 헌법에 위반될 수밖에 없다. 바꾸어 말하면 민법 제764조는 동조 소정의 '명예회복에 적당한 처분'에 사죄광고가 포함되지 않는다고 하여야 헌법에 위반되지 않는다. 이는 민법 제764조와 같이 불확정개념으로 되어 있거나 다의적인 해석 가능성이 있는 조문에 대하여 한정축소해석을 통하여 얻어진 일정한 합헌적 의미를 천명한 것이며, 그 의미를 넘어선 확대를 바로 헌법에 위반되어 채택할 수 없다는 뜻이다."

헌재 2002. 4. 25. 2001헌가27 : "이 사건 법률의 입법경과와 입법목적, 같은 법률의 다른 규정들과의 체계조화적 해석, 관계부처의 법률해석, 다른 처벌법규와의 비교 등을 고려하여 목적론적으로 해석할 때 … 이 사건 법률의 '청소년이용음란물'에는 실제인물인 청소년이 등장하여야 한다고 보아야 함이 명백 … 법관의 양식이나 조리에 따른 보충적인 해석에 의하여 그 의미가 구체화되어 해결될 수 있는 이상 … 명확성의 원칙을 위반하였다고 볼 수 없다."

헌재 2007. 4. 26. 2003헌바71 : "의료법의 각 규정내용과 … 입법취지를 감안할 때, 의료행위에는 의료인이 하지 아니하면 보건위생상 위해를 가져올 우려가 있는 일체의 행위가 포함된다 할 것이다. 대법원도 … 질병의 예방 또는 치료행위 이외에도 의료인이 행하지 아니하면 보건위생상 위해가 생길 우려가 있는 행위를 의미한다고 해석하고 있다. … 문신시술행위가 이 사건 법률조항상의 '의료행위'에 해당하는지 여부는 개별적 사건에 있어서의 '문신시술행위'에 관한 사실인정과 그에 터 잡은 법률의 해석·적용상의 문제로서 이에 대한 판단은 법원 고유의 권한이다."

헌재 2007. 11. 29. 2005헌가10 : "이 사건 법률조항을 '종업원의 범죄행위에 대해 영업주의 선임감독상의 과실(기타 영업주의 귀책사유)이 인정되는 경우'라는 요건을 추가하여 해석하는 것은 문언 상 가능한 범위를 넘어서는 해석으로서 허용되지 않는다고 보아야 한다. [재판관 이동흡의 반대의견] 일관된 대법원 판례와 같이 '영업주의 종업원에 대한 선임감독상의 과실'이 있는 경우에만 처벌하는 것으로 보는 것은 문언해석의 범위 내에서 허용되는 합헌적 법률해석이라 할 것."

헌재 2012. 5. 31. 2009헌바123 : "대법원이 이 사건 전문개정법의 시행에도 불구하고 이 사건 부칙조항이 실효되지 않았다고 볼 '특별한 사정'이 있다고 본 주된 근거는 다음과 같다. … 이 사건 전부개정법의 시행에도 불구하고 이 사건 부칙조항과 관련된 규율을 하지 않음으로써 생긴 입법상의 흠결을 보완하기 위하여 '특별한 사정'을 근거로 이 사건 부칙조항이 실효되지 않은 것으로 해석하는 것은 헌법상의 권력분립원칙과 조세법률주의의 원칙에 위배된다고 할 것이다."

제3장 헌법변동과 헌법수호

I.

[36] 헌법제정과 헌법제정권력 헌법제정(Verfassunggebung)이란 헌법제정권자가 헌법제정권력을 행사하여 새로운 헌법을 창조하는 것을 말한다. 식민지 독립 등으로 처음부터 새로운 헌법국가가 건립되거나(미국연방헌법[1787]·대한민국헌법[1948] 등의 경우), 혁명 등으로 기성국가의 기본적 동일성이 상실되고 완전히 새로운 헌법국가가 탄생할 때(프랑스헌법[1791]·바이마르헌법[1919] 등의 경우), 헌법제정이 이루어지게 된다. 일찍이 시에예스(Emmanuel Joseph Sieyès)는 시민계급(제3신분)이 주도한 프랑스 혁명을 선동하기 위해, “하나님 없이 어떤 권력도 없다(Non est potestas nisi a Deo).”는 가톨릭 신학이론을 세속적으로 전도(顚倒)하여, “제3신분만이 헌법을 제정하는 권력을 보유한다.”는 논리를 제시했다. 일국의 법질서 자체를 창출하는 ‘조직하는 권력’(pouvoir constituant)과 이에 의거하여 ‘조직된 권력’(pouvoir constitué)을 구별하는 18세기 프랑스 시민혁명의 논리는, 그러나, 법학의 연구대상을 기성 법질서에 한정하고 그 정당성의 연원을 도외시하는 19세기 독일 법실증주의(Rechtspositivismus)에 의해 거부되었다. 시에예스의 헌법제정권력이론은 바이마르헌법 하에서 헌법의 정당성(Legitimitaet) 문제를 정면으로 제기했던 카를 슈미트에 의해 부활되었다. 헌법의 기본적 동일성을 변경시키는 시원적인 힘, 즉 헌법제정권력(verfassunggebende Gewalt)과 헌법의 기본적 동일성을 유지하는 한에서 이를 부분적으로 변경시키는 제도화된 권력, 즉 헌법개정권력(verfassungsaendernde Gewalt)을 구분하고, 헌법제정권자의 근본적 결단은 헌법개정권자가 변경할 수 없는 까닭에(헌법의 기본적 동일성이 변경되므로), 헌법개정권력으로써는 헌법전에서 근본적 결단에 해당하는 사항, 즉 헌법(Verfassung)은 변경할 수 없고(반 의회주의적 입장에서 의원 2/3 이상 다수의 결정으로도 바꿀 수 없다고 봄) 그 밖에 사항, 즉 헌법률(Verfassungsgesetz)만 변경할 수 있을 뿐이라고 본 것이다. 그에 의할 때, 헌법 배후의 정당성의 원천으로서 단일·불가분의 시원적 권력인 ① 헌법제정권력(pouvoir constitutiant originaire) → 헌법에 의해 제도화된 ② 헌법개정권력(pouvoir constitutiant institué) → 헌법에 의해 수권된 가분적인 복수의 ③ 통치권

(입법권·행정권·사법권)(pouvoir constitué)의 뚜렷한 수직적 권력위계가 성립하게 된다.

[37] 헌법제정권력의 주체, 한계, 행사방식 **헌법제정권력의 주체**에 대해 시에예스는 제3신분, 즉 시민계급이 불가양(不可讓)의 자연권으로서 이를 향유한다고 보았으나, 카를 슈미트는 중세에는 신이, 시민혁명기에는 국민(Nation)이, 왕정복고기에는 세습군주가, 귀족정·과두정에서는 조직된 소수자가 각각 이를 향유한다고 보았다. 국민주권주의가 일반적으로 수용된 오늘날 그 주체는 국민일 수밖에 없다. **헌법제정권력의 한계**에 대해 시에예스는 그 시원성(始原性)을 이유로, 카를 슈미트는 그 정치적 결단으로서의 특성을 이유로 이를 부정했으나, ① 헌법국가의 입헌성(Konstitutionalitaet)을 전제로 헌법이라는 법을 창출하는 권력인 이상 그것은 법의 잣대로부터 완전히 자유로울 수 없고(형식적 한계 : 법제정 작용으로서 법의 일반원칙 준수), ② 국민주권주의가 일반화된 오늘날 그것은 국민의 의지(Wille der Nation)를 본질로 하는 권력인 까닭에 그 행사에는 당대 주권자 국민의 총의(volonté générale)를 고려하지 않을 수 없으며(실질적 한계 : 대내적·이념적 한계로서 민주주의), ③ 가치규범으로서 헌법의 제정에는 국제공동체의 규범적 요구 특히 국제인권법의 제 기준을 준수해야 한다는 한계가 따를 수밖에 없다(실질적 한계 : 대외적·자연법적 한계로서 **국제인권법**의 준수). 헌법제정권력의 행사에는 그 본질상 어떤 구속적인 절차나 형식이 있을 수 없으나, 대체로 제헌의회(assembleé constituante)의 의결만으로 이를 확정하는 시에예스적인 **대의제**(간접민주주의) **방식**과 인민의 국민투표(plebiscite)로써 이를 확정하는 루소(Jean-Jacques Rousseau)적인 **직접민주주의 방식**이 있는데, 우리 1948년 헌법을 위시한 대다수 헌법은 전자의 예를 따랐다. 카를 슈미트의 헌법제정권력이론은 헌법의 정당성 문제를 해명했다는 점, 의회 다수결에 의한 헌법개정으로도 바꿀 수 없는 헌법의 핵심사항을 지키려 했다는 점에 의의가 있다. 그러나 헌법의 정당성이란 특정 시점에서 헌법제정 주체의 1회적인 의사행위(정치적 결단)로 결정되어버리는 문제는 아닐 것이며, 그렇다면, 헌법의 정당성의 진정한 원천이란 오늘을 살아가는 국민의 헌법에 대한 지속적인 관심과 지지, 즉 '**일상의 국민투표**'(un plébiscite de tous les jours)일 수밖에 없다.

[38] 헌법개정과 헌법변천 **헌법개정**(Verfassungsaenderung)이란 이미 제정된 헌법을 변경하는 것을 말한다. 헌법의 개정절차에 의한 합헌적 변경인 점에서 헌법폐제(Verfassungs-beseitigung)와 구별되며, 기존 헌법의 기본적 동일성을 유지하는 변경인 점에서 헌법파괴(Verfassungsvernichtung)와 구별되며, 헌법전의 삭제·수정·추가로 이루어지는 의식적인 변경인 점에서 헌법변천(Verfassungswandlung)과 구별된다. **헌법개정의 형식**에는 우리나라와 같은 수정개폐식(revision)과 미국과 같은 증보추가식(additional amendmend)이 있는데, 전자가 현행헌법의 내용을 일목요연하게 파악할 수 있는 장점이 있다면, 후자는 헌법의 역사적 변화과정을 쉽게 추적할 수 있는 장점이 있다. **헌법개정의 한계**에 대해서는 우선 헌법이론적 측면에서, 헌법제정의 한계(앞 [37] 참조)는 곧 헌법개정의 한계이기도 하다는 점에서 헌법초월적인 한계를, 헌법제정권자의 근본적 결단을 변경할 수 없다(헌법의 기본적 동일성을 변경할 수 없다)는 점에서 헌법내재적인 한계를 각각 상정할 수 있다. 이외에 실정헌법적 한계로서, 헌법개정의 대상이나 상황, 시기 등에 대한 제한을 명시한 사례도 비교헌법상 다수 발견된다. **헌법개정의 절차**는 대의제(간접민주주의)에 충실하게 입법부에서 가중된 의결정족수로 결정하는 방식(우리 1948년 헌법이나 독일기본법[1949]의 방식)과 여기에 직접민주주의의 요청을 고려하여 국민투표로써 최종 확정하는 방식(우리 현행헌법이나 일본국헌법[1946]의 방식)으로 대별된다. 그 밖에 별도의 헌법개정회의(constitutional convention)를 소집하거나 일정 수 이상 연방 구성 주(州)의 비준(ratification)을 거치는 방식도 있다(미국연방헌법[1787]의 방식). **헌법변천**이란 헌법의 의미가 실질적으로 변화하는 것, 즉 헌법조문이 그대로 유지된 상태에서의 무의식적인 내용 변경을 말한다. 헌법의 명문 규정이 없음에도 법원이 위헌법률심사권을 행사하는 미국연방헌법의 사례(Marbury v. Madison[1803]), 전력보유를 금지하는 헌법의 명문 규정(§9)이 있음에도 자위대를 유지하는 일본국헌법의 사례를 들 수 있다. 대개 헌법개정요건의 경성(硬性)이 강화되어 있는 헌법에서 주로 발생하게 된다.

[39] 헌법수호 **헌법수호**(헌법보장 또는 보호[Verfassungsschutz])란 법규범으로서 헌법의 규범적 효력을 유지하는 것, 특히 그 핵심가치로서 **자유민주적 기본질서**를

지키는 것을 말한다. 국가의 독립성·계속성 및 국가영역의 유지를 의미하는 국가수호(Staatsschutz)와는 개념적으로 구분되지만, 오늘날 헌법국가에서 국가수호의 핵심은 그 헌법국가성의 수호에 있으므로, 이 한도 내에서 양자는 중복될 수밖에 없다. **헌법의 수호자**(Hueter der Verfassung)가 과연 누구인가에 대해서는 카를 슈미트와 한스 켈젠 사이의 논쟁이 유명하다. 반 의회주의적 입장의 카를 슈미트는 중립적 권력(pouvoir neutre)인 대통령이 최종적인 헌법수호의 책무를 진다고 본 반면, 법단계설을 강조한 한스 켈젠은 상·하위 규범 상호간 충돌·모순의 해결장치로서 헌법법원의 역할을 중시했다. 현행헌법은 대통령의 헌법수호책무를 명문으로 규정했으나(헌§66②·§69), 대통령은 직선의 정치기관으로서 그 권력행사에서 헌법 위반의 유혹에 빠질 가능성이 크다는 점을 고려할 때, 헌법재판소의 규범통제 및 헌법수호기능(특히 탄핵심판·정당해산심판기능)에 주목하지 않을 수 없다. 궁극적으로는 헌법수호의지(Wille zur Verfassung)에 충만한 주권자 국민이 최후의 헌법수호자가 된다고 보아야 한다. **헌법수호의 수단**에 대해서는 대개 ① 정치적 수단과 사법적 수단, ② 조직적 수단과 미조직적 수단, ③ 평상시의 수단과 비상시의 수단, ④ 사전적 수단과 사후적 수단, ⑤ 하향식 침해에 대한 수단과 상향식 침해에 대한 수단 등의 유형분류가 가능하다. 비상시의 헌법수호수단으로서는 국가비상사태에서 헌법을 지키기 위한 통치권자의 국가긴급권 발동(위에서 아래로), 그리고 주권자 국민의 헌법수호의지에 의거한 저항권행사(아래에서 위로)를 들 수 있다.

[40] 국가긴급권과 저항권 **국가긴급권**(Staatsnotrecht)이란 통상의 헌법조치로는 대처할 수 없는, 국가존립 자체를 위태롭게 하는 국가비상사태가 발생한 경우, 이를 극복하여 원래의 헌법질서로 복귀하기 위해, 통치권자가 비상수단을 발동할 수 있는 권한을 말한다. 여기에는 헌법 내에서 비상수단을 예정하고 있는 **합헌적 국가긴급권**(위임적 독재)과 헌법 내에 제도화되지 않았거나 그 한계를 무시하고 발동되는 **초헌법적 국가긴급권**(주권적 독재)이 있는데, 현행헌법은 전자에 해당하는 대통령의 긴급입법권(헌§76)과 계엄선포권(헌§77)을 규정했다. 그러나 국가긴급권은 ① 국가비상사태(Ausnahmezustand)가 구체적으로 이미 발생한 **상황**에서(단순한 헌법장애상

태[Verfassungsstoerung]를 이유로 발동할 수 없고 사전 예방적으로 미리 발동할 수도 없음), ② 국가존립과 헌법질서를 유지·회복하려는 소극적인 목적을 위해(공공복리증진 등 적극적인 목적을 위해 발동할 수 없음), ③ 통상의 헌법조치가 무의미할 때 최후적·보충적 수단으로 필수불가결한 최소한도의 내용으로 발동되어야 한다는 한계를 갖는다. 저항권(Widerstandrecht)이란 헌법질서의 근간을 무시하는 총체적으로 불법한 국가권력에 대해, 원래의 헌법질서를 유지·회복하기 위해, 주권자 국민이 최후 수단으로서 저항할 수 있는 권리를 말한다. 하향식 헌법침해에 대한 헌법수호 수단으로서 저항권은 새로운 헌법질서의 창조를 위한 혁명권이라든가, 개별 정책·법령에 대한 평화적인 거부인(따라서 최후적·보충적 수단일 필요가 없음) 시민불복종운동과 구별된다. 자연법적 권리로서 저항권은 현행헌법 전문의 3·1운동과 4·19민주이념의 계승에 관한 규정을 간접적 근거로, 헌법에 열거되지 않은 주권자의 권리(헌§37①)로서 보장된다. 그러나 이 역시 ① 국가권력이 헌법질서의 근간을 전면적으로 부정하는 총체적인 불법의 상황에서, ② 기존 헌법질서를 유지·회복하려는 소극적인 목적을 위해, ③ 다른 법적 방도가 없을 때 최후적·보충적 수단으로 행사하되 그 내용에서 폭력(물리력)행사는 최소한도에 그쳐야 한다는 한계를 갖는다.

II.

[41] 현행헌법과 헌법제정권력 현행헌법은 전문에서 "… 우리 대한국민은 … 1948년 7월 12일에 제정되고 8차에 걸쳐 개정된 헌법을 이제 … 개정한다."라고 선언하여, 1948년 헌법이 주권자 국민의 헌법제정권력 행사 결과임을 분명히 했다. 아울러 그 이후 9차례의 헌법변경도 기존 헌법개정절차에 따르지 않았거나(1962년 헌법, 1972년 헌법, 1980년 헌법), 기존 헌법을 전면적으로 개편한 것(1960년 헌법, 1987년 헌법)이었음에도, 1948년 헌법의 기본적 동일성을 상실하지는 않았다는 점에서 역시 헌법의 개정인 것이라고 명시했다. 한편, 헌법 제1조 제2항은 "대한민국의 주권은 국민에게 있고, 모든 권력은 국민으로부터 나온다."라고 규정했는데, 오늘날 헌법국가에서 국가의 운명을 결정짓는 최고·독립의 힘으로서 주권은 결국

헌법의 운명을 결정짓는 근본적 결단으로서 헌법제정권력과 일치할 수밖에 없으므로, 이 조문은 주권재민의 국민주권주의를 선언한 것이면서, 동시에 헌법제정권력의 주체가 국민임을 선언한 것이기도 하다(2004헌마554등·2010헌바132등). 여기서 "모든 권력"이란 곧 '조직하는 권력'(pouvoir constituant)인 헌법제정권력에 의거하여 '조직된 권력'(pouvoir constitué)으로서 복수의 통치권(입법권·행정권·사법권)을 의미한다.

헌재 2004. 10. 21. 2004헌마554등 : "헌법 제1조 제2항은 '대한민국의 주권은 국민에게 있고, 모든 권력은 국민으로부터 나온다.'고 규정한다. 이와 같이 국민이 대한민국의 주권자이며, 국민은 최고의 헌법제정권력이기 때문에 성문헌법의 제·개정에 참여할 뿐만 아니라 헌법전에 포함되지 아니한 헌법사항을 필요에 따라 관습의 형태로 직접 형성할 수 있다. 그렇다면 관습헌법도 성문헌법과 마찬가지로 주권자인 국민의 헌법적 결단의 의사의 표현이며 성문헌법과 동등한 효력을 가진다고 보아야 한다. 국민주권주의는 성문이든 관습이든 실정법 전체의 정립에의 국민의 참여를 요구한다고 할 것이며, 국민에 의하여 정립된 관습헌법은 입법권자를 구속하며 헌법으로서의 효력을 가진다. [재판관 전효숙의 반대의견] 성문의 헌법전은 헌법제정권자인 국민들이 직접 '명시적' 의사표시로써 제정한 최고법규범으로서 모든 국가권력을 기속하는 강한 힘을 보유하는 것이며, 그 내용의 개정은 엄격한 절차를 거치도록 하고 있는데, 그러한 성문헌법의 강한 힘은 국민주권의 명시적 의사가 특정한 헌법제정절차를 거쳐서 수렴되었다는 점에서 가능한 것이다. 관습만으로는 헌법을 특징화하는 그러한 우세한 힘을 보유할 수 없다."

헌재 2013. 3. 21. 2010헌바132등 : "국민은 대한민국의 주권자이며 최고의 헌법제정권력이기 때문에 성문헌법의 제·개정에 참여한다(헌재 2004. 10. 21. 2004헌마554등). 즉 헌법을 제·개정할 것인지 여부, 헌법을 개정한다면 어떠한 내용으로 할 것인지 여부의 제반 결정권은 제헌헌법 이래 현행헌법에 이르기까지 국민에게 있으며, 헌법을 개정하거나 폐지하고 다른 내용의 헌법을 모색하는 것은 주권자이자 헌법제·개정권력자인 국민이 보유하는 가장 기본적인 권리로서, 가장 강력하게 보호되어야 할 권리 중의 권리에 해당한다. 그러나 (유신헌법의 개정 논의 자체를 전면적으로 금지한) 긴급조치 제1호는 민주주의의 본질적인 요소인 … 국민의 헌법개정절차에서 가지는 참정권적 기본권인 국민투표권 등의 권리 … 등을 지나치게 제한하는 것이다."

[42] 현행헌법의 헌법개정조항 현행헌법 제10장은 헌법개정절차에 대해 규정했다. 즉, 그것은 ① 국회재적의원 과반수 또는 대통령의 제안(헌§128①) → ② 제안 후 20일 이상 대통령의 공고(헌§129) → ③ 공고 후 60일 이내 국회재적의원 2/3 이상의 찬성으로 의결(헌§130①) → ④ 의결 후 30일 이내 국민투표에서 국회의원선거권자 과반수 투표와 투표자 과반수 찬성으로 확정(헌§130②③) → ⑤ 확정 즉시 대통령의

공포(헌§130③)의 순서로 진행된다. 1948년 헌법은 대통령 또는 국회재적의원 1/3 이상의 제안에 의하되 국민투표절차는 규정하지 않았으나(48헌§98), 1962년 헌법에서 국민투표를 통한 확정절차를 처음 도입했다(62헌§121). 1972년 헌법에서는 국회의 헌법개정안 제안 정족수를 재적의원 과반수로 상향하면서(72헌§124①), 헌법개정절차를 이원화 하여 대통령이 제안한 경우 국민투표만으로 확정되도록 했으나(72헌§124②), 1980년 헌법에서 이원화된 절차를 통합한 후(80헌§131) 현행헌법까지 유지되고 있다. 개정 헌법의 **발효시점**에 대해서는 공포시설과 20일 경과시설이 대립하고 있으나, 1962년 헌법(국회 최초 집회일부터 시행)을 제외한 역대헌법은 모두 공포일로부터 시행한다고 부칙에서 명시했으며 현행헌법은 시행일을 1988. 2. 25.일로 명시했다(헌부§1). **헌법개정의 한계**에 대해, 휴전 직후의 1954년 헌법은 국호 및 민주공화국조항(54헌§1)과 주권재민의 국민주권조항(54헌§2), 주권제약·영토변경 등 국가안위에 관한 중대사항의 국민투표부의조항(54헌§7의2)은 개폐할 수 없다고 명시했으나(54헌§98⑥), 현행헌법은 이런 명문규정을 두지 않았다. 헌법재판소도 헌법제정권력과 헌법개정권력은 개념적으로 구분하면서도(2004헌마554등·2010헌바132등), 헌법개정권력의 한계는 부정하는 입장을 견지하고 있다(95헌바3·94헌마118등·94헌바20·2000헌바38). 학설로서는 **개정한계긍정설**이 다수이나 구체적으로 어떤 한계를 인정할 것인지에 대해서는 견해가 갈린다. 대체로 ① 정치적 기본질서로서 민주주의원리(민주공화국과 국민주권주의[헌§1] 및 복수정당제[헌§8①]·선거제도[헌§41①·§67①]·의회제도[헌3장])와 법치주의원리(기본적 인권의 보장[헌2장]과 권력분립주의[헌§40·§66④·§101①]·사법권독립[헌§103]), ② 경제적 기본질서로서 자유시장경제(헌§119①)와 재산권의 보장(헌§23), ③ 국제적 기본질서로서 평화통일주의(헌§4)와 국제평화주의(헌§5), ④ 헌법개정에서의 경성헌법주의(헌10장) 등이 거론된다. 1980년 헌법에 신설되어(80헌§129②) 현행헌법까지 유지되고 있는 제128조 제2항은 **헌법개정효력의 적용대상제한조항**일 뿐 헌법개정한계조항이 아니다.

헌재 1995. 12. 28. 95헌바3 : "이른바 헌법제정권력과 헌법개정권력을 준별하고, 헌법의 개별규정 상호간의 효력의 차이를 인정하는 전제하에서 헌법제정규범에 위반한 헌법개정에 의한 규정, 상위의 헌법규정에 위배되는 하위의 헌법규정은 위헌으로 위헌심사의 대상이 된다 … 는 견해가 있을 수는 있다. … 우리나라의 헌법은 제헌헌법이 초대 국회에 의하여 제정된 반면 그 후의 제5차, 제7차, 제8차 및 현행의 제9차 헌법개정에 있어서는 국민투표를 거친 바 있고, 그간 각 헌법의 개정절차조항 자체가 여러 번 개정된 적이 있으며, 형식적으로도 부분개정이 아니라 전문까지를 포함한 전면개정이 이루어졌던 점과 우리의 현행헌법이 독일기본법 제79조 제3항과 같은 헌법개정의 한계에 관한 규정을 두고 있지 아니하고, 독일기본법 제79조 제1항 제1문과 같이 헌법의 개정을 법률의 형식으로 하도록 규정하고 있지도 아니한 점 등을 감안할 때, 우리 헌법의 각 개별규정 가운데 무엇이 헌법제정규정이고 무엇이 헌법개정규정인지를 구분하는 것이 가능하지 아니할 뿐 아니라, 각 개별규정에 그 효력상의 차이를 인정하여야 할 형식적인 이유를 찾을 수 없다. 이러한 점 … 에 비추어, 헌법제정권과 헌법개정권의 구별론이나 헌법개정한계론은 그 자체로서의 이론적 타당성 여부와 상관없이 우리 헌법재판소가 헌법의 개별규정에 대하여 위헌심사를 할 수 있다는 논거로 원용될 수 있는 것이 아니다. … 물론 헌법은 전문과 단순한 개별조항의 상호관련성이 없는 집합에 지나지 않는 것이 아니고 하나의 통일된 가치체계를 이루고 있는 것이므로, 헌법의 전문과 각 개별규정은 서로 밀접한 관련을 맺고 있고, 따라서 헌법의 제 규정 가운데는 헌법의 근본가치를 보다 추상적으로 선언한 것도 있고, 이를 보다 구체적으로 표현한 것도 있어서 이념적·논리적으로는 규범 상호간의 우열을 인정할 수 있는 것이 사실이다. 그러나 그렇다 하더라도, 이때에 인정되는 규범 상호간의 우열은 추상적 가치규범의 구체화에 따른 것으로 헌법의 통일적 해석에 있어서는 유용할 것이지만, 그것이 헌법의 어느 특정규정이 다른 규정의 효력을 전면 부인할 수 있는 정도의 개별적 헌법규정 상호간에 효력 상의 차등을 의미하는 것이라고는 볼 수 없다."

헌재 2001. 2. 22. 2000헌바38 : "[재판관 하경철의 반대의견] 국민투표를 거쳤다고 하여서 절차적 합법성의 결여가 치유되는 것은 아니다. 만일 국민투표에 의하여 확정되기만 하면 어떠한 내용의 헌법개정도 가능하다고 본다면, 국민투표는 불법적 '힘'의 결단을 곧 '법'으로 만드는 합법화수단 외에 다른 아무 것도 아닐 것이며, 독재권력에 의하여 언제든지 남용될 수 있는 가능성을 내포하고 있는 것이다. 그러므로 국민투표를 거쳐서 헌법개정이 되었다 하여 국민투표를 거치지 않은 헌법개정의 경우보다 더욱 높은 정당성을 부여하거나 우위의 효력을 부여할 수 없는 것이며 또 이를 이유로 하여 위헌심사가능성을 부인할 수도 없다 할 것이다. … 헌법에는 보다 상위의 근본규정에 해당하는 헌법규정이 있는가 하면 그러한 근본규정에는 해당하지 않는 보다 하위의 헌법규정이 있을 수 있다. 이때 하위의 헌법규정이 상위의 헌법규정과 합치하지 않는다고 해서 모든 경우에 다 그 효력을 부인할 수 있는 것은 아니나, 더 이상 감내할 수 없을 정도로 일반인의 정의감정에 합치되지 아니하는 경우에는 헌법의 개별조항도 헌법 제111조 제1항 제1호 및 제5호, 헌법재판소법 제41조 제1항 및 헌법재판소법 제68조 제2항 소정의 법률의 개념에 포함되는 것으로 해석하여 헌법재판소가 그 위헌성을 확인할 수 있어야 할 것이다. 이러한 경우까지도 헌법재판소가 심판할 수 없다고 한다면 이는 헌법의 기본원칙과 기본권 보장에 역행하는 어떠한 내용의 헌법규정을 두어도 괜찮다는 것이 되어 헌법의 본질과 기본권 보장은 형해화 되고 말 것이며 독재권력에 의한 헌법유린과 국민투표를 악용한 횡포를 막을 길이 없게 될 것이기 때문이다."

[43] 헌법수호와 자유 민주적 기본질서 헌법수호를 통해 지켜내야 할 헌법의 핵심가치, 즉 자유민

주적 기본질서의 구체적 의미에 대해, 일찍이 헌재 1990. 4. 2. 89헌가113 결정에서 헌법재판소는 "기본적 인권의 존중, 권력분립, 의회제도, 복수정당제도, 선거제도, 사유재산과 시장경제를 골간으로 한 경제질서 및 사법권의 독립"이라고 규정했다. 이어 헌재 2001. 9. 27. 2000헌마238등 결정에서는 이를 "국가권력의 간섭을 배제하고, 개인의 자유와 창의를 존중하며 다양성을 포용하는 자유주의와 국가권력이 국민에게 귀속되고, 국민에 의한 지배가 이루어지는 것을 내용적 특징으로 하는 민주주의가 결합된 개념"이라고 보았다. 헌법수호의 구체적 수단으로서 특히 탄핵제도와 정당해산제도의 경우, 헌법의 핵심가치로서 자유민주적 기본질서의 수호에 그 본질이 있다는 점이 분명히 드러난다. 헌재 2004. 5. 14. 2004헌나1 결정 및 헌재 2017. 3. 10. 2016헌나1 결정에서 헌법재판소는 탄핵심판절차가 헌법수호제도라는 논거에서 출발하여, 헌법수호의 관점에서 중대한 법위반이 있을 때에만(즉, 자유민주적 기본질서를 위협하는 행위로서 법치국가원리[기본적 인권의 존중, 권력분립, 사법권의 독립]와 민주주의원리[의회제도, 복수정당제도, 선거제도]에 대한 적극적인 위반행위가 있을 때에만) 대통령에 대한 파면결정이 정당화된다고 보았다. 자유와 민주주의의 적(敵)에게는 자유와 민주주의를 허여(許與)할 수 없다는, 방어적 민주주의의 제도화를 의미하는 정당해산심판절차에서는, 그 수호되어야 할 헌법의 핵심가치가 '민주적 기본질서'라는 해산요건으로 명시되어 있다(헌§8④). 헌재 2014. 12. 19. 2013헌다1 결정에서 헌법재판소는, 자유민주적 기본질서의 의미에 관한 선례들과 마찬가지로, 민주적 기본질서 역시 민주주의원리에 입각한 요소들과 법치주의원리에 입각한 요소들로 이루어진다고 보았다. 그리하여 헌법을 수호한다는 방어적 민주주의의 관점에서, 강제 해산되는 위헌정당 소속 의원들의 의원직까지도 상실되어야 한다고 판단했다.

헌재 2004. 5. 14. 2004헌나1 : "직무행위로 인한 모든 사소한 법위반을 이유로 파면을 해야 한다면, 이는 피청구인의 책임에 상응하는 헌법적 징벌의 요청 즉, 법익형량의 원칙에 위반된다. 따라서 헌법재판소법 제53조 제1항의 '탄핵심판청구가 이유 있는 때'란, 모든 법위반의 경우가 아니라, 단지 공직자의 파면을 정당화할 정도로 '중대한' 법위반의 경우를 말한다. … 탄핵심판절차가 궁극적으로 헌법의 수호에 기여하는 절차라는 관점에서 본다면, 파면결정을 통하여 헌법을 수호하고 손상된 헌법질서를 다시 회복하는 것이 요청될 정도로 대통령의 법위반행위가 헌법수호의 관점에서 중대한 의미를 가지는 경우에 비로소 파면결정이 정당화되며 … 탄핵심판절차를 통하여 궁극적으로 보장하고자 하는 헌법질서, 즉 '자유민주적 기본질서'의 본질적 내용은 법치국가원리의 기본요소인 '기본적 인권의 존중, 권력분립, 사법권의 독립'과 민주주의원리의 기본요소인 '의회제도, 복수정당제도, 선거제도' 등으로 구성되어 있다는 점에서(헌재 1990. 4. 2. 89헌가113), 대통령의 파면을 요청할 정도로 '헌법수호의 관점에서 중대한 법위반'이란, 자유민주적 기본질서를 위협하는 행위로서 법치국가원리와 민주국가원리를 구성하는 기본원칙에 대한 적극적인 위반행위를 뜻하는 것."

헌재 2017. 3. 10. 2016헌나1 : "대통령을 탄핵하기 위해서는 대통령의 법 위배 행위가 헌법질서에 미치는 부정적 영향과 해악이 중대하여 대통령을 파면함으로써 얻는 헌법수호의 이익이 대통령 파면에 따르는 국가적 손실을 압도할 정도로 커야 한다. … 피청구인이 최○원의 국정개입을 허용하고 국민으로부터 위임받은 권한을 남용하여 최○원 등의 사익 추구를 도와주는 한편 이러한 사실을 철저히 은폐한 것은, 대의민주제의 원리와 법치주의의 정신을 훼손한 행위로서 대통령으로서의 공익실현의무를 중대하게 위반한 것이다. … 피청구인은 자신의 헌법과 법률 위배행위에 대하여 국민의 신뢰를 회복하고자 하는 노력을 하는 대신 국민을 상대로 진실성 없는 사과를 하고 국민에게 한 약속도 지키지 않았다. 이 사건 소추사유와 관련하여 피청구인의 이러한 언행을 보면 피청구인의 헌법수호의지가 분명하게 드러나지 않는다. … 피청구인의 법 위배행위가 헌법질서에 미치게 된 부정적 영향과 파급효과가 중대하므로, 국민으로부터 직접 민주적 정당성을 부여받은 피청구인을 파면함으로써 얻는 헌법수호의 이익이 대통령 파면에 따르는 국가적 손실을 압도할 정도로 크다고 인정된다."

헌재 2014. 12. 19. 2013헌다1 : "정당해산심판제도가 수호하고자 하는 민주적 기본질서는 우리가 오늘날의 입헌적 민주주의체제를 구성하고 운영하는 데에 필요한 가장 핵심적인 내용이나 요소를 의미하는 것으로서, 민주적이고 자율적인 정치적 절차를 통해 국민적 의사를 형성·실현하기 위한 요소, 즉 민주주의원리에 입각한 요소들과, 이러한 정치적 절차를 운영하고 보호하는 데에 필요한 기본적인 요소, 즉 법치주의원리에 입각한 요소들 중에서 필요불가결한 부분이 중심이 되어야 한다. … 피청구인에 대한 정당해산결정으로 얻을 수 있는 이익은 피청구인이 파괴하려고 한 우리 헌법상의 최고가치인 국민주권원리, 기본권 보장, 복수정당제, 권력분립 등의 민주적 기본질서 수호이다. 이러한 민주적 기본질서의 수호라는 이익은 정당해산결정으로 초래되는 피청구인의 정당활동의 자유에 대한 근본적 제약이라는 불이익에 비하여 월등히 크고 중요하다. … 정당해산심판제도의 본질은 그 목적이나 활동이 민주적 기본질서에 위배되는 정당을 국민의 정치적 의사 형성과정에서 미리 배제함으로써 국민을 보호하고 헌법을 수호하기 위한 것이다. 어떠한 정당을 엄격한 요건 아래 위헌정당으로 판단하여 해산을 명하는 것은 헌법을 수호한다는 방어적 민주주의 관점에서 비롯되는 것이고, 이러한 비상상황에서는 국회의원의 국민대표성은 부득이 희생될 수밖에 없다. 헌법재판소의 해산결정으로 해산되는 정당 소속 국회의원의 의원직 상실은 정당해산심판제도의 본질로부터 인정되는 기본적 효력으로 봄이 상당하므로, 이에 관하여 명문의 규정이 있는지 여부는 고려의 대상이 되지 아니하고, 그 국회의원이 지역구에서 당선되었는지, 비례대표로 당선되었는지에 따라 아무런 차이가 없이, 정당해산결정으로 인하여 신분유지의 헌법적인 정당성을 잃으므로 그 의원직은 상실되어야 한다."

[44] 국가긴급권의 요건과 한계 국가긴급권의 유형과 관련하여 헌법재판소는 초헌법적 국가긴급권을 규정한 법률을 위헌으로 선언함으로써(92헌가18), 헌법 내에 제도화된 **합헌적 국가긴급권**만이 헌법수호의 수단으로서 정당한 것이라고 보았다. 헌법재판소는 현행헌법상 긴급재정경제명령의 위헌 여부와 관련하여 국가긴급권의 **발동요건**(상황·목적·내용·절차)과 그 판단기준·판단주체를 분명히 했는데(93헌마186), 대법원과 헌법재판소는 **유신헌법의 긴급조치**에 대해 그것이 국가긴급권 발동요건의 여러 한계들을 일탈하여 위헌이라고 한 바 있다(2010도5986·2010헌바70등).

헌재 1994. 6. 30. 92헌가18 : "헌법상의 국가긴급권은 그 요건도 엄격하고 국회의 사후통제도 강력하여 대통령이 함부로 이를 발동할 수 없게 되어 있는 데 비하여 특별조치법상의 국가긴급권은 그 발동이 매우 용이하게 되어 있으며 이렇게 볼 때 특별조치법은 대통령으로 하여금 국가긴급권 발동에 관한 헌법상의 엄격한 통제를 벗어나게 하기 위하여 제정한 법률이라고 볼 수 있다. … 국가긴급권은 국가의 존립이나 헌법질서를 위태롭게 하는 비상사태가 발생한 경우에 국가를 보전하고 헌법질서를 유지하기 위한 헌법보장의 한 수단이다. … 헌법에서 국가긴급권의 발동기준과 내용 그리고 그 한계에 관해서 상세히 규정함으로써 그 남용 또는 악용의 소지를 줄이고 심지어는 국가긴급권의 과잉행사 때는 저항권을 인정하는 등 필요한 제동장치도 함께 마련해 두는 것이 현대의 민주적인 헌법국가의 일반적인 태도이다. 우리 헌법도 국가긴급권을 대통령의 권한으로 규정하면서도 국가긴급권의 내용과 효력 통제와 한계를 분명히 함으로써 그 남용과 악용을 막아 국가긴급권이 헌법보호의 비상수단으로서 제 기능을 나타내도록 하고 있다. 특별조치법은 초헌법적인 국가긴급권을 대통령에게 부여하고 있다는 점에서 이는 헌법을 부정하고 파괴하는 반 입헌주의, 반 법치주의의 위헌법률이다."

헌재 1996. 2. 29. 93헌마186 : "긴급재정경제명령은 정상적인 재정운용·경제운용이 불가능한 중대한 재정·경제상의 위기가 현실적으로 발생하여(그러므로 위기가 발생할 우려가 있다는 이유로 사전적·예방적으로 발할 수는 없다), 긴급한 조치가 필요함에도 국회의 폐회 등으로 국회가 현실적으로 집회될 수 없고 국회의 집회를 기다려서는 그 목적을 달할 수 없는 경우에, 이를 사후적으로 수습함으로써 기존질서를 유지·회복하기 위하여(그러므로 공공복리의 증진과 같은 적극적 목적을 위하여는 발할 수 없다), 위기의 직접적 원인의 제거에 필수불가결한 최소의 한도 내에서 헌법이 정한 절차에 따라 행사되어야 한다. 그리고 긴급재정경제명령은 평상시의 헌법 질서에 따른 권력행사방법으로서는 대처할 수 없는 중대한 위기상황에 대비하여 헌법이 인정한 비상수단으로서 의회주의 및 권력분립의 원칙에 대한 중대한 침해가 되므로 위 요건은 엄격히 해석되어야 할 것이다. … 긴급재정경제명령을 발할 수 있는 중대한 재정·경제상의 위기상황의 유무에 관한 제1차적 판단은 대통령의 재량에 속한다. 그러나 그렇다고 하더라도 그것이 자유재량이라거나 객관적으로 긴급한 상황이 아닌 경우라도 주관적 확신만으로 좋다는 의미는 아니므로 객관적으로 대통령의 판단을 정당화할 수 있을 정도의 위기상황이 존재하여야 한다."

대판 2010. 12. 16. 2010도5986 : "국가긴급권은 국가가 중대한 위기에 처하였을 때 그 위기의 직접적 원인을 제거하는 데 필수불가결한 최소의 한도 내에서 행사되어야 하는 것으로서, 국가긴급권을 규정한 헌법상의 발동요건 및 한계에 부합하여야 하고, 이 점에서 유신헌법 제53조에 규정된 긴급조치권 역시 예외가 될 수는 없다. … 유신헌법 등에 대한 논의 자체를 전면금지함으로써 이른바 유신체제에 대한 국민적 저항을 탄압하기 위한 것임이 분명하여 긴급조치권의 목적상의 한계를 벗어난 것일 뿐만 아니라, 위 긴급조치가 발령될 당시의 국내외 정치상황 및 사회상황이 긴급조치권 발동의 대상이 되는 비상사태로서 국가의 중대한 위기상황 내지 국가적 안위에 직접 영향을 주는 중대한 위협을 받을 우려가 있는 상황에 해당한다고 할 수 없으므로, 그러한 상황에서 발령된 긴급조치 제1호는 유신헌법 제53조가 규정하고 있는 요건을 결여한 것이다. … 긴급조치 제1호의 내용은 민주주의의 본질적 요소인 표현의 자유 내지 신체의 자유와 헌법상 보장된 청원권을 심각하게 제한하는 것으로서 … 그 발동요건을 갖추지 못한 채 목적상 한계를 벗어나 국민의 자유와 권리를 지나치게 제한함으로써 헌법상 보장된 국민의 기본권을 침해한 것이므로, 긴급조치 제1호가 해제 내지 실효되기 이전부터 유신헌법에 위배되어 위헌이고, 나아가 긴급조치 제1호에 의하여 침해된 위 각 기본권의 보장 규정을 두고 있는 현행헌법에 비추어 보더라도 위헌이다."

헌재 2013. 3. 21. 2010헌바70등 : "당시 유신헌법에 반대하는 국민이 유신헌법에 대한 비판적 의사표시나 개헌을 위한 적극적인 의견제시 등을 특정 시기에 집약적이고 집합적으로 표출하고 있었다 하더라도, 이를 긴급조치와 같은 국가긴급권으로서 대처하여야 할 국가적 비상상황이라고 보기도 어렵다. … 계엄이나 긴급조치와 같은 국가긴급권은 국가가 법치주의적 질서 아래에서 행사되는 정상적인 헌법보호수단에 의해서는 제거할 수 없는 전쟁, 사변, 천재·지변 등과 같은 비상사태(긴급사태)에서만 행사될 수 있는 것이고, 그 비상사태에 대한 판단을 국가원수가 단독으로 결정할 수 없으며, 그 행사의 목적이 국가의 존립 내지 자유민주적 기본질서의 보호를 위한 것이어야 한다. 특히 국가긴급권은 일시적인 비상사태에 대응하기 위한 특별하고 예외적인 조치이므로 반드시 일시적이고 임시적인 조치에 한정되어야 한다. 마지막으로 구체적인 조치들이 비례의 원칙에 합치되는지 여부를 사후심사할 수 있는 사법적 통제도 보장되어야 할 것이다. … 국민의 유신헌법 반대운동을 금지하는 등 정치적 표현의 자유를 지나치게 침해하는 내용이어서 국가긴급권이 갖는 내재적 한계를 일탈한 것."

[45] 저항권의 인정 여부와 그 한계 일찍이 대법원은 김재규 사건 판결에서 저항권을 재판규범으로서 인정할 것인지에 대해 부정적인 입장을 취한 바 있다(80도306). 헌법재판

소는 저항권이라는 개념 자체는 인정하면서도, 입법절차상의 하자는 권한쟁의 심판청구라는 법적 구제수단이 남아있는 것이므로(즉, 저항권이 최후적·보충적 수단은 아니므로), 저항권행사의 대상이 되지 않는다(수단상의 한계 일탈)고 보았다(97헌가4). 또한, 통합진보당 해산사건에서 헌법재판소는 이들의 저항권행사 주장에 대해, 저항권에 '의한' 집권을 주장하는 것이어서, 민주적 기본질서의 '유지·회복'이라는 소극적인 목적을 추구하는 것이 아니(목적상의 한계 일탈)라고 판단했다(2013헌다1).

대판 1980. 5. 20. 80도306 : "현대 입헌 자유민주주의국가의 헌법이론상 자연법에서 우러나온 자연권으로서의 소위 저항권이 헌법 기타 실정법에 규정되어 있든 없든 간에 엄존하는 권리로 인정되어야 한다는 논지가 시인된다 하더라도 그 저항권이 실정법에 근거를 두지 못하고 오직 자연법에만 근거하고 있는 한 법관은 이를 재판규범으로 원용할 수 없다. 더구나 오늘날 저항권의 존재를 긍인하는 학자 사이에도 그 구체적 개념의 의무내용이나 그 성립요건에 관해서는 그 견해가 구구하여 일치된다 할 수 없어 결국 막연하고 추상적인 개념이란 말을 면할 수 없고, 이미 헌법에 저항권의 존재를 선언한 몇 개의 입법례도 그 구체적 요건은 서로 다르다 할 것이니 헌법 및 법률에 저항권에 관하여 아무런 규정도 없는(소론 헌법 전문 중 '4·19의거 운운'은 저항권 규정으로 볼 수 없다) 우리나라의 현 단계에서는 더욱이 이 저항권이론을 재판의 준거규범으로 채용적용하기를 주저 아니 할 수 없다. 따라서 위 당원의 판례를 변경할 필요를 느끼지 아니한다 할 것이어서 원심에 이점에 관한 법리오해 있다는 논지는 받아들일 수 없다. [대법원판사 임항준의 의견] 인권과 민주적 헌법의 기본질서의 옹호를 위하여 최후의 수단으로서 형식적으로 보면 합법적으로 성립된 실정법이지만 실질적으로는 국민의 인권을 유린하고 민주적 기본질서를 문란케 하는 내용의 실정법상의 의무이행이나 이에 대한 복종을 거부하는 등을 내용으로 하는 저항권은 헌법에 명문화되어 있지 않았더라도 일종의 자연법상의 권리로서 이를 인정하는 것이 타당하다 할 것이고 이러한 저항권이 인정된다면 재판규범으로서의 기능을 배제할 근거가 없다고 할 것이다."

헌재 1997. 9. 25. 97헌가4 : "국회법 소정의 협의 없는 개의시간의 변경과 회의일시를 통지하지 아니한 입법과정의 하자는 저항권행사의 대상이 되지 아니한다. 왜냐하면 저항권은 국가권력에 의하여 헌법의 기본원리에 대한 중대한 침해가 행하여지고 그 침해가 헌법의 존재 자체를 부인하는 것으로서 다른 합법적인 구제수단으로는 목적을 달성할 수 없을 때에 국민이 자기의 권리·자유를 지키기 위하여 실력으로 저항하는 권리이기 때문이다. 그리고 헌법의 수호자이고 인권의 보장자인 헌법재판소는 심판대상 법률과 관련하여 국회 본회의에 참석하지 못한 국회의원 125명이 국회의장을 상대로 제기한 국회의원과 국회의장간의 권한쟁의심판청구 사건에서 … 청구인들(국회의원)의 법률안 심의·표결의 권한을 침해한 것이다'라는 취지의 결정을 한 바 있다(헌재 1997. 7. 16. 96헌라2 결정)."

헌재 2014. 12. 19. 2013헌다1 : "저항권은 공권력의 행사자가 민주적 기본질서를 침해하거나 파괴하려는 경우 이를 회복하기 위하여 국민이 공권력에 대하여 폭력·비폭력, 적극적·소극적으로 저항할 수 있다는 국민의 권리이자 헌법수호제도를 의미한다. 하지만 저항권은 공권력의 행사에 대한 '실력적' 저항이어서 그 본질상 질서교란의 위험이 수반되므로, 저항권의 행사에는 개별 헌법조항에 대한 단순한 위반이 아닌 민주적 기본질서라는 전체적 질서에 대한 중대한 침해가 있거나 이를 파괴하려는 시도가 있어야 하고, 이미 유효한 구제수단이 남아 있지 않아야 한다는 보충성의 요건이 적용된다. 또한 그 행사는 민주적 기본질서의 유지·회복이라는 소극적인 목적에 그쳐야 하고 정치적·사회적·경제적 체제를 개혁하기 위한 수단으로 이용될 수 없다. 이러한 요건에 따라 피청구인 주도세력의 주장을 살펴보면, 우선적으로 그들은 저항권에 '의한' 집권을 주장하고 있다. 그러나 앞서 본 바와 같이 저항권은 민주적 기본질서의 유지·회복에 있는 것이지 집권이라는 적극적인 목적을 위해서는 사용될 수 없으므로, 이 부분은 저항권행사가 폭력수단에 의한 집권을 의미하는 것은 아닌지 의심된다. 물론 이러한 주장을 헌법상 인정될 수 있는 이른바 저항권적 상황에서 저항권의 행사에 의하여 기존의 위헌적인 정권을 물러나게 함으로써 민주적 기본질서를 회복하고 그 이후에 민주적인 방법에 의한 집권을 하겠다는 취지로 해석할 여지가 없지는 않다. 그러나 저항권에 의한 집권을 선거에 의한 집권과 함께 지속적으로 주장하는 것은 민주적 기본질서에 대한 전반적인 침해 내지 파괴에 이르지 못하는 경우에도 저항권의 행사를 염두에 둔 것으로 보인다."

III.

[46] 국가원수 종신제와 헌법개정의 한계 현행헌법은 제4조에서 "대한민국은 **통일을 지향**"한다고 선언했다. 그런데 북한에서 통일의 전제조건으로 일종의 '반 대통령제' 정부형태를 제시하면서, "행정권은 국회다수당 당수인 총리에게 부여하되 명목적 국가원수인 주석 직위를 두어, 현 조선민주주의인민공화국 국무위원장이 공화국의 영원한 주석으로 종신 복무하도록 한다."는 골자의 헌법개정을 제안했다고 가정하자. 이러한 헌법개정은 과연 허용될 수 있는 것일까?

헌법개정의 한계에 대해서는 긍정설과 부정설 사이에 논란이 있고, 구체적으로 어떤 한계를 인정할 것인지에 대해서도 논란이 있지만, 헌법제정권자의 근본적 결단 사항을 개정함으로써 헌법의 기본적 동일성을 변경하는 것은 허용될 수 없다고 본다. 국가형태로서 **민주공화국을 선언**한 헌법 제1조 제1항은 국민투표를 통한 헌법개정절차로써도 폐지할 수 없는 헌법제정권자(국민)의 근본적 결단 사항이다. 민주공화국이란 군주국을 부정할 것, 즉 '국가원수가 한정된 임기로 자유로이 선출되는 국가'일 것을 요구하므로, 종신의 국가원수인 주석 직위를 신설하는 것은 헌법 제1조 제1항에 위배된다. 즉, 헌법개정의 한계를 벗어난 것이어서 허용될 수 없다. 만일 그러한 헌법개정이 이루어진다면, 이미 이는 새로운 헌법의 제정에 해당할 수밖에 없다.

[47] 영토조항, 국무총리 서리제와 헌법변천 1948년 헌법 이래 현행 1987년 헌법까지 9차례의 개정을 경험한 우리 헌법사의 역동성에 비추어, **헌법변천**으로 인정될만한 사례는 찾아보기 어렵다. 만일 헌법의 의미를 바꾸고 싶었다면 헌법조문을 직접 변경하는 헌법개정이 가능했을 것이기 때문이다. 현행헌법에 **평화통일조항**(헌§4)이 신설된 이상, **영토조항**(헌§3)에서 영토의 범위는 '휴전선 이남'으로 실질적 의미가 축소·변경되었다고 보려는 입장이 있다. 그러나 1972년 헌법에서 일련의 평화통일조항이 처음 삽입되고(72헌전문·§35·§37①·§43③·§46), 현행 1987년 헌법에서는 별도의 조문(헌§4)까지 신설되었음에도, 1948년 헌법 이래 영토조항을 한 번도 삭제함 없이 계속 유지한 헌법개정권자의 명시적인 의사를 우리는 무시할 수 없다. 뿐만 아니라 헌법 제3조는 북한주민에 대한 대한민국 국적의 부여, 북한저작물에 대한 대한민국 저작권법의 보호 등 사례처럼 규범적 효력이 실질적으로도 유지되고 있는 측면이 있다. 대통령이 국회의 동의 없이 **국무총리서리**를 임명하는 종래의 관행에 대해서도 헌법변천으로 인정하려는 입장이 있다. 그러나 이는 대통령의 행정부구성권에 대한 국회의 통제를 규정한(민주주의·권력분립의 요청) 헌법 제86조 제1항에 반하는, 대통령의 위헌적 권한행사이므로 헌법변천이라는 논리로써 정당화될 수 없다.

[48] 국가긴급권의 발동과 통치행위 **국가긴급권의 발동**은 대통령의 고도의 정치적 행위로서 사법심사의 대상이 되지 않는 **통치행위**인가? 헌법재판소는 **긴급재정경제명령**의 발동이 고도의 정치적 결단에 의해 행해지는 국가작용, 즉 통치행위라 할지라도 국민의 기본권 침해와 직접 관련되는 경우에는 헌법재판소의 심판대상(헌법소원심판대상)이 된다고 보았다(93헌마186). 대법원은 유신헌법에 근거한 **긴급조치**의 경우, 국가긴급권에 관한 대통령의 결단은 가급적 존중되어야 하지만, 위헌심사의 기준인 현행헌법의 의해 긴급조치에 대한 사법심사는 가능하다고 보았다(2010도5986).

헌재 1996. 2. 29. 93헌마186 : "이른바 통치행위를 포함하여 모든 국가작용은 국민의 기본권적 가치를 실현하기 위한 수단이라는 한계를 반드시 지켜야 하는 것이고, 헌법재판소는 헌법의 수호와 국민의 기본권 보장을 사명으로 하는 국가기관이므로 비록 고도의 정치적 결단에 의하여 행해지는 국가작용이라고 할지라도 그것이 국민의 기본권 침해와 직접 관련되는 경우에는 당연히 헌법재판소의 심판대상이 될 수 있는 것일 뿐만 아니라, 긴급재정경제명령은 법률의 효력을 갖는 것이므로 마땅히 헌법에 기속되어야 할 것이다. 따라서 이 사건 긴급명령이 통치행위이므로 헌법재판의 대상이 될 수 없다는 법무부장관의 주장은 받아들일 수 없다."

대판 2010. 12. 16. 2010도5986 : "고도의 정치성을 띤 국가행위에 대하여는 이른바 통치행위라 하여 법원 스스로 사법심사권의 행사를 억제하여 그 심사대상에서 제외하는 영역이 있을 수 있다. 그러나 이와 같이 통치행위의 개념을 인정한다고 하더라도 과도한 사법심사의 자제가 기본권을 보장하고 법치주의 이념을 구현하여야 할 법원의 책무를 태만히 하거나 포기하는 것이 되지 않도록 그 인정을 지극히 신중하게 하여야 한다(대판 2004. 3. 26. 2003도7878 등 참조). … 평상시의 헌법질서에 따른 권력행사방법으로는 대처할 수 없는 중대한 위기상황이 발생한 경우 이를 수습함으로써 국가의 존립을 보장하기 위하여 행사되는 국가긴급권에 관한 대통령의 결단은 가급적 존중되어야 한다. 그러나 … 법치주의의 원칙상 통치행위라 하더라도 헌법과 법률에 근거하여야 하고 그에 위배되어서는 아니 된다. … 모든 국민은 유신헌법에 따른 절차적 제한을 받음이 없이 법이 정한 절차에 의해서 긴급조치의 위헌성 유무를 따지는 것이 가능하므로, 이와 달리 유신헌법 제53조 제4항에 근거하여 이루어진 긴급조치에 대한 사법심사가 불가능하다는 취지의 위 대법원 판결(대판 1977. 3. 22. 74도3510, 대판 1977. 5. 13. 77모19등)은 더 이상 유지될 수 없다."

제4장 국가형태·국가구성요소와 국제평화주의

I.

[49] 국호와 국가형태 헌법 제1조 제1항은 **국호**로서 **대한민국**과 **국가형태**로서 **민주공화국**을 규정했다. 이는 임시정부 시기 대한민국임시헌장(1919) 제1조("대한민국은 민주공화제로 함")에서 유래하는 독창적인 규정으로, 1948년 헌법 이래 우리 헌법사에서 '부동의 제1조'로 역대 헌법전에 정착되었다. 전후 헌법 가운데는 1946년의 프랑스헌법(§1)과 1947년의 이태리헌법(§1)이 유사한 규정을 두고 있다. 이 조항에서 대한민국이란 한편으로는 조선(일제강점기 일개 지방명칭으로서의 '조선')이라는 국호의 부정을, 다른 한편으로는 대한(민족칭호 '한'과 국가칭호 '한'의 일치)이라는 국호의 계승을 각각 의미한다. 그리고 이 조항에서 **민주국**이란 정치공동체인 국가의 권력(정치권력)이 국민의 동의에 의해 정당화되고 또 그러한 권력이 분산·통제되는 국가, 즉 다원주의가 지배하는 '비 독재국가'라는 의미이다. 이 조항에서 **공화국**이란 국가원수가 한정된 임기로 자유로이 선출되는 국가, 즉 국가원수로서 군주(임기의 미한정과 지위의 세습)를 인정하지 않는 '비 군주국가'라는 의미이다. 오늘날 군주국은 대개 '왕관을 쓴 공화국'(crowned republic)으로 그 실질이 변형되어 있으므로, 기실, 공화국 조항에는 군주주권에서 국민주권으로의 이행이라는 역사적·연혁적인 의미 외에, 민주국 조항과 구별되는 별도의 규범적 의미는 없는 셈이다. 그 밖에 국가권력의 지역적 분산이라는 측면에서 헌법 제1조 제1항은 **단일국가**임을 규정했다. 즉, 현행헌법상 국가권력의 수직적 분립의 근거는 헌법(연방국가의 경우)이나 조약(국가연합의 경우)이 아니라 법률(지방자치법)이다(헌§117②·§118②).

[50] 국가 구성요소와 국민주권주의 헌법 제1조 제2항, 제2조, 제3조는 각각 국가권력(주권·통치권), 국민, 국가영역(영토)에 관한 규정으로 옐리네크(Georg Jellinek)의 이른바 **'국가3요소설'**(Drei-Elemente-Lehre)에 따른 조문구성이다. 이에 대해서는 국가를 일정한 영역, 즉 영토 내의 국민에 대한 권력행사의 장치로 파악하는 점에서, 다분히 국

가목적적인 헌법관을 반영한 것이라는 비판이 제기되고 있다. 그러나 현행헌법의 이러한 조문구성은 일제강점기 오랜 주권상실의 질곡으로부터 기인한, 주권독립에의 간절한 염원과 헌법국가에의 애타는 갈망이 역대 헌법전에 각인된 결과이다. 따라서 그 '피해자적 국가주의'의 뿌리 깊은 역사성에 바탕을 둔 조문들을 일조일석에 삭제하기란 결코 쉽지 않은 일이 될 것이다. 헌법 제1조 제2항은 주권재민의 국민주권주의를 규정했다. 즉, 헌법제정권력("대한민국의 주권")의 주체와 통치권("모든 권력")의 정당성 근거가 모두 국민임을 선언한 것이다. 마찬가지로 주권재민의 원리를 선언한 버지니아권리장전(1776) 제2조("That all power is vested in, and consequently derived from, the people.")와 프랑스인권선언(1789) 제3조("Le principe de toute Souveraineté réside essentiellement dans la Nation. Nul corps, nul individu ne peut exercer d'autorité qui n'en émane expressément.")가 그 비교헌법상의 모법이다. 현행헌법은 국민(nation)주권론에 입각한 대의제(representative system) 간접민주주의를 원칙으로 채택했기 때문에(즉, 국민투표와 같은 직접민주주의 참정 방식은 예외적으로만 허용되기 때문에), 통치권은 국민이 직접 행사하는 것이 아니라 대의기관(대통령·국회 등)에 의해 간접적으로 행사된다(주권의 보유자[국민]와 행사자[대의기관]는 분리됨[무기속·자유위임]). 이 점, 인민(peuple)주권론에 입각하여 노농회의제(Совет) 직접민주주의를 채택한 헌법들, 가령 중화인민공화국헌법("人民行使国家权力的机关是 … 人民代表大会."[§2])이나 조선민주주의인민공화국헌법("근로인민은 … 인민회의를 통하여 주권을 행사한다."[§4])의 사례(주권의 보유자[인민]와 행사자[대표기관을 통한 인민]는 일치됨[기속·강제위임])와 구별된다.

[51] 국적법정주의, 재외국민보호, 영토조항 헌법 제2조 제1항은 국민의 요건에 대해 이른바 '국적법정주의'를 규정했다. 대일본제국헌법(1889) 제18조("日本臣民タルノ要件ハ法律ノ定ムル所ニ依ル.")를 이어받은 일본국헌법(1946) 제10조("日本國民たる要件は、法律でこれを定める.")가 그 모법이다. 헌법의 위임에 따라 제정된 국적법은 출생에 의한 국적취득에서 원칙적 '속인주의'(jus sanguinis)와 보충적 '속지주의'(jus soli)를(국적§2), 속인주의의 경우 양성평등의 원칙에 입각한 '부모양계혈통주의'를(국적§2①1호) 채택하고 있다. 아울러 복수국적을 제한적으로 허용하는 원칙적 '단일국적주의'(복수국

적자는 대한민국의 법령 적용에서 대한민국 국민으로만 처우함[국적§11의2①])를, 복수국적자에 대해 일정 기간 내에 하나의 국적을 선택하도록 하는 '국적선택주의'를(국적§12①) 채택하고 있다. 헌법 제2조 제2항은 국가의 **재외국민 보호의무**를 규정했는데, 이 조항은 1980년 헌법에서 신설된 것으로, 그 의무를 구체화한 법률이 **「재외동포의 출입국과 법적 지위에 관한 법률」**(약칭 : 재외동포법)이다. 재외동포법은 대한민국 국민으로서 외국에 거주하는 '재외국민'과 대한민국 국민이었던 자 또는 그 직계비속으로서 외국국적을 취득한 '외국국적동포'를 포괄하여 '재외동포'라고 정의하면서(재외§2), 이들에 대해 출입국과 부동산·금융·외국환거래 및 건강보험 등에서 일정한 법적 지위를 보장하고 있다. 헌법 제3조는 **국가영역** 가운데 **영토**에 대해 규정했다. 연방헌법에서 구성 주(州)를 열거하는 경우 외에 영토조항을 별도로 둔 입헌례는 드문 편이다. 1948년 헌법(및 이후 역대 헌법)은 지명 내지 행정구역을 열거하는 방식이 아니라(종래 중화민국 제 헌법초안의 방식), 섬(島)으로써 열거하는 방식("한반도와 그 부속도서")을 채택한 점에서, 일본 메이지 초기 몇몇 헌법초안(「西周憲法草案」[1882] 및 「帝號大日本帝國政典」[1873])의 영토조항을 참고한 것으로 추측된다. 한편, **「영해 및 접속수역법」**은 국가영역 중 영해(원칙상 기선으로부터 12해리까지의 수역)와 접속수역(원칙상 기선으로부터 24해리까지의 수역에서 영해를 제외한 수역)을 각각 규정하고 있으며(영해§1·§3의2), 아울러 **「배타적 경제수역법」**은 기선으로부터 200해리까지의 수역에서 영해를 제외한 수역을 배타적 경제수역으로 규정하고 있다(배타§2①).

[52] 국제평화주의와 국제법 존중주의 등 우리 입헌주의 성립 초기의 특수 조건하에서는 '대내적 민주공화'보다는 '대외적 주권독립'의 요청이 더 중시되었으며, 1948년 헌법에서 그것은 곧 강력한 '국제주의의 지향'으로 구체화되어 나타났다. 대표적으로 현행헌법 제5조 제1항(1948년 헌법 제6조 제1항)의 **국제평화주의**와 제6조(1948년 헌법 제7조)의 **국제법 존중주의**(제1항) 및 **외국인의 지위보장**(제2항)을 들 수 있다. 헌법 제5조 제1항은 일체의 전쟁을 부인한 것이 아니라 침략적 전쟁만을 부인한 점에서, 비교헌법상으로는 1791년의 프랑스헌법(Titre VI), 1946년의 프랑스헌법 전문(§14) 및 1947년의 이태리헌법(§11)과 유사하다. 헌법 제6조 제1항은 1919년의 바이

마르헌법(§4), 1946년의 프랑스헌법(§26) 및 1946년의 일본국헌법(§98②)의 문구를 조합하여 성안한 것으로 보인다. 이 조항에서 "국내법과 동일한 효력을 가진다." 함은 일반적으로 승인된 국제법규의 경우, 법률과 동일한 효력을 가진다는 설과 헌법과 법률 사이의 효력을 가진다는 설이 나뉜다. 헌법에 의하여 체결·공포된 조약의 경우 대개 법률과 동일한 효력을 갖는 것으로 본다. 헌법 제6조 제2항은 외국인의 법적 지위에 대해 상호주의의 원칙을 천명한 것으로, 이태리헌법(1947) 제10조("La condizione giuridica dello straniero è regolata dalla legge in conformità delle norme e dei tattati internazionali.")가 그 비교헌법상의 모법이다.

II.

[53] 국민주권주의와 대의제 원리 현행헌법 제1조 제2항이 선언한 **국민주권주의**는 모든 국가권력(통치권)의 정당성의 원천이 국민이라는 것을 의미할 뿐, 국민 개개인이 직접 국가권력(통치권)을 행사해야 한다는 근거가 될 수는 없다. 헌법재판소도 국민주권주의의 내용을 상술한 바처럼 이해하는 전제 하에, 국민이 정치적 의사결정에 관한 모든 정보를 제공받고 거기에 직접 참여해야 하는 것은 아닐뿐더러(2012헌마121), 국민이 사법권을 직접 행사하고 따라서 모든 사건을 국민참여재판으로 처리해야 하는 것도 아니라고 보았다(2015헌바63). 그러나 국민주권론에 입각한 대의제 간접민주주의원리가 원칙적으로 타당한 것은 어디까지나 '국가기관'의 경우이며, '지방자치단체', 특히 **지방자치단체장**의 경우에도 **대의제의 무기속·자유위임원칙**이 그대로 적용되는 것은 아니다. 헌법재판소도 지방자치단체장과 주민간의 관계에서는 국민주권주의에 근거한 헌법상의 대의제의 원리가 당연히 작용하는 것은 아니며, 따라서 대의제의 무기속·자유위임원칙은 약화되고 상응하여 주민들의 지방자치단체장에 대한 통제는 강화(즉, 주민소환의 요건은 완화)될 수 있는 것이라고 보았다(2007헌마843). 지방자치 영역에서 대의제 원리의 작용을 제한함으로써 직접민주주의적 요소(주민소환제)의 폭넓은 수용을 가능하게 했던 이러한 논리는, 그러나, 지방자치단체의 장 선거권도 헌법상 보장되는 기본권이라고 한 최근 결정(2014헌마797)으로 말미암아 더 이상 유지되기 힘들어졌다.

헌재 2016. 10. 27. 2012헌마121 : "청구인들은 … 이 사건 각 고시조항은 '중대사고'를 방사선환경영향평가 대상에서 제외함으로써 … 국민들이 원전과 관련하여 정확하고 공정한 여론을 형성하는 것을 방해하므로 민주주의원리에도 위반된다 … 고 주장한다. … 민주주의원리의 한 내용인 국민주권주의는 모든 국가권력이 국민의 의사에 기초해야 한다는 의미일 뿐 국민이 정치적 의사결정에 관한 모든 정보를 제공받고 직접 참여하여야 한다는 의미는 아니므로, 청구인들의 이 부분 주장 역시 이유 없다."

헌재 2016. 12. 29. 2015헌바63 : "청구인은 흉기상해죄를 국민참여재판의 대상에서 제외하고 있는 심판대상조항이 국민주권주의에 위배된다고 주장한다. 그런데 국민주권주의는 모든 국가권력이 국민의 의사에 기초해야 한다는 의미로 … 사법권의 민주적 정당성을 위한 국민참여재판을 도입한 근거가 되고 있으나, 그렇다고 하여 국민주권주의 이념이 곧 사법권을 포함한 모든 권력을 국민이 직접 행사하여야 하고 이에 따라 모든 사건을 국민참여재판으로 할 것을 요구한다고 볼 수 없다. 따라서 국민참여재판의 대상을 제한하는 심판대상조항이 국민주권주의에 위배될 여지가 없다."

헌재 2009. 3. 26. 2007헌마843 : "국민주권주의는 국가권력의 민주적 정당성을 의미하는 것이기는 하나, 그렇다고 하여 국민전체가 직접 국가기관으로서 통치권을 행사하여야 한다는 것은 아니므로 주권의 소재와 통치권의 담당자가 언제나 같을 것을 요구하는 것이 아니다. … 대의제는 국민주권의 이념을 존중하면서도 현대국가가 지니는 민주정치에 대한 현실적인 장애요인들을 극복하기 위하여 마련된 통치구조의 구성원리로서, 기관구성권과 정책결정권의 분리, 정책결정권의 자유위임을 기본적 요소로 하고, 특히 국민이 선출한 대의기관은 일단 국민에 의하여 선출된 후에는 법적으로 국민의 의사와 관계없이 독자적인 양식과 판단에 따라 정책결정에 임하기 때문에 자유위임 관계에 있게 된다는 것을 본질로 하고 있다. … 대의제는 선거를 전제로 한 개념으로서, 지방자치단체장에 대한 선거권을 헌법상의 권리로 이해하면 이에 대하여도 헌법상의 대의제의 원리가 적용될 것이나, 단순한 법률상의 권리로 보면 이를 헌법에서 명문으로 선거권을 인정하는 대통령이나 국회의원, 지방의회의원과 같은 수준의 대의제의 원리가 당연히 작용된다고 볼 수는 없어, 지방자치단체장의 주민들에 대한 무기속위임성은 좀 더 약해진다 할 것이므로, 이로써 주민들의 지방자치단체장에 대한 통제는 더욱 강화될 수 있다고 보아야 할 것이다. … 지방자치단체장에 대한 선거(대의제)나 주민소환(직접민주제)이 헌법적인 차원이 아닌 법률적인 차원에서 보장되고 있음에 비추어, 주민소환제는 지방자치의 측면에서 입법재량의 여지가 큼에 반하여 지방자치단체장이 대의제 원리에 따라서 갖는 자유위임의 원칙은 상대적으로 약화될 수밖에 없다."

[54] 국적법정주의와 국적법의 제 원칙들 현행헌법 제2조 제1항의 '국적법정주의'의 의미는 단순히 성문의 법률로써 국적에 관한 사항을 임의로 규율할 수 있다는 것이 아니다. 설령 국적법이라는 (헌법의 위임에 따른) 법률의 형식에 의하더라도, 그 내용은 '국가 구성요소로서 국민'이라는 중차대한 헌법사항(실질적 헌법)에 해당한다는 의

미이다(97헌가12). 그리하여 헌법재판소는 출생에 의한 국적취득에서의 구 국적법상 **부계혈통주의 원칙**에 대해, 엄격한 심사기준(98헌마363)을 적용하여 이를 평등원칙 위반이라고 결정했다(97헌가12). 또, 대법원은 대한민국의 영토에 속하는 **북한지역의 주민**에 대해, 북한국적을 취득하고 중국여권을 소지했음에도 불구하고, 대한민국의 국적을 인정할 수 있다고 보았다(96누1221). 그러나 헌법재판소는 외국인이 대한민국의 **국적을 선택할 권리**가 자연권 내지 행복추구권으로서 헌법상 당연히 보장되는 것은 아니라고 보았다(2003헌마806·2011헌마502). 한편, 병역의무의 면탈을 막기 위해 이중국적자의 **국적선택기간을 제한**한 국적법 규정에 대해, 헌법재판소는 헌법 제14조의 거주·이전의 자유(국적이탈의 자유)를 침해한 것이 아니라고 보았다(2005헌마739·2013헌마805등). 그 밖에 헌법재판소는 국적법상 **복수국적**을 원칙적으로 허용하지 않는 것은 거주·이전의 자유 및 행복추구권 침해가 아니며(2011헌마502), 외국인의 **일반귀화**에 "품행이 단정할 것"을 **요건**으로 한 것은 명확성원칙 위반이 아니며(2014헌바421), 외국인이 부정한 방법으로 **귀화허가**를 받은 경우 **취소**할 수 있도록 한 것은 거주·이전의 자유 및 행복추구권 침해가 아니라고 결정했다(2015헌바26·2015헌바304).

> 헌재 2000. 8. 31. 97헌가12 : "국민은 영토, 주권과 더불어 국가의 3대 구성요소 중의 하나다. … 국적은 국가와 그의 구성원 간의 법적 유대(法的 紐帶)이고 보호와 복종관계를 뜻하므로 이를 분리하여 생각할 수 없다. 즉, 국적은 국가의 생성과 더불어 발생하고 국가의 소멸은 바로 국적의 상실사유인 것이다. 국적은 성문의 법령을 통해서가 아니라 국가의 생성과 더불어 존재하는 것이므로, 헌법의 위임에 따라 국적법이 제정되나 그 내용은 국가의 구성요소인 국민의 범위를 구체화, 현실화하는 헌법사항을 규율하고 있는 것이다. … 헌법에서 특별히 평등을 요구하고 있는 경우와 차별적 취급으로 인하여 관련 기본권에 대한 중대한 제한을 초래하게 된다면 입법형성권은 축소되어 보다 엄격한 심사척도가 적용되어야 한다(헌재 1999. 12. 23. 98헌마363). … 부계혈통주의 원칙을 채택한 구법조항은 출생한 당시의 자녀의 국적을 부의 국적에만 맞추고 모의 국적은 단지 보충적인 의미만을 부여하는 차별을 하고 있으므로 위헌 … 헌법 제36조 제1항은 … 가족생활이 '양성의 평등'을 기초로 성립·유지될 것을 명문화한 것 … 모가 한국인인 자녀들은 외국인이므로 병역의무의 면제와 같은 혜택을 누릴 수 있으나, 국적에 따른 차별은 대체로 불리한 쪽으로 연관된다. … 기본권 등을 누릴 수 없거나 제한적으로밖에 향유하지 못하게 된다."

> 대판 1996. 11. 12. 96누1221 : "조선인을 부친으로 하여 출생한 자는 남조선과도정부법률 제11호 국적에 관한 임시조례의 규정에 따라 조선국적을 취득하였다가 제헌헌법의 공포와 동

시에 대한민국 국적을 취득하였다 할 것이고, 설사 그가 북한법의 규정에 따라 북한국적을 취득하여 중국 주재 북한대사관으로부터 북한의 해외공민증을 발급받은 자라 하더라도 북한지역 역시 대한민국의 영토에 속하는 한반도의 일부를 이루는 것이어서 대한민국의 주권이 미칠 뿐이고, 대한민국의 주권과 부딪치는 어떠한 국가단체나 주권을 법리상 인정할 수 없는 점에 비추어 볼 때, 그러한 사정은 그가 대한민국 국적을 취득하고 이를 유지함에 있어 아무런 영향을 끼칠 수 없다. … 재외국민이 다른 나라의 여권을 소지하고 대한민국에 입국하였다 하더라도 그가 당초에 대한민국의 국민이었던 점이 인정되는 이상 다른 나라의 여권을 소지한 사실 자체만으로는 그 나라의 국적을 취득하였다거나 대한민국의 국적을 상실한 것으로 추정·의제되는 것이 아니 … 다."

헌재 2006. 3. 30. 2003헌마806 : "개인의 국적선택에 대하여는 나라마다 그들의 국내법에서 많은 제약을 두고 있는 것이 현실이므로, 국적은 아직도 자유롭게 선택할 수 있는 권리에는 이르지 못하였다고 할 것이다. 그러므로 '이중국적자의 국적선택권'이라는 개념은 별론으로 하더라도, 일반적으로 외국인인 개인이 특정한 국가의 국적을 선택할 권리가 자연권으로서 또는 우리 헌법상 당연히 인정된다고는 할 수 없다고 할 것이다. … 정부와 대법원 및 헌법재판소는 중국동포를 중국 국적만을 보유한 '외국인'으로 보고 있다. … 헌법전문의 '대한민국임시정부 법통의 계승' 또는 제2조 제2항의 '재외국민 보호의무' 규정이 중국동포와 같이 특수한 국적상황에 처해 있는 자들의 이중국적 해소 또는 국적선택을 위한 특별법 제정의무를 명시적으로 위임한 것이라고 볼 수 없고 … 그와 같은 해석을 도출해 낼 수도 없다. … 조약을 우리 정부가 중국과 체결할 의무를 명시적으로 위임하고 있다고 볼 수 없고 … 그와 같은 해석을 도출해 낼 수도 없다."

헌재 2015. 11. 26. 2013헌마805등 : "헌법재판소는 2006. 11. 30. 선고한 2005헌마739 결정에서 … 이중국적자라 하더라도 대한민국 국민인 이상 병역의무를 이행하여야 한다는 것을 원칙적인 전제로 하여, 이중국적자로서 구체적인 병역의무 발생(제1국민역 편입) 시부터 일정기간(3월) 이내에 한국 국적을 이탈함으로써 한국의 병역의무를 면하는 것은 허용하되, 위 기간 내에 국적이탈을 하지 않은 이중국적자는 병역문제를 해소하지 않는 한 한국 국적을 이탈하지 못하게 함 … 위 조항들과 같은 규제가 없다면 이중국적자들의 국적선택제도를 이용한 병역면탈이 보다 용이하게 되어, 첫째, 병역자원의 일정한 손실을 초래하고, 둘째, 이중국적자가 생활의 근거를 한국에 두면서 한국인으로서 누릴 각종 혜택을 누리다가 정작 국민으로서 의무를 다해야 할 때에는 한국 국적을 버리는 기회주의적 행태가 허용되는 결과가 되어 병역부담평등의 원칙이 심각하게 훼손되는 폐해가 발생하거나 발생할 우려가 높다. … 국적선택의 자유가 완전히 박탈되는 것이 아니라 부분적인 제한을 받을 뿐이다. 18세가 되어 제1국민역에 편입된 때부터 3월이 지나기 전이라면 자유롭게 국적을 이탈할 수 있고, 그 이후부터 입영의무 등이 해소되는 시점(36세)까지만 국적이탈이 금지되므로 일정한 시기적 제약을 받을 뿐이다. … 위 선례의 견해를 그대로 유지하기로 한다."

헌재 2014. 6. 26. 2011헌마502 : "청구인은 대한민국 국적을 취득한 외국인에게 그 취득일로부터 1년 내에 자신의 외국 국적을 포기하도록 한 국적법 제10조 제1항이 … 재산권, 거주·이

전의 자유, 참정권, 행복추구권을 침해한다고 주장 … 참정권에 대한 외국인의 기본권 주체성은 인정되지 아니하고 … 거주·이전의 자유(입국의 자유) … 에 대해서도 외국인의 기본권 주체성은 인정되지 아니한(다). … 외국 국적을 포기한다 하더라도 이로 인하여 재산권행사가 직접 제한되지 않고 … 외국인이 특정한 국가의 국적을 선택할 권리가 … 당연히 인정될 수는 없는 것이어서 … 재산권, 행복추구권이 침해될 가능성은 없다. … 국적법 제15조 제1항은 … 자진하여 외국 국적을 취득한 자로 하여금 대한민국 국적을 상실하도록 하는 것으로 … 우리 국적법은 복수국적을 예외적으로 허용하고 있는바 … 만 20세가 되기 전에 복수국적자가 된 자는 만 22세가 되기 전까지, 만 20세가 된 후에 복수국적자가 된 자는 그때부터 2년 내에 하나의 국적을 선택하도록 함으로써(제12조 제1항) 일정한 기간 동안 복수국적을 허용하고 있고, 위 조항에 따라 국적을 선택하는 경우에도 대한민국에서 외국 국적을 행사하지 아니하겠다는 뜻을 서약하고 법무부장관에게 대한민국 국적을 선택한다는 뜻을 신고할 수 있도록 함으로써(제13조 제1항) 일정한 경우에 복수국적을 허용하고 있다. … 국적법 제15조 제1항이 청구인의 거주·이전의 자유 및 행복추구권을 지나치게 제한하여 침해의 최소성원칙을 위반하였다고 볼 수 없다."

헌재 2016. 7. 28. 2014헌바421 : "헌법 제2조 제1항(의) 위임을 받아 제정된 국적법은 국적취득의 원인으로 출생에 의한 국적 취득, 인지에 의한 국적 취득, 귀화에 의한 국적 취득을 규정하고 있다. … '귀화'는 대한민국 국적을 취득한 사실이 없는 외국인에게 대한민국 국적을 부여하는 제도이다. … 귀화허가 결정에 있어 국가에게 폭넓은 재량권이 인정된다는 점까지를 고려하면, 심판대상조항에서 '품행이 단정할 것'과 같이 어느 정도 보편적이고 가치평가적인 개념을 사용하는 것은 불가피(하)다. … 법원은 '품행이 단정하다는 것은 당해 외국인의 성별, 연령, 직업, 가족, 경력, 전과관계 등 여러 사정을 종합하여 볼 때 그를 우리 국가공동체의 구성원으로 인정하여 주권자의 한 사람으로 받아들이는 데 지장이 없는 품성을 갖추고 행동하는 것을 의미한다.'고 판시하고 있다. … 심판대상조항의 해석이 불명확하여 수범자의 예측가능성을 해하거나 법 집행기관의 자의적인 집행을 초래할 정도로 불명확하다고는 할 수 없으므로, 명확성원칙에 위배된다고 볼 수 없다."

헌재 2015. 9. 24. 2015헌바26 : "이 사건 법률조항은 귀화허가신청 및 그에 대한 허가 과정에서 거짓이나 그 밖의 부정한 방법으로 귀화허가(편취귀화 또는 부실귀화)를 받은 경우 이를 취소할 수 있게 하는 것이다. … 귀화허가 등 국적에 관한 사항은 국가의 기본적 구성요소이자 주권자인 국민의 범위를 확정하는 고도의 정치적 속성을 가지고 있어서 당해 국가가 역사적 전통과 정치·경제·사회·문화 등 제반 사정을 고려하여 결정할 문제이다. … 이 사건 법률조항은 과잉금지원칙에 위반하여 청구인의 거주·이전의 자유 및 행복추구권을 침해하지 아니한다."

[55] 재외국민 보호의무와 재외동포법 적용기준 현행헌법 제2조 제2항은 국가의 재외국민 보호의무를 규정했음에도, 헌법재판소는 선거권에 관하여 거주요건을 둠으로써 재외국민에 대

하여 **선거권**을 인정하지 아니한 것, 해외거주자에게 **부재자투표**를 인정하지 아니한 것이 모두 헌법 위반이 아니라고 보았다(97헌마253등·97헌마99). 그러나 이후 선례를 변경하여, 주민등록을 요건으로 재외국민의 국정선거권과 지방선거의 선거권·피선거권 및 국민투표권을 제한하고, 해외거주자에게 부재자투표를 인정하지 아니한 것이 모두 헌법에 위반된다고 결정했다(2004헌마644등). 한편, 헌법재판소는 **정부수립이전이주동포**를 **재외동포법**의 적용대상에서 배제한 것은 입법목적과 실질적 관계가 없는 과중한 차별이므로 그들의 평등권을 침해한다고 판단했다(99헌마494).

헌재 1999. 1. 28. 97헌마253등 : "선거권에 관하여 거주요건을 두는 것은 다음과 같은 점에서 선거권의 본질 및 선거의 공정성 확보 등의 공공복리를 위하여 필요한 것이라고 판단된다. 첫째, 가장 현실적인 문제로서 국토가 분단되어 있는 우리나라에서 북한주민이나 조총련 계 재일교포에 대하여 선거권을 인정할 수 없기 때문이다. … 근소한 표 차이로 당락이 결정되는 경우에는 이들이 결정권(casting vote)을 행사할 수 있다는 기이한 현상이 발생할 수도 있는 것이다. … 둘째, 선거의 공정성을 확보하기 어렵기 때문이다. 셋째, 선거기술상으로 보아도 불가능하기 때문이다. … 선거운동기간의 제한이 헌법에 위배되지 않는 이상 그 기간 내에 외국에 있는 모든 국민에게 선거의 실시와 후보자를 홍보하고, 선거운동을 하며, 투표용지를 발송하여 기표된 용지를 회수하는 것이 실무상 불가능하기 때문이다. … 우편제도가 발달한 일부 국가에 대하여서만 가능한 재외국민선거제도를 만든다 하더라도 또 다른 평등의 문제가 야기될 수 있기 때문에 역시 받아들일 수는 없다고 할 것이다. 넷째, 선거권이 국가에 대한 납세, 병역, 기타의 의무와 결부되기 때문에 이와 같은 의무이행을 하지 아니하는 재외국민에게 선거권을 인정할 수는 없다고 할 것이다."

헌재 1999. 3. 25. 97헌마99 : "해외에 거주하는 국민 모두에게 부재자투표를 허용하기 위해서는 선거기간을 연장하여야 하는데, 선거기간을 연장하는 것은 국가와 후보자들의 선거비용 증가 등 그로 인한 국가적 부담이 가중되는 문제를 초래하게 된다. 다음으로 선거의 공정성을 확보하기가 극히 어렵다. … 국내보다는 훨씬 공정선거감시 체제가 미약할 수밖에 없는 해외에서는 더욱 선거의 공정성을 확보하기가 어렵다. … 해외거주자들은 자신의 필요에 의하여 해외에 거주하고 있는 사람들로서 투표권행사에 장애가 되는 사유를 스스로 초래하였다는 점에서 국내에 거주하는 사람들과는 근본적인 차이가 있는 것이다. … 부재자투표제도의 도움이 필요한 모든 사람들을 일거에 구제하는 것은 사실상 불가능하므로 시대의 변천에 따라 대상 국민을 확대하는 등 점진적인 개선방안을 모색하여야 할 것이며, 이러한 점진적 개선에 대하여 평등의 원칙이 어떤 장애가 될 수는 없는 것이다. … 해외거주자에 대하여 부재자투표를 허용할 것인지 여부는 선거권 그 자체의 제한에 관한 문제가 아니고 선거권행사에 편의를 제공할 것인지 여부의 문제이므로 이 사건 조항에 의하여 그들의 선거권 자체가 침해되었다고 할 수 없다."

헌재 2007. 6. 28. 2004헌마644등 : "민주주의 국가에서 국민주권과 대의제 민주주의의 실현 수단으로서 선거권이 갖는 이 같은 중요성으로 인해 … 선거권을 제한하는 법률의 합헌성을 심사하는 경우에는 그 심사의 강도도 엄격하여야 하는 것 … 보통선거의 원칙에 반하는 선거권 제한의 입법을 하기 위해서는 헌법 제37조 제2항의 규정에 따른 한계가 한층 엄격히 지켜져야 한다. … 첫째 … 북한주민이나 조총련 계 재일동포가 선거에 영향을 미칠지도 모른다는 막연하고 추상적인 위험성만으로 재외국민의 선거권행사를 전면적으로 부정하는 것을 정당화할 수는 없다. 둘째 … 재외국민이 결정권(casting vote)을 행사하게 될 위험성이 있으므로 재외국민의 선거권행사를 제한해야 한다는 주장도 있는데, 이는 보통선거의 원칙에 반하는 주장이다. … 셋째 … 선거의 공정성을 확보하는 것은 일차적으로 국가의 과제이므로 … 선거의 공정성에 대한 우려가 있다는 이유로 … 선거권행사를 특정 국민들에 대해 부정할 수는 없다. … 넷째 … 선거운동기간을 어느 정도 늘리는 방안으로 (선거기술상의) 어려움을 줄일 수 있고 … 인터넷 등을 통해 후보자의 정보에 대한 접근이 용이 … 오늘날의 선거가 인물투표로서의 성격보다 정당투표로서의 성격을 강하게 가지는 경향 … 등에 비추어 볼 때, 선거기술상의 어려움 역시 재외국민의 선거권행사를 전면적으로 박탈하기 위한 합당한 사유라 보기 어렵다. 다섯째 … 우편제도가 발달한 일부 국가에 거주하는 재외국민에 대해서만 … 가능한 지역에서 먼저 재외국민의 투표를 실시한다고 하여 평등원칙에 대한 침해가 문제될 여지는 없다. 여섯째, 선거권이 국가에 대한 납세·병역의무와 결부되기 때문에 이와 같은 의무이행을 하지 아니하는 재외국민에게 선거권행사를 허용하기 곤란하다는 주장도 다시 생각해 봐야 한다. … 현행헌법의 규정들(은) 국민의 기본권행사를 납세나 국방의 의무 이행에 대한 반대급부로 예정하고 있지 않다. … 재외국민들은 '이중과세방지협정'에서 정한 바에 따라 납세의무가 면제되는 것일 뿐 … 선거권과 병역의무 간에 필연적 견련관계를 인정하기 어렵다."

헌재 2001. 11. 29. 99헌마494 : "재외동포법의 입법목적(은) … 재외동포의 생활권을 광역화·국제화함과 동시에 우리 국민의 의식형태와 활동영역의 국제화·세계화를 촉진 … 모국투자를 촉진하고 경제회생 동참 분위기를 확산시키며 … 이중국적 허용요구에 담긴 애로사항을 선별 수용함으로써 모국에 대한 불만을 해소하기 위한 것이다. … 차별의 목적이 헌법에 합치하는 정당한 목적이어야 하고 다음으로 차별의 기준이 목적의 실현을 위하여 실질적인 관계가 있어야 하며 차별의 정도 또한 적정한 것이어야 한다. … 이 사건 심판대상규정이 … 정부수립이전이주동포를 재외동포법의 적용대상에서 제외하는 차별취급은 그 차별의 기준이 목적의 실현을 위하여 실질적인 관계가 있다고 할 수 없고, 차별의 정도 또한 적정한 것이라고는 도저히 볼 수 없으므로, 이 사건 심판대상규정은 합리적 이유 없이 정부수립이전이주동포를 차별하는 자의적인 입법이어서 헌법 제11조의 평등원칙에 위배되고, 이로 인하여 청구인들의 평등권을 침해하는 것이다."

[56] 영토조항과 영토권, 한일어업협정 대법원은 현행헌법 제3조의 영토조항을 근거로 북한지역 주민에 대해서도 대한민국 국적을 인정했으며(96누1221), 동시에 납·월북 작가들의 저

작물에 대해서도 대한민국 저작권법의 효력을 인정했다(89누6396). 또한, 헌법재판소는 이 제3조를 근거로 하여, 헌법소원의 대상인 주관적 기본권의 하나로서 영토권이라는 개념을 도출하고 있다(99헌마139등). 단, 한일어업협정은 '어업에 관한' 협정일 뿐이므로, 영토권을 침해하거나 영토조항을 위반한 것은 아니라고 본다(99헌마139등·2007헌바35).

대판 1990. 9. 28. 89누6396 : "납·월북 작가들의 작품에 대한 문화부장관의 출판 및 판매금지처분의 부존재 확인을 구하는 소송에서 납·월북 작가들 또는 그 상속인들로부터 저작재산권의 양수 또는 저작물이용 허락을 받거나 문화부장관의 승인을 얻지 아니한 자의 원고적격 유무(소극) … 타인의 저작물을 복제·배포·발행함에 필요한 요건과 저작재산권의 존속기간을 규정한 저작권법 제36조 제1항, 제41조, 제42조, 제47조 제1항의 효력은 대한민국 헌법 제3조에 의하여 여전히 대한민국의 주권범위 내에 있는 북한지역에도 미치는 것이므로 6.25 사변 전후에 납북되거나 월북한 문인들이 저작한 작품들을 발행하려면, 아직 그 저작재산권의 존속기간이 만료되지 아니하였음이 역수 상 명백한 만큼, 동인들이나 그 상속인들로부터 저작재산권의 양수 또는 저작물이용 허락을 받거나 문화부장관의 승인을 얻어야 하고 이를 인정할 자료가 없는 이상 원고는 위 작품들의 출판 및 판매금지처분의 부존재확인을 구할 법률상 지위에 있는 자라고 할 수 없고, 헌법상 국민에게 부여된 출판의 자유로부터도 확인을 구할 법률상의 지위가 부여된다고 볼 수 없다."

헌재 2001. 3. 21. 99헌마139등 : "헌법 제3조는 '대한민국의 영토는 한반도와 그 부속도서로 한다.'고 규정하여, 대한민국의 주권이 미치는 공간적 범위를 명백히 선언하고 있다. … 헌법소원심판의 본질은 개인의 주관적 권리구제뿐 아니라 객관적인 헌법질서의 보장도 겸하고 있다고 보아야 한다. 국민의 개별적인 주관적 기본권을 실질적으로 보장하기 위해서는 경우에 따라서는 객관적인 헌법질서의 보장이 전제되지 않으면 안 되는 상황을 상정해 볼 수 있다. … 헌법 제3조의 영토조항은 우리나라의 공간적인 존립기반을 선언하는 것인바, 영토변경은 … 필연적으로 국민의 주관적 기본권에도 영향을 미치지 않을 수 없는 것이다. … 영토조항만을 근거로 하여 독자적으로는 헌법소원을 청구할 수 없다할지라도 … 영토에 관한 권리를, 이를테면 영토권이라 구성하여, 이를 헌법소원의 대상인 기본권의 하나로 간주하는 것은 가능 … 이 사건 협정은 '어업에 관한' 협정이라는 점이다. 따라서 배타적 경제수역의 경계획정문제와는 직접적인 관련을 가지지 아니하며 … 독도가 중간수역에 속해 있다 할지라도 독도의 영유권문제나 영해문제와는 직접적인 관련을 가지지 아니한 것임은 명백하다 할 것이다. … 이 사건 협정으로 인하여 독도의 영해와 배타적 경제수역에 대한 영토권이 침해되었다는 청구인들의 주장은 이유 없다 할 것이다."

헌재 2009. 2. 26. 2007헌바35 : "[재판관 조대현·김종대의 반대의견] 헌법 제3조 영토조항은 … 대한민국이 한반도와 그 부속도서를 지배하는 유일한 합법정부라는 점을 규범적으로 확정한 것 … 대한민국 존립의 기본적 조건을 규정하는 근본법으로서 우리 헌법이 내포하고 있는 최고가치 중 하나 … 이 영역 내에서 대한민국의 주권과 부딪치는 어떠한 행위도 용납될 수 없다는 헌법제정자의 규범적 명령이 이로부터 도출되는 것 … 배타적 경제수역의 폭은 영해기선으로부터 측정하는 것이고 영해기선은 영토에서 나오는 것이므로 배타적 경제수역이 결코 영토와 무관하다고 할 수는 없다. … 어업권의 귀속 문제는 영토주권의 주요한 내용 중 하나이므로 어업에 관한 사항만을 다룬다고 하여 영토문제와 무관하게 되는 것은 아니다. … 어업권도 영토에 대한 배타적 지배와 분리하기 힘든 주권적 내용에 당연히 포함되어야 하는 것이기 때문이다. … 이 사건 협정은 대한민국의 영토인 독도를 기점으로 하여 배타적 경제수역을 설정하지 아니하고, 독도와 그 인근수역을 중간수역에 들어가게 함으로써, 우리의 영토권을 불안정하게 하고 독도와 인근수역을 포함한 대한민국 영토의 일부를 보전하는 데 있어서 불리한 상황을 초래했다. 따라서 이 사건 협정은 헌법 제3조의 영토조항에 위반된다."

[57] 국제법규·조약 국내법적 효력, 외국인 지위 현행헌법 제6조 제1항의 **일반적으로 승인된 국제법규**란 성문의 국제법규와 국제관습법을 통칭하는 것인데, 헌법재판소는 그 국내법적 효력을 인정하는 데 대개 소극적인 태도를 취한다. 즉, ① 애당초 일반적 국제조약이나 국제관습법으로 인정받지 못한 사항이거나(2008헌가22), ② 법적 구속력 내지 국제법적 효력을 갖지 않는 선언·권고에 불과하거나(89헌가106·2003헌바50등·2003헌바51등·2010헌마606), ③ 국내 법률(조항)보다 우월한 헌법적 효력을 인정할 수 없거나(97헌바23·2003헌바50등·2003헌바51등), ④ 국내 법률(조항)과 충돌·배치되는 사항이 발견되지 않는다(89헌가106·2003헌바50등·2003헌바51등·2010헌마606)는 것이다. 동 조항의 **헌법에 의하여 체결·공포된 조약**이란 그 명칭을 불문하고 우리나라와 외국간의 서면에 의한 합의를 말하는데, 남북합의서는 조약이 아니라 일종의 공동성명 또는 신사협정에 준하는 것으로 본다(92헌바6등). 헌법재판소는 헌법 제6조 제1항의 조약과 국제법규가 **국내법과 동일한 효력**을 가질 뿐, 국내법에 우선하는 헌법적 효력을 갖지는 않는다고 한다(99헌가13·2012헌마166·2013헌바193). 한편, 현행헌법 제6조 제2항은 상호주의(국제법과 조약)에 의거한 **외국인의 지위보장**을 규정했는데, 기실, 현행헌법 제2장의 문언으로 보아 기본권의 주체는 '국민'에 한정되므로, 외국인에게 보장되는 권리란 원칙상 기본권이 아니라 법률상의 권리(국제법과 조약에 따른 권리)에 불과한 것이다. 그러나 헌법재판소는 '기본권 성질설'에 따라 **외국인의 기본권 주체성**을 폭넓게 인정하고 있다.

헌재 2011. 8. 30. 2008헌가22 : "시민적·정치적 권리에 관한 국제규약 … 제18조는 물론, 규약의 다른 어느 조문에서도 양심적 병역거부권(right of conscientious objection)을 기본적인 인권의 하나로 명시하고 있지 않고 … 우리나라가 가입하지 않았지만 일반성을 지닌 국제조약과 국제관습법에서 양심적 병역거부권을 인정한다면 우리나라에서도 일반적으로 승인된 국제법규로서 양심적 병역거부의 근거가 될 수 있다. 그러나 양심적 병역거부권을 명문으로 인정한 국제인권조약은 아직까지 존재하지 않으며, 유럽 등의 일부국가에서 양심적 병역거부권이 보장된다고 하더라도 전 세계적으로 양심적 병역거부권의 보장에 관한 국제관습법이 형성되었다고 할 수 없으므로, 양심적 병역거부가 일반적으로 승인된 국제법규로서 우리나라에 수용될 수는 없다."

헌재 2007. 8. 30. 2003헌바51등 : "'세계인권선언'(은) … 각 조항이 바로 보편적인 법적 구속력을 가지거나 국제법적 효력을 갖는 것으로 볼 것은 아니다(헌재 1991. 7. 22. 89헌가106). … '경제적·사회적 및 문화적 권리에 관한 국제규약', '시민적 및 정치적 권리에 관한 국제규약'(도) … 공무원의 노동기본권을 제한하는 위 법률조항과 정면으로 배치되는 것은 아니라고 할 것이다(헌재 1991. 7. 22. 89헌가106, 헌재 2005. 10. 27. 2003헌바50등 참조). … 국제노동기구의 제87호 협약, 제98호 협약, 제151호 협약은 우리나라가 비준한 바가 없고, 헌법 제6조 제1항에서 말하는 일반적으로 승인된 국제법규로서 헌법적 효력을 갖는 것이라고 볼 만한 근거도 없(다) … (헌재 1998. 7. 16. 97헌바23, 헌재 2005. 10. 27. 2003헌바50등 참조). 국제노동기구의 '결사의 자유위원회' (등) … 국제기구들이 … 모든 영역의 공무원들에게 노동3권을 보장할 것을 권고하고 있다고 하더라도 이를 위 법률조항의 위헌심사 척도로 삼을 수는 없다(헌재 2005. 10. 27. 2003헌바50등, 대판 1993. 12. 24. 93도1711 참조)."

헌재 2014. 5. 29. 2010헌마606 : "우리 헌법은 헌법에 의하여 체결·공포된 조약과 일반적으로 승인된 국제법규를 국내법과 마찬가지로 준수하고 성실히 이행함으로써 국제질서를 존중하여 항구적 세계평화와 인류공영에 이바지함을 기본이념의 하나로 하고 있으므로(헌법 전문 및 제6조 제1항 참조), 국제적 협력의 정신을 존중하여 될 수 있는 한 국제법규의 취지를 살릴 수 있도록 노력할 것이 요청됨은 당연하다. … 국제노동기구협약 제135호(는) … 우리나라도 비준하여 발효되었으므로 국내법과 마찬가지로 이를 준수할 의무가 있다. … 이 사건 노조법 조항들이 위 협약에 배치된다고 보기 어렵다. … 국제노동기구 산하 '결사의 자유위원회'의 권고는 국내법과 같은 효력이 있거나 일반적으로 승인된 국제법규라고 볼 수 없(다) … 그러므로 이 사건 노조법 조항들은 헌법상 국제법 존중주의원칙에 위배되지 않는다."

헌재 2001. 4. 26. 99헌가13 : "헌법 제6조 제1항의 국제법 존중주의는 우리나라가 가입한 조약과 일반적으로 승인된 국제법규가 국내법과 같은 효력을 가진다는 것으로서 조약이나 국제법규가 국내법에 우선한다는 것은 아니다. 아울러 이 사건 법률조항에서 규정하고 있는 부정수표 발행행위는 지급 제시될 때에 지급 거절될 것을 예견하면서도 수표를 발행하여 지급거절에 이르게 하는 것이다. 따라서 이 사건 법률조항은 수표의 지급증권성에 대한 일반공중의 신뢰를 배반하는 행위를 처벌하는 것으로 … 결코 '계약상 의무의 이행불능만을 이유로 구금' 되는 것이 아니므로 국제법 존중주의에 입각한다 하더라도 (국제연합의 시민적 및 정치적 권리에 관한 국제규약) 제11조('어느 누구도 계약상 의무의 이행불능만을 이유로 구금되지 아니한다.')의 명문에 정면으로 배치되는 것이 아니다."

헌재 2015. 6. 25. 2013헌바193 : "청구인은 이 사건 법률조항이 개정교토협약 특별부속서 디(D) 제13조에 반하여 국제법 존중주의 원칙에 반한다고 주장한다. … 우리나라는 2003. 2. 개정교토협약에 가입하였고, 2006. 2.부터 개정교토협약이 발효된 이상 국내법과 마찬가지로 이를 준수할 의무가 있다고 할 것이다. 그러나 개정교토협약이 국내법과 같은 효력을 가진다고 하더라도, 곧 헌법적 효력을 갖는 것이라고 볼 만한 근거는 없는바, 이 사건 법률조항의 위헌성 심사의 척도가 될 수는 없다. … 개정교토협약 특별의정서 디(D) 제1장 제13조는 '수입 관세 및 제세의 납부 없이 세관통제 하에 수입물품을 지정된 장소(보세창고)에 장치하는 세관절차'에 관한 것이고, 이는 이 사건 법률조항이 규율하는 '관세를 이미 납부한 경우의 환급'에는 적용이 없다고 할 것이므로 이 사건 법률조항이 위 협약 조항과 충돌된다는 청구인의 주장은 더 나아가 살필 필요 없이 이유 없다. … 결국 이 사건 법률조항은 헌법상 국제법 존중주의 원칙에 위배된다고 할 수 없다."

헌재 2011. 9. 29. 2007헌마1083등 : "우리 재판소는 … '국민' 또는 국민과 유사한 지위에 있는 '외국인'은 기본권의 주체가 될 수 있다고 판시하였다(헌재 1994. 12. 29. 93헌마120). … 외국인에게는 모든 기본권이 무한정 인정될 수 있는 것이 아니라 '인간의 권리'의 범위 내에서만 인정되는 것 … 그 기본권이 권리성질상 외국인인 청구인에게 기본권 주체성을 인정할 수 있는 것인지 살펴야 할 것이다. … 직업의 자유 중 이 사건에서 문제되는 직장 선택의 자유는 인간의 존엄과 가치 및 행복추구권과도 밀접한 관련을 가지는 만큼 단순히 국민의 권리가 아닌 인간의 권리로 보아야 할 것 … 외국인도 제한적으로라도 직장 선택의 자유를 향유할 수 있다고 보아야 한다(헌재 2000. 8. 31. 97헌가12 참조). [재판관 김종대의 반대의견] 헌법을 문리적으로 충실하게 해석함과 동시에, 우리 헌법제정사에서 외국인의 지위보장에 관한 건국헌법 제7조의 도입경위 등을 종합하면, 우리 헌법제정권자는 의도적으로 외국인을 헌법상 기본권의 주체에서는 일단 배제토록 하고, 반면 그들에 대한 보호는 외국인 보호를 위한 헌법 하위의 규범인 국제법과 조약 등을 통해 보호하면 충분하다는 취지로 헌법의 설계를 했다고 봐야 한다. … 외국인의 지위는 상호주의를 기본으로 해서 보장해야 한다는 것이 우리 헌법의 기본원칙이다. … 외국인을 헌법상 보호의 대상에서 제외하겠다는 뜻은 아니다. 외국인은 얼마든지 법률적인 효력 등을 가지는 국제법이나 조약 등에 의하여 충분히 그 지위가 보장될 수 있다."

III.

[58] 영토조항과 통일 조항의 관계 현행헌법 제3조는 "대한민국의 영토는 한반도와 그 부속도서로 한다."라고 규정했고, 동 제4조는 "대한민국은 통일을 지향하며, 자유민주적 기본질서에 입각한 평화적 통일정책을 수립하고 이를 추진한다."라고

규정했다. 두 조문의 상호 효력관계에 관해서는 우선 **헌법해석론**으로서 **헌법 제3조를 헌법 제4조보다 우위**에 두려는 입장(①)이 있다(휴전선 이북의 지역은 미수복지구로서 당연히 대한민국의 영토에 속하나 다만 현실적으로 주권과 통치권이 미치지 못할 뿐으로 봄). 종래 대법원(90도1451·92도1148·2003도758)과 헌법재판소(92헌바6등·95헌가2·2000헌바66)는 남북정상회담 제의, 남북 UN동시가입과 남북합의서 체결, 남북 경제교류의 증가와 남북정상회담 개최 등에도 불구하고 북한은 여전히 반국가단체이며, 국가보안법은 규범력을 상실하지 않았음은 물론, 현행헌법의 평화통일조항(헌§4)에 위반되지도 않는다고 설시해 왔다. 이와 반대로 **헌법 제4조를 헌법 제3조보다 우위**에 두려는 입장(②)이 있다(신법우선의 원칙과 특별법우선의 원칙에 비추어 헌법 제3조의 영토의 의미는 휴전선 이남으로 축소 해석되어야 한다고 봄). 6.15 남북공동선언 직후 헌법재판소는 북한을 "평화적 통일을 위한 대화와 협력의 동반자"로 인정하면서, 「남북교류협력에 관한 법률」을 "그 적용범위에서 국가보안법의 적용이 배제되는, 평화적 통일을 지향하기 위한 기본법"으로 자리매김함으로써 헌법 제4조의 의미를 적극 강조하는 해석을 내린 바 있다(98헌바63). 마지막으로 **헌법 제3조와 헌법 제4조를 규범조화적으로 해석**하여 헌법의 통일성을 유지하려는 입장(③)이 있다(남북관계의 잠정적 실질을 반영하여 두 조문에 대한 신축적·유동적 해석이 필요하다고 봄). 헌법재판소도 북한의 **'이중적 지위'**(평화적 통일을 위한 대화와 협력의 동반자이면서 동시에 자유민주주의체제를 전복하려는 반국가단체임)에 입각하여 남북교류협력에 관한 법률과 국가보안법의 규범적 효력을 모두 긍정하는 입장을 취한 바 있다(92헌바6등·92헌바48).

[59] 영토조항 헌법변천론과 헌법개정론 현행헌법 제3조와 제4조의 관계에 관한 **헌법변천론**은 위 [58]의 ② 입장에서 한걸음 더 나아가 **헌법 제3조의 의미가 완전히 축소·변질**되었다고 보려는 입장이다. 그러나 9차례의 개정에도 불구하고(즉, 1972년 헌법[72헌전문·§35·§37①·§43③·§46] 및 현행 1987년 헌법[헌§4]에서 일련의 평화통일 관련 규정들이 삽입되었음에도 불구하고), 1948년 헌법의 영토조항이 현행 1987년 헌법에까지 변동 없이 계속 유지되었던 점(1972년의 헌법개정 시에 영토조항 개정론이 대두된 바 있으나, 북한의 헌법도 전 국토를 영토로 규정했다는 점, 그리고 잠정적인 것을 항구적인 헌법에 규정

할 수 없다는 점 때문에 영토조항이 종전대로 유지된 바 있음), 그리고 후술하는 바와 같이 영토조항의 헌법적 의미를 긍정하는 해석론이 다수 존재해왔다는 점에 비추어 설득력이 없는 주장이다. 한편, 현행헌법 제3조에 대한 헌법개정론으로서는 삭제안·전면개정안·단서규정안·법률위임안 등이 제기되고 있다. 그러나 현행헌법의 영토조항을 단순 삭제할 경우, 국제적으로 마치 휴전선 이북지역을 포기하는 것 같은 오해를 줄 수 있고, 북한 급변사태 발생 시 우리가 개입할 수 있는 중요한 헌법적 근거를 상실하는 결과를 초래할 수도 있다. 영토조항의 헌법적 근거를 통해, 우리 법(저작권법)의 효력이 북한지역에도 미치는 것(납·월북 작가 작품의 저작권 보호)으로 해석되고(89누6396), 북한주민(특히 북한이탈주민)에 대해서도 대한민국 국적이 당연히 인정되는 것으로 해석된다(96누1221). 또, 남북 간의 합의도 국가 간의 조약이 아닌 공동성명 내지 신사협정으로 해석 가능하게 되므로(92헌바6등), 그 체결·비준에 일일이 국회의 동의를 받을 필요가 없어 남북관계의 기밀성·신뢰성·신속성 요청에도 부응할 수 있게 된다(단, 「남북관계 발전에 관한 법률」 제21조 제3항은 남북합의서에 대해 국회에 동의권을 부여했음). 아울러 남북교역에서의 무관세 혜택이나 원산지 표기에 관해서도(즉, 북한 생산제품을 한국산으로 보아 특혜관세를 인정할 것인지에 관해서도), 영토조항에 입각하여 유리한 해석이 가능하게 된다. 영토조항의 단순 삭제는 상술한 그 긍정적 측면들을 감안할 때 매우 신중하게 검토되어야만 한다.

[60] NLL과 영토조항 2012년 대선 당시 정문헌 새누리당 의원이 "노무현 전 대통령은 남북정상회담에서 NLL(서해북방한계선)을 주장하지 않겠다고 말했다."라고 남북정상회담 대화록을 공개한 데 대해, 서울중앙지방법원은 「공공기록물 관리에 관한 법률」 위반(비밀누설)으로 벌금 1,000만 원의 형을 선고했다(항소포기로 벌금형 확정). 이에 대해 정문헌 의원은 자신의 행동이 "국민의 알 권리와 NLL 수호를 위한 국회의원의 책무였다."라고 반박한 바 있다. 대법원과 헌법재판소의 선례에 따를 때 노 전 대통령의 발언은 헌법상 정당한 것인가? 그렇지 않다면 정문헌 의원은 서울중앙지방법원의 판결을 대상으로 권한쟁의심판을 청구할 수 있는가?

대법원과 헌법재판소는 여전히 **북한**에 대해 대한민국 영토의 일부분을 강점하고 있는 **반국가단체의 성격**을 지니는 것으로 본다(앞 [58] 참조). 대통령이 NLL을 포기한다고 발언하는 것은, 비록 영토의 변경을 직접 초래하는 행위는 아닐지라도, 북한의 **'이중적 지위'** 중 대화와 협력의 동반자로서의 지위만을 일방적으로 중시하고, 그 반국가단체로서의 지위를 몰각한 것이어서, 국가의 존립·안전이나 자유민주적 기본질서에 실질적 해악을 미칠 명백한 위험성이 있다(89헌가113). 따라서 그것은 헌법수호의 관점에서 중대한 의미를 갖는, 자유민주적 기본질서를 위협하는 행위이자 국가의 이익을 명백히 해하는 행위에 해당하므로(2004헌나1), **대통령의 책무(국가·헌법의 수호)를 위반**한 것이어서(헌§66②·§69) 헌법상 정당화될 수 없다. 그러나 특정 정보를 일반에 공개하는 행위는 헌법과 법률이 특별히 국회의원에게 부여한 국회의원의 독자적인 권능이라고 할 수 없으므로, 그러한 행위가 제한된다고 해서 국회의원의 권한이 침해될 가능성은 없다(2010헌라1). 즉, 여기서 법원의 판결(｢공공기록물 관리에 관한 법률｣[§47·§52 2호] 위반 벌금 1,000만 원 부과)로 인해 국회의원으로서의 제반 권한의 행사가 제한을 받는 것은 아니므로, 정문헌 의원이 동 판결을 대상으로 권한쟁의심판을 청구하더라도, 그러한 청구는 국회의원 권한의 침해가능성이 없어 부적법 각하될 것이다(2010헌라1).

[61] 전투병 외국파견과 국제평화주의 지난 2012년 11월 22일 국회는 ① 국군부대의 아프가니스탄 파견 연장 및 단계적 철수계획 동의안, ② 국군부대의 소말리아 해역 파견 연장 동의안, ③ 국군부대의 아랍에미리트군 교육훈련 지원 등에 관한 파견 연장 동의안, ④ 국군부대의 국제연합 레바논 평화유지군 파견 연장 동의안 등을 하루 만에 일괄 의결했다. 위 동의안들에 **'전투병'의 추가 파견**이 포함되었다면, 그것은 현행헌법상 허용될 수 있는가? 허용될 수 없다면 이는 누가, 어떤 헌법절차를 통해 제기할 수 있는가?

현행헌법 제5조 제1항이 대한민국에 대해 요청하는 **'평화'의 범위**가 반드시 명확한 것은 아니다. 헌법상 명시적으로 부정된 **'침략적 전쟁'**과 당연히 허용되어야 할 **'자위적 전쟁'** 사이에 다양한 군사활동의 스펙트럼이 있을 수 있기 때문이다. 가령, 이를 '최대한의 평화주의'로 넓게 해석하는 입장에서는, 침략적 무력공격에 대한 자위권의 발동으로 인정되는 경우(즉, '자위적 전쟁'의 경우)를 제외하고, 전투병의 외국파견(헌§60②)과 같은 군사활동은 허용될 수 없다고 보기도 한다. 그러나 현행헌법 제5조 제1항 후단은 '침략적 전쟁'만을 부인하는 데 그치며, 그 전단은 **'국제평화의 유지'**에 노력할 의무까지 부여하고 있으므로, 설령 자위권 발동으로서의 의미가 없는 경우라 하더라도(즉, '자위적 전쟁'의 경우가 아니더라도), 전투병의 외국파견과 같은 군사활동이 전적으로 금지된다고는 할 수 없다. 영토침탈의 의도가 없는, 순수한 '국제평화의 유지' 목적의 전투병의 외국파견은 헌법이 금지하는 '침략적 전쟁'의 개념에 포함되지 않는다고 보아야 한다. 설령, 전투병의 외국파견이 현행헌법 제5조 제1항에 위반된다손 치더라도, 헌법재판소는 국제평화주의 위반 문제를 헌법소원심판절차를 통해 제기하는 것을 적법한 청구로 받아들인 사례가 없다. 예컨대 국군의 외국파견의 경우, 일반국민 및 파병지원 군인에 대해서는 기본권 침해의 **자기관련성**을 **부정**했으며(2003헌마255등), 대통령의 파병결정과 국회의 파병동의에 대해서는 사법적 판단을 자제(**통치행위로 인정**)했다(2003헌마814). 평화적 생존권을 기본권으로 인정하면서도 미군기지의 이전으로 평화적 생존권이 침해될 가능성은 없다고 보았으며(2005헌마268), 이어 한미연합 군사훈련과 관련해서는 선례를 변경하여 **평화적 생존권의 기본권성**을 아예 **부정**했다(2007헌마369).

헌재 2003. 12. 18. 2003헌마255등 : "청구인들은 이 사건 파견결정에 관하여 일반국민의 지위에서 사실상의 또는 간접적인 이해관계를 가진다고 할 수는 있으나, 이 사건 파견결정으로 인하여 청구인들이 주장하는 바와 같은 인간의 존엄과 가치, 행복추구권 등 헌법상 보장된 청구인들 자신의 기본권을 현재 그리고 직접적으로 침해받는다고는 할 수 없다. … 청구인 최○숙의 경우 그 아들이 현역 군인이라 하더라도 이 사건 파병이 지원에 의해 이루어지고 있을 뿐 아니라 청구인 스스로 파병되는 군인이 아닌 이상 다른 청구인의 경우와 달리 볼 사정도 없다. 그렇다면 결국 청구인들은 이 사건 파견결정에 대해 적법하게 헌법소원을 제기할 수 있는 자기관련성이 있다고 할 수 없어 이 헌법소원 심판청구는 모두 부적법하다."

헌재 2004. 4. 29. 2003헌마814 : "외국에의 국군의 파견결정 … 현행헌법이 채택하고 있는 대의민주제 통치구조하에서 대의기관인 대통령과 국회의 그와 같은 고도의 정치적 결단은 가급적 존중되어야 한다. … 이 사건 파견결정은 그 성격상 국방 및 외교에 관련된 고도의 정치적 결단을 요하는 문제로서, 헌법과 법률이 정한 절차를 지켜 이루어진 것임이 명백하므로, 대통령과 국회의 판단은 존중되어야 하고 우리 재판소가 사법적 기준만으로 이를 심판하는 것은 자제되어야 한다. … 이에 대하여는 설혹 사법적 심사의 회피로 자의적 결정이 방치될 수도 있다는 우려가 있을 수 있으나 그러한 대통령과 국회의 판단은 궁극적으로는 선거를 통해 국민에 의한 평가와 심판을 받게 될 것이다."

헌재 2006. 2. 23. 2005헌마268 : "오늘날 전쟁과 테러 혹은 무력행위로부터 자유로워야 하는 것은 인간의 존엄과 가치를 실현하고 행복을 추구하기 위한 기본 전제가 되는 것이므로 헌법 제10조와 제37조 제1항으로부터 평화적 생존권이라는 이름으로 이를 보호하는 것이 필요하며, 그 기본 내용은 침략전쟁에 강제되지 않고 평화적 생존을 할 수 있도록 국가에 요청할 수 있는 권리라고 볼 수 있다. 그런데 이 사건 조약들은 미군기지의 이전을 위한 것이고, 그 내용만으로는 장차 우리나라가 침략적 전쟁에 휩싸이게 된다는 것을 인정하기 곤란하므로 이 사건에서 평화적 생존권의 침해가능성이 있다고 할 수 없다."

헌재 2009. 5. 28. 2007헌마369 : "한미연합 군사훈련은 … 연례적으로 실시되어 왔고 … 새삼 국방에 관련되는 고도의 정치적 결단에 해당하여 사법심사를 자제하여야 하는 통치행위에 해당된다고 보기 어렵다. … 평화주의가 헌법적 이념 또는 목적이라고 하여 이것으로부터 국민 개인의 평화적 생존권이 바로 도출될 수 있는 것은 아니다. 헌법에 열거되지 아니한 기본권을 새롭게 인정하려면, 그 필요성이 특별히 인정되고, 그 권리내용(보호영역)이 비교적 명확하여 구체적 기본권으로서의 실체 즉, 권리내용을 규범 상대방에게 요구할 힘이 있고 그 실현이 방해되는 경우 재판에 의하여 그 실현을 보장받을 수 있는 구체적 권리로서의 실질에 부합하여야 할 것이다. 그런데 평화적 생존권을 구체적 기본권으로 인정한다고 가정할 때, 그 권리내용이란 우선 '침략전쟁에 대한 것'에서 찾을 수밖에 없을 것이다. … 그러나 침략전쟁과 방어전쟁의 구별이 불분명할 뿐만 아니라 전시나 전시에 준한 국가비상상황에서의 전쟁준비나 선전포고 등 행위가 침략전쟁에 해당하는지 여부에 관한 판단은 고도의 정치적 결단에 해당하여 사법심사를 자제할 대상으로 보아야 할 경우가 대부분일 것이다. … 평화적 생존권을 헌법에 열거되지 아니한 기본권으로서 특별히 새롭게 인정할 필요성이 있다거나 그 권리내용이 비교적 명확하여 구체적 권리로서의 실질에 부합한다고 보기 어렵다 할 것이다. … 우리 헌법은 일본 헌법과 같이 평화적 생존권을 직접적으로 도출할 표현('평화 속에 생존할 권리')을 두고 있지 아니 하다."

[62] 유엔평화유지활동법의 문제점 위 [61]의 동의안 ④는 「국제연합 평화유지활동 참여에 관한 법률」(약칭 : 유엔평화유지활동법)을 근거로 의결되었다. 유엔평화유지활동법의 내용 중 현행헌법에 위반되는 점은 없는가? 유엔평화유지활동법은 국제연합의 신속한 파견 요청에 응하여 1천 명 범위 내의 병력을 접수국의 동의를 받아 1년 이내 기간 파견하는 경우로서, 비군사적 임무를 수행하거나 전투행위와의 직접 연계 또는 무력사용의 가능성이 낮은 때에는 국군의 외국파견을 "국제연합과 잠정적으로 합의"할 수 있도록 규정했다(평활§6③). 그런데 이는 국군의 외국파견에 대한 국회의 사전 동의권(헌§60②)을 사실상 사후 추인권으로 변질시킬 우려가 있어 위헌이라는 의심을 받고 있다. 법안의 심사과정에서는 "국제연합과 협의"할 수 있도록 규정하자는 수정방안도 검토된 바 있으나 채택되지 않았다.

제5장 헌법의 기본원리

I.

[63] 헌법의 기본원리와 헌법전문 헌법이 전제로 하는 국가란 그 본질상 '정치적인 것'(Das Politische)을 특징으로 하는(대립·갈등하면서 또 타협·동화하는) 정치공동체이지만, 동시에 공통의 국민경제 단위를 형성하는(단일의 통화[通貨]주권으로 상징되는) 경제공동체이기도 하며, 또한 언어·역사·전통 등 전래된 문화유산을 운명적으로 공유하는 문화공동체이면서, 공통의 법 체제 하에서 그 규율을 받는(인[人]의 지배가 아니라 법의 지배를 받는) 규범공동체이기도 하다. 아울러 국제법규와 조약의 적용을 받는 국제공동체의 평등한 주체가 된다. 정치공동체로서 대한민국은 민주주의원리(정치질서)를, 경제공동체로서 그것은 시장경제·복지주의원리(경제질서)를, 문화공동체로서 그것은 민족문화주의원리(문화질서)를, 규범공동체로서 그것은 법치주의원리(규범질서)를, 국제공동체의 일원으로서 그것은 평화주의원리(국제질서)를 각각 표방한다. 헌법국가로서 **대한민국이 표방하는** 이러한 **기본원리**들은 헌법, 특히 그 전문(前文)에 압축적으로 서술되어 있다. 가령, 그중 ① "4·19 민주이념을 계승하고 조국의 민주개혁 … 의 사명에 입각하여 … 자유민주적 기본질서를 더욱 확고히" 한다는 부분은 **민주주의원리**를 지향하는 것으로, ② "경제의 … 영역에 있어서 각인의 기회를 균등히 하고 능력을 최고도로 발휘하게 하며 … 안으로는 국민생활의 균등한 향상을 기"한다는 부분은 **시장경제·복지주의원리**를 지향하는 것으로, ③ "유구한 역사와 전통에 빛나는 우리들(이) … 민족의 단결을 공고히 하고 … 문화의 … 영역에 있어서 … 각인의 기회를 균등히 하고 능력을 최고도로 발휘하게" 한다는 부분은 **민족문화주의원리**를 지향하는 것으로, ④ 자의적 인(人)의 지배 등 "모든 사회적 폐습과 불의를 타파하며" 법의 지배가 목표로 하는 "안전과 자유(의) 확보(를) … 다짐"한다는 부분은 간접적·암시적이지만 **법치주의원리**를 지향하는 것으로, ⑤ "조국의 … 평화적 통일의 사명에 입각하여 … 항구적인 세계평화와 인류공영에 이바지"한다는 부분은 **평화주의원리**를 지향하는 것으로 각각 풀이될 수 있다. 이처럼 현행헌법의 전

문은 헌법제정권력·헌법개정권력의 소재와 그 행사를 밝히면서, 헌법의 제 기본원리를 천명했다는 점에서 헌법 가운데 최고의 규범적 효력을 가지는 '헌법 중의 헌법'이라 할 수 있다.

[64] 헌법의 기본원리의 역사적 형성 근대국가를 특징짓는 제1요소로서 **입헌주의**(Konstitutionalismus)는 권력의 **'정당화와 제한'**(Legitimierung und Limitierung)을 요체로 한다. 즉, 근대입헌주의헌법의 기본원리는 ① 국가권력은 그 스스로를 정당화할 수 없고 피통치자의 자발적 동의에 의해서만 정당화된다는 **민주주의원리**, ② 국가권력은 헌법이 위임한 틀 안에서 기능적으로 또 공간적·시간적·인적으로 분할·한정되어 상호 견제해야 한다는 **권력분립원리**, ③ 국가권력은 보편적·일반적 기본권의 보장에 종속되며 정치적 권력인 입법권·행정권은 (헌)법의 잣대에 따른 사법권의 통제에 따라야 한다는 **법치주의원리**를 핵심으로 한다. 국가의 경제에 대한 불간섭주의(laissez-faire)를 지향했던 근대입헌주의헌법은, 당연히, 경제에 관한 어떤 구속적 원리를 설정하지는 않았다. 경제에 대한 국가의 책임이 헌법상 수용된 것은 20세기 이후, 공황 극복을 위한 개입정책의 실시, 사회주의 계획경제와 전시 통제경제의 경험, 경제적 동질성 확보를 위한 복지정책의 확산 등에 기인한다. 따라서 **시장경제**에 바탕을 둔 **복지주의원리**는 현대의 **사회국가**(Sozialstaat)**헌법**에서 새롭게 등장한 기본원리이다. 자유와 민주의 보편성에 터 잡은 근대입헌주의헌법에서, 민족과 전통의 개별성을 강조하는 **민족문화주의원리**가 명시적으로 수용될 여지는 없었다. 문화에 대한 국가의 책임이 강조되고 그것이 헌법의 기본원리로 고양된 것은, 문화의 국가로부터의 자율성이 강조되던 근대국가 시기의 산물이라고 볼 수 없다. 오히려 그것은 문화적 동질성 확보를 위한 국가적 노력이 절실히 요청되던 19세기 독일(프로이센)의 **문화국가**(Kulturstaat)**원리**에서 역사적 기원을 찾을 수 있다고 한다.

[65] 민주주의원리의 역사적 형성 고대그리스의 민주주의(δημοκρτία)는 자유인·성인·남자만의 추첨에 의한 직접 참여를 내용으로 하는 것이었는데, 기실, 근대민주주의의 맹아는 중세적 질서의 기초인 왕권신수설, 즉 왕권에 대한 종교적 정당화를 의문

시하는 데서 출발했다. 주권론의 창시자 보댕(Jean Bodin)은 주저 「국가론(6권)」(Les Six Livres de la République, 1576)에서, 군주의 절대 권력을 로마법의 가부장권(patria potestas)에 근거하여 적극 옹호하면서, 교황·황제 및 봉건제후로부터 자유로운 **군주의 주권**(Souveraineté)이라는 개념을 확립함으로써, 왕권신수설이란 신학의 굴레로부터 국가권력을 해방시키는 첫걸음을 내딛었다. 이어 근대적 사회계약론의 선구자 토머스 홉스(Thomas Hobbes)는 주저 「리바이어던」(Leviathan, 1651)에서, 성(聖)과 속(俗)의 지배자인 군주의 절대 권력은 자연상태, 즉 전쟁상태(bellum omnium contra omnes)에 처한 인민이 **군주에 대한 복종계약**을 체결한 결과라고 보았다. 설령 군주의 권력일지라도 피통치자의 동의, 즉 계약에 의해서만 정당화될 수 있다는 사회계약론은, 루소(Jean-Jacques Rousseau)의 「사회계약론」(Du contrat social, 1762)에서 절대 군주제를 완전히 전도(顚倒)시킨 **절대 민주정(직접민주주의)의 주장**으로 발전된다. 그의 이론은 개별의사의 주체로서의 지위, 즉 피통치자 지위와 일반의사=총의(volonté générale)의 구성부분으로서의 지위, 즉 통치자 지위가 모두 인민에 귀속되어 양자의 의사가 일치할 것을 요구하는 이른바 **'자동성(自同性)의 원리'**에 기초한다. 따라서 인민과 그들이 선출한 대표기관은 후자의 의사가 전자의 의사에 배치될 경우 언제든 소환·파면될 수 있는 기속·강제위임의 관계에 있게 된다. 이른바 **인민(peuple) 주권론**에 입각한 구 사회주의권의 직접민주제 정부는 바로 루소의 사상에 젖줄을 대고 있는데, 권력분립을 인정하지 않는 민주집중제로서 그것은 대개 '민주주의독재'의 형태로 전락해갔다. 반면, 프랑스 시민혁명기 시에예스는 제3신분(tiers-état)만이 국민(nation)의 진정한 대표로서 헌법제정권력을 행사한다고 주장하여 **대의제 상대 민주정(간접민주주의)**의 옹호자가 되었다. 프랑스 혁명의 과격성을 비판했던 에드먼드 버크(Edmund Burke) 역시 유명한 브리스톨 연설(1774)에서 의원은 개별 주민의 대리인이 아니라 전 공동체(commonwealth)의 대표자임을 강조함으로써, 국민의 대의기관은 그 임기동안 선거인의 통제로부터 자유로워야 한다는 **무기속·자유위임원칙**의 주창자가 되었다. 이른바 **국민(nation)주권론**에 입각한 대의제 간접민주주의는 (국민의) 기관구성권과 (대의기관의) 정책결정권의 분리 및 정책결정권의 무기속·자유위임을 내용으로 하는 **'대표성의 원리'**에 기초한다. 여기에서 19세기와 20세기 사이 제한선거제가 점진적으로 철폐되어, 노동자·여성의 **보통선**

거권이 확립됨으로써, 현재와 같은 대의민주정이 전모를 갖추게 되었다. 오늘날 대다수 구미 민주국가의 헌법은 대의제 간접민주정을 원칙으로 하되, 직접민주정의 요소(국민표결·국민소환·국민발안 등)로써 그 단점을 부분적으로 보완하는 방식을 채택하고 있다(혼합형 민주주의 혹은 반[半]대표 민주주의).

[66] 권력분립원리의 역사적 형성 민주적 정당성을 갖춘 국가권력이라 하더라도 그것은 헌법의 수권 범위 안에 분할·한정됨으로써, 상호 견제·균형(checks and balances)의 관계에 있어야 한다. 즉, 기능적·수평적 차원에서 입법·행정·사법의 권력이, 공간적·수직적 차원에서 중앙·지방의 권력이, 시간적·인적 차원에서 각 권력의 담당 기간(임기)과 담당 주체(겸직)가 분립되고 제한될 때에만 시민적 자유가 보장될 수 있다는, 자유주의적이고 소극적·중립적인 성격의 헌법원리가 곧 권력분립원리이다. 카를 슈미트가 법치국가적 구성부분의 지배원리로 제시한 배분원리(Verteilungsprinzip)와 조직원리(Organisationsprinzip) 중, 권력의 분할과 한정을 내용으로 하는 후자의 원리가 바로 이에 해당한다(앞 [2] 참조). 근대적 의미의 권력분립원리는 존 로크(John Locke)가 주저 「시민정부이론」(Two Treaties of Civil Government, 1689)에서, 정부(집행부)에 위임된 생명·자유·재산의 자연권의 보장을 담보하는 장치로서, 저항권과 함께 입법권 우위의 2권분립론을 제시한 데서 비롯된다. 이어 몽테스키외(Charles de Montesquieu)는 주저 「법의 정신」(De l'esprit des lois, 1748)에서 집행권에 해당하는 외교권·군사권 및 입법권과 사법권을 구분한 후, 이를 각각 군주·귀족·시민에게 적절히 귀속시키되 그것이 어느 한 세력에게 독점되어서는 안 되며, 양원 상호간의 거부권(faculté d'empêcher)과 군주의 의회입법에 대한 거부권이 인정되어야 한다고 주장함으로써, 사법권까지 포함하여 견제·균형을 요체로 한 3권분립론을 완성했다. 미국연방헌법(1787)은 바로 몽테스키외의 3권분립론을 충실하게 실현한 최초의 성문헌법이다. 20세기에 들어와 근대입헌주의헌법의 권력분립원리는, 한편으로는 권력집중을 옹호하는 사회주의 인민주권론의 대대적인 비판('노동인민을 권력에서 소외시키기 위한 부르주아계급의 기만적 통치술')에 직면했고, 다른 한편으로는 사회국가화·위기국가화 경향으로 인한 행정권의 비대화, 정당국가화 경향으로 인한 집권당으로의 권력통합, 제3세계의 군사독재·개발독재 등 신형 독재체제의 대두와

같은 난제에 직면했다(근대적 권력분립론의 위기). 뢰벤슈타인(Karl Loewenstein)의 동태적 권력분립론(정책결정 → 정책집행 → 정책통제의 3단계로 국가기능 배분)이나 케기(Werner Kaegi)의 포괄적 권력분립론(헌법제정·개정과 일반입법, 상원과 하원, 여당과 야당, 중앙과 지방, 국가와 교회, 민간과 군사, 행정부 내부, 공직임기 제한 등 복합적 차원의 권력분립)과 같은 현대적 변용이론이 등장한 것도 바로 이러한 이유 때문이다.

[67] 법치주의원리의 역사적 형성 법치주의원리를 폭넓게 정의할 경우에는 시민적 자유의 보장을 위한 제 원리(자유주의원리), 즉 카를 슈미트가 법치국가적 구성부분이라 명명한 기본권 보장의 원리(배분원리)와 권력분립의 원리(조직원리)를 포괄한다(앞 [2] 참조). 제도적인 측면에서 그것은 정치(입법)에 대한 헌법의 우위를 담보하는 위헌심사제(규범통제)와 행정에 대한 사법의 우위를 담보하는 사법심사제(행정재판)로 구체화된다. 법치주의의 역사는, 기실, 민주주의의 역사에 선행한다. 군주의 자의적 지배를 극복하고 법의 지배(rule of law)를 확립한 것은, 영국에 있어서 쿠크 경(Sir Edward Coke)이 대헌장(Magna Charta, 1215)의 속지법의 적용('per legem terrae') 부분을 적법절차('due process of law')의 원리로 재해석하고, 이를 의회의 제정법을 통제할 수 있는 보통법(common law)의 원칙으로 고양시킨 데서 비롯된다(Dr. Bonham's Case, 1610). 이것이 1791년의 미국연방헌법수정 제5조(및 이후의 제14조)에 계수됨으로써, 절차적 측면에 중점을 두는 영미법상 법의 지배의 원리가 정착되기에 이른 것이다. 즉, 영미법에서 법의 지배란 곧 절차의 지배이며, 그 적법한 절차란 공정한 제3자의 판단('nemo iudex in propria causa') 및 고지와 청문('notice and hearing')의 기회 제공을 요체로 한다. 반면, 대륙법에 있어서 법치국가(Rechtsstaat)원리는 사법의 절차원리라기보다 국가의 구조원리로서, 절차보다는 실체적 내용에 중점을 두는 것이었다. 즉, 국민의 자유·권리에 대한 제한과 의무의 부과는 원칙상 법률로써만 가능하며(법률유보[Gesetzesvorbehalt]), 그러한 법률은 형식상 일반적이면서 명확한 것이어야 하며(일반성[Allgemeinheit]과 명확성[Bestimmtheit]), 내용상으로도 필요에 상응한 비례적인 것이라야 하지 과잉한 정도여서는 안 되며(비례성[Verhaeltnismassigkeit] 또는 과잉금지[Uebermass-verbot]), 시간적 측면에서도 소급적용을 배제하는 등 국민의 정당한 신뢰가 보호되어야 하며(신뢰보호[Vertrauensschutz]), 규범 상호간의 구조·내용 등에 모순이 없이 체

계와 균형을 유지해야 한다(체계정당성[Systemgerechtigkeit])는 것이다. 대륙법계 독일에 있어서 법치국가원리의 확립에는, ① 법률의 법규창조력 ② 법률우위의 원칙 ③ 법률유보의 원칙이라는 3요소로써 법치행정의 관념을 구축한 오토 마이어(Otto Mayer)의 정교한 이론이 기여한 바가 컸다.

II.

[68] 헌법의 기본원리의 의의 헌법재판소에 의하면, 현행헌법의 전문과 본문에 담긴 입헌주의헌법의 기본원리는 헌법 및 법령해석의 기준이자 입법형성권의 한계이며, 정책결정의 방향을 제시하는 최고의 가치규범이다(88헌가6). 또, 헌법의 기본원리가 구체적 기본권을 도출하는 근거로 될 수는 없으나, 기본권의 해석 및 기본권제한입법의 합헌성 심사에서 해석기준이 되므로, 복수조합설립금지규정의 결사의 자유(헌§21①) 침해 여부를 심사함에 있어서도, 사회적 시장경제질서에 입각한 국가의 자발적 협동조합육성의무(헌§123⑤) 및 협동조합의 본질 중 하나인 조합공개의 원칙이 그 판단기준이 된다고 한다(92헌바47). 그리고 헌법재판소는 헌법전문의 3·1정신이라든가 통일정신·국민주권원리로부터 개별적 기본권을 도출할 수는 없다고 보며, 헌법전문의 임시정부 법통계승 부분은 법적 지위에 영향을 미치지 않는 규정이라고 본다(99헌마139등·2008헌마517).

헌재 1989. 9. 8. 88헌가6 : "우리 헌법의 전문과 본문의 전체에 담겨있는 최고이념은 국민주권주의와 자유민주주의에 입각한 입헌민주헌법의 본질적 기본원리에 기초하고 있다. 기타 헌법상의 제 원칙도 여기에서 연유되는 것이므로 이는 헌법전을 비롯한 모든 법령해석의 기준이 되고, 입법형성권행사의 한계와 정책결정의 방향을 제시하며, 나아가 모든 국가기관과 국민이 존중하고 지켜가야 하는 최고의 가치규범이다."

헌재 1996. 4. 25. 92헌바47 : "헌법의 기본원리는 헌법의 이념적 기초인 동시에 헌법을 지배하는 지도원리로서 입법이나 정책결정의 방향을 제시하며 공무원을 비롯한 모든 국민·국가기관이 헌법을 존중하고 수호하도록 하는 지침이 되며, 구체적 기본권을 도출하는 근거로 될 수는 없으나 기본권의 해석 및 기본권제한입법의 합헌성 심사에 있어 해석기준의 하나로서 작용한다. … 우리나라 헌법상의 경제질서는 사유재산제를 바탕으로 하고 자유경쟁을 존중하는 자유시장경제질서를 기본으로 하면서도 이에 수반되는 갖가지 모순을 제거하고 사회복지·사회정의를 실현하기 위하여 국가적 규제와 조정을 용인하는 사회적 시장경제질서로서의 성격을 띠고 있다. … 우리 헌법도 '국가는 농·어민과 중소기업의 자조조직을 육성하여야 하며, 그 자율적 활동과 발전을 보장한다.'는 규정을 둠으로써(헌법 제123조 제5항) 국가가 자발적 협동조합을 육성하여야 함을 명문으로 규정하고 있다. … 축협법의 규정들에 의하더라도 조합공개의 원칙이 보장되지 아니하고, 따라서 이 사건 심판대상조항은 … 우리 헌법의 기본원리에 배치되고 협동조합의 본질에 반하는 수단을 택하여 … 양축인의 결사의 자유, 직업수행의 자유의 본질적인 내용을 침해하고 있(다)."

헌재 2001. 3. 21. 99헌마139등 : "'헌법전문에 기재된 3·1정신'은 우리나라 헌법의 연혁적·이념적 기초로서 헌법이나 법률해석에서의 해석기준으로 작용한다고 할 수 있지만, 그에 기하여 곧바로 국민의 개별적 기본권성을 도출해낼 수는 없다고 할 것이므로, 헌법소원의 대상인 '헌법상 보장된 기본권'에 해당하지 아니한다."

헌재 2008. 11. 27. 2008헌마517 : "통일정신, 국민주권원리 등은 우리나라 헌법의 연혁적·이념적 기초로서 헌법이나 법률해석에서의 해석기준으로 작용한다고 할 수 있지만, 그에 기하여 곧바로 국민의 개별적 기본권성을 도출해 내기는 어렵다. 한편, 헌법전문에 기재된 대한민국 임시정부의 법통을 계승하는 부분이 침해되었다는 부분은 청구인들의 법적 지위에 현실적이고 구체적인 영향을 미친다고 볼 수 없으므로 기본권 침해의 가능성이 인정되지 않는다."

[69] 민주주의원리의 헌법적 근거와 의의 현행헌법은 헌법전문 외에 제1장 총강 제1조에서 정치공동체로서 대한민국의 **국가형태가 민주국**이라는 것(제1항)과 국가권력(통치권)의 정당성의 원천이 국민에게 있다는 것, 즉 **국민주권주의**(제2항)를 선언했다(앞 [50], [53] 참조). 국민주권주의는 기관구성권과 정책결정권의 분리 및 정책결정권의 자유위임을 기본적 요소로 하는 대의제의 방식으로써 구체화되므로(2007헌마843), 직접민주정의 요소(국민표결·국민소환·국민발안 등)는 헌법이 명문 규정으로 이를 위임한 경우에만 예외적으로 인정된다. 따라서 헌법 제72조와 제130조 제2항의 경우 외에, **대통령의 신임을 묻는 국민투표**는 허용되지 아니한다(2003헌마694등[반대의견]·2004헌나1)(앞 [17] 참조). 헌법전문 외에 헌법 제4조는 평화적 통일정책의 수립·추진에서도 **자유민주적 기본질서**에 입각할 것을 천명했다. 헌법재판소는 일찍이 자유민주적 기본질서의 의미를 자유주의와 민주주의의 결합을 의미하는 것으로 풀이하면서(2000헌마238등), 그중 민주주의원리의 기본요소로서 '의회제도, 복수정당제도, 선거제도'를 적시했다(2004헌나1)(앞 [43] 참조). 아울러 헌법재판소는 **근대입헌주의헌법의 기본원리**를 공화주의이념에서 유래하는 민주주의원리와 자유주의이념에서 유래하는 법치주의원리로 양분하면서, 전자를 사회의 공적 자율성에 기한 정치적 의

사결정을 추구하는 원리라고 규정했다(2013헌다1). 그 밖에 현행헌법 제8조 제2항은 정당의 목적·활동과 조직이 민주적일 것을 요구함으로써 정당제 민주주의를 수용했으며, 동조 제4항은 위헌정당해산제도를 통해 방어적 민주주의를 수용했다(정당제 민주주의와 방어적 민주주의는 정당제도 부분에서 상론함).

헌재 2003. 11. 27. 2003헌마694등 : "국민투표라는 것은 … 공고와 같이 국민투표에 관한 절차의 법적 개시로 볼 수 있는 행위가 있을 때에 비로소 법적인 효력을 지닌 공권력의 행사가 있게 되고 … 피청구인이 대통령으로서 국회 본회의의 시정연설에서 자신에 대한 신임국민투표를 실시하고자 한다고 밝혔다 하더라도 … 이를 두고 헌법소원의 대상이 되는 '공권력의 행사'라고 할 수는 없(다). [재판관 김영일·권성·김경일·송인준의 반대의견] … 우리 헌법이 국민주권의 실현에 있어서 대의제를 원칙으로 삼고, 예외적으로 단 두 가지의 경우에 한하여 그것도 국민발안을 배제하는 매우 제약적인 직접민주주의적 요소를 수용하고 있다는 점에 비추어, 헌법 제72조는 예외조항에 해당하며 이와 같은 원칙과 예외의 관계에서 볼 때, 예외에 속하는 규정은 확장적으로 해석되어서는 아니 되고 축소적이고 엄격하게 해석되어야 하며 … 신임 여부를 국민투표에 붙이고 국민이 불신임을 표시한 경우 사임하는 것은 피청구인의 임기를 절대적으로 보장하는 헌법 제70조나 궐위사유를 한정적으로 규정하는 헌법 제68조 제2항 등 헌법규범에 부합될 수 없다. … 우리 헌법은 제72조의 국민투표의 대상을 명시적으로 '정책'에 한정함으로써 국민투표가 역사상 민주주의의 발전에 해악을 끼친 신임투표가 되어서는 아니 된다는 취지를 분명히 선언하고 있는 것이다."

헌재 2004. 5. 14. 2004헌나1 : "헌법 제72조는 대통령에게 임의적인 국민투표발의권을 독점적으로 부여함으로써 국민투표를 정치적 무기화하고 정치적으로 남용할 수 있는 위험성을 안고 있다. … 헌법 제72조는 가능하면 대통령에 의한 국민투표의 정치적 남용을 방지할 수 있도록 엄격하고 축소적으로 해석되어야 한다. … 헌법 제72조의 국민투표의 대상인 '중요정책'에는 대통령에 대한 '국민의 신임'이 포함되지 않는다. 선거는 '인물에 대한 결정' 즉, 대의제를 가능하게 하기 위한 전제조건으로서 국민의 대표자에 관한 결정이며, 이에 대하여 국민투표는 직접민주주의를 실현하기 위한 수단으로서 '사안에 대한 결정' 즉, 특정한 국가정책이나 법안을 그 대상으로 한다. 따라서 국민투표의 본질상 '대표자에 대한 신임'은 국민투표의 대상이 될 수 없으며, 우리 헌법에서 대표자의 선출과 그에 대한 신임은 단지 선거의 형태로써 이루어져야 한다. … 국민은 선거와 국민투표를 통하여 국가권력을 직접 행사하게 되며, 국민투표는 국민에 의한 국가권력의 행사방법의 하나로서 명시적인 헌법적 근거를 필요로 한다. 따라서 국민투표의 가능성은 국민주권주의나 민주주의원칙과 같은 일반적인 헌법원칙에 근거하여 인정될 수 없으며, 헌법에 명문으로 규정되지 않는 한 허용되지 않는다."

헌재 2001. 9. 27. 2000헌마238등 : "우리 헌법은 전문에 '자율과 조화를 바탕으로 자유민주적 기본질서를 더욱 확고히 하여 …'라고 선언하고, 제4조에 '자유민주적 기본질서에 입각한 평화적 통일정책을 수립하고 이를 추진한다.'라고 규정함으로써 자유민주주의 실현을 헌법의 지향이념으로 삼고 있다. 즉 국가권력의 간섭을 배제하고, 개인의 자유와 창의를 존중하며 다양성을 포용하는 자유주의와 국가권력이 국민에게 귀속되고, 국민에 의한 지배가 이루어지는 것을 내용적 특징으로 하는 민주주의가 결합된 개념인 자유민주주의를 헌법질서의 최고 기본가치로 파악하고, 이러한 헌법질서의 근간을 이루는 기본적 가치를 '기본질서'로 선언한 것이다. 우리 재판소도 … 구체적으로는 기본적 인권의 존중, 권력분립, 의회제도, 복수정당제도, 선거제도, 사유재산과 시장경제를 골간으로 한 경제질서 및 사법권의 독립 등을 의미한다'고 천명한 바 있다(헌재 1990. 4. 2. 89헌가113)."

헌재 2014. 12. 19. 2013헌다1 : "근대의 입헌적 민주주의체제(는) … 특정인이나 특정세력에 의한 전제적 지배를 배제하고 공동체 전체의 동등한 구성원들에 의한 통치를 이상으로 하는 공화주의이념과, 개인의 자유와 권리를 강조하는 자유주의이념으로부터 큰 영향을 받았다. 전자는 공민으로서 시민이 가지는 지위를 강조하고 이들에 의해서 자율적으로 이루어지는 공적 의사결정을 중시한다. 따라서 이것은 시민들의 정치적 동등성, 국민주권, 정치적 참여 등의 관념을 내포하고, 우리 헌법상 '민주주의원리'로 표현되고 있다. 그에 반해 후자는 국가권력이나 다수의 정치적 횡포로부터 보호받을 수 있는 인권의 우선성을 주장한다. 기본적 인권, 국가권력의 법률기속, 권력분립 등의 관념들은 자유주의의 요청에 해당하며, 우리 헌법상에는 '법치주의원리'로 반영되어 있다. … 근대의 입헌적 민주주의체제는 사회의 공적 자율성에 기한 정치적 의사결정을 추구하는 민주주의원리와, 국가권력이나 다수의 정치적 의사로부터 개인의 권리, 즉 개인의 사적 자율성을 보호해 줄 수 있는 법치주의원리라는 두 가지 주요한 원리에 따라 구성되고 운영된다."

[70] 민주주의원리의 구성요소 헌법재판소는 민주주의원리란 "진리의 상대성을 전제하는 다원적 세계관에 입각"한 것으로 "다수를 존중하면서도 소수를 배려하는" 의사결정과 "자유·평등을 기본원리로 하여 구성·운영"되는 정치질서라고 요약했다(2013헌다1). 첫째, 민주주의는 **다원주의**를 핵심내용으로 한다. 다양한 이념·정책 사이에 경쟁과 선택의 기회가 보장되지 않으면 진정한 민주주의란 있을 수 없다. 헌법재판소가 과도한 기탁금 및 그 반환기준과 1인1표제 비례대표의석 배분방식에 대해 헌법에 위반된다고 결정한 것도, 소수자의 정치진출 기회를 봉쇄함으로써 민주주의의 핵심요소인 다원주의의 요청에 반한다는 데 그 이유가 있다(2000헌마91등·2015헌마509등). 둘째, 민주주의는 **다수결원리**를 내용으로 하되 이는 의사절차에의 **참여**가 보장되고, **소수자 보호** 및 다수·소수의 교체가능성이 보장되는 것이어야 한다. 소수파에게 출석할 기회조차 주지 않고 토론과정을 거치지 아니한 채 다수파만으로 의안을 단독 처리한 데 대해, 헌법과 국회법의 다수결의 원리에 반하여 국회의원의 심의·표결권(96헌라2) 혹은 심의권(2008헌라7등)을

침해한 것이라고 헌법재판소가 결정한 이유도 바로 여기에 있다. 셋째, 민주주의는 곧 여론정치를 의미하는 까닭에, 정치적 표현의 자유와 정치적 기회균등과 같은 **정치적 기본권**의 보장이 전제되지 않으면 제대로 작동할 수 없다. 헌법재판소가 선거운동의 자유(헌§21①)와 선거운동의 기회균등(헌§116①), 즉 선거에서의 자유와 공정을 모두 중시하면서(93헌가4등·99헌바92등), 보통선거의 원칙에 반하는 선거권 제한입법의 합헌성을 특히 엄격하게 심사한다거나(2004헌마644등·2012헌마409등), 선거구 획정에서 투표가치의 평등을 우선적으로 요청하는(2012헌마192등) 등의 결정을 내린 이유도 바로 여기에 있다.

헌재 2001. 7. 19. 2000헌마91등 : "과도한 기탁금은 … 서민층과 젊은 세대를 대표할 자가 국민의 대표기관인 국회에 진출하지 못함을 의미한다. … 이들이 정치적으로 거의 대표되지 못한다면 이는 대의제의 원리에 반하고, 다원성을 핵심요소로 하는 민주주의정신에도 본질적으로 반하는 것 … 입후보지원자로서 2천만 원의 기탁금을 마련하지 못하여 입후보를 포기하지 않을 수 없는 사람들이 비록 소수에 그친다 할지라도 … 일부 소수층의 참정권 제한은 문제될 것이 없다고 한다면 다수결의 원리에 의하여 지배되는 정치과정에서 필연적으로 발생하는 '소외된 소수자'들의 인권을 헌법보장의 사각지대에 방치하는 결과 … 비록 오늘은 소수의견에 그쳐 낙선하였더라도 그가 진실하게 선거과정에 참여하였다면 그 소수의견도 존중하는 것이 민주주의의 전제인 다원주의 및 소수자 보호의 정신에 충실한 것 … 특히 2, 3개의 거대정당이 존재하는 경우 군소정당이나 신생정당 후보자의 경우 100분의 20이라는 기준을 초과하기가 힘들게 될 것이므로 결국 이들 군소정당이나 신생정당의 정치참여기회를 제약하는 효과를 낳게 된다. … 현행의 1인1표제를 전제로 한 공선법 제189조 제1항에 의한 비례대표의석 배분방식은 … 신생정당에 대한 국민의 지지도를 제대로 반영할 수 없고, 기존의 세력정당에 대한 국민의 실제 지지도를 초과하여 그 세력정당에 의석을 배분하여 준다. … 만약 별도의 정당투표가 있었다면 그 유권자가 기성정당을 지지하지 않고 신생정당을 지지함이 분명히 표출·계산될 수 있다. 이리하여 현행제도는 정당의 독과점체제를 고착시키고 신생정당의 국회진출을 어렵게 하는 것이다."

헌재 2016. 12. 29. 2015헌마509등 : "비례대표국회의원선거에서 후보자등록을 신청하는 정당은 그 후보자등록 신청 시에 비례대표국회의원후보자 1명마다 1천500만 원을 중앙선거관리위원회에 납부하여야 한다. … 비례대표국회의원선거의 경우 정당은 후보자명부에 올라 있는 후보자 중 당선인이 1명이라도 있으면 기탁금 전액을 반환받게 되지만, 1명이 당선되기 위해서는 해당 정당이 유효투표총수의 3% 이상을 획득하였거나 지역구국회의원 의석을 5석 이상 확보하였을 것을 전제로 한다. 이러한 반환 요건은 신생정당이나 소수정당의 입장에서 달성하기 매우 어려운 수준이라고 할 수 있(다). … 1석의 확보조차 예측하기 어려운 신생정당이나 소수정당에게는 후보자 인원수에 비례하여 지나치게 과다하게 설정된 기탁금이 비례대표국회의원선거에의 참여, 나아가 정당으로서 소속 당원을 후보자로 추천함에 있어 상당한 부담감으로 작용하게 된다. 이는 다수대표제의 단점, 즉 거대정당에게 일방적으로 유리하고 다양한 국민의 목소리를 제대로 대표하지 못하는 현상을 방지하기 위해 도입된 비례대표제의 본래 취지에도 부합하지 않는 결과를 초래한다. 따라서 상대적으로 당비나 국고보조금을 지원받기 어렵고 재정상태가 열악한 신생정당이나 소수정당에게 후보자 1명마다 1천500만 원이라는 기탁금액은 선거에의 참여 자체를 위축시킬 수 있는 금액으로서, 비례대표제의 취지를 실현하기 위해 필요한 최소한의 액수보다 지나치게 과다한 액수이다. 이상을 종합하면, 비례대표 기탁금조항은 침해의 최소성 원칙에 위반된다."

헌재 1997. 7. 16. 96헌라2 : "피청구인(국회의장)이 국회법 제76조 제3항을 위반하여 청구인들에게 본회의 개의일시를 통지하지 않음으로써 청구인들은 이 사건 본회의에 출석할 기회를 잃게 되었고 그 결과 이 사건 법률안의 심의·표결과정에도 참여하지 못하게 되었다. 따라서 … 피청구인의 그러한 행위로 인하여 청구인들이 헌법에 의하여 부여받은 권한인 법률안 심의·표결권이 침해되었음이 분명하다. [재판관 이재화·조승형·고중석의 의견] 의회민주주의의 기본원리의 하나인 다수결원리는 의사형성과정에서 소수파에게 토론에 참가하여 다수파의 견해를 비판하고 반대의견을 밝힐 수 있는 기회를 보장하여 다수파와 소수파가 공개적이고 합리적인 토론을 거쳐 다수의 의사로 결정을 한다는데 그 정당성의 근거가 있는 것이다. 따라서 입법과정에서 소수파에게 출석할 기회를 주지 않고 토론과정을 거치지 아니한 채 다수파만으로 단독 처리하는 것은 다수결원리에 의한 의사결정이라고 볼 수 없다. 헌법 제49조는 … 의회민주주의의 기본원리인 다수결원리를 선언한 것으로서 이는 단순히 재적의원 과반수의 출석과 출석의원 과반수에 의한 찬성을 형식적으로 요구하는 것에 그치지 않는다. 헌법 제49조는 국회의 의결은 통지가 가능한 국회의원 모두에게 회의에 출석할 기회가 부여된 바탕위에 재적의원 과반수의 출석과 출석의원 과반수의 찬성으로 이루어져야 한다는 것으로 해석하여야 한다. … 피청구인의 이 사건 법률안의 가결선포행위는 국회의원인 청구인들의 권한을 침해한 것임과 아울러 다수결원리를 규정한 헌법 제49조에 명백히 위반되는 것이라고 아니할 수 없다."

헌재 2010. 12. 28. 2008헌라7등 : "의회민주주의의 기본원리의 하나인 다수결의 원리는 의사형성과정에서 소수파에게 토론에 참가하여 다수파의 견해를 비판하고 반대의견을 밝힐 수 있는 기회를 보장하여 다수파와 소수파가 공개적이고 합리적인 토론을 거쳐 다수의 의사로 결정한다는 데 그 정당성의 근거가 있는 것이다. 따라서 입법과정에서 소수파에게 출석할 기회조차 주지 않고 토론과정을 거치지 아니한 채 다수파만으로 단독 처리하는 것은 다수결의 원리에 의한 의사결정이라고 볼 수 없다. 헌법 제49조는 의회민주주의의 기본원리인 다수결의 원리를 선언한 것으로서 … 국회의 의결은 통지가 가능한 국회의원 모두에게 회의에 출석할 기회가 부여된 바탕 위에 재적의원 과반수의 출석과 출석의원 과반수의 찬성으로 이루어져야 한다는 것으로 해석하여야 한다(헌재 1997. 7. 16. 96헌라2 참조). … 국회법 제54조의 규정은 … 실질적으로 모든 위원회의 구성원에게 출석의 기회가 보장된 상태에서 자유로운 토론의 기회가 부여되는 것을 전제조건으로 하는 의사정족수 또는 의결정족수의 충족을 요하는 것으로 해석되어야 할 것이다. … 다수결의 원리를 위와 같이 볼 경우, 이 사건에서 위법한 질서유지권의 행사로 청구인들에게 회의장 출입이 원천 봉쇄된 상태에서 이 사건 회의를 개의하여 이루어진 이 사건 상정·회부행위는, 비록 의사정족수가 충족된 상태에서 이루어진 것이라 하더라도, 다수결의 원리를 규정한 헌법 제49조 혹은 다수결의 원리를 포함하는 상위 원리인 의회민주주의 원리에 위배되고, 이러한 헌법원리를 구체적으로 구현하고 있는 법률규정으로 볼 수 있는 국회법 제54조의 규정에도 위배되는 것으로 볼 것이다."

헌재 1994. 7. 29. 93헌가4등 : "국민의 주권행사 내지 참정권행사의 의미를 지니는 선거과정에의 참여행위는 원칙적으로 자유롭게 행하여질 수 있도록 최대한 보장하여야 한다. … 선거운동의 자유는 널리 선거과정에서 자유로이 의사를 표현할 자유의 일환이므로 표현의 자유의 한 태양이기도 하다. 표현의 자유, 특히 정치적 표현의 자유는 선거과정에서의 선거운동을 통하여 국민이 정치적 의견을 자유로이 발표·교환함으로써 비로소 그 기능을 다하게 된다 할 것이므로, 선거운동의 자유는 헌법에 정한 언론·출판·집회·결사의 자유 보장규정에 의한 보호를 받는다. 또한 우리 헌법은 참정권의 내용으로서 모든 국민에게 법률이 정하는 바에 따라 선거권을 부여하고 있는데, 선거권이 제대로 행사되기 위하여는 후보자에 대한 정보의 자유 교환이 필연적으로 요청된다 할 것이므로, 선거운동의 자유는 선거권행사의 전제 내지 선거권의 중요한 내용을 이룬다고 할 수 있다. 그러므로 선거운동의 제한은 선거권, 곧 참정권의 제한으로도 귀결된다. … 선거운동은 국민주권행사의 일환일 뿐 아니라 정치적 표현의 자유의 한 형태로서 민주사회를 구성하고 움직이게 하는 요소이므로 그 제한입법에 있어서도 엄격한 심사기준이 적용된다 할 것이다."

헌재 2001. 8. 30. 99헌바92등 : "민주적 의회정치의 기초인 선거는 동시에 공정하게 행하여지지 않으면 아니 된다. 금권, 관권, 폭력 등에 의한 타락선거를 막고 무제한적이고 과열된 선거운동으로 말미암아 발생할 사회경제적 손실과 부작용을 최소화하며 국민의 진정한 의사를 제대로 반영하기 위하여는 선거의 공정이 보장되어야 한다. 선거의 공정 없이는 진정한 의미에서의 선거의 자유도 선거운동의 기회균등도 보장되지 아니한다. 이 점에서 선거의 공정성 확보를 위하여는 어느 정도 선거운동에 대한 규제가 행하여지지 아니할 수 없고, 이는 곧 선거운동의 자유를 제한하는 셈이 되므로 기본권제한의 요건과 한계에 따라야 한다. … 공선법은 … 선거운동에 있어서의 공정성을 위하여 … 선거운동의 주체·기간·방법 등에 대하여 일정한 제한을 가함으로써, 자유로운 선거와 공정한 선거라는 두 가지 입법목적을 위하여 상호보완적인 규정들을 두고 있다. … 헌법 제116조 제1항의 선거운동 기회균등 보장의 원칙에 입각하여 선거운동의 부당한 경쟁 및 후보자들 간의 경제력 차이에 따른 불균형이라는 폐해를 막고, 선거의 평온과 공정을 해하는 결과의 발생을 방지함으로써 선거의 자유와 공정의 보장을 도모 … 합목적적 제한이라고 볼 것."

헌재 2014. 1. 28. 2012헌마409등 : "민주주의 국가에서 국민주권과 대의제 민주주의의 실현수단으로서 선거권이 갖는 이 같은 중요성으로 인해 한편으로 입법자는 선거권을 최대한 보장하는 방향으로 입법을 하여야 하며, 또 다른 한편에서 선거권을 제한하는 법률의 합헌성을 심사하는 경우에는 그 심사의 강도도 엄격하여야 한다. 따라서 선거권을 제한하는 입법은 헌법 제24조에 따라 곧바로 정당화될 수는 없고, 헌법 제37조 제2항의 규정에 따라 국가안전보장·질서유지 또는 공공복리를 위하여 필요하고 불가피한 예외적인 경우에만 그 제한이 정당화될 수 있으며, 그 경우에도 선거권의 본질적인 내용을 침해할 수 없다. 더욱이 보통선거의 원칙은 선거권자의 능력, 재산, 사회적 지위 등의 실질적인 요소를 배제하고, 성년자이면 누구라도 당연히 선거권을 갖는 것을 요구하므로, 보통선거의 원칙에 반하는 선거권 제한의 입법을 하기 위해서는 헌법 제37조 제2항의 규정에 따른 한계가 한층 엄격히 지켜져야 한다(헌재 2007. 6. 28. 2004헌마644등)."

헌재 2014. 10. 30. 2012헌마192등 : "국회의원의 지역대표성이나 도농 간의 인구격차, 불균형한 개발 등은 더 이상 인구편차 상하 33⅓%, 인구비례 2:1의 기준을 넘어 인구편차를 완화할 수 있는 사유가 되지 않는다고 판단된다. 1) … 인구편차 상하 50%의 기준을 적용하게 되면 1인의 투표가치가 … 세 배의 가치를 가지는 경우도 발생하는데, 이는 지나친 투표가치의 불평등이다. … 우리나라가 택하고 있는 단원제 및 소선거구제에서는 사표가 많이 발생할 수 있는데, 인구편차 상하 50%의 기준을 따를 경우 … 당선된 국회의원이 획득한 투표수보다 … 낙선된 후보자가 획득한 투표수가 많은 경우가 발생할 가능성도 있는바, 이는 대의민주주의의 관점에서도 결코 바람직하지 아니하다. 2) 국회의원이 지역구에서 선출되더라도 추구하는 목표는 지역구의 이익이 아닌 국가 전체의 이익이어야 한다는 원리는 … 단원제를 채택하고 있는 우리 헌법 하에서도 동일하게 적용된다. 따라서 국회를 구성함에 있어 국회의원의 지역대표성이 고려되어야 한다고 할지라도 이것이 국민주권주의의 출발점인 투표가치의 평등보다 우선시 될 수는 없다. … 지금은 지방자치제도가 정착되어 지역대표성을 이유로 헌법상 원칙인 투표가치의 평등을 현저히 완화할 필요성 또한 예전에 비해 크지 않다. … 3) 현행 공직선거법에 의하면 복수의 시·도의 관할구역에 걸쳐 지역구를 획정할 수 없기 때문에, 인구편차의 허용기준을 완화하면 할수록 … 상대적으로 과대 대표되는 지역과 과소 대표되는 지역이 생길 수밖에 없다. … 영·호남지역이 수도권이나 충청지역에 비하여 각각 과대하게 대표 … 지역정당구조를 심화시키는 부작용을 야기할 수 있다."

[71] 민주주의원리의 적용영역 민주주의는 정치공동체로서의 국가를 지배하는 기본원리이므로 우선 정치영역에 적용되는 것이 원칙이다. 그러나 중앙정치(국정)의 영역과 **지방자치의 영역**에서 그 적용의 양태는 다를 수 있다(앞 [53] 참조). 가령, 대통령·국회의원과 국민의 관계와 달리, 지방자치단체장과 주민간의 관계에서는 대의제의 무기속·자유위임원칙이 약화되고, 상응하여 주민들의 지방자치단체장에 대한 통제가 강화될 수도 있다(2007헌마843). 그런데 헌법재판소는 오늘날 **정당제 민주주의**에서는, 정당기속을 용인하는 강제위임관계(당론강제)가 대의제의 무기속·자유위임원칙에 우선할 수 있다는 점을 인정한다(2002헌라1). 또, 헌법재판소는 설령 중앙정치에 의한 지방자치의 본질 훼손을 막기 위한 것일지라도, 지방자치

의 영역에서 정당정치를 전면 배제할 수는 없다고 본다(2001헌가4). 현행헌법은 정치영역 이외에도 민주주의를 천명한 경우가 있다. 대표적으로 "근로의 의무의 내용과 조건을 민주주의원칙에 따라 법률로 정"하도록 한 것(헌§32②), 그리고 "경제의 민주화를 위하여 경제에 관한 규제와 조정을 할 수 있"도록 한 것(헌§119②)을 들 수 있다. 그러나 '양적 이윤·효율의 원리'가 지배하는 경제영역에 정치영역에 적용되는 '인적 다수결의 원리'가 그대로 타당할 수는 없을 것이다. 마찬가지 이유에서 현행헌법은 정치영역을 지배하는 다수결 민주주의원리로부터 중립적인 종교(헌§20②), 교육(헌§31④), 혼인·가족(헌§36①) 등의 영역을 설정하고 있다. 헌법재판소도 교육의 영역에서는 민주주의원리(다수결원리 또는 선거운동자유 보장)의 적용이 제한될 수 있다는 점을 밝힌 바 있다(89헌마88·99헌바113·2003헌바84·2007헌마1175·2010헌마285).

헌재 2003. 10. 30. 2002헌라1 : "(보건복지위원회에서 환경노동위원회로의) 사·보임행위는 기본적으로 국회의 조직자율권에 해당하는 행위라고 할 수 있고, 따라서 이를 평가함에 있어 헌법이나 법률에 명백히 위반되는 것이 아닌 한 성급하게 위헌이라는 평가를 내려서는 안 된다. … 현대의 민주주의가 종래의 순수한 대의제 민주주의에서 정당국가적 민주주의의 경향으로 변화하고 있음은 주지하는 바와 같다. 다만, 국회의원의 국민대표성보다는 오늘날 복수정당제하에서 실제적으로 정당에 의하여 국회가 운영되고 있는 점(헌재 1997. 7. 16. 96헌라2 참조)을 강조하려는 견해와, 반대로 대의제 민주주의 원리를 중시하고 정당국가적 현실은 기본적으로 국회의원의 전체 국민대표성을 침해하지 않는 범위 내에서 인정하려는 입장이 서로 맞서고 있다. … 국회의원의 국민대표성을 중시하는 입장에서도 특정 정당에 소속된 국회의원이 정당기속 내지는 교섭단체의 결정(소위 '당론')에 위반하는 정치활동을 한 이유로 제재를 받는 경우, 국회의원 신분을 상실하게 할 수는 없으나 '정당 내부의 사실상의 강제' 또는 소속 '정당으로부터의 제명'은 가능하다고 보고 있다. … 당론과 다른 견해를 가진 소속 국회의원을 당해 교섭단체의 필요에 따라 다른 상임위원회로의 전임(사·보임)하는 조치는 특별한 사정이 없는 한 헌법상 용인될 수 있는 '정당 내부의 사실상 강제'의 범위 내에 해당한다."

헌재 2003. 1. 30. 2001헌가4 : "선거에 당하여 정당이냐 아니면 인물이냐에 대한 선택은 궁극적으로 주권자인 국민의 몫이고, 입법자가 후견인적 시각에서 입법을 통하여 그러한 국민의 선택을 대신하거나 간섭하는 것은 민주주의이념에 비추어 바람직하지 않(다). … 후보자가 정당의 지지·추천을 받았는지 여부를 유권자들이 알았다고 하여 이것이 곧 지방분권 및 지방의 자율성 저해를 가져올 것이라고 보기에는 그 인과관계가 지나치게 막연하(다). … 지방자치 본래의 취지 구현이라는 입법목적의 달성에 기여하는 효과가 매우 불확실하거나 미미한 반면에, 이 조항으로 인해 기본권이 제한되는 정도는 현저하다. … 현실적으로 후보자에 대한 정당의 지지·추천 여부는 유권자들이 선거권을 행사함에 있어서 중요한 참고사항이 될 수밖에 없는데도 … 심지어 정당의 지지·추천 여부를 물어오는 유권자들에 대해서도 침묵하지 않으면 안 되는 바, 이는 정당을 통해 정계에 입문하려는 기초의회의원 후보자에게 지나치게 가혹하다. … 법 제84조 단서에서는 후보자의 당원경력의 표시를 허용하고 있는데, 이러한 당원경력의 표시는 사실상 정당표방의 일환으로 행해지는 것이 통상적이어서 법 제84조 본문과 단서는 서로 중첩되는 규율영역을 가지게 되는바 … 명확성원칙에 위배되는 측면이 있다. … 기초의회의원선거를 그 외의 지방선거와 다르게 취급을 할 만한 본질적인 차이점이 있는가를 볼 때 그러한 차별성을 발견할 수 없다."

헌재 1992. 11. 12. 89헌마88 : "교육의 자주성·전문성·정치적 중립성을 헌법이 보장하고 있는 이유는 … 교육이 외부세력의 부당한 간섭에 영향 받지 않도록 교육자 내지 교육전문가에 의하여 주도되고 관할되어야 할 필요가 있다는 데서 비롯된 것이라고 할 것이다. … 특히 교육의 자주성이 보장되기 위하여서는 교육행정기관에 의한 교육내용에 대한 부당한 권력적 개입이 배제되어야 할 이치인데, 그것은 대의정치, 정당정치 하에서 다수결의 원리가 지배하는 국정상의 의사결정방법은 당파적인 정치적 관념이나 이해관계라든가 특수한 사회적 요인에 의하여 좌우되는 경우가 많기 때문이다. 인간의 내면적 가치증진에 관련되는 교육문화 관련분야에 있어서는 다수결의 원리가 그대로 적용되는 것이 바람직하지 않다는 의미에서 국가의 교육내용에 대한 권력적 개입은 가급적 억제되는 것이 온당하다고 본다면, 국정 교과서제도는 … 정부의 행정관료에 의하여 교과내용 내지 교육내용이 영향을 받을 소지가 있다는 점에서 교육의 자주성을 보장하고 있는 위 헌법의 규정과 모순될 수 있는 것이다. … 교과용도서의 국정제도가 교육의 자주성·전문성·정치적 중립성의 보장규정에 비추어 위헌은 아니라고 할지라도 그 제도가 교육이념과 교육현실에 비추어 볼 때 가장 합리적이고 바람직한 제도냐 하는 문제는 별개의 것이라는 점을 유의할 필요가 있다."

헌재 2006. 2. 23. 2003헌바84 : "국민주권·민주주의원리는 그 작용영역, 즉 공권력의 종류와 내용에 따라 구현방법이 상이할 수 있다. … 교육부문에 있어서의 국민주권·민주주의의 요청은, 문화적 권력이라고 하는 국가교육권의 특수성으로 말미암아, 정치부문과는 다른 모습으로 구현될 수 있다. … 지방교육자치도 … 중앙권력에 대한 지방적 자치로서의 속성을 지니고 있지만, 동시에 그것은 헌법 제31조 제4항이 보장하고 있는 교육의 자주성·전문성·정치적 중립성을 구현하기 위한 것이므로, 정치권력에 대한 문화적 자치로서의 속성도 아울러 지니고 있다. 이러한 이중의 자치의 요청으로 말미암아 지방교육자치의 민주적 정당성 요청은 어느 정도 제한이 불가피하게 된다. … 지방교육자치를 실현하기 위하여 실시되는 교육감 및 교육위원의 선거(의) … 공정성이 특히 강조되는 것은 … 지방교육자치가 실현하고자 하는 헌법적 가치에는 '민주주의'와 '지방자치'뿐만 아니라 '교육의 자주성·전문성·정치적 중립성'이라고 하는 또 하나의 가치가 작용하고 있기 때문이다. … 법이 제78조에서 선거운동기간 중의 선거운동의 방법을 엄격히 제한하는 동시에 이 사건 심판대상 조항을 통하여 사전선거운동을 엄격히 제한하고 이를 위반하면 처벌하는 것은 … 교육의 자주성·전문성을 고려(한) … 것이다."

[72] 권력분립원리의 헌법적 근거와 의의 현행헌법은 입법권을 국회에(헌§40), 행정권을 정부에(헌§66④), 사법권을 법원에(헌§101①) 각각 귀속시키는 **기능적·수평적 권력분립**을 규정했고, 지방자치에 관한 제8장에서 중앙과 지방 사이의 **공간적·수직적 권력분립**을 규정했으며, 헌법기관의 임기(헌§42·§70·§98②③·§105①②③·§112①·§114③)와 겸직(헌§43·§83·§86③·§87④)을 제한함으로써 **시간적·인적 권력분립**을 규정했다. 그 밖에 현행헌법 제6장에서 규정한 헌법재판제도도 권력분립원리를 실현하는 중요한 헌법적 장치이다(앞 [3], [15] 참조). 헌법재판소는 권력분립원리를 자유주의이념에서 유래하는 법치주의원리의 한 내용으로 보고 있다(2004헌나1·2013헌다1)(앞 [43], [69] 참조). 그런데 권력분립원리에는 법치주의원리의 자유보장적인 측면 외에, 국가기능의 적정한 배분이라는 기능적 측면이 동시에 존재한다. 헌법재판소도 **기능적 권력분립론**의 관점에서, 특별검사의 임명이나 사학분쟁조정위원회의 구성에 대법원장이 관여하는 것은 권력분립원리에 위배되지 않는다고 했고(2007헌마1468·2012헌바300), 헌법이 인정하고 있는 위임입법의 형식은 예시적인 것에 불과하다(행정규칙에의 위임이 인정된다)고 했다(2013헌바183등). 같은 관점에서, 평등원칙(헌§11①)의 심사라든가 기본권 보호의무(헌§10)의 심사에 있어 완화된 기준을 적용해야 한다고 했다(90헌마110등).

헌재 2008. 1. 10. 2007헌마1468 : "헌법상 권력분립의 원칙이란 국가권력의 기계적 분립과 엄격한 절연을 의미하는 것이 아니라, 권력 상호간의 견제와 균형을 통한 국가권력의 통제를 의미하는 것이다. 따라서 특정한 국가기관을 구성함에 있어 입법부, 행정부, 사법부가 그 권한을 나누어 가지거나 기능적인 분담을 하는 것은 권력분립의 원칙에 반하는 것이 아니라 권력분립의 원칙을 실현하는 것으로 볼 수 있다. 이러한 원리에 따라 우리 헌법은 대통령이 국무총리, 대법원장, 헌법재판소장을 임명할 때에 국회의 동의를 얻도록 하고 있고(헌법 제86조 제1항, 제104조 제1항, 제111조 제4항), 헌법재판소와 중앙선거관리위원회의 구성에 대통령, 국회 및 대법원장이 공동으로 관여하도록 하고 있는 것이다(헌법 제111조 제3항, 제114조 제2항). … 본질적으로 권력통제의 기능을 가진 특별검사제도의 취지와 기능에 비추어 볼 때, 특별검사제도의 도입 여부를 입법부가 독자적으로 결정하고, 특별검사 임명에 관한 권한을 헌법기관 간에 분산시키는 것이 권력분립의 원칙에 반한다고 볼 수 없다. … 정치적 중립성을 엄격하게 지켜야 할 대법원장의 지위에 비추어 볼 때, 정치적 사건을 담당하게 될 특별검사의 임명에 대법원장을 관여시키는 것이 과연 바람직한 것인지에 대하여 논란이 있을 수 있으나, 그렇다고 국회의 이러한 정치적·정책적 판단이 헌법상 권력분립의 원칙에 어긋난다거나 입법재량의 범위에 속하지 않는다고는 할 수 없다. (대법원장으로 하여금 특별검사 후보자 2인을 추천하고 대통령은 그 추천후보자 중에서 1인을 특별검사로 임명하도록 한) 이 사건 법률 제3조는 헌법상 권력분립의 원칙에 위배되지 않(는다)."

헌재 2015. 11. 26. 2012헌바300 : "사립학교법 제24조의3 … ① (사학분쟁)조정위원회는 대통령이 위촉하는 다음 각 호의 위원으로 구성하며, 위원장은 대법원장이 추천하는 인사 중에서 호선한다. 1. 대통령이 추천하는 자 3인 2. 국회의장이 추천하는 자 3인 3. 대법원장이 추천하는 자 5인 … 조정위원회는 행정·입법·사법부에서 추천한 인사들로 구성 … 정치적 중립성을 엄격하게 지켜야 할 대법원장의 지위에 비추어 대법원장이 더 많은 위원을 추천하고, 대법원장이 추천한 위원 중에서 위원장을 호선하도록 한 것은 오히려 중립성이 강조되는 조정위원회의 성격을 반영한 것이다. 따라서 설치·기능 조항 및 구성 조항이 권력분립의 원칙을 위반한다고 볼 수는 없다."

헌재 2014. 7. 24. 2013헌바183등 : "오늘날 의회의 입법독점주의에서 입법중심주의로 전환하여 일정한 범위 안에서 행정입법을 허용하게 된 동기는 사회적 변화에 대응한 입법수요의 급증과 종래의 형식적 권력분립주의로는 현대사회에 대응할 수 없다는 기능적 권력분립론에 있다. 이러한 사정을 감안하여 헌법 제40조·제75조·제95조의 의미를 살펴보면, 국회가 입법으로 행정기관에게 구체적인 범위를 정하여 위임한 사항에 관하여는 당해 행정기관이 법정립의 권한을 갖게 되고, 이때 입법자가 그 규율의 형식도 선택할 수 있다고 보아야 하므로, 헌법이 인정하고 있는 위임입법의 형식은 예시적인 것으로 보아야 한다. 따라서 법률이 일정한 사항을 행정규칙에 위임하더라도 그 행정규칙은 위임된 사항만을 규율할 수 있으므로, 국회입법의 원칙과 상치되지 않는다. 다만, 행정규칙은 법규명령과 같은 엄격한 제정 및 개정절차를 필요로 하지 아니하므로, 기본권을 제한하는 내용의 입법을 위임할 때에는 법규명령에 위임하는 것이 원칙이고, 고시와 같은 형식으로 입법위임을 할 때에는 법령이 전문적·기술적 사항이나 경미한 사항으로서 업무의 성질상 위임이 불가피한 사항에 한정된다. 그리고 그러한 사항이라 하더라도 포괄위임금지원칙상 법률의 위임은 반드시 구체적·개별적으로 한정된 사항에 대하여 행하여져야 한다."

헌재 1997. 1. 16. 90헌마110등 : "권력분립원칙은 국가권력 간의 견제와 균형이라는 자유보장적 측면과 아울러 국가의 기능을 상이한 기능주체에게 귀속시킴으로써 각 국가기관에게 독자적인 활동 및 결정영역을 분배한다는 기능적 측면을 가지고 있다. 헌법재판소와 입법자는 헌법이 부여한 기능에 있어서 서로 다르다. … 헌법재판소와 입법자는 모두 헌법에 기속되나, 그 기속의 성질은 서로 다르다. 헌법은 입법자와 같이 적극적으로 형성적 활동을 하는 국가기관에게는 행위의 지침이자 한계인 행위규범을 의미하나, 헌법재판소에게는 다른 국가기관의 행위의 합헌성을 심사하는 기준으로서의 재판규범 즉 통제규범을 의미한다. 평등원칙은 행위규범으로서 입법자에게, 객관적으로 같은 것은 같게 다른 것은 다르게, 규범의 대상을 실질적으로 평등하게 규율할 것을 요구하고 있다. 그러나 헌법재판소의 심사기준이 되는 통제규범으로서의 평등원칙은 단지 자의적인 입법의 금지 기준만을 의미하게 되므로, 헌법재판소는 입법자의 결정에서 차별을 정당화할 수 있는 합리적인 이유를 찾아 볼 수 없는 경우에만 평등원칙의 위반을 선언하게 된다. 즉, 헌법에 따른 입법자의 평등실현의무는 헌법재판소에 대하여는 단지 자의금지원칙으로 그 의미가 한정 축소된다. 따라서 헌법재판소가 행하는 규범에 대한 심사는 그것이 가장 합리적이고 타당한 수단인가에 있지 아니하고 단지 입법자의 정치적 형성이 헌법적 한계 내에 머물고 있는가 하는 것에 국한시켜야 하며, 그럼으로써 입법자의 형성의 자유와 민주국가의 권력분립적 기능질서가 보장될 수 있다."

헌재 1997. 1. 16. 90헌마110등 : "우리 헌법은 제10조에서 국가는 개인이 가지는 불가침의 기본적 인권을 확인하고 이를 보장할 의무를 진다고 규정함으로써, 소극적으로 국가권력이 국민의 기본권을 침해하는 것을 금지하는 데 그치지 아니하고 나아가 적극적으로 국민의 기본권을 타인의 침해로부터 보호할 의무를 부과하고 있다. … 입법자가 보호의무를 최대한으로 실현하려고 노력하는 것이 이상적이기는 하나, 그것은 헌법이 입법자에 대하여 하고 있는 요구로서 주기적으로 돌아오는 선거를 통한 국민심판의 대상이 될 문제이지, 헌법재판소에 의한 심사기준을 의미하지는 않는다. 만일 헌법재판소에 의한 심사기준을 입법자에 대한 헌법의 요구와 일치시킨다면, 이는 바로 공동체의 모든 것이 헌법재판소의 판단에 의하여 결정되는 것을 의미하며, 결과적으로 헌법재판소가 입법자를 물리치고 정치적 형성의 최종적 주체가 됨으로써 우리 헌법이 설정한 권력분립적 기능질서에 반하게 된다. 그러므로 헌법재판소는 권력분립의 관점에서 소위 '과소보호금지원칙'을, 즉 국가가 국민의 법익보호를 위하여 적어도 적절하고 효율적인 최소한의 보호조치를 취했는가를 기준으로 심사하게 된다. 따라서 입법부작위나 불완전한 입법에 의한 기본권의 침해는 입법자의 보호의무에 대한 명백한 위반이 있는 경우에만 인정될 수 있다. 다시 말하면 국가가 국민의 법익을 보호하기 위하여 전혀 아무런 보호조치를 취하지 않았든지 아니면 취한 조치가 법익을 보호하기에 명백하게 전적으로 부적합하거나 불충분한 경우에 한하여 헌법재판소는 국가의 보호의무의 위반을 확인할 수 있을 뿐이다."

[73] 입법권존중과 지방자치·겸직금지 그 밖에 헌법재판소는 **입법권에 대한 존중**의 필요가 있거나, **입법권에 대한 침해**가 문제될 때 대개 권력분립원리를 거론한다. 가령, 한정합헌이나 헌법불합치와 같은 이른바 변형결정을 인정한 것(90헌가11·91헌마21)(앞 [7], [25], [31] 참조), 실효된 법률조항을 대상으로 한 합헌적 법률해석의 가능성을 부정한 것(2009헌바123)(앞 [31], [35] 참조), 입법부작위를 대상으로 한 헌법소원을 예외적으로만 인정한 것(2000헌마509등·2005헌마968)(앞 [10] 참조) 등을 들 수 있다. 국회의 의사절차나 입법절차에 헌법이나 법률의 규정을 명백히 위반한 흠이 있는 경우가 아닌 한 **국회의 자율권**이 **존중**되어야 한다고 결정한 것(96헌라2·98헌라3)이라든가, **포괄위임금지원칙**(헌§75·§95)은 입법권을 침해할 우려가 없는 공법적 기관의 **정관**에는 적용되지 않는다고 결정한 것(2000헌마122)도 같은 맥락에서 이해될 수 있다. 한편, 헌법재판소는 중앙과 지방 사이의 **공간적·수직적 권력분립**과 관련하여, 지방자치단체의 장에게 지방의회 사무직원의 임용권을 부여한 것은 권력분립원리

에 위배되지 않는다고 보았다(2012헌바216). 아울러 인적 권력분립(겸직금지)과 관련하여, 농협 등 조합장의 지방의회의원 겸직이나 정부투자기관 직원의 지방의회의원 입후보를 금지하는 것은 위헌이지만(90헌마28·91헌마67), 정부투자기관 직원이나 지방공사 직원의 지방의회의원 겸직(및 지방의회의원의 지방공사 직원 겸직)을 금지하는 것은 합헌이라고 보았다(91헌마67·2002헌마333등·2010헌마605).

헌재 1998. 7. 14. 98헌라3 : "국회는 국민의 대표기관이자 입법기관으로서 의사(議事)와 내부규율 등 국회운영에 관하여 폭넓은 자율권을 가지므로 국회의 의사절차나 입법절차에 헌법이나 법률의 규정을 명백히 위반한 흠이 있는 경우가 아닌 한 그 자율권은 권력분립의 원칙이나 국회의 위상과 기능에 비추어 존중되어야 한다(헌재 1997. 7. 16. 96헌라2). 따라서 그 자율권의 범위 내에 속하는 사항에 관한 국회의 판단에 대하여 다른 국가기관이 개입하여 그 정당성을 가리는 것은 바람직하지 않고, 헌법재판소도 그 예외는 아니다."

헌재 2001. 4. 26. 2000헌마122 : "법률이 정관에 자치법적 사항을 위임한 경우에는 헌법 제75조, 제95조가 정하는 포괄적인 위임입법의 금지는 원칙적으로 적용되지 않는다고 봄이 상당하다. … 위임입법을 엄격한 헌법적 한계 내에 두는 이유는 무엇보다도 권력분립의 원칙에 따라 국민의 자유와 권리에 관계되는 사항은 국민의 대표기관인 의회가 정하는 것이 원칙이라는 법리에 기인한 것이다. 즉, 행정부에 의한 법규사항의 제정은 입법부의 권한 내지 의무를 침해하고 자의적인 시행령 제정으로 국민들의 자유와 권리를 침해할 수 있기 때문에, 엄격한 헌법적 기속을 받게 하는 것이다. 그런데 법률이 행정부가 아니거나 행정부에 속하지 않는 공법적 기관의 정관에 특정 사항을 정할 수 있다고 위임하는 경우에는 그러한 권력분립의 원칙을 훼손할 여지가 없다. 이는 자치입법에 해당되는 영역이므로 자치적으로 정하는 것이 바람직하다. … 그러나 공법적 기관의 정관 규율사항이라도 그러한 정관의 제정 주체가 사실상 행정부에 해당하거나, 기타 권력분립의 원칙에서 엄격한 위임입법의 한계가 준수될 필요가 있는 경우에는 헌법 제75조, 제95조의 포괄위임금지원칙이 적용되어야 할 것이다."

헌재 2014. 1. 28. 2012헌바216 : "헌법은 지방자치제도의 보장에 관하여 그 본질적 내용을 침해하지 아니하는 범위 내에서 입법자에게 제도의 구체적인 내용과 형태에 대하여 광범위한 형성권을 인정하고 있다(헌재 2006. 2. 23. 2005헌마403 참조). … 중앙정부의 권력과 지방자치단체간의 권력의 수직적 분배는 서로 조화가 요청되고 그 조화과정에서 지방자치의 핵심영역은 침해되어서는 안 되는 것 … 지역주민의 기본권 보장에도 이바지하는 것이다(헌재 1998. 4. 30. 96헌바62). … 헌법상 권력분립의 원리는 지방의회와 지방자치단체의 장 사이에서도 상호견제와 균형의 원리로서 실현되고 있다. 다만 지방자치단체의 장과 지방의회는 정치적 권력기관이긴 하지만 지방자치제도가 본질적으로 훼손되지 않는다면, 중앙·지방간 권력의 수직적 분배라고 하는 지방자치제의 권력분립적 속성상, 중앙정부와 국회 사이의 구성 및 관여와는 다른 방법으로 국민주권·민주주의원리가 구현될 수 있다. … 지방자치단체의 장에게 지방의회 사무직원의 임용권을 부여하고 있는 심판대상조항은 … 지방의회 의장의 추천권이 적극적이고 실질적으로 발휘된다면 지방의회 사무직원의 임용권이 지방자치단체의 장에게 있다고 하더라도 그것이 곧바로 지방의회와 집행기관 사이의 상호견제와 균형의 원리를 침해할 우려로 확대된다거나 또는 지방자치제도의 본질적 내용을 침해한다고 볼 수는 없다."

헌재 1991. 3. 11. 90헌마28 : "권력분립의 원리는 인적인 측면에서도 입법과 행정의 분리를 요청한다. 만일 행정공무원이 지방입법기관에서라도 입법에 참여한다면 권력분립의 원칙에 배치되게 된다. 이와 같이 권력분립의 원칙을 준수할 필요성 때문에 공무원의 경우는 지방의회의원의 입후보 제한이나 겸직금지가 필요하며 또 그것이 당연하다고 할 것이나, 어느 특정 계층의 자조적 협동체의 임원에 그치는 조합장에게 같은 필요가 있다고는 할 수 없을 것이다. 나아가 살피건대 겸직금지의 필요성은 이해가 서로 상충될 관계에 있는 단체의 구성원 상호간에 있어서는 분명히 있다. 그러나 농업협동조합 등과 지방자치단체와는 반드시 그 이해가 충돌될 이른바 경합관계에 있는 것이 아니며, 주민복리의 증진이라는 목적상의 합치로 때로는 상조관계일 수도 있는 것이다."

헌재 2004. 12. 16. 2002헌마333등 : "공직자에 대한 입후보제한 및 겸직금지는 '입법과 행정간의 권력분립'이라는 헌법상의 원칙을 유지하고 실현시키는데 그 입법취지가 있다. 구체적으로 말하면 법률의 집행이나 적용을 맡고 있는 공직자가 동시에 법률의 제정에 관여하는 현상, 즉 집행공직자가 의원겸직을 통하여 행정의 통제자가 되어 자신을 스스로 통제하는 것을 허용하지 않고 이로써 이해충돌의 위험성을 방지하자는 것이다. … 지방공사의 임원뿐만 아니라 직원들도 … 공무원과 별다른 차이가 없다. … 지방공사의 직원이 지방의회의원의 직을 겸직하도록 허용한다면 지방공사는 공기업이익의 증진이라는 목표를 위하여 그 직원인 지방의회의원을 통하여 지역주민의 이익을 도외시한 채 해당 지방공사의 경제적·행정적 편의만을 도모하는 방향으로 자치입법과 행정에 부당한 영향력을 가할 수 있는 위험성 또한 적지 않을 것으로 예상된다."

[74] 절차적 법치주의 헌법재판소는 자유주의이념에서 유래하는 법치주의원리를 다수의 정치적 의사로부터 개인의 사적 자율성을 보호해 줄 수 있는 원리라고 규정하면서, 여기에는 '기본적 인권의 존중, 국가권력의 법률기속, 권력분립, 사법권의 독립' 등이 기본요소로 포함된다고 보았다(2004헌나1·2013헌다1)(앞 [43], [69], [72] 참조). 현행헌법은 신체의 자유에 관한 제12조 제1항·제3항에서 '적법한 절차'(due process of law)라는 **절차적 법치주의** 보장의 핵심문구를 신설했다. 헌법재판소는 이 적법절차원칙을 독자적인 헌법원리로서 형사절차 및 행정절차와 모든 국가작용(96헌바4), 그리고 입법절차(2007헌마451)에도 적용되는 것이지만, 국회와 대

통령이라는 헌법기관 사이의 문제인 탄핵소추절차(2004헌나1·2016헌나1)에는 적용되지 않는 것으로 본다. 또한, 그 요체는 '고지와 청문'의 기회 제공, 즉 불이익 처분의 고지 및 진술기회·불복절차의 부여(2004헌바12·2013헌바190)라고 본다. 그러나 절차의 적법성·적정성을 넘어 내용의 합리성·정당성까지 포괄하는 개념으로 넓게 해석한 경우도 있다(92헌가14·96헌가11·98헌바79등). 적법절차원칙의 또 하나의 요체인 '공정한 제3자의 판단'은 현행헌법 제27조 제1항·제3항의 재판청구권(법관에 의한 공정한 재판을 받을 권리)으로 구체화되어 나타난다. 헌법재판소도 재판청구권을 법치주의 실현을 위한 중요한 절차적 기본권으로 보고 있다(96헌마172등).

헌재 1998. 5. 28. 96헌바4 : "통고처분은 … 행정심판이나 행정소송의 대상으로서의 처분성을 부여할 수 없고, 통고처분에 대하여 이의가 있으면 통고내용을 이행하지 않음으로써 고발되어 형사재판절차에서 통고처분의 위법·부당함을 얼마든지 다툴 수 있기 때문에 … 적법절차의 원칙에 저촉된다고 볼 수 없다. … 현행헌법에 규정된 적법절차의 원칙을 어떻게 해석할 것인가에 대하여 표현의 차이는 있지만 대체적으로 적법절차의 원칙이 독자적인 헌법원리의 하나로 수용되고 있으며 이는 절차의 적법성뿐만 아니라 절차의 적정성까지 보장되어야 한다는 뜻으로 이해하는 것이 마땅하다. 다시 말하면 형식적인 절차뿐만 아니라 실체적 법률내용이 합리성과 정당성을 갖춘 것이어야 한다는 실질적인 의미로 확대 해석하고 있다. 이러한 적법절차의 원리가 형사절차 이외 행정절차에도 적용되는가에 관하여 우리 헌법재판소는 이 적법절차의 원칙의 적용범위를 형사소송절차에 국한하지 않고 모든 국가작용에 대하여 문제된 법률의 실체적 내용이 합리성과 정당성을 갖추고 있는지 여부를 판단하는 기준으로 적용된다고 판시하고 있다."

헌재 2006. 5. 25. 2004헌바12 : "이 사건 법률조항에 의하면 임용권자는 약식명령이 청구된 경우를 제외하고 형사사건으로 기소된 국가공무원에 대하여 직위해제를 할 수 있다. … 구체적이고도 명확한 사실의 적시가 요구되는 처분사유고지서를 반드시 교부하도록 함으로써 해당 공무원에게 방어의 준비 및 불복의 기회를 보장하고 임용권자의 판단에 신중함과 합리성을 담보하게 하고, 사후적으로 소청이나 행정소송을 통하여 충분한 의견진술 및 자료제출의 기회를 보장하고 있다는 점에서 이 사건 법률조항이 적법절차원칙에 위배된다고 볼 수 없다."

헌재 2016. 3. 31. 2013헌바190 : "헌법 제12조 제1항의 적법절차원칙은 형사소송절차에 국한되지 않고 모든 국가작용 전반에 대하여 적용되므로, 전투경찰순경의 인신구금을 내용으로 하는 영창처분에 있어서도 적법절차원칙이 준수되어야 한다. 그런데 전투경찰순경에 대한 영창처분은 그 사유가 제한되어 있고, 징계위원회의 심의절차를 거쳐야 하며, 징계 심의 및 집행에 있어 징계대상자의 출석권과 진술권이 보장되고 있다. 또한 소청과 행정소송 등 별도의 불복절차가 마련되어 있고 소청에서 당사자 의견진술 기회 부여를 소청결정의 효력에 영향을 주는 중요한 절차적 요건으로 규정하는바, 이러한 점들을 종합하면 이 사건 영창조항이 헌법에서 요구하는 수준의 절차적 보장 기준을 충족하지 못했다고 볼 수 없으므로 헌법 제12조 제1항의 적법절차원칙에 위배되지 아니한다."

헌재 1997. 12. 24. 96헌마172등 : "법치국가는 기본권의 보장, 권력분립, 사법에 의한 권리구제절차 등을 통하여 비로소 구체화되고 실현되므로 재판청구권은 법치국가의 실현을 위한 중요한 요소이다. 재판청구권은 국민의 헌법상의 기본권과 법률상의 권리가 법원의 재판절차에서 관철되는 것을 요청하는 것이기 때문에, 헌법이 특별히 달리 규정하고 있지 아니하는 한 하나의 독립된 법원이 법적 분쟁을 사실관계와 법률관계에 관하여 적어도 한번 포괄적으로 심사하고 결정하도록 소송을 제기할 수 있는 권리를 보장하는 기본권이다. 따라서 재판청구권은 사실관계와 법률관계에 관하여 최소한 한 번의 재판을 받을 기회가 제공될 것을 국가에게 요구할 수 있는 절차적 기본권을 뜻(한다)."

[75] 실체적 법치주의 현행헌법은 기본권제한에 관한 제37조 제2항에서 **실체적 법치주의** 보장의 핵심요소로서 **'법률유보'**(Gesetzesvorbehalt)의 원칙을 천명했다. 법률유보원칙은 '법률에 의한 규율'이 아니라 '법률에 근거한 규율'을 요청할 뿐이지만(99헌마513등), 적어도 기본권제한의 본질적인 사항에 대해서는, 입법자가 법률로써 스스로 규율해야 한다는 **의회유보원칙**까지 내포한다(본질성이론). 헌법재판소는 ① 기본권제한의 성격의 중대성과 ② 공개토론을 통한 이익조정의 필요성이 인정되는 경우라면, 그 기본적인 사항이 법률에 직접 명시되어야 한다고 했다(2001헌마882·2010헌마747). 기본권을 제한하는 법률은 일반적이어야 하고 개별사건에만 적용되는 것이어서는 안 된다고 규정한 독일기본법(§19①GG)과 달리, 현행헌법에는 **법률의 일반성**(Allgemainheit)(및 추상성)을 요구하는 명문규정이 없다. 헌법재판소는 개인대상법률·개별사건법률 내지 처분법률(처분적 법률)(89헌마32등)이라 하더라도 그 위헌 여부는 평등원칙 위반 여부에 대한 심사를 거쳐 비로소 판단될 수 있다고 본다(96헌가2등·99헌마613·2003헌마841·2007헌마1468). **법률의 명확성**(Bestimmtheit) 원칙에 대해 헌법재판소는 표현의 자유를 제한하는 경우라든가 형벌을 규정한 경우(죄형법정주의)라면 엄격하게 적용되어야 하지만, 대법원판례 등 선례가 존재한다면 이를 완화해서 판단할 수 있다고 보며(2013헌바105등), 적용대상인 수범자의 예측능력에 따라서도 그 판단기준이 달라질 수 있다고 본다. 기본권제한 정도의 합헌성 여부를 심사함에 있어서, 헌법재판소는 **비례성**(Verhaeltnismassigkeit) 또는 **과잉금지**(Uebermassverbot)의

원칙을 ① 목적의 정당성, ② 방법(수단)의 적정성(적절성), ③ 침해(피해)의 최소성, ④ 법익의 균형성(형평성)이라는 네 하부원칙으로 적용하여 판단한다. 그 밖에 헌법재판소는 실질적 법치국가의 요청에 입각하여 범죄와 형벌 사이의 비례성 준수 여부를 심사하기도 하며(90헌바24), 법치주의에 내재하는 원리로서 자기책임의 원리 내지 형벌에 관한 책임주의를 인정하기도 한다(2002헌가27·2005헌가10·2008헌가10). 한편, 헌법재판소는 법질서의 일관성 내지 법체계의 무모순성을 요구하는 **체계정당성**(또는 체계적합성[Syetemgerechtigkeit])의 원칙을 법치주의원리로부터 도출되는, 입법자를 기속하는 헌법적 원리로 인정한다(2002헌바66·2004헌바40등·2007헌바101등).

헌재 2014. 4. 24. 2010헌마747 : "헌법은 법치주의를 그 기본원리의 하나로 하고 있고, 법치주의는 법률유보원칙, 즉 행정작용에는 국회가 제정한 형식적 법률의 근거가 요청된다는 원칙을 그 핵심적 내용으로 하고 있다. 나아가 오늘날의 법률유보원칙은 단순히 행정작용이 법률에 근거를 두기만 하면 충분한 것이 아니라, 국가공동체와 그 구성원에게 기본적이고도 중요한 의미를 갖는 영역, 특히 국민의 기본권 실현에 관련된 영역에 있어서는 행정에 맡길 것이 아니라 국민의 대표자인 입법자 스스로 그 본질적 사항에 대하여 결정하여야 한다는 요구, 즉 의회유보원칙까지 내포하는 것으로 이해되고 있다. 이때 입법자가 형식적 법률로 스스로 규율하여야 하는 사항이 어떤 것인가는 일률적으로 획정할 수 없으 … 나, 적어도 헌법상 보장된 국민의 자유나 권리를 제한할 때에는 그 제한의 본질적인 사항에 관한 한 입법자가 법률로써 스스로 규율하여야 한다(헌재 1999. 5. 27. 98헌바70, 헌재 2008. 2. 28. 2006헌바70, 헌재 2009. 2. 26. 2008헌마370등 참조). 그런데 구체적인 지역가산점의 배점비율은 … 법률에서 반드시 직접 규정해야 할 본질적 사항이라고 보기는 어려우며 … 다만 지역가산점은 그 적용대상에서 제외된 자에 대해 … 아예 공직에의 진입 자체를 가로막을 수 있다는 점에서 공무담임권 제한의 성격이 중대하고, 또한 서로 경쟁관계에 놓여 있는 응시자들 중 일부 특정 집단만 우대하는 결과를 가져오기 때문에(헌재 2004. 3. 25. 2001헌마882 참조), 그 배점비율에 관한 기본적인 사항은 법률에서 직접 규정할 필요가 있(다)."

헌재 1996. 2. 16. 96헌가2등 : "청구인들은 이 법률조항이 … 청구인 등 특정인의 특정사건에 대하여 국가형벌권이 특정기간동안 연장하는 것을 규정하고 있어 '개인대상법률'이며 '개별사건법률'이므로 헌법상 평등의 원칙에 반할 뿐만 아니라 나아가 권력분립의 원칙과 무죄추정의 원칙에 반하여 헌법에 위반된다고 주장한다. … 우리 헌법은 개별사건법률에 대한 정의를 하고 있지 않음은 물론 개별사건법률의 입법을 금하는 명문의 규정도 없다. 개별사건법률금지의 원칙은 '법률은 일반적으로 적용되어야지 어떤 개별사건에만 적용되어서는 아니 된다'는 법원칙으로서 헌법상의 평등원칙에 근거하고 있는 것으로 풀이되고, 그 기본정신은 입법자에 대하여 기본권을 침해하는 법률은 일반적 성격을 가져야 한다는 형식을 요구함으로써 평등원칙 위반의 위험성을 입법과정에서 미리 제거하려는 데 있다 할 것이다. 개별사건법률은 개별사건에만 적용되는 것이므로 원칙적으로 평등원칙에 위배되는 자의적인 규정이라는 강한 의심을 불러일으킨다. 그러나 개별사건법률금지의 원칙이 법률제정에 있어서 입법자가 평등원칙을 준수할 것을 요구하는 것이기 때문에, 특정규범이 개별사건법률에 해당한다 하여 곧바로 위헌을 뜻하는 것은 아니다. 비록 특정법률 또는 법률조항이 단지 하나의 사건만을 규율하려고 한다 하더라도 이러한 차별적 규율이 합리적인 이유로 정당화될 수 있는 경우에는 합헌적일 수 있다. 따라서 개별사건법률의 위헌 여부는, 그 형식만으로 가려지는 것이 아니라, 나아가 평등의 원칙이 추구하는 실질적 내용이 정당한지 아닌지를 따져야 비로소 가려진다."

헌재 2016. 2. 25. 2013헌바105등 : "표현의 자유를 규제하는 입법에 있어서 명확성원칙은 특별히 중요한 의미를 지닌다. 현대 민주사회에서 표현의 자유가 국민주권주의 이념의 실현에 불가결한 것인 점에 비추어 볼 때, 불명확한 규범에 의한 표현의 자유의 규제는 헌법상 보호받는 표현에 대한 위축 효과를 야기하고, 그로 인하여 다양한 의견, 견해, 사상의 표출을 가능케 함으로써 그러한 표현들이 상호 검증을 거치도록 한다는 표현의 자유의 본래 기능을 상실케 한다. 따라서 표현의 자유를 규제하는 법률은 규제되는 표현의 개념을 세밀하고 명확하게 규정할 것이 헌법적으로 요구된다. 한편, 이러한 명확성원칙은 죄형법정주의원칙에서도 요청된다. 즉 헌법 제12조 및 제13조를 통하여 보장되는 죄형법정주의 원칙은 범죄와 형벌이 법률로 정하여져야 함을 의미하며, 이러한 죄형법정주의에서 파생되는 명확성원칙은 법률이 처벌하고자 하는 행위가 무엇이며 그에 대한 형벌이 어떠한 것인지를 누구나 예견할 수 있고, 그에 따라 자신의 행위를 결정할 수 있도록 구성요건을 명확하게 규정하여야 하는 것을 의미한다. … 심판대상조항은 비방할 목적으로 정보통신망을 통하여 공공연하게 사실을 드러내어 다른 사람의 명예를 훼손한 자를 형사 처벌하도록 함으로써 표현의 자유를 제한하고 있(다). … 대법원도 적시한 사실이 공공의 이익에 관한 것일 때에는 특별한 사정이 없는 한 비방할 목적은 부인된다고 판시하여, 비방할 목적과 공공의 이익에 대한 판단기준을 분명하게 제시하고 있다. 따라서 심판대상조항은 명확성원칙에 위배되지 아니한다."

헌재 1992. 4. 28. 90헌바24 : "우리 헌법은 근대자유민주주의헌법의 원리에 따라 국가의 기능을 입법·사법·행정으로 분립하여 상호간의 견제와 균형을 이루게 하는 권력분립제도를 채택하고 헌법 제40조에서 입법권은 주권자인 국민의 대의기관인 국회에 귀속시키고 있어 형벌법규의 제정은 원칙적으로 국회의 고유권한에 속하는 것으로서 법정형의 종류와 범위의 선택은 국회의 입법정책적인 고려에 따라 결정되며 국가의 모든 기관과 국민은 이를 존중하여야 함은 당연하다 할 것이다. 그러나 한편 우리 헌법은 국가권력의 남용으로부터 국민의 기본권을 보호하려는 법치국가의 실현을 기본이념으로 하고 있고 그 법치국가의 개념에는 헌법이나 법률에 의하여 명시된 죄형법정주의와 소급효의 금지 및 이에 유래하는 유추해석금지의 원칙 등이 적용되는 일반적인 형식적 법치국가의 이념뿐만 아니라 법정형벌은 행위의 무거움과 행위자의 부책에 상응하는 정당한 비례성이 지켜져야 하며, 적법절차를 무시한 가혹한 형벌을 배제하여야 한다는 자의금지 및 과잉금지의 원칙이 도출되는 실질적 법치국가의 실현이라는 이념도 포함되는 것이다. … 형벌을 가중하는 특별법의 제정에 있어서도 형벌위협으로부터 인간의 존엄과 가치를 존중하고 보호하여야 한다는 헌법 제10조의 요구와 그에 따른 입법상의 한계가 있는 것이며 나아가 입법자가 법관들에게 구체적 양형을 선고함에 있어서 그 책임에 알맞은 형벌을 선고할 수 있도록 형벌개별화(刑罰個別化)의 원칙이 적용될 수 있는 폭넓은 범위의 법정형을 설정하여 실질적 법치국가의 원리를 구현하여야 하는 헌법적 제약이 불가피하다고 할 것이다."

헌재 2010. 6. 24. 2007헌바101등 : "체계정당성의 원리라는 것은 동일 규범 내에서 또는 상이한 규범 간에 그 규범의 구조나 내용 또는 규범의 근거가 되는 원칙 면에서 상호 배치되거나 모순되어서는 아니 된다는 하나의 헌법적 요청이다. 즉 이는 규범 상호간의 구조와 내용 등이 모순됨이 없이 체계와 균형을 유지하도록 입법자를 기속하는 헌법적 원리라고 볼 수 있다. 이처럼 규범 상호간의 체계정당성을 요구하는 이유는 입법자의 자의를 금지하여 규범의 명확성, 예측가능성 및 규범에 대한 신뢰와 법적 안정성을 확보하기 위한 것이고 이는 국가공권력에 대한 통제와 이를 통한 국민의 자유와 권리의 보장을 이념으로 하는 법치주의원리로부터 도출되는 것이라고 할 수 있다. 그러나 일반적으로 일정한 공권력작용이 체계정당성에 위반한다고 해서 곧 위헌이 되는 것은 아니고, 그것이 위헌이 되기 위해서는 결과적으로 비례의 원칙이나 평등의 원칙 등 일정한 헌법의 규정이나 원칙을 위반하여야 한다. 또한 입법의 체계정당성 위반과 관련하여 그러한 위반을 허용할 공익적인 사유가 존재한다면 그 위반은 정당화될 수 있고 따라서 입법상의 자의금지원칙을 위반한 것이라고 볼 수 없다. 나아가 체계정당성의 위반을 정당화할 합리적인 사유의 존재에 대하여는 입법의 재량이 인정되어야 한다. 다양한 입법의 수단 가운데서 어느 것을 선택할 것인가 하는 것은 원래 입법의 재량에 속하기 때문이다. 그러므로 이러한 점에 관한 입법의 재량이 현저히 한계를 일탈한 것이 아닌 한 위헌의 문제는 생기지 않는다고 할 것이다."

[76] 소급입법금지원칙 -신뢰보호원칙 소급입법금지원칙(Rueckwirkungsverbot)은 법치주의가 내포하는 신뢰보호(Vertrauensschutz)의 요청이 국가 입법작용에 관해 구체화된 것이다. 현행헌법은 죄형법정주의의 한 내용으로서 소급처벌금지원칙을 명문화하면서(헌§13①), 참정권(제한)과 재산권(박탈)의 경우에도 소급입법금지원칙을 규정했다(헌§13②). 헌법재판소는 공소시효에 관한 규정(96헌가2등)이나 비 형벌적 보안처분(전자장치 부착명령[2010헌가82등], 디엔에이신원확인정보 수집·이용[2011헌마28등], 신상정보 공개·고지명령[2015헌바196등], 신상정보 등록[2015헌마913], 취업제한[2013헌마585등] 등)의 경우에는 소급처벌금지원칙(헌§13①)이 적용되지 않는 것으로 본다. 헌법재판소는 헌법이 명문으로 금지하지 아니한 소급입법의 헌법적 한계는 법적 안정성과 신뢰보호원칙을 포함하는 법치주의원리의 기준에 따라 판단해야 하는 것으로 본다(96헌가2등). 그리하여 진정소급효(Echte Rueckwirkung) 입법(이미 과거에 완성된 사실 또는 법률관계를 규율의 대상으로 하는 경우)과 부진정 소급효(Unechte Rueckwirkung) 입법(이미 과거에 시작하였으나 아직 완성

되지 않고 진행과정에 있는 사실 또는 법률관계를 규율의 대상으로 하는 경우)의 구분(88헌마1·89헌마32등)을 전제로, 전자에 대해서는 이를 매우 엄격한 조건 하에서 극히 예외적으로만 허용될 수 있는 것으로 본다(96헌가2·2008헌바141등). 단, 헌법재판소는 장래 이행기가 도래하는 연금수급권의 내용을 변경하는 것은 부진정 소급입법일 뿐이라고 본다(2001헌마93·2004헌바42·2005헌바20등·2005헌마872등). 헌법상 원칙적으로 금지되는 진정 소급입법의 경우 이외에는 신뢰보호원칙의 위반이 문제될 뿐인데, 헌법재판소는 비례원칙에 따라 **신뢰이익**과 **공공복리**를 종합적으로 **비교형량**하여 그 위반 여부를 판단해야 한다고 보며, 부진정 소급입법의 경우에는 일반 장래입법보다 신뢰의 보호가치가 크므로 더 강화된 심사를 할 것이라고 한다(94헌바12). 그 밖에 구법에 대한 신뢰의 보호가치에 대해 헌법재판소는 ① 원칙상 구법의 존속(법률이 개정되지 않을 것)에 대한 신뢰는 절대적인 것이 아니며(99헌마452·2003헌마337), ② 조세법 영역에서는 특별한 사정이 없는 한 현재의 세법이 그대로 유지될 것을 기대할 수 없으며(97헌바58·99헌바4·2000헌바82·2002헌바63·2006헌바99), ③ 입법의 미비(세법상의 흠결)에 대한 신뢰는 보호의 가치나 필요성이 낮다고 한다(2006헌바99·2014헌바372등). **연금수급권**의 경우, 구법에 대한 신뢰를 기초로 어떤 **적극적인 투자**를 하는 것이 아니라 소극적으로 연금을 지급받을 뿐이므로, 그 급여의 구체적 내용(연금액)에 대한 신뢰는 보호가치가 높지 않으며 연금제도 자체의 유지·존속이라는 공익적 가치가 더 우월한 것이라고 보았다(2001헌마93등·2001헌마194·2004헌바42·2005헌바68·2005헌마872등). 반면, 헌법재판소는 국세관련 경력공무원에 대한 세무사자격 부여제도(2000헌마152)라든가, 사법시험 합격 후 사법연수원을 수료한 자에 대한 판사임용자격 부여제도(2011헌마786등)에 대해, 40여 년간 유지되어온 제도의 존속에 대한 신뢰의 보호가치가 높은 경우라고 보았다.

헌재 1996. 2. 16. 96헌가2등 : "우리 헌법이 규정한 형벌불소급의 원칙은 … '행위의 가벌성'에 관한 것이기 때문에 소추가능성에만 연관될 뿐, 가벌성에는 영향을 미치지 않는 공소시효에 관한 규정은 원칙적으로 그 효력 범위에 포함되지 않는다. … 공소시효제도가 헌법 제12조 제1항 및 제13조 제1항에 정한 죄형법정주의의 보호범위에 바로 속하지 않는다면, 소급입법의 헌법적 한계는 법적 안정성과 신뢰보호원칙을 포함하는 법치주의의 원칙에 따른 기준으로 판단하여야 한다. … [재판관 김진우·이재화·조승형·정경식의 합헌의견] 진정 소급입법은 개인의 신뢰보호와 법적 안정성을 내용으로 하는 법치국가원리에 의하여 헌법적으로 허용되지 않는 것이 원칙이지만, 특단의 사정이 있는 경우, 즉 기존의 법을 변경하여야 할 공익적 필요는 심히 중대한 반면에 그 법적 지위에 대한 개인의 신뢰를 보호하여야 할 필요가 상대적으로 정당화될 수 없는 경우에는 예외적으로 허용될 수 있다. 그러한 진정 소급입법이 허용되는 예외적인 경우로는 일반적으로, 국민이 소급입법을 예상할 수 있었거나, 법적 상태가 불확실하고 혼란스러웠거나 하여 보호할 만한 신뢰의 이익이 적은 경우와 소급입법에 의한 당사자의 손실이 없거나 아주 경미한 경우, 그리고 신뢰보호의 요청에 우선하는 심히 중대한 공익상의 사유가 소급입법을 정당화하는 경우를 들 수 있다. … 또한 진정 소급입법을 헌법적으로 정당화할 수 있는 이러한 예외사유가 존재하는 여부는 특별법과 같이 신체의 자유에 대한 제한과 직결되는 등 중요한 기본권에 대한 침해를 유발하는 입법에 있어서는 더욱 엄격한 기준으로 판단하여야 할 것이다."

헌재 2011. 3. 31. 2008헌바141등 : "부진정 소급입법은 원칙적으로 허용되지만 소급효를 요구하는 공익상의 사유와 신뢰보호의 요청 사이의 교량과정에서 신뢰보호의 관점이 입법자의 형성권에 제한을 가하게 되는 데 반하여, 진정 소급입법은 개인의 신뢰보호와 법적 안정성을 내용으로 하는 법치국가원리에 의하여 특단의 사정이 없는 한 헌법적으로 허용되지 아니하는 것이 원칙 … 현행헌법 전문(前文)은 '유구한 역사와 전통에 빛나는 우리 대한국민은 3·1운동으로 건립된 대한민국임시정부의 법통을 계승'할 것을 규정하고 있는데 … 일제강점기에 우리 민족을 부정한 친일반민족행위자들의 친일행위에 대하여 그 진상을 규명하고 그러한 친일행위의 대가로 취득한 재산을 공적으로 회수하는 등 일본제국주의의 식민지로서 겪었던 잘못된 과거사를 청산함으로써 민족의 정기를 바로세우고 사회정의를 실현하며 진정한 사회통합을 추구해야 하는 것은 헌법적으로 부여된 임무라고 보아야 한다. … 친일재산의 소급적 박탈은 일반적으로 소급입법을 예상할 수 있었던 이례적인 경우에 해당하며, 그로 인해 발생되는 법적 신뢰의 침해는 우리 헌법의 이념 속에서 용인될 수 있다고 보인다. … 일제 과거사 청산으로서의 친일재산 환수 문제는 그 시대적 배경에 비추어 역사적으로 매우 특수하고 이례적인 공동체적 과업이라 할 것이므로, 설령 이러한 소급입법의 합헌성을 인정한다고 하더라도 이를 계기로 진정 소급입법이 빈번하게 발생해 그로 인한 폐해가 만연될 것이라는 일부의 우려는 충분히 불식될 수 있다."

헌재 1995. 10. 26. 94헌바12 : "부진정 소급입법에 속하는 입법에 대해서는 일반적으로 과거에 시작된 구성요건 사항에 대한 신뢰는 더 보호될 가치가 있다고 할 것이기 때문에 신뢰보호의 원칙에 대한 심사가 장래입법에 비해서보다는 일반적으로 더 강화되어야 할 것이다. … 헌법상 법치국가의 원칙으로부터 신뢰보호의 원리가 도출된다. … 신뢰보호원칙의 위배 여부를 판단하기 위하여는 한 면으로는 침해받은 이익의 보호가치, 침해의 중한 정도, 신뢰가 손상된 정도, 신뢰침해의 방법 등과 다른 한 면으로는 새 입법을 통해 실현하고자 하는 공익적 목적을 종합적으로 비교형량하여야 한다. … 법치주의는 정의의 실현과 아울러 법적안정성 내지 신뢰보호를 목표로 삼지 않으면 안 된다. 국민이 행위 시의 법률을 신뢰하고 자신의 행동을 결정하였다면 그러한 신뢰가 보호가치가 있는 한 입법자가 이를 함부로 박탈할 수 없는 것은 당연하다. 법의 본질은 요구 내지 금지규범으로서 수범자의 행위를 향도하고 지시하는 데 있다고 할 것인데, 수범자가 실정법(물론 위헌·무효이거나 내용이 불분명하거나, 반공익적이라거나, 조만간 개정될 것이 예상되는 법률이 아닐 것이 전제된다)을 믿고 구체적 행위로 나아간 것이 보호되지 않는다면 법의 본질 내지 법치주의의 목표가 심각히 훼손되는 결과가 되고 국민들에게는 법의 불신을 초래하게 된다. 따라서 입법자로서의 국가 역시 그 자신이 유효하게 정립한 법규범에 원칙적으로 구속되는 것이라고 할 것이다."

[77] 시장경제·복지주의원리 현행헌법은 경제에 관한 제9장의 서두인 제119조 제1항에서 **자유시장경제의 대원칙**을 선언하면서, 동시에 제119조 제2항 및 그 이하에서는 국가의 **예외적·부분적 규제·조정**이 가능하다는 점을 인정했다. 또한, 제23조 제1항에서 사유재산권과 사유재산제의 원칙적 보장을 규정하면서, 동시에 동조 제2항에서는 재산권행사의 공공복리적합의무(사회적 기속성)를 명시했다. 아울러 기본권에 관한 제2장에서는 제34조 제1항의 인간다운 생활을 할 권리를 위시하여 다양한 **사회적 기본권**들을 명문화했다. 현행헌법의 경제에 관한 기본원리는 **시장경제·복지주의원리**로 명명할 수 있을 것이나, 헌법재판소는 **사회적 시장경제**(soziale Marktwirtschaft)**질서**라거나, **사회국가**(Sozialstaat)**원리**와 같은 독일식 용어를 주로 사용한다(독일기본법은 '민주적·사회적 연방국가'[demokratischer und sozialer Bundesstaat]라는 명문의 국가성격 조항을 두었음[§20①GG]). 사회적 시장경제질서를 거론한 사례로는 축협 복수조합 설립금지(92헌바47), 감정평가업자 업무범위 제한(94헌마113), 국민연금제도(99헌마365), 백화점 셔틀버스 운행제한(2001헌마132), 상속세제도(2001헌바61등), 농지개량사업 시행지역 내 토지상 권리와 사업상 권리의무의 동시 이전(2003헌바88) 등을 들 수 있다. 사회국가원리를 거론한 사례로는 위험책임(무과실책임)원리 수용(96헌가4등), 능력주의원칙 예외 인정(98헌바33), 제주4·3특별법에 의한 희생자 범위 결정(2000헌마238등) 등을 들 수 있다. 사회적 시장경제질서나 사회국가원리는 헌법재판소의 결정들에서 대개 **기본권**(주로 경제적 기본권) **제한을 정당화**하는 논거로 사용되지만, 드물게는 기본권제한의 위헌성을 논증하는 근거로 제시되기도 한다(92헌바47)(앞 [68] 참조).

헌재 2001. 9. 27. 2000헌마238등 : "우리 헌법은 자유민주적 기본질서의 일부인 시장경제 및 사유재산권의 보장에 대하여도 제23조 제1항 전문에서 '모든 국민의 재산권은 보장된다.' 제119조 제1항에서 '대한민국의 경제질서는 개인과 기업의 경제상의 자유와 창의를 존중함을 기본으로 한다.'고 각 규정하고 있다. 우리 재판소도 이를 구체화하여 '우리 헌법은 사유재산제도와 경제활동에 관한 사적 자치의 원칙을 기초로 하는 자본주의 시장경제질서를 기본으로 하고 있음을 선언하고 있다. …'고 밝힌 것이다(헌재 1997. 8. 21. 88헌가19등). 물론 우리 헌법은 그 전문에서 '모든 영역에 있어서 각인의 기회를 균등히 하고 … 안으로는 국민 생활의 균등한 향상을 기하고'라고 천명하고, 제23조 제2항과 여러 '사회적 기본권' 관련 조항, 제119조 제2항 이하의 경제질서에 관한 조항 등에서 모든 국민에게 그 생활의 기본적 수요를 충족시키려는 이른바 사회국가의 원리를 동시에 채택하여 구현하려 하고 있다. 그러나 이러한 사회국가의 원리는 자유민주적 기본질서의 범위 내에서 이루어져야 하고, 국민 개인의 자유와 창의를 보완하는 범위 내에서 이루어지는 내재적 한계를 지니고 있다 할 것이다. 우리 재판소도 '우리 헌법은 자유민주적 기본질서 및 시장경제질서를 기본으로 하면서 위 질서들에 수반되는 모순을 제거하기 위하여 사회국가원리를 수용하여 실질적인 자유와 평등을 아울러 달성하려는 근본이념을 가지고 있다.'라고 판시한 것은 이러한 맥락에서 이루어 진 것이다(헌재 1998. 5. 28. 96헌가4등, 헌재 1996. 4. 25. 92헌바47 참조)."

헌재 1996. 8. 29. 94헌마113 : "공신력이 요구되는 정도에 따라 업무의 영역을 나누고, 감정평가업자를 그 법적 존재형태와 구성원의 수에 따라 3종으로 나누어 업무를 분담토록 하는 것은 직업선택의 자유를 침해하는 것이라고 볼 수도 없다. … 직업의 선택 혹은 수행의 자유는 각자의 생활의 기본적 수요를 충족시키는 방편이 되고, 또한 개성신장의 바탕이 된다는 점에서 주관적 공권의 성격이 두드러진 것이기는 하나, 다른 한편으로는 국민 개개인이 선택한 직업의 수행에 의하여 국가의 사회질서와 경제질서가 형성된다는 점에서 사회적 시장경제질서라고 하는 객관적 법질서의 구성요소이기도 하다. 따라서 각 개인이 향유하는 직업에 대한 선택 및 수행의 자유는 공동체의 경제사회질서에 직접적인 영향을 미치는 것이기 때문에 공동체의 동화적 통합을 촉진시키기 위하여 필요불가결한 경우에는 헌법 제37조 제2항 전문규정에 따라 이에 대하여 제한을 가할 수 있다."

[78] 민족문화주의원리 현행헌법은 역사와 전통을 강조하면서 민족의 공고한 단결과 문화영역의 기회균등을 선언한 헌법전문 이외에, 총강 제9조에서 전통문화의 계승·발전과 민족문화의 창달에 노력할 국가의 의무(이는 대통령의 의무이기도 함[헌§69])를 규정함으로써 **민족문화주의원리**를 천명했다. 1980년 헌법에서 신설된 이 제9조에 대해 헌법재판소는 오늘날의 헌법이념에 반하는 **호주제**는 전통문화가 될 수 없다고 해석함으로써 그 규범적 의미를 축소한 사례(2001헌가9등)도 있고, **전통사찰** 경내지 등에 대한 **공용수용**의 경우 관할 국가기관의 용인 의사표시가 필요 없도록 한 것은 평등원칙에 위배된다고 하여 헌법 제9조의 규정취지를 강조한 사례(2001헌바64)도 있다. 또, 헌법 제9조의 정신에 비추어 **문화재**의 경우에는 일반적인 재산권행사보다 강한 사회적 의무성이 인정된다고 하면서도, 사법상 보유권한의 유무를 불문하고 도굴 등이 된 문화재인 정을 안 경우 처벌하도록 한 것은 재산권 침해라고 한 사례(2003헌마377)도 있다. 헌법재판소

와 대법원은 문화영역에서의 헌법상 기본원리를 지칭할 때, 독일식 용어인 문화국가(Kulturstaat)원리라는 표현을 주로 사용한다(98헌가16등·2002헌가2·2003헌가1등·2008두16933). 문화국가원리는 헌법전문과 제9조의 명문규정에 의거하는 외에, 정신적 기본권의 보장(헌§§19-22)과 혼인·가족의 보호(헌§36①)를 그 필수적인 전제조건으로 하며, 개방성·다원성이라는 문화의 특성상 불편부당의 원칙과 문화풍토의 조성을 바람직한 정책방침으로 삼는다(98헌가16등·2003헌가1등). 헌법재판소는 이 문화국가원리를 근거로 들어 과외교습을 원칙적으로 금지한 것(98헌가16등), 학교정화구역(절대정화구역)에서의 극장영업을 절대적으로 금지한 것(2003헌가1등), 특별부담금으로서 문예진흥기금의 납입을 강제하는 것(2002헌가2) 등이 헌법에 위반된다고 결정했다.

헌재 2005. 2. 3. 2001헌가9등 : "가족제도에 관한 전통·전통문화란 적어도 그것이 가족제도에 관한 헌법이념인 개인의 존엄과 양성의 평등에 반하는 것이어서는 안 된다는 자명한 한계가 도출된다. 역사적 전승으로서 오늘의 헌법이념에 반하는 것은 헌법전문에서 타파의 대상으로 선언한 '사회적 폐습'이 될 수 있을지언정 헌법 제9조가 '계승·발전'시키라고 한 전통문화에는 해당하지 않는다고 보는 것이 우리 헌법 … 제9조, 제36조 제1항을 아우르는 조화적 헌법해석이라 할 것이다. 결론적으로 전래의 어떤 가족제도가 헌법 제36조 제1항이 요구하는 개인의 존엄과 양성평등에 반한다면 헌법 제9조를 근거로 그 헌법적 정당성을 주장할 수는 없다. … 호주제의 남녀차별은 가족 내에서의 남성의 우월적 지위, 여성의 종속적 지위라는 전래적 여성상에 뿌리박은 차별로서 성역할에 관한 고정관념에 기초한 차별에 지나지 않는다. … 호주제는 개인을 독립적 인격체로서 존중하는 것이 아니라 오로지 남계혈통 중심의 가의 유지와 계승이라는 목적을 위한 대상적·도구적 존재로 파악하고 있다. [재판관 김영일·권성의 반대의견] 헌법 제36조 제1항이 보장하고 있는 혼인과 가족생활에 대한 제도적 보장도 혼인과 가족생활의 민족문화적 전통성 때문에 당연히 이에 바탕을 둔 혼인제도와 가족제도의 보장을 뜻한다고 보아야 한다. 더욱이 헌법 제9조는 … 국가의 전통문화의 계승·발전 의무를 명문으로 규정하고 있는 터이므로 … 가족법의 영역에서 도식적인 평등의 잣대로 우리의 전통문화를 함부로 재단함으로써 전통가족문화가 송두리째 부정되고 해체되는 결과를 초래해서는 안 될 것이다."

헌재 2003. 1. 30. 2001헌바64 : "자의금지원칙에 관한 심사 … 두 개의 비교집단이 본질적으로 동일한가의 판단은 일반적으로 관련 헌법규정과 당해 법 규정의 의미와 목적에 달려 있(다). … 민족문화유산을 보존하는 것이 헌법상 의무이므로, 민족문화유산으로 지정된 전통사찰의 경우 최대한 빠짐없이 지속적으로 보존하는 것이 헌법 제9조의 규정취지에 부합한다. … 우리 헌법 제9조의 규정내용과 법의 입법목적 등에 비추어 볼 때, 이 사건에서 전통사찰을 훼손하고자 시도하는 주체가 제3자적 국가기관이고, 그 형식이 공용수용이라는 점은 지극히 우연한 사정에 불과하다. 그럼에도 불구하고 … 전통사찰 경내지 등에 관한 소유권

변동의 원인이 제3자적 국가기관에 의한 공용수용인지 여부를 기준으로 하여 이를 용인하는 관할 국가기관의 의사표시를 소유권변동의 효력요건으로 할 것인지 여부를 결정하도록 규정하고 있는 이 사건 법률조항은 평등의 원칙에 어긋(난다). [재판관 하경철·송인준의 반대의견] 우리 헌법은 국가에 대하여 전통문화의 계승·발전에 노력하여야 하는 의무를 부과함과 동시에(제9조), 국민 모두의 생활기반이 되는 비좁은 국토의 효율적이고 균형 있는 이용·발전 등을 위하여 법률이 정하는 바에 의하여 필요한 제한을 부과할 수 있는 권한도 함께 부여하고 있다(제122조). … 입법자는 택지개발촉진법에 위와 같은 절차규정 등을 마련함으로써 헌법 제9조 소정의 '민족문화유산의 보존'에 관한 입법의무와 조화를 이루는 접점을 찾고 있다고 보아야 한다. 위와 같이 헌법의 전반적 체계를 종합적으로 고려한 해석만이 서로 대립·충돌할 수 있는 다양한 헌법적 가치요구를 균형 있게 조화시킬 수 있는 방법이 된다."

헌재 2007. 7. 26. 2003헌마377 : "국가의 전통문화 계승·발전과 민족문화 창달에 노력할 의무를 규정한 우리 헌법 제9조의 정신에 비추어 그(문화재)에 관한 재산권행사에 일반적인 재산권행사보다 강한 사회적 의무성이 인정된다. 따라서 일정한 문화재에 대한 보유·보관을 금지하는 것은 문화재에 관한 재산권행사의 사회적 제약을 구체화한 것으로 재산권의 내용과 한계를 정하는 것이며 헌법 제23조 제3항의 보상을 요하는 수용 등과는 구별된다. 다만 위와 같은 입법 역시 다른 기본권에 대한 제한입법과 마찬가지로 비례의 원칙을 준수하여야 하며, 재산권의 본질적 내용인 사적 유용성과 처분권을 부인해서는 아니 된다. … 그런데 위 법률조항들의 경우 사법상 보유권한의 유무를 불문하고 도굴 등이 된 문화재인 정을 안 경우, 특히 선의취득 등 사법상 보유권한의 취득 후에 도굴 등 된 정을 알게 된 경우까지 처벌의 대상으로 삼고 있는바, 이는 도굴 등을 통한 불법적인 문화재 유통의 차단을 통한 문화재의 보존 및 전통문화의 계승·발전이라는 입법목적 달성의 범위를 넘어선 것이다. … 위 법률조항들은 재산권행사의 사회적 제약을 넘어 불필요하거나 지나치게 가혹한 부담을 부과하는 것으로 헌법에 위반된다."

헌재 2000. 4. 27. 98헌가16등 : "혼인과 가족의 보호는 헌법이 지향하는 자유민주적 문화국가의 필수적인 전제조건이다. 개별성·고유성·다양성으로 표현되는 문화는 사회의 자율영역을 바탕으로 하고, 사회의 자율영역은 무엇보다도 바로 가정으로부터 출발하기 때문이다. 헌법은 가족제도를 특별히 보장함으로써, 양심의 자유, 종교의 자유, 언론의 자유, 학문과 예술의 자유와 같이 문화국가의 성립을 위하여 불가결한 기본권의 보장과 함께, 견해와 사상의 다양성을 그 본질로 하는 문화국가를 실현하기 위한 필수적인 조건을 규정한 것이다. 따라서 헌법은 제36조 제1항에서 혼인과 가정생활을 보장함으로써 가족의 자율영역이 국가의 간섭에 의하여 획일화·평준화되고 이념화되는 것으로부터 보호하고자 하는 것이다. 그런데 가족생활을 구성하는 핵심적 내용 중의 하나가 바로 자녀의 양육과 교육이다. 자녀의 양육과 교육은 일차적으로 부모의 천부적인 권리인 동시에 부모에게 부과된 의무이기도 하다. 부모가 자녀의 교육에 관하여 스스로 자유롭고 독자적으로 결정할 수 있는 경우에만, 가족은 자유민주적 문화국가에서의 자녀의 양육 및 교육이란 과제를 이행할 수 있고, 문화국가가 요구하는 교육의 다양성을 보장할 수 있다. … 일부 지나친 고액과외교습을 방지하기 위하여 모든 학생으로 하여금 오로지 학원에서만 사적으로 배울 수 있도록 규율한다는 것은 … 개성과 창의성·다양성을 지향하는 문화국가원리에도 위반되는 것이다."

헌재 2004. 5. 27. 2003헌가1등 : "우리나라는 건국헌법 이래 문화국가의 원리를 헌법의 기본원리로 채택하고 있다. 우리 현행 헌법은 전문에서 '문화의 … 영역에 있어서 각인의 기회를 균등히' 할 것을 선언하고 있을 뿐 아니라, 국가에게 전통문화의 계승 발전과 민족문화의 창달을 위하여 노력할 의무를 지우고 있다(제9조). 또한 헌법은 문화국가를 실현하기 위하여 보장되어야 할 정신적 기본권으로 양심과 사상의 자유, 종교의 자유, 언론·출판의 자유, 학문과 예술의 자유 등을 규정 … 이들 기본권은 다양성을 그 본질로 하는 문화국가원리의 불가결의 조건이(다). … 오늘날에 와서는 국가가 어떤 문화현상에 대하여도 이를 선호하거나, 우대하는 경향을 보이지 않는 불편부당의 원칙이 가장 바람직한 정책 … 오늘날 문화국가에서의 문화정책은 그 초점 … 문화가 생겨날 수 있는 문화풍토를 조성하는 데 두어야 한다. 문화국가원리의 이러한 특성은 문화의 개방성 내지 다원성의 표지와 연결되는데, 국가의 문화육성의 대상에는 원칙적으로 모든 사람에게 문화창조의 기회를 부여한다는 의미에서 모든 문화가 포함 … 서민문화·대중문화도 그 가치를 인정하고 정책적인 배려의 대상으로 하여야 한다. … 학교 부근에 공연장과 영화상영관 … 아동·청소년들의 문화향유에 도움을 줄 수 있는 경우에는 예외적인 허가를 허용하도록 규정해야 청소년의 보호와 문화국가원리를 조화시키는 바람직한 방안일 것이다. … 입법자는 표현·예술의 자유의 보장과 공연장 및 영화상영관 등이 담당하는 문화국가형성의 기능의 중요성을 간과하고 학교교육의 능률성의 보호라는 입법목적의 측면만을 지나치게 강조."

헌재 2003. 12. 18. 2002헌가2 : "[재판관 하경철·권성·김효종·송인준의 위헌의견] 특별부담금은 일반인과 구별되는 동질성을 지니어 특정집단이라고 이해할 수 있는 그러한 사람들에게만 부과되어야 하고(집단의 동질성), 특별부담금의 부과를 통하여 수행하고자 하는 특정한 경제적·사회적 과제와 특별히 객관적으로 밀접한 관련성이 있어야 하고(객관적 근접성), 그리하여 그러한 과제의 수행에 관하여 조세외적 부담을 져야 할 책임이 인정될만한 집단에 대해서만 부과되어야 할 것이며(집단적 책임성), 특별부담금의 수입이 특별부담금 납부의무자의 집단적 이익을 위하여 사용되어야 할 것(집단적 효용성)이다. … 특별부담금으로서의 문예진흥기금의 납입금은 그 헌법적 허용한계를 일탈하여 헌법에 위반된다. 첫째, 문예진흥기금의 모금대상인 시설을 이용하는 자를 공연 등을 관람한다는 이유만으로 다른 사람들과 구분할만한 동질성 있는 특별한 집단으로 인정하는 것은 대단히 무리라고 할 것이다. 현대 문화국가에 있어서는 공연장 등의 이용이, 선택된 문화적 향수자라고 구획될 만한, 특정한 국민에게만 한정되는 것이 아니기 때문이다. … 넷째, 공연 등을 보는 국민이 예술적 감상의 기회를 가진다고 하여 이것을 집단적 효용성으로 평가하는 것도 무리이다. 공연관람자 등이 예술 감상에 의한 정신적 풍요를 느낀다면 그것은 헌법상의 문화국가원리에 따라 국가가 적극 장려할 일이지, 이것을 일정한 집단에 의한 수익으로 인정하여 그들에게 경제적 부담을 지우는 것은 헌법의 문화국가이념(제9조)에 역행하는 것이다."

대판 2009. 5. 28. 2008두16933 : “헌법 제20조 제2항은 … 국교불인정 및 정교분리원칙을 선언하고 있으므로, 국가나 지방자치단체 내지는 행정관청은 특정 종교에 대하여 재정지원을 하는 등 적극적으로 종교에 개입하지 않을 의무와 더불어 특정 종교를 차별하지 않을 의무가 있다고 할 것이다. 그런데 한편, 헌법 제9조는 ‘국가는 전통문화의 계승·발전과 민족문화의 창달에 노력하여야 한다.’고 규정하고 있는바 … 어떤 의식·행사·유형물 등이 비록 종교적인 의식·행사 또는 상징에서 유래되었다고 하더라도 그것이 이미 우리 사회공동체 구성원들 사이에서 관습화된 문화요소로 인식되고 받아들여질 정도에 이르렀다면 이는 정교분리원칙이 적용되는 종교의 영역이 아니라 헌법적 보호가치를 지닌 문화의 의미를 갖게 되므로, 이와 같이 이미 문화적 가치로 성숙한 종교적인 의식·행사·유형물에 대한 국가 등의 지원은 일정 범위 내에서 전통문화의 계승·발전이라는 문화국가원리에 부합하며 정교분리원칙에 위반되지 않는다고 할 것이다. … 풍수원성당을 문화재로 지정하고 일정한 범위 내에서 보호 내지 지원을 하는 것은 정교분리원칙에 위반되지 않는다고 할 것.”

III.

[79] 집회의 자유의 민주적 기능론 비판 헌법재판소는 집회의 자유(헌§21①)가 여타 기본권보다 강하게 보장되어야 한다는 논거로, 그것이 “언론매체에 접근할 수 없는 소수집단의 의견을 국정에 반영하는 창구”로서(2000헌바67등), “대의기능이 약화된 경우에 그에 갈음하는 직접민주주의의 수단으로서 기능”한다는 점(2008헌가25[위헌의견])을 들고 있다. 즉, “직접민주주의를 배제하고 대의민주제를 선택한 우리 헌법”에서(2000헌바67등), 집회의 자유는 “사회·정치현상에 대한 불만과 비판을 공개적으로 표출케 함으로써, 정치적 불만이 있는 자를 사회에 통합하고 정치적 안정에 기여하는 기능”을 하며(2000헌바67등), “선거와 선거 사이의 기간에 유권자와 대표 사이의 의사를 연결하며 정치적 문제를 확인하는 기능”을 한다(2007헌바22)는 것이다. 요약하자면 집회의 자유는 직접민주주의적인 방식으로 정치의사형성에 참여하는 기본권적 통로로서, 현행헌법의 대의제 간접민주정을 보완(또는 부분적으로 대체)하고, 그 오작동을 교정하며, 주권자 국민과 대의기관을 연계하는 기능을 한다는 것이다(최근 결정에서도 유지됨[2014헌가3등]). 독일연방헌법재판소의 1985. 5. 14.자 브로크도르프(Brokdorf) 결정(BVerfGE 69, 346)에서 차용한 이러한 논지(집회의 자유의 민주-정치적 기능론)는, 그러나, 정치적 표현의 자유(헌§21①) 중에서 유독 집회의 자유의 경우에만, 신문의 자유나 방송의 자유에도 인정하지 않는, 강력한 정치적 기능

을 인정한다는 점에서 그 타당성이 의문시되고 있다. 현행헌법이 천명한 **대의제 간접민주정**에서 국민의 국정참여는 어디까지나 선거가 중심이 되고, 국민투표와 같은 직접민주제적 참정 방식은 예외적으로만 인정될 뿐인데, **집회의 자유라는 우회로**를 통해 이를 확대하는 것은 헌법상 수용되기 어렵다. 집회의 자유의 민주-정치적 기능을 과도하게 강조할 경우, 정치적 목적의 집단적 기본권 행사에 특권을 부여함으로써 결국 '**개인의 배제**'를 초래할 우려가 있다. 또, 대중매체의 주목을 받는 집회의 집단의사는 정치적으로 '**과잉대표**'되기 쉬운 까닭에, 대의제 간접민주정에서 침묵하는 다수(집단화되지 않은 개인의사의 총합)가 소외될 우려도 있다. 그렇다면, 헌법재판소가 강조하는 **직접민주제 도입의 한계**(2007헌마843)는 집회의 자유의 경우에도 지켜져야 할 기본권의 내재적 한계가 아닐 수 없다.

> 헌재 2009. 3. 26. 2007헌마843 : "직접민주제는 대의제가 안고 있는 문제점과 한계를 극복하기 위하여 예외적으로 도입된 제도라 할 것이므로, 헌법적인 차원에서 직접민주제를 직접 헌법에 규정하는 것은 별론으로 하더라도 법률에 의하여 직접민주제를 도입하는 경우에는 기본적으로 대의제와 조화를 이루어야 하고, 대의제의 본질적인 요소나 근본적인 취지를 부정하여서는 아니 된다는 내재적인 한계를 지닌다 할 것이다."

[80] 지방선거 정당공천제 폐지입법 위헌심사 지난 제19대 국회에서는 이명수 의원 대표발의로 "정당은 선거에 있어 선거구별로 선거할 정수범위 안에서 그 소속당원을 후보자 … 로 추천할 수 있다."는 공직선거법 제47조 제1항을 "정당은 선거(구·시·군의 장 및 구·시·군의원 선거는 제외한다)에 있어 선거구별로 선거할 정수범위 안에서 그 소속당원을 후보자 … 로 추천할 수 있다."로 수정하는 공직선거법 일부개정법률안이 2012. 7. 12. 제출되었다. 이 법안이 실제 본회의에서 가결되어 공포·시행에 이르렀다고 가정할 때, 헌법재판소의 선례에 비추어 그것은 과연 합헌으로 인정될 수 있겠는가?

> 위 법안은 ① 구·시·군의원 선거와 구·시·군의 장 선거에서 **정당공천제를 폐지**하되, ② 정당의 후보자 지지와 후보자의 정당표방은 금지하지 않았다. 따라서 일차적으로는 **정당활동의 자유**(헌§8①)의 침해가 문제되며(정당은 후보자를 추천할 수 없음), 정당공천제 폐지의 효과로서 후보자의 **선거운동의 자유**(헌§21①)의 침해도 문제된다(후보자는 정당의 추천을 표방할 수 없음). 두 기본권의 침해 여부에 대해서는 엄격한 심사기준이 적용된다(2012헌마431등·93

헌가4등). 목적의 정당성과 방법의 적정성 판단에 있어서는, "지역실정에 맞는 순수한 지방자치의 실현"이라는 입법목적과 이를 위한 "구·시·군의원 선거와 구·시·군의 장 선거의 정당공천제 폐지"라는 입법수단을 긍정적으로 평가할 수도 있고(99헌바28·2001헌가4[반대의견]), "선거에서 정당이냐 인물이냐의 선택은 주권자인 국민의 몫"이므로 입법으로써 간섭하는 것은 정당성이 없고, "지방분권 및 지방의 자율성 확보"라는 목적 달성에 실효적인 수단이 될 수도 없다고 부정적으로 평가할 수도 있다(2001헌가4). 피해의 최소성과 법익의 균형성 판단에 있어서는, 정당의 추천만 배제할 뿐 정당의 후보자 지지나 후보자의 정당표방까지 금지하지는 않으므로 지방자치의 제도적 보장을 위한 온건한 제한으로 평가할 수도 있고(99헌바28·2001헌가4[반대의견]), 결과적으로 구·시·군의원 선거와 구·시·군의 장 선거에서 후보자는 정당 추천을 표방할 수 없고 따라서 유권자의 후보자 접촉기회가 적은 지방선거에서 유권자는 후보자의 정치적 성향을 판단하기 어렵게 되므로(2001헌가4), 엄격한 심사의 결과 과도한 기본권제한으로 평가할 수도 있다. 한편, **평등원칙** 위배 여부와 관련하여, 광역지방자치단체(특별시·광역시·특별자치시·도·특별자치도) 선거가 아닌 기초지방자치단체(구·시·군) 선거에서만 정당공천제를 폐지하는 것이 합리적 이유 있는 차별인지도 아울러 판단되어야 한다(2001헌가4). 그러나 정당공천으로 기대할 수 있는 높은 선출가능성은 당해 법률조항의 간접적·부수적인 효과일 뿐이어서 **공무담임권**(헌§25)의 침해는 문제되지 않는다(99헌마135).

[81] 교육감선거에서의 정당관여 배제 「지방교육자치에 관한 법률」은 2010. 2. 26.자 개정을 통해 "정당은 교육감선거에 후보자를 추천할 수 없다."(지교§46①)(교육감선거의 정당공천제 폐지), "정당의 대표자·간부 및 유급사무직원(과) … 그 밖의 당원은 … 선거관여 행위를 할 수 없다."(지교§46②), "후보자는 특정 정당을 지지·반대하거나 특정 정당으로부터 지지·추천받고 있음을 표방(당원경력의 표시를 포함한다)하여서는 아니 된다."(지교§46③)라고 규정했다. 즉, 헌법재판소에 의해 위헌으로 결정(2001헌가4)된 구「공직선거 및 선거부정방지법」 제84조("자치구·시·군의회의원선거의 후보자와 무소속 후보자는 특정 정당으로부터의 지지 또는 추천을 받았음을 표방할 수 없다. 다만, 정당의 당원경력의 표시는 그러하지 아니하다.")보다 훨씬 엄격한 규제조항을 둔 것이다. 그 합헌성 여부를 헌법재판소의 선례를 논거로 판단해보자.

여기서는 위 [80]의 경우와 마찬가지로, 정당 자신의 **정당활동의 자유**(헌§8①)의 침해(정당은 후보자를 추천할 수 없음)와 후보자와 정당 구성원들의 **선거운동의 자유**(헌§21①)의 침해(후보자는 정당의 추천을 표방할 수 없고 정당 구성원들은 선거관여행위를 할 수 없음)가 문제되며, 그 기본권 침해 여부에 대해서는 엄격한 비례심사의 기준이 적용된다(2012헌마431등·93헌가4등·2010헌마285). 또, 지방자치단체장 선거의 경우와 비교할 때 평등원칙 위배 여부도 문제되지만, **공무담임권**(헌§25)의 침해는 문제되지 않는다(99헌마135). 「지방교육자치에 관한 법률」 제46조는 후보자의 정당표방을 (적극적이든 소극적이든) 전면 금지했으며, 정당 구성원들의 선거관여행위까지 일체 금지했으므로, **과잉금지원칙(피해의 최소성)**에 반하는 과도한 규제로 판단될 소지가 있다(2001헌가4·93헌가4등). 특히 표현의 내용 규제로서 당원경력의 표시까지 금지한 점에서, **명확성원칙**(적용대상이 예측능력이 높은 입후보자이므로 완화된 판단기준이 적용됨[2004헌바16]) 위반이 문제될 가능성은 낮아졌지만(2001헌가4), 과도한 규제로 판단될 소지는 오히려 커졌다(99헌바28·2010헌마285). 그러나 지방교육자치가 정치권력에 대한 문화적 자치로서의 속성도 아울러 지니고 있다는 점을 감안한다면, **교육의 정치적 중립성**(헌§31④)의 요청에 비추어 이상의 제반 규제는 헌법적으로 정당화 될 수 있다(89헌마88·99헌바113·2003헌바84·2007헌마1175·2010헌마285). **평등원칙** 위배 여부의 판단에 있어서도 지방교육자치의 상술한 속성을 감안할 때, 교육감의 선거와 지방자치단체장의 선거는 비교의 대상이 되지 않거나(2007헌마843), 합리적 이유 있는 차별로서 정당화된다고 볼 수 있다(2003헌바84·2007헌마1175).

헌재 2011. 12. 29. 2010헌마285 : "선거운동의 자유, 정치적 표현의 자유의 중요성을 고려할 때 그 제한입법의 위헌 여부에 대하여는 엄격한 심사기준이 적용되어야 할 것이다. … 주민직선제로 치러지는 교육감선거 과정에서 교육감후보자가 '당원경력을 표시'하는 방법으로 선거운동을 하지 못하도록 규제하고 있다. … 선거운동 과정에서 '당원경력'에 관한 내용을 골라내어 표현을 금지시키고 있는 '표현의 내용 규제'에 해당한다. 국가가 표현내용과 무관하게 표현의 방법을 규제하는 것은 합리적인 공익상의 이유로 폭넓은 제한이 가능하나, 이와 같이 표현내용을 규제할 경우에는 원칙적으로 중대한 공익의 실현을 위하여 불가피한 경우에 한하여 엄격한 요건 하에서 허용된다고 보아야 한다. … 당원경력 부분만 표시하지 못하는 … 불이익은 표현의 자유를 제한하는 결과 나타나는 사실상의 차별의 결과에 불과하므로 … 따로 평등권 침해 여부를 판단할 필요는 없다 할 것이다. … 정당설립의 자유와 활동보장을 규정한 헌법 제8조에 위반된다는 취지 … 정당을 설립하거나 정당활동을 하는 것을 규제하는 것과 관련이 없으므로 이 부분 역시 판단할 필요가 없다. … 교육의 자주성·전문성·정치적 중립성이라는 가치는 교육행정의 수행과정에서만 지켜야 하는 가치가 아니고, 교육행정의 수장인 교육감을 선출하는 과정에서도 당연히 고려되어야 하는 가치이다. … '당원경력'은 일단 표시되면 전파성이 매우 강하고 그것이 암시하는 '정당관여효과' 내지 '유권자의 의사왜곡효과'를 돌이키기란 불가능에 가까우며, 유권자들로서는 후보자의 자질을 교육전문성이 아니라 그의 당원경력 기간의 장단 및 직위의 고하에 따라 정치적 입장에 기하여 판단할 가능성이 그만큼 커지게 되므로, 표현의 경위나 양태, 표현이 전달되는 매체, 표현행위가 이루어지는 장소, 기간 등에 따라 차등 규제할 수도 없어, '당원경력의 표시' 일체를 금지시키는 방법 외에는 의미 있는 대안을 찾기 힘들다는 점 등에서 침해의 최소성 요건은 충족되었다. 또한, 자신의 정치적 견해를 특정한 정당의 '당원경력의 표시'라는 간단한 방법으로 알리지 못함으로써 교육감선거후보자가 침해받는 사익은 교육감선거과정에서 정당의 관여를 철저히 배제함으로써 교육의 정치적 중립성을 확보하려는 공익에 비하여 크지 않다 할 것이므로, 법익의 균형성 요건 역시 충족하였다."

[82] 교육감·검찰총장·경찰청장 정당가입제한 헌재 2008. 6. 26. 2007헌마1175 결정에서 헌법재판소는 교

육감 후보자 자격에 관해 후보자 등록신청 개시일부터 과거 2년 동안 정당의 당원이 아닌 자로 규정한 「지방교육자치에 관한 법률」 제24조 제1항이 기본권을 침해하지 않는다고 판단했다. 그런데 헌재 1997. 7. 16. 97헌마26 결정에서 헌법재판소는 검찰총장은 퇴직일부터 2년 이내에는 정당의 발기인이 되거나 당원이 될 수 없다고 규정한 「검찰청법」 제12조 제5항이 기본권을 침해한다고 판단했으며, 헌재 1999. 12. 23. 99헌마135 결정에서 헌법재판소는 경찰청장은 퇴직일부터 2년 이내에는 정당의 발기인이 되거나 당원이 될 수 없다고 규정한 「경찰법」 제11조 제4항이 기본권을 침해한다고 판단했다. 이들 세 결정에서 헌법재판소는 제한되는 기본권을 각각 무엇으로 파악했는가? 헌법재판소가 교육감의 경우에 검찰총장·경찰청장의 경우와 달리 합헌결정을 내린 이유는 무엇인가?

[83] 적법절차원칙과 과잉금지원칙 아래 세 결정에서 헌법재판소는 문제된 법률조항이 과잉금지원칙보다 우선 적법절차원칙에 위배되는 것으로 판단했다. 분명히 법률조항의 내용상의 합리성과 정당성을 문제 삼고 있음에도, 과잉금지원칙보다 적법절차원칙을 우선적으로 적용한 이유는 무엇인가? 기본권의 침해 여부가 문제되는 헌법소원심판이 아니라, 법률의 위헌 여부가 문제되는 위헌법률심판·위헌소원심판으로 제기된 사건이라는 사실과 상관이 있는가? 혹은 행정절차(92헌가14·96헌가11) 또는 사법절차(98헌바79등) 등 절차상의 합리성과 정당성이 문제된 사건이라는 사실과 상관이 있는가?

헌재 1995. 3. 23. 92헌가14 : "노동위원회의 확정되지 아니한 구제명령을 그 취소 전에 이행하지 아니한 행위를 … 확정된 구제명령을 위반한 경우와 차별함이 없이 똑같이 2년 이하의 징역과 3,000만 원 이하의 벌금이라는 형벌을 그 제재방법과 이행확보수단으로 선택함으로써, 국민의 기본권제한 방법에 있어 형평을 심히 잃어 위 법률규정의 실제적 내용에 있어 그 합리성과 정당성을 더욱 결여하였다고 할 것이므로 헌법상의 적법절차의 원리에 반(한다)."

헌재 1997. 3. 27. 96헌가11 : "이 사건 법률조항은 … 목적의 중대성(음주운전 규제의 절실성), 음주측정의 불가피성(주취운전에 대한 증거확보의 유일한 방법), 국민에게 부과되는 부담의 정도(경미한 부담, 간편한 실시), 음주측정의 정확성문제에 대한 제도적 보완(혈액채취 등의 방법에 의한 재측정 보장), 처벌의 요건과 처벌의 정도(측정불응죄의 행위주체를 엄격히 제한) 등에 비추어 합리성과 정당성을 갖추고 있으므로 헌법 제12조 제1항의 적법절차원칙에 위배된다고 할 수 없다."

헌재 2001. 4. 26. 98헌바79등 : "보안관찰처분을 다투는 행정소송에서는 다른 행정소송사건에서와는 달리 집행정지를 전혀 할 수 없도록 한 법률조항은 피 보안관찰자로 하여금 상당 범위의 자유제한을 감내하도록 요구하는 보안관찰처분의 적법 여부를 다투는 소송절차의 내용을 형성함에 있어서 피 보안관찰자의 기본권 보장이 합리적 이유 없이 축소되도록 하였다는 점에서 그 내용이 합리성과 정당성을 갖춘 것이라고 볼 수 없으므로 적법절차원칙에 위배된다."

[84] 대통령 형사상 특권과 공소시효 헌재 1996. 2. 16. 96헌가2등 결정에서 김진우·이재화·조승형 재판관은 헌법 제84조의 규정으로 인해 대통령 재직 중 공소시효의 진행은 당연히 정지되는 것이며, 따라서 「5·18민주화운동 등에 관한 특별법」 제2조의 "… 소추권행사에 장애사유가 존재한 기간은 공소시효의 진행이 정지된 것으로 본다."는 규정은 당연한 법리를 확인한 것이 불과하므로, 동 규정은 부진정소급효 입법일 뿐이라고 했다. 반면, 김문희·황도연 재판관은 공소시효의 정지는 법률로써 명문의 규정을 둔 경우에 한하여 인정되는 것이며, 따라서 「5·18민주화운동 등에 관한 특별법」 제2조는 이 법률조항으로 말미암아 비로소 공소시효의 진행이 정지되는 형성적 성격의 규정이어서, 그것은 헌법상 허용될 수 없는 진정 소급효 입법에 해당한다고 보았다. 한편, 김용준·정경식·고중석·신창언 재판관은 공소시효제도는 헌법이 아니라 법률이 규정하고 있는 제도이므로 그 구체적인 적용은 법원의 전속적인 권한에 속하는 사항(즉, 진정 소급효 입법인지 부진정 소급효 입법인지는 법원이 결정할 사항)이라고 보았다.

[85] 진정-부진정 소급입법 구분론 비판 독일 판례의 영향을 받아 진정 소급입법과 부진정 소급입법을 구분하는 선례는, 그러나, 헌법재판소 자신에 의해서도 그 이론적 정당성을 의심받고 있다. 즉, 양자가 명쾌하게 질적으로 구분된다기보다 단순히 법기술적인 차원에서 양적으로 구분되는 것에 불과한 경우도 없지 않으며(94헌바12), 사실관계 또는 법률관계의 '완성' 여부를 어떤 기준으로 판단할 것인지 불명료한 측면도 있다. 가령, 언론중재법이 개정된 경우 보도라는 행위를 기준으로 할 것인지 아니면 보도에 의한 피해를 기준으로 할 것인지에 따라(2005헌마165등), 혹은 친일재산 환수규정이 마련된 경우 취득이라는 행위를 기준으로 할 것인지 아

니면 그 반사회성·범죄성을 기준으로 할 것인지에 따라(2008헌바141등), 사실관계 또는 법률관계의 '완성' 시점이 달라져서 진정 소급입법이 될 수도 있고 부진정 소급입법이 될 수도 있는 것이다.

헌재 1995. 10. 26. 94헌바12 : "소급입법을 진정·부진정으로 나누는 척도는 개념상으로는 쉽게 구분되나 사실상 질적 구분이 아닌 양적 구분으로, 단순히 법기술적 차원으로 이루어질 가능성이 있으므로, 이와 같은 구분의 기준에 관하여 이견이 있을 수 있다. 이 사건 규정과 같이 과세연도 도중에 법이 개정된 경우, 세법상 과세요건의 완성이 과세연도 경과 후에 이루어지며, 그 법의 시간적 적용시점이 과세연도 경과 후이기 때문에 진정 소급효는 아니라고 한다면, 이는 과세요건의 완성을 과세연도 종류 후로 하는 것 자체는 세무회계 내지 조세행정상의 편의성 때문이므로, 사실상 법기술적 차원의 구분에 불과하다. 원래 조세의 부과처분은 수량적인 행정처분이고, 분할계산이 가능한 것이므로 기간과세의 경우에도 법령의 개정 전·후에 따른 구분계산이 가능하다. … 양자의 구분은 이와 같은 사실상 법기술적 차원에서 행할 것이 아니라 '최종적인 평가가 내려진 사태에 대한 새로운 법적 평가'가 있었느냐의 여부에 따라 구분하여야 한다는 견해도 있을 수 있다(이러한 견해 하에서는 이 사건 규정은 진정 소급입법에 해당되게 된다. 즉, 이 사건 규정 시행일까지 경과된 과세연도의 일부기간까지 법인세의 과표가 되는 법인의 사업소득은 이미 확정되어 있기 때문이다). … 진정·부진정 소급입법의 구분은 실제에 있어서는 그 척도 상 문제가 많다고 아니할 수 없다."

헌재 2006. 6. 29. 2005헌마165등 : "언론중재법 부칙 제2조 본문은 언론중재법의 시행 전에 행하여진 언론보도에 대하여도 동법을 적용하도록 규정하고 있다. 이에 따라 정정보도청구권의 성립요건과 정정보도청구소송의 심리절차에 관하여 언론중재법이 소급하여 적용됨으로써 언론사의 종전의 법적 지위가 새로이 변경되었다. 이것은 이미 종결된 과거의 법률관계를 소급하여 새로이 규율하는 것이기 때문에 소위 진정 소급입법에 해당한다. 진정 소급입법은 헌법적으로 허용되지 않는 것이 원칙이고 이를 예외적으로 허용할 특단의 사정도 이 부칙조항에 대해 인정되지 않으므로 … 헌법에 위반된다. [재판관 조대현의 반대의견] 언론의 허위보도 자체는 보도와 동시에 완료되지만 그로 인한 피해는 보도 후에도 계속 진행되고 확산된다. 따라서 언론중재법 시행 전에 이루어진 허위보도로 인한 피해의 계속을 막기 위하여 언론중재법에 의하여 신설된 정정보도청구권을 적용하는 것이 진정 소급입법에 해당된다고 보기 어렵다. 또한 가처분절차에 의하도록 한 것이 헌법에 위반되지 않는다고 보는 이상, 언론중재법 시행 후에 청구된 정정보도청구사건을 가처분절차에 의하여 심리하도록 한 부분도 위헌이라고 볼 수 없다."

헌재 2011. 3. 31. 2008헌바141등 : "[재판관 목영준의 일부별개의견] 현행헌법은 제13조 제2항에서 소급입법에 의한 재산권 박탈은 어떠한 이유에서든지 금지되어야 함을 선언하였다. 따라서 … 헌법재판소가 위와 같이 특별한 사유가 있는 경우에는 소급입법에 의한 재산권 박탈이 가능하다고 해석하는 것은 그 권한을 유월하여 헌법의 내용을 변경하는 것으로서 허용될 수 없다. … 일제강점기에 친일반민족행위자들이 임시정부의 이념에 반하여 우리 민족을 부정하고 식민통치에 협조한 대가로 취득한 재산은 반사회적 가치를 내포하고 있다고 해야 한다. … 1905. 4. 29. 반포된 대한제국의 형법대전(의) … 규범적인 효력은 잠재적인 차원에서 그대로 존속 … 이에 따르면 친일반민족행위자들의 친일행위는 위 반역죄 등에 해당될 수 있고 이에 대한 대가로 취득한 친일재산은 취득 원인에 중대한 범죄성이 결부되어 있다. … 이처럼 친일재산에는 취득 당시 반사회적 가치 내지 범죄성이 내재하고 있었고, 다른 유사한 국가들과 달리 과거사 청산절차를 밟지 못한 우리나라에서는 그 반사회성 및 범죄성이 현재까지도 지속되고 있다고 볼 수밖에 없으므로, 친일재산의 소유권 귀속에 관한 사실관계 또는 법률관계가 이미 종료되었다고 할 수 없다. … 이 사건 귀속조항은 현재 진행 중인 사실관계 또는 법률관계에 작용하는 부진정 소급입법이라고 할 것이다."

[86] 경제규제입법의 변경과 신뢰보호 헌법재판소는 헌법 제13조 제2항의 재산권에 관해 헌법 제23조 제1항의 재산권과 동일한 개념을 적용하고 있다. 즉, 그것은 "사적 유용성 및 그에 대한 원칙적 처분권을 내포하는 재산가치 있는 구체적 권리"라야 하며, "단순한 이익이나 재화의 획득에 관한 기회 또는 기업 활동의 사실적·법적 여건 등"은 포함되지 않는다고 한다(99헌마452·2012헌마770). 따라서 구법상 재생처리신고업이 허가를 요하는 중간처리업으로 통합된 경우(99헌마452)라든가, 이미 소멸한 저작인접권이 보호기간의 연장을 통해 다시 회복됨으로써 그(음원) 무상활용의 가능성이 사라진 경우(2012헌마770)라면 직업의 자유(헌§15)가 문제될 뿐, 재산권의 소급적 박탈이 문제되지는 않는다고 한다. 소수의견으로서, 친일재산은 헌법 제13조 제2항의 재산권의 보호범위에 포함되지 않는다고 본 것도 있다(2008헌바141등[별개의견]). 헌법재판소는 조세법의 경우(97헌바58·2006헌바99)나 연금법의 경우(앞 [76] 참조), 구법에 대한 신뢰에 의거하여 투자 등 적극적인 행위를 했다는 특별한 사정이 없는 한, 현행법이 변함없이 유지되리라고 기대할 수는 없다(즉, 그러한 신뢰는 보호가치가 낮다)고 보았다. 그러나 헌법재판소는 구법에 대한 신뢰 하에 자금과 인력을 투자하여 영업행위를 했다 하더라도, 이미 여러 차례의 법 개정이 있었고(법 개정의 예견가능성이 높음) 적정한 유예기간이 부여되었다면, 스스로의 위험부담으로 법률이 부여한 기회를 활용한 것(국가에 의하여 유도된 사경제 활동에 속하지 않음)에 지나지 않는다고 한다(99헌마452·2012헌마770).

헌재 2011. 3. 31. 2008헌바141등 : "[김종대 재판관의 별개의견] 헌법제정자들은 소급입법에 의한 재산권 박탈을 금하고 있는 헌법 제13조 제2항을 규정하면서 어떠한 예외조항도 두지 않았다. 이는 위 헌법규정이 천명하고 있는 소급입법에 의한 재산권 박탈의 금지가 어떠한 예외적 상황도 없이 일률적이고 일의적으로 관철되어야 할 가치임을 의미하는 것이다. 따라서 헌법재판소가 헌법 제13조 제2항을 해석하면서, 특별한 사유가 있는 경우에는 소급입법에 의한 재산권 박탈도 허용될 수 있다고 해석한다면, 이는 헌법제정자들이 금지해 둔 내용을 번복하여 새로운 헌법적 내용을 형성해 내는 것 … 친일이라는 반민족적 행위의 대가로 취득한 친일재산은 우리 헌법에 의해 보호될 수 없다. 친일재산은 비록 친일반민족행위자 그 개인에게는 유용한 '재산'으로서의 의미가 있을지 모르겠지만, 그것이 일본제국주의와의 투쟁 및 그 극복의 결과로 탄생한 대한민국의 헌법에 규정된 '재산권' 조항으로써 보호될 수는 없는 것이다. … 이 사건 법률조항들은 우리 헌법상 재산권으로 보호되지 않는 친일재산을 국가로 귀속시키기 위한 것이므로 헌법에 위반되지 않는다. 따라서 법정의견과 같이 재산권 제한에 대한 비례성원칙의 위배 여부를 검토할 필요가 없다."

[87] 경제조항의 역사 : '통제'에서 '자유'로 1948년 헌법은 전시 통제경제를 규정한 「중화민국헌법초안」(1936)을 참고하여, 국유·국영의 통제경제적 성격이 강한, 독립된 경제의 장(제6장)을 두었다. 동시에 「바이마르헌법」(1919)을 참고하여 재산권의 한계를 강조하고(48헌§15) 사회적 기본권을 다양하게 규정했다(48헌§§16-20). 1948년 헌법의 경제의 장은 1954년 헌법에서 전후 외자도입·외국원조의 필요성을 반영하여, 종래의 국유·국영원칙이 사유·사영원칙으로 전면 개정되었다. 현행헌법과 같은 경제의 장(제9장)의 골간이 완성된 것은 1962년 헌법에서였다. 즉, 공업주도·수출우선의 '국가선도적 불균형 경제발전전략'을 헌법규범화한 것이다. 우선, 경제의 기본목표 측면에서 "사회정의의 실현과 균형 있는 국민경제의 발전"(48헌§84)보다는 "개인의 경제상의 자유와 창의를 존중"할 것(62헌§111①)을 강조했다. 또한, 공업 주도의 발전전략 측면에서 "과학기술을 통한 국민경제의 발전"(62헌§118①)을 강조하면서, 동시에 소외된 농·어업을 특별히 배려하는 규정을 두었다(62헌§115). 한편, 수출 우선의 발전전략 측면에서 "대외무역은 (법률의 정하는 바에 의하여) 국가의 통제 하에 둔다."(48헌§87)라고 했던 것을 "국가는 대외무역을 육성하며 이를 규제·조정할 수 있다."(62헌§116)는 문구로 바꾸었다. 기본권의 장에서도 재산권 수용에 대한 "정당한 보상"을 명시하고(62헌§20③), 직업선택의 자유를 명문화하면서(62헌§13), 사회적 기본권의 배치 순서를 청구권·참정권의 뒤로 미루는 등, 평등보다는 자유를 강조하는 방향으로의 전환이 이루어졌다. 현행헌법(1962년 헌법으로의 복귀를 본질로 함)에 이르기까지 경제영역의 헌법상 기본원리는, 전체적으

로 보아, 통제경제·균등경제로부터 경제적 자유를 신장하는 자유시장경제의 방향으로 발전되어 왔다고 말할 수 있다.

제6장 헌법의 기본제도

I.

[88] 제도보장의 이론 제도보장(Einrichtungsgarantie)이란 특정 제도(Institution) 내지 법제(Rechtsinstitut)의 존속을 헌법적으로 보장함으로써 법률로써도 배제할 수 없는 효력을 부여하는 것을 말한다. 사회적 실재로 기능하는 '제도'를 법학의 출발점으로 삼아야 한다는 주장은 모리스 오류(Maurice Hauriou)에서 비롯되는데, 그의 영향 하에 카를 슈미트는 기본권의 보장과 구별되는 제도보장의 개념을 제시했다. 우선, 이론적 측면에서 '시민적 자유'(liberté du citoyen)를 '국가의 영광'(gloire de l'état)의 대립물로 보는 근대입헌주의헌법의 기본이념(시민적 법치국가의 배분원리)으로부터 출발하여, 개인의 자유는 전(前) 국가적인 것이므로 불가침을 원칙(즉, 국가에 의한 제한은 예외적임)으로 하는바, 이러한 의미에서 그는 국가에 선재(先在)하며 그 우위에 있는(vor und ueber dem Staat) 자유로운 개인(freie Einzelmenschen)의 '절대적 기본권'(absolute Grundrechte)만이 진정한 기본권(echte Grundrechte)이라고 보았다. 그리하여 카를 슈미트는 바이마르헌법의 문구 가운데 '불가침'(unverletzlich)이라 규정된 경우 외에, '법률의 한계 내에서' 또는 '법률의 기준에 따라' 상대적으로 보장되는 경우를 대개 제도보장의 범주로 취급한다. 가령, 지방자치제도·직업공무원제도·대학자치제도·교회제도 등을 공법상의 제도적 보장(intstitutionelle Garantie)으로, 혼인가족제도·사유재산제도·상속제도 등을 사법상의 제도보장(Institutsgarantie)으로 분류하면서, 전통적으로 전래된 제도의 '전형적 특징들'(typische Grundzuege)이 존속될 수 있도록 입법자의 형성권이 제한되어야 한다(즉, 의회 다수결로도 제도 자체를 폐지할 수 없음)고 보았다. 특히, 공법상의 제도들은 일정한 '집단'에 귀속되는 것으로 국가 내에서만 존속할 뿐 국가에 선재하거나 그 우위에 있을 수 없는 까닭에, 관련하여 일정한 헌법(률)상의 권리가 부여되더라도 이를 진정한 기본권으로 볼 수는 없다고 한다. 요컨대 카를 슈미트의 제도보장이론은 제도보장을 '최대한 보장의 원칙'(원칙적 보장 예외적 제한)이 적용되는 기본권의 보장과 구분하여 제도의 핵심내용 유지라는 '최소한 보장의 원칙'(법률에 의거한 보장)을 적용하면서, 기존 특정 제도의 핵심내

용에 헌법(률)적인 지위를 부여함으로써 그 한도 내에서 의회의 입법권을 제한하려는 것(반 의회주의적 입장)이었다. 현행헌법 하에서는 복수정당제도(헌§8①), 민주선거제도(헌§41①·§67①·7장), 직업공무원제도(헌§7②), 지방자치제도(헌8장), 군사제도(헌§5②·74②), 교육제도·대학자치제도(헌§31④⑥), 혼인·가족제도(헌§36①), 사유재산제도(헌§23①), 방송·신문제도(헌§21③) 등이 제도보장의 성격을 지닌 것으로 거론된다.

[89] 헌법과 정당제도 자유로운 시민과 그들의 권리를 지키는 정부는 서로 어떤 매개체도 없이 직접 연결(선거를 통해)되어야 한다는 것이 18·19세기 **대의제 민주주의**에서의 일반적 관념이었다. 그러나 20세기 **정당제 민주주의**에서는 국민과 국가권력 사이에서 정치적 도관(導管) 기능을 수행하는 중개자, 즉 정당이 정치과정에서 중추적인 역할을 담당하게 되었다. **정당국가론**(Parteienstaatstheorie)의 주창자 라이프홀츠(Gerhard Leibholz)에 의하면, 오늘날 정당국가적 민주주의에서는 종래 대의제 민주주의에서 국민의 대표자 결정을 의미하는 **선거**가 **정부를 선택하는 국민투표**로 변질되며, 국민과 대표자 사이의 자유위임관계도 **정당에의 예속**(정당기속)을 당연시하는 일종의 **강제위임관계**(당론강제)로 변질된다고 한다. 현대정치에서 정당이 수행하는 중추적인 역할은 헌법상 적극 수용되어, 대부분 국가의 헌법에서 정당에 관한 규정을 두기에 이르렀다(정당조항을 둔 헌법은 1875년에는 10% 미만이었으나 2006년 현재 80%를 상회함). 한편, 제국의회의 다수결로써 히틀러 독재체제로 이행했던 나치 집권의 이율배반적 경험, 그리고 이를 허용한 가치상대적 민주주의의 허약성에 대한 반성으로부터, "민주주의는 민주주의자에게만 누리게 해야 하고, 민주주의의 적에게는 민주주의를 누리게 할 수 없다."는 가치구속적인 **방어적·투쟁적 민주주의**(wehrhafte/streitbare Demokratie)의 요청이 대두했는데, 이러한 요청을 헌법적으로 수용하여 독일기본법(§21②GG)을 위시한 전후 헌법들은 **위헌정당에 대한 강제해산제도**를 규정하기에 이르렀다. 우리 헌법사에서 정당조항이 처음 등장한 것은 1960년 헌법에서였다. 1950년대 자유당의 전횡과 진보당 탄압에 대한 반성에서, 한편으로는 결사의 자유(60헌§13①)에 이어 **정당에 대한 보호**를 규정하면서, 다른 한편으로는 방어적 민주주의의 관점에서 **위헌정당에 대한 강제해산제도**를 규정했던 것이다(60헌§13②). 그리고 1962년 헌법에서는, 민주당 의

원내각제 정부의 파탄을 초래했던 정당의 취약성을 극복하려는 취지에서, 국회의원·대통령의 정당추천(62헌§36③·§64③)과 국회의원의 당적유지(62헌§38)를 필수적으로 요구하는 **극단적 정당국가를 지향**하면서, 총강에 별도로 **정당조항**(62헌§7)을 두어, 정당설립의 자유와 복수정당제의 보장(제1항), 당내민주주의 및 정당조직의 요구(제2항), 정당에 대한 국가보호 및 위헌정당해산제도(제3항)를 각각 규정했다. 1980년 헌법에서는 **정당운영자금 국가보조조항**(80헌§7③)까지 새로 삽입되어 현행헌법과 같은 정당조항(87헌§8)의 기본틀이 완성되었다. 현행헌법 제8조의 모법은 독일기본법 제21조라고 여겨지는데(단, 동조는 정당자금·재산 공개의무를 규정할 뿐 정당운영자금 국가보조는 규정하지 않음), 이 정당조항을 구체화한 입법으로 **정당법**이 있고, 정당의 재원 기타 정치자금에 관해 규율하는 입법으로 **정치자금법**이 있다.

[90] 대의제 민주주의와 선거제도 **대의제 민주주의**에서 **선거**는 국가권력에 민주적 정당성을 부여하는 수단으로서 중요한 의의를 갖는다. **무기속·자유위임원칙**이 지배하는 대의제에서 선거인과 대표자는 법적 대표관계가 아니라 **정치적 대표관계**에 있게 되는데, 따라서 그 대표자에 대한 정치적 심판은 정기적 선거를 통해서 이루어지게 된다. 나아가 오늘날 정당제 민주주의에서 선거는 정부선택적 국민투표로서의 성격까지 갖게 된다(이 점 완전 비례대표제를 채택한 의원내각제 정부형태에서 뚜렷하게 나타남). 현행헌법은 국민의 **선거권**(헌§24)과 **피선거권**(헌§25)을 기본권으로 보장하면서, 대통령선거와 국회의원선거에서 선거제도의 기본원칙으로 **보통·평등·직접·비밀선거**의 원칙을 규정하고(헌§41①·§67①), 선거운동의 기회균등 보장(헌§116①)에 입각한 선거공영제(헌§116②)를 실시하는 등 **선거관리**(헌7장)를 **헌법사항**으로 격상했다. 선거권·피선거권·선거원칙 등은 1948년의 건국헌법에도 규정되었으나(48헌§25·§26·§32), 1960년 헌법에 이르러 3·15 부정선거 경험에 대한 반성에서 헌법기관으로서 중앙선거관리위원회를 신설했다(60헌6장). 선거운동의 기회균등 보장과 선거공영제를 골자로 하는, 현행헌법과 같은 선거관리의 장이 추가된 것은 1962년 헌법에서였다(62헌3장4절). 현행헌법은 선거권(헌§24), 피선거권(헌§25), 국회의원선거(선거구·비례대표제·기타)(헌§40③), 대통령선거(헌§67⑤), 선거운동·선거경비(헌§116), 지방의회의원선거·지방자치단체장선임(선거)(헌§118②) 등의 사항을 **법률로 정하도록** 위임

했다. 이에 따라 국정선거(대통령선거·국회의원선거)와 지방선거(지방의회의원선거·지방자치단체장선거)에 대해 규정한 **공직선거법**이 제정되어 있다. 현행 공직선거법은 대통령선거와 지방자치단체장선거의 경우 단순상대다수대표제를, 국회의원선거와 광역지방의회의원선거의 경우 소선거구 상대다수대표제와 정당(고정)명부식 비례대표제의 병립제를, 기초지방의회의원선거의 경우 중선거구(선거구 당 2~4인 선출) 소수대표제와 정당(고정)명부식 비례대표제의 병립제를 각각 채택하고 있다(비례대표의석은 헤어-니마이어[Hare-Niemeyer] 방식에 따라 배분함). **소선거구 상대다수대표제**는 승자독식의 대결구도를 조장하며 사표가 다수 발생한다는 단점은 있으나, 뒤베르제(Duverger)의 법칙이 작용할 경우 안정적 양당제를 촉진하는 장점도 있다. **절대다수대표제와 결합된 결선투표제**를 도입할 경우 훼방출마(spoiler candidacy)의 유인으로 인해 정당분열이 심해질 우려가 있다. **비례대표제**는 득표수와 의석수의 편차를 막고 사표발생을 방지하며, 군소정당·신생정당의 의석확보에 유리할 뿐 아니라, 소선거구제에서 흔히 등장하는 지역구도의 해소에도 도움이 된다. 그러나 극단세력의 원내진출을 가능케 할 뿐 아니라 정당분열을 가속함으로써 대통령제에서 이른바 '분리된 정부'(divided government)의 등장을 조장하며, 정당기속을 극도로 강화함으로써 대통령제 하의 정국교착(deadlock)의 원인이 되기도 한다.

[91] 직업공무원제도와 지방자치제도 보장 복수정당제도가 정당(설립)의 자유(헌§8①)와, 민주선거제도가 선거권(헌§24)·피선거권(헌§25) 및 선거운동의 자유(헌§21①)와 직접 관련을 맺고 있다면, 직업공무원제도(헌§7②)와 지방자치제도(헌8장)는 **독자적인 객관적 제도보장**으로서의 속성이 강하다. 공무원의 신분보장과 정치적 중립성보장을 골자로 하는 **직업공무원제도의 보장**에 관한 규정은, 이승만 정부 시기 경찰권 등 공권력의 정치적 남용에 대한 반성에서, 1960년 헌법에서 경찰중립보장기구 조항(60헌§75②)과 함께 기본권(국가배상청구권) 조항(60헌§27②) 가운데 처음 삽입되었다. 헌법의 위임에 따라 제정된 **국가공무원법**과 **지방공무원법**은 경력직공무원과 특수경력직공무원을 구분하고, 그중 경력직공무원을 일반직공무원과 특정직공무원으로, 특수경력직공무원을 정무직공무원과 별정직공무원으로 각각 구분하고 있다(국공§2·지공§2). 그중 신분보장과 정치적 중립성보장 등 직업공무원제도의 보장은 경력직공무원

에 한해서만 적용된다. 공무원에 대해서는 정치적 중립성보장의 필요에서 정치적 활동에 대한 제한이 광범하게 부과되며(헌§7②), 노동운동·쟁의행위 등 근로3권에 대한 제한도 부과된다(헌§33②). 한편, **지방자치제도의 보장**에 관해 1948년의 건국헌법은 일본국헌법(§§92-94)의 문구를 기본적으로 차용하면서도, 그와 달리 지방자치단체의 모든 기능사항에 대해 '법령의 범위 내'라는 한계를 설정하고(48헌§96) 입법적 형성에서 제도본질에 따른 헌법적 한계('地方自治の本旨'[일헌§92])의 명문화를 배제함으로써(48헌§97), **중앙집권적인 성격이 강한 제한적인 지방자치제도**를 규정했다. 1962년 헌법에서 자치사무 중 자치입법권에 대해서만 '법령의 범위 안'이라는 한계를 설정하고(62헌§109①), '지방자치단체의 장의 선임방법'이라는 문구를 추가한(62헌§110②) 그대로의 내용이 현행헌법에까지 이어지고 있다. 헌법의 위임에 따라 지방자치제도의 기본적 내용을 형성한 법률이 **지방자치법**이다. 현행 지방자치제도가 영미법계의 주민자치(자치고유권설에 입각)에 속하는지 대륙법계의 단체자치(자치위임설에 입각)에 속하는지 논란이 있는데, 기실, 지방자치법과 주민투표법, 주민소환에 관한 법률 등은 **직접민주제 성격의 주민참정권**을 다양하게 규정하고 있어 그 헌법적 한계 여하가 문제되고 있다.

[92] 대학자치제도·혼인가족제도·사유재산제도 현행헌법의 대학자치제도(헌§31④), 혼인·가족제도(헌§36①), 사유재산제도(헌§23①) 등은 **제도보장과 기본권의 보장이 병존**하는 경우로 볼 수 있다. 헌법상 교육제도의 보장과 관련하여, **교육제도법정주의**는 1948년 헌법에 이미 규정되었으나(48헌§16②), 교육의 자주성과 정치적 중립성보장은 1962년 헌법에서 신설되었고(62헌§27④)(1948년 헌법의 교육기관에 대한 국가감독 규정 삭제), 교육의 전문성보장 및 평생교육·교육재정·교원지위 등 법정주의는 1980년 헌법에서 신설되었으며(80헌§29④⑥), **대학의 자율성보장**은 현행 1987년 헌법에서 신설되었다(87헌§31④). **혼인·가족제도의 보장**은 1948년 헌법에서 바이마르헌법(§119)을 본떠 "남녀동권을 기본으로 한 혼인의 순결과 가족의 건강에 대한 국가의 특별한 보호"라고 규정했던 것이(48헌§31) 1962년 헌법에서 "혼인의 순결과 보건에 관한 국가의 보호"로 축약되었다가(62헌§31), 1980년 헌법에서 일본국헌법(§24②)을 본떠 현행헌법과 같이 "개인의 존엄과 양성의 평등"이라는 문구가 추가되었다(80헌§34①), **사유재산제**

도의 보장은 바이마르헌법(§153)을 본뜬 1948년 헌법의 규정(48헌§15①)이 현행헌법까지 계속 유지(87헌§23①)된 것이다.

II.

[93] 정당제 민주주의와 정당특권 현행헌법은 제8조의 정당조항을 두어 정당국가적 민주주의를 수용하고 있으며, 헌법재판소도 '정당제 민주주의'를 논거로 정당특권(정당에 대한 차별적 우대)을 대체로 용인하는 태도(단, 무소속 후보자에 대한 기탁금 액수의 차별을 헌법에 위반되는 것으로 선언한 비교적 초기의 결정[88헌가6]은 그 예외임)를 취하고 있다. 즉, 정당의 본질적 기능과 그 통상적 활동을 보장하기 위한 차별(96헌마9등·96헌마18등·96헌마99·2000헌마193)은 물론, 정치자금에 있어서의 우대(96헌마85)도 정당제 민주주의의 원칙상 당연히 허용된다는 것이다. 기실, 1인1표제 비례대표의석 배분방식이 헌법에 위반된다는 결정(2000헌마91등)도(앞 [70] 참조), 정당에 대한 국민의 지지를 선거에서 직접 표현할 수 있는 길(1인2표제 배분방식)을 열어주도록 함으로써, 결과적으로는 정당의 위상을 강화하는 정치적 효과를 낳은 것이었다. 또, 헌법재판소는 비례대표국회의원·비례대표지방의회의원 당선인의 선거범죄로 인한 결원에 대해, 차 순위 후보자의 의석 승계를 인정하지 않는 것은 대의제 민주주의(및 자기책임의 원리)에 부합되지 않는다고 결정(2009헌마350등·2007헌마40)했는데(임기만료일 전 180일 이내에 비례대표국회의원에 궐원이 생긴 때 의석 승계를 인정하지 않는 것도 마찬가지로 대의제 민주주의에 위배된다고 봄[2008헌마413]), 정당에 대한 선거권자의 정치적 지지를 (소속 의원당선인의 선거범죄에도 불구하고) 관철시킨 점에서, 마찬가지로 정당제 민주주의가 지향하는바 정당의 위상을 강화하는 정치적 효과를 낳은 셈이 되었다.

헌재 1989. 9. 8. 88헌가6 : "헌법 제8조에 규정한 정당의 보호규정은 무소속 입후보자의 기회균등을 보장하는 헌법규정을 부정하는 상반된 뜻은 아니다. … 아무리 정당국가적인 민주주의라고 하지만 무소속 입후보를 완전히 봉쇄하거나 차별대우를 하는 (것은) … 아직까지 민주적인 정당정치제도가 국민 속에 뿌리내려 확립되지 못한 상황 … 정당설립과 정당가입이 자유스럽지 못한 이러한 면에서 볼 때 … 헌법이 국민 누구에게나 보장한 입후보의 자유와 기회균등의 원칙에 반한다. 정당의 후보자는 정당에 대한 국가의 배려로 인하여 비정당원보다 정치적으로 우월한 지위에 있고 정당추천 후보자는 선거법의 여러 규정에 의해 제도적으로 무소속 후보자보다 모든 면에서 훨씬 유리한 조건에서 선거에 참여하고 있다.

… 더 나아가 정당공천자보다 무소속 후보자에게 2배의 기탁금을 요구하고 있는 것은 … 평등선거원칙에 반하고 헌법 제11조의 평등보호규정에 위배된다."

헌재 1996. 3. 28. 96헌마9등 : "우리 헌법은 평등선거의 원칙(제41조 제1항, 제67조 제1항)을 규정하는 동시에 … 선거운동의 기회균등 보장(제116조 제1항)을 별도로 명문화하고 있다. 한편 우리 헌법은 정당제 민주주의를 바탕으로 하여 정당설립의 자유를 규정함으로써(제8조 제1항) 정당활동의 자유를 포함한 정당의 자유를 광범위하게 보장하고 있으며, 이에 따라 정당법은 '정당은 헌법과 법률에 의하여 활동의 자유를 가진다.'(제30조)고 규정함으로써 이를 구체화하고 있다. 그러므로 … 정당제도와 관련하여 정당의 본질적 기능과 기본적 활동을 보장하기 위한 합리적이고 상대적인 차별은 허용된다 할 것이다. … 정당 후보자에게 무소속 후보자보다 우선순위의 기호를 부여하는 것 … 정당에게만 선거대책기구를 설치할 수 있도록 허용하고 있는 것 … (무소속 후보자에) 선거운동용 신분증명서 등의 발급을 금지한 것 … 등은 평등권 등을 침해한다고 할 수 없다."

헌재 1996. 3. 28. 96헌마18등 : "정치적 결사로서의 정당은 국민의 정치적 의사를 적극적으로 형성하고 각계각층의 이익을 대변하며, 정부를 비판하고 정책적 대안을 제시할 뿐만 아니라, 국민 일반이 정치나 국가작용에 영향력을 행사하는 매개체의 역할을 수행하는 등 현대의 대의제 민주주의에 없어서는 안 될 중요한 공적 기능을 수행하고 있으므로, 그 설립과 활동의 자유가 보장(되)고(헌법 제8조 제1항) 국가의 보호를 받는다(같은 조 제3항). 따라서 정당의 통상적인 활동은 선거운동으로 보지 아니하고(법 제58조 제1항) 법 제141조 내지 143조에 규정된 정당의 각종 집회는 모두 정당이 그 조직을 유지·정비하고 당원의 교육·연수 등을 통하여 정치적 결사로서의 목적을 달성하기 위하여 행하는 정당내부적 활동으로서 통상적인 정당활동의 전형적 유형에 불과하다고 보여진다."

헌재 1996. 8. 29. 96헌마99 : "우리 헌법은 정당제 민주주의를 채택하여 … 정당이 그 목적을 달성하기 위하여 행하는 고유한 기능과 통상적인 활동은 선거에 있어서도 보장되어야 하며 따라서 그로 인하여 무소속 후보자와 정당 후보자 간에 차별이 생긴다 하더라도 그것은 불합리한 차별이라고 할 수 없다. … 정당이 후보자를 추천하는 행위에는 정치적 의사나 이해를 집약한 정강정책을 후보자를 통하여 제시하는 의미가 포함되어 있다고 할 것이므로, 무소속 후보자의 경우와 같이 선거권자의 추천을 따로 받을 필요가 없다고 할 것이다. … 정당의 당원교육은 정당이 그 목적을 달성하기 위하여 행하는 정당내부의 기본적·통상적 활동으로서 … 선거기간개시일 전에 정당의 당원교육을 허용한 것이 자의적인 입법이라고 할 수 없다. … 선거기간 중은 물론 선거기간 전이라도 … 정당이 당사에 선전물을 설치하는 것은 정당의 통상적 활동이라고 할 것이므로 불합리한 차별이라고 할 수 없다."

헌재 2001. 10. 25. 2000헌마193 : "통상적인 정당활동은 정당이 그 목적을 달성하기 위하여 행하는 당원의 모집, 정책의 개발·보급, 당원교육 등 선거 시기에 관계없이 정당이 존속하는 한 지속적으로 추진하여야 하는 정당 본연의 활동으로서, 위에서 살펴본 우리 헌법상의 정당제 민주주의 관련 조항과 정당의 중요한 공적 기능에 비추어 볼 때 이를 법에서 특히 따로 명시하지 아니하더라도 원칙적으로 자유로이 허용되는 것으로 보아야 한다. 그러므로 공선법 제58조 제1항 단서 제4호가 통상적인 정당활동을 선거운동에서 제외함으로써 무소속 후보자와 정당 후보자간에 차별이 생긴다 하더라도 그것을 불합리한 차별로서 청구인의 평등권을 침해한다고는 볼 수 없(다)."

헌재 1997. 5. 29. 96헌마85 : "우리 헌법은 정당제 민주주의에 바탕을 두고 … 정당을 일반결사에 비하여 특별히 두텁게 보호하고 있다. 헌법의 정당에 대한 위와 같은 보호는 정당이 … 국민의 정치적 의사형성에 참여함을 목적으로 하는 국민의 자발적 조직으로서 … 중요한 공적 기능을 수행하기 때문인 것이며 그와 같은 정당의 기능에 상응하는 지위와 권한을 보장하고자 하는 헌법정신의 표현 … 정치자금법이 제11조 제1항에서 정당으로 하여금 개인·법인 또는 단체로부터 기탁금을 받을 수 있도록 하고 또 제17조에서 정당에 대한 보조금을 예산에 계상하여 지급하도록 규정함으로써, 정당이나 정당소속 입후보자가 보호를 받고 상대적으로 무소속 입후보자가 불리한 차별을 받게 된다 하더라도, 이는 우리 헌법이 정당제 민주주의를 채택하고 정당에 대하여 특별한 보호를 하도록 한 헌법정신에 따른 것으로 합리적 차별로서 허용되는 것이므로 이를 두고 헌법상 평등원칙에 위배되는 것이라 할 수 없다."

헌재 2009. 10. 29. 2009헌마350등 : "현행 비례대표국회의원 선거에서 선거권자들의 정치적 의사표명에 의하여 직접 결정되는 것은, 특정의 비례대표국회의원후보자를 비례대표국회의원으로 선출하는 것이 아니라, 비례대표국회의원 후보자명부를 제시한 정당별로 할당될 비례대표국회의원의 수를 배정하는 것이라고 할 수 있다. 그런데 심판대상조항은 선거범죄를 범한 비례대표국회의원 당선인 본인의 의원직 박탈로 그치지 아니하고 그로 인하여 궐원된 의석의 승계를 인정하지 아니함으로써 결과적으로 그 정당에 비례대표국회의원의석을 할당받도록 한 선거권자들의 정치적 의사표명을 무시하고 왜곡하는 결과가 된다. 또한, 당선인이 선거범죄로 당선이 무효로 된 경우를 일반적 궐원 사유인 당선인의 사직 또는 퇴직 등의 경우와 달리 취급하여야 할 합리적인 이유가 있다고 보기도 어렵다. 따라서 심판대상조항은 선거권자의 의사를 무시하고 왜곡하는 결과를 초래한다는 점에서 헌법의 기본원리인 대의제 민주주의 원리에 부합되지 않는다고 할 것이다."

헌재 2009. 6. 25. 2007헌마40 : "공직선거법은 비례대표지방의회의원선거에 있어 … 순위가 처음부터 정당에 의하여 고정적으로 결정되는 이른바 고정명부식 비례대표제를 택하고 있고 … 비례대표지방의회의원의석의 할당은 … 정당의 득표비율에 따라 이루어지도록 되어 규정하고 있으므로, 결국 선거에 참여한 선거권자들의 정치적 의사표명에 의하여 직접 결정되는 것은, 어떠한 비례대표지방의회의원후보자가 비례대표지방의회의원으로 선출되느냐의 문제라기보다는, 비례대표지방의회의원의석을 할당받을 정당에 배분되는 비례대표지방의회의원의 의석수라고 할 수 있다. 그런데 심판대상조항은 선거범죄를 범한 비례대표지방의회의원 당선인 본인의 의원직 박탈로 그치지 아니하고, 그로 인하여 궐원된 비례대표지방의회의원의석에 대하여 소속정당의 비례대표지방의회의원 후보자명부에 의한 의석 승계를 인정하지 아니함으로써, 결과적으로 그 정당에 비례대표지방의회의원의석을 할당받도록 한 선거권자들의 정치적 의사표명을 무시하고 왜곡하는 결과가 된다. 이는 … 대의제 민주주의의를 근간으로 하는 우리 법체계하에서는 원칙적으로 용인되기 어려운 것이다."

[94] 자유위임과 정당기속 일찍이 헌법재판소는 전국구(비례대표)국회의원이 탈당한 경우에도 자유위임의 원칙상 당연히 국회의원직을 상실하지는 않는다고 설시했는데, 이중에는 '헌법'이 규정한 자유위임의 대원칙(헌§7①·§45·§46②)을 '법률' 수준에서 변경하여 별도의 법률규정으로써 그 의원직을 상실시킬 수 있다는 논지가 포함되었다(92헌마153). 1994. 3. 16.「공직선거 및 선거부정방지법」 개정으로 전국구(비례대표)국회의원의 당적 이탈·변경은 의원직 상실 사유가 되었는데(공선§192④), 이는 정확히 위 헌법재판소 결정의 논지에 부합하는 바로서, 결과적으로는 대의제 민주주의의 자유위임을 법률로써 수정하여 정당제 민주주의의 요청을 구현한 셈이 되었다. 즉, 헌법재판소는 의식적이든 무의식적이든, 외형상으로는 대의제 민주주의(2009헌마350·2007헌마40)나 자유위임의 원칙(92헌마153)을 내세우면서도, 실질적으로는 정당제 민주주의의 실현을 촉진하는 결정을 내리고 있는 것이다. 나아가 헌법재판소는 국회의원직의 상실에 이르지 않고 소속 상임위원회를 변경시키는 데 그치는 조치라면, 정당기속을 용인하는 강제위임관계(당론강제)가 대의제의 무기속·자유위임원칙에 우선한다는 점을 정면으로 인정한다(2002헌라1)(앞 [71] 참조). 요컨대 헌법재판소는 직접적으로 혹은 간접적으로라도 대단히 정당우호적인 태도를 견지하고 있는 것으로 판단된다. 그러나 정당기속을 적극 용인하고 나아가 이를 촉진하는 헌법재판소의 이러한 일련의 결정이 우리의 대통령제 정부형태 및 소선거구 상대다수대표제 선거제도와 과연 조화될 수 있는지는 의문이다.

헌재 1994. 4. 28. 92헌마153 : "국회의원의 법적인 지위 특히 전국구의원이 그를 공천한 정당을 탈당한 때 국회의원직을 상실하는 여부는 그 나라의 헌법과 국회의원선거법 등의 법규정 즉, 법제에 의하여 결정되는 문제이다. 즉, 국회의원의 법적 지위 특히 전국구의원이 그를 공천한 정당을 탈당할 때 의원직을 상실하는 여부는 그 나라의 헌법과 법률이 국회의원을 이른바 자유위임(또는 무기속위임)하에 두었는가, 명령적 위임(또는 기속위임)하에 두었는가, 양 제도를 병존하게 하였는가에 달려있다. … 자유위임하의 국회의원의 지위는 그 의원직을 얻은 방법 즉 전국구로 얻었는가, 지역구로 얻었는가에 의하여 차이가 없으며, 전국구의원도 그를 공천한 정당을 탈당하였다고 하여도 별도의 법률 규정이 있는 경우는 별론으로 하고 당연히 국회의원직을 상실하지는 않는다는 것이다. … 헌법 제7조 제1항 … 제45

조 … 제46조 제2항 … 규정들을 종합하여 볼 때, 헌법은 국회의원을 자유위임의 원칙하에 두었다고 할 것 … 따라서 별도의 법률규정이 있는 경우는 별론으로 하고, 전국구의원이 그를 공천한 소속정당을 탈당하였다 하여 의원직을 상실하지는 않는다고 할 것이다."

헌재 2003. 10. 30. 2002헌라1 : "정당은 국민과 국가의 중개자로서 정치적 도관(導管)의 기능을 수행하여 주체적·능동적으로 국민의 … 정치적 의사를 형성하고 있다. … 자유위임은 … 당내민주주의를 구현하고 정당의 독재화 또는 과두화를 막아주는 순기능을 갖는다. 그러나 자유위임은 의회 내에서의 정치의사형성에 정당의 협력을 배척하는 것이 아니며, 의원이 정당과 교섭단체의 지시에 기속되는 것을 배제하는 근거가 되는 것도 아니다. [재판관 권성의 반대의견] 오늘날 … 국회의원의 국민대표성이 정당국가적 현실에 의하여 사실상 변질되고 의원의 정당에의 예속이 일반적인 경향이라고 하더라도, 이러한 현상이 … 대의제 민주주의 원리를 부정하고 그 틀을 뛰어 넘는 원칙의 변화를 의미한다면 이것은 결단코 용납될 수 없는 일이다. … 양자의 이념이 충돌하는 경우에는 자유위임을 근본으로 하는 대의제 민주주의 원리를 우선시켜야만 한다. … 국회의원은 한 정당의 대표만이 아니므로 전체국민의 이익을 희생시키지 않는 범위 내에서만 소속정당의 정책과 결정에 기속된다고 보아야 하고, 따라서 이 사건의 경우 '정당기속' … 보다는 자유위임관계가 우선하는 효력이 있다."

[95] 정당의 자유 보장과 정당개념 현행헌법 제8조의 정당조항을 해석함에 있어 헌법재판소는 ① 동조 제1항은 기본권으로서 **정당설립의 자유**(헌법 제21조 제1항 결사의 자유의 특별규정으로 우선 적용됨)와 그 법적 산물로서 **복수정당제**를 제도적으로 보장한 것인데, ② 여기서 정당설립의 자유란 순수한 정당설립의 자유 외에 **정당조직**(조직형식·법형식 선택 등)의 자유, **정당해산·합당·분당**의 자유, **정당존속·정당활동**(정당가입·불가입·탈퇴 등)의 자유, **정당명칭사용**의 자유까지 포함하는 의미로서, ③ 개인으로서의 국민뿐 아니라 단체로서의 정당, 나아가 권리능력 없는 사단의 실체를 가진 **미등록정당**도 그 주체가 될 수 있다고 보며, ④ 동조 제2항은 정당의 헌법적 과제를 민주적 내부질서를 통해 이행하는 데 필요한 **입법의 의무**를 부과함으로써, 정당의 자유에 대한 한계를 규정한 것이라고 본다(99헌마135·2004헌마456·2004헌마246·2012헌마431등). 정당법은 **정당의 개념**을 "국민의 이익을 위하여 책임 있는 정치적 주장이나 정책을 추진하고, 공직선거의 후보자를 추천 또는 지지함으로써, 국민의 정치적 의사형성에 참여함을 목적으로 하는 국민의 자발적 조직"이라고 정의하고 있다(정당 §2). 정당의 법적 성격에 대해서는 이를 헌법기관 내지 국가기관으로 파악하는 견해도 있으나, 헌법재판소는 국민과 국가 사이에서 정치적 도관(導管)의 기능을 수

행하는 **중개자**(2002헌라1) 내지 국민 개개인과 국가 공권력 사이의 **매개체**로서(91헌마21·96헌마18등), **그 법적 형태는 법인격 없는 사단**에 해당하는 것으로 **본다**(92헌마262).

헌재 1999. 12. 23. 99헌마135 : "정당에 관한 한, 헌법 제8조는 일반결사에 관한 헌법 제21조에 대한 특별규정이므로, 정당의 자유에 관하여는 헌법 제8조 제1항이 우선적으로 적용된다. … 헌법 제8조는 제1항에서 … 정당을 설립할 권리를 국민의 기본권으로서 보장하면서, 아울러 정당설립의 자유를 보장한 것의 당연한 법적 산물인 복수정당제를 제도적으로 보장하고 있다. … 정당설립의 자유만이 아니라 … 정당에 가입하고 정당으로부터 탈퇴할 수 있는 자유를 함께 보장한다. 정당의 설립만이 보장될 뿐 설립된 정당이 언제든지 다시 금지될 수 있거나 정당의 활동이 임의로 제한될 수 있다면, 정당설립의 자유는 사실상 아무런 의미가 없기 때문이다. 따라서 정당설립의 자유는 당연히 정당의 존속과 정당활동의 자유도 보장한다. … 헌법은 제8조 제2항에서 … 헌법상 부여된 정당의 과제와 기능을 '국민의 정치적 의사형성에의 참여'로 규정하면서, 입법자에게 정당이 헌법상 부여된 과제를 민주적인 내부질서를 통하여 이행할 수 있도록 그에 필요한 입법을 해야 할 의무를 부과하고 있다."

헌재 2004. 12. 16. 2004헌마456 : "헌법 제8조 제1항이 명시하는 정당설립의 자유는 설립할 정당의 조직형태를 어떠한 내용으로 할 것인가에 관한 정당조직 선택의 자유 및 그와 같이 선택된 조직을 결성할 자유를 포함한다. 정당조직의 자유는 정당설립의 자유에 개념적으로 포괄 … 헌법 제8조 제1항은 정당활동의 자유도 보장한다. … 헌법 제8조 제1항은 정당설립의 자유, 정당조직의 자유, 정당활동의 자유 등을 포괄하는 정당의 자유를 보장하고 있다. 이러한 정당의 자유는 국민이 개인적으로 갖는 기본권일 뿐만 아니라, 단체로서의 정당이 가지는 기본권이기도 하다. … 헌법 제8조 제2항은 … 헌법 제8조 제1항에 의하여 정당의 자유가 보장됨을 전제로 하여, 그러한 자유를 누리는 정당의 목적·조직·활동이 민주적이어야 한다는 요청, 그리고 그 조직이 국민의 정치적 의사형성에 참여하는 데 필요한 조직이어야 한다는 요청을 내용으로 하는 것으로서 정당에 대하여 정당의 자유의 한계를 부과한 것이다. … 헌법 제8조 제2항이 정당조직의 자유를 직접적으로 규정한 것이라고 보기는 어렵다."

헌재 2006. 3. 30. 2004헌마246 : "사회당은 등록이 취소된 이후에도 '등록정당'에 준하는 '권리능력 없는 사단'으로서의 실질을 유지하고 있다고 볼 수 있으므로 이 사건 헌법소원의 청구인능력을 인정할 수 있다. … 정당설립의 자유는 그 성질상 등록된 정당에게만 인정되는 기본권이 아니라 청구인과 같이 등록정당은 아니지만 권리능력 없는 사단의 실체를 가지고 있는 정당에게도 인정되는 기본권 … 정당의 자유의 주체는 정당을 설립하려는 개개인과 이를 통해 조직된 정당 모두에게 인정되는 것이다. 구체적으로 정당의 자유는 개개인의 자유로운 정당설립 및 정당가입의 자유, 조직형식 내지 법형식 선택의 자유를 포함한다. 또한 정당설립의 자유는 설립에 대응하는 정당해산의 자유, 합당의 자유, 분당의 자유도 포함한다. 뿐만 아니라 정당설립의 자유는 개인이 정당 일반 또는 특정 정당에 가입하지 아니할 자유, 가입했던 정당으로부터 탈퇴할 자유 등 소극적 자유도 포함한다."

헌재 2014. 1. 28. 2012헌마431등 : "정당설립의 자유는 헌법 제8조 제1항 전단에 규정되어 있지만, 국민 개인과 정당 그리고 '권리능력 없는 사단'의 실체를 가지고 있는 등록취소된 정당에게 인정되는 '기본권'이다. 이 사건 심판대상조항들에 의해 제한되는 기본권은 헌법 제21조 제1항의 '결사의 자유'의 특별규정으로서 헌법 제8조 제1항 전단의 '정당설립의 자유'이다. … 정당의 명칭은 그 정당의 정책과 정치적 신념을 나타내는 대표적인 표지에 해당하므로, 정당설립의 자유는 자신들이 원하는 명칭을 사용하여 정당을 설립하거나 정당활동을 할 자유도 포함한다고 할 것이다. … 오늘날 대의민주주의에서 차지하는 정당의 이러한 의의와 기능을 고려하여, 헌법은 정당설립의 자유를 일반적인 결사의 자유로부터 분리하여 제8조 제1항에 독자적으로 규율함으로써 정당설립의 자유의 특별한 의미를 강조하고 있다. 헌법 제8조 제1항은 … 정당을 설립할 권리를 기본권으로서 보장하면서, 아울러 정당설립의 자유를 보장한 것의 당연한 법적 산물인 복수정당제를 제도적으로 보장하고 있다."

헌재 1993. 7. 29. 92헌마262 : "정당의 지구당의 부위원장이 그 지구당 소유물에 관한 재물손괴죄 … 의 피해자로서 그 범죄에 대한 불기소처분에 관하여 헌법소원을 제기할 수 있는 청구인적격이 있는지 여부 … 정당의 법적 지위는 적어도 그 소유재산의 귀속관계에 있어서는 법인격 없는 사단(社團)으로 보아야 하고 … 정당의 지구당은 단순한 중앙당의 하부조직이 아니라 어느 정도의 독자성을 가진 단체로서 역시 법인격 없는 사단에 해당한다고 보아야 할 것이다. 그런데 민법은 법인이 아닌 사단의 재산은 그 구성원의 총유(總有)로 보고, 그 구성원은 정관 기타 규약에 좇아 총유물을 사용·수익할 수 있다고 규정 … 청구인은 그 지구당의 당원일 뿐만 아니라, 부위원장으로서 … (10개) 플래카드의 총유자 중 1인 … 으로서, 그 물건에 대한 재물손괴죄가 성립하는 경우에는 그 피해자에 해당한다고 볼 수 있다."

[96] 정당 조직형식의 선택과 입법재량 2004. 3. 12. 개정된 정당법은 종래 한국 정당정치의 고질적 병폐였던 고비용 저효율의 정당구조를 개선하기 위해 **지구당과 당 연락소를 강제 폐지했다**(정당§3). 헌법재판소는 '대중조직적 정당모델'(상설 지구당 중심)이냐 '선거전문가 정당모델'(비 상설 선거사무소 중심)이냐는 **입법자가 선택의 재량**을 갖는 당·부당의 문제일 뿐이므로, 이러한 법 개정이 정당조직·정당활동의 자유를 침해하지 않는다고 결정(수단의 적정성 완화 판단)했다(2004헌마456). 하지만 헌법재판소도 지적했듯이 그러한 선택의 재량이 '헌법의 테두리 안에서' 행사되어야 하는 것이라면(2004헌마456), 대중조직적 정당모델(강력한 규율, 견고한 조직의 이념정당·계급정당)이 유럽형 의원내각제 정부형태와, 선거전문가 정당모델(느슨한 규율, 연성 조직의 선거정당)이 미국형 대통령제 정부형태와 각각 친화성을 갖는 이상, 입법자는 현행헌법의 대통령제 정부형태를 감안한 '제한된' 재량권만을 갖는다고 보아야 한다(가령, 상설의 지구당 설치 강제는 위헌 소지가 있음). 그런데 헌법재판소는 당원

협의회 사무소의 설치를 금지한 정당법 규정(정당§37③)에 대해, 마찬가지로 '대중정당'이냐 '원내정당 또는 정책정당'이냐는 입법자의 선택 재량의 문제일 뿐이라고 보아, 그것이 정당활동의 자유를 침해하지 않는다고 결정했다(2013헌가22).

헌재 2004. 12. 16. 2004헌마456 : "이 사건 법률조항들은 정당의 조직 중 기존의 지구당과 당 연락소를 강제적으로 폐지하고 (있다). … 그러므로 이 사건 법률조항은 정당조직의 자유와 정당활동의 자유를 포함한 청구인들의 정당의 자유를 제한하고 있다. … 지구당이나 당 연락소는 정당의 핵심적 기능을 민주적으로 수행하는 데 매우 효과적인 존재 … 지구당이 없다고 하더라도 정당은 국민의 정치적 의사형성에 참여하여 핵심적 기능과 임무를 수행할 수 있다. 따라서 … 정당의 자유의 본질적 내용을 침해한다고는 할 수 없다. … 이 사건 법률조항들은 '고비용 저효율의 정당구조를 개선함'을 그 입법목적(은) … 그 정당성을 인정할 수 있다. … 대중조직적 정당모델을 이상적인 정당형태로 보는 입장에서는 지구당 중심으로 정당을 운영 … 포괄적 선거전문가 정당모델을 이상적인 정당형태로 보는 입장에서는 … 선거를 중심으로 한 후보자 사무실을 개설 … 지구당을 강화할 것인가의 여부에 관한 선택은 법적인 문제라기보다는 헌법의 테두리 안에서 입법자가 합목적적으로 판단할 문제로서 헌법의 테두리를 벗어나지 않는 한 그 선택의 재량을 갖는다. … 지구당을 폐지 … 당·부당의 문제에 그치고 합헌·위헌의 문제로까지 되는 것은 아니므로 … 수단의 적정성이 있는가 하는 것을 판단함에 있어서는 상대적으로 완화된 심사기준에 의(한다). … 한국 정당정치의 현실 … 고비용 저효율의 병폐는 지구당이라는 정당조직에 너무나 뿌리 깊게 고착화(된) 구조적인 문제 … 보다 완화된 방법만을 채용하여서는 이러한 문제점을 해결할 수 없다는 것 … 정당은 그 자유로운 지위와 함께 '공공(公共)의 지위'를 함께 가지므로 바람직한 정당제도의 실현이라는 공익을 위하여 일정한 제한을 받게 (된다)."

헌재 2016. 3. 31. 2013헌가22 : "심판대상조항은 정당의 조직 중 시·도당의 하부조직에 속하는 국회의원지역구나 자치구·시·군, 읍·면·동별로 당원협의회를 설치할 수는 있으나 그 활동을 위한 공간적 거점인 사무소 등을 일체 둘 수 없도록 함으로써 정당의 자유 중 정당활동의 자유를 제한하고 있다. … 대중정당을 이상적인 정당형태로 보는 입장에서는 … 정당 하부조직을 중심으로 정당을 운영 … 원내정당 또는 정책정당을 이상적인 정당형태로 보는 입장에서는 … 원외정당의 조직과 역할을 축소하여 정당조직의 경량화를 주장 … 대중정당을 지향할 것인지, 원내정당을 강화할 것인지 여부에 관한 선택은 법적인 문제라기보다는 헌법의 테두리 안에서 입법자가 합목적적으로 판단할 문제로서, 헌법의 테두리를 벗어나지 않는 한 그 선택의 재량을 갖는다고 할 수 있다. 따라서 가사 지구당을 폐지하거나 당원협의회 사무소 설치를 금지하여 정당조직을 경량화 함으로써 대중정당적인 성격이 줄어드는 결과가 발생한다 하더라도 그것이 헌법의 테두리를 벗어나지 않는 한, 이는 당·부당의 문제에 그치고 합헌·위헌의 문제로까지 되는 것은 아니므로, 그 구체적인 선택의 당부를 엄격하게 판단하여 위헌 여부를 가릴 일은 아니다."

[97] 정당 등록요건규정과 입법재량 정당법은 정당의 등록요건으로서, 수도에 소재하는 중앙당과 특별시·광역시·도에 각각 소재하는 시·도당으로 구성하되(정당§3), 중앙당 외에 5 이상의 시·도당을 가질 것(정당§17), 시·도당은 관할구역 안에 주소를 둔 1,000인 이상의 당원을 가질 것(정당§18)을 규정했다. 이 요건을 구비하지 못하게 되었을 경우 선거관리위원회는 정당의 등록을 취소한다(정당§44①1호). 그 밖에 정당법은 정당에 대의기관·집행기관과 의원총회(소속 국회의원이 있는 경우)를 둘 것을(정당§29①), 중앙당에 예산결산위원회(정당§29②)를 둘 것을, 국고보조금 지급대상 정당에는 정책연구소(정당§39①)를 둘 것을, 정당의 창당준비위원회는 중앙당의 경우 200명 이상의, 시·도당의 경우 100명 이상의 발기인으로 구성할 것(정당§6)을 각각 규정했다. 헌법재판소는 정당법의 법정 시·도당 수 및 시·도당의 법정 당원 수 요건(정당§17·§18)이 정당설립의 자유를 침해하는지 여부에 대해, 독일 「정당법」(§2①ParteienG)을 근거로 '상당한 기간 또는 계속해서' '상당한 지역에서'라는 정당의 개념지표를 추가 설정하고, 그러한 개념지표의 구체화는 입법자의 재량영역에 속하는 것으로 보아 완화된 심사기준(목적의 정당성 여부와 수단의 합리적 비례관계 여부 판단)을 채택한 후, 정당법의 등록요건은 군소정당·지역정당의 배제라는 정당한 입법목적을 추구하는 합리적인 제한이라고 결론지었다(2004헌마246). 그러나 대통령제 정부형태와 소선거구 상대다수대표제 선거제도를 채택한 우리의 경우, (의원내각제 정부형태와 완전 비례대표제를 채택한) 독일과 비교하여 군소정당 통제의 필요성은 훨씬 덜하다(앞 [90] 참조). 그럼에도 독일기본법 및 독일 정당법 어디에서도 찾아볼 수 없는 과도한 시·도당 수 및 당원 수 요건을 설정했다는 점에서, 헌법재판소의 합헌 논지에는 비판의 소지가 있다. '원외'에서 정당등록 요건을 엄격히 통제한다고 해서 과연 헌법재판소의 예측처럼 '원내'에서 다수세력이 확보될 수 있을지 의문이며, 의회 내 다수세력의 확보가 우리 대통령제 정부형태에서 정치안정에 반드시 긍정적인 요소로 작용하는지도 의문이다(가령, 정당규율이 강력한 상황에서 '분리된 정부'가 형성될 경우 의회 내 '불안정 다수세력'은 정국교착을 초래함). 뿐만 아니라, 우리 정치현실의 지역 구도를 감안할 때 '5 이상의 시·도당' 요건은 특정 지역의 차별적 우위를 온존할 우려도 있다(영남지역만 5개 광역시·도를 포괄함).

헌재 2006. 3. 30. 2004헌마246 : "헌법은 제8조 제2항 … 규정하고 있고, 정당법 제2조는 … 규정하고 있다. … 정당은 정당법 제2조에 의한 정당의 개념표지 외에 예컨대 독일의 정당법(제2조)이 규정하고 있는 바와 같이 '상당한 기간 또는 계속해서' '상당한 지역에서' 국민의 정치적 의사형성에 참여해야 한다는 개념표지가 요청된다고 할 것이다. … (그러한) 개념표지를 법률규정을 통해 구체화하는 것은 원칙적으로 입법자의 재량영역에 속한 것 … 심사기준은 우선 그 입법목적이 헌법상 입법자가 추구할 수 있는 정당한 목적인지 여부에 대한 판단과, 그러한 입법목적의 달성을 위하여 이 사건 법률조항이 취하고 있는 수단이 합리적인 비례관계를 유지하고 있는지 여부라고 할 것이다. … 우리 헌법의 대의민주적 기본질서가 제 기능을 수행하기 위해서는 의회 내의 안정된 다수세력의 확보를 필요로 한다는 점에서, 군소정당의 배제는 그 목적의 정당성이 인정될 수 있다. … 지역적 연고에 지나치게 의존하는 정당정치풍토가 우리의 정치현실에서 자주 문제시되고 있다는 점에서 볼 때, 단지 특정지역의 정치적 의사만을 반영하려는 지역정당을 배제하려는 취지가 헌법적 정당성에 어긋난 입법목적이라고 단정하기는 어렵다. … 전국 정당으로서의 기능 및 위상을 충실히 하기 위해서 5개의 시·도당을 구성하는 것이 필요하다고 본 입법자의 판단이 자의적이라고 볼 수 없고, 각 시·도당 내에 1,000명 이상의 당원을 요구하는 것도 우리나라 전체 및 각 시·도의 인구를 고려해 볼 때, 청구인과 같은 군소정당 또는 신생정당이라 하더라도 과도한 부담이라고 할 수 없다. … '상당한 기간 또는 계속해서' '상당한 지역에서' 국민의 정치적 의사형성 과정에 참여해야 한다는 정당의 개념표지를 구현하기 위한 합리적인 제한이라고 할 것."

[98] 정당 등록취소규정에 대한 엄격심사 정당법은 시·도당 수 및 당원 수 요건을 구비하지 못한 경우 외에(앞 [97] 참조), "최근 4년간 임기만료에 의한 국회의원선거 또는 임기만료에 의한 지방자치단체의 장선거나 시·도의회의원선거에 참여하지 아니한 때" 및 "임기만료에 의한 국회의원선거에 참여하여 의석을 얻지 못하고 유효투표총수의 100분의 2 이상을 득표하지 못한 때"에도 정당의 등록을 취소하도록 했다(정당 §44①2호·3호). 이중 후자(제3호)의 등록취소사유에 대해 헌법소원심판이 두 번 청구되었는데, 헌법재판소는 첫 번째는 등록취소규정의 직접성 요건 결여를 이유로 각하 결정을 내렸으며(2004헌마562)(앞 [12] 참조), 두 번째는 정당관련 헌법·법률 규정과 정당의 중요성을 근거로 엄격한 심사기준을 적용하여 정당설립의 자유 침해(덜 제한적인 대안이 존재함)라는 결정을 내렸다(2012헌마431등). 참고로 캐나다대법원은 '50개 이상의 선거구에서 입후보자를 낼 것'이라는 정당등록요건을 규정한 선거법에 대해 '국민이 선거과정에서 유의미한 역할을 수행할 권리'(the right of each citizen to play a meaningful role in the electoral process)를 침해했다는 이유로 위헌이라 판시한 바 있다(Figueroa v. Canada[2003]).

헌재 2014. 1. 28. 2012헌마431등 : "정당은 국민의 정치적 의사형성의 담당자이며 매개자이자 민주주의에 있어서 필수불가결한 요소이기 때문에, 정당의 자유로운 설립과 활동은 민주주의 실현의 전제조건이라고 할 수 있다. 오늘날 대의민주주의에서 차지하는 정당의 이러한 의의와 기능을 고려하여, 헌법은 정당설립의 자유를 일반적인 결사의 자유로부터 분리하여 제8조 제1항에 독자적으로 규율함으로써 정당설립의 자유의 특별한 의미를 강조하고 있다. … 정당관련 헌법과 법률의 규정과 정당의 중요성을 참작하여 볼 때, 한편으로 입법자는 정당설립의 자유를 최대한 보장하는 방향으로 입법하여야 하고, 또 다른 한편에서 헌법재판소는 정당설립의 자유를 제한하는 법률의 합헌성을 심사할 때에 헌법 제37조 제2항에 따라 엄격한 비례심사를 하여야 한다. … 실질적으로 국민의 정치적 의사형성에 참여할 의사가 없거나 … 능력이 없는 정당을 정치적 의사형성과정에서 배제함으로써 정당제 민주주의의 발전에 기여 … 입법목적의 정당성은 인정될 수 있다. … 국회의원선거에서 원내진출 및 일정 수준의 득표에 실패한 정당에 대해 등록을 취소하는 것은 이러한 입법목적 달성에 유효한 수단 … 덜 제한적인 방법 … 일정기간 동안 국회의원선거 등 공직선거에 참여할 수 있는 기회를 수 회 더 부여하고 그 결과에 따라 등록취소 여부를 판단하는 방법을 고려할 수 있다. 또한 신생정당의 경우 … 국회의원선거에서 후보자를 추천한 선거구의 개수와 분포 및 그 선거구에서의 득표율 등을 종합하여 등록취소 여부를 결정하는 방법을 고려할 수 있(다). … 단 한 번의 국회의원선거에서 의석을 얻지 못하고 일정 수준의 득표를 하지 못하였다는 이유로 정당등록을 취소하는 것은 … 필요한 최소한의 수단이라고 볼 수 없다. … 정당법 제44조 제1항은 제1호 … 제2호 … 정당등록취소사유로 규정하여, 국민의 정치적 의사형성에 참여할 진지한 의사나 능력을 갖추지 못한 정당을 배제할 수 있도록 하고 있다. 또한, 정치자금법 제27조는 … 국회의원선거 등에서 일정 수준의 정치적 지지를 얻지 못한 정당에 대한 국고 지원을 배제하고 있다. … 심판대상조항인 정당등록취소조항이 없다고 하더라도 … 장치들이 충분히 마련되어 있다 … 실질적으로 국민의 정치적 의사형성에 참여할 의사나 능력이 없는 정당을 배제함으로써 정당제 민주주의를 발전 … 그러한 공익의 실현에 기여하는 효과는 불분명한 반면 … 침해되는 정당설립의 자유의 공익적 가치는 매우 크다 할 것."

[99] 정당 발기인·당원 자격 제한규정 위헌심사 헌법재판소는 **검찰총장**으로 하여금 퇴직 후 2년간 **정당의 발기인·당원**이 될 수 없도록 한 검찰청법 규정에 대해, "정치적 결사의 자유와 참정권(선거권과 피선거권) 등 우월적 지위를 갖는 기본권을 제한한 것"이라는 이유로, 엄격한 심사기준을 적용하여 과잉금지원칙 위반이라고 결정했다(97헌마26). 유사하게 **경찰청장**은 퇴직 후 2년간 **정당의 발기인·당원**이 될 수 없도록 한 경찰청법 규정에 대해서도, "정당의 설립 및 가입을 금지하는 법률조항은 이를 정당화하는 사유의 중대성에 있어서 적어도 '민주적 기본질서에 대한 위반'에 버금가는 것"이어야 한다는, 위헌정당강제해산요건(헌§8④)과 동일한 매우 엄격한

심사기준을 적용하여 과잉금지원칙 위반이라고 결정했다(99헌마135). 반면, 헌법재판소는 교원은 정당의 발기인·당원이 될 수 없도록 한 정당법 규정이나 교육감 입후보자는 2년 동안 정당원이 아닐 것을 요구하는 「지방교육자치에 관한 법률」 규정에 대해(앞 [82] 참조), 상술한 엄격한 심사기준을 적용하지 아니하고, 국민의 교육기본권(헌§31①)과 교육의 정치적 중립성(헌§31④)을 논거로 들어 과잉금지원칙 위반이 아니라고 결정했다(2001헌마710·2007헌마1175). 또한, 헌법재판소는 국가공무원(초·중등학교 교원)과 지방공무원에 대해 정당가입을 금지한 국가공무원법과 지방공무원법 규정에 대해서도, 상술한 논거 외에 공무원의 정치적 중립성(헌§7②)을 논거로 들어 과잉금지원칙 위반이 아니라고 결정했다(2011헌바42·2011헌바43). 여기서 헌법재판소가 정당가입의 자유(정치적 결사의 자유) 침해라고 본 검찰총장·경찰총장의 사례(97헌마26·99헌마135)와 정당가입의 자유 침해가 아니라고 본 교원·공무원의 사례(2001헌마710·2011헌바42·2011헌바43)는 다음 세 측면에서 구별된다. 첫째, 전자는 현재 직무를 수행하지 않는 전직의 경우지만, 후자는 교육을 실제로 담당하고 있는 현직의 경우이다(교육감 입후보자의 사례[2007헌마1175]는 향후 교육행정을 담당하게 될 수 있다는 점에서 후자에 가까움). 둘째, 전자는 정치적 영향력의 측면에서 소수에 불과하지만, 후자는 전체 국민·학생에게 영향력을 미치는 다수의 정치실체이다. 셋째, 헌법은 검찰·경찰의 정치적 중립을 별도로 규정하지 않았으며, 공무원과 교육의 정치적 중립 보장에 대해서만 규정(헌§7②·§31④)했을 뿐이다(교육감 입후보자의 사례[2007헌마1175]도 후자에 해당함). 교원·공무원의 정당가입의 자유에 대한 이러한 제한은, 정당에 대한 '국가 주도적' 육성·발전이라는 우리 헌법사의 경험에 비추어, 그리고 우리 현실 정당정치의 여러 문제점들을 고려할 때, 순수하게 정당의 자율성 보장이라는 논리만으로써 그 헌법적 정당성을 부정하기는 어렵다고 본다. 그 밖에 헌법재판소는 19세 미만의 미성년자는 정당의 발기인·당원이 될 수 없도록 한 정당법 규정에 대해서도 과잉금지원칙 위반이 아니라고 결정(피해의 최소성 완화 판단)했다(2012헌마287).

헌재 1997. 7. 16. 97헌마26 : "검찰총장에서 퇴직한 자로 하여금 퇴직 후 2년간 정치적 결사인 정당을 통한 정치적 의사형성 과정에 참여할 수 없도록 배제함으로써 다른 기본권보다 우월적 지위를 갖는 정신적 자유권 중의 하나인 결사의 자유권을 제한하고 있다. 또 이로 인하여 검찰총장은 퇴직 후 2년 동안에는 정당 추천이 아닌 무소속으로만 각종 선거에 입후보할 수밖에 없으므로 결과적으로 국민주권과 직결되는 참정권(선거권과 피선거권)을 제한받고 있다. … 검찰의 정치적 중립은 검찰총장을 비롯한 모든 검사가 이에 대한 확고한 소신 아래 구체적 사건의 처리에 있어 공정성을 잃지 않음으로써 확보될 수 있는 성질의 것이지 검찰총장 퇴직 후 일정기간 동안 정당의 발기인이나 당원이 될 수 없도록 하는 규정만으로 그 입법목적을 얼마나 달성할 수 있을지 그 효과에 있어서도 의심스럽다. 결국 위 조항들은 검찰총장에서 퇴직한지 2년이 지나지 아니한 자의 정치적 결사의 자유와 참정권(선거권과 피선거권) 등 우월적 지위를 갖는 기본권을 제한한 것이고, 그 제한은 합헌이 되기 위한 심사기준을 벗어난 과잉금지원칙에 위반된다고 아니 할 수 없다. … 기본권 중 민주제의 정치과정에서 불가결한 권리인 정신적 자유권인 결사의 자유와 참정권(선거권과 피선거권)의 우월적 지위가 부정되었다는 뜻이다."

헌재 1999. 12. 23. 99헌마135 : "헌법은 정당을 일반적인 결사의 자유로부터 분리하여 제8조에 독자적으로 규율함으로써 오늘날의 의회민주주의에서 정당이 가지는 중요한 의미와 헌법질서 내에서의 정당의 특별한 지위를 강조하고 있다. … 헌법 제8조 제1항의 정당설립의 자유와 제2항의 헌법적 요청을 함께 고려하여 볼 때 … 입법자가 정당설립과 관련하여 형식적 요건을 설정할 수는 있으나(정당법 제16조), 일정한 내용적 요건을 구비해야만 정당을 설립할 수 있다는 소위 '허가절차'는 헌법적으로 허용되지 아니한다는 것을 뜻한다. 정당의 발기인 및 당원의 자격과 관련해서도, 특정 집단에 대하여 정당설립 및 가입을 금지하는 것은 원칙적으로 정당이 헌법상 부여받은 기능을 이행하기 위하여 필요하다고 판단되는 최소한의 조건에 대한 규율에 그쳐야 한다. … 헌법은 정당의 금지를 민주적 정치과정의 개방성에 대한 중대한 침해로서 이해하여 오로지 제8조 제4항의 엄격한 요건 하에서만 정당설립의 자유에 대한 예외를 허용하고 있다. … 민주적 의사형성과정의 개방성을 보장하기 위하여 정당설립의 자유를 최대한으로 보호하려는 헌법의 정신에 비추어, 정당의 설립 및 가입을 금지하는 법률조항은 이를 정당화하는 사유의 중대성에 있어서 적어도 '민주적 기본질서에 대한 위반'에 버금가는 것이어야 한다고 판단된다."

헌재 2004. 3. 25. 2001헌마710 : "정당은 오늘날 대중민주주의에 있어서 국민의 정치의사형성의 담당자이며 매개자이자 민주주의에 있어서 필수불가결한 요소이기 때문에, 정당의 자유로운 설립과 활동은 민주주의 실현의 전제조건이라고 할 수 있다. … 초·중등학교에 근무하는 교원이 정당의 발기인 또는 당원이 되는 것을 금지하고 있는 것은 … 공무원제도의 본질에 비추어 공무원의 정치적 중립성 확보를 위한 조치로서 헌법 제37조 제2항에 따른 최소한의 제한 … 이 사건 법률조항이 초·중등학교 교원의 … 정치적 기본권을 제한하는 측면이 있는 것은 사실이나, 감수성과 모방성, 그리고 수용성이 왕성한 초·중등학교 학생들에게 교원이 미치는 영향은 매우 크고, 교원의 활동은 근무시간 내외를 불문하고 학생들의 인격 및 기본생활습관 형성 등에 중요한 영향을 끼치는 잠재적 교육과정의 일부분인 점을 고려하고, 교원의 정치활동은 교육수혜자인 학생의 입장에서는 수업권의 침해로 받아들여질 수 있다는 점에서 현 시점에서는 국민의 교육기본권을 더욱 보장함으로써 얻을 수 있는 공익을 우선시해야 할 것이라는 점 등을 종합적으로 감안할 때, 초·중등학교 교육공무원의 정당가입(을) … 제한하는 것은 헌법적으로 정당화될 수 있다."

헌재 2008. 6. 26. 2007헌마1175 : "이 사건 법률조항이 헌법상 과잉금지 원칙에 위반하여 청구인의 공무담임권을 제한하고 있는지를 살핀다. … 지방교육자치의 행정에 있어서 교육의 정치적 중립성을 확보하기 위한 것인바 … 교육의 정치적 중립성이 보장되려면, 교육내용의 정치적 중립성이나 교사의 정치적 중립성뿐만 아니라 교육행정의 정치적 중립성도 요구되므로 이 사건 법률조항은 그 입법목적의 정당성이 인정 … 교육행정기관인 교육감 후보자에 대하여 일반 자치단체의 장과 달리 후보자등록신청개시일로부터 과거 2년 동안 정당원이 아니었음을 요구하는 것은 교육의 정치적 중립성을 확보하는 적절한 방법 … 교육감 후보자로 하여금 후보자등록신청개시일로부터 과거 2년 동안의 무 당적만을 요구하고 있어 누구든지 정당을 탈당한 후 2년간만 피선거권이 제한되고 있는바, 이는 입법목적 달성을 위하여 필요한 최소한의 범위 내에서 공무담임권을 제한하고 있(다). … 교육감선거는 특별한 사정이 없는 한 4년마다 실시되는 것으로 예정되어 있는바, 교육감이 되려는 자는 선거 실시 예정일로부터 약 2년 전에 정당원 자격을 포기함으로써 당해 선거의 후보자가 될 수 있는 점에 비추어 보면, 당적을 위와 같이 포기하여야 하는 교육감 후보자의 불이익보다 교육의 정치적 중립성 확보라는 공익이 더 크다고 할 것이어서 법익의 균형성도 갖추었다."

헌재 2014. 3. 27. 2011헌바42 : "이 사건 정당가입 금지조항이 공무원의 정당가입의 자유를 과잉금지원칙에 위반되게 침해하는지 … 헌법 제7조 제2항은 공무원의 신분과 정치적 중립성을 법률로써 보장할 것을 규정 … 공무원에 대한 정치적 중립성의 요청은 교육 분야에서 종사하는 교육공무원에게까지 제도적으로 보장되고 있다. 즉, 헌법 제31조 제4항은 … 헌법적 차원에서 이를 강력히 보장하고 있다. 이는 교육이 국가권력이나 정치적 세력으로부터 부당한 간섭을 받지 아니할 뿐만 아니라 그 본연의 기능을 벗어나 정치영역에 개입하지 않아야 한다는 것을 뜻한다. … 이 사건 정당가입 금지조항은 공무원이 '정당의 당원이 된다.'는 정치적 행위를 금지하고 있을 뿐이므로, 정당에 대한 지지의사를 선거와 무관하게 개인적인 자리에서 밝히거나 선거에서 지지 정당에 대해 투표를 하는 등 일정한 범위 내의 정당 관련 활동은 공무원에게도 허용되고 있다. 이러한 점에서 볼 때 이 사건 정당가입 금지조항은 침해의 최소성 원칙에 반하지 아니한다. … 정당가입 자유를 금지함으로써 정치적 기본권을 제한하는 측면이 있는 것은 사실이나 … 현시점에서는 국민의 교육기본권을 더욱 보장함으로써 얻을 수 있는 공익을 우선시해야 할 것이다(헌재 2004. 3. 25. 2001헌마710 참조)."

헌재 2014. 3. 27. 2011헌바43 : "공무원의 정당가입이 허용된다면, 공무원의 정치적 행위가 직무 내의 것인지 직무 외의 것인지 구분하기 어려운 경우가 많고, 설사 공무원이 근무시간 외에 혹은 직무와 관련 없이 정당과 관련한 정치적 표현행위를 한다 하더라도 공무원의 정치적 중립성에 대한 국민의 기대와 신뢰는 유지되기 어렵다. 나아가 공무원의 행위는 근무시간 내외를 불문하고 국민에게 중대한 영향을 미친다고 할 것이므로, 직무 내의 정당활동에 대한 규제만으로 공무원의 근무기강을 확립하고 정치적 중립성을 확보하는 데 충분하다고 할 수 없다. … 만약 공무원의 정당가입 행위가 일반적으로 허용된다면, 국가 정책의 수립과 집행에 대한 국민적 신뢰 확보가 어렵고, 공무원이 그 소속 당파적 이익을 대변하여 이를 관철할 수도 있으며, 편향적 공무 집행을 통해 간접적으로 특정 정당이나 후보자에 대한 지지·반대를 표현하게 됨으로써 정치적 중립성을 훼손할 수도 있다. 나아가 국가 정책의 집행을 위해 화합하고 협력하여야 할 공무원 사이에 정치적 이념에 따른 상호 대립과 분열을 조장할 수도 있다. 이러한 점을 고려할 때, 심판대상조항이 달성하려는 공익은 그로 말미암아 제한받는 사익에 비해 결코 작다고 할 수 없으므로 법익의 균형성 또한 인정된다."

헌재 2014. 4. 24. 2012헌마287 : "헌법이 정당을 보호하는 취지 및 정당의 헌법적 과제와 기능을 고려할 때, 19세 미만인 사람에게 정당의 발기인 및 당원이 될 수 없도록 하는 것이 정당의 자유를 침해하는지 여부는 과잉금지원칙에 의한 심사를 함이 타당하다. 다만 피해의 최소성 부분 판단에서 정당의 자유가 인정되는 구체적인 연령은 입법자가 입법재량에 따라 결정할 영역이므로, 그 결정이 헌법적 한계를 일탈하였는지 여부를 기준으로 판단하여야 할 것이다. … 19세 미만인 미성년자는 … 현실적으로 부모나 교사 등 보호자에게 어느 정도 의존할 수밖에 없는 상황이므로, 이들의 정치적 의사표현이 민주시민으로서의 독자적인 판단에 의한 것인지 의문이 있을 수 있고, 그러한 의존성으로 말미암아 정치적 판단이나 의사표현이 왜곡될 우려도 있(다). … 학생들은 적어도 가치관이 형성되는 과정에 있는 중등교육 기간 동안은 국가권력이나 정치적 세력으로부터 간섭을 받지 않으면서 가치중립적인 교육을 받아야 하기 때문에, 이들에게 … 특정한 정치적 목표를 추구하는 정치적 결사체인 정당의 일원으로 활동하게 하는 것은 미성숙한 학생들의 가치관 형성에 좋지 않은 영향을 미칠 수 있다."

[100] 당내민주화의무와 재원공개의무 정당은 정당법의 엄격한 등록요건을 구비하면, 그 존속·활동의 자유를 폭넓게 향유한다. 그러나 동시에 정당은 헌법상·정당법상·정치자금법상 여러 의무를 부담하는데, 그중 **당내민주화의 의무**와 **재원공개**(회계공개)의 **의무**가 가장 중요하다. 독일기본법은 정당조항에서 양자를 모두 규정했지만(§21①GG), 현행헌법은 전자만 규정하고(헌§8②) 후자는 정치자금법에서 규정했다(정자§1·§2②). 정당의 당내민주화 의무와 관련하여 **공직선거에서의 후보자 추천**(공천) 과정에서 비민주적인 요소가 있었던 경우, 정당은 헌법기관이나 국가기관이 아니며(권리능력 없는 사단일 뿐임) 따라서 정당의 공천이 공권력의 행사나 행정처분은 아니므로, 비민주적인 공천 그 자체를 대상으로 헌법소원심판을 청구하거나 행정소송을 제기할 수는 없다. 공천절차의 비민주성으로 인해 공천에서 배제된 자는 관할 제1심 지방법원에 **공천무효 확인소송**(민사소송)을 제기하면서 **공천효력정지 가처분신청**을 내거나, 경우에 따라 책임자를 업무방해죄(형§314)나 공직선거법 위반으로 고소 또는 고발할 수 있을 뿐이다. 헌법재판소는 정당의 후보자 추천과 관련

된 금품수수 등을 처벌하는 것은 정당보호조항(헌§8③)을 위반하거나 정당활동의 자유(헌§8①)를 침해하지 않는다고 결정했다(2008헌바146등). 또, 헌법재판소는 헌법 제8조 제2항을 "입법자에게 정당이 헌법상 부여된 과제를 민주적인 내부질서를 통하여 이행할 수 있도록 필요한 입법을 해야 할 의무를 부과"한 것으로 해석하는데(99헌마135·2004헌마456), 입법자가 이러한 헌법상의 의무를 공직선거에서의 후보자추천(공천)의 경우에 불충분하게 이행했다는 이유로(정당법 제28조 제2항 8호의 민주적 절차규정 부재 및 공직선거법 제47조 제2항의 제재규정 부재) 헌법소원심판을 청구할 수는 있을 것이다. 한편, 재원공개(회계공개)의 의무와 관련하여 헌법재판소는, 정치자금의 투명성을 확보하기 위해 정당의 회계책임자로 하여금 정치자금의 수입·지출에 관한 일정 사항을 회계장부에 기재하고, 매년 그 내역을 선거관리위원회에 보고하도록 한 정치자금법 규정은 진술거부권을 침해하지 않는다고 결정했다(2004헌바25). 또한, 정치자금의 수입·지출내역의 열람기간을 3개월로 제한한 것은 알 권리를 침해하지 않는다고 결정했다(2009헌마466).

헌재 2009. 10. 29. 2008헌바146등 : "이 사건 법률조항이 정당 본연의 활동인 정치자금의 모금행위까지 금지 … 헌법상 정당보호조항을 위반하여 정당활동의 자유를 침해한 것이라고 주장 … 선출직 공직자 선거에 있어서 후보자 추천 단계에서부터 금권의 영향력을 원천적으로 봉쇄하여 궁극적으로 공명정대한 선거를 보장하기 위하여 마련된 규정으로, 입법목적의 정당성이 인정된다. 나아가 이 사건 법률조항은 정당의 적법한 당비 수수나 차용행위 일체를 금지하는 것이 아니라, 공직선거에 있어서 정당이 후보자를 추천하는 것과 관련되어 이루어지는 금품 등 수수행위만을 금지하고 있으므로 정당의 적법한 자금조달활동을 원천적으로 불가능하게 하는 조항이라고 보기 어렵다. … 공천과 직접적으로 관련된 금품수수를 금지하고 그 위반 시 형사제재를 하는 것 외에 별도의 효과적인 수단을 상정하기도 어렵다고 할 것이다. … 이 사건 법률조항이 정당의 후보자 추천과 관련된 금품수수 등을 금지하는 것은 대의제 민주주의에서 정당 운영의 투명성과 공명정대한 선거문화 확립을 위하여 필요한 것이라 할 것이므로, 헌법 제8조 제3항 전단의 정당보호조항에 위반되었다거나, 헌법상 정당활동의 자유의 본질적 내용을 침해하는 것이라고 볼 수 없다."

헌재 2005. 12. 22. 2004헌바25 : "'정치자금의 투명성' 확보라는 목적을 달성하기 위하여 수규범자에게 일차적인 금지의무(불법 정치자금의 수수금지)를 부과하고, 위 금지의무의 이행을 더욱 원활히 확보할 목적으로 이차적인 기록·신고 및 보존의무를 다시 부여하고 있는 구조이다. 그런데 일단 일차적인 금지의무를 위반하면 이는 형사처벌의 대상이 되므로 … 헌법 제12조 제2항이 규정하고 있는 '형사상 자기에게 불리한 진술을 강요당하지 않을 권리' 즉 진술거부권을 침해하는지 여부가 문제된다. … 위 조항들은 궁극적으로 정치자금의 투명성을 확보하여 민주정치의 건전한 발전을 도모하려는 것 … 입법목적은 헌법적으로 정당하다. … 이를 법적으로 강제하지 않고 단지 권유 또는 훈시하는 것에 불과하다면 위 조항들의 실효성을 담보할 수 없다. … 입법목적과 밀접한 관련을 갖는 적절한 수단이라고 할 것 … 정치자금법의 입법목적을 달성하기 위한 필수불가결한 조치라고 할 것이고, 달리 이보다 진술거부권을 덜 침해하는 방안을 현실적으로 찾을 수 없다. … 정치자금의 투명한 공개라는 공익은 불법 정치자금을 수수한 사실을 회계장부에 기재하고 신고해야 할 의무를 지키지 않은 채 진술거부권을 주장하는 사익보다 우월하다고 할 것이다."

헌재 2010. 12. 28. 2009헌마466 : "정치자금의 투명성을 높이고 정치자금과 관련한 부정을 방지하기 위해 일정한 기간 동안 정치자금의 수입·지출내역 등의 자료를 공개하면서도, 그 목적달성에 필요한 기간(3개월) 이후에는 이러한 자료를 공개하지 아니함으로써, 정치자금을 둘러싼 법률관계 등을 조기에 안정화시키고, 선거관리위원회의 공개에 따른 업무 부담을 줄이고자 하는 이 사건 열람기간 제한규정은 … 알 권리 등을 침해한다고 볼 수 없다."

[101] 위헌정당해산제도 현행헌법 제8조 제4항은 방어적 민주주의를 제도화 한 헌법수호제도의 하나로서 위헌정당에 대한 강제해산제도를 규정했다(앞 [43] 참조). 위헌정당해산은 실질적 요건으로 정당의 목적이나 활동이 민주적 기본질서에 위배될 것을 요구하며, 절차적 요건으로 정부의 해산제소와 헌법재판소의 해산결정이 있을 것을 요구한다(헌§8④). 헌법재판소는 헌법 제8조 제4항을 정당의 존립·활동을 특별히 보장하려는 것인 동시에, 정당이 민주적 기본질서를 침해해서는 안 된다는 헌법적 한계를 설정한 것이라고 보며, 따라서 정당해산심판제도는 매우 엄격하고 제한적으로 운용되어야 할 것이라고 한다(2013헌다1). 그리하여 헌법재판소는 그 실질적 요건인 ① '정당의 목적이나 활동' ② '민주적 기본질서' ③ '위배될 때' ④ '비례원칙' 등을 엄격히 해석·적용하고 있다(2013헌다1). 아울러 헌법재판소는 남북대립이라는 한국사회의 특수성을 고려할 때, 폭력에 의한 진보적 민주주의의 실현과 북한식 사회주의의 실현이라는 통합진보당의 목적 및 이와 관련된 일련의 활동들은 민주적 기본질서에 대해 실질적인 해악을 끼칠 구체적 위험성이 있는 것이라고 판단했다(2013헌다1). 또, 비례원칙 위반 여부의 심사에 있어서도, 개별적인 형사처벌이나 개별 당원의 제명·자격심사 및 소속 국회의원의 제명 등은 정당해산결정의 대안이 되지 못하며, 민주적 기본질서의 수호와 민주주의의 다원성·상대성 보장이라는 사회적 이익이 정당해산결정으로 인한 불이익보다 월등히 크고 중요하다고 보았다(2013헌다1). 한편, 위헌정당에 대해 해산결정

이 내려진 경우 당해 정당 소속 국회의원의 의원직이 상실되는지 여부에 대해, 헌법재판소는 헌법을 수호한다는 방어적 민주주의의 관점에서 법률의 명문규정이 있는지 여부를 불문하고 지역구국회의원과 비례대표국회의원이 모두 의원직을 상실한다고 보았다(2013헌다1). 그리고 정당해산심판절차에 헌법재판의 성질에 반하지 아니하는 한도에서 민사소송에 관한 법령을 준용하도록 하고(헌재§40①), 종국결정 선고 시까지 당해 정당의 활동을 정지시키는 가처분결정을 내릴 수 있도록 한 것(헌재§57)은 각각 재판청구권과 정당활동의 자유에 대한 침해가 아니라고 보았다(2014헌마7).

헌재 2014. 12. 19. 2013헌다1 : "정당해산심판제도가 비록 정당을 보호하기 위한 취지에서 도입된 것이라 하더라도 다른 한편 이는 정당의 강제적 해산가능성을 헌법상 인정하는 것이므로, 그 자체가 민주주의에 대한 제약이자 위협이 될 수 있음을 또한 깊이 주의해야 한다. 정당해산심판제도는 운영 여하에 따라 그 자체가 민주주의에 대한 해악이 될 수 있으므로 일종의 극약처방인 셈이다. 따라서 정치적 비판자들을 탄압하기 위한 용도로 남용되는 일이 생기지 않도록 정당해산심판제도는 매우 엄격하고 제한적으로 운용되어야 한다. … 어떤 정당이 민주적이고 자율적인 정치적 과정 자체를 거부하면서 민주주의의 근본적인 이념을 부정하는 등 폭력적이거나 억압적 혹은 자의적인 지배를 통해 전체주의적인 통치를 추구할 경우에는 이러한 정당이 권력을 장악하여 민주주의체제의 근본토대를 허물어뜨릴 위험이 발생할 수 있다. … (이것을) 사전에 방지할 제도적 장치로서 정당해산심판제도의 필요성 역시 인정된다. … 정당해산심판제도는 정당 존립의 특권, 특히 그중에서도 정부의 비판자로서 야당의 존립과 활동을 특별히 보장하고자 하는 헌법제정자의 규범적 의지의 산물로 이해되어야 한다. 그러나 한편 이 제도로 인해서, 정당활동의 자유가 인정된다 하더라도 민주적 기본질서를 침해해서는 안 된다는 헌법적 한계 역시 설정된다 할 것이다."

헌재 2014. 12. 19. 2013헌다1 : "(1) '정당의 목적이나 활동' … 정당의 목적이란 … 주로 정당의 공식적인 강령이나 당헌의 내용을 통해 드러나겠지만 … 만약 정당의 진정한 목적이 숨겨진 상태라면 … 강령 이외의 자료를 통해 진정한 목적을 파악해야 한다. 정당의 활동이란, 정당 기관의 행위나 주요 정당관계자, 당원 등의 행위로서 그 정당에게 귀속시킬 수 있는 활동 일반을 의미한다. … 정당의 목적이나 활동 중 어느 하나라도 민주적 기본질서에 위배된다면 정당해산의 사유가 될 수 있다고 해석된다. (2) '민주적 기본질서' … 민주사회에서 정당의 자유가 지니는 중대한 함의나 정당해산심판제도의 남용가능성 등을 감안한다면, 헌법 제8조 제4항의 민주적 기본질서는 최대한 엄격하고 협소한 의미로 이해해야 한다. … 모든 폭력적·자의적 지배를 배제하고, 다수를 존중하면서도 소수를 배려하는 민주적 의사결정과 자유·평등을 기본원리로 하여 구성되고 운영되는 정치적 질서 … 국민주권의 원리, 기본적 인권의 존중, 권력분립제도, 복수정당제도 등이 현행헌법상 주요한 요소 … (3) '위배될 때' … 정당에 대한 해산결정은 민주주의원리와 정당의 존립과 활동에 대한 중대한 제약이라는 점에서

… 헌법 제8조 제4항에서 말하는 민주적 기본질서의 위배란, 민주적 기본질서에 대한 단순한 위반이나 저촉을 의미하는 것이 아니라, 민주사회의 불가결한 요소인 정당의 존립을 제약해야 할 만큼 그 정당의 목적이나 활동이 우리 사회의 민주적 기본질서에 대하여 실질적인 해악을 끼칠 수 있는 구체적 위험성을 초래하는 경우 … (4) '비례원칙' … 헌법재판소의 정당해산결정이 정당의 자유를 침해할 수 있는 국가권력에 해당 … 이 경우의 비례원칙 준수 여부는 … 위헌심사의 척도가 아니라 헌법재판소의 정당해산결정이 충족해야 할 일종의 헌법적 요건 혹은 헌법적 정당화 사유에 해당 … 강제적 정당해산은 … 정당활동의 자유에 대한 근본적 제한이므로 … 헌법 제37조 제2항이 규정하고 있는 비례원칙을 준수해야만 하는 것."

헌재 2014. 12. 19. 2013헌다1 : "이 사건은 남과 북이 대립되어 있는 현재 한반도의 상황과 무관하지 않다. 따라서 … 우리 사회가 처해 있는 분단이라는 특수한 상황 또한 고려할 수밖에 없다. … 피청구인의 진정한 목적과 활동은 1차적으로는 폭력에 의하여 진보적 민주주의를 실현하고, 최종적으로는 북한식 사회주의를 실현하는 것으로 판단된다. … (2) 피청구인의 목적이 민주적 기본질서에 저촉되는지 여부 … 피청구인이 실현하려고 하는 북한식 사회주의체제는 … 우리 헌법상 민주적 기본질서와 근본적으로 충돌한다. … 피청구인은 진보적 민주주의를 실현하기 위해서는 … 폭력을 행사하여 자유민주주의체제를 전복할 수 있다고 하는바, 이는 … 우리의 민주적 기본질서에 정면으로 저촉된다. (3) 피청구인의 활동이 민주적 기본질서에 저촉되는지 여부 … 내란관련 사건, 비례대표 부정경선 사건, 중앙위원회 폭력 사건 및 지역구 여론조작 사건 등 피청구인의 여러 활동들은 내용적 측면에서는 국가의 존립, 민주적 의사형성, 법치주의 등을 부정하거나 훼손하는 것이고, 수단이나 성격의 측면에서는 자신의 의사를 관철하기 위해 폭력, 위계 등을 적극적으로 사용하여 민주주의이념에 반하는 것이다. (4) 피청구인의 목적이나 활동이 민주적 기본질서에 위배되는지 여부 … 피청구인의 경우 주도세력에 의하여 정당의 의사결정이 이루어질 뿐만 아니라 16개 시·도당에 수만 명의 당원을 가지고 활동 … 폭력에 의한 집권 가능성을 인정하고 있는 점에 비추어 피청구인의 여러 활동들은 민주적 기본질서에 대해 실질적인 해악을 끼칠 구체적 위험성이 발현된 것 … 북한에 동조하여 국가기간시설 파괴 등을 도모하는 등 … 한반도 상황에 비추어 이러한 위험성은 단순히 추상적 위험에 그친다고 볼 수만은 없다."

헌재 2014. 12. 19. 2013헌다1 : "헌법 제8조 제4항의 요건이 구비된 경우에도 정당해산제도의 최후수단적 성격과 보충적 성격을 감안한다면, 해당 정당의 위헌적 문제성을 해결할 수 있는 다른 대안적 수단이 없고 정당해산결정으로 인해 초래되는 … 불이익을 상쇄하거나 이를 초과할 수 있을 정도로 정당해산결정을 통하여 얻을 수 있는 사회적 이익이 큰 경우에 한하여 정당해산결정이 정당화 … 첫째, 피청구인의 목적과 활동에 내포된 위헌적 성격의 중대성이다. … 설령 현재 우리 사회의 정치적 공론장이 적절하게 작동함으로써 그 정당의 정치적 위험성을 상당부분 견제할 수 있다 하더라도, 그 정당의 목적이나 활동이 중대한 위헌성을 지니는 것이라면 정당해산제도의 예방적 성격에 비추어 정당해산의 필요성은 인정된다. 둘째, 대한민국이 처해 있는 특수한 상황 또한 고려되어야 한다. 우리는 분단이라는 특수성으로 인하여 … 대한민국체제를 파괴·변혁하고 전복하려는 북한이라는 반국가단체와 대결하고 있다. … 일단 허물어진 민주적 기본질서를 다시금 회복하는 일에도 상당한 노력과 사회적 희생이 소요됨 … 셋째, 피해의 최소성, 즉 다른 대안적 수단이 존재하는지 살펴본다. … 개별적인 형사처벌의 경우 … 정당 자체의 위험성은 제거되지 않기 때문에, 나머지 당원들은 계속하여 그 정당을 통해 위헌적 활동을 할 수 있게 된다. 또한 개별 당원의 제명이나 자격심사는 … 피청구인 주도세력의 행태에 비추어 볼 때 이는 사실상 기대하기 어렵다. … 국회의원에 대하여 국회가 제명시킬 수 있는 제도적 장치 … 역사적 경험에 비추어 볼 때 이 역시 기대하기 어렵다. … 넷째, 해산결정을 해야 할 사회적 필요성(법익 형량)과 관련하여 살펴본다. … 민주적 기본질서의 수호와 민주주의의 다원성·상대성 보장이라는 사회적 이익은 정당해산결정으로 초래되는 피청구인의 정당활동의 자유에 대한 근본적 제약이나 민주주의에 대한 일부 제한이라는 불이익에 비하여 월등히 크고 중요하다."

헌재 2014. 12. 19. 2013헌다1 : "(1) 헌법재판소의 해산결정에 따른 정당의 강제해산의 경우에는 그 정당 소속 국회의원이 그 의원직을 상실하는지 여부에 관하여 헌법이나 법률에 아무런 규정을 두고 있지 않다. 따라서 … 위헌정당해산제도의 취지와 그 제도의 본질적 효력에 비추어 판단하여야 한다. (2) … 어떠한 정당을 엄격한 요건 아래 위헌정당으로 판단하여 해산을 명하는 것은 헌법을 수호한다는 방어적 민주주의 관점에서 비롯되는 것이고, 이러한 비상상황에서는 국회의원의 국민대표성은 부득이 희생될 수밖에 없다. (3) 국회의원이 국민 전체의 대표자로서의 지위를 가진다는 것과 방어적 민주주의의 정신이 논리 필연적으로 충돌하는 것이 아닐 뿐 아니라, 국회의원이 헌법기관으로서 정당기속과 무관하게 국민의 자유위임에 따라 정치활동을 할 수 있는 것 … 헌법재판소의 해산결정에도 불구하고 그 정당 소속 국회의원이 위헌적인 정치이념을 실현하기 위한 정치활동을 계속하는 것까지 보호받을 수는 없다. (4) … 해산정당 소속 국회의원의 의원직을 상실시키지 않는 것은 결국 위헌정당해산제도가 가지는 헌법수호의 기능이나 방어적 민주주의의 이념과 원리에 어긋나는 것이고, 나아가 정당해산결정의 실효성을 제대로 확보할 수 없게 된다. (5) … 헌법재판소의 해산결정으로 해산되는 정당 소속 국회의원의 의원직 상실은 정당해산심판제도의 본질로부터 인정되는 기본적 효력으로 봄이 상당 … 명문의 규정이 있는지 여부는 고려의 대상이 되지 아니하고, 그 국회의원이 지역구에서 당선되었는지, 비례대표로 당선되었는지에 따라 아무런 차이가 없이 … 의원직은 상실되어야 한다."

헌재 2014. 2. 27. 2014헌마7 : "정당해산심판절차에 민사소송에 관한 법령을 준용할 수 있도록 규정한 헌법재판소법 제40조 제1항 전문 중 '정당해산심판의 절차'에 관한 부분('준용조항')과 가처분에 관한 근거규정인 같은 법 제57조('가처분조항')는 헌법에 위반되지 아니한다. … 준용조항은 불충분한 절차진행규정을 보완하여 원활한 심판절차진행을 위한 것으로, 민사소송에 관한 법령을 준용하도록 한 것이 현저히 불합리하다고 볼 수 없고, '헌법재판의 성질에 반하지 아니하는 한도'에서만 민사소송에 관한 법령을 준용하도록 하여 적용범위를 한정하고 있으며, '헌법재판의 성질에 반하지 않는' 경우란, 다른 절차법의 준용이 헌법재판의 고유한 성질을 훼손하지 않는 경우로서 이는 당해 헌법재판이 갖는 고유의 성질, 헌법재판과 일반재판의 목적 및 성격의 차이, 준용 절차와 대상의 성격 등을 종합적으로 고려하여 헌법재판소가 구체적·개별적으로 판단할 수 있으므로 청구인의 재판청구권을 침해하지 아니한다. 가처분조항은 정당활동의 자유를 제한하고 있으나, 헌법질서의 유지·수호를 위해 그 필요성이 인정되므로 입법목적의 정당성 및 수단의 적절성이 인정되며 … 침해최소성의 요건도 충족하였으며, 정당해산심판의 실효성 확보 및 헌법질서의 유지 및 수호라는 공익은 정당해산심판의 종국결정 시까지 잠정적으로 제한되는 정당활동의 자유에 비하여 결코 작다고 볼 수 없으므로 법익균형성도 충족하였다."

[102] 정치자금에 대한 헌법적 규제 '민주주의의 비용'으로서 정치자금에 대한 헌법적 규제는 한편으로는 금력에 의한 정치의 타락, 즉 금권정치·정치부패를 통제하고, 다른 한편으로는 경제에 의한 정치의 왜곡, 즉 민주적 의사결정의 굴절을 방지하려는 데 의의가 있다. 헌법재판소는 정치자금에 관해 "정치적 이익과 경제적 이익의 연계는 원칙적으로 공개되어야 한다."는 **정치자금의 공개원칙**을 강조하면서(95헌마154), "민주주의의 기초인 1인1표의 기회균등원리의 훼손"을 막기 위한 "정치자금에 대한 규제는 대의제 민주주의의 필연적 귀결"이라고 보아, **당비·후원금·기탁금·보조금**이라는 정치자금법상의 4종 정치자금 외에 "이 법에 정하지 아니한 방법"의 정치자금 수수를 처벌하는 것은 명확성원칙 위반이 아니라고 결정했다(2004헌바16).

헌재 1999. 11. 25. 95헌마154 : "헌법은 그 제8조에서 국가로부터의 정당의 자유(제1항)와 정당운영에 필요한 자금을 국가가 보조할 수 있다는 것(제3항)만을 규정할 뿐, 사인의 정치자금 기부에 관하여는 아무런 규정을 두고 있지 않다. … 법(정치자금에 관한 법률)은 그 제3조 제2호에서 '정치자금이라 함은 당비, 후원금, 기탁금, 보조금, 후원회의 모집금품과 정당의 당헌·당규 등에서 정한 부수수입 기타 정치활동을 위하여 제공되는 금전이나 유가증권 기타 물건을 말한다.'고 정치자금의 개념을 정의하고 있다. 이에 따라 정치자금은 사인에 의한 조달방법인 '당비, 후원금, 기탁금'과 국가에 의한 자금지원으로서 '보조금'으로 크게 나누어 볼 수 있다. … 정당의 정치적 의사결정은 정당에게 정치자금을 제공하는 개인이나 단체에 의하여 현저하게 영향을 받을 수 있으므로, 사인이 정당에 정치자금을 기부하는 것 그 자체를 막을 필요는 없으나, 누가 정당에 대하여 영향력을 행사하려고 하는지, 즉 정치적 이익과 경제적 이익의 연계는 원칙적으로 공개되어야 한다. 유권자는 정당의 정책을 결정하는 세력에 관하여 알아야 하고, 정치자금의 제공을 통하여 정당에 영향력을 행사하려는 사회적 세력의 실체가 정당의 방향이나 정책과 일치하는가를 스스로 판단할 수 있는 기회를 가져야 한다. 이러한 이유에서 법은 그 제1조에서 '이 법은 … 그 수입과 지출상황을 공개함으로써'라고 하며, 그 제2조 제2항에서 '정치자금은 국민의 의혹을 사는 일이 없도록 공명정대하게 운영되어야 하고, 그 회계는 공개되어야 한다.'고 규정하여 '정치자금의 공개원칙'을 법의 기본원칙으로 삼고 있다."

헌재 2004. 6. 24. 2004헌바16 : "헌법 제8조 제3항에서 국가는 법률이 정하는 바에 의하여 정당운영에 필요한 자금을 보조할 수 있다고 규정하고 있으나, 재정적 제약 아래에서 충분한 자금을 보조하기는 어렵다. 선거에 있어서는 헌법 제116조 제1항에서 선거운동 법정주의와 기회균등원칙을 천명하고, 같은 조 제2항에서 법률이 정하는 경우를 제외하고는 선거에 관한 경비는 정당 또는 후보자에게 부담시킬 수 없다고 규정하고 있기는 하나, 그 밖에 정치인 개인의 정치활동에 필요한 비용을 보조하는 규정은 없다. 그렇다면, 정당 또는 정치인은 정치자금 조달도 중요한 정치활동의 하나가 될 수밖에 없다. 그런데 정치자금의 조달을 정당 또는 정치인에게 맡겨 두고 아무런 규제를 하지 않는다면 정치권력과 금력의 결탁이 만연해지고, 필연적으로 기부자의 정치적 영향력이 증대될 것이다. 금력을 가진 소수 기득권자에게 유리한 정치적 결정이 이루어진다면 민주주의의 기초라 할 수 있는 1인1표의 기회균등원리가 심각하게 훼손될 수 있다. 그러므로 구체적인 내용은 별론으로 하더라도, 정치자금에 대한 규제는 대의제 민주주의의 필연적 귀결이다. … 청구인은 '이 법에 정하지 아니한 방법'이 죄형법정주의에서 요구되는 명확성의 원칙에 어긋난다는 주장을 한다. … 우리 사회에 있어서 정치자금을 주거나 받는 등 이 사건 법률조항과 연관을 맺게 되는 사람은 위에서 말한 '건전한 상식과 통상적인 법 감정을 가진 일반인'보다는 정치자금의 수수방법에 대해 더 잘 알 수 있는 지위에 있다고 본다면, 정치자금법에 정해진 방법 이외의 것을 포괄적으로 지칭하는 의미로 쓰인 '이 법이 정하지 아니한 방법' 부분이 불명료하다고 할 수 없다."

[103] 당비, 후원금, 기탁금, 국고보조금 정치자금법이 예정한 정치자금 중 **'당비'**는 민주사회의 정치자금이 지향하는 **'소액다수주의'**의 이념에 가장 부합한다(유럽형 의원내각제에서의 이념정당·계급정당의 주요 재원임). 정당법이 당비납부의무를 명시하고(정당§31①), 당비대납을 엄격히 규제하는 것(정당§31②)도 바로 이러한 연유 때문이다. **'후원금'**은 **정치적 표현의 자유**를 보장한다는 관점에서는 긍정적인 측면이 있지만(미국형 대통령제에서의 선거정당의 주요 재원임), 거액의 후원금으로써 정치과정을 왜곡할 우려가 없지 아니하므로, 정치자금법은 '소액다수주의'의 이념에 상응하여 그 상·하한선을 규제하고 있다(정자§11①②③⑤). 헌법재판소는 **노동단체**가 정당에 정치자금 기부하는 것을 금지한 규정은 표현의 자유와 결사의 자유를 침해한다고 결정했고(95헌마154), **시·도의원**이나 **지방자치단체장**의 경우 개인후원회를 두지 못하도록 한 규정은 평등원칙에 위배되거나 공무담임권을 침해하지 않는다고 결정했으며(99헌마576·2000헌바5), **지방자치단체장선거의 예비후보자**에 대해 후원회를 통한 정치자금의 조달을 불허한 규정은 헌법에 위반되지 않는다고 결정했다(2015헌바228).

또한, 헌법재판소는 단체가 정치자금을 기부하거나 법인 또는 단체와 관련된 자금으로 정치자금을 기부하는 것을 금지한 규정은 '자금'을 사용한 정치적 표현을 금지한 것에 불과하므로 과잉금지원칙에 위배되지 않고, 명확성원칙에도 위배되지 않는다고 판단했다(2008헌바89·2009헌바298·2011헌바254). 그러나 유사한 사건에서 미국연방대법원은 법인(기업)의 정치자금 기부를 금지한 것은 미국연방헌법수정 제1조를 침해한다고 판단했다(Citizens United v. FEC[2010]). 그 밖에 헌법재판소는 당내결선에 불참한 대통령선거경선후보자나 국회의원예비후보자에 대해 후원금 전액을 반환하도록 한 것은 선거운동의 자유 및 선거과정에서 탈퇴할 자유를 침해한다고 결정했다(2007헌마1412·2008헌마141등). 그리고 헌법재판소는 정경유착의 폐해를 방지하기 위해 정당 후원회 제도를 전면적으로 금지한 것은 정치적 표현의 자유와 정당활동의 자유를 침해한 것이라고 판단했다(2013헌바168). 헌법재판소는 현행 정치자금법의 "다수 의석을 가진 원내정당 중심주의"에 기초한 국고보조금 배분기준은 "의회 내에 안정된 다수세력을 확보할 필요"에 부응한 것으로서 합리적인 이유가 있다고 설시한 바 있다(2004헌마655). 그러나 원내교섭단체 구성 여부를 배분기준으로 삼는 것은 의회 내에 20석 규모의 '불안정 소수세력'의 난립을 유도하게 될 우려도 없지 않다.

헌재 1999. 11. 25. 95헌마154 : "이 사건 법률조항에 의하여 침해된 기본권은 헌법 제33조의 단결권이 아니라 헌법 제21조의 노동조합의 정치활동의 자유, 즉 표현의 자유, 결사의 자유 … 라고 보아야 한다. … 노동단체의 재정이 빈약하다는 것(이) … 국가가 사회단체의 정치헌금 가능성을 노동단체에게 불리하게 규율함으로써 다른 사회단체에 비하여 노동단체의 지위를 더욱 약화시키는 것을 정당화하지는 않는다. … 노동조합에게 요구되는 '자주성'은 엄격한 정치적 중립이나 종교적 또는 세계관적 관점에서의 중립성을 뜻하는 것이 아니(므로) … 노동조합을 결성하고 … 노조활동을 함으로써 국민의 정치적 의사형성과정에 영향력을 행사하려고 하는 것은 노동조합의 자주성과는 직접적인 관련이 있는 것이 아니다. … 이 사건 법률조항의 입법목적인 '노동단체의 정치화 방지'나 '노동단체 재정의 부실우려'는 헌법상 보장된 정치적 자유의 의미에 비추어 입법자가 헌법상 추구할 수 있는 정당한 입법목적의 범위를 벗어난 것으로 판단된다. … 이 사건 법률조항은 노동단체의 표현의 자유 및 결사의 자유의 본질적 내용을 침해(한다)."

헌재 2012. 7. 26. 2009헌바298 : "이 사건 정치자금법 조항들 중 '단체'란 '공동의 목적 내지 이해관계를 가지고 조직적인 의사형성 및 결정이 가능한 다수인의 지속성 있는 모임'을 말하고, '단체와 관련된 자금'이란 단체의 명의로, 단체의 의사결정에 따라 기부가 가능한 자금으로서 단체의 존립과 활동의 기초를 이루는 자산은 물론이고, 단체가 자신의 이름을 사용하여 주도적으로 모집·조성한 자금도 포함된다고 할 것인바, 그 의미가 불명확하여 죄형법정주의의 명확성원칙에 위반된다고 할 수 없다. … 단체의 정치적 의사표현은 그 방법에 따라 정당·정치인이나 유권자의 선거권행사에 심대한 영향을 미친다는 점에서 그 방법적 제한의 필요성이 매우 크고, 이 사건 정치자금법 조항들은 단체의 정치적 의사표현 자체를 금지하거나 그 내용에 따라 규제하도록 한 것이 아니라, 개인과의 관계에서 불균형적으로 주어지기 쉬운 '자금'을 사용한 방법과 관련하여 규제를 하는 것인바, 정치적 표현의 자유의 본질을 침해하는 것이라고 볼 수 없다. 또한, 개인의 정치적 의사형성이 온전하게 이루어질 수 있는 범위에서의 자금모집에 관한 단체의 관여를 일반적·추상적으로 규범화하여 허용하는 것은 입법기술상 곤란할 뿐만 아니라, 개인의 정치적 기본권 보호라는 입법목적 달성에 충분한 수단이라고 보기 어렵고, 달리 덜 제약적 수단이 존재함이 명백하지 않은 이상 이 사건 정치자금법 조항들이 침해의 최소성원칙에 위반된다고 보기 어렵다. 나아가 이 사건 정치자금법 조항들에 의한 개인이나 단체의 정치적 표현의 자유 제한은 내용중립적인 방법 제한으로서 수인 불가능할 정도로 큰 것이 아닌 반면, 금권정치와 정경유착의 차단, 단체와의 관계에서 개인의 정치적 기본권 보호 등 이 사건 정치자금법 조항들에 의하여 달성되는 공익은 대의민주제를 채택하고 있는 민주국가에서 매우 크고 중요하다는 점에서 법익균형성 원칙도 충족된다."

헌재 2009. 12. 29. 2007헌마1412 : "이 사건 법률조항은 대통령선거경선후보자가 적법하게 조직된 후원회로부터 기부 받은 후원금을 적법하게 사용한 경우에, 당내경선에 참여하지 않았다는 사유로 이미 적법하게 사용한 선거운동비용까지 포함하여 후원금의 총액을 국고에 귀속하게 하는 것이므로 선거운동의 자유를 제한하고 있는 것이다. … 대통령선거경선후보자는 입후보에 대비하여 선거운동을 하다가 당선가능성이 적다고 판단하거나, 정치적·경제적 사유, 건강 등 일신상의 상황변화를 이유로 하여 대통령선거경선후보자로서의 지위를 사퇴할 자유를 가진다. 그런데 대통령선거경선후보자로서 선거과정에 참여한 이들은 이 사건 법률조항으로 인하여 대통령선거경선후보자로서의 자격을 중도에서 포기할 자유에 중대한 제약을 받게 된다. 대통령선거경선후보자의 정치적 의사결정에 이와 같은 제약을 가하는 것은 법상의 대통령선거경선후보자 제도 및 후원회 제도의 목적과도 조화되기 어려운 제약으로서, 자유로운 민주정치의 건전한 발전을 방해하는 것이라고 할 것이다. 이 사건 법률조항은 정당한 사유도 없이 후원금을 선거운동비용으로 사용하는 것을 제한하는 것이고, 그로 인하여 선거운동의 자유 및 선거과정에서 탈퇴할 자유 등 국민의 참정권을 침해하는 것이다."

헌재 2015. 12. 23. 2013헌바168 : "불법 정치자금의 수수로 인한 정경유착의 폐해를 방지하기 위해 정당 후원회 제도를 일정한 범위에서 제한할 필요가 있다 하더라도, 정당 후원회 제도 자체를 전면적으로 금지하기보다는 기부 및 모금한도액의 제한, 기부내역 공개 등의 방법으로 정치자금의 투명성을 확보함으로써 충분히 그 목적을 달성할 수 있다. … 정경유착의 폐해를 방지하기 위하여 국내·외의 법인 또는 단체의 정치자금 기부를 금지하고, 누구든지 국내·외의 법인 또는 단체와 관련된 자금으로 정치자금을 기부할 수 없도록 규율하고 있다. … 정치자금 중 당비 … 자신이 지지하는 정당에 재정적 후원을 하기 위해 반드시 당원이 되어야 한다는 것은 간접적으로 정당 가입이 강제되는 결과를 가져오게 된다. … 현행 기탁금 제도 … 지정기탁금제도가 아니라 … 일반기탁금제도로서 정치발전기금 내지 정당발전기금의 성격을 가지(므로) … 당비나 기탁금 제도로는 정당 후원회를 대체할 수 있다고 보기 어렵다. … 본래 국민의 자발적 정치조직인 정당에 대한 과도한 국가보조는 정당의 국민의존성을 떨어뜨리고 정당과 국민을 멀어지게 할 우려 … 정당 간 자유로운 경쟁을 저해할 수 있다. … 이 사건 법률조항이 정당 후원회 자체를 금지하는 것은 일반국민의 정치적 표현의 자유를 과도하게 침해하고, 스스로 재정을 충당하려는 정당활동의 자유를 과도하게 침해한다. … 현행 국고보조금 및 기탁금 제도가 거대정당 내지 원내교섭단체가 구성된 기득정당에 비하여 군소정당 내지 신생정당에게 현저히 불리하게 운영되고 있는 현실 … 일반국민들로부터 정치자금을 조달하는 것마저 금지하는 것은 군소정당이나 신생정당에게 지나치게 가혹(하다). … 정당에 대한 후원은 이를 전면적으로 금지할 것이 아니라 오히려 일반국민들의 정당에 대한 소액 다수의 기부를 장려·권장함으로써 국민과 정당 간의 연대를 강화하고, 정당을 통한 국민의 정치참여 기회를 확대하며, 정당 간의 건전한 경쟁을 유도할 필요가 있다."

헌재 2006. 7. 27. 2004헌마655 : "보조금제도는 정당이 위와 같은 역할을 수행하는 데 소요되는 정치자금을 마련함에 있어 정치자금의 기부자인 각종 이익집단으로부터의 부당한 영향력을 배제함으로써 정치부패를 방지하고, 정당 간의 자금조달의 격차를 줄여 공평한 경쟁을 유도하며, 선거비용과 정당의 경비지출의 증가추세에 따른 재정압박을 완화하여 정당의 원만한 기능을 보장하고 유능한 후보자의 당선가능성을 높이는 데에 그 입법목적이 있다. … 정당의 기회균등원칙은 각 정당에 보조금을 균등하게 배분할 것을 요구하는 것이 아니라 보조금제도의 취지에 비추어 각 정당의 규모나 정치적 영향력, 정당이 선거에서 거둔 실적 등에 따라 어느 정도 차별을 할 수 있고, 그 내용이 현재의 각 정당들 사이의 경쟁상태를 현저하게 변경시킬 정도가 아니면 합리성을 인정할 수 있을 것이다. … 교섭단체를 구성할 정도로 다수 의석을 가진 정당들에 보조금의 50/100을 우선 배분하여 줌으로써 '다수 의석을 가진 원내정당 중심주의'를 채택하고 있다. … 우리나라와 같이 정당제가 불안정하고 정당과 국민 간의 동일성이 희박한 정당정치풍토에서 대의민주적 기본질서가 제 기능을 수행하기 위해서는 의회 내에 안정된 다수세력을 확보할 필요가 있으므로, 다수 의석을 가지고 있는 원내정당을 우대하고자 하는 이 사건 법률조항이 부당하다고 하기는 어렵다. … 교섭단체를 구성할 정도의 다수 정당에 대해서만 보조금을 배분하는 것이 아니라 그에 미치지 못하는 소수정당에게도 일정 범위의 보조금 배분을 인정하여 소수정당의 보호·육성도 도모하고 있고, 교섭단체의 구성 여부만을 보조금 배분의 유일한 기준으로 삼은 것이 아니라 정당의 의석수비율이나 득표수비율도 고려하여 정당에 대한 국민의 지지도도 반영하고 있다. … 교섭단체의 구성 여부에 따라 보조금의 배분 규모에 차이가 있더라도 그러한 차등 정도는 각 정당 간의 경쟁상태를 현저하게 변경시킬 정도로 합리성을 결여한 차별이라고 보기 어렵다."

[104] 선거권·피선거권 제한의 심사기준 **보통선거**란 제한선거에 대응하는 용어로서 모든 국민이 선거권 및 피선거권을 행사할 수 있어야 한다는 선거의 기본원칙을 지칭한다(헌§41①·§67①). 헌법재판소는 대의제 민주주의의 실현수단으로서 선거권이 갖는 중요성을 감안하여, **선거권 '자체'에 법적인 제한**을 가하는 경우에는 엄격한 비례심사의 기준이 적용되어야 한다고 본다(2010헌마601). 특히, 보통선거의 원칙에 반하는 선거권 제한입법의 합헌성 여부는 한층 엄격하게 심사되어야 한다고 보며(2004헌마644등·2012헌마409등)(앞 [55], [77] 참조), 보통선거의 원칙에 반하는 **피선거권 '자체'에 대한 법적 제한**도 마찬가지로 엄격하게 심사되어야 한다고 본다(90헌마28·98헌마214·2003헌마106). 하지만, **선거권의 행사방법·절차** 내지 **개표절차**에 대한 제한이 부가되는 경우라면, 입법자에게 형성의 자유가 인정되는 입법정책의 문제로 보아 완화된 심사기준을 적용한다(2012헌마815등·2012헌마326·2015헌마1056등).

헌재 2012. 2. 23. 2010헌마601 : "헌법 제24조는 모든 국민에게 법률이 정하는 바에 의하여 선거권을 보장하고 있는바, 민주주의 국가에서 국민주권과 대의제 민주주의의 실현수단으로서 선거권이 갖는 중요성에 비추어, 입법자는 선거권을 최대한 보장하는 방향으로 입법을 하여야 한다. 특히, 이 사건 투표시간조항과 같이 부재자투표시간을 평일 일과시간 이내로 정하고 있어, 평일 일과시간에 학업과 직장업무를 하여야 하는 부재자투표자의 투표권행사를 사실상 어렵게 함으로써, 결과적으로 이들의 선거권 자체를 제한하는 것으로 볼 수 있는 투표절차조항의 경우, 입법자는 일반적인 부재자투표자가 실제로 선거권을 행사할 수 있도록 투표절차를 법적으로 형성하여야 할 것이다. … 이 사건 투표시간조항이 투표개시시간을 오전 10시부터로 정한 것은 단순한 투표관리의 행정편의적 목적만 있는 반면, 그로 인하여 일과시간에 투표를 하기 어려운 사정에 있는 부재자투표자는 사실상 선거권이 형해화될 정도로 중대한 제한을 받고 있다 할 것이므로, 이 사건 투표시간조항 중 투표개시시간 부분은 수단의 적정성, 법익균형성을 갖추지 못하여 과잉금지원칙에 위배된다."

헌재 1999. 5. 27. 98헌마214 : "이 사건 법률조항은 '지방자치단체의 장은 그 임기 중에 그 직을 사퇴하여 대통령선거, 국회의원선거, 지방의회의원선거 및 다른 지방자치단체의 장 선거에 입후보할 수 없다.'고 규정 … 보통선거원칙에 대한 예외는 원칙적으로 부득이한 경우에 한하여 제한적으로 허용되어야 하며, 제한한다 하더라도 불가피한 최소한의 정도에 그쳐야 한다. … 보통선거의 원칙이 국민주권의 원리를 실현하기 위한 근본조건이라는 점에 비추어 피선거권의 제한을 정당화하는 공익은 그 제한의 효과가 민주주의의 실현과 당사자에게 심대하면 할수록 보다 필연적이고 중대해야 한다. … 이 사건 법률조항은 '입후보로 인한 행정혼란'이라는 이유로는 정당화될 수 없다. … 이 사건 법률조항의 입법목적이 '선거의 공정성 확보'에 있다고 하더라도 헌법적 판단이 달라지지는 않는다. … 이 사건 조항에 의한 피선거권의 제한이 민주주의의 실현에 미치는 불리한 효과는 매우 큰 반면에, 이 사건 조항을 통하여 달성하려는 공익적 효과는 상당히 작다고 판단되므로 … 보통선거원칙에 위반되어 청구인들의 피선거권을 침해하는 위헌적인 규정이다."

헌재 2003. 9. 25. 2003헌마106 : "선거는 오늘날의 대의민주주의에서 주권자인 국민이 주권을 행사할 수 있는 가장 의미 있는 수단이며, 모든 국민이 선거권과 피선거권을 가지며 균등하게 선거에 참여할 기회를 가진다는 것은 민주국가에서 국가권력의 민주적 정당성을 담보하는 불가결의 전제이다. 따라서 … 피선거권을 제한하는 것은 이를 정당화하는 사유가 존재할 경우에만 허용될 수 있으며, 설령 제한될 수 있다 할지라도 불가피한 최소한의 정도에 그쳐야 한다(헌재 1991. 3. 11. 90헌마28 참조). … 이 사건 조항이 없다고 하더라도 공선법 제53조 제1항이 지방자치단체장으로 하여금 선거일 전 60일까지는 사퇴하도록 함으로써 선거의 공정성과 직무전념성을 확보 … 지방자치단체의 장이 당해 지방자치단체의 관할구역과 같거나 겹치는 지역구국회의원선거에 입후보하고자 하는 경우에 한해 공직사퇴의 시기를 선거일 전 180일까지로 앞당겨 … 피선거권에 제한을 가함과 동시에, 다른 한편 지방자치단체의 장으로서 공직을 유지할 공무담임권도 제한하고 있다. … 기본권을 두 방향에서 강하게 제한하는 반면, 그 조항을 통하여 달성하고자 하는 공익의 실현정도는 미미하다."

헌재 2013. 7. 25. 2012헌마815등 : "선거권 자체를 제한하는 것이 아닌 선거권행사를 용이하게 하는 다양한 수단과 방법 중에 어떠한 방법을 채택하고 결합할 것인지는 … 입법자에게 일정한 형성의 자유가 인정되는바, 투표일을 유급의 휴일로 하는 규정을 만들어야 할 입법의무가 헌법의 해석상 곧바로 도출된다고 보기도 어렵다. … 대의제 하에서 통치권 내지 국정의 담당자를 결정하는 선거권은 국민주권의 개념과 불가분의 관계에 있는 것으로서 가장 중요한 참정권 중의 하나 … 선거권을 제한하는 법률의 합헌성은 원칙적으로 헌법 제37조 제2항의 과잉금지원칙에 의거하여 심사함이 상당하다. … 선거일에 투표소를 오후 6시에 닫도록 규정 … 선거권의 부여나 박탈과 같이 선거권 자체를 제한하는 것이 아니라 선거권 행사의 방법이나 절차 등을 규정하여 선거권의 행사를 제한하는 법률의 경우 … 입법자에게 일정한 형성의 자유가 인정된다고 볼 수 있으므로, 이를 심사에 고려할 필요가 있다. … 심판대상 법률조항은 투표일 오전 6시에 투표소를 열도록 하여 일과 시작 전 투표를 할 수 있도록 하고 있(으므로) … 과잉금지원칙에 반하여 선거권을 침해한다고 볼 수 없다."

헌재 2013. 8. 29. 2012헌마326 : "선거권은 … 투표를 통해 표출된 국민의 의사가 공정한 개표절차에 의해 정확한 선거결과로 반영될 때에만 제대로 보장된다. … 따라서 투표함의 동시계표를 제한 없이 허용함으로써 개표에 대한 개표참관인의 실질적 감시를 어렵게 만들 경우, 유권자들의 선거권을 제한할 수 있다. 다만, 선거권은 법률이 정하는 바에 의하여 보장되는 것으로서 선거법의 제정에 따라 비로소 구체화된다. … 동시계표 투표함 수의 규제 여부는 선거권 자체의 제한이라기보다 선거권행사를 위해 요구되는 개표절차를 입법을 통해 형성하는 것으로서, 그 제한 여부 및 제한의 폭을 어느 범위로 정할 것인지는 입법정책에 속하는 문제다. 따라서 입법권이 자의적으로 행사되어 현저하게 불합리하고 불공정한 입법이 되었다고 인정되지 않는 한 헌법에 위반된다고 볼 수 없다."

헌재 2016. 3. 31. 2015헌마1056등 : "개표행위는 투표 결과를 집계하기 위한 단순한 사실행위에 불과하여 그 자체 헌법소원심판의 대상이 되는 공권력행사에 해당한다고 볼 수 없다. … 선거권은 법률이 정하는 바에 의하여 보장되는 것으로서 선거법의 제정에 따라 비로소 구체화된다. 그런데 개표절차에 이 사건 투표지분류기 등과 같은 기계장치(를) … 이용할 것인지의 문제는 기본적으로 입법자가 … 여러 가지 사항을 종합하여 결정하는 것이다. 결국 이 사건 투표지분류기 등 이용 문제는 선거권 자체의 제한이라기보다, 선거권행사를 위해 요구되는 개표절차를 입법을 통해 형성하는 것으로서 입법정책에 속하는 문제다. 따라서 입법권이 자의적으로 행사되어 현저하게 불합리하고 불공정한 입법이 되었다고 인정되지 않는 한 헌법에 위반된다고 볼 수 없다(헌재 2013. 8. 29. 2012헌마326 참조)."

[105] 보통선거원칙 보통선거원칙 위배 여부가 문제되는 대표적 사례로서 재외국민, 장기외항선원, 수형자·집행유예자 등의 선거권 제한을 들 수 있다. 헌법재판소는 **재외국민** 및 **수형자·집행유예자**의 선거권 제한에 대해 종전의 선례(97헌마253등·97헌마99·2002헌마411·2007헌마1462)를 변경, 이는 보통선거원칙에 반하여 선거권을 침해한 것이라고 결정했다(2004헌마644등·2012헌마409등)(앞 [55], [77] 참조). 헌법재판소는 **재외국민선거**에서 매 선거마다 재외선거인 등록신청을 하도록 하고 재외투표소에 직접 방문하여 투표하도록 한 것은 선거권 침해가 아니며(2009헌마256등), 재외선거인 등록신청 시 여권을 제시하도록 한 것도 선거권 침해가 아니며(2011헌마567), 재외선거인의 지역구국회의원선거권 및 국회의원재·보궐선거권을 배제한 것 역시 선거권 침해나 보통선거원칙 위반이 아니라고 보았지만(2009헌마256등), 국민의 본질적 지위에서 도출되는 **국민투표권을 배제**한 것은 재외국민의 참정권을 사실상 박탈한 것이어서 그 국민투표권을 침해한 것이라고 보았다(2009헌마256등). 또, 헌법재판소는 **장기외항선원**에 대해 선거권을 행사할 방법을 마련하지 않은 것은, 선장의 지휘·감독 하에 **모사전송(팩스) 시스템**에 의한 **선상투표**가 가능하다는 점, 비밀선거원칙에 저촉될 우려가 있더라도 보통선거원칙에 따라 선거권행사를 보장해야 한다는 점, 선상투표가 직접선거원칙에 위배되지는 않는다는 점 등을 논거로, 과잉금지원칙에 반하여 선거권을 침해한 것이라고 판단했다(2005헌마772). 한편, **선거권 연령제한**(20세 또는 19세)의 경우, 보통선거원칙은 선거권자의 연령제한을 당연한 전제로 하는데, 고등학생인 미성년자의 정치참여는 교육의 정치적 중립성 측면에서 바람직하지 않으며, 자신의 정치적 판단을 부모·교사 등 보호자에게 의존

한다는 점에서 왜곡의 우려도 있으므로, 그것이 입법재량을 일탈하여 선거권이나 평등권을 침해한 정도는 아니라고 본다(96헌마89·2000헌마111·2001헌마851등·2002헌마787등·2012헌마174·2012헌마287). **피선거권 연령제한**(25세)의 경우, 국회의원(지방의회의원)은 국민(주민)의 대표자이자 국회(지방의회)의 구성원인 헌법기관으로서 상응한 대의능력과 전문지식을 필요로 한다는 점, 이를 구비하기 위한 정규교육과정의 수료 또는 상응한 경험축적에 소요되는 연령, 그리고 독자적 경제주체로서 납세의무와 병역의무의 이행에 소요되는 연령 등을 감안할 때, 그것이 입법재량을 일탈하여 공무담임권(피선거권)이나 평등권을 침해한 정도는 아니라고 본다(2004헌마219·2012헌마288·2012헌마287·2016헌마227). 그리고 **장애인**의 경우, 투표소 내에 청각장애인을 위해 수화통역인을 배치하도록 하는 입법의무가 헌법해석상 도출되지는 않는다고 보았으며(2012헌마840), 시각장애인을 위한 점자형 선거공보의 작성을 임의사항으로 하면서 그 면수를 한정한 것이라든가, 책자형 선거공보에 음성으로 출력되는 전자적 표시가 있는 경우 점자형 선거공보의 작성을 생략할 수 있도록 한 것은 입법재량의 범위에 속하므로 선거권 침해는 아니라고 보았다(2012헌마913·2016헌마548).

헌재 2009. 10. 29. 2007헌마1462 : "[재판관 김희옥·김종대·민형기·목영준·송두환의 위헌의견] 이 사건 법률조항은 '금고 이상의 형을 선고받고 선거일 현재 그 집행이 종료되지 아니한 자'에 해당할 때 당해 선거에서의 선거권을 제한하는 규정이므로, 이 사건 법률조항으로 인한 선거권 등 기본권의 침해(의) … 구체적인 사유발생일은 선거일이라 할 것이다. [재판관 이공현·조대현·이동흡의 기각의견] 선거권은 헌법 이전에 존재하는 생래적·천부적인 '자연권'이 아니라 특정 공동체 내의 헌법에 의하여 창설되거나 인정된 '실정권'으로서, 어떠한 경우에도 제한이 불가능한 절대적인 권리라고는 할 수 없다. … 형법 규정에 상응하여 수형자에 대하여 선거권을 인정하지 아니하고 있는 이 사건 법률조항은 반사회적 행위를 한 중범죄자에 대한 형사적 제재의 성격을 가지고 있다고 할 것인데, 어떤 범죄를 어떻게 처벌할 것인가 하는 문제, 즉 법정형의 종류와 범위의 선택은 … 입법자가 결정할 사항으로서 광범위한 입법재량 내지 형성의 자유가 인정되어야 할 분야이다. … '금고 이상의 선고형'이라는 기준은 이러한 기본권제한을 정당화할 만큼 중대한 기준이 된다고 할 것이다. [재판관 이강국의 각하의견] 이 사건 법률조항은 형법 제43조 제2항의 효과를 반영한 것이므로 이로 인한 선거권 제한 등 기본권 침해 사유 역시 형법 제43조 제2항에서와 마찬가지로 판결이 확정된 때 발생한다 할 것이다(헌재 2004. 3. 25. 2002헌마411 참조)."

헌재 2014. 1. 28. 2012헌마409등 : "선거권을 제한하는 입법은 선거의 결과로 선출된 입법자들이 스스로 자신들을 선출하는 주권자의 범위를 제한하는 것이므로 신중해야 한다. … 집행유예자와 수형자의 선거권 제한은 범죄자가 범죄의 대가로 선고받은 자유형의 본질에서 당연히 도출되는 것이 아니므로, 범죄자의 선거권 제한 역시 보통선거원칙에 기초하여 필요 최소한의 정도에 그쳐야 한다(헌재 2009. 10. 29. 2007헌마1462의 위헌의견). … 심판대상조항의 적용대상은 상대적으로 가벼운 범죄를 저지른 사람에서부터 매우 심각한 중범죄를 저지른 사람에 이르기까지 아주 다양하고, 과실범과 고의범 등 범죄의 종류를 불문하며, 범죄로 인하여 침해된 법익이 국가적 법익인지, 사회적 법익인지, 개인적 법익인지 그 내용 또한 불문하고 있다. … 보통선거의 원칙과 선거권 보장의 중요성을 감안할 때 … 범죄의 경중을 전혀 고려하지 않고 수형자와 집행유예자 모두의 선거권을 제한하는 것은 침해의 최소성 원칙에 어긋난다."

헌재 2014. 7. 24. 2009헌마256등 : "전국을 단위로 선거를 실시하는 대통령선거와 비례대표 국회의원선거에 투표하기 위해서는 국민이라는 자격만으로 충분한 데 반해, 특정한 지역구의 국회의원선거에 투표하기 위해서는 '해당 지역과의 관련성'이 인정되어야 한다. … 주민등록과 국내거소신고를 기준으로 지역구국회의원선거권을 인정하는 것은 해당 국민의 지역적 관련성을 확인하는 합리적인 방법이다. … 입법자는 재외선거제도를 형성하면서 … 종합적으로 고려하여 재외선거인에게 국회의원의 재·보궐선거권을 부여하지 않았다고 할 것이고, 이와 같은 선거제도의 형성이 현저히 불합리하거나 불공정하다고 볼 수 없다. … 헌법 제72조의 중요정책 국민투표와 헌법 제130조의 헌법개정안 국민투표는 대의기관인 국회와 대통령의 의사결정에 대한 국민의 승인절차에 해당한다. 대의기관의 선출주체가 곧 대의기관의 의사결정에 대한 승인주체가 되는 것은 당연한 논리적 귀결이므로, 국민투표권자의 범위는 대통령선거권자·국회의원선거권자와 일치되어야 한다. … 국회의원선거권자인 재외선거인에게 국민투표권을 인정하지 않은 것은 국회의원선거권자의 헌법개정안 국민투표 참여를 전제하고 있는 헌법 제130조 제2항의 취지에도 부합하지 않는다. … 입법자가 재외선거제도를 도입하면서 … 인터넷투표방법이나 우편투표방법을 채택하지 아니하고 원칙적으로 공관에 설치된 재외투표소에 직접 방문하여 투표하는 방법을 채택한 것이 현저히 불공정하고 불합리하다고 볼 수는 없으므로, 재외선거 투표절차조항은 … 선거권을 침해하지 아니한다."

헌재 2007. 6. 28. 2005헌마772 : "국외의 구역을 항해하는 선박에 장기 기거하는 선원들 … 선거관리의 효율성과 선거의 공정성을 담보할 수 없다는 점에서 … 선거권을 행사할 방법을 마련하는 것을 포기하고 있는 것 … 선장의 감독 아래 각 선박에 지정된 모사전송(팩스) 시스템을 이용하여 투표의 내용을 송신한다면 투표의 결과가 왜곡되거나 잘못 전달될 가능성이 적고, 모사전송에 따른 송신비용 외에 추가적으로 비용이 더 들게 되는 것도 아니다. … 선장의 법률상 중요한 지위와 책임에 비추어, 선원들에 대한 지휘·감독이 적정하게 이루어진다면 선원들의 이러한 투표행위는 공정하게 수행될 수 있고 … 엄격한 처벌규정 등 효과적인 제재수단을 마련한다면 투표내용이 공개되는 것을 방지할 수도 있을 것 … 비밀선거는 선거인이 누구를 선택하였는지 제3자가 알지 못하도록 하는 상태로 투표하는 것을 말하는데 … 전송과정에서 투표의 내용이 직·간접적으로 노출되어 비밀선거원칙이 침해될 우려가 있다 (하더라도) … 보통선거원칙에 따라 선원들이 선거권을 행사할 수 있도록 충실히 보장하기 위한 불가피한 측면 … 비밀선거의 원칙에 일부 저촉되는 면이 있다 하더라도 … '선거권' 내지 '보통선거원칙'과 '비밀선거원칙'을 조화적으로 해석하여 이들 관계를 합리적으로 조정할 필요가 있다. … 직접선거의 원칙은 선거 결과가 선거권자의 투표에 의하여 직접 결정될 것을 요구하는 것인데(헌재 2001. 7. 10. 2000헌마91등), 이러한 선상투표도 선거권자가 직접 의사결정을 하고 단지 그 송부만이 모사전송 시스템에 의하여 이루어지는 것이므로, 직접선거원칙에 위배되는 것이 아니다."

헌재 2001. 6. 28. 2000헌마111 : "보통선거라 함은 … 제한선거에 대응하는 것으로 … 일정한 연령에 달한 모든 국민에게 선거권을 인정하는 제도를 말한다. … 연령에 의하여 선거권을 제한할 수밖에 없는 것은 … 선거권행사는 일정한 수준의 정치적인 판단능력이 전제되어야 하기 때문이다. … 선거권 연령을 20세 이상으로 정한 (것이) … 18～19세 국민들의 평등권과 선거권을 침해하는지 여부 … 우리 헌법이 선거의 기본원칙 중 하나로 채택하고 있는 보통선거제도는 일정한 연령에 이르지 못한 국민에 대하여 선거권을 제한하는 것을 당연한 전제로 삼고 있다. … 대학진학과 취업을 앞둔 고등학교에 재학 중인 학생 일부를 정치에 참여케 하는 선거권 부여는 교육상 바람직하지 않는 것으로 보인다. … 18～19세의 미성년자들은 부모나 보호자에게 의존하므로 이러한 미성년자의 정치적 의사표현은 독자적인 판단에 의한 바람직한 결과가 나타나지 않을 수도 있다. … 선거권과 공무담임권의 연령을 어떻게 규정할 것인가는 입법자가 입법목적 달성을 위한 선택의 문제이고 입법자가 선택한 수단이 현저하게 불합리하고 불공정한 것이 아닌 한 재량에 속하는 것이다."

헌재 2013. 7. 25. 2012헌마174 : "19세 이상의 국민에게만 대통령 및 국회의원의 선거권을 인정한 이 사건 법률조항이 합리적 이유 없는 자의적인 입법으로서 19세 미만인 국민의 선거권이나 평등권을 침해하는지 여부 … 국민이 정치적인 판단을 할 수 있는 능력이 있는지 여부를 판단할 때 민법상 행위능력의 유무도 중요한 기준이 될 수 있다. 19세 미만으로서 아직 고등학교를 졸업하지 못한 학생들은 … 부모나 교사 등 보호자에게 어느 정도 의존할 수밖에 없는 상황 … 그러한 의존성으로 말미암아 정치적 판단이나 의사표현이 왜곡될 우려도 있다. … 입법자는 (위와 같은) 미성년자의 정신적·신체적 자율성의 불충분 외에도 교육적인 측면에서 예견되는 부작용 … 등을 종합적으로 고려하여, 중등교육을 마칠 정도의 연령인 19세 이상의 국민에게만 선거권을 인정하기로 한 것이다. … 입법자가 19세 이상으로 선거권 연령을 정한 것이 현저하게 불합리하거나 자의적이어서 입법형성권의 재량의 범위를 일탈한 것이라고는 볼 수 없다. … 다른 법령들이 그 입법취지에 따라 19세 미만인 사람에게도 일정한 능력(근로능력, 단순공무 처리능력, 군 복무능력 등)을 인정하고 있다고 하여 선거권 연령을 19세 이상으로 정한 것이 반드시 불합리하다고 볼 수 없다."

헌재 2005. 4. 28. 2004헌마219 : "(국회의원선거) 피선거권을 … 부여하기 위한 연령기준을 정하는 문제는 … 입법자가 정책적으로 결정할 사항 … 국민의 공무담임권과 평등권 등이 침해될 수 있으므로 … 달성하려는 공익과 그로 인한 기본권에 대한 제한 사이에 서로 균형과 조화를 이루도록 적정하게 정해져야 한(다). … 정치적 대의능력과 전문적인 정책결정능력의 구비 … 대의기관으로서 국회의원은 … 국민의 의사를 국가의 의사결정에 반영하고 국정을 감시하며 통제하여야 할 국민의 대표자로서의 지위를 가짐과 동시에, 국회의 구성원으로서 국가의사의 결정과정에 적극적으로 참여할 책임을 부담하는 헌법기관으로서의 지위를 아울러 가지므로 … 통상적인 대의기관으로서의 자격과 능력을 넘는 국회의원의 권한과 책임에 상응하는 강화된 정치적 인식능력과 대의적 활동능력에 대한 요구가 필연적으로 요청된(다). … 교육기본법이 정하는 정규의 … 교육과정을 수료하거나 또는 이러한 정규교육과정을 대체하는 직·간접적인 경험을 충분히 쌓을 수 있는 일정한 연령에 도달하는 때에는 이러한 능력을 갖추고 있다고 판단 … 공선법 제49조(의) … 자료제출요구는 … 성실히 납세의무를 이행하였을 것과 … 병역의무를 성실히 수행하였을 것을 … 기대하고 요청하는 것 … 평균적인 국민이 독자적인 경제생활의 주체로서 경제활동을 영위할 수 있고, 남자의 경우 자신의 신체적 능력에 부합하는 병역의무를 성실히 수행할 수 있는 연령과 기간이 고려되어야 한다. … 국회의원의 피선거권행사 연령을 25세 이상으로 정한 이 사건 법률조항은 입법자의 입법형성권의 범위와 한계 내의 것(이다)."

헌재 2013. 8. 29. 2012헌마288 : "지방의회의원 또한 주민에 의하여 직접 선출된 선출직공무원이자 주민의 의사를 대표하고 자치사무에 관한 의사결정권한을 가지는 지방의회의 구성원으로서의 지위를 가진다. 따라서 국회의원 및 지방의회의원의 피선거권행사 연령을 정함에 있어서도 국회의원 및 지방의회의원의 지위와 직무에 상응하는 대의능력과 전문적인 지식을 갖추고 있는지 여부가 중요한 기준이 된다. … 지방자치제도가 지방에 관한 사무를 주민이 직접 선출한 기관을 통하여 스스로 처리하게 하는 제도라고 하더라도, 주민의 의사를 대표하는 대의기관으로서의 지방의회의원의 지위와 권한, 복잡화되고 전문화되어 가는 지방자치단체의 사무, 지방자치행정의 민주성과 능률성 제고, 지방의 균형 있는 발전 및 국가의 민주적 발전을 도모하고자 하는 지방자치제도의 의의나 기능 등을 고려할 때, 지방의회의원의 피선거권행사 연령이 반드시 국회의원의 피선거권행사 연령보다 낮아야 한다고 보기 어렵다. … 입법자가 국회의원 및 지방의회의원에게 요구되는 능력 및 이러한 능력을 갖추기 위하여 요구되는 교육과정 등에 소요되는 최소한의 기간, 선출직공무원에게 납세 및 병역의무의 이행을 요구하는 국민의 기대와 요청을 고려하여 국회의원 및 지방의회의원의 피선거권행사 연령을 25세 이상으로 정한 것은 합리적이고 입법형성권의 한계 내에 있으므로 25세 미만인 사람의 공무담임권 및 평등권을 침해한다고 볼 수 없다."

[106] 기탁금의 헌법적 한계 보통선거원칙 위배 여부가 문제되는 또 다른 사례가 과도한 기탁금 및 그 반환기준의 문제이다. 헌법재판소는 일찍이 국회의원선거법에서 정당추천 후보자와 무소속 후보자에 대해 각각 1,000만 원과 2,000만 원의 기탁금을 납부하도록 하고, 그 반환기준을 유효투표총수의 3분의 1로 정한 것은 보통선거원칙에 위배된다고 결정(헌법불합치)했다(88헌가6)(시·도의회의원 후보자에 대한 700만 원의 기탁금규정은 헌법에 합치하지 아니함[91헌마21]). 이어 헌법재판소는 개정된 선거법이 국회의원선거 입후보자에게 2,000만 원의 기탁금을 납부하도록

하고, 그 반환기준을 유효투표총수의 100분의 20으로 정한 것은 **민주주의원리**(다원주의)에 반하여 국민의 **피선거권을 침해**한 것이라고 결정(위헌)했다(2000헌마91등)(앞 [70] 참조). 그런데 헌법재판소는 국회의원선거 입후보자에게 1,500만 원의 기탁금을 납부하도록 하고, 그 반환기준을 유효투표총수를 후보자수로 나눈 수 또는 유효투표총수의 100분의 15로 정한 입법자의 결정은 헌법적 한계를 벗어나지 않았다고 보았다(2001헌마687등). 대의기관의 **민주적 정당성 확보**를 위한 **입후보자수 제한**의 필요성을 적극적으로 인정하면서, 그 액수가 근로자의 평균임금에 비추어 과다한 것이 아니라고 판단했기 때문이다. 그리하여 헌법재판소는 시·도지사선거에서 5천만 원, 자치구·시·군의 장 선거에서 1천만 원, 시·도의회의원선거에서 300만 원, 자치구·시·군의회의원선거에서 200만 원의 기탁금을 각각 납부하도록 한 것 및 그 반환기준 또한 헌법에 위반되지 않는다고 보았다(91헌마44·95헌마108·2002헌마383등). 아울러 **기탁금 반환기준**(및 선거비용 보전기준)을 대통령선거나 지역구국회의원선거와 마찬가지로 지역구지방의회의원선거에서도, 유효투표총수의 100분의 15 이상 득표 시 전액(반환 또는 보전), 유효투표총수의 100분의 10 이상 100분의 15 미만 득표 시 반액(반환 또는 보전)으로 각각 규정한 것도 **평등원칙**에 위배되지 않는다(입법정책의 문제로서 완화된 심사기준 적용)고 보았다(2010헌마542·2008헌마491). 한편, 대통령선거 입후보자에 대한 3억 원의 기탁금은 입법재량의 범위를 일탈한 과다한 금액이 아니라고 보았지만(92헌마269등), 5억 원의 기탁금은 입법재량의 범위를 벗어나 공무담임권(피선거권)을 침해하는 것이라고 보았다(2007헌마1024). **대통령선거**에서는 후보자난립의 방지와 선거비용 중 일부 담보(예납)라는 입법목적보다는 그 **특별한 정치적 의미**에 비추어 "후보예정자의 참정권과 정치적 의사표현의 자유"를 보장하는 것이 훨씬 중요하다고 판단했기 때문이다. 최근에는 비례대표국회의원후보자 1명당 1,500만 원의 기탁금규정과 그 반환기준도 정당활동의 자유와 공무담임권(피선거권)을 침해하는 것이라고 결정했다(2015헌마509등)(앞 [19], [70] 참조). 그 밖에 헌법재판소는 **예비후보자**에 대한 기탁금규정(당해 선거 기탁금의 100분의 20)이 공무담임권(피선거권)을 침해하지 않는다고 보았으며(2010헌마79·2012헌마402), 그 **기탁금 반환사유**를 예비후보자의 사망, 당내경선 탈락으로 한정한 것(질병을 반환사유에서 배제한 것)이 재산권을 침해하지 않는다고 보았다(2012

헌마568). 또, 선거범죄로 당선이 무효로 된 자에게 이미 반환받은 기탁금(및 보전 받은 선거비용)을 재 반환하도록 한 것도 재산권을 침해하지 않는다고 보았다(2010헌바232·2012헌마581·2015헌마548). 요컨대 헌법재판소는 과도한 기탁금규정은 보통선거원칙 내지 민주주의원리(다원주의) 위배 및 공무담임권(피선거권) 침해 여부의 문제로, 기탁금 반환기준(및 선거비용 보전기준)은 평등원칙 위배 여부의 문제로, 기탁금 반환사유의 한정이나 기탁금(및 보전 받은 선거비용)의 재 반환은 재산권 침해 여부의 문제로 각각 보고 있다.

헌재 2003. 8. 21. 2001헌마687등 : "지역구국회의원선거의 … 기탁금의 액수와 그 반환의 요건을 정하는 문제는 … 입법자가 정책적으로 결정할 사항이다. 그러나 … 기탁금액은 기탁금제도에 의하여 달성하려는 공익목적과 그로 인한 기본권제한 사이에 균형과 조화를 이루도록 적정하게 책정되어야 하는 헌법적 한계가 있다. … 국회의원선거에 있어서는 당선자로 하여금 그 권한에 상응하는 민주적 정당성을 확보하게 하고, 이로써 정국의 안정을 가져오는 것이 무엇보다도 중요하다고 할 것이므로 … 입후보자의 수를 적정한 범위로 제한하는 것이 반드시 필요하다. 그런데 이를 위하여 유권자의 추천을 요구한다거나 절대다수대표제 또는 결선투표제를 도입하는 것을 생각할 수 있는데, 유권자의 추천을 받는 과정에서 사실상 사전선거운동이 행해져 선거가 과열 또는 혼탁하게 될 위험성이 클 뿐 아니라, 진지하지 못한 추천이 남발될 위험이 있고, 결선투표제나 절대다수투표제도 결국 선거의 반복으로 이어져 국민의 경제적 부담을 가중시키게 되므로 쉽게 채택할 것이 못된다. … 입후보요건으로 후보자에게 기탁금의 납부를 요구하는 것은 필요불가결하다. … 1,000만 원에서 2,000만 원 정도의 비교적 높은 기탁금수준에서 후보자의 수가 4명 내지 5명 정도로 고정되는 경향을 보이고 있어, 1,500만 원의 기탁금은 기탁금제도의 목적과 취지를 실현하는 데 적절하고도 실효적인 범위 내의 금액으로 보이고 … 통상적인 평균임금을 수령하는 도시근로자가 그 임금을 6개월 정도, 금융·보험업에 종사하는 근로자의 경우에는 3개월 정도 저축하면 마련할 수 있는 정도의 금액에 해당하는 것으로 나타나고 있어 과다한 금액의 설정이라고 단정하기도 어렵다. … 진지하게 입후보를 고려하는 자가 입후보를 포기할 정도로 반환기준이 높아서는 안 될 헌법적 한계 … 유효투표총수를 후보자수로 나눈 수 또는 유효투표총수의 100분의 15 이상으로 정한 기탁금 반환기준은 입법자의 기술적이고 정책적 판단에 근거한 것으로서 현저히 불합리하거나 자의적인 기준이라고 할 수 없다."

헌재 1995. 5. 25. 92헌마269등 : "대통령선거는 국가의 원수이자 행정부의 수반으로서 국가의 독립, 영토의 보전, 국가의 계속성과 헌법을 수호할 책무를 지는 가장 중요한 국가권력 담당자인 대통령을 선출하는 것이므로 후보난립으로 인한 폐해가 다른 어느 선거에서 보다 큰 점을 고려하면 무분별한 후보난립을 방지할 필요성은 매우 절실하다고 할 수 있으며 … 그(선거) 비용 중 일부인 위 선거인명부 및 부재자신고인명부의 사본작성비용과 불법시설물 등에 대한 대집행비용 및 국고부담연설비용을 기탁금에서 공제하도록 하는 것이 불합리하다고 할 수도 없다. 그러므로 대통령선거에서 후보난립을 방지하고 선거비용 중 일부를 예납하도록 하기 위한 위 기탁금제도는 그 기탁금액이 과다하지 않는 한 헌법상 허용된(다). … 기탁금 3억 원은 대통령선거에서 기탁금제도의 목적달성에 필요한 금액을 넘지 아니하고 입후보하려는 국민의 기본권의 본질적 내용을 침해하는 정도에 이르지도 아니하여 입법재량의 범위를 일탈한 과다한 금액이라고 할 수 없(다)."

헌재 2008. 11. 27. 2007헌마1024 : "공직취임 기회를 제한하는 기탁금 액수가 과다하여 공무담임권을 침해하는지 여부 … 대통령선거에 입후보한다는 것은 그 당락을 떠나서 정치적 쟁점을 공론화하고 시민의 참여와 국민토론의 장을 마련한다는 의미도 지니며, 이는 국정의 현안에 대한 진지한 관심을 제고시키고 능력 있는 정치인을 육성하는 계기가 된다. 그러므로 후보자난립 방지를 위하여 기탁금제도를 두더라도 후보예정자의 참정권과 정치적 의사표현의 자유를 과도하게 제약하지 않는 한도 내에서 입법자의 정책적 재량이 행사되어야 한다. … 주요정당의 경우 정기적으로 지급되는 국고보조금을 받으므로 그러한 정당추천 후보예정자의 경우 5억 원의 기탁금 마련이 가능할 것이나 … 군소정당의 추천을 받을 후보예정자이거나 무소속 후보예정자의 경우 … 5억 원 마련은 사실상 어려울 것이다. … 헌법재판소는 1995. 5. 25. 92헌마269등 결정에서 대통령선거에 3억 원의 기탁금 … 합헌으로 결정하였다. 그런데 당시의 선거법은 기탁금으로 선거인명부 및 부재자신고인명부의 사본작성비용을 부담하도록 하였으며, TV와 라디오를 통한 … 연설비용을 국가가 부담하도록 하였(으므로) … 그러한 선거비용의 담보를 위해 기탁금이 3억 원이 되어야 할 필요성이 있었다. … 그런데 현행 공직선거법에서는 선거인명부 작성비용을 기탁금으로 부담하게 하는 제도가 폐지되었고 선거방송비용도 … 전적으로 후보자 개인부담이 된다. … 기탁금 액수가 종전과 같이 3억 원이 되어야 할 필요성은 오히려 약해졌는데도 기탁금이 5억 원으로 증가되어 있고, 또 기탁금이 반환되는 유효투표수 득표율도 종전은 7% 이상이었으나, 현행 공직선거법은 15% 이상(전부 반환) 혹은 10% 이상 15% 미만(절반만 반환)이어야 하므로 반환조건은 더 엄격해졌다. … 기탁금이 3억 원일 때 후보자가 난립되었으므로 기탁금 액수를 더 상향하여야 한다거나, 그 정도의 상향은 물가인상으로 인한 것이라고 볼 수도 없다. … 입법자에게 허용된 재량의 범위를 넘어선 것이다."

[107] 평등선거·직접선거·비밀선거·자유선거원칙 **평등선거**란 차등선거·불평등선거에 대응하는 용어로서 모든 선거인이 1표씩을 행사할 뿐 아니라, 1표의 가치도 평등해야 한다는 선거의 기본원칙을 지칭한다(헌§41①·§67①). 특히, 투표가치의 평등과 관련해서는 **선거구 인구편차의 허용범위**가 문제로 제기되고 있다. 헌법재판소는 **국회의원 지역선거구**의 경우, 애당초 전국 선거구의 평균인구수를 기준으로 "인구편차 상하 60%(최대·최소선거구 4:1 기준)"를 적용했으나(95헌마224등), 이어 "인구편차 상하 50%(최대·최소선거구 3:1 기준)"로 강화했으며(2000헌마92등), 현재에는 "인구편차 상하 33⅓%(최

대·최소선거구 2:1 기준)"를 적용하고 있다(2012헌마192등)(앞 [70] 참조). 그러나 지방의회의원 지역선거구의 경우, 광역지방의회의원(시·도의회의원) 선거구와 기초지방의회의원(자치구·시·군의회의원) 선거구 모두 평균인구수 기준 "인구편차 상하 60% (최대·최소선거구 4:1 기준)"를 적용하고 있다(2005헌마985등·2006헌마14·2010헌마282). 그 밖에 헌법재판소는 정당추천 후보자와 무소속 후보자의 기탁금을 각각 1,000만 원과 2,000만 원으로 차등을 둔 것은 평등선거원칙에 위배된다고 보았으며(88헌가9)(앞 [93] 참조), 1인1표제 비례대표의석 배분방식은 무소속 지역구후보자에 대한 투표의 경우 투표가치의 불평등이 발생하므로(비례대표의원의 선출에 기여하지 못함) 역시 평등선거원칙에 위배된다고 보았다(2000헌마91등). 직접선거란 간접선거에 대응하는 용어로서 선거결과가 선거인의 투표에 의하여 직접 결정되어야 한다는 선거의 기본원칙을 지칭한다(헌§41①·§67①). 헌법재판소는 1인1표제 비례대표의석 배분방식은 선거인의 투표로써 정당의 의석배분을 직접 결정할 수 없으므로 직접선거원칙에 위배된다고 보았지만(2000헌마91등), 모사전송(팩스) 시스템에 의한 선상투표는 직접선거원칙에 위배되지 않는다고 보았다(2005헌마772)(앞 [105] 참조). 비밀선거란 공개선거에 대응하는 용어로서 선거인의 의사결정 및 투표내용이 제3자에게 알려져서는 안 된다는 선거의 기본원칙을 지칭한다(헌§41①·§67①). 헌법재판소는 상술한 선상투표는 비밀선거원칙에 저촉될 우려가 없지 않으나, 이는 보통선거원칙에 따른 선거권행사의 보장을 위해 불가피한 측면이라고 했다(2005헌마772)(앞 [105] 참조). 헌법재판소는 대통령선거에서 여론조사결과의 공표를 일정 기간 금지한 것이라든가, 선거여론조사의 실시 전 그 주요사항을 사전에 신고하도록 한 것은 언론·출판의 자유(헌§21①)를 침해하지 않는다고 보았다(97헌마362·2014헌마360). 자유선거란 강제선거에 대응하는 용어로서 선거에의 참여가 강제되어서는 안 된다는 선거의 기본원칙을 지칭한다. 현행헌법은 이를 명시적으로 규정하지는 않았지만, 헌법재판소는 이를 "민주국가의 선거제도에 내재하는 법 원리"로 인정하고 있다(93헌가4등·92헌바29). 그리하여 헌법재판소는 국회의원 재·보궐선거에서 대표성 확보를 위해 최소투표율제를 강제적 수단으로써 도입할 경우 자유선거원칙에 위배될 우려가 있음을 지적하고 있다(2003헌마259등).

헌재 1995. 12. 27. 95헌마224등 : "평등선거의 원칙은 평등의 원칙이 선거제도에 적용된 것으로서 투표의 수적 평등, 즉 복수투표제 등을 부인하고 모든 선거인에게 1인1표(one man, one vote)를 인정함을 의미할 뿐만 아니라, 투표의 성과가치의 평등, 즉 1표의 투표가치가 대표자 선정이라는 선거의 결과에 대하여 기여한 정도에 있어서도 평등하여야 함(one vote, one value)을 의미한다. … 선거구의 획정에 있어서는 인구비례의 원칙을 '가장 중요하고 기본적인 기준'으로 삼아야 한다. [재판관 김용준·김진우·김문희·황도연·신창언의 의견] 국회의원의 선거에 관한 한, 전국 선거구의 평균인구수(전국의 인구수를 선거구수로 나눈 수치)에 그 100분의 60을 더하거나 뺀 수를 넘거나 미달하는(즉, 상하 60%의 편차를 초과하는) 선거구가 있을 경우에는, 그러한 선거구의 획정은 국회의 합리적 재량의 범위를 일탈한 것으로서 헌법에 위반된다. … 선거구구역표는 각 선거구가 서로 유기적으로 관련을 가짐으로써 한 부분에서의 변동은 다른 부분에도 연쇄적으로 영향을 미치는 성질을 가지며, 이러한 의미에서 선거구구역표는 전체가 '불가분의 일체'를 이루는 것(이므로) … 일부 선거구의 선거구획정에 위헌성이 있다면 선거구구역표의 전부에 관하여 위헌선언을 하는 것이 상당하다."

헌재 2001. 10. 25. 2000헌마92등 : "특정 지역의 선거인들이 자의적인 선거구획정으로 인하여 정치과정에 참여할 기회를 잃게 되었거나, 그들이 지지하는 후보가 당선될 가능성을 의도적으로 박탈당하고 있음이 입증되어 특정 지역의 선거인들에 대하여 차별하고자 하는 국가권력의 의도와 그 집단에 대한 실질적인 차별효과가 명백히 드러난 경우, 즉 게리맨더링에 해당하는 경우에는, 그 선거구획정은 입법재량의 한계를 벗어난 것으로서 헌법에 위반된다고 할 것이다. … 우리 재판소가 선거구획정에 따른 선거구간의 인구편차의 문제를 다루기 시작한지 겨우 5년여가 지난 현재의 시점에서 너무 이상에 치우친 나머지 현실적인 문제를 전적으로 도외시하기는 어렵다고 할 것이므로, 이번에는 평균인구수 기준 상하 50%의 편차를 기준으로 위헌 여부를 판단하기로 한다. … 추후 재선거 또는 보궐선거가 실시될 경우 국회의원지역선거구 구역표가 존재하지 아니하게 되는 법의 공백이 생기게 될 우려가 큰 점 및 국회의 동질성 유지나 선거구구역표의 변경으로 인한 혼란을 방지하기 위하여도 … 입법자가 2003. 12. 31.을 시한으로 이 사건 선거구구역표를 개정할 때까지 이 사건 선거구구역표의 잠정적 적용을 명하는 헌법불합치결정을 하기로 한다."

헌재 2007. 3. 29. 2005헌마985등 : "시·도(의회)의원 지역선거구의 획정에는 인구 외에 행정구역·지세·교통 등 여러 가지 조건을 고려하여야 하므로, 그 기준은 선거구 획정에 있어서 투표가치의 평등으로서 가장 중요한 요소인 인구비례의 원칙과 우리나라의 특수사정으로서 시·도(의회)의원의 지역대표성 및 인구의 도시집중으로 인한 도시와 농어촌간의 극심한 인구편차 등 3개의 요소를 합리적으로 참작하여 결정되어야 할 것이며, 현시점에서는 (시·도 선거구 평균인구수) 상하 60%의 인구편차(상한 인구수와 하한 인구수의 비율은 4:1) 기준을 시·도(의회)의원 지역선거구 획정에서 헌법상 허용되는 인구편차기준으로 삼는 것이 가장 적절하다고 할 것이다. … 각 시·도에 해당하는 선거구구역표는 전체가 불가분의 일체를 이루는 것으로서 … 일부 선거구의 선거구획정에 위헌성이 있다면 각 시·도에 해당하는 선거구구역표 전부에 관하여 위헌선언을 하는 것이 타당(하다)."

헌재 2009. 3. 26. 2006헌마14 : "선거구당 2인 내지 4인의 의원을 선출하는 방식인 자치구·

시·군 선거구의 인구편차 비교방식에 있어서도 해당 선거구의 의원 1인당 인구수를 그 선거구가 속한 자치구·시·군의회의원 1인당 평균인구수(각 자치구·시·군의 인구수÷의원수)에 비교하는 방식이 더욱 간명하고 평등의 원칙에 부합한다. 자치구·시·군의회의원 선거구 획정에는 인구 외에 행정구역·지세·교통 등 여러 가지 조건을 고려하여야 하므로, 그 기준은 투표가치의 평등으로서 가장 중요한 요소인 인구비례의 원칙과 우리나라의 특수한 사정으로서 자치구·시·군의회의원의 지역대표성 및 인구의 도시집중으로 인한 농어촌 간의 극심한 인구편차 등 3개의 요소를 합리적으로 참작하여 결정되어야 할 것인바, 이러한 점에서 자치구·시·군의회의원 선거구 획정에서는 국회의원 선거구 획정에서 요구되는 기준보다 더 완화된 인구편차 허용기준을 적용하는 것이 타당하고, 인구비례·지역대표성 등 고려할 사정이 유사한 시·도의회의원 선거구 획정에서의 선례 또한 평균인구수로부터 상하 60%의 편차를 허용기준으로 삼았으므로, 이와 동일한 기준에 따르는 것이 상당하다."

헌재 2001. 7. 19. 2000헌마91등 : "직접선거의 원칙은 선거결과가 선거권자의 투표에 의하여 직접 결정될 것을 요구하는 원칙이다. … 국회의원의 선출이나 정당의 의석획득이 중간선거인이나 정당 등에 의하여 이루어지지 않고 선거권자의 의사에 따라 직접 이루어져야 함을 의미한다. … 비례대표제를 채택하는 한 직접선거의 원칙은 의원의 선출뿐만 아니라 정당의 비례적인 의석확보도 선거권자의 투표에 의하여 직접 결정될 것을 요구하는 것이다. … 현행 비례대표의석배분방식은 선거권자들의 투표행위로써 정당의 의석배분, 즉 비례대표국회의원의 선출을 직접, 결정적으로 좌우할 수 없으므로 직접선거의 원칙에 위배된다. … 현행 비례대표의석배분방식에서, 어떤 선거권자의 지역구후보자에 대한 투표는 지역구의원의 선출에 기여함과 아울러 그가 속한 정당의 비례대표의원의 선출에도 기여하는 2중의 가치를 지니게 되는데 반하여, 어떤 선거권자가 무소속 지역구후보자를 지지하여 그에 대하여 투표하는 경우 그 투표는 그 무소속 후보자의 선출에만 기여할 뿐 비례대표의원의 선출에는 전혀 기여하지 못하므로 투표가치의 불평등이 발생한다. … 이런 점에서 현행 방식은 합리적 이유 없이 정당소속 후보자에게 투표하는 유권자와 무소속 후보자에게 투표하는 유권자를 차별하는 것이라 할 것이므로 평등선거의 원칙에 위배된다."

헌재 1998. 5. 28. 97헌마362 : "대통령선거에 관한 여론조사는 그것이 공정하고 정확하게 이루어졌다 하여도, 그 결과가 공표되게 되면 투표자로 하여금 승산이 있는 쪽으로 가담하도록 만드는 이른바 밴드왜건효과(bandwagon effect)나 이와 반대로 불리한 편을 동정하여 열세에 놓여 있는 쪽으로 기울게 하는 이른바 열세자효과(underdog effect)가 나타나게 되며, 결과적으로 선거에 영향을 미쳐 국민의 진의를 왜곡하고 선거의 공정성을 저해할 우려가 있으며, 더구나 선거일에 가까워질수록 … 이를 반박하고 시정할 수 있는 가능성은 점점 희박해진다고 할 것이므로, 대통령선거의 중요성에 비추어 선거의 공정을 위하여 선거일을 앞두고 … 선거에 관한 여론조사결과의 공표를 금지하는 것 자체는 … 위헌이라고 할 수 없다. 선거에 관한 여론조사결과의 공표금지기간을 어느 정도로 할 것인가는 … 입법부가 재량에 의하여 정책적으로 결정할 사항 … 대통령선거의 공정성을 확보하기 위하여 선거일공고일로부터 선거일까지의 선거기간 중에는 선거에 관한 여론조사의 결과 등의 공표를 금지하는 것은 필요하고도 합리적인 범위 내에서의 제한이라고 할 것이므로, 이 규정이 … 과잉금지의 원칙에 위배하여 언론·출판의 자유와 알 권리 및 선거권을 침해하였다고 할 수 없다."

헌재 2015. 4. 30. 2014헌마360 : "여론조사가 … 불공정하거나 부정확하게 이루어지고, 그러한 여론조사의 결과가 공표된다면 국민을 오도하는 결과가 되어 오히려 역기능을 초래하게 될 것이다. … 여론조사결과는 얼마든지 조작이 가능하고, 의도적으로 그렇게 하지 아니하더라도 … 그 결과가 각기 달리 나타나거나 정확도에서 많은 차이가 날 수도 있다. 따라서 여론조사의 실시 및 그 공표에 있어서 객관성 및 정확성을 확보하는 … 중요한 문제(를) 해결하기 위해서는 … 법령 등을 통하여 … 제도적 장치를 갖출 필요도 있다. … 군소 언론사로 하여금 선거여론조사를 실시하기 전에 그 여론조사의 주요사항을 사전에 신고하도록 하는 것은 선거관련정보의 수집·생성행위를 규제하는 것으로서 … 언론·출판의 자유를 제한한다. … 국민들의 선거관련정보에 대한 접근에 어떠한 영향을 준다고 하더라도 이는 어디까지나 사실적이고 간접적인 효과에 불과하다. 따라서 … 국민들의 알 권리를 제한한다고 볼 수는 없다. … 여론조사결과가 일단 공표·보도되면 매우 빠른 속도로 유권자의 의사에 영향을 미쳐 선거를 왜곡할 수 있으므로 … 사후적 조치만으로는 … 폐해를 실효적으로 제거하기 어렵다. 따라서 심판대상조항은 청구인들의 언론·출판의 자유를 침해하지 아니한다."

헌재 1994. 7. 29. 93헌가4등 : "자유선거의 원칙은 비록 우리 헌법에 명시되지는 않았지만 민주국가의 선거제도에 내재하는 법 원리인 것으로서 국민주권의 원리, 의회민주주의의 원리 및 참정권에 관한 규정에서 그 근거를 찾을 수 있다. 이러한 자유선거의 원칙은 선거의 전 과정에 요구되는 선거권자의 의사형성의 자유와 의사실현의 자유를 말하고, 구체적으로는 투표의 자유, 입후보의 자유, 나아가 선거운동의 자유를 뜻한다."

헌재 2003. 11. 27. 2003헌마259등 : "헌법상의 선거원칙은 보통·평등·직접·비밀선거이고 이에 자유선거의 원칙이 더해진다고 할 수 있다. … 재·보궐선거가 실시되는 해당 선거구의 모든 선거권자들에게 성별, 재산, 사회적 신분, 학력 등에 의한 제한 없이 모두 투표참여의 기회를 부여하고(보통선거), 그들의 투표가치에 경중을 두지 않고 선거권자 1인의 투표를 모두 동등한 가치를 가진 1표로 계산하며(평등선거), 선거결과가 중간 선거인이나 정당이 아닌 선거권자에 의해 직접 결정되고 있고(직접선거), 투표의 비밀이 보장되며(비밀선거), 강제투표가 아닌 자유로운 투표를 보장함으로써(자유선거) 헌법상의 선거원칙은 모두 구현되는 것이므로, 이에 더하여 선거의 대표성 확보를 위해 최소투표율제를 채택할 것까지 요구할 수는 없다. … 차등 없이 투표참여의 기회를 부여했음에도 불구하고 자발적으로 투표에 참가하지 않은 선거권자들의 의사도 존중해야 할 필요가 있다. … 최소투표율제도를 도입하게 되면 투표실시결과 그러한 최소투표율에 미달하는 투표율이 나왔을 때 그러한 최소투표율에 도달할 때까지 투표를 또 다시 실시하지 않을 수 없게 되는데, 그것을 막기 위해 선거권자들로 하여금 투표를 하도록 강제하는 과태료나 벌금 등의 수단을 채택하게 된다면 자발적으로 투표에 참가하지 않은 선거권자들의 의사형성의 자유 내지 결심의 자유를 부당하게 축소하고 그 결과로 투표의 자유를 침해하여 결국 자유선거의 원칙을 위반할 우려도 있게 된다(헌재 1994. 7. 29. 93헌가4등, 헌재 1995. 4. 20. 92헌바29 참조)."

[108] 선거구·대표제와 선거운동 자유(주체제한) **선거구와 대표제**에 관해서는 헌법의 위임에 따라 공직선거법이 선거의 종류별로 각기 다른 규정을 두고 있다(앞 [90] 참조). 헌법재판소는 국회의원선거에서의 소선거구 다수대표제와 정당명부식 비례대표제의 혼합대표제(병립제)는 선거의 대표성이나 평등권·선거권을 침해하지 않는다고 결정했다(2012헌마374). **선거운동의 자유**는 정치적 표현의 자유(헌§21①)의 한 태양(態樣)이자 선거과정에의 참여행위로서 선거권행사의 전제 내지 그 내용이 되는 것이므로 가급적 강하게 보장(그 제한입법에는 엄격한 심사기준이 적용)되어야 함이 원칙이다(93헌가4등)(앞 [70] 참조). 동시에, 선거운동의 기회균등을 보장(헌§116①)하는 선거공영제(헌§116②) 하에서, "**경제력 차이에 따른 불균형**이라는 폐해를 막고, **선거의 평온과 공정**을 해하는 결과의 발생을 방지함으로써, 선거의 자유와 공정의 보장을 도모"하기 위해서는, 선거운동의 주체·기간·방법 등에 대한 법적(공직선거법의) 규제가 불가피하게 요청될 수밖에 없다(99헌바92등)(앞 [70] 참조). 우선, 선거운동의 **주체상의 제한**과 관련하여, 공직선거법 제60조 제1항은 외국인, 미성년자, 선거권이 없는 자, 공무원 등은 원칙상 선거운동을 할 수 없다고 규정했다. 헌법재판소는 일반국민의 선거운동을 **포괄적·전면적**으로 **'금지'**한 데 대해서는 엄격한 심사기준(과잉금지원칙에 따른 비례성 심사)을 적용하여 기본권 침해라고 보았지만(93헌가4등), 선거운동의 **주체를 '차별'**한 데 대해서는 완화된 심사기준(자의금지원칙에 따른 합리성 심사)을 적용하여 판단하는 데 그치고 있다(예비후보자의 명함교부·지지호소 주체 차별[2010헌마259등·2011헌마267·2016헌마287], 선거방송토론회의 초청대상 차별[2007헌마1327등·2010헌마451]). 그 밖에 헌법재판소는 **정치적 중립성의 요청**을 논거로 들어, 교원의 선거운동을 금지하고 공무원의 정치운동(투표권유행위·기부금모집 등)을 금지한 것(2001헌마710·2009헌바298), 국민건강보험공단직원이나 사회복무요원의 선거운동을 금지한 것(2002헌마467·2016헌마252)은 기본권 침해가 아니라고 한다. 그러나 공무원이 그 지위를 이용하였는지 여부에 관계없이 선거운동의 기획행위를 일체 금지하는 것(2006헌마1096), 공무원의 지위를 이용하여 선거에 영향을 미치는 행위를 중한 법정형으로 처벌하는 것(2015헌바6)은 헌법에 위반된다고 보았다. 또, 미성년자(19세 미만의 자)의 선거운동의 자유를 인정하지 않은 것이라든가(2012헌마287), **단체의 선거운동**을 허용하지 않은 것(98헌마141), 비례대표국회의원후보자에게 공개장소에

서의 연설·대담을 허용하지 않은 것(2004헌마217·2012헌마311·2015헌마509등) 등은 기본권 침해가 아니라고 보았지만, 언론인의 선거운동을 금지한 것은 기본권 침해라고 보았다(2013헌가1).

헌재 2016. 5. 26. 2012헌마374 : "헌법 제41조 제3항은 '국회의원의 선거구와 비례대표제 기타 선거에 관한 사항은 법률로 정한다.'고 규정하여 선거제도의 내용에 관한 구체적인 결정을 국회의 입법에 맡기고 있다. … 입법자가 국회의원선거제도를 형성함에 있어 헌법 제41조 제1항에 명시된 보통·평등·직접·비밀선거의 원칙과 자유선거 등 국민의 선거권이 부당하게 제한되지 않는 한 헌법에 위반된다고 할 수 없다. … 현행 국회의원선거제도는 앞서 살펴본 바와 같이 대표형성을 위해 지역구에 대한 소선거구 다수대표제와 정당명부식 비례대표제를 혼합한 형태라고 할 수 있다. … 소선거구 다수대표제는 하나의 지역구에서 1인의 국회의원을 선출하도록 하는 것으로서 선거권자가 후보자를 직접 검증하여 선택할 수 있고, 양대 정당 중심으로 득표가 집중되어 의원내각제에서는 단일정당에 의해 행정부를 구성할 수 있으며, 대통령제에서는 그 정당에 의해 정책이 뒷받침될 수 있어 정치의 책임성과 안정성에 유리하다. 또한 소선거구 다수대표제에서는 의회 내 통합적 야당을 구성할 수 있어 행정부를 견제하는 데 있어서도 효율적일 수 있다. 그리고 소선거구 다수대표제 하에서 차 순위 후보자에 대한 득표가 사표로 됨으로써 정당에 대한 지지비율과의 괴리가 생길 수 있음이 지적되지만, 지역구국회의원선거는 정당에 대한 지지 여부 외에도 후보자인 인물에 대한 평가의 의미도 지니므로 이러한 결과가 반드시 불합리한 것이라고 할 수 없다. … 선거의 대표성이나 평등선거의 원칙 측면에서도 대체가능한 다른 선거제도와 비교하여 반드시 열등하다고 단정할 수 없다. … 비례대표선거제도를 통하여 정당에 대한 국민의사의 비례적 반영이 이루어질 수 있도록 하여, 지역구국회의원선거에서 소선거구 다수대표제를 채택함에 따라 발생하는 정당의 득표비율과 의석비율간의 차이를 보완하고 있다. … 소선거구 다수대표제를 규정하여 다수의 사표가 발생한다 하더라고 그 이유만으로 헌법상 요구된 선거의 대표성의 본질을 침해한다거나 … 평등권과 선거권을 침해한다고 할 수 없다."

헌재 1994. 7. 29. 93헌가4등 : "(구 대통령선거)법 제36조 제1항 본문은 '정당·후보자·선거사무장·선거연락소장·선거운동원 또는 연설원이 아닌 자는 선거운동을 할 수 없다.'고 규정하고 있다. … 선거의 공정성 확보와 질서의 유지를 위한 규제는 일반국민의 선거운동을 포괄적·전면적으로 금지하는 것이 되어서는 아니 된다. … 위 법률조항은 원칙적으로 전 국민에 대하여 선거운동을 금지한 다음 후보자의 가족·정당이나 후보자에 의하여 선임되어 선거관리위원회에 신고 된 극소수의 선거관계인들만이 선거운동을 할 수 있게 하고 있다. … 법은 선거운동의 기간을 제한 … 법정 선거운동방법 외의 일체의 선거운동을 금지 … 개개의 선거운동방법에 대하여도 상세히 규제 … 선거비용을 제한 … 금권의 개입을 봉쇄… 권력 기타 물리적인 불법행동을 저지 … 허위사실 유포 등을 처벌 … 이러한 규정들만으로도 그 법집행을 충실히 한다면 공정선거를 이루는 데 부족함이 없다 할 것인데도 이에 더하여 일반국민의 선거운동을 포괄적으로 금지한 것은 필요한 최소한도에 그쳐야 한다는 기본권제한의 원칙에 위배된 것이라 아니할 수 없다. … 선거의 공정성도 중요한 공익임에는 틀림없지만 주권자인 국민의 정치적 표현의 자유 또한 민주주의에서는 높은 가치를 지닌 기본권이다.

… 입법형성권의 한계를 넘어 국민의 선거운동의 자유를 지나치게 제한함으로써 국민의 참정권과 정치적 표현의 자유의 본질적 내용을 침해하는 것 … 헌법 제21조 제1항, 제24조의 각 규정에 위배되고 … 자유선거의 원칙에도 각 위반되는 요소가 많은 규정 … 대한민국 국민이 아닌 자라든가 미성년자와 같이 선거권이 없거나 일반국민들과는 달리 선거운동을 허용함으로써 선거의 공정성을 해칠 우려가 있는 일정 범위의 사람 즉, 공익을 대표하는 사람, 직무의 성질상 정치적 중립성이 요청되는 사람 등에게는 선거운동이 허용되어서는 아니된다 할 것이다."

헌재 2011. 8. 30. 2010헌마259등 : "예비후보자 외에 독자적으로 명함을 교부하거나 지지를 호소할 수 있는 주체를 (그) 배우자와 직계존·비속으로 제한 … 명함을 교부하거나 지지를 호소하는 선거운동 자체가 금지되는 것도 아니고, 예비후보자와 독자적으로 이를 행할 주체가 일정한 범위로 제한되는 것일 뿐 … 선거의 조기과열을 예방하고 공정성을 확보한다는 공익보다 더 크다고 보기 어(렵다). … 배우자나 직계존·비속이 있는 예비후보자와 배우자나 직계존·비속이 없는 예비후보자 간의 차별취급은 헌법에서 특히 차별을 금지하는 영역에 속하는 것이 아니고 … 피선거권 자체를 박탈하는 것이 아니라 예비후보자의 선거운동방법 중 … 명함을 교부하거나 지지를 호소할 수 있는 주체를 제한하는 것 … 관련 기본권에 대한 중대한 제한을 초래한다고 볼 수도 없으므로 … 차별취급에 합리적인 이유가 있는지 여부만을 심사하는 완화된 기준에 의하기로 한다. … 예비후보자의 배우자와 직계존·비속은 … 불가분의 선거운명공동체를 형성하여 활동하기 마련 … 이로 인하여 선거운동의 부당한 경쟁 및 후보자들 간의 경제력 차이에 따른 불균형이라는 폐해가 발생할 여지는 없다."

헌재 2013. 11. 28. 2011헌마267 : "예비후보자의 배우자가 그와 함께 다니는 사람 중에서 지정한 1명도 예비후보자의 명함을 교부하거나 예비후보자에 대한 지지를 호소할 수 있도록 허용 … 배우자가 있는 예비후보자와 배우자가 없는 예비후보자 간의 차별취급은 헌법에서 특별히 차별을 금지하는 영역에 속하는 것이 아니고 … 피선거권 자체를 박탈하는 것이 아니라 예비후보자의 선거운동방법 중 … 명함을 교부하거나 지지를 호소할 수 있는 주체를 정하는 것 … 관련 기본권에 대한 중대한 제한을 초래한다고 볼 수도 없으므로 … 차별취급에 합리적인 이유가 있는지 여부만을 심사하는 완화된 기준에 의하기로 한다. … 배우자가 그와 함께 다니는 1명을 지정함에 있어 아무런 범위의 제한을 두지 아니하고 … 예비후보자가 현역 국회의원이거나 유력한 명망가인 경우 … 선거운동원을 영입함에 있어 경제력이나 정치적 영향력의 차이에 따른 불균형을 심화 … 배우자의 유무라는 우연적인 사정에 근거하여 합리적 이유 없이 배우자 없는 예비후보자와 배우자 있는 예비후보자를 차별 취급함으로써 배우자 없는 청구인의 평등권을 침해한다."

헌재 2009. 3. 26. 2007헌마1327등 : "여론조사결과를 통해 선거방송토론위원회 초청대상 후보자를 제한하고 있는 이 사건 법률조항이 과잉금지원칙을 위배하여 청구인들의 선거운동의 자유 및 공무담임권을 침해하였다고 볼 수 없다. … 대통령선거 및 지역구국회의원선거 후보자 중 여론조사결과 지지율이 5% 이상인 후보자는 선거방송토론회에 초청받을 수 있는 반면 … 지지율이 5% 미만인 후보자는 위 토론회에 참석할 수 없게 되는 차별이 발생하였다. … 이 사건 법률조항은 선거운동의 방법과 기회를 제한하는 것으로서, 이는 헌법이 차별을 특히 금지하고 있는 영역이거나 차별적 취급으로 인하여 관련 기본권에 대한 중대한 제한을 초래하고 있다고 볼 수 없으므로, 완화된 심사원칙인 자의금지원칙에 따라 심사함이 타당하다. … 위와 같은 차별에는 이를 정당화할 수 있는 합리적인 이유가 있다고 할 것(이므로) … 평등권이나 선거운동의 기회균등을 침해하는 것으로 보기 어렵다."

헌재 2011. 5. 26. 2010헌마451 : "주된 선거방송대담·토론회의 참가가 제한되어 사실상 선거운동의 자유가 일부 제한 … 공무담임권을 제한하는 것이라고 볼 수 없다. … 헌법 제116조 제1항(이) … 헌법이 특별히 차별을 금지하고 있는 영역으로 볼 수 없고 … 입법자에게 선거운동에 관한 형성적 권한을 부여 … 이 사건 법률조항에 의하여 대담·토론회에 참가할 수 없게 된다 하더라도 … 중대한 기본권제한을 초래하는 것도 아니므로, 이 사건 법률조항에 대한 평등권 침해 여부를 심사함에 있어서는 … 완화된 합리성 심사에 의하는 것으로 족하다고 할 것이다. … 국회에 5인 이상의 소속의원을 가진 정당 또는 직전 선거에서 3% 이상을 득표한 정당이 추천한 후보자, 최근 4년 이내 선거에서 10% 이상을 득표하였거나 여론조사 결과 5% 이상의 지지율을 보여주는 후보자로 그 초청대상을 한정하고 있는 것을 두고 특별히 자의적인 기준이라거나 지나치게 엄격한 기준이라고 보기 어렵다 할 것이다."

헌재 2012. 7. 26. 2009헌바298 : "공선법 조항들은 '교육공무원 및 사립학교 교원'의 선거운동을 금지하는 조항이다. … 감수성과 모방성, 그리고 수용성이 왕성한 학생들에게 교육공무원이 미치는 영향이 매우 크고, 교육공무원의 활동은 근무시간 내외를 불문하고 학생들의 인격 및 기본생활습관 형성 등에 중요한 영향을 끼치는 잠재적 교육과정의 일부분인 점(헌재 2004. 3. 25. 2001헌마710 참조) 등을 고려할 때, 일률적인 금지 외에 위와 같은 제한적 입법으로 앞서 본 입법목적을 충분히 달성할 수 있을 것인지는 불분명하다. … 교육공무원 선거운동 금지조항에 의하여 달성하고자 하는 공무원 및 교육의 정치적 중립성과 선거의 형평성·공정성 확보라는 공익은 위와 같은 국민적 열망을 담고 있는 것으로서 특히 높은 가치를 지니고 있으므로 … 공익과 이로써 제한되는 기본권 사이에 현저한 불균형이 있다고 볼 수도 없다. … 사립교원 선거운동 금지조항의 선거운동의 자유 침해 여부에 대한 논의는 교원으로서의 지위에서 요구되는 정치적 중립성의 요청과 교원의 학생에 대한 전인적 영향 등에 비추어 볼 때 … 동일한 결론이 도출될 것이다. … 국가공무원법(의) … 투표권유운동 금지조항 … 선거의 공정성과 형평성을 확보하고 공무원의 정치적 중립성을 보장 … 공무원의 직급이나 직렬 등에 상관없이 … 모두 금지하는 것이 부득이하고 불가피하(다). … 공무원의 정치적 기본권의 제한은 수인 불가능할 정도로 큰 것이 아닌 반면 … 달성되는 공익은 … 매우 중요한 가치이므로 법익의 현저한 불균형을 인정하기 어렵다. … 공무원의 정치적 중립성을 보장하는 문제는 기부금액의 다소에 따라 달리 평가될 수 없으므로 … 기부금을 모집하는 행위 자체를 금지한 것 … 기부금모집 금지조항에 의한 공무원 개인의 정치적 표현의 자유 제한은 내용중립적인 방법 제한으로서 수인 불가능할 정도로 큰 것이 아닌 반면 … 달성되는 공익은 … 매우 크고 중요한 것인바 법익의 현저한 불균형을 인정하기 어렵다."

헌재 2004. 4. 29. 2002헌마467 : "행정부의 영향력 아래 있는 공단의 직원이 선거운동에 직접 참여하는 방법으로 정치활동을 하는 것은 자칫 행정부가 간접적으로 선거에 관여하는 결과를 초래하여 공단의 정치적 중립성을 훼손하게 되며, 건강보험 가입자와 그 피부양자에 대한 구체적 정보를 지득하고 있어 만일 이들에게 직접 선거운동에 참가하도록 허용할 경우 위와 같은 막대한 정보를 유출하여 전국적 규모의 방대한 조직과 함께 선거에 이용할 가능성이 크다. … 국민건강보험공단의 직원에 대하여 … 선거운동 이외의 선거에 관한 의견개진, 입후보와 선거운동을 위한 준비행위, 공천과 관련된 활동, 통상적인 정당활동은 허용되고 있(으며) … 선거운동의 주체·방법·태양·기간을 어떻게 규율할 것인지는 선거전문가들의 집단이라고 할 수 있는 입법부의 재량 … 국회의 입법형성 자유를 존중하여야 한다."

헌재 2016. 10. 27. 2016헌마252 : "사회복무요원은 공무원은 아니지만, 병역의무를 이행하고 공무를 수행하는 사람으로서 공무원에 준하는 공적 지위를 가지므로, 그 지위 및 직무의 성질상 정치적 중립성이 보장되어야 한다. 심판대상조항은 사회복무요원의 선거운동을 금지함으로써 선거의 공정성과 형평성을 확보하고, 사회복무요원의 정치적 중립성을 유지하며 업무전념성을 보장하고자 하는 것이다. … 현역 군인은 선거운동이 금지되고, 예술·체육요원, 공중보건의사 등 다른 대부분의 보충역도 선거운동이 금지되므로, 사회복무요원에 대해서만 선거운동을 허용할 경우 현역 등 다른 방식의 군 복무를 하고 있는 사람들과 형평성 논란이 발생할 수 있다."

헌재 2014. 4. 24. 2012헌마287 : "비록 선거권이 인정되지 않는 사람이라고 하더라도 선거와 관련된 정치적 표현의 자유는 보호되어야 한다는 점(에서) … 과잉금지원칙에 의한 심사를 함이 타당 … 다만 피해의 최소성 부분 판단에서 선거운동의 자유가 인정되는 구체적인 연령은 입법자가 입법재량에 따라 결정할 영역 … 선거에 관한 단순한 의견개진 및 의사표시, 정당의 후보자 추천에 관한 단순한 지지·반대의 의견개진 및 의사표시 등 … (선거운동)을 제외한 정치적 표현 행위는 전혀 제한하고 있지 않다. … 19세가 되어 선거권을 획득할 때까지의 기간 동안만 이를 유예하는 취지 … 정치적·신체적 자율성의 불충분, 보호자에의 의존성 내지 경험이나 적응능력의 부족으로 정치적 판단이나 의사표현의 왜곡 위험 및 교육적인 부작용을 고려하여 (입법자는) 선거권 연령을 민법상 성년인 19세 이상으로 정하고 있(다). … 선거운동의 자유는 선거권행사의 전제이므로 19세 미만인 사람들의 정치적 판단능력이 선거권을 행사하기에 미약하다면, 선거운동의 자유를 행사함에 있어서 필요한 정치적 판단능력도 미흡하다고 보아야 (한다). … 입법자가 19세 이상의 사람에게만 선거운동의 자유를 인정하였다고 하여 이를 현저하게 불합리하거나 자의적이어서 입법형성권의 재량의 범위를 일탈한 것이라고 볼 수는 없다. … 선거운동의 자유가 인정되는 연령은, 근로능력, 단순공무처리능력, 군 복무능력 등이 인정되는 연령과 동일한 기준에 따라 판단될 수는 없(다)."

헌재 1999. 11. 25. 98헌마141 : "각종 단체에 선거운동을 허용한다면 다음과 같은 문제점이 있다. 첫째 … 정당이 아닌 단체가 공직선거에서 후보자를 추천하거나 특정 정당 또는 후보자를 지지·반대하는 등의 활동을 한다면 정당법의 입법취지가 몰각됨 … 둘째 … 수많은 단체들이 … 특정 정당이나 후보자를 지지·반대하는 활동 … 선거는 과열될 것이고 금권 내지 상호비방 등에 의한 혼탁선거가 될 것이다. … 셋째 … 친족·지역·학연 등 각종 단체들이 개입

… 정실과 친소관계·지역감정 등에 의해 (선거)결과가 좌우되는 문제 … 각종 관변단체와 재야단체 … 공명선거에 해를 끼치게 될 것이다. 넷째, 각종 단체는 그 구성원의 뜻과는 상관없이 간부 몇 사람만의 의견으로 단체의 이름을 빌려 특정 정당이나 후보자에 대한 지지 또는 반대의 의사를 표명할 경우 … 다섯째 … '선거운동이 허용된 단체'(의) … 선별기준에 관한 입법기술상의 어려움 때문에 편파적인 법집행의 가능성 … 현 실정에서는 단체에게 선거운동을 허용할 경우, 순기능보다는 오히려 역기능이 더 기승을 부릴 가능성이 높은 것 … 각종 단체의 선거운동은 쉽사리 허용해서는 안 된다."

헌재 2016. 6. 30. 2013헌가1 : "금지조항은 '대통령령으로 정하는 언론인'이라고만 하여 '언론인'이라는 단어 외에 대통령령에서 정할 내용의 한계를 설정하지 않았다. 관련조항들을 종합하여 보아도 방송·신문·뉴스통신 등과 같이 다양한 언론매체 중에서 어느 범위로 한정될지, 어떤 업무에 어느 정도 관여하는 자까지 언론인에 포함될 것인지 등을 예측하기 어렵다. 그러므로 금지조항은 포괄위임금지원칙을 위반한다. … 언론인의 선거개입 내지 편향된 영향력 행사를 금지하여 궁극적으로 선거의 공정성·형평성을 확보하기 위한 것 … 언론매체를 이용하지 아니한 언론인 개인의 선거운동까지 전면적으로 금지할 필요는 없다. … 일정 범위의 언론인을 대상으로 언론매체를 통한 활동의 측면에서 발생 가능한 문제점을 규제하는 것으로 (입법목적은) 충분히 달성될 수 있다. 그런데 인터넷신문을 포함한 언론매체가 대폭 증가하고, 시민이 언론에 적극 참여하는 것이 보편화된 오늘날 … 언론인의 범위는 지나치게 광범위하다. … 공직선거법은 … 언론매체를 통한 활동의 측면에서 선거의 공정성을 해할 수 있는 행위에 대하여는 … 다양한 관점에서 이미 충분히 규제하고 있다. 따라서 심판대상조항들은 선거운동의 자유를 침해한다."

[109] 선거운동 자유(기간·방법제한) 선거운동의 기간상의 제한과 관련하여, 공직선거법은 원칙상 선거기간(공선§33) 개시일부터 선거일(공선§§34-36) 전일까지만 선거운동(공선§58①)을 할 수 있도록 했다(공선§59). 따라서 사전선거운동과 선거당일운동은 일부 예외(공선§59·1호~3호)를 제외하고는 금지된다. 헌법재판소는 공직선거법상 선거운동의 개념이 죄형법정주의의 명확성원칙에 위배되지 않으며, **선거운동기간의 제한**(사전선거운동금지)도 **선거운동의 자유**(정치적 표현의 자유)를 **침해하지 않는다**는 입장을 견지하고 있다(93헌가4등·94헌마97·2000헌마121등·2005헌바32·2011헌바153·2011헌바163·2014헌바253). 그 밖에 공직선거법은 선거운동에 대해 다양한 유형의 **방법상의 제한**을 부과하고 있다. 헌법재판소는 인쇄물배부금지(99헌바92등·2011헌바17등·2011헌바163·2014헌바253·2015헌마509등), 서신금지(2004헌바49), 광고금지(2013헌바26), 서명운동금지(2000헌바96등·2011헌바163), 시설물설치금지(2000헌바96등·2011헌바163), 호별방문금지(2015헌마509등) 등의 규제에 대해 합헌성을 인정한 바 있다. 또, 휴대폰문자메시지 전송금지(2007헌바24), 이용자제작콘텐츠(UCC) 배포금지(2007헌마718)에 대해서는 합헌으로 결정(법정의견)

하기도 했으나, 인터넷(정보통신망을 이용하여 인터넷 홈페이지 또는 그 게시판·대화방 등에 글이나 동영상 등 정보를 게시하거나 전자우편을 전송하는 방법) 선거운동금지(2007헌마1001등)는 헌법에 위반된다고 결정했다. 선거운동의 방법상의 제한에 대한 헌법재판소의 1차적인 합헌성 판단기준은 당해 선거운동방법이 "경제력 차이에 따른 불균형이라는 폐해" 내지 "선거의 평온과 공정을 해하는 결과"를 초래하는 것인지 여부이다. 그 밖에 헌법재판소는 인터넷언론사에 대해 선거운동기간 중 그 인터넷 홈페이지에 정당·후보자에 대한 지지·반대의 글을 게시할 경우 실명확인을 받도록 한 것(2008헌마324등), 공직선거법에서 선거운동을 위한 확성장치 사용 등에 따른 소음제한기준을 규정하지 않은 것(2006헌마711), '후보자가 되려고 하는 자'의 '선거구민과 연고가 있는 자'에 대한 '기부행위'를 금지한 것(2009헌바201), '후보자가 되고자 하는 자'의 비방행위를 처벌하면서 진실한 사실로서 '공공의 이익'에 관한 때라는 위법성 조각사유를 둔 것(2011헌바75) 등은 헌법에 위반되지 않는다고 보았다.

헌재 1994. 7. 29. 93헌가4등 : "우리나라는 반세기 가까이 수많은 선거를 치러 왔으면서도 아직껏 우리가 바라는 이상적인 선거풍토를 이룩하지 못하고 금권·관권 및 폭력에 의한 부정·과열선거가 항상 문제되어 왔다. 이러한 상황 아래 위와 같은 폐해를 방지하고 공정한 선거를 실현하기 위하여 선거운동의 기간에 일정한 제한을 두는 것만으로 위헌으로 단정할 수는 없다. … 법상 선거운동의 시기와 종기가 위와 같이 정해짐에 따라 선거운동이 가능한 기간은 앞서 본 바와 같이 28일 내지 23일이 된다. 28일 내지 23일이라는 선거운동기간은 우리나라의 영토넓이와 유권자의 수, 특히 오늘날 신문·방송 등 대중정보매체가 광범위하게 보급되어 있고, 선거운동에 있어서도 그와 같은 대중정보매체의 활용이 중요성을 더해 가고 있는 점, 전국이 1일 교통권에 들어간 현재의 교통수단 등에 미루어 볼 때 유권자인 국민으로서 각 후보자의 인물·정견·신념 등을 파악하기에 결코 부족한 기간이라 할 수 없다. 그렇다면 법 제34조에서 정하는 선거운동의 기간 제한은 … 선거운동의 자유를 형해화 할 정도로 과도하게 제한하는 것으로 볼 수 없다."

헌재 2001. 8. 30. 2000헌마121등 : "선거운동은 당선을 목적으로 하는 것(이하 당선운동이라 한다)과 낙선을 목적으로 하는 것(이하 낙선운동이라 한다)으로 나누어 볼 수 있고, 낙선운동은 다시 이를 나누어 당선을 목적으로 하여 운동하는 후보자 측이, 경쟁 후보자의 낙선을 위하여 수행하는 낙선운동(이하 후보자 편의 낙선운동이라 한다)과 당선의 목적 없이 오로지 특정 후보자의 낙선만을 목적으로 하여 후보자편 이외의 제3자가 벌이는 낙선운동(이하 제3자 편의 낙선운동이라 한다)으로 분류할 수 있으나 … 제3자 편의 낙선운동은 후보자(편의) … 낙선운동과 조금도 다를 것이 없다. 객관적으로 구별해내기 어려운 당선의 목적 유무라는 주관적 사유 … 에 따라 차별적 규제를 한다면, 일부 후보자들이 제3자 편의 낙선운동을 상대 후보자를 비방하는 데 암묵적으로 악용할 우려가 있다. 나아가 이러한 불분명한 기준의 도입은 단속기관의 자의가 개입할 여지를 열어주어 선거의 공정을 해할 우려도 있다. 따라서 특정후보자를 당선시킬 목적의 유무에 관계없이, 당선되지 못하게 하기 위한 행위 일체를 선거운동으로 규정하여 이를 규제하는 것은 불가피한 조치(이다)."

헌재 2013. 12. 26. 2011헌바153 : "선거운동이라 함은 특정 후보자의 당선 내지 이를 위한 득표에 필요한 모든 행위 또는 특정 후보자의 낙선에 필요한 모든 행위 중 당선 또는 낙선을 위한 것이라는 목적의사가 객관적으로 인정될 수 있는 능동적·계획적 행위를 말하는 것이다. 선거운동의 개념은 '특정한' 또는 적어도 '특정될 수 있는' 후보자의 당선이나 낙선을 위한 행위여야 한다는 것을 전제로 하고 있는바, 특정 정당을 지지하거나 반대하는 행위도 당선·낙선시키고자 하는 정당 후보자가 특정될 수 있다면, 그 정당의 추천을 받은 후보자의 당선 또는 낙선을 목표로 하는 행위를 의미한다는 점에서 선거운동의 개념에 포함시킬 수 있다. 따라서 이 사건 법률조항들의 '선거운동' 부분은 죄형법정주의의 명확성원칙에 위배되지 아니한다. … 기간의 제한 없이 선거운동을 무한정 허용할 경우에는 후보자 간의 지나친 경쟁이 선거관리의 곤란으로 이어져 부정행위의 발생을 막기 어렵게 된다. 또한 후보자 간의 무리한 경쟁의 장기화는 경비와 노력이 지나치게 들어 사회경제적으로 많은 손실을 가져올 뿐만 아니라 후보자 간의 경제력 차이에 따른 불공평이 생기게 되고, 아울러 막대한 선거비용을 마련할 수 없는 젊고 유능한 신참 후보자의 입후보의 기회를 빼앗는 결과를 가져올 수 있다. 선거운동의 기간 제한은 제한의 입법목적, 제한의 내용, 우리나라에서의 선거의 태양, 현실적 필요성 등을 고려할 때 필요하고도 합리적인 제한이며, 선거운동의 자유를 형해화 할 정도로 과도하게 제한하는 것으로 볼 수 없다. 이 사건 처벌조항의 법정형은 지나치게 높다고 보여지지 아니하고, 예비후보자의 선거운동 허용, 후보자 등의 인터넷을 통한 선거운동 허용 등을 비롯하여 선거운동기간의 제한을 받지 않는 선거운동방법이 다양화되었다. 따라서 이 사건 법률조항들은 정치적 표현의 자유 및 선거운동의 자유를 침해하지 아니한다."

헌재 2016. 6. 30. 2014헌바253 : "인쇄물배부금지조항은 선거운동의 부당한 경쟁 및 후보자들 간의 경제력의 차이에 따른 불균형이라는 폐해를 막고, 선거의 공정성을 확보하기 위한 (조항) … 인쇄물배부금지조항이 예비후보자나 후보자로 등록하면 할 수 있는 선거운동을 예비후보자나 후보자로 등록하지 않고 하는 것을 금지·처벌한다고 하여 이를 과도한 제한이라고 할 수는 없다. … 이미 사실상 선거운동의 계획 및 준비가 시작되는 시점인 선거일 전 180일부터 선거일까지의 기간 동안 선거에 영향을 미칠 목적으로 이루어지는 '선거운동에 준하는 내용의 표현행위'만을 규제하고 있다는 점, 문서·도화, 인쇄물은 정보의 전달 및 수용이 일방적·수동적으로 이루어지며 전달되는 정보 및 의견에 대해 즉시 교정이 가능하지 않아 선거의 평온과 공정에 미치는 영향이 인터넷과는 다르다는 점, 문서·도화, 인쇄물은 손쉽게 제작, 배부될 수 있어 후보자에 대한 선거비용 규제만으로 그 폐해를 실효적으로 예방하거나 규제하기 어렵다는 점 등의 사정까지 보태어 보면 … 침해의 최소성 및 법익의 균형성도 갖추고 있다고 보아야 한다. [재판관 김이수·이진성·강일원의 반대의견] 인쇄물배부금지조항은 선거일 전 180일부터 선거일까지의 기간 동안 … 모든 국민에 대하여 모든 종류의 문서·도화, 인쇄물에 의한 표현을 일률적으로 금지하고 있다. 선거운동은 '금지가 원칙이고 허용이 예외'가 되어서는 아니 되고, 선거의 공정성 등의 입법목적이 선거운동 등 정치적 표현의 자유의 포괄적 제한을 허용할 정도의 중요성을 지닌 것이라고 볼 수는 없다. 또한 후보자들 간의의 부당한 경쟁 및 경제력의 차이에 따른 불균형이라는 폐해를 막고 선거의 공정성을 확보한다는 입법목적은 선거운동비용의 총액을 제한하거나 허위사실 공표나 후보자 비방에 대하여 형사처벌하는 등 직접적인 조치를 통하여 충분히 달성될 수 있(다). … 일반 유권자의 정치적 표현의 자유를 침해할 뿐만 아니라 후보자 및 후보자가 되고자 하는 자의 선거운동 등 정치적 표현의 자유도 침해한다."

헌재 2007. 8. 30. 2004헌바49 : "서신에 의한 선거운동은 후보자의 경제력의 차이에 따라 선거운동 규모의 차이가 현저하게 날 수 있는 점, 허무인 명의나 차명으로 서신이 작성·발송되어도 이를 단속하거나 제어할 방법이 없는 점, 현실적으로 자필서신 여부를 확인하기 어려운 점, 후보자에 대한 선거비용의 규제만으로는 그 폐해를 효과적으로 방지할 수 없는 점 등을 고려할 때, 서신에 의한 선거운동 자체를 전면적으로 금지한 이 사건 법률조항이 적절성이나 상당성의 범위를 벗어났다고 보기는 어렵다. 이 사건 법률조항에 의하여 제한되는 것은 선거운동 또는 의사표현의 내용 자체가 아니라 선거운동 내지 의사표현에 있어서의 특정한 수단과 방법에 한정되어 있다. 즉, 모든 선거운동방법의 전반에 대한 전면적인 제한이 아니라 특히 폐해의 우려가 크다고 인정되는 서신에 의한 선거운동방법을 제한하고 그 이외의 방법은 자유롭게 선택할 수 있는 여지를 남겨 두고 있다. 따라서 … 필요·최소한의 범위 내에서 선거운동의 자유를 제한하였다고 할 것이므로 침해의 최소성을 갖추었다 할 것이다. 이 사건 법률조항에 의하여 보호되는 선거의 실질적 자유와 공정의 확보라는 공공의 이익은 서신에 의한 선거운동의 금지라는 기본권의 제한에 비추어 결코 적다고 할 수 없으므로, 법익의 균형성을 갖추었다고 할 것이다. [재판관 조대현·김희옥의 반대의견] 서신에 의한 선거운동을 무제한 허용하면 사회경제적 손실이 생기고 경제력의 차이에 따른 선거운동기회의 불균형이 생겨 선거의 공정을 해칠 수 있다고 하지만, 서신에 의한 선거운동이 그 필요성과 효율성을 무시해도 좋을 만큼 사회경제적 손실을 초래하는 것인지 의문이고, 공선법은 선거운동비용의 총액을 규제하고 있으므로 그 총액의 한도에서 어떠한 선거운동방법을 선택할 것인지는 후보자에게 맡겨도 무방할 것이다."

헌재 2016. 3. 31. 2013헌바26 : "공직선거법은 선거운동의 성격을 갖는 광고가 무제한적으로 허용되어 선거운동에 과도한 경쟁을 초래함으로써 선거의 공정을 해치는 것을 막기 위하여 앞서 본 바와 같이 신문광고(제69조), 방송광고(제70조), 인터넷광고(제82조의7)에 관한 규정을 두어 광고를 엄격하게 규제하고 있다. … 광고는 일방적으로 배부되고 불특정 다수의 사람들이 그들의 의도와 상관없이 광고에 노출된다는 점에서는 문서·인쇄물 등 다른 방식과 마찬가지이지만, 대중매체를 이용할 경우 표현의 상대방이 광범위하기 때문에 그 파급효과가 문서·인쇄물 등 다른 방식에 비하여 훨씬 크다. 또한 광고는 표현 방법을 금전적으로 구매하는 것이기 때문에 문서·인쇄물 등 다른 방식에 비하여 후보자 본인의 특별한 노력은 필요로 하지 않으면서 비용은 많이 드는 매체이므로, 경제력에 따라 그 이용 가능성에 큰 차이가 있을 수 있다. 이와 같은 사정 등을 종합하여 볼 때, 광고는 문서·인쇄물 등 다른 방식에 비하여 선거의 공정성을 훼손할 우려가 더 크다고 할 것이므로, 광고에 대하여 문서·인쇄물에 관한 위 선례와 달리 판단할 이유가 없다. 따라서 이 사건 법률조항이 과잉금지원칙을 위반하여 선거운동의 자유 및 정치적 표현의 자유를 침해한다고 볼 수 없다. [재판관 김이수·이진성·강일원의 반대의견] 광고에도 다양한 유형이 있고 그중에는 인터넷광고와 같이 상대적으로 비용이 저렴한 광고도 있으며, 일반 유권자의 정치광고도 그 비용이나 기간·횟수 등을 적절하게 규제하는 방법으로 얼마든지 허용할 수 있다. 또한 광고에 의한 정보의 전달 방식이 반드시 일방적·수동적인 것은 아니고, 광고에 담긴 정보에 대한 반론과 토론 및 교정의 과정은 다른 광고나 매체를 통해 충분히 이루어질 수 있다. … 광고를 통한 일반 유권자의 정치적 표현을 원천적으로 봉쇄하는 것은 … 정치적 표현의 자유를 침해한다."

헌재 2015. 4. 30. 2011헌바163 : "서명운동금지조항은 서명·날인에 의한 선거운동의 특수성과 그러한 방법의 선거운동이 우리의 선거현실에 미친 영향 등을 고려하여 입법한 것으로 선거의 공정성 확보를 위한 것이다. 서명운동금지조항이 모든 정치적 사안에 대한 서명·날인을 받는 행위를 금지하는 것이 아니라 선거운동을 위하여 서명·날인을 받는 경우만을 규제한다는 점, 선거구민에 대해 선거운동을 위한 서명·날인을 받는 행위를 금지하고 있을 뿐이므로 선거구민이 아닌 다른 사람에게는 서명·날인을 받을 수 있다는 점 등을 고려하면, 서명운동금지조항이 정치적 표현의 자유를 침해한다고 볼 수 없다. … 간판·현판·현수막 설치 등이 전면적으로 허용된다면, 공직선거법상의 규제들은 사실상 무의미해지고 선거의 공정성을 훼손할 위험이 있다. 제한되는 자유의 범위도 예상되는 다양한 선거운동의 방법 중에서 특히 중대한 폐해를 초래할 우려가 크다고 인정되는 특정의 선거운동방법과 내용에 국한되는 것이며, 선거일 전 180일부터는 이미 사실상 선거운동의 준비 작업이 시작되었다고 볼 수 있으므로, 이러한 제한은 폐해방지에 필요한 최소한의 정도를 넘지 아니하여 정치적 표현의 자유 등을 침해한다고 할 수 없다. [재판관 박한철·김이수·강일원의 반대의견] 서명날인운동이 금지되는 시기를 선거에 영향을 줄 가능성이 있는 합리적 시점 이후로 한정함으로써 충분히 그 목적을 이룰 수 있고, 기존에 해 오던 서명날인운동도 처벌의 대상이 될 수 있으므로 표현의 자유에 대한 지나친 제약이 될 수밖에 없다. … 시설물설치금지조항 역시 … 제한기간이 지나치게 길고, 후보자들 사이의 경제력 차이에 따른 불균형이나 흑색선전으로 인한 선거의 공정성 저해는 선거운동관리조직 및 선거운동비용에 관한 규제나 허위사실 유포 및 비방행위의 처벌로도 그 폐해를 충분히 방지할 수 있(다)."

헌재 2016. 12. 29. 2015헌마509등 : "호별방문금지조항은 … 선거운동의 자유를 제한하고 … 정치적 표현의 자유를 제한함과 동시에 … 정당활동의 자유를 제한한다. … 호별방문금지조항은 선거운동을 위하여 공개되지 않은 장소에서 유권자를 만날 경우 생길 수 있는 투표매수 등 불법·부정선거 조장 위험을 방지함으로써 선거의 공정 및 유권자의 사생활의 평온을 확보하기 위한 것이므로 그 목적의 정당성과 수단의 적합성이 인정된다. … 호별방문에 의한 선거운동방법은 일본을 제외한 서구의 다른 국가들에서는 자연스럽게 유권자와 접촉하여 의견을 표명하고 교환할 수 있는 가장 기본적인 선거운동방법에 해당한다. … 호별방문에 의한 선거운동은 별도의 자본 투입 없이 가장 쉽고 간단하게 할 수 있는 선거운동방법이라는 장점을 가지고 있음에도 불구하고, 언제든지 선거의 공정과 유권자의 사생활의 평온을 깨뜨릴 수 있는 가능성을 내포하고 있으므로 그 허용 여부에 대해 신중하게 접근할 필요가 있다. … 각 가정을 실제 방문하여 개별 유권자를 접촉하는 방법이 아니더라도 후보자 개인과 정당이 유권자에게, 반대로 유권자가 후보자 개인과 정당에게 각종 정보 및 정치적 의견 등을 알릴 수 있는 다양한 방법들이 마련되어 있으므로 … 호별방문에 의한 선거운동을 허용하지 않는다고 하여 국회의원후보자나 정당이 정치적 의사형성 과정에 참여하고 유권자와 소통을 하는 데에 지나친 제한이 가해진다고 할 수 없다."

헌재 2011. 12. 29. 2007헌마1001등 : "인터넷은 누구나 손쉽게 접근 가능한 매체이고, 이를 이용하는 비용이 거의 발생하지 아니하거나 또는 적어도 상대적으로 매우 저렴하여 선거운동비용을 획기적으로 낮출 수 있는 정치공간으로 평가받고 있고, 오히려 매체의 특성 자체가 '기회의 균형성·투명성·저비용성의 제고'라는 공직선거법의 목적에 부합하는 것이라고도 볼 수 있(으므로) … 선거일전 180일부터 선거일까지 인터넷상 선거와 관련한 정치적 표현 및 선거운동을 금지하고 처벌하는 것은 후보자 간 경제력 차이에 따른 불균형 및 흑색선전을 통한 부당한 경쟁을 막고, 선거의 평온과 공정을 해하는 결과를 방지한다는 입법목적 달성을 위하여 적합한 수단이라고 할 수 없다. … 인터넷 상에서 선거운동을 할 수 없는 자의 선거운동, 비방이나 허위사실 공표의 확산을 막기 위한 사전적 조치는 이미 별도로 입법화되어 있고 … 일정한 정치적 표현 내지 선거운동 속에 비방·흑색선전 등의 부정적 요소가 개입될 여지가 있다 하여 일정한 기간 이를 일률적·전면적으로 금지하고 처벌하는 것은 과도하다고 볼 수밖에 없(으므로) … 최소침해성의 요건도 충족하지 못한다. … 인터넷 상 정치적 표현 내지 선거운동을 금지함으로써 얻어지는 선거의 공정성은 명백하거나 구체적이지 못한 반면, 인터넷을 이용한 의사소통이 보편화되고 각종 선거가 빈번한 현실에서 선거일 전 180일부터 선거일까지 장기간 동안 인터넷 상 정치적 표현의 자유 내지 선거운동의 자유를 전면적으로 제한함으로써 생기는 불이익 내지 피해는 매우 크다 할 것이므로 … 법익균형성의 요건도 갖추지 못하였(다)."

[110] 선거범죄와 당선무효, 선거쟁송 공직선거법은 ① 선거비용의 초과지출 또는 선거비용 관련 위반행위(정자§49)로 선거사무장 또는 선거사무소의 회계책임자가 징역형 또는 300만 원 이상의 벌금형의 선고를 받은 경우(공선§263), ② 당선인 본인의 선거범죄 또는 선거비용 관련 위반행위(정자§49)로 징역형 또는 100만 원 이상의 벌금형의 선고를 받은 경우(공선§264), ③ 선거사무장, 선거사무소의 회계책임자 및 후보자의 직계존·비속과 배우자가 일정 선거범죄 및 정치자금부정수수죄(정자§45①)로 징역형 또는 300만 원 이상의 벌금형의 선고를 받은 경우(공선§265), 각각 그 후보

자의 당선을 무효로 한다고 규정했다. ④ 이에 따라 당선이 무효로 된 사람은 반환받은 기탁금과 보전 받은 선거비용을 재 반환하도록 했다(공선§265의2). 아울러 공직선거법은 ⑤ 선거범죄 등으로 100만 원 이상의 벌금형의 선고를 받고 그 형이 확정된 후 5년이 경과하지 않으면 선거권 및 피선거권이 없다고 규정했다(공선§18①3호§19·1호). 헌법재판소는 위 ②⑤에 대해 공무담임권(피선거권) 침해가 아니라고 판단했으며(2004헌마41·2006헌마1075·2009헌마476·2012헌마581), 위 ③의 배우자 부분에 대해 역시 연좌제금지·자기책임원리·적법절차원칙 등 위반이 아니라고 판단했다(2005헌마19·2010헌마68·2015헌마548). 또한, 위 ④에 대해서도 재산권 침해가 아니라고 판단했다(2010헌바232·2012헌마581·2015헌마548)(앞 [106] 참조). 그 밖에 헌법재판소는 공직선거법상 기부행위금지규정 위반에 대해 일률적으로 가액 50배를 과태료로 정한 것은 과잉금지원칙에 위배된다고 보았지만(2007헌가22), "후보자이었던 자에게 후보자를 사퇴한 데 대한 대가를 목적으로 금전을 제공하는 행위"를 처벌하는 것은 명확성원칙 및 과잉금지원칙에 위배되지 않는다고 보았다(2012헌바47). 한편, 공직선거법은 선거에 관한 쟁송의 유형으로서 선거소청(공선§§219-221)과 선거소송(공선§222), 당선소송(공선§223)을 각각 규정하고, 일정 선거범죄에 대해 검사가 공소를 제기하지 않는 경우 재정신청(공선§273)을 할 수 있도록 했다. 선거쟁송에서는 설령 선거에 관한 규정에 위반된 사실이 있는 때라도 선거의 결과에 영향을 미쳤다고 인정하는 때에 한하여 선거무효 또는 당선무효를 결정하거나 판결한다(공선§224). 아울러 선거·당선의 효력을 조속히 확정짓기 위해 단기의 소청·제소기간(공선§219①②·§222①②·§223①②)과 단기의 소송처리기한(훈시규정)(공선§225)을 규정해두고 있다.

헌재 2008. 1. 17. 2004헌마41 : "이 사건 법률조항은 선거범으로서 100만 원 이상의 벌금형을 선고 받아 확정되면 5년 동안 피선거권이 제한된다는 내용의 규정이므로, 위 조항에 의한 기본권의 침해는 벌금형이 확정되었을 때 발생한다 할 것이다. … 선거의 공정성을 해친 바 있는 선거범으로부터 부정선거의 소지를 차단하여 공정한 선거가 이루어지도록 하기 위하여는 피선거권을 제한하는 것이 효과적인 방법이 될 수 있는 점, 법원이 형량을 결정함에 있어서 양형의 조건뿐만 아니라 피선거권의 제한 여부에 대한 합리적 평가도 하게 되는 점, 제한기간이 공직선거의 참여를 1회 정도 제한하게 되는 점 및 입법자가 이 사건 법률조항에서 피선거권의 제한기준으로 채택한 수단이 지나친 것이어서 입법형성권의 범위를 벗어난 것이라고 단정하기 어려운 점 등을 종합하여 보면, 이 사건 법률조항은 침해의 최소성원칙에 어긋나지 아니한다. … 선거범의 피선거권이 일정기간 제한되지만 이를 통하여 달성하려는 선거의 공정성 확보라는 공익이 선거범 자신의 귀책사유로 인하여 피선거권을 행사하지 못하게 되는 불이익보다 크다고 할 것이므로 법익의 균형성도 인정된다. 따라서 … 공무담임권을 침해하고 있다고 할 수 없다. [재판관 김희옥·김종대의 반대의견] 5년간의 피선거권 박탈 여부를 형사재판의 양형에 의존하도록 하는 것은 … 객관적으로 확인할 기준이 전혀 없는 법원의 과도한 재량에 좌우 … 선거범죄에서 벌금 100만 원에 상응하는 불법의 크기와 죄질의 정도를 객관적으로 판단하는 것은 불가능(하다)."

헌재 2011. 9. 29. 2010헌마68 : "이 사건 법률조항은 '친족인 배우자의 행위와 본인 간에 실질적으로 의미 있는 아무런 관련성을 인정할 수 없음에도 불구하고, 오로지 배우자라는 사유 그 자체만으로' 불이익한 처우를 가하는 것이거나 배우자가 죄를 저질렀다는 이유만으로 후보자에게 불이익을 주는 것이 아니라, 후보자와 불가분의 선거운명공동체를 형성하여 활동하게 마련인 배우자의 실질적 지위와 역할을 근거로 후보자에게 연대책임을 부여한 것이므로 … 헌법 제13조 제3항에서 금지하고 있는 연좌제에 해당하지 아니하고 자기책임의 원리에도 위배되지 아니한다. … 이 사건 법률조항에 의한 후보자책임의 법적 구조의 특징, 배우자에게 재판절차라는 완비된 절차적 보장이 주어진다는 점, 별도 절차의 채부에 따른 장·단점이 나뉜다는 점 등을 종합하면 후보자에 대하여 변명·방어의 기회를 따로 부여하는 절차를 마련하지 않았다는 사실만으로 적법절차원칙에 어긋난다고 볼 수 없다. [재판관 김종대·목영준·송두환·이정미의 반대의견] 후보자 본인의 고의 또는 관리·감독상의 책임이 인정되는지 여부를 불문하고 일체의 면책 가능성조차 부여하지 아니한 … 이 사건 법률조항은 … 연좌제금지원칙에 위배되며 … 당해 후보자 본인에 대해서는 아무런 재판절차를 거치지 아니함은 물론, 그 배우자에 대한 형사재판 과정에서도 전혀 절차참여권을 보장하지 않는 것은 … 적법절차원칙에 위배되는 것이다."

헌재 2009. 3. 26. 2007헌가22 : "의무위반자에 대하여 부과할 과태료의 액수를 감액의 여지 없이 일률적으로 '제공받은 금액 또는 음식물·물품 가액의 50배에 상당하는 금액'으로 정하고 있는데 … 구체적·개별적 사정을 고려하지 않고 오로지 기부 받은 물품 등의 가액만을 기준으로 하여 일률적으로 정해진 액수의 과태료를 부과한다는 것은 구체적 위반행위의 책임 정도에 상응한 제재가 되기 어렵다. … 과태료 제재의 과중성은 형벌조항인 공직선거법 제257조 제2항에서 규정한 벌금형의 법정형의 상한이 500만 원인 데 비하여, 이보다 경미한 사안, 예컨대 100만 원의 물품을 제공받은 경우 … 일률적으로 5000만 원의 과태료를 부담하게 된다는 점에서 분명해진다. 나아가 소액의 위법한 기부행위를 근절함으로써 선거의 공정성을 확보한다는 입법목적의 달성은, 반드시 과태료의 액수가 '50배'에 상당하는 금액이 되어야만 가능한 것이 아니고, 과태료의 액수를 '50배 이하'로 정하는 등 보다 완화된 형식의 입법수단을 통하여도 얼마든지 가능한 것이다."

헌재 2012. 12. 27. 2012헌바47 : "이 사건 법률조항은 '후보자이었던 자에게 후보자를 사퇴한 데 대한 대가를 목적으로 금전을 제공하는 행위'라는 요건 이외에 다른 어떠한 제한도 두고 있지 않으므로, 이 죄의 성립에 '후보자 사퇴를 유인하는 부당한 선행행위'는 요하지 않음이 명백하다. … 이 사건 법률조항의 경우 그 의미와 내용을 명확하게 파악할 수 있는 합리적 해석기준을 어렵지 않게 도출할 수 있으므로, 건전한 상식과 통상적인 법 감정을 가진 사람이라면 위와 같은 방법을 통해 이 사건 법률조항이 금지하고 있는 행위의 내용을 충분히 파악할 수 있고, 나아가 법집행기관의 자의적인 법해석이나 법집행도 배제되어 있다고 판단된다. … 정치적 과정인 선거에서의 후보사퇴와 관련하여 일정한 행위를 금지하고 있으므로 정치적 표현의 자유 내지 일반적 행동자유권을 제한하는 … 입법의 위헌 여부는 엄격한 심사기준에 입각하여 판단하여야 할 것 … 후보자이었던 사람이 후보자를 사퇴한 후 그에 대하여 이루어지는 모든 금전제공행위를 금지하고 처벌하는 것이 아니라 후보자를 사퇴한 데 대한 대가를 목적으로 제공되는 금전제공행위에 한하여 처벌하여 규제의 대상을 한정하고 있다. … 피선거권의 불가매수성 및 선거의 공정성, 그리고 이에 대한 국민의 신뢰 확보라는 공공의 이익은 민주사회에서 매우 중요한 가치이고 … 정치적 표현의 자유 내지 일반적 행동자유권의 제한은 이러한 공익을 실현하기 위해 필요한 범위 내에 있는 것(이다).”

[111] 최소보장의 원칙과 객관적 제도보장 헌법재판소가 제도보장(내지 제도적 보장)이라는 표현을 거론하는 경우는, 대개, 기본권 보장과 구별하여 '최소한의 보장'에 그친다는 점을 강조하려는 의도에서이다(앞 [88] 참조). 가령, 헌법재판소는 **공무원의 신분보장**과 관련하여 헌법 제7조의 직업공무원제도는 **최소보장의 원칙**이 적용되는 제도보장에 해당하는 것이라고 거듭 밝히고 있다(91헌바5등·95헌바48). 또, 교원지위법정주의(헌§31⑥)에 대해 제도보장이라는 표현을 쓰지는 않았으나 여기에는 **교원신분**에 대한 **최소한의 보호의무**가 포함된다고 보았다(2000헌바26·2002헌바14등). 그리고 헌법재판소는 민주주의의 기능적 전제가 되는 기본권인 방송의 자유 및 신문의 자유(헌§21)에 대해, 주관적 기본권 외에 **객관적 제도보장**의 영역(**방송제도·신문제도**의 보장)이 내포되어 있음을 인정한 바 있다(2002헌바49·2005헌마165등). 또, **절차적 기본권**인 재판청구권(헌§27)에 대해서도 **제도적 보장**의 성격을 인정하고 있다(2003헌가7·2006헌마99·2014헌마7). 이처럼 기능적 기본권(방송·신문의 자유)이나 절차적 기본권(재판청구권)의 경우, 주관적 기본권의 측면보다 객관적 제도보장의 측면을 강조하게 되면, 그 형성법률 내지 입법형성권에 대해서 **완화된 심사를 수용**하게 된다. 한편, 드물기는 하지만 헌법재판소의 소수의견 중에는, 입법자의 형성권으로부터 헌법상의 특정 제도의 전래된 본질을 지킨다는 **적극적 의미를 강조**한 것도 없지 않다(2001헌가9등[반대의견]).

헌재 1994. 4. 28. 91헌바15등 : “헌법재판소는 '공무원은 국민전체에 대한 봉사자이며, 국민에 대하여 책임을 진다. 공무원의 신분과 정치적 중립성은 법률이 정하는 바에 의하여 보장된다.' … 는 규정의 의미에 관련하여 '공무원의 신분보장의 내용은 어디까지나 법률이 정하는 바에 의하는 것이기 때문에 그 어느 정도 국회의 입법재량의 여지가 있는 것이라고 할 것이고, 따라서 공무원법의 개정에 의하여 신분보장의 내용이 변경될 수 있는 것'이라 밝힌 바 있다(헌재 1992. 11. 12. 91헌가2 참조). … 직업공무원제도는 지방자치제도, 복수정당제도, 혼인제도 등과 함께 '제도보장'의 하나로서 이는 일반적인 법에 의한 폐지나 제도본질의 침해를 금지한다는 의미의 '최소보장'의 원칙이 적용되는바, 이는 기본권의 경우 헌법 제37조 제2항의 과잉금지의 원칙에 따라 필요한 경우에 한하여 '최소한으로 제한'되는 것과 대조되는 것이다. … 국가안전보장에 관련되는 정보·보안 및 범죄수사에 관한 사무를 담당하는 국가안전기획부와 같은 국가기관 … 에서는 업무수행의 능률성·신속성·기동성을 제고하기 위하여 계급정년제도의 필요성이 더욱 크다고 할 것이다."

헌재 1997. 4. 24. 95헌바48 : "헌법 제7조는 … 제도적 보장으로서의 직업공무원제도를 마련하도록 규정하고 있다. … 헌법제정권자가 특히 중요하고도 가치가 있다고 인정되고 헌법적으로 보장할 필요가 있다고 생각하는 국가제도를 헌법에 규정 … 제도적 보장은 주관적 권리가 아닌 객관적 법규범이라는 점에서 기본권과 구별 … 헌법에 의하여 일정한 제도가 보장되면 입법자는 … 법률로써 이를 폐지할 수 없고, 비록 내용을 제한한다고 하더라도 그 본질적 내용을 침해할 수는 없다. 그러나 기본권의 보장은 … '최대한 보장의 원칙'이 적용되는 것임에 반하여, 제도적 보장은 … 그 본질적 내용을 침해하지 아니하는 범위 안에서 입법자에게 … 형성권을 폭넓게 인정한다는 의미에서 '최소한 보장의 원칙'이 적용될 뿐인 것이다. … 입법자는 직업공무원제도에 관하여 '최소한 보장'의 원칙의 한계 안에서 폭넓은 입법형성의 자유를 가진다. … 입법자가 동장의 … 공직상의 신분을 지방공무원법상 신분보장의 적용을 받지 아니하는 … 별정직공무원의 범주에 넣었다 하여 바로 그 법률조항을 위헌이라고 할 수는 없는 것이다."

헌재 2003. 2. 27. 2000헌바26 : "'교원의 지위에 관한 기본적인 사항은 법률로 정한다.'고 규정한 헌법 제31조 제6항의 구체적인 내용을 대학교원과 관련하여 보면 … 입법자가 법률로 정하여야 할 기본적인 사항에는 무엇보다도 교원의 신분이 부당하게 박탈되지 않도록 하는 최소한의 보호의무에 관한 사항이 포함된다. … 교육이 외부세력의 정치적 영향에서 벗어나 교육자 내지 교육전문가에 의하여 주도되고 관할되어야 한다는 헌법원칙(교육의 자주성·전문성·정치중립성)에 반하게 되는 결과를 초래할 수 있기 때문이다. … 입법자가 국민의 교육받을 권리에 대한 실효성 확보를 위해 기간임용제를 채택하였다고 하더라도 그 자체로 이를 위헌이라고 할 수는 없다. … 객관적인 기준의 재임용 거부사유와 재임용에서 탈락하게 되는 교원이 자신의 입장을 진술할 수 있는 기회 그리고 재임용거부를 사전에 통지하는 규정 등이 없으며, 나아가 재임용이 거부되었을 경우 사후에 그에 대해 다툴 수 있는 제도적 장치를 전혀 마련하지 않고 있는 이 사건 법률조항은 … 대학교원의 신분의 부당한 박탈에 대한 최소한의 보호요청에 비추어 볼 때 헌법 제31조 제6항에서 정하고 있는 교원지위법정주의에 위반된다고 볼 수밖에 없다."

헌재 2003. 12. 18. 2002헌바49 : "헌법 제21조 제1항(에 의해 보장되는) … 방송의 자유는 …

… 민주주의의 존립·발전을 위한 기초가 (된다). … 방송의 자유는 주관적 권리로서의 성격과 함께 신문의 자유와 마찬가지로 자유로운 의견형성이나 여론형성을 위해 필수적인 기능을 행하는 객관적 규범질서로서 제도적 보장의 성격을 함께 가진다. 방송의 자유의 보호영역에는 … 주관적인 자유권 영역 외에 … 실체적·조직적·절차적 형성 및 구체화를 필요로 하는 객관적 규범질서의 영역이 존재한다. 이에 관하여 헌법 제21조 제3항은 '통신·방송의 시설기준과 신문의 기능을 보장하기 위하여 필요한 사항은 법률로 정한다.'고 규정하고 있다. 방송은 … 정보유통 통로의 유한성이 완전히 극복되었다고 할 수 없다. … 음성과 영상을 통하여 동시에 직접적으로 전파되기 때문에 강한 호소력이 있고, 경우에 따라서는 대중조작이 가능하며, 방송매체에 대한 사회적 의존성이 증가 … 방송의 기능을 보장하기 위한 규율의 필요성은 신문 등 인쇄매체보다 높다. … 입법자는 협찬고지(의) … 허용범위를 형성하였다고 볼 수 있(다). … 형성법률에 대한 위헌성 판단은 … 헌법 제37조 제2항에 따른 과잉금지(원칙의) … 적용을 받는 것이 아니라, 그러한 형성법률이 … 자유민주주의 등 헌법상의 기본원리를 지키면서 방송의 자유의 실질적 보장에 기여하는지 여부에 따라 판단된다."

헌재 2006. 6. 29. 2005헌마165등 : "헌법 제21조 제1항 … 신문의 자유는 개인의 주관적 기본권으로서 보호될 뿐만 아니라 '자유신문'이라는 객관적 제도로서도 보장되고 있다. 객관적 제도로서의 '자유신문'은 … 자유롭고 다양한 의사형성을 위한 상호 경쟁적인 다수 신문의 존재는 다원주의를 본질로 하는 민주주의사회에서 필수불가결한 요소가 된다. … (신문은) 공정하고 객관적인 보도를 통하여 민주적 여론형성에 기여하고 국민의 알 권리를 충족시켜야 한다는 점에서 자유에 상응하는 공적 기능을 아울러 수행하게 된다. … 헌법 제21조 제3항은 '통신·방송의 시설기준과 신문의 기능을 보장하기 위하여 필요한 사항은 법률로 정한다.'고 규정 … 우리 헌법이 방송뿐만 아니라 신문에 대하여도 그 공적 기능의 보장을 위한 입법형성, 즉 입법적 규율의 가능성을 예정하고 있음 … '신문의 기능을 보장하기 위하여'란 결국 '신문의 다양성을 유지하기 위하여'란 의미도 포함하고 있(다). … 신문의 자유가 헌법적으로 보호되어야 할 중요한 가치가 있는 기본권이라 하더라도 신문의 공적 기능과 책임을 위하여 필요한 입법적 규율은 허용된다."

헌재 2005. 5. 26. 2003헌가7 : "검사 작성의 피의자신문조서에 대하여 그것이 전문증거임에도 불구하고 검사 이외의 수사기관이 작성한 피의자신문조서와는 달리 … 특히 신빙할 수 있는 상태(이하 '특신상태'라고 한다) 하의 진술이라는 조건하에 증거능력을 인정할 수 있도록 한 것 … 공정한 재판을 받을 권리가 침해된다고 할 수 없다. … 재판청구권과 같은 절차적 기본권은 원칙적으로 제도적 보장의 성격이 강하기 때문에, 자유권적 기본권 등 다른 기본권의 경우와 비교하여 볼 때 상대적으로 광범위한 입법형성권이 인정되므로, 관련 법률에 대한 위헌심사기준은 합리성원칙 내지 자의금지원칙이 적용된다. … 이 사건 법률조항은 전문증거의 증거능력배제에 관한 이른바 '전문법칙'의 예외조항인바, 우리 헌법은 형사소송에서 전문법칙을 채택할 것을 직접적으로 요구하고 있지 아니하다. … 전문법칙을 채택할 필요가 있는지 여부 … 입법자가 … 제반 사정을 종합적으로 판단하여 결정할 성질의 것."

헌재 2005. 2. 3. 2001헌가9등 : "[재판관 김효종의 반대의견] 헌법 제36조 제1항은 전래된 가족제도를 입법자의 자유로운 처분으로부터 보호하기 위하여 가족제도에 대한 제도보장을 규정한 것으로 보아야 한다(헌재 2002. 8. 29. 2001헌바82 참조). … 제도보장은 주관적 권리가 아닌 객관적 법규범이라는 점에서 기본권과 구별되기는 하지만, 헌법에 의하여 일정한 제도가 보장되면 입법자는 그 제도를 설정하고 유지할 입법의무를 지게 될 뿐만 아니라, 헌법에 규정되어 있기 때문에 법률로써 이를 폐지할 수 없고, 비록 내용을 제한하더라도 그 본질적 내용을 침해할 수 없다(헌재 1997. 4. 24. 95헌바48 참조). 따라서 입법자는 헌법적으로 보호되는 가족제도를 법률로써 구체적으로 형성할 수 있지만, 이러한 입법적 형성은 가족제도 자체를 폐지할 수 없음은 물론이고, 그 본질적 내용을 침해할 수 없다는 한계 내에서 이루어져야 한다. 그리고 제도보장의 대상인 가족제도는 그 존재 자체 또는 본질적 내용을 보장하기 위하여 필요한 범위 내에서는 일정 부분 국민의 기본권제한을 정당화하는 사유가 될 수 있고, 그 범위 내에서 입법자는 가족제도 존치의 정당성에 대한 논증책임에서 해방될 수 있다고 보아야 한다."

[112] 공무원 근무관계의 특수성 공무원은 주권자인 국민 전체에 대한 봉사자이기 때문에 국민에 대해 책임(원칙적인 정치적·윤리적 책임과 예외적인 법적 책임)을 져야하는 특별한 지위에 있고(헌§7①), 또 담당업무가 국가·공공단체의 공공적인 일이란 점에서 **일반근로자와 다른 특별한 근무관계**에 있게 된다(공무원의 지위의 특수성과 직무의 공공성). 따라서 입법자는 "공무원제도 자체의 기본틀을 해하지 않는 범위 내"에서 "공무원의 지위의 특수성과 직무의 공공성에서 비롯"되는 근로3권 기타 기본권에 대한 제약을 설정할 수 있다고 한다(90헌바27등). 아울러 **공무원과 일반근로자의 차별** 문제에 대해서도 헌법재판소는 대체로 완화된 심사기준을 적용한다. 즉, 공무원의 지위의 특수성과 직무의 공공성을 감안할 때, 공무원은 일반근로자와 본질적으로 동일한 비교집단이 될 수 없다거나(2003헌바52·2005헌마872등·2008헌바160·2010헌마510·2012헌마555·2015헌마1191등), 양자 간 차별에는 합리적 이유를 인정할 수 있다는 것이다(2003헌바52·2005헌마586·2013헌마343)(예외[2005헌바33]). 그런데 헌법재판소는 **특별권력관계**의 일종으로서 공무원의 근무관계에도 **법률에 의한 기본권제한과 사법적 구제의 부여**라고 하는 법치주의의 대원칙이 적용된다고 한다(92헌바21·91헌마80·2007헌마890[반대의견]·2012헌마854[보충의견]).

헌재 1992. 4. 28. 90헌바27등 : "공무원은 그 임용주체가 궁극에는 주권자인 국민 또는 주민이기 때문에 국민전체에 대하여 봉사하고 책임을 져야 하는 특별한 지위에 있고, 그가 담당한 업무가 국가 또는 공공단체의 공공적인 일이어서 특히 그 직무를 수행함에 있어서 공공성·공정성·성실성 및 중립성 등이 요구되기 때문에 일반근로자와는 달리 특별한 근무관계에 있는 사람이다. 그리하여 우리 헌법도 제7조 제1항·제2항에서 '공무원은 국민전체에 대한 봉사자이며 국민에 대하여 책임을 진다. 공무원의 신분과 정치적 중립성은 법률이 정하는 바에 의하여 보장된다.'고 규정하 … 게 된 뜻은 바로 위에서 본 바와 같은 공무원의 지위의 특수성과 직무의 공공성에서 비롯되는 것이다. … 헌법 제33조 제2항이 공무원의 근로3권을 제한하면서 근로3권이 보장되는 주체의 범위를 법률에 의하여 정하도록 위임한 것은 … 공무원은 국민전체에 대한 봉사자이며, 그 담당직무의 성질이 공공성·공정성·성실성 및 중립성이 보장되어야 한다는 특수한 사정이 있으므로 … 전체국민의 합의를 바탕으로 입법권자의 구체적인 입법에 의하여 … 공무원제도를 보장·보호하려는 것이다. … 입법권이 … 헌법상 보장된 공무원제도 자체의 기본틀을 해하지 않는 범위 내에서 그 제도에 관련된 여러 이해관계인의 권익을 … 공공복리의 목적 아래 … 조정할 수 있음을 의미하는 것이다."

헌재 2005. 9. 29. 2003헌바52 : "국가기능의 장애를 초래할 수 있는 의식적 직무유기를 예방하고 공무원의 성실한 직무수행을 담보하기 위하여 행정상의 징계처분만으로 충분할 것인지, 아니면 나아가 형벌이라는 제재를 동원하는 것이 더 필요하다고 볼 것인지의 문제는 입법자의 예측판단에 맡겨야 한다. … 사인간의 근로계약과 공무원의 직무관계는 본질적으로 동일하다고 단언하기 어렵고, 국민전체에 대한 봉사자로서의 공무원의 헌법상 지위 등을 고려할 때 이 사건 법률조항이 사인과 달리 공무원의 직무유기를 처벌한다 하여 자의적인 차별입법이라고 볼 수 없다."

헌재 2007. 3. 29. 2005헌바33 : "공무원의 신분이나 직무상 의무와 관련이 없는 범죄의 경우에도 퇴직급여 등을 제한하는 것은, 공무원범죄를 예방하고 공무원이 재직 중 성실히 근무하도록 유도하는 입법목적을 달성하는 데 적합한 수단이라고 볼 수 없다. 그리고 특히 과실범의 경우에는 공무원이기 때문에 더 강한 주의의무 내지 결과발생에 대한 가중된 비난가능성이 있다고 보기 어려우므로, 퇴직급여 등의 제한이 공무원으로서의 직무상 의무를 위반하지 않도록 유도 또는 강제하는 수단으로서 작용한다고 보기 어렵다. 입법자로서는 입법목적을 달성함에 반드시 필요한 범죄의 유형과 내용 등으로 그 범위를 한정하여 규정함이 최소침해성의 원칙에 따른 기본권제한의 적절한 방식이다. 단지 금고 이상의 형을 받았다는 이유만으로 이미 공직에서 퇴출당할 공무원에게 더 나아가 일률적으로 그 생존의 기초가 될 퇴직급여 등까지 반드시 감액하도록 규정한다면 그 법률조항은 침해되는 사익에 비해 지나치게 공익만을 강조한 입법이라고 아니할 수 없다. 나아가 이 사건 법률조항은 퇴직급여에 있어서는 국민연금법상의 사업장 가입자에 비하여, 퇴직수당에 있어서는 근로기준법상의 근로자에 비하여 각각 차별대우를 하고 있는바, 이는 자의적인 차별에 해당한다."

헌재 1993. 9. 27. 92헌바21 : "(특조법)에서 1980년도 해직공무원 중 5급 이상의 공무원을 특별채용의 대상에서 제외한 것이 합리적 근거가 없이 그 대상 공무원을 차별하여 평등권을 침해하였는지 여부 … 헌법상 공무원의 개념은 각 해당 조항에 따라 다소 차이가 있지만, 이 사건 규정에 있어서의 공무원의 개념은 국가 또는 공공단체와 공법상 이른바 특별권력관계 즉, 협의의 공법상 근무관계를 담당하고 있는 기관 구성원을 의미하는 것이라고 할 수 있으며 직업공무원이 여기에 속한다고 할 수 있다. … 국민주권주의와 국민의 기본권 보장을 양대 지주로 하고 있는 우리나라의 헌법이념상, 공무원은 과거와 같이 집권자에의 충성관계나 관료적인 공리(公吏)로서가 아니라, 국민의 수임자로서 국민에게 봉사하는 것을 본래의 사명으로 하고 전문적·기술적 행정을 담당함을 그 목적으로 하는 기관이라는 의미에서, 공무원 제도는 민주성과 중립성·전문성·능률성을 가진 직업공무원임을 특질로 하는 것이다. … 공무원 사회의 위계질서와 지휘명령체계를 확립하고 아울러 공직사회의 인적 자원의 신진대사와 활성화를 위하여 공익상 부득이한 것 … 합리적인 이유가 있는 것."

헌재 1995. 12. 28. 91헌마80 : "경찰공무원을 비롯한 공무원의 근무관계인 이른바 특별권력관계에 있어서도 일반행정법관계에 있어서와 마찬가지로 행정청의 위법한 처분 또는 공권력의 행사·불행사 등으로 인하여 권리 또는 법적 이익을 침해당한 자는 행정소송 등에 의하여 그 위법한 처분 등의 취소를 구할 수 있다고 보아야 할 것이다(헌재 1993. 12. 23. 92헌마247 참조). … 이 사건 진압명령이 행정심판 및 행정소송의 대상이 되는 행정처분에 해당한다고 하더라도, 그 명령의 무효확인 또는 취소에 의하여 회복될 수 있는 법률상 이익이 남아 있지 않는 한 결국 그 진압명령에 대한 행정소송은 소의 이익이 없다 하여 각하될 가능성이 매우 크므로, 이와 같은 경우에는 구제절차가 있다고 하더라도 권리구제의 기대가능성이 없고 다만 기본권 침해를 당한 자에게 불필요한 우회절차를 강요하는 것밖에 되지 않는 경우로서 헌법재판소법 제68조 제1항 단서의 예외의 경우에 해당하여, 이 사건 진압명령에 대한 심판청구부분은 권리구제절차를 밟지 아니하였다고 하더라도 적법하다고 할 것이다(헌재 1989. 9. 4. 88헌마22 참조)."

[113] 공무원 신분보장과 정치적 중립성보장 헌법 제7조 제2항은 헌법 제7조 제1항의 요청을 담은 "민주적이고 법치주의적인 공직제도"로서, **공무원의 신분과 정치적 중립성의 확보**를 핵심으로 하는 **직업공무원제도**를 규정하고 있다(95헌바48). 헌법재판소는 **공무원의 신분보장**과 관련하여, 공무원 직제폐지 시의 직권면직은 공무담임권 침해의 문제가 아니라 직업공무원제도 위반의 문제일 뿐이며(2002헌바8), 직업공무원제도의 한 내용인 공무원의 보수청구권도 법령에 의해 구체적 내용이 형성되기 전에는 공법상 재산권으로 볼 수 없다고 한다(2007헌마444). 그러나 "사회국가원리에 입각한 공직제도의 중요성" 특히 공무원의 생활보장(일자리의 보장)이라는 관점에서, 공무담임권의 보호영역에는 공무원 신분의 부당한 박탈까지 포함된다고 한다고 한다(2002헌마684등). 그리하여 선고유예 판결을 받은 자에 대한 당연퇴직은 공무담임권의 침해라고 한다(2002헌마684등)(단, 집행유예 판결을 받은 자에 대한 당연퇴직[2014헌바437]이나 선고유예 기간 중에 있는 자의 임용배제[2015헌바215]는 공무담임권 침해가 아니라고 함). 또, **공무원의 정치적 중립성보장**과 관련하여, ① 지방공사 직원 및 정부투자기관 직원의 지방의회의원 겸직금지(2002헌마333등·91헌마67)(앞 [73] 참조), ② 초·중등

교원(교육공무원)·공무원의 정당설립·정당가입 금지(2001헌마710·2011헌바42·2011헌바43)(앞 [99] 참조), ③ 초·중등교원(교육공무원)의 선거운동 및 공무원의 정치운동(투표권유행위·기부금모집 등) 금지와 국민건강보험공단직원·사회복무요원의 선거운동 금지(2001헌마710·2009헌바298·2002헌마467·2016헌마252)(앞 [108] 참조), ④ 공무원의 정치적 행위(국가·지방자치단체의 정책에 대한 집단적 반대·방해행위 및 직무수행 중 정치적 주장 표시·상징 복장 등 착용행위) 금지(2009헌마705), ⑤ 공무원의 집단행위 금지(2003헌바50등·2003헌바51등·2011헌바32등·2011헌바50등) 등은 공무원(또는 이에 준하는 자)의 정치적 기본권을 침해하지 않는다고 보았다. 공무원의 정치적 중립성보장 요청에도 불구하고 기본권 침해(내지 헌법 위반)로 본 사례로는 ① 농협 등 조합장의 지방의회의원 겸직금지 및 정부투자기관 직원의 지방의회의원 입후보금지(90헌마28·91헌마67)(앞 [73] 참조), ② 전직 검찰총장·경찰총장의 정당설립·정당가입 금지(97헌마26·99헌마135)(앞 [99] 참조), ③ 공무원의 일체의 선거운동 기획행위에 대한 금지와 공무원의 지위를 이용하여 선거에 영향을 미치는 행위에 대한 중벌(2006헌마1096·2015헌바6)(앞 [108] 참조) 등을 들 수 있다. 그 밖에 헌법재판소는 공직선거법상 선거에서의 공무원의 정치적 중립의무(공선§9)의 적용범위와 효력에 관해, 국회의원·지방의회의원에게는 적용되지 않으나 대통령·지방자치단체장에게는 적용된다고 보며, 공직선거법상 공무원으로서 선거중립의무와 국가공무원법상 허용되는 대통령의 정치활동의 자유가 충돌할 때는 전자가 우선한다고 본다(2004헌나1·2007헌마700).

헌재 1997. 4. 24. 95헌바48 : "헌법 제7조 제2항 … 의 뜻은 공무원이 정치과정에서 승리한 정당원에 의하여 충원되는 엽관제를 지양하고, 정권교체에 따른 국가작용의 중단과 혼란을 예방하며 일관성 있는 공무수행의 독자성과 영속성을 유지하기 위하여 공직구조에 관한 제도적 보장으로서의 직업공무원제도를 마련해야 한다는 것이다. 직업공무원제도는 바로 그러한 제도적 보장을 통하여 모든 공무원으로 하여금 어떤 특정 정당이나 특정 상급자를 위하여 충성하는 것이 아니라 국민전체에 대한 봉사자로서(헌법 제7조 제1항) 법에 따라 그 소임을 다할 수 있게 함으로써, 공무원 개인의 권리나 이익을 보호함에 그치지 아니하고 나아가 국가기능의 측면에서 정치적 안정의 유지에 기여하도록 하는 제도이다. 헌법이 '공무원은 국민전체에 대한 봉사자이며, 국민에 대하여 책임을 진다. 공무원의 신분과 정치적 중립성은 법률이 정하는 바에 의하여 보장된다.'(헌법 제7조)라고 규정한 것은 바로 직업공무원제도가 국민주권원리에 바탕을 둔 민주적이고 법치주의적인 공직제도임을 밝힌 것(이다)."

헌재 2004. 11. 25. 2002헌바8 : "직제가 폐지된 경우 임용권자가 직권으로 면직할 수 있도록 하고 있는 이 사건 규정 … 의 직권면직에 대해서는 특별한 사정이 없는 한 공무담임권 침해 문제가 아닌 직업공무원제도 위반 문제만을 판단하는 것으로 족하다. … 직업공무원제도는 공무원이 집권세력의 논공행상의 제물이 되는 엽관제도를 지양하고 정권교체에 따른 국가작용의 중단과 혼란을 예방하며 일관성 있는 공무수행의 독자성을 유지하기 위하여 헌법과 법률에 의하여 공무원의 신분이 보장되는 공직구조에 관한 제도이다. 이러한 직업공무원제도를 운영함에 있어서는 인사의 공정성을 유지하는 장치가 중요하지만 특히 공무원의 정치적 중립과 신분보장은 그 중추적 요소라고 할 수 있다. … 이러한 직업공무원제도 하에서 입법자는 직제폐지로 생기는 유휴인력을 직권면직하여 행정의 효율성 이념을 달성하고자 할 경우에도 직업공무원제도에 따른 공무원의 권익이 손상되지 않도록 조화로운 입법을 하여야 하는데, 직제가 폐지되면 해당 공무원은 그 신분을 잃게 되므로 직제폐지를 이유로 공무원을 직권면직할 때는 합리적인 근거를 요하며, 직권면직이 시행되는 과정에서 합리성과 공정성이 담보될 수 있는 절차적 장치가 요구된다."

헌재 2008. 12. 26. 2007헌마444 : "공무원에 대한 특별한 신분보장은 직업공무원제도를 유지하기 위해 공무원에게 반사적으로 인정되는 제도상의 지위인바, 공무원은 공무수행상의 사유가 아니면 자신의 지위를 상실하거나 기타 불이익한 처분을 받지 아니하고, 공무 이외의 타 직을 겸하는 것이 금지되지만 법정 보수를 받고 각종 연금 내지 보상청구권을 갖는다. 다만, 공무원의 신분은 무제한 보장되는 것이 아니라 공무원의 지위 및 공무의 특수성을 고려하여 헌법이 정한 신분보장의 원칙 아래 법률로 그 내용이 정하여 진다. … 이처럼 직업공무원제도를 유지하기 위해 공무원에게 보수청구권이 인정되지만 … 그 보수청구권의 구체적 내용을 형성함에 있어서는 입법자에게 폭 넓은 재량이 헌법상 허용된다. … 이러한 공무원의 보수청구권은 법률 및 법률의 위임을 받은 하위법령에서 보수의 구체적 수준이 형성되면 직업공무원제도의 한 내용으로서 재산권적 성격이 인정되는 공법상 권리가 된다. … 법령에 의하여 구체적 내용이 형성되기 전의 권리, 즉 공무원이 국가 또는 지방자치단체에 대하여 어느 수준의 보수를 청구할 수 있는 권리는 단순한 기대이익에 불과하여 재산권의 내용에 포함된다고 볼 수 없다."

헌재 2003. 10. 30. 2002헌마684등 : "공무담임권의 보호영역에는 공직취임의 기회의 자의적인 배제뿐 아니라, 공무원 신분의 부당한 박탈까지 포함되는 것이라고 할 것이다. … 현대 민주주의 국가에 이르러서는 사회국가원리에 입각한 공직제도의 중요성이 특히 강조되고 있는바, 이는 사회적 법치국가이념을 추구하는 자유민주국가에서 공직제도란 사회국가의 실현수단일 뿐 아니라, 그 자체가 사회국가의 대상이며 과제라는 점을 이념적인 기초로 한다. 이는 모든 공무원들에게 보호가치 있는 이익과 권리를 인정해 주고, 공무원에게 자유의 영역이 확대될 수 있도록 공직자의 직무의무를 가능한 선까지 완화하며, 공직자들의 직무환경을 최대한으로 개선해 주고, 공직수행에 상응하는 생활부양을 해 주고, 퇴직 후나 재난, 질병에 대처한 사회보장의 혜택을 마련하는 것 등을 그 내용으로 한다. 그런데, 공무원의 생활보장의 가장 일차적이며 기본적인 수단은 '그 일자리의 보장'이라는 점에서 오늘날 사회국가원리에 입각한 공직제도에서 개개 공무원의 공무담임권 보장의 중요성은 더욱 큰 의미를 가지고 있다고 할 것이다. … 단지 금고 이상의 선고유예의 판결을 받았다는 이유만으로 예외 없이 그 직으로부터 퇴직 당하는 것 … 지나치게 공익만을 강조한 입법(이다).”

헌재 2004. 12. 16. 2002헌마333등 : “헌법재판소는 공무원에 대한 정치적 중립성의 필요성에 관하여, ‘공무원은 국민전체에 대한 봉사자이므로 중립적 위치에서 공익을 추구하고(국민전체의 봉사자설), 행정에 대한 정치의 개입을 방지함으로써 행정의 전문성과 민주성을 제고하고 정책적 계속성과 안정성을 유지하며(정치와 행정의 분리설), 정권의 변동에도 불구하고 공무원의 신분적 안정을 기하고 엽관제로 인한 부패·비능률 등의 폐해를 방지하며(공무원의 이익보호설), 자본주의의 발달에 따르는 사회경제적 대립의 중재자·조정자로서의 기능을 적극적으로 담당하기 위하여 요구되는 것(공적 중재자설)’이라고 하면서, 공무원의 정치적 중립성 요청은 결국 위 각 근거를 종합적으로 고려하여 ‘공무원의 직무의 성질상 그 직무집행의 중립성을 유지하기 위하여 필요한 것’이라고 판시한 바 있다(헌재 1995. 5. 25. 91헌마67). … 지방공사의 직원이 지방의회의원직을 겸할 수 없도록 하는 것은 … 헌법에 위배된다고 할 수 없다.”

헌재 2004. 5. 14. 2004헌나1 : “선거에서의 공무원의 정치적 중립의무는 ‘국민 전체에 대한 봉사자’로서의 공무원의 지위를 규정하는 헌법 제7조 제1항, 자유선거원칙을 규정하는 헌법 제41조 제1항 및 제67조 제1항 및 정당의 기회균등을 보장하는 헌법 제116조 제1항으로부터 나오는 헌법적 요청이다. 공선법 제9조는 이러한 헌법적 요청을 구체화하고 실현하는 법 규정이다. 공선법 제9조의 ‘공무원’이란, 위 헌법적 요청을 실현하기 위하여 선거에서의 중립의무가 부과되어야 하는 모든 공무원 즉, 구체적으로 ‘자유선거원칙’과 ‘선거에서의 정당의 기회균등’을 위협할 수 있는 모든 공무원을 의미한다. … 원칙적으로 국가와 지방자치단체의 모든 공무원 즉, 좁은 의미의 직업공무원은 물론이고, 적극적인 정치활동을 통하여 국가에 봉사하는 정치적 공무원을 포함한다. 다만, 국회의원과 지방의회의원은 정당의 대표자이자 선거운동의 주체로서의 지위로 말미암아 선거에서의 정치적 중립성이 요구될 수 없으므로, 공선법 제9조의 ‘공무원’에 해당하지 않는다. … 대통령은 행정부의 수반으로서 공정한 선거가 실시될 수 있도록 총괄·감독해야 할 의무가 있으므로, 당연히 선거에서의 중립의무를 지는 공직자에 해당하는 것이고, 이로써 공선법 제9조의 ‘공무원’에 포함된다.”

헌재 2008. 1. 17. 2007헌마700 : “직무의 기능이나 영향력을 이용하여 선거에서 국민의 자유로운 의사형성과정에 영향을 미치고 정당간의 경쟁관계를 왜곡할 가능성은 정부나 지방자치단체의 집행기관에 있어서 더욱 크다고 판단되므로, 대통령, 지방자치단체의 장 등에게는 다른 공무원보다도 선거에서의 정치적 중립성이 특히 요구된다. … 선거에서의 중립을 요구하는 내용의 이 사건 법률조항의 행위주체에 대통령이 포함된다고 볼 때, 대통령의 정치활동을 허용하고 있는 국가공무원법 조항 … 과 상호 저촉되는듯한 문제가 발생한다. … 결국 위 국가공무원법 조항은 정무직 공무원들의 일반적 정치활동을 허용하는 데 반하여, 이 사건 법률조항은 그들로 하여금 정치활동 중 ‘선거에 영향을 미치는 행위’만을 금지하고 있으므로, 위 법률조항은 선거영역에서의 특별법으로서 일반법인 국가공무원법 조항에 우선하여 적용된다고 할 것이다. … 정당원으로서 정치활동이 가능한 대통령이 다른 한편으로는 공무원으로서 선거중립의무를 지게 됨으로써 대통령의 정치활동의 자유와 선거중립의무가 상호 충돌되는 상황이 발생할 수 있다. … 선거활동에 관하여 대통령의 정치활동의 자유와 선거중립의무가 충돌하는 경우에는 후자가 강조되고 우선되어야 한다."

[114] 공무원의 근로3권 제한 헌법 제33조 제2항은 상술한 공무원의 지위의 특수성과 직무의 공공성을 감안하여, **공무원의 근로3권을 제한**하면서 **근로3권이 보장되는 주체의 범위**를 법률에 의하여 정하도록 위임했다(90헌바27등)(앞 [112] 참조). 이에 따라 국가공무원법과 지방공무원법은 "사실상 노무에 종사하는 공무원"을 제외한 공무원에 대해 "노동운동이나 그 밖에 공무 외의 일을 위한 집단행위"를 금지하고 있으며(국공§66①·지공§58①), 「공무원의 노동조합 설립 및 운영 등에 관한 법률」(약칭 : 공무원노조법)은 "파업, 태업 또는 그 밖에 업무의 정상적인 운영을 방해하는 일체의 행위" 즉 쟁의행위를 금지하고 있다(공노§11). 헌법재판소는 국가공무원법과 지방공무원법 소정의 공무원의 노동운동·집단행위 금지조항에 대해 명확성원칙에 위배되지 않는다고 보며(90헌바27등·2003헌바50등·2003헌바51등·2011헌바32등·2011헌바50등), 그 근로3권 제한의 위헌성 판단에서는 과잉금지원칙 위배 여부가 아니라 **입법형성권 일탈 여부**를 심사하는 것으로 족하다고 본다(90헌바27등·2003헌바50등·2003헌바51등)(과잉금지원칙심사[2012헌바169]). 그리하여 헌법재판소는 신분보장이나 대우 등 근로조건의 면에서 일반직공무원에 비하여 두텁게 보호받고 있는 소방공무원을 공무원노조법상 노동조합 가입대상에서 제외한 것(공노§6①2호)(2006헌마462), 행정부 내 각 부·처를 공무원노조법상 노동조합 설립의 최소단위로 인정하고 않고(공노§5①), 6급 이하 공무원 중 근로감독관과 노동위원회 조사관을 공무원노조법상 노동조합 가입대상에서 제외한 것(공노§6②4호)(2006헌마518), 5급 이상의 공무원과 6급 이하 공무원 중 일정 업무 담당자를 공무원노조법상 노동조합 가입대상에서 제외하고(공노§6), 근무조건과 직접 관련되지 아니하는 일정 사항을 단체교섭 대상에서 제외하고(공노§8①단서), 노동조합 간의 자율적인 교섭창구 단일화를 규정하고(공노§9④), 법령·조례·예산 등에 위배되는 내용의 단체협약의 효력을 부정하고(공노§10①), 공무원에 대하여 일체의 쟁의행위를 금지한 것(공노§11)(2005헌마971등) 등은 헌법 제33조 제2항의 **입법형성권의 한계를 일탈하지 않았**다고 판단했다. 그러나 헌법재판소는 지방공무원법 제58조 제2항이 "사실상 노무에 종사하는 공무원"의 구체적인 범위를 조례로 정하도록 했음에도

불구하고, 헌법에서 유래하는 조례제정의무를 정당한 사유 없이 불이행한 부작위는 단체행동권을 침해한 것이라고 보았다(2006헌마358[법정의견]).

헌재 2005. 10. 27. 2003헌바50등 : "지방공무원법(이하 '법'이라 한다) 제58조 제1항에서 규정하고 있는 '노동운동'의 개념은 그 근거가 되는 헌법 제33조 제2항의 취지에 비추어 근로자의 근로조건의 향상을 위한 단결권·단체교섭권·단체행동권 등 근로3권을 기초로 하여 이에 직접 관련된 행위를 의미하는 것으로 좁게 해석하여야 하고, '공무 이외의 일을 위한 집단행위'의 개념도 헌법상의 집회·결사의 자유와 관련시켜 살펴보면 모든 집단행위를 의미하는 것이 아니라 공무 이외의 일을 위한 집단행위 중 공익에 반하는 행위로 축소하여 해석하여야 하며, 법원도 위 개념들을 해석·적용함에 있어서 위와 유사한 뜻으로 명백히 한정해석하고 있다. 아울러 '사실상 노무에 종사하는 공무원'의 개념은 공무원의 주된 직무를 정신활동으로 보고 이에 대비되는 신체활동에 종사하는 공무원으로 명확하게 해석된다. 그렇다면, 위 개념들은 집행당국에 의한 자의적 해석의 여지를 주거나 수범자의 예견가능성을 해할 정도로 불명확하다고 볼 여지가 없다."

헌재 2007. 8. 30. 2003헌바51등 : "공무원인 근로자 중 법률이 정하는 자 이외의 공무원에게는 그 권리행사의 제한뿐만 아니라 금지까지도 할 수 있는 법률제정의 가능성을 헌법에서 직접 규정하고 있다는 점에서 헌법 제33조 제2항은 특별한 의미가 있다. 따라서 헌법 제33조 제2항이 규정되지 아니하였다면 공무원인 근로자도 헌법 제33조 제1항에 따라 노동3권을 가진다 할 것이고, 이 경우에 공무원인 근로자의 단결권·단체교섭권·단체행동권을 제한하는 법률에 대해서는 헌법 제37조 제2항에 따른 기본권제한의 한계를 준수하였는가 하는 점에 대한 심사를 하는 것이 헌법원리로서 상당할 것이나, 헌법 제33조 제2항이 직접 '법률이 정하는 자'만이 노동3권을 향유할 수 있다고 규정하고 있어서 '법률이 정하는 자' 이외의 공무원은 노동3권의 주체가 되지 못하므로, 노동3권이 인정됨을 전제로 하는 헌법 제37조 제2항의 과잉금지원칙은 적용이 없는 것으로 보아야 할 것이다. … 입법자가 노동3권의 향유주체가 될 수 있는 공무원의 범위를 정하도록 하기 위하여 헌법 제33조 제2항이 입법자에게 부여하고 있는 형성적 재량권의 범위를 벗어난 것이 아니며, 따라서 헌법에 위반하는 것이라고 할 수 없다(헌재 1992. 4. 28. 90헌바27등, 헌재 2005. 10. 27. 2003헌바50등 참조)."

[115] 지방자치제도의 헌법적 보장(최소보장의 원칙) 지방자치제도는 **'풀뿌리 민주주의'**를 이념적 배경으로 한 정치적 다원주의의 실현 장치이며(주민에 의한 자기통치의 실현 장치), **권력분립원리의 지방 차원**에서의 실현 장치이자(지방분권=수직적 권력분립의 실현 장치), **주민의 기본권 보장**에도 기여하는 수단(선거권·공무담임권[피선거권]의 구현 수단)이 된다(91헌마21·96헌바62·99헌바28). 헌법은 "지방자치단체의 자치권의 제도적 보장"(94헌마201) 내지 "지방자치단체에 의한 자치행정의 일반적 보장"(94헌마175)을 규정한 것이므로, 지방

자치의 구체적 내용의 입법적 형성에는 '최소한 보장의 원칙'이 적용(폭넓은 입법형성권이 인정)된다(2005헌마403). 따라서 지방자치제도의 본질적 내용인 그 핵심영역을 훼손하지 않는 범위 내에서 그 구체적 내용이 형성되거나 제한될 수 있으며(96헌바62·94헌마175·2002헌라2·2005헌마403·2007헌라4), 또 그러한 한도 내에서 그것이 실현하고자 하는 민주주의 원리나 권력분립원리는 중앙정치(국정)의 영역에서와 다른 모습으로 구현될 수도 있다(2007헌마843·2012헌바216)(앞 [53], [71], [73] 참조). 그런데, 주민자치를 원리로 하는 지방자치제도의 취지를 실현하기 위해 지방자치단체장 등의 기본권(공무담임권)에 대한 제한이 초래되는 경우도 있고(2004헌마376·2005헌마403), 지방자치단체의 자치권 침해 문제와 동반하여 주민의 기본권의 침해 문제가 발생하는 경우도 있지만(지방자치단체의 폐치·분합의 사례[94헌마201·94헌마175]), 헌법재판소는 지방자치법과 주민투표법, 주민소환에 관한 법률 등이 규정한 직접민주제적 성격의 주민참정권은 입법형성권이 폭넓게 인정되는 법률상의 권리일 뿐 헌법상의 기본권은 아니라고 본다(2000헌마735·2004헌마530·2004헌마643·2005헌마403·2006헌마99·2007헌바75)(앞 [11] 참조). 지방자치단체장의 선거권은 종래 이를 법률상의 권리로 보았으나(92헌마126[보충의견]·92헌마174[보충의견]·2004헌마644등·2007헌마843), 최근 선례를 변경하여 여타 선거권과 마찬가지로 헌법 제24조에 의해 보호되는 헌법상의 권리로 인정했다(2014헌마797)(앞 [11], [53] 참조). 한편, 지방자치단체의 조례제정권과 관련하여, 헌법재판소는 과세를 면제하는 조례를 제정할 때 장관의 사전허가를 얻도록 한 것(96헌바62)이라든가, 법령에 위반되는 사항을 주민의 조례제정·개폐청구권의 행사대상에서 제외한 것(2007헌바75)은 지방자치제도의 본질적 내용을 침해한다고 볼 수 없으며, 조례에 대한 법률의 위임은 포괄적인 것으로 족할 뿐 아니라, 조례에 의한 규제 차이에 따른 지역상 차별은 평등권을 침해한다고 볼 수 없다고 했다(92헌마264·2002헌마402·2006헌마72). 그러나 지방자치단체의 자치입법권의 한계를 의미하는 '법령의 범위 안'(헌§117①)에서 법령이란 법규명령으로서 기능하는 행정규칙까지 포함하며, 그 한도에서 자치권의 본질적 내용을 침해하는 것이 아니라고 한다(2001헌라1·2002헌라2). 또, 감사원이 지방자치단체의 자치사무에 대해서도 합목적성 감사를 할 수 있도록 한 것은 지방자치권의 본질적 내용을 침해한다고 볼 수 없으나(2005헌라3), 중앙행정기관의 지방자치단체의 자치사무에 대한 감사권을 사전적·일반적인 포괄 감사권으로 해석하는 것은 지방자치권의 본질적 내용을 침해한다고 보았다(2006

헌라6). 그 밖에 구(區)세였던 재산세를 구와 특별시의 공동세로 변경한 것은 지방자치권(자치재정권)의 본질적 내용을 침해하지 않았다고 보았다(2007헌라4).

헌재 1991. 3. 11. 91헌마21 : "지방자치제도라 함은 일정한 지역을 단위로 일정한 지역의 주민이 그 지방주민의 복리에 관한 사무, 재산관리에 관한 사무, 기타 법령이 정하는 사무(헌법 제117조 제1항)를 그들 자신의 책임 하에서 자신들이 선출한 기관을 통하여 직접 처리하게 함으로써 지방자치행정의 민주성과 능률성을 제고하고 지방의 균형 있는 발전과 아울러 국가의 민주적 발전을 도모하는 제도이다. 지방자치는 국민자치를 지방적 범위 내에서 실현하는 것이므로 지방시정에 직접적인 관심과 이해관계가 있는 지방주민으로 하여금 스스로 다스리게 한다면 자연히 민주주의가 육성·발전될 수 있다는 소위 '풀뿌리 민주주의'를 그 이념적 배경으로 하고 있는 것이다. … 지방자치제도는 현대 입헌민주국가의 통치원리인 권력분립 및 통제, 법치주의, 기본권 보장 등의 제 원리를 주민의 직접적인 관심과 참여 속에서 구현시킬 수 있어 바로 자율과 책임을 중시하는 자유민주주의 이념에 부합되는 것이므로, 국민(주민)의 자치의식과 참여의식만 제고된다면 권력분립원리의 지방 차원에서의 실현을 가져다 줄 수 있을 뿐 아니라(지방분권) … 헌법상 보장되고 있는 선거권·공무담임권(피선거권) 등 국민의 기본권의 신장에도 크게 기여할 수 있는 제도라고 할 것이다. 이와 같이 지방자치제도는 민주정치의 요체이며 현대의 다원적 복합사회가 요구하는 정치적 다원주의를 실현시키기 위한 제도적 장치 … 이다."

헌재 1998. 4. 30. 96헌바62 : "지방자치제도의 헌법적 보장(은) … 국민주권의 기본원리에서 출발하여 주권의 지역적 주체로서의 주민에 의한 자기통치의 실현으로 요약할 수 있고, 이러한 지방자치의 본질적 내용인 핵심영역은 어떠한 경우라도 입법 기타 중앙정부의 침해로부터 보호되어야 한다는 것을 의미한다. … 중앙정부의 권력과 지방자치단체간의 권력의 수직적 분배는 서로 조화가 요청되고, 그 조화과정에서 지방자치의 핵심영역은 침해되어서는 안 되는 것이므로, 이와 같은 권력분립적·지방분권적인 기능을 통하여 지역주민의 기본권 보장에도 이바지하는 것이다. … 중앙행정기관의 장의 지방자치단체에 대한 지도·감독(의) … 근거가 되고 감독의 내용을 규정하고 있는 법률(의) … 합헌성 여부는 결국 헌법상의 지방자치의 이념과 지역주민의 기본권제한원리인 비례의 원칙 내지 과잉금지원칙이 아울러 적용 … 지도·감독권행사로 인하여 얻는 이익을 지방자치단체의 자치권 손상 및 지역주민의 재산권 침해로 인하여 입는 손해를 비교형량(해야) … 할 것이다. … 지방자치단체가 과세를 면제하는 조례를 제정하고자 할 때 내무부장관의 사전허가를 얻도록 한 지방세법 제9조는 … 지방자치단체의 조례제정권의 본질적인 핵심영역을 침해한다고 볼 수 없고, 지방자치의 이념에 기초를 둔 합헌심사의 요건인 공익성과 필요성, 합리성을 모두 갖추고 있는 것 … 지역주민의 재산권 침해 면에서도 지역주민 일부에 대한 주민세의 면제라는 이익보다 조세평등주의와 지방세제의 확립, 지방재정의 적정한 운영이라는 공익이 더 우선함이 명백하다."

헌재 1994. 12. 29. 94헌마201 : "헌법 제117조는 … 고 규정하고 있고, 헌법 제118조는 … 고 규정함으로써 지방자치단체의 자치를 제도적으로 보장하고 있다. 그 보장의 본질적 내용은 자치단체의 보장, 자치기능의 보장 및 자치사무의 보장이다. 이와 같이 헌법 제117조 및 제118조가 제도적으로 보장하고 있는 것은 어디까지나 지방자치단체의 자치권인 것이다. 그러나 지방자치단체의 폐치·분합에 관한 것은 지방자치단체의 자치행정권 중 지역고권의 보장문제임과 동시에, 다른 한편으로는 그로 인하여 … 대상지역 주민들의 기본권의 침해 문제가 발생하게 되므로 … 헌법소원의 대상이 될 수 있다. … 주민투표실시에 관한 지방자치법 제13조의2는 규정문언상 임의규정으로 되어 있고, 실시 여부도 지방자치단체의 장의 재량사항으로 되어 있으며 … 주민투표절차는 위에서 살펴본 바와 같이 청문절차의 일환이고 그 결과에 구속적 효력이 없다. 따라서 이 사건 법률의 제정과정에서 주민투표를 실시하지 아니하였다고 하여 적법절차원칙을 위반하였다고는 할 수 없다."

헌재 1995. 3. 23. 94헌마175 : "지방자치단체의 폐치·분합은 지방자치단체의 자치권의 침해 문제와 더불어 그 주민의 헌법상 보장된 기본권의 침해 문제도 발생시킬 수 있다. … 자치제도의 보장은 지방자치단체에 의한 자치행정을 일반적으로 보장한다는 것뿐이고 특정자치단체의 존속을 보장한다는 것은 아니며 지방자치단체의 폐치·분합에 있어 지방자치권의 존중은 … 법정절차의 준수로 족한 것이다. 그러므로 군 및 도의회의 결의에 반하여 법률로 군을 폐지하고 타시에 병합하여 시를 설치한다 하여 주민들의 자치권을 침해하는 결과가 된다거나, 헌법 제8장에서 보장하는 지방자치제도의 본질을 침해하는 것이라고 할 수 없다. 더구나 이 사건의 경우는 주민의견조사 결과 주민의 압도적 다수가 … 통합에 찬성하였으므로 … 적법절차에 흠이 있거나 지방자치제도의 본질을 침해한 것이라고 할 수 없다. … 또한 지방자치단체의 폐치·분합을 규정한 법률의 제정과정에서 주민투표를 실시하지 아니하였다 하여 적법절차원칙을 위반하였다고 할 수 없다."

헌재 2006. 2. 23. 2005헌마403 : "국민은 '법률이 정하는 바에 의하여' 공무담임권을 가지므로, 공무담임권의 내용에 관하여는 입법자에게 넓은 입법형성권이 인정된다고 할 것이다. … 연속으로 선출되지 아니하면 제한 없이 입후보할 수 있고, 연속으로 선출된 경우도 3기까지는 계속하여 재임할 수 있다. 그리고 그 후 입후보하지 않을 경우 다시 3기 계속 재임할 수 있다. 그렇다면 이 사건 법률조항에 의한 공무담임권 제한의 정도는 상대적으로 완화되어 있다. … 지방자치의 본질적 내용은 자치단체의 보장, 자치기능의 보장 및 자치사무의 보장이고, 우리 헌법상 자치단체의 보장은 단체자치와 주민자치를 포괄하는 것이다. 그런데 지방자치제도는 제도적 보장의 하나로서 … 기본권 보장의 경우와는 달리 그 본질적 내용을 침해하지 아니하는 범위 안에서 … 입법자에게 제도의 구체적인 내용과 형태의 형성권을 폭넓게 인정한다는 의미에서 '최소한 보장의 원칙'이 적용된다. … 제도적 보장으로서 주민의 자치권은 원칙적으로 개별 주민들에게 인정된 권리라 볼 수 없으며, 청구인들의 주장을 주민들의 지역에 관한 의사결정에 참여 내지 주민투표에 관한 권리침해로 이해하더라도 이러한 권리를 헌법이 보장하는 기본권인 참정권이라고 할 수 없는 것이다(헌재 2001. 6. 28. 2000헌마735). 즉, 헌법상의 주민자치의 범위는 법률에 의하여 형성되고, 핵심영역이 아닌 한 법률에 의하여 제한될 수 있는 것이다. … 이 사건 법률조항이 현직 자치단체 장에 대하여 3기 초과 연임을 제한하고 있더라도 그것만으로는 주민의 자치권을 심각하게 훼손한다고 볼 수 없다. 더욱이 새로운 자치단체 장 역시 주민에 의하여 직접 선출되어 자치행정을 담당하게 되므로 주민자치의 본질적 기능에 침해가 있다고 보기 어렵다. 따라서 이 사건 법률조항은 지방자치제도에 있어서 주민자치를 과도하게 제한함으로써 입법형성의 한계를 벗어났다고 할 수 없다."

헌재 2002. 10. 31. 2002헌라2 : "헌법상의 자치권의 범위는 법령에 의하여 형성되고 제한된다. 헌법도 제117조 제1항에서 법령의 범위 안에서 자치에 관한 규정을 제정할 수 있다고 하였(다). … 헌법 제117조 제1항에서 규정하고 있는 '법령'에는 법률 이외에도 … 법규명령이 포함되는 것은 물론 … 법규명령으로서 기능하는 행정규칙이 포함된(다). … 지방공무원수당 등에 관한 규정(대통령령) 제15조 제4항에서 말하는 '행정자치부장관이 정하는 범위'라는 것은 … 법규명령이 아닌 단순한 행정규칙에 의하여 정하여지는 것은 이에 포함되지 않는다고 해석되므로 … 헌법 제117조 제1항에 위반되는 것이 아니다. 나아가 위 수당조항의 위임을 받아 만들어진 이 사건 지침부분은 비록 그 제정형식은 법규명령이 아닌 행정규칙이지만 … 상위법령인 위 수당규정과 결합하여 대외적인 구속력을 갖는 법규명령으로서 기능 … 이 사건 지침부분은 헌법 제117조 제1항을 위반한 것이 아니고 따라서 청구인의 권한을 침해하는 것이 아니라고 할 것이다. … 지방자치단체의 자치권은 헌법상 보장을 받고 있으므로 비록 법령에 의하여 이를 제한하는 것이 가능하다고 하더라도 그 제한이 불합리하여 자치권의 본질을 훼손하는 정도에 이른다면 이는 헌법에 위반된(다). … 이 사건 지침부분은 그 내용으로 볼 때 지방자치단체의 무분별한 재정운영을 제한하는 정도일 뿐이지 예산편성과 재정지출에 대한 지방자치단체의 고유한 권한을 유명무실하게 할 정도의 지나친 규율이라고는 볼 수 없고 따라서 그 불합리를 인정하기 어렵다."

헌재 2010. 10. 28. 2007헌라4 : "지방자치권(에는) … 자치입법권, 자치조직권, 자치인사권, 자치재정권 등이 포함된다. 그중 자치재정권은 지방자치단체가 법령의 범위 내에서 수입과 지출을 자신의 책임 하에 운영할 수 있는 권한으로서 … 이러한 지방자치단체의 자치재정권은 절대적인 것은 아니고, 지방세법, 지방재정법, 지방공기업법 등 법률에 의하여 형성되고 제한을 받는 것이다. … 헌법 제117조 제1항에 의해 지방자치단체에게 보장된 지방자치권은 절대적인 것이 아니고 법령에 의하여 형성되는 것이므로, 입법자는 지방자치에 관한 사항을 형성하면서 지방자치단체의 지방자치권을 제한할 수 있다. … 국회의 입법에 의하여 지방자치권이 침해되었는지 여부를 심사함에 있어서는 지방자치권의 본질적 내용이 침해되었는지 여부만을 심사하면 족하고, 기본권 침해를 심사하는 데 적용되는 과잉금지원칙이나 평등원칙 등을 적용할 것은 아니다. … 이 사건 법률조항들은 종래 구(區)세였던 재산세를 구와 특별시의 공동세로 변경한 규정인데 … 청구인들의 수입이 감소함으로써 청구인들의 자치재정권에 제한이 가해진다고 하더라도, 그로 인하여 청구인의 자치재정권이 유명무실하게 될 정도로 지나친 제한이어서 자치재정권의 본질적 내용을 침해한다고 볼 수 없는 한 그러한 법률조항을 제정한 피청구인의 행위는 정당하다고 할 것 … 이 사건 법률조항들로 인해 구의 재산세 수입이 종전보다 50% 감소하게 되지만 … 특별시분 재산세가 각 자치구에 배분되므로, 이를 감안하면 종전에 비하여 실질적으로 감소되는 청구인들의 재산세 수입 비율은 50% 미만이 될 것 … 이 사건 법률조항들로 인하여 청구인들의 재산세 수입이 다소 감소함으로써 청구인들의 자치재정권이 다소 제한되었다고 하더라도 그로 인하여 청구인들의 자치재정권이 유명무실하게 될 정도로 지나치게 침해되었다고 할 수 없다."

헌재 2009. 3. 26. 2007헌마843 : "지방자치는 지역 중심의 지방자치단체가 독자적인 자치기구를 설치하여 그 고유사무를 국가기관의 간섭 없이 스스로의 책임 아래 처리하는 것을 말한다. 전통적으로 지방자치는 주민의 의사에 따라 지방행정을 처리하는 '주민자치'와 지방분권주의를 기초로 하여 국가내의 일정한 지역을 토대로 독립된 단체가 존재하는 것을 전제로 하여 그 단체의 의회와 기관이 그 사무를 처리하는 '단체자치'를 포함하고, 이러한 지방자치는 국민의 기본권이 아닌 헌법상의 제도적 보장으로 이해되고 있다. … 헌법은 지방자치단체장에 대한 선거권을 직접 규정하지 않고 그 선임 방법을 법률에 위임하여(제118조 제2항) 지방자치법이 이를 정하고 있으므로, 지방자치단체장에 대한 선거권이 헌법상의 권리인지 법률상의 권리인지 분명하지 아니하다. … 지방자치단체장에 대한 선거(대의제)나 주민소환(직접민주제)이 헌법적인 차원이 아닌 법률적인 차원에서 보장되고 있음에 비추어 주민소환제는 지방자치의 측면에서 입법재량의 여지가 큼에 반하여 지방자치단체장이 대의제원리에 따라서 갖는 자유위임의 원칙은 상대적으로 약화될 수밖에 없(다)."

헌재 2004. 12. 16. 2004헌마376 : "지방자치단체 장의 피선거권 자격요건으로서 60일 이상 당해 지방자치단체의 관할구역 내에 주민등록이 되어 있을 것을 요구하는 공직선거 및 선거부정방지법 제16조 제3항 … 헌법이 보장한 주민자치를 원리로 하는 지방자치제도에 있어서 지연적 관계를 고려하여 당해 지역사정을 잘 알거나 지역과 사회적·지리적 이해관계가 있어 당해 지역행정에 대한 관심과 애향심이 많은 사람에게 피선거권을 부여함으로써 지방자치행정의 민주성과 능률성을 도모함과 아울러 우리나라 지방자치제도의 정착을 위한 규정으로서 그 입법목적의 정당성은 인정된다. … 주민자치를 기본원리로 하는 지방자치에 있어서 지방자치단체의 장이 애향심을 가지고 그 지역주민과 일체감을 이루어 이른바 주민접촉도를 높여 가장 기본적인 단위의 민주주의를 구현한다는 점에서 볼 때 60일간의 거주요건은 다른 구역에서 이주하여 온 사람에게 당해 지방자치단체의 제반 사정을 이해하고 주민과 연대감 내지 일체감을 형성할 수 있는 최소한의 기간이라 할 수 있다. … 이 사건 법률조항은 과잉금지원칙에 위배하여 청구인의 공무담임권을 제한하고 있다고 볼 수 없다."

헌재 2016. 10. 27. 2014헌마797 : "지방자치단체의 장에 대해서는 헌법 제118조 제2항에서 '… 지방자치단체의 장의 '선임방법' … 에 관한 사항은 법률로 정한다.'라고만 규정하여 지방의회의원의 '선거'와는 문언상 구별하고 있으므로, 지방자치단체의 장 선거권이 헌법상 보장되는 기본권인지 여부가 문제된다. … 지방자치단체의 대표인 단체장은 지방의회의원과 마찬가지로 주민의 자발적 지지에 기초를 둔 선거를 통해 선출되어야 한다는 것은 지방자치제도의 본질에서 당연히 도출되는 원리이다. … 우리 지방자치제의 역사에 비추어 볼 때, 지방자치단체의 장에 대한 주민직선제 이외의 다른 선출방법을 허용할 수 없다는 관행과 이에 대한 국민적 인식이 광범위하게 존재한다고 볼 수 있다. 주민자치제를 본질로 하는 민주적 지방자치제도가 안정적으로 뿌리내린 현 시점에서 지방자치단체의 장 선거권을 …

구별하여 하나는 법률상의 권리로, 나머지는 헌법상의 권리로 이원화하는 것은 허용될 수 없(으므로) … 다른 선거권과 마찬가지로 헌법 제24조에 의해 보호되는 헌법상의 권리로 인정하여야 할 것이다. … 후보자가 1인일 경우 투표를 실시하지 않고 해당 후보자를 지방자치단체의 장 당선자로 정하도록 결단한 것은 입법목적 달성에 필요한 범위를 넘은 과도한 제한이라 할 수 없으므로 심판대상조항은 청구인의 선거권을 침해하지 않는다."

헌재 2009. 3. 26. 2006헌마72 : "이 사건 조례가 1선거구 2인 선출제를 채택하여 1선거구에서 4인까지를 선출할 수 있도록 조례를 제정한 다른 지역 선거구와 비교하여 표의 등가성 면에서 청구인들을 차별하고 있다고 주장한다. 그러나 헌법상 문제되는 평등권은 동일한 법적 효과를 받아야 할 자들에 대해 동일한 법적 효과를 주지 않는 입법을 한 경우에 발생하는 문제라고 할 것이므로, 이 사건과 같이 조례의 제정 주체가 서로 다른 경우에 있어서는 동일한 법적 효과가 미치는 것을 전제로 하여 논의되는 차별취급 문제는 발생하지 않는다고 할 것이다. … 서울특별시 내의 자치구의 선거구에 관한 입법 주체는 서울특별시의회이고, 서울특별시 외의 자치구·시·군 선거구에 관한 입법 주체는 각 해당 시·도의회라 할 것인바, 결국 서울특별시 내에 거주하는 주민들과 서울특별시를 제외한 모든 지역에 거주하는 주민들 간에는 평등권침해를 논할 비교집단이 설정되지 않는다고 할 것이어서 위 주장은 더 나아가 살펴볼 필요 없이 이유 없다고 할 것이다(헌재 2003. 6. 26. 2002헌마402 참조)."

헌재 2009. 5. 28. 2006헌라6 : "국가감독권행사로서 지방자치단체의 자치사무에 대한 감사원의 사전적·포괄적 합목적성 감사가 인정되므로 국가의 중복감사의 필요성이 없는 점 등을 종합하여 보면, 지방자치단체가 스스로의 책임 하에 수행하는 자치사무에 대해서까지 국가감독이 중복되어 광범위하게 이루어지는 것은 지방자치의 본질을 훼손할 가능성마저 있으므로 지방자치권의 본질적 내용을 침해할 수 없다는 견지에서, 중앙행정기관의 지방자치단체의 자치사무에 대한 이 사건 관련 규정의 감사권은 사전적·일반적인 포괄감사권이 아니라 그 대상과 범위가 한정적인 제한된 감사권이라 해석함이 마땅하다."

[116] 교육제도의 헌법적 보장(입법형성권) 현행헌법의 **교육제도**는 한편으로는 교육의 자주성·전문성·정치적 중립성(헌§31④)을 지도원리로 하면서, 다른 한편으로는 국민의 교육을 받을 권리(헌§31①)를 뒷받침하는, 입법자에 의해 그 구체적 내용이 형성되는(교육제도법정주의[헌§31⑥]) **제도적 보장**으로서의 성격을 가진다(의무교육제도에 관한 헌법재판소 결정[90헌가27] 참조). 즉, 국가는 학교교육을 중심으로 한 교육제도에 관해 전반적인 형성권과 규율권을 부여받았으며, 그 구체적인 형성·규율의 내용과 정도는 **교육의 본질을 침해**하지 않는 한 궁극적으로는 **입법권자의 형성의 자유**에 속하는 것이다(89헌가106·98헌가16등·99헌바63·2005헌마1047등·2012헌마404). 동시에 **교육제도법정주의**(헌§31⑥)는 국가의 백년대계인 **교육의 장기성과 일관성**을 도모한다는 의미도 지닌다(89헌마88·97헌마130·99헌바14·2008다38288). 헌법

재판소는 국민의 교육을 받을 권리(헌§31①) 및 교육의 정치적 중립성(헌§31④)의 요청에 기인한 다양한 입법적 규율을 합헌으로 판단한 바 있다(앞 [71], [81], [99], [105], [108] 참조). 또, 헌법재판소는 교육제도보장의 한 내용인 **교원지위법정주의**(헌§31⑥)에는 교원의 권리에 관한 사항 외에, 국민의 교육을 받을 권리의 보장을 위한 교원의 의무·책임 내지 교원의 기본권제한에 관한 사항도 포함된다고 본다(89헌가106·95헌바29등·96헌바33등). 교원지위법정주의의 핵심은 '**교육을 받을 권리의 효율적 보장**'에 있으므로, 교원지위법정주의에 관한 헌법 제31조 제6항이 근로기본권에 관한 헌법 제33조 제1항에 우선 적용되며, 따라서 사립학교 교원의 노동운동 금지조항은 합헌이라고 본다(89헌가106·96헌바33등·97헌바61). 교원지위법정주의가 내용으로 하는 **교원신분에 대한 최소한의 보호의무**는 고지와 청문(사전통지와 진술·불복)의 기회 제공이라는 적법절차원칙의 준수를 요체로 하는 것으로 본다(2000헌바26·2002헌바14등)(앞 [111] 참조). 그리고 대학교원의 기간임용제 자체는 입법정책에 속하는 것이어서 교원지위법정주의 위반이 아니라고 본다(96헌바33등). 단, 교원지위법정주의에 따라 사립학교 교원의 지위를 법률로 정할 때는 **사립학교의 설립·운영의 자유**(99헌바63)가 침해되지 않도록 **대학의 자율성**(헌§31④)과 **조화**되도록 할 것을 강조한다(2004헌바72·2005헌마1119·2012헌바336). 또한, 선례는 '교육의 중요성' 내지 '정치적 중립성' 등의 측면에서 사립학교(사립대학)와 국·공립학교(국립대학)의 본질적 동일성을 인정하는 입장을 취하여(89헌가106·99헌바63·2009헌바298·2013헌마692·2014헌마621·2008다38288), 이러한 공교육체계하에서는 사립학교(사립대학)라 할지라도 **사학**(사학운영)**의 자유보다는 교육의 공공성이 강조**되어야 하는 것으로 본다(2007헌마1189등·2013헌마692·2008다38288).

헌재 1991. 2. 11. 90헌가27 : "교육을 받을 권리는 우리헌법이 지향하는 문화국가·민주복지국가의 이념을 실현하는 방법의 기초이며, 다른 기본권의 기초가 되는 기본권이다. … 의무교육제도는 교육의 자주성·전문성·정치적 중립성 등을 지도원리로 하여 국민의 교육을 받을 권리를 뒷받침하기 위한, 헌법상의 교육기본권에 부수되는 제도보장이라 할 것이다. … 헌법상 초등교육에 대한 의무교육과는 달리 중등교육의 단계에 있어서는 어느 범위에서 어떠한 절차를 거쳐 어느 시점에서 의무교육으로서 실시할 것인가는 입법자의 형성의 자유에 속하는 사항으로서 국회가 입법정책적으로 판단하여 법률로 구체적으로 규정할 때에 비로소 헌법상 권리로서 구체화되는 것으로 보아야 (한다)."

헌재 1999. 3. 25. 97헌마130 : "사립학교에도 국·공립학교처럼 의무적으로 운영위원회를 두도록 할 것인지 … 재량사항으로 하여 그 구성을 유도할 것인지의 여부는 입법자의 입법형성 영역인 정책문제에 속하고, 그 재량의 한계를 현저하게 벗어나지 않는 한 헌법 위반으로 단정할 것은 아니다. … 헌법이 교육제도와 그 운영에 관한 기본적인 사항을 법률로 정할 수 있도록 한 것은, 국가의 백년대계인 교육이 일시적인 특정정치 세력에 영향을 받거나 집권자의 통치상의 의도에 따라 수시로 변경되는 것을 예방하고, 장래를 전망한 일관성이 있는 교육체계를 유지·발전시키기 위한 것으로, 국민의 대표기관인 국회의 통제 하에 두는 것이 가장 온당하다는 의회민주주의 내지 법치주의의 이념에서 비롯된 것이다."

헌재 1991. 7. 22. 89헌가106 : "우리 헌법 제31조 제4항 … 제31조 제6항은 교육의 물적 기반이 되는 교육제도와 아울러 교육의 인적 기반으로서 가장 중요한 교원의 근로기본권을 포함한 모든 지위에 관한 기본적인 사항을 국민의 대표기관인 입법부의 권한으로 규정하고 있다. … 이 헌법조항에 근거하여 교원의 지위를 정하는 법률을 제정함에 있어서는 교원의 기본권 보장 내지 지위보장과 함께, 국민의 교육을 받을 권리를 보다 효율적으로 보장하기 위한 규정도 반드시 함께 담겨 있어야 할 것이다. 그러므로 위 헌법조항을 근거로 하여 제정되는 법률에는 교원의 신분보장·경제적·사회적 지위보장 등 교원의 권리에 해당하는 사항뿐만 아니라, 국민의 교육을 받을 권리를 저해할 우려 있는 행위의 금지 등 교원의 의무에 관한 사항도 당연히 규정할 수 있는 것이므로, 결과적으로 교원의 기본권을 제한하는 사항까지도 규정할 수 있게 되는 것이다. … 헌법 제31조 제6항은 국민의 교육을 받을 기본적 권리를 보다 효과적으로 보장하기 위하여 교원의 보수 및 근무조건 등을 포함하는 개념인 '교원의 지위'에 관한 기본적인 사항을 법률로써 정하도록 한 것이므로, 교원의 지위에 관련된 사항에 관한 한 위 헌법조항이 근로기본권에 관한 헌법 제33조 제1항에 우선하여 적용된다. 사립학교 교원에게 헌법 제33조 제1항에 정한 근로3권의 행사를 제한 또는 금지하고 있다고 하더라도 … 그 제한은 입법자가 교원지위의 특수성 … 을 종합하여 공공의 이익인 교육제도의 본질을 지키기 위하여 결정한 것으로 필요하고 적정한 범위 내의 것이다."

헌재 2015. 5. 28. 2013헌마671등 : "오늘날 교육은 조직화·제도화된 학교교육이 중심을 이루고 있고 학교교육을 수행하는 사람이 교원이라는 점에서, 교원은 사용자에 고용되어 근로를 제공하고 임금 등 반대급부를 받는 일반근로자와 다른 특성이 있다(헌재 1991. 7. 22. 89헌가106 참조). … 교육관계법령에서는 공·사립학교를 불문하고 교원에게 보수·연수·신분보장 등 모든 면에서 통상적인 근로자에 비하여 특별한 대우 및 특혜를 부여하고 있다. 또한, 교원의 보수 수준 등 근로조건 향상을 위한 재정적 부담은 실질적으로 국민 전체가 지게 되므로 … 이러한 교원의 직무 및 근로관계의 특수성을 고려할 필요가 있다. [재판관 김이수의 반대의견] 교원지위법정주의에 관한 헌법 제31조 제6항을 근거로 사립학교 교원의 노동3권을 제한할 수 있다거나, 교원의 노동3권 제한에 있어서는 헌법 제31조 제6항이 헌법 제33조 제1항에 우선하여 적용된다는 견해도 있다. 그러나 헌법 제31조 제6항은 교원 직무의 특수성에 비추어 국민의 교육받을 권리가 차질 없이 실현될 수 있도록 교원의 신분보장 내지 경제적·사회적 지위보장에 관해 입법자가 법률로 정하여야 한다는 것을 의미하지, 이를 근거로 교원의 경우에는 헌법이 명문으로 보장하고 있는 국민의 기본권(노동3권)을 부정하는 법률이나 법조항을 제정할 수 있다고 해석할 수는 없다. 이러한 해석은 원칙적으로 모든 근로자의 자주적인 노동3권을 보장하면서, 다만 예외적으로 노동3권을 제한할 수 있는 대상과 범위를 명시한 헌법 제33조의 취지를 몰각하는 것이다."

헌재 1997. 12. 24. 95헌바29등 : "교육의 자주성과 교원의 지위는 국민의 교육을 받을 권리를 침해할 경우에는 그에 따른 제약을 받을 수밖에 없는 것이므로, 교원의 지위를 법률로 정함에 있어서는 교원의 자질은 물론 교원의 의무 내지 책임에 관한 사항도 당연히 규정할 수 있는 것이다. … 교육의 자주성은 교육을 받을 기본권을 가진 피교육자인 학생들의 권익과 복리증진에 저해가 되어서는 아니 되고, 또 국가와 사회공동체의 이념과 윤리에 의하여 제약을 받게 되는 점에 비추어 … (사립학교 교원의) 직권면직 절차에 징계절차를 준용하지 않아 유리한 진술을 할 수 있는 기회가 주어지지 않았다고 하여, 이것만을 가지고 헌법상 보장된 교육의 자주성 등이 침해되었다고 볼 수 없다."

헌재 2014. 4. 24. 2012헌바336 : "헌법이 이와 같이 대학의 자율성과 교원지위법정주의를 함께 규정하는 것은, 입법자에게는 교원의 신분이 부당하게 박탈되지 않도록 하는 최소한의 보호 장치를 마련할 의무가 있고 그 한도 내에서 학교법인의 교원 임면에 관한 자율권은 제한이 불가피할 것이므로(헌재 2006. 4. 27. 2005헌마1119), 입법자가 헌법 제31조 제6항의 교원지위법정주의에 따라 사립학교 교원의 지위를 법률로 정할 때는 그것이 제4항의 대학의 자율성과 잘 조화되도록 하여야 한다는 의미이다(헌재 2006. 5. 25. 2004헌바72 참조). … (강의전담)교원의 지위 문제는 해당 교원에 대한 불합리한 신분상의 불이익을 차단할 합리적인 제도가 마련되어 있는지 여부로 귀결된다 할 것이고, 반드시 해당 교원의 종류를 법률에 명시하여야 한다는 의미는 아니라고 할 것이다. 따라서 법률에서 강의전담교원에 대해 명시하고 있지 아니하더라도 그 자체로 교원지위법정주의에 위반된다고 볼 수 없(다). … 사립학교의 경우 그 설립의 자유와 운영의 독자성을 보장하는 것이 중요하므로(헌재 2001. 1. 18. 99헌바63), 법률에서 사립대학교육기관의 교원임용에 관한 구체적인 기준을 강제하는 것은 대학의 자율권을 훼손할 우려가 있다."

헌재 2013. 11. 28. 2007헌마1189등 : "개방이사제에 관한 사립학교법 (규정은) … 학교법인의 사학의 자유를 침해한다고 볼 수 없다. … 비록 헌법에 명문의 규정은 없지만 학교법인을 설립하고 이를 통하여 사립학교를 설립·경영하는 것을 내용으로 하는 사학의 자유가 헌법 제10조, 제31조 제1항, 제4항에서 도출되는 기본권임을 확인하는 한편, 학교 교육이 개인·사회·국가에 지대한 영향을 미친다는 점에서 사립학교도 국·공립학교와 본질적으로 다를 바 없음을 밝힌 바 있다(헌재 2001. 1. 18. 99헌바63 참조). … 학교 및 교육의 거의 모든 영역에 걸쳐 사립학교를 공립학교와 동일하게 규율하고 있으므로, 법제상 우리나라 사립학교는 공교육제도의 체계에 철저히 편입되어 있다고 할 수 있다. … 우리나라와 같은 공교육체계하에서의 사립학교는 태생적으로 그 공공성이 강조되는 양상이 뚜렷할 수밖에 없다. …사적자치를 넘어서는 새로운 제도를 형성하거나 학교법인의 자율적인 조직구성권 및 학교운영권에 공법적 규제를 가하는 것까지도 교육이나 사학의 자유의 본질적 내용을 침해하지 않는 한 궁극적으로는 입법자의 형성의 자유에 속하는 것으로 허용된다 할 것."

> 대판 2010. 4. 22. 2008다38288 : "사립학교의 설립자 및 학교법인은 일반적인 행동의 자유를 보장하는 헌법 제10조 … 헌법 제31조 제1항 그리고 교육의 자주성·전문성·정치적 중립성 등을 규정하고 있는 헌법 제31조 제4항 등에 의하여 인정되는 기본권으로서 … 학교를 설립하고 이를 운영할 자유를 가진다. … 학생은 헌법 제31조 제1항 및 헌법 제10조에 의하여, 그 부모는 혼인과 가족생활을 보장하는 헌법 제36조 제1항 및 헌법 제10조 등에 의하여 사립학교 선택권을 갖는 것이 원칙이고 … 사립학교 역시 사학의 자유에 의하여 학생 선발권을 가진다. 그런데 위와 같은 평준화 정책 및 그로 인한 강제배정으로 인하여 학생의 사립학교 선택권과 사립학교의 학생 선발권이 제한되었다. 그러나 헌법 제31조 제1항은 능력에 따라 균등하게 교육을 받을 권리를 국민의 기본권으로 보장함으로써 이를 실현할 의무와 책임을 국가가 부담하도록 하여 공교육체계를 교육제도의 근간으로 하고 있다. … 공교육체계 내에서는 교육의 확대와 기회균등이라는 국가 교육목표 달성을 위하여 불가피한 범위 내에서 학생과 학교 모두의 교육에 관한 기본권은 제한될 수 있고, 그러한 기본권에 포함되는 학생의 사립학교 선택권과 그 이면에 있는 사립학교의 학생 선발권 또한 제한될 수밖에 없다."

[117] 제도보장과 기본권 보장의 병존 　헌법재판소는 **대학의 자율성**(헌§31④)을 학문의 자유(헌§22)의 보장수단으로 대학에게 부여된 **헌법상의 기본권**인 동시에(92헌마68등·99헌마613·2005헌마1047등·2009헌마514·2014헌마1149), 그 역시 학교제도(헌§31⑥)의 일부분으로서 교육의 본질을 침해하지 않는 한도에서 입법자의 형성의 자유에 따라 그 구체적 내용이 규정되는 **제도적 보장**으로 본다(2005헌마1047등·2011헌마612). 대학총장 선출방식이나 법인이사회 구성방식 등이 문제된 사안에서는 대개 제도적 보장의 관점에서 완화된 심사기준을 적용한다(2005헌마1047등·2011헌마612). 헌법재판소는 대학교원의 직무와 초·중등교원의 직무를 구분하여 전자는 연구기능에, 후자는 교육기능에 각각 중점이 있으므로, 대학교원에게는 "상대적으로 많은 학문연구와 사회활동의 자유가 인정"되는 것으로 본다(91헌마69·2001헌마710). 한편, **혼인·가족제도**(헌§36①)에 대해서도 헌법재판소는 이를 **혼인과 가족생활에 있어서의 기본권**을 보장한 것이면서(95헌가14등·2011헌가42·2013헌마623), 동시에 **객관적인 헌법원리 내지 제도적 보장**을 규정한 것으로 본다(95헌가6등·97헌가12·2001헌가9등·2003헌가5). 즉, 제도적 보장이 기본권의 보장과 병존하는 경우에 해당한다(2000헌바53·2001헌바82·2009헌바89등·2010헌바87·2011헌바275). 그리하여 헌법재판소는 동성동본금혼(95헌가6등), 호주제도(2001헌가9등), 부부합산과세(2001헌바82·2004헌가6·2006헌바112등·2009헌바146), 친생부인의 소의 제소기간 제한(95헌가14등), 불합리한 친생추정기준(2013헌마623) 등은 헌법 제36조 제1항에 위배되는 것으로 보았다. 그러나 원칙적으로 부성주의를 채택한 것(2003헌가5), 계모자관계를 법정혈족관계에서 배제한

것(2009헌바89등), 친양자입양에 친생부모의 동의를 요하도록 한 것(2010헌바87), 기혼자만 친양자입양을 할 수 있도록 한 것(2011헌가42) 등은 헌법 제36조 제1항에 위배되지 않으며, 중혼의 후혼배우자(2011헌바275)나 사실혼 배우자(2013헌바119)는 헌법 제36조 제1항의 보호범위에 포함되지 않는다고 보았다. 또한, 헌법재판소는 헌법 제36조 제1항을 근거로 **혼인·가족생활에서의 차별**에 대해서는 **엄격한 심사기준**을 적용하고 있으며(97헌가12·2004헌가6·2006헌바112등·2009헌바146·2006헌가1), 헌법 제36조 제1항을 근거로 부모의 학교선택권 등 자녀교육권(98헌가16등·2005헌마514·2006헌마618·2008헌마635·2011헌마659등)과 자녀의 이름을 지을 자유(2015헌마964)를 기본권으로 인정하고 있다. 그 밖에 헌법재판소는 **재산권**(헌§23①) 규정도 기본권으로서의 재산권과 법제도로서의 사유재산제도를 보장한다는 **이중적 의미**를 지니는 것, 다시 말해 제도적 보장이 기본권의 보장과 병존하는 경우로 본다(92헌바20·95헌바47).

> 헌재 1992. 10. 1. 92헌마68등 : "교육의 자주성이나 대학의 자율성은 헌법 제22조 제1항이 보장하고 있는 학문의 자유의 확실한 보장수단으로 꼭 필요한 것으로서 이는 대학에게 부여된 헌법상의 기본권이다. 따라서 국립대학인 서울대학교는 다른 국가기관 내지 행정기관과는 달리 공권력의 행사자의 지위와 함께 기본권의 주체라는 점도 중요하게 다루어져야 한다. … 다만 이러한 대학의 자율권도 헌법상의 기본권이므로 기본권제한의 일반적 법률유보의 원칙을 규정한 헌법 제37조 제2항에 따라 국가안전보장·질서유지·공공복리 등을 이유로 제한(필요, 최소한의 한도에서)될 수 있는 것 … 서울대학교가 인문계열의 대학별 고사과목을 정함에 있어 … 일본어를 선택과목에서 제외시킨 것은 … 적법한 자율권행사라 할 것이다. … 대학인에게 보장된 학문의 자유(강학의 자유)나 대학의 자율권도 교육의 기회균등 못지않게 중요하고, 청구인들과 서울대학교와의 관계는 기본권 주체와 공권력 주체와의 관계뿐만 아니라 아울러 기본권주체 상호간의 관계이기도 하기 때문이다."

> 헌재 2013. 5. 30. 2009헌마514 : "교육의 자주성이나 대학의 자율성은 헌법 제22조 제12항이 보장하고 있는 학문의 자유의 확실한 보장수단으로 꼭 필요한 것으로서 이는 대학에게 부여된 헌법상의 기본권이다. … 학교법인 이화학당의 법학전문대학원 입학전형 계획은 학교법인 이화학당이 학생의 선발 및 입학 전형에 관하여 대학의 자율성을 행사한 것이고, 이 사건 인가처분은 이러한 대학의 자율성 행사를 보장하는 것이다. 따라서 이 사건 인가처분에 의하여 청구인의 직업선택의 자유와 사립대학의 자율성이라는 두 기본권이 충돌하게 된다. … 이화여자대학교의 정체성의 핵심은 '여성 고등교육기관'이라는 점이고, 교육목표의 핵심은 여성지도자 양성에 있다. 따라서 이화여자대학교가 여자대학교로서의 정체성을 유지할 것인지, 남녀공학으로 전환할 것인지는 사립대학인 이화여자대학교의 자율성의 본질적인 부분에 해당한다고 할 것이다. … 다른 법학전문대학원의 경우에도 여학생의 비율이 평균적으로 40%에 육박하고 있는 점 … 이화여자대학교 이외에 전국의 24개 다른 법학전문대학

원, 총 1900명의 입학정원에 지원할 수 있고 … 상충되는 청구인의 직업선택의 자유와 이화여자대학교의 대학의 자율성 사이에 적정한 비례관계를 유지하고 있다."

헌재 2015. 12. 23. 2014헌마1149 : "대학에게 부여된 헌법상의 기본권인 대학의 자율권 … 의 보호영역에는 대학시설의 관리·운영만이 아니라 학사관리 등 전반적인 것으로 연구와 교육의 내용, 그 방법과 대상, 교과과정의 편성, 학생의 선발, 학생의 전형도 포함된다. … 이 사건 모집정지는 대학의 자율권을 제한하고 있으므로, 이를 제한함에는 헌법 제37조 제2항의 과잉금지원칙이 준수되어야 한다(헌재 2009. 2. 26. 2008헌마370등 참조). 다만 법학전문대학원은 교육기관으로서의 성격과 함께 법조인 양성이라는 국가의 책무를 일부 위임받은 직업교육기관으로서의 성격을 함께 가지고 있고, 입법자는 일정한 전문분야에 관한 자격제도를 마련함에 있어 광범위한 입법재량을 가지고 있으며, 이에 따라 국립대학에 설치된 법학전문대학원의 장학금제도를 지도·감독하는 피청구인(교육부장관)에게 부여된 재량권 역시 존중될 필요가 있으므로, 이 사건 모집정지의 위헌성을 판단함에 있어 과잉금지원칙의 요구는 다소 완화된다고 할 것이다. … 피청구인은 설치인가 신청서상에 기재된 장학금확보율을 장학금지급률로 오인한 채, 정상적인 학사운영이 곤란하게 되는 사정이 있는지 여부 등에 관하여 아무런 고려 없이 이 사건 모집정지를 하(여) … 대학의 자율권을 침해한다."

헌재 2006. 4. 27. 2005헌마1047등 : "대학의 자치의 주체를 기본적으로 대학으로 본다고 하더라도 … 가령 학문의 자유를 침해하는 대학의 장에 대한 관계에서는 교수나 교수회가 주체가 될 수 있고, 또한 국가에 의한 침해에 있어서는 대학 자체 외에도 대학 전 구성원이 자율성을 갖는 경우도 있을 것이므로, 문제되는 경우에 따라서 대학·교수·교수회 모두가 단독 혹은 중첩적으로 주체가 될 수 있(다). … 대학총장 후보자 선출에 참여할 권리(는) … 대학의 자치의 본질적인 내용에 포함된다고 할 것이므로 결국 헌법상의 기본권으로 인정할 수 있다. … 대학의 자율도 헌법상의 기본권이므로 기본권제한의 일반적 법률유보의 원칙을 규정한 헌법 제37조 제2항에 따라 제한될 수 있고, 대학의 자율의 구체적인 내용은 법률이 정하는 바에 의하여 보장되며, 또한 국가는 헌법 제31조 제6항에 따라 모든 학교제도의 조직·계획·운영·감독에 관한 포괄적인 권한 즉, 학교제도에 관한 전반적인 형성권과 규율권을 부여받았다고 할 수 있고, 다만 그 규율의 정도는 … 교육의 본질을 침해하지 않는 한 궁극적으로는 입법권자의 형성의 자유에 속하는 것 … (그 위헌 여부는) 대학의 자유 … 를 제한함에 있어 헌법 제37조 제2항에 의한 합리적인 입법한계를 벗어나 자의적으로 그 본질적 내용을 침해하였는지 여부에 따라 판단되어야 할 것이다(헌재 2001. 1. 18. 99헌바63 참조)."

헌재 2014. 1. 28. 2011헌마239 : "대학의 장이 단과대학장을 임용할 때에는 그 대상자의 추천을 받거나 선출의 절차를 거치지 아니하고 해당 단과대학 소속 교수 또는 부교수 중에서 직접 지명하게 되었다. … 단과대학은 대학을 구성하는 하나의 조직·기관일 뿐이고, 단과대학장은 '총장의 명을 받아' 단과대학의 교무를 통할하고 소속 교직원을 감독하는 지위를 갖는 자로서 그 지위와 권한 및 중요도에서 대학의 장과 구별된다. 그러므로 단과대학장의 지명권이 있는 대학의 장을 구성원들의 참여에 따라 자율적으로 선출한 이상, 하나의 보직에 불과한 단과대학장의 선출에 다시 한 번 대학교수들이 참여할 권리가 대학의 자율성에서 당연히 도출된다고 보기는 어렵다."

헌재 2014. 4. 24. 2011헌마612 : "대학의 자율의 구체적인 내용은 법률이 정하는 바에 의하여 보장되며, 국가는 헌법 제31조 제6항에 따라 모든 학교제도의 조직·계획·운영·감독에 관한 포괄적인 권한, 즉 학교제도에 관한 전반적인 형성권과 규율권을 부여받는다. 다만 그 규율의 정도는 … 교육의 본질을 침해하지 않는 한 궁극적으로는 입법권자의 형성의 자유에 속한다(헌재 2006. 4. 27. 2005헌마1047등). 따라서 대학의 자율에 대한 침해 여부를 심사함에 있어서는 입법자가 입법형성의 한계를 넘는 자의적인 입법을 하였는지 여부를 판단하여야 한다. … 학교법인의 이사회 등에 외부인사를 참여시키는 것은 다양한 이해관계자의 참여를 통해 개방적인 의사결정을 보장하고, 외부의 환경 변화에 민감하게 반응함과 동시에 외부의 감시와 견제를 통해 대학의 투명한 운영을 보장하기 위한 것 … 외부인사 참여 조항은 대학의 자율의 본질적인 부분을 침해하였다고 볼 수 없다. … 총장의 간접선출 조항은 … 단순 임명제와는 달리 교직원의 의사가 어느 정도 반영되고 있으며, 총장추천위원회 운영 … 정관에서 정하도록 위임하여 직접선거와 유사한 방식을 채택할 가능성도 열어 놓고 있으므로 대학의 자율의 본질적 부분을 침해하였다고 볼 수 없다."

헌재 2014. 7. 24. 2011헌바275 : "헌법 제36조 제1항은, 인간의 존엄과 양성의 평등이 가족생활에서도 보장되어야 한다는 요청에서 기본권의 성격을 갖는 동시에 혼인과 가족생활에 관한 제도적 보장 역시 규정한다(헌재 2002. 3. 28. 2000헌바53, 헌재 2011. 2. 24. 2009헌바89등 참조). 제도보장으로서의 혼인은 일반적인 법에 의한 폐지나 제도 본질의 침해를 금지한다는 의미의 최소보장의 원칙이 적용되는 대상으로서 혼인제도의 규범적 핵심을 말하고(헌재 1994. 4. 28. 91헌바15등 참조), 여기에는 당연히 일부일처제가 포함된다. 그런데 중혼은 일부일처제에 반하는 상태로, 언제든지 중혼을 취소할 수 있게 하는 것은 헌법 제36조 제1항의 규정에 의하여 국가에 부과된, 개인의 존엄과 양성의 평등을 기초로 한 혼인과 가족생활의 유지·보장의무 이행에 부합한다. 그렇다면 중혼취소청구권의 소멸사유나 제척기간을 두지 않음으로 인해 후혼배우자가 처하게 되는 불안정한 신분상 지위가 문제되는 이 사건에서 헌법 제36조 제1항 위반 여부는 직접적으로 문제된다고 보기 어렵다. … 중혼취소청구권의 소멸에 관하여 아무런 규정이 없다고 하더라도 그것이 현저히 불합리하여 입법재량의 범위를 명백히 일탈하였다고 보기 어렵다."

III.

[118] 정당특권·정당기속의 헌법적 보장 비판론 헌법재판소는 정당제 민주주의에 근거하여 정당에 대한 우호적 태도를 견지하고 있다(앞 [93], [94] 참조). 하지만 정당제 민주주의를 옹호하는 헌법재판소의 결정들 중에는 정당국가론의 모국이라 할 독일에서조차도 인정될 수 없었던 것이 적지 않다. 헌법재판소는 정당제 민주주의를 논거로 지

역구국회의원선거에서 무소속후보자에 대해서만 300인 이상 500인 이하의 선거권자의 추천을 받도록 한 규정이 불합리한 차별이 아니라고 결정했다(96헌마99). 반면, 정당국가론의 비조(鼻祖) 라이프홀츠가 재판관으로 재직하던 시기에 독일연방헌법재판소는, 일정한 원내 정당이 추천한 후보자 외에는 입후보에 일정 수 이상 선거권자의 추천을 받도록 한 규정이 평등선거의 원칙에 위배된다고 결정한 바 있다(BVerfGE 3, 19, BVerfGE 12, 10). 독일연방헌법재판소가 위헌으로 판단한 것은 '일정 요건을 갖춘 원내 기성정당'만을 차별적으로 우대하는 규정이었던 반면, 헌법재판소가 합헌으로 판단한 것은 무소속후보자와의 관계에서 '정당 그 자체'를 차별적으로 우대하는 규정이었다는 점에서 더욱 광범한 정당특권을 헌법상 용인한 셈이다. 한편, 헌법재판소는 정당 수뇌부의 당론에 도전하여 상임위원회(보건복지위원회)에서 반대표(캐스팅보트)를 던지려는 국회의원을 당해 위원회에서 강제 사임시킨 데 대해, 국회의 조직자율권에 해당하는 행위이자 정당 내부의 사실상 강제로서 헌법상 용인되는 것으로 보았다(2002헌라1). 그런데 독일연방헌법재판소는 소속정당(녹색당)에서 탈당한 연방하원의원을 의사규칙에 따라 상임위원회에 배제시킨 것은 독일기본법 제38조 제1항 2문(의원의 자유위임)이 보장하는 의원의 권리를 침해한 것이라고 판시했다(BVerfGE 80, 188). 완전 비례대표제 선거제도와 의원내각제 정부형태를 채택한 독일의 경우 우리에 비해 훨씬 강한 정당기속이 용인될 것이라는 점, 독일의 사례는 의원이 소속정당에서 아예 탈당한 경우라는 점(우리의 사례는 당적을 유지하면서 위원회에서의 당론투표에만 반대한 경우임)을 고려할 때, 헌법재판소의 결정이 얼마나 강력한 정당기속을 인정한 것인지 쉽게 알 수 있다.

[119] 세종시 중앙당·시도당 설치 가부 세종특별자치시에 중앙당을 두고 세종특별자치시·서울특별시·충청남도·충청북도·대전광역시 등 다섯 곳에 시·도당을 둔 충청권 지역정당 중도통합당(가칭)이 결성되어, 중앙선거관리위원회와 관할선거관리위원회에 각각 중앙당과 시·도당의 등록을 신청했다고 가정하자. 중앙선거관리위원회와 관할선거관리위원회는, 세종특별자치시에 중앙당이나 시·도당을 둘 수 없으므로, 정당법 제3조·제4조·제17조의 형식적 요건 위반을 이유로 그 등록을 거부할 것

이다. 중도통합당 측은 선거관리위원회 측에 어떤 헌법적 주장을 제기할 수 있겠는가? 선거관리위원회 측은 중도통합당 측의 주장에 대해 어떤 헌법적 반론을 제기할 수 있겠는가?

중도통합당 측은 다음과 같은 헌법적 주장을 제기할 수 있다. ① 수도의 소재지가 반드시 헌법사항은 아닐 뿐더러 **수도가 서울이라는 헌법관습**은 인정할 수 없으므로(2004헌마554등[반대의견]), 수도권 행정기능을 분담하는 행정중심복합도시인 **세종특별자치시**에도 서울과 마찬가지로 정당법 제3조 소정의 **중앙당**을 둘 수 있다는 법해석이 가능하다고 주장할 수 있다. ② 이와 같은 법해석은 "고비용 저효율의 정당구조를 개선한다."는 정당법 제3조의 입법목적에 부합하고, "수도권 집중을 해소하고 국가 균형발전을 도모한다."는 「신행정수도 후속대책을 위한 연기·공주지역 행정중심복합도시 건설을 위한 특별법」(약칭 : 행복도시법)과 「세종특별자치시 설치 등에 관한 특별법」(약칭 : 세종시법)의 입법목적에 부합하며, **정당설립의 자유**(헌§8)도 보장하는 **합헌적 법률해석**(합헌적 확장해석[2004다22377])이라고 주장할 수 있다(서울이 아닌 세종특별자치시에 중앙당을 둘 수 있도록 하는 것이 정치비용 절감과 정치효율 제고 및 수도권 집중 해소에 도움이 될 뿐 아니라, 정당의 입장에서도 조직형태 선택의 폭이 넓어지므로 정당법상 등록요건의 제약이 완화될 수 있음). ③ 세종시법이 공직선거에 있어 세종특별자치시를 광역자치단체에 준하는 것으로 규정(세종§19①)한 점을 감안할 때, **세종특별자치시**에도 광역시처럼 **시·도당**을 둘 수 있다고 해석하는 것은 상술한 중앙당의 경우와 마찬가지의 이유에서, 정당법 제3조 및 행복도시법·세종시법의 입법목적에 부합하고 정당설립의 자유(헌§8)도 보장하는 합헌적 법률해석이라고 주장할 수 있다. ④ 정당설립의 자유 침해 여부에 대해서는 **엄격한 비례심사** 기준이 적용(2012헌마431등)되는데, 정당법의 등록요건은 과도한 시·도당 수 및 당원 수 기준을 설정한 점에서, 헌법재판소의 합헌결정(2004헌마246)에도 불구하고 기본권을 침해한 것이라고 주장할 수 있다(앞 [97] 참조). 선거관리위원회 측은 다음과 같은 헌법적 반론을 제기할 수 있다. 위 ①의 주장에 대해서는 **국회·대통령**이 **소재하지** 않는 행정중심복합도시인 세종특별자치시를 수도로 볼 수 없다는 점(2004헌마554등·2005헌마579등)을, 위 ②③의 주장에 대해서는 그러한 법해석은 **'지역정당의 배제'**라는 정당법의 정당한 입법목적(2004헌마246)과 조화될 수 없으며 합헌적 법률해석의 **문의적 한계**도 일탈한 것(88헌가5등·2005헌가10)이라는 점을, 위 ④의 주장에 대해서는 헌법재판소가 문제의 정당등록요건에 대해 정당의 개념표지를 구현하기 위한 **합리적인 제한**이라고 보았다(완화된 심사기준 적용)는 점(2004헌마246)을 각각 반대논거로 제시할 수 있을 것이다.

[120] 정당제명자에 대한 타 정당가입금지 지난 제19대 국회에서는 박기춘 의원 대표발의로 "소속정당으로부터 **제명을 당해 당적이 상실된** 사람은 중앙선거관리위원회규칙으로 정하는 기간 동안 **다른 정당에 가입할 수 없다.**"라는 정당법 제27조의2(정당의 가입 제한)를 신설하고, 그 위반에 대해서는 정당법 제55조에 "… 제27조의2의 규

정을 위반하여 … 다른 정당에 가입한 자" 부분을 삽입하여 1년 이하의 징역 또는 100만 원 이하의 벌금에 처하도록 하는 정당법 일부개정법률안이 2012. 8. 28. 제출되었다. 그 제안이유로서는 "정당에 소속된 사람이 해당(害黨)행위를 하여 제명에 해당하는 징계를 받아 출당을 당한 경우, 바로 다른 당에 입당하는 것은 각 정당이 가지고 있는 정치적 이념을 부정함뿐 아니라, 정치적 도의를 벗어난 행동이므로 이를 규제할 필요가 있다."는 점이 제시되었다. 이 법안이 실제 본회의에서 가결되어 공포·시행에 이르렀다고 가정할 때, 헌법재판소의 선례에 비추어 그것은 과연 합헌으로 인정될 수 있겠는가?

위 법안은 정당의 자유(헌§8) 중에서 **정당가입의 자유**를 제한하고 있는데, 정당의 자유 침해 여부에 대해서는 원칙상 **엄격한 비례심사** 기준이 적용(2012헌마431등)되며(헌법재판소는 정당가입의 자유 제한의 정당화 사유는 '민주적 기본질서에 대한 위반'에 버금갈 정도로 중대한 것이어야 한다고 설시한 바 있음[99헌마135]), 이 경우 공무담임권(헌§25)의 침해는 문제되지 않는다(99헌마135). 정당별로 추구하는 이념·정책은 상이할 수밖에 없음에도 정치이념·정치도의를 고양한다는 막연한 이유로 정당가입을 금지하는 것은 목적의 정당성을 인정하기 어렵다. 정당가입의 금지를 통해 그러한 정치이념·정치도의가 고양될지도 의문이므로 수단의 적정성도 인정하기 어렵다. 정당가입 자체를 금지하고 위반 시 형벌을 부가하는 것보다, 그러한 징계·출당의 경력을 선거관리위원회에 등록하거나 유권자에게 공개하도록 하는 완화된 대안이 존재하므로, 피해의 최소성도 인정하기 어렵다. 정당가입 자체가 금지된다는 그 제한의 중대성과 정치이념·정치도의의 고양이라는 추상적이고 불확실한 공익 사이에 법익의 균형성도 인정하기 어렵다. 즉, 위 법안은 **과잉금지원칙**에 위배된다. 한편, 정당가입이 금지되는 '일정 기간'은 국민의 자유 제한에 관한 본질적인 사항으로서 국민의 대표자인 입법자가 법률로써 스스로 규율해야 할 뿐 아니라, 정당가입 자체를 가로막는다는 점에서도 기본권제한의 성격이 중대하므로 법률에서 직접 규정할 필요가 있다(2001헌마882·2010헌마747). 그런데도 중앙선거관리위원회규칙에서 이를 정하도록 한 것은 **법률유보원칙**에도 위배된다.

[121] 국고보조금 배분 기준의 문제점 헌법재판소는 **정당에게만 보조금을 지급**함으로써 무소속후보자를 차별한 것이 평등원칙 위반이 아니라고 판단했지만(96헌마85), 독일연방헌법재판소는 제2투표(정당투표)에서 0.5% 이상 득표한 정당에게만 보조금을 배분하도록 한 데 대해, 무소속후보자를 배분대상에서 배제한 점에서 평등선거의 원칙에 위배된다고 보았다(BVerfGE 41, 399). 헌법재판소는 **국회의원선거에서 2% 이상 득표**할 것을 최소기준(정자§27②)으로 하는 차등지급 방식의 국고보조금 배분기준이 합리적 이유 없는 차별이 아니라고 판단했지만(2004헌마655), 독일연방헌법재

판소는 제2투표에서 2.5% 이상 득표할 것을 국고보조금 배분의 최소기준으로 정한 것은 평등원칙에 위배된다고 보았다(BVerfGE 24, 300). 그 밖에도 헌법재판소는 **국고보조금의 헌법적 정당성**을 당연히 인정하는 전제 위에, 대통령 입후보예정자의 고액 기탁금(5억 원)의 위헌성(2007헌마1024) 및 정당의 공천관련 금품수수에 대한 형사처벌의 합헌성(2008헌바146등)을 논증한다. 그러나 독일연방헌법재판소는 선거운동비용에 대한 국고지원만을 인정한 종전의 선례(BVerfGE 20, 56)를 변경하여 정당의 통상활동에 대해서도 부분적인 국고지원은 허용한다고 판시하면서도, 정당에 대한 국고지원의 총 비중은 정당의 자체 수입을 초과해서는 안 된다는 **상대적 상한선**(relative Obergrenze)을 제시했다(BVerfGE 85, 264)(§18⑤ParteienG). 정당 후원회 제도가 폐지된 이후 거대정당의 경우 국고보조금이 수입의 50%를 넘어서고 있는 우리의 상황에서(2013헌바168), 독일연방헌법재판소의 이러한 제한기준의 제시는 의미심장하게 다가온다.

> 헌재 2015. 12. 23. 2013헌바168 : "현행 정치자금법상 정당의 수입은 당비, 기탁금, 보조금 및 부대수입으로 이루어지는데, 이 가운데 국고보조금과 당비를 합한 금액이 정당 수입의 약 90%를 차지한다. 다만, 전체수입에서 차지하는 국고보조금과 당비의 비율은 정당마다 다른데, 거대정당의 경우에는 국고보조금이 수입의 약 50%를 차지하여 국고보조금에 대한 의존도가 높은 반면, 군소정당의 경우에는 당비가 수입의 50%를 넘어 상대적으로 당비에 대한 의존도가 높다. 이는 정당 후원회 제도가 폐지된 이후 정당의 주 수입원은 당비와 국고보조금인데, 국고보조금이 국회의석수 등을 기준으로 배분·지급됨에 따라 거대정당에 상대적으로 많이 지급되는 반면 거대정당의 당비 납부율은 낮고, 군소정당은 국고보조금이 적게 배분·지급되는 반면 당원의 당비 납부율이 상대적으로 높기 때문이다."

[122] 뒤베르제법칙의 적용 한계 모리스 뒤베르제(Maurice Duverger)에 의하면 "단순상대다수대표제는 양당제를 촉진하는 경향이 있고, 절대다수대표제와 결합된 결선투표제 및 비례대표제는 다당제를 촉진하는 경향이 있다."고 한다(뒤베르제의 법칙). 현행헌법 하에서 공직선거법은 대통령선거 및 국회의원선거에서 모두 결선투표를 실시하지 않는 **소선거구 단순상대다수대표제**를 채택하고 있다. 그럼에도 불구하고 안정적 양당제가 성립하지 않고, **제3당**(제14대 국회 통일국민당, 제15·16대 국회 자유민주연합, 제17대 국회 민주노동당, 제18대 국회 자유선진당, 제19대 국회 통합진보당, 제20대 국회 국민의당과 바른정당 등)이 항상 존재했다. 그 원인은 ① 선거제도 ②

정당제도 ③ 정치자금제도의 세 측면에서 찾아볼 수 있다.

> 우선, 선거제도의 측면에서 **비례대표제**(1인2표제 배분방식)의 부분적 병립으로 인해, 소선거구 다수대표제의 양당제 조성 효과가 상쇄(2000헌마91등·2012헌마374)되고 있다. 대통령 임기(5년)와 국회의원 임기(4년)의 불일치로 대선과 총선이 동시에 실시되지 아니한다는 점도 정당분열의 한 원인이 되고 있다. 또한, 정당제도 측면에서 **정당 설립기준**이 지속적으로 완화(2004헌마456·2012헌마431등·2013헌가22)됨으로써 **정당 유동성**이 증대된 상황에서, 대통령선거의 압력을 견디지 못하고 정당이 이합집산을 반복하고 있다(**정당의 구조화** 수준이 낮음). 헌법재판소는 정당의 이합집산(비례대표국회의원의 탈당)에도 불구하고, 그 의원자격 유지에 문제가 없다고 결정함으로써 정당의 유동성을 조장(92헌마153)한 바도 있다. 한편, **사회적 균열**(social cleavage)이 심할 경우(우리의 경우 **지역적 거리감**이 존재함), 소선거구 다수대표제는 양당제 조성 효과를 제대로 발휘하지 못한다. 특히, 억제불능의 소수자들(incoercible minorities)이 특정 선거구에 집중되어 당해 선거구의 다수를 점할 경우, 선거의 지역 구도를 형성하게 되고 이로써 양당제의 조성을 저지하게 된다. 끝으로, **원내의석 20석**(**원내교섭단체** 구성)을 기준으로 **국고보조금**을 우선적으로 배분(2004헌마655)함에 따라 20석 규모의 제3당의 등장이 유인되는 경향이 있다.

[123] 경선불복 입후보 제한규정 위헌심사 공직선거법은 정당의 공직선거후보자 추천을 위한 경선, 즉 **당내경선의 후보자로 등재된** 자가 **당해 정당의 후보자로 선출**되지 아니한 경우, 원칙적으로 당해 선거의 같은 선거구에서는 후보자로 등록될 수 없도록 했다(공선§57의2②). 이 조항의 존재로 인해 당내경선의 후보자로 등재된 자는 당해 선거의 같은 선거구에서 후보자로 등록되지 못할 위험이 있으므로 공무담임권(헌§25), 즉 **피선거권의 침해 여부**가 문제될 수 있다(2007헌마989·2007헌마1175). 헌법재판소는 민주주의의 전제가 되는 피선거권에 대한 제한, 특히 보통선거원칙에 대한 제한은 예외적이고 필요 부득이한 경우에 국한되어야 하며, 설령 제한될 수 있다 할지라도 불가피한 최소한의 정도에 그쳐야 한다고 본다(90헌마28·98헌마214·2003헌마106)(앞 [104] 참조). 그러나 문제된 공직선거법 조항은 설령 상술한 **엄격한 심사기준**에 의하더라도 피선거권을 침해한 것은 아니라고 본다. 즉, 그것은 후보자의 난립, 특히 훼방출마(spoiler candidacy)를 저지함으로써 **당선자의 민주적 정당성을 확보**하고(2001헌마687등)(앞 [106] 참조), 주로 국고보조금으로 운용되는 정당 내부에서 공직선거후보자 추천을 위한 **경선**(당내경선) **과정의 진지성과 공정성을 담보**하려는 데에 입법목적이 있는 것이며, 선택된 입법수단 또한 그러한 입법목적의 달성에 효과적일 것으로 판단된다. 즉, 목적의 정당성과 방법의 적정성이 인정될 수 있는 것이다. 또한, 이 조

항은 당내경선에 후보자로 등재한 '당해 선거' 즉, 1회의 선거에서만 후보자 등록을 차단할 뿐이며(2004헌마41), '같은 선거구'에 한해서만 후보자 등록을 차단할 뿐으로서, 단서의 예외조항("후보자로 선출된 자가 … 그 자격을 상실한 때에는 그러하지 아니하다.")까지 마련된 점을 감안할 때, 입법목적의 헌법적 중요성에 비추어 과잉한 규제라고 보기는 어렵다. 즉, 피해의 최소성과 법익의 균형성도 인정될 수 있는 것이다. 한편, 무소속 후보 또는 당내경선을 거치지 않은 정당추천 후보와 비교할 때 차별이 존재하므로 평등원칙 위배 여부도 문제되지만, 헌법에서 직접 차별을 금지하거나 차별취급으로 중대한 기본권 침해가 발생하는 경우가 아니므로 완화된 심사기준을 적용하여 판단하면 족할 것이다(2007헌마1175·2010헌마259등·2007헌마1327등).

[124] 세금체납자 피선거권 제한규정 위헌심사 지난 제18대 국회에서는 권선택 의원 대표발의로 "「국세기본법」 제85조의5에 따라 국세청장이 고액·상습체납자로 공개한 자와 「지방세법」 제69조의2에 따라 지방자치단체의 장이 고액·상습체납자로 공개한 자로서 선거인명부작성기준일 현재 체납상태에 있는 자" 부분을 공직선거법 제19조(피선거권이 없는 자)에 삽입하는 공직선거법 일부개정법률안이 2010. 2. 24. 제출되었다. 그 제안이유로서는 "국민의 기본적 의무인 납세의무를 이행할 능력이 있으면서도 상습적으로 체납하고 있는 자는 국민을 대표하는 자격이 없다고 할 것(이므로) 「국세기본법」에 따라 국세청장이 고액·상습체납자로 공개한 자와 「지방세법」에 따라 지방자치단체의 장이 고액·상습체납자로 공개한 자로서 현재 체납상태에 있는 자의 피선거권을 제한하려는 것"이라는 점이 제시되었다. 이 법안이 실제 본회의에서 가결되어 공포·시행에 이르렀다고 가정할 때, 헌법재판소의 선례에 비추어 그것은 과연 합헌으로 인정될 수 있겠는가?

위 법안은 고액·상습체납을 이유로 국민의 공무담임권(피선거권)(헌§25)을 제한하는 것인데, 실질적 국민주권주의(헌§1②)와 보통선거원칙(헌§41①·§67①)의 위배 여부도 문제될 수 있다(88헌가6). 헌법재판소는 민주주의의 전제가 되는 피선거권에 대한 제한, 특히 보통선거원칙에 대한 제한은 예외적이고 필요 부득이한 경우에 국한되어야 하며, 설령 제한될 수 있다 할지라도 불가피한 최소한의 정도에 그쳐야 한다고 본다(90헌마28·98헌마214·2003헌마106)(앞 [104] 참조). 주권자인 국민의 지위(헌§1②)는 국민의 의무를 전제로 인정되는 것은 아니므로 선거권이 국가에 대한 납세의무와 반드시 결부되는 것은 아니지만(2004헌마644등), 피선거권의 경우는 대의기관의 자격으로서 정치적 대의능력과 전문적인 정책결정능력을 필요로 하므로 **납세의무의 이행**을 최소한의 요건으로 인정할 수 있다(2004헌마219·2012헌마288·2012헌마287·2016헌마227)(앞 [105] 참조). 다만, 위 법안처럼 피선거권 자체를 완전히 박탈할 것이 아니라 후보자 등록에 납세·체납 관련 증명서의 제출을 요구하는 수준으로 **완화된 대안이 존재**하므로(공선§49④4호), 위 법안은 피해최소성원칙에 위배되는 과도한 기본권제한으로 판단될 소지가 크다(후보자 등록 시의 납세·체납 관련 증명서 제출요구는 기본권 침해로 볼 수 없음[2006헌마402등]).

헌재 2008. 4. 24. 2006헌마402등 : "전과기록은 형의 선고 및 재판의 확정이 있었다는 것에 관한 개인정보로서 그 보관주체는 국가이다. 이러한 전과기록은 내밀한 사적 영역에 근접하는 민감한 개인정보에 해당한다고 할 수 있으므로 그 제한의 허용성은 엄격히 검증되어야 한다. … (공직선거) 후보자의 실효된 형까지 포함한 금고 이상의 형의 범죄경력을 공개함으로써 국민의 알 권리를 충족하고 공정하고 정당한 선거권행사를 보장하고자 하는 이 사건 법률조항의 입법목적은 정당하며, 이러한 입법목적을 달성하기 위하여는 선거권자가 후보자의 모든 범죄경력을 인지한 후 그 공직적합성을 판단하는 것이 효과적이다. 또한 금고 이상의 범죄경력에 실효된 형을 포함시키는 이유는 선거권자가 공직후보자의 자질과 적격성을 판단할 수 있도록 하기 위한 점, 전과기록은 통상 공개재판에서 이루어진 국가의 사법작용의 결과라는 점, 전과기록의 범위와 공개시기 등이 한정되어 있는 점 등을 종합하면, 이 사건 법률조항은 피해최소성의 원칙에 반한다고 볼 수 없고, 공익적 목적을 위하여 공직선거 후보자의 사생활의 비밀과 자유를 한정적으로 제한하는 것이어서 법익균형성의 원칙도 충족한다. 따라서 이 사건 법률조항은 청구인들의 사생활의 비밀과 자유를 침해한다고 볼 수 없다."

[125] 기탁금반환 불인정에 대한 위헌심사 제19대 **대통령선거**에 출마한 기호 13번 김정선 후보(한반도미래연합)는 선거기간 개시일(2017. 4. 17)로부터 불과 사흘이 지난 시점(2017. 4. 20)에 **후보사퇴**를 신청하여 당일 그 신청이 수리되었다. 이 시점은 재외투표·선상투표·사전투표·투표용지인쇄 등 시점 이전이었지만, 이미 납부한 **3억 원의 기탁금**은 **반환**받을 수 없게 되었다. 김 후보는 기탁금 반환을 주장하려면 어떤 **공권력 행사(또는 불행사)**를 대상으로 어떤 **적법요건**을 갖추어 헌법소원심판을 청구해야 하는가? 헌재 2009. 12. 29. 2007헌마1412 결정 및 헌재 2013. 11. 28. 2012헌마568 결정을 참고할 때, 김정선 후보는 **어떤 기본권의 침해**를 주장할 수 있는가? 헌재 2009. 12. 29. 2007헌마1412 결정에서는 유시민 후보(대통령선거경선후보자)가 당내경선에서 중도 사퇴함으로써 후원회로부터 기부 받은 후원금의 반환이 문제된 반면, 김정선 후보는 대통령선거에서 중도 사퇴함으로써 자신이 납부한 기탁금의 반환이 문제되고 있다. 양자의 차이는 다른 결론으로 이어지게 되는

가? 헌재 1995. 5. 25. 92헌마269등 결정, 헌재 2008. 11. 27. 2007헌마1024 결정, 기타 기탁금과 관련된 헌법재판소 결정(앞 [106] 참조)의 논거들을 적절히 추출하여, 김정선 후보의 기탁금의 반환 주장을 지지하거나 반박하는 논지를 구성해보라.

[126] 공·사결사체 내부 선거와 선거원칙 공직선거(국정선거와 지방선거)가 아닌 **공적·사적 결사체 내부의 선거**에도 선거에 관한 제 헌법원칙들이 그대로 적용될 것인가? 대법원은 국회의원 비례대표후보자 명단을 확정하는 **정당의 당내경선**에도 헌법상 선거원칙(보통·평등·직접·비밀선거)이 적용되며, 따라서 직접선거원칙에 반하는 대리투표는 이 경우에 허용되지 않으므로, 인터넷 전자투표시스템을 이용한 대리투표는 위계에 의한 업무방해죄(형§314①)에 해당한다고 보았다(2013도5117). 헌법재판소는 **대학총장 직선제선출**에서 그 **선거관리를 선거관리위원회에 위탁**시키는 것은 대학의 자율성(헌§31④)을 침해하지 않는다고 보았다(2005헌마1047등). 또, 헌법재판소는 **농협 이사선거**에서 **전화·컴퓨터통신을 이용한 선거운동을 금지**하고 위반 시 처벌하는 것은 결사의 자유와 표현의 자유(헌§21①)를 침해한다고 보았다(2015헌바62). 그 밖에 헌법재판소는 지역농협 조합장선거에서 조합원 등에게 금품을 제공한 행위를 처벌하는 것은 일반적 행동의 자유(헌§10)(선거권 제한에 해당하지 않음)를 침해하지 않으며(2011헌바154), 지역농협 조합장의 임기를 일괄 조정하여 조합장선거를 전국적으로 동시에 실시하도록 한 것은 결사의 자유(헌§21①)와 직업의 자유(헌§15)를 침해하지 않는다(완화된 심사기준 적용)고 보았다(2011헌마562등). 그러나 대법원은 지역농협 조합장선거의 당선무효확인소송에는 공직선거법의 규정이 적용되지 않는 것으로 본다(2003다11837).

대판 2013. 11. 28. 2013도5117 : "헌법 제41조 제1항은 '국회는 국민의 보통·평등·직접·비밀선거에 의하여 선출된 국회의원으로 구성한다.'고 하(여) … 대의민주주의 선거에 있어서 선거권자 누구나 똑같은 가치의 선거권을 행사하는 보통·직접·평등·비밀선거가 원칙임을 천명하고 있는바, 국회의원 비례대표후보자 명단을 확정하기 위한 당내경선은 정당의 대표자나 대의원을 선출하는 절차와 달리 국회의원당선으로 연결될 수 있는 중요한 절차로서 직접투표의 원칙이 그러한 경선절차의 민주성을 확보하기 위한 최소한의 기준이 된(다). … 이 사건 당내경선에도 선거권을 가진 당원들의 직접·평등·비밀투표 등 일반적인 선거의 원칙이 그대로 적용되고 대리투표는 허용되지 않는다고 할 것이다. … 원심이 … 피고인들에 대한 공소사실이 유죄로 인정된다고 판단한 것은 앞서 본 법리에 따른 것으로서 정당하다고 할 것이고, 거기에 위계에 의한 업무방해죄에 관한 법리를 오해한 위법이 없다."

헌재 2006. 4. 27. 2005헌마1047등 : "국립대학에서 선거관리를 공정하게 하기 위하여 중립적 기구인 선거관리위원회에 선거관리를 위탁하는 것은 선거의 공정성을 확보하기 위한 적절한 방법 … 선거관리위원회에 위탁하는 경우는 대학의 장 후보자를 선정함에 있어서 교원의 합의된 방식과 절차에 따라 직접선거에 의하는 경우로 한정 … 선거관리만을 위탁하는 것이고 그 외 선거권·피선거권·선출방식 등은 여전히 대학이 자율적으로 정할 수 있는 점 … 선거관리위원회는 공공단체의 직접선거와 관련하여 조합원이 직접투표로 선출하는 조합장선거(농업협동조합법 제51조 제4항)와 교육위원 및 교육감선거(지방교육자치에 관한 법률 제51조 제1항)의 경우에도 그 선거사무를 관리하고 있는 점을 고려하면 … 대학의 자율의 본질적인 부분을 침해하였다고 볼 수 없다."

헌재 2016. 11. 24. 2015헌바62 : "이 사건 법률조항들은 지역농협 이사 선거가 과열되는 과정에서 후보자들의 경제력 차이에 따른 불균형한 선거운동 및 흑색선전을 통한 부당한 경쟁이 이루어짐으로써 선거의 공정이 해쳐지는 것을 방지하기 위하여 선거공보의 배부를 통한 선거운동만을 허용하고 전화·컴퓨터통신을 이용한 지지·호소의 선거운동을 금지하며 이를 위반하여 선거운동을 한 자를 처벌하는바, 입법목적의 정당성 및 수단의 적합성이 인정된다. 그러나 전화·컴퓨터통신은 누구나 손쉽고 저렴하게 이용할 수 있는 매체인 점, 농업협동조합법에서 흑색선전 등을 처벌하는 조항을 두고 있는 점을 고려하면 입법목적 달성을 위하여 위 매체를 이용한 지지·호소까지 금지할 필요성은 인정되지 아니한다. 이 사건 법률조항들이 달성하려는 공익이 결사의 자유 및 표현의 자유 제한을 정당화할 정도로 크다고 보기는 어려우므로, 법익의 균형성도 인정되지 아니한다. 따라서 이 사건 법률조항들은 과잉금지원칙을 위반하여 결사의 자유, 표현의 자유를 침해하여 헌법에 위반된다."

헌재 2012. 2. 23. 2011헌바154 : "이 사건 금전제공 금지조항은 지역농협의 조합장선거에 관한 청구인의 일반적 행동의 자유를 지나치게 제한하는 것이라 할 수 없다. 지역농협은 조합원의 경제적·사회적·문화적 지위의 향상을 목적으로 하는 농업인의 자주적 협동조직으로 … 기본적으로 사법인적 성격을 지니고 있다 할 것이다. 사법적인 성격을 지니는 농협의 조합장선거에서 조합장을 선출하거나 조합장으로 선출될 권리, 조합장선거에서 선거운동을 하는 것은 헌법에 의하여 보호되는 선거권의 범위에 포함되지 않는다. 따라서 이 사건 금전제공 금지조항이 선거권을 제한한다는 청구인의 주장은 이유 없다."

헌재 2012. 12. 27. 2011헌마562등 : "농협은 앞서 본 바와 같이 기본적으로 사법인의 성격을 지니지만, 농협법에서 정하는 특정한 국가적 목적을 위하여 설립되는 공공성이 강한 법인으로, 그 수행하는 사업 내지 업무가 국민경제에서 상당한 비중을 차지하고 국민경제 및 국가 전체의 경제와 관련된 경제적 기능에 있어서 금융기관에 준하는 공공성을 가진다. 공적인 역할을 수행하는 결사 또는 그 구성원들이 기본권의 침해를 주장하는 경우에 과잉금지원칙 위배 여부를 판단할 때에는, 순수한 사적인 임의결사의 기본권이 제한되는 경우의 심사에 비해서는 완화된 기준을 적용할 수 있다. 이 사건에서도 농협의 공법인적 성격과 조합장선거 관리의 공공성 등의 특성상 기본권제한의 과잉금지원칙 위배 여부를 심사함에 있어 농협 및 농협 조합장선거의 공적인 측면을 고려해야 할 것이다. … 이 사건 부칙조항은 과잉금지원칙에 위배되지 아니하므로 … 결사의 자유 및 직업의 자유를 침해하지 아니한다."

대판 2003. 12. 26. 2003다11837 : "공직선거 및 선거부정방지법은 선거무효소송과 당선무효소송을 나누어 원·피고 적격과 무효사유 및 소제기기간 등을 따로 규정하고 있어, 공직선거 및 선거부정방지법상 선거무효소송과 당선무효소송의 법리는 상법상 주주총회결의 무효확인의 소에 관한 규정이 준용되는 농업협동조합법(제33조 제1항·제3항)에 의한 당선무효확인의 소에 적용될 수 없(다). … 농업협동조합의 조합장선거에 출마한 후보자 등이 당선을 목적으로 허위사실을 공표하는 등 선거의 절차에서 법령에 위반한 사유가 있는 경우, 그 사정만으로 당해 선거에 의한 당선이 무효가 되는 것은 아니고, 이와 같은 법령 위배의 선거운동으로 조합원들의 자유로운 판단에 의한 투표를 방해하여 선거의 기본이념인 선거의 자유와 공정을 현저히 침해하고, 그로 인하여 선거의 결과에 영향을 미쳤다고 인정될 때에만 그 조합장선거 및 이를 기초로 한 당해 조합의 당선인결정은 무효라고 할 것이다."

[127] 공무담임권 보호영역확장 비판 헌법재판소는 **직업의 자유**(헌§15)와 **근로권**(헌§32①)에 관해 "한 직장에서 계속해서 일할 자유의 보장(근로관계의 존속보장)"까지 포함하는 것은 아니며, 사용자의 처분에 따른 직장 상실에 대해 "국가는 **최소한의 보호**를 제공할 의무'를 질 뿐"이라고 본다(2001헌바50·2010헌마219등). 그런데 공무원의 경우에는 "공무원 신분을 부당하게 박탈당하지 아니할 것(공무원 신분의 존속보장)"이 **공무담임권**(헌§25)'이라는 기본권의 보호영역에 포함된다고 보아, '최대한 보장의 원칙'을 적용하여 과잉금지원칙에 따른 심사를 하고 있다(2001헌마788등·2002헌마684등)(앞 [113] 참조). 그 논거로는 ① 공직취임의 기회를 배제하는 것보다 공무원 신분을 박탈하는 것이 법적 지위에 미치는 영향이 더 크다는 점, ② 헌법 제25조의 문언 상 현재 공무를 담임하고 있는 자를 그 공무로부터 배제하는 경우가 제외되어 있지 않다는 점을 든다(2001헌마788등·2002헌마684등). 그러나 이러한 논거는 직업의 자유나 근로권에도 그대로 적용될 수 있는 것이어서, 왜 "사회국가원리에 입각한 일자리의 보장"이 공무원에 대해서 우선적으로 적용(2001헌마788등·2002헌마684등)되는지를 설명해내지 못한다. 공무담임권의 보호영역은 **'공직취임의 기회보장'**에 그칠 뿐 **'공무원 신분의 유지'**까지 확대될 수 없다고 본다. 공무원 신분의 유지, 즉 공무원 신분을 부당하게 박탈당하지 아니할 것은 헌법 제7조 제2항의 **직업공무원제도의 제도적 보장**에 해당하여 입법재량 범위 내의 보장, 즉 그 본질적 내용의 침해에 이르

지 않는 한도 내의 보장이 인정(최소한 보장의 원칙 적용)될 뿐이다(89헌마32등·89헌마220·91헌바15등).

헌재 2013. 10. 24. 2010헌마219등 : "심판대상조항이 기존 직장에서 계속 근무하기를 원하는 기간제 근로자들에게 정규직으로 전환되지 않는 한 2년을 초과하여 계속적으로 근무할 수 없도록 함으로써 직업선택의 자유, 근로의 권리를 침해하고 있다고 주장한다. 이러한 주장은 기간제 근로자라 하더라도 한 직장에서 계속해서 일할 자유를 보장해야(근로관계의 존속보장) 한다는 취지로 읽힌다. 그런데 헌법 제15조 직업의 자유와 제32조 근로의 권리는 국가에게 단지 사용자의 처분에 따른 직장 상실에 대하여 최소한의 보호를 제공해 줄 의무를 지울 뿐이고, 여기에서 직장 상실로부터 근로자를 보호하여 줄 것을 청구할 수 있는 권리가 나오지는 않는다(헌재 2002. 11. 28. 2001헌바50). 따라서 직업의 자유, 근로의 권리 침해 문제는 이 사건에서 발생하지 않는다. 다만, 청구인들이 위와 같은 주장을 하는 것은 심판대상조항이 청구인들로 하여금 기간제 근로자로서 2년을 근무하는 이상 동일한 직장에서 동일한 사용자와의 사이에 2년을 초과하여 기간제 근로계약을 체결할 수 없도록 하고 있는 것에 기인한 것인데, 일반적으로 사용자와 근로자 사이의 고용관계는 양자 사이의 근로계약을 통해 형성된다는 점에서 심판대상조항은 2년을 초과하여 기간제 근로계약을 체결할 자유, 즉 헌법 제10조로부터 파생되어 나오는 계약의 자유를 제한하고 있다고 볼 수 있(다)."

헌재 2002. 8. 29. 2001헌마788등 : "헌법 제25조는 '모든 국민은 법률이 정하는 바에 의하여 공무담임권을 가진다.'고 하여 공무담임권을 기본권으로 보장하고 있다. 공무담임권이란 입법부, 집행부, 사법부는 물론 지방자치단체 등 국가, 공공단체의 구성원으로서 그 직무를 담당할 수 있는 권리를 말한다. 여기서 직무를 담당한다는 것은 모든 국민이 현실적으로 그 직무를 담당할 수 있다고 하는 의미가 아니라, 국민이 공무담임에 관한 자의적이지 않고 평등한 기회를 보장받음을 의미하는바, 공무담임권의 보호영역에는 공직취임의 기회의 자의적인 배제뿐 아니라, 공무원 신분의 부당한 박탈까지 포함되는 것이라고 할 것이다. 왜냐하면, 후자는 전자보다 당해 국민의 법적 지위에 미치는 영향이 더욱 크다고 할 것이므로, 이를 보호영역에서 배제한다면, 기본권 보호체계에 발생하는 공백을 막기 어려울 것이며, 공무담임권을 규정하고 있는 위 헌법 제25조의 문언으로 보아도 현재 공무를 담임하고 있는 자를 그 공무로부터 배제하는 경우에는 적용되지 않는다고 해석할 수 없기 때문이다."

[128] 지방자치단체장 신임투표의 허용 여부 헌법재판소는 대통령의 신임을 묻는 국민투표를 실시하는 것은 헌법에 위반된다고 결정한 바 있다(2003헌마694등[반대의견]·2004헌나1)(앞 [17], [69] 참조). 그렇다면 지방자치단체의 장이 그의 신임을 묻는 주민투표를 실시하는 것은 현행법상 가능한가? 만약 그것이 불가능하다면 현행법을 개정하여 지방자치단체의 장의 신임을 묻는 주민투표제를 신설하는 것은 현행헌법상 가능한가?

우선, 현행주민투표법과 현행지방자치법상 그것이 가능한지 살펴보자. 현행주민투표법 제7조 제1항은 주민투표의 대상을 "주민에게 과도한 부담을 주거나 중대한 영향을 미치는 지방자치단체의 주요결정사항으로서 그 지방자치단체의 조례로 정하는 사항"에 제한하고, 동조 제2항은 그 배제사항까지 구체적으로 적시하는 등 이를 가급적 **예외적·한정적으로 규정**했다(특히 동항 제4호 참조). 또, 동법 제9조 제1항·제6항은 지방자치단체의 장이 직권으로 주민투표를 실시할 경우 **지방의회의 동의**를 거치도록 하여, 헌법이 보장하는 **'대의제·대표제 지방자치'**(2000헌마735·2007헌바75)의 원칙에 의거한 통제장치를 부과함으로써, 지방자치단체의 장의 직권에 의한 주민투표가 남용될 가능성을 최대한 억제하고 있다. 아울러 현행지방자치법 제95조(지방자치단체의 장의 임기)와 제98조(지방자치단체의 장의 사임), 제99조(지방자치단체의 장의 퇴직)는 지방자치단체의 장의 **임기를 보장하고 그 퇴직사유를 한정**했다. 이러한 현행법의 취지에 비추어 지방자치단체의 장의 **권한 행사방법**의 하나로서 그 신임을 묻는 주민투표(신임투표)는 인정하기 어렵다고 본다(2003헌마694등[반대의견]·2004헌나1).

다음, 현행법을 개정하여 이를 신설하는 것이 가능한지 살펴보자. 그것이 **헌법상 허용된다는 논거**로는 ① 제도적 보장으로서 지방자치의 구체적 내용의 형성에는 '최소한 보장의 원칙'이 적용되므로, 제도 자체의 폐지에 이르지 않는 한 광범한 입법재량이 인정된다는 점(2005헌마403), ② '풀뿌리 민주주의'를 이념적 배경으로 한 소규모 지방정치에서는 직접민주제적 참정 방식이 더욱 용인될 수 있으므로, 지방자치단체의 장의 권한 행사방법으로서 주민투표도 폭넓게(신임투표 포함) 인정될 수 있다는 점(99헌바28·2004헌마643·2007헌마843), ③ 지방자치단체의 장에 대해서는 현행헌법상 임기를 보장하거나 궐위 등 퇴직사유를 한정하는 조항이 없으므로, 신임투표로서의 주민투표 결과에 따라 그 진퇴를 결정하더라도 합헌·위헌의 문제는 발생하지 않는다는 점(2003헌마694등[반대의견]) 등을 들 수 있다. 반면, 그것이 **헌법상 허용되지 않는다는 논거**로는 ① 헌법 제117조·제118조는 지방자치의 본질적 내용으로 지방자치단체의 장과 지방의회를 통한 '대의제·대표제 지방자치'(2000헌마735·2007헌바75)를 보장하고 있으므로, 지방자치단체의 장의 권한 행사방법으로 신임투표제를 도입하는 것은 대의제의 본질을 침해한다는 점(2007헌마843[반대의견]), ② 지방자치는 주민근거리행정의 실현이라는 행정적 기능 외에 정당의 광범한 참여를 매개로 한 정치형성적인 기능도 갖는 것이므로, '풀뿌리 민주주의'에 입각한 직접민주제적 참정 방식으로서의 그 특수성만을 일방적으로 강조할 수 없다는 점(2001헌가4), ③ 지방자치제도의 본질에 비추어 지방자치단체의 장 선거권을 헌법상 보장되는 기본권(헌§24)으로 인정하는 이상, 지방자치단체의 장의 권한 행사에 있어서도 헌법상 대의제 원리에 의한 구속이 강화될 수밖에 없다는 점(2014헌마797) 등을 들 수 있다.

[129] 대학교원의 교원노조법 적용배제문제 「노동조합 및 노동관계조정법」 제5조는 "근로자는 자유로이 노동조합을 조직하거나 이에 가입할 수 있다. 다만, 공무원과 교원에 대하여는 따로 법률로 정한다."라고 하고, 「교원의 노동조합 설립 및 운영 등에 관한 법률」(약칭 : 교원노조법) 제2조는 "이 법에서 '교원이란 「초·중등교육법」 제19조 제1항에서 규정하고 있는 교원을 말한다."라고 하여, 「고등교육법」 제14조 제2항의 교원, 즉 **대학교원을 교원노조법의 적용대상에서 배제**하고 있다. 앞 [116],

[117] 소재 선례들을 논거로 들어 합헌론과 위헌론의 입론을 각각 제시하되, ① 교원지위법정주의(헌§31⑥)와 대학의 자율성(헌§31④)의 헌법적 보장, ② 국민의 교육을 받을 권리(헌§31①)와 공교육체계에 있어서 교육의 공공성, ③ 대학교원과 초·중등교원의 지위·직무상의 차이점 등의 논점을 포함하여 검토해보라.

제7장 정부형태와 헌법

I.

[130] 의원내각제 정부형태의 기본특징 행정부의 구성방식과 행정부-입법부의 상호관계를 기준으로 할 때, 민주적인 정부형태(form of government)는 의원내각제(내각책임제)와 대통령제의 두 이념형(Idealtypus)으로 대별된다. 흔히 '군주제에의 기생적 정부형태'로 지칭되는 의원내각제(parliamentary system)는 17세기 이래 영국에서 군주와 의회 간 권력투쟁의 역사적 산물로서 '생겨난(형성된)' 정부형태라 할 수 있다. 그 초기의 입헌군주제(constitutional monarchy) 단계에서, 내각은 왕/여왕의 내각(king/queen's cabinet)이었으며, 수상은 '동료 중의 일인자'(primus inter pares)에 불과했다. 하노버 왕조 이래 "왕은 군림할 뿐 통치하지 않는다(The King/Queen reigns, but he/she does not rule)."는 원칙이 확립된 의회정부제(parliamentary government) 단계에서, 내각은 의회의 내각(parliament's cabinet)이 되었으며, 수상의 지위는 적어도 의회의 지지를 받는 한 해임되지 않는다는 의미에서 '동등하지 않은 일인자'(first among unequals)로 격상되었다. 두 차례의 세계대전을 거치면서 의회로부터 수상으로의 권력집중이 가속화되어, 이른바 수상정부제(prime ministerial government) 하에서, 집권당 당수인 수상은 실질적으로 각료에 대한 임면권까지 장악한 점에서 '각료보다 우월한 일인자'(first above unequals)로 내각을 지배하게 되고, 아울러 내각도 수상의 내각(prime minister's cabinet)으로 그 성격이 변모되기에 이르렀다. 입법부와 행정부 간의 권력분점(power-sharing)을 요체로 하는 의원내각제는 한마디로 의원이 내각을 구성하는 정부형태라 할 수 있다. 즉, ① 직업정치인인 입법부의 다수당 당수와 그 동료가 행정부의 수상·각료(minister)로서 내각을 구성하고, ② 이들이 의회 다수당의 지지를 바탕으로 법률안제출권과 의회출석·발언권을 갖고 입법을 주도하며, ③ 의회의 불신임결의에 대해서는 전 내각 구성원이 연대하여 책임을 진다. 입법부와 행정부 간 권력의 견제·균형을 가능케 하는 장치는 내각의 의회해산권과 의회의 내각불신임권이다. 행정부는 실권을 장악한 수상·각료 등 내각('실행적 부분'[efficient part]) 외에 국가의 상징(국가원수)으로서 국왕 또는 간선대통령('존엄한 부분'[dignified part])이 병존하는 2원적 구조를 갖

는다.

[131] 영국형 의원내각제와 독일형 의원내각제 흔히 웨스트민스터(Westminster) 방식의 의원내각제로 지칭되는 영국형 의원내각제는 미국형 대통령제뿐 아니라 유럽대륙의 의원내각제와도 뚜렷한 대조를 이룬다. 우선, 선거제도의 측면에서 승자독식의 소선거구 상대다수대표제를 채택한 결과, 보수당과 노동당이라는 두 개의 이념정당·계급정당이 병립하는 양당제가 대체로('절대다수당 없는 의회'[hung parliament]의 예외적 상황을 제외하고) 확립되어 있다(뒤베르제의 법칙 작용). 아울러 엄격한 정당의 규율은 의회 다수의석을 장악했을 때 집권당 정부에 대한 입법적 지원을 가능케 할 뿐 아니라, 집권당의 지위를 상실했을 때에도 임기의 고정성이 결여된 의원내각제에서 장기간의 소수당 지위를 견디게끔 한다('그림자 내각'[shadow cabinet] 구성). 수상의 내각, 즉 행정부에 권력이 집중되는 영국형 수상정부제에서 입법의 요체는 다수당 수뇌부, 즉 수상 지도하의 내각에서 그 내용이 결정되어버리는 까닭에, 의회는 입법의 주도권을 상실하고 즉흥적인 토론과 논쟁의 장에 머물게 된다(수상정부제에서 '행정권의 정치적 우월' 현상). 반면, 유럽대륙의 의원내각제, 특히 독일형 의원내각제는 우선, 선거제도의 측면에서 군소정당도 의회에 진출할 수 있는 실질적인 완전 비례대표제를 채택한 결과, 어느 한 정당도 의회 다수의석을 점하지 못하여 다당 연합으로 연립정부를 구성할 수밖에 없게 된다. 수상(Kanzler)의 지위 자체가 연정을 위한 정당 간 협상대상이 될 뿐 아니라 연정 성립·유지의 필요성으로 인해 수상의 각료임면권이 대폭 제한된다는 점에서, 건설적 불신임제(konstruktives Misstrauensvotum)의 도입 결과 수상에 대한 불신임이 사실상 거의 불가능함에도 불구하고, 독일의 수상은 영국 수상처럼 '우월한 일인자'의 지위를 누리지는 못한다. 의회의 입법과정도 위원회를 중심으로 한 정당 간의 합의에 의해 법안의 핵심내용이 결정된다는 점에서 영국의 웨스트민스터 방식과 구별된다. 정부형태의 측면을 논외로 한다면 영국형 의원내각제는 미국형 대통령제와 같이 다수지배·정치안정을 중시하는 '다수제적 민주주의'(majoritarian democracy)의 유형에 속하는 반면, 독일형 의원내각제는 소수보호·정치참여를 중시하는 '합의제적 민주주의'(consensus democracy)의 유형에 속한다고 할 수 있다.

[132] 대통령제 정부형태의 기본특징 역사적 산물로서의 영국형 의원내각제와 대조적으로 미국형 대통령제(presidentialism)는 1787년 5월 25일에서 9월 17일까지의 필라델피아 헌법제정회의에서 건국·제헌의 아버지들(founding fathers)에 의해 '만들어진(고안된)' 정부형태라고 할 수 있다. 이들은 주권파와 연방파의 대립을 극복하여 통일된 중앙정부를 수립하고(연방제), 식민지 독립의 당연한 결과로서 국가원수(군주)의 부재를 선출된 대통령으로써 대신하되(대통령제), 시민적 자유의 보장을 위해 몽테스키외의 3권분립론을 충실하게 실현(권력분립·사법독립)하고자 했다. 미국형 대통령제는 행정부와 입법부가 각각 독립적으로 구성되는(즉, 행정부의 구성이 입법부에 의존하지 않는) '민주적 정당성의 양분'(dual democratic legitimacy)을 요체로 한다. 즉, 직선 또는 직선과 유사한 방식으로 민선되는(popularly elected) 대통령이 국가원수이자 행정수반인 '유일한 일인자'(primus solus)로서(행정부의 단일성), 고정된 임기(temporal rigidity) 동안 의회의 개입 없이 각료를 임면하여(정부구성의 독자성), 행정권을 장악하는 정부형태이다. 상설하면, ① 직업정치인이 아닌 행정전문가가 각료(secretary)로서 대통령을 보좌하고(의원과 각료의 겸직 배제), ② 행정부는 법률안제출권이 없고(대통령의 교서[message]에 의한 입법요청 가능) 행정부 구성원의 의회출석·발언권도 없으며, ③ 의회는 정부를 불신임할 수 없고 정부도 의회를 해산할 수 없다(정부존속의 독자성). 요컨대 미국형 대통령제는 입법부와 행정부 간 권력의 견제·균형(checks and balances)에 중점을 둔 정부형태이다. 성문헌법상의 권력분립의 경직성에도 불구하고, 미국형 대통령제가 정치적으로 작동할 수 있는 것(특히, '분리된 정부'[divided government]가 정국교착에 봉착하지 않는 것)은 ① 이념적 유연성, ② 연성의 정당제도(느슨한 정당규율), ③ 지방중심의 정치 등과 같은 헌법 외적인 요소에 힘입은 바 크다. 흔히 미국의 대통령제는 '헌법 때문에'(thanks to) 성공한 것이 아니라 '헌법에도 불구하고'(in spite of) 성공했다고 지칭되는 이유이기도 하다. 영국형 의원내각제처럼 승자독식의 '다수제적 민주주의'에 속하는 미국형 대통령제가 성공적으로 운영되려면, 그 밖에도, 사회적 균열(social cleavage)이 심하지 않을 것(정당 간 이념·정책의 편차가 적을 것)과 정치의 유동성(mobility)이 높을 것(고정된 임기를 주기로 정권이 교체될 것)을 필요로 한다고 한다.

[133]반대통령제 정부형태의 기본특징 대통령제 하에서 '합의제적 민주주의'를 실현하는 한 방식으로서, 대통령제적 다수와 의원내각제적 다수가 행정권을 분점 하는 **반 대통령제**(semi-presidentialism) 또는 **이원정부제**(dual executive) 정부형태가 주목되고 있다. 모리스 뒤베르제는 반 대통령제의 개념을 최초로 정식화하면서, 그 헌법규정상 구성요소로서 ① 대통령이 보통선거(universal suffrage)에 의해 선출될 것, ② 대통령이 상당한(quite considerable) 권한을 보유할 것, ③ 행정권을 보유하되 의회의 불신임이 없는 경우에만 재직하는 수상과 각료를 둘 것 등 세 가지를 들었다. 학자에 따라서는 ①의 요소 중 대통령이 간선되는 경우(1994년 이전까지의 핀란드)라든가 ②의 요소 중 대통령이 상징적 국가원수로서의 지위를 갖는 데 그치는 경우(의원내각제적 반 대통령제), ③의 요소 중 의회의 불신임이 헌법적 구속력이 없는 경우(대통령제적 반 대통령제)까지 포괄하는 것으로 확대하기도 한다. 특히, ③의 요소와 관련하여, 대통령이 수상·각료를 선임하되 의회만이 이들을 불신임할 수 있는 **'수상-대통령제'**(premier-presidential system)와 대통령이 수상·각료를 선임하되 의회 외에 대통령도 이들을 해임할 수 있는 **'대통령-의회제'**(president-parliamentary system)를 구분하기도 한다. **프랑스형 반 대통령제**에서는 대통령의 정당이 의회 다수의석을 획득할 경우, 정당정치의 당연한 귀결로서 대통령이 내각까지 지배함으로써, 그 헌법상의 권한(대외적 권한, 비상적 권한, 저지적 권한[pouvoir d'empêcher] 등) 외에 행정권까지 실질적으로 장악하게 된다. 반면, 대통령의 정당이 의회 다수의석을 상실할 경우, 역시 정당정치의 당연한 귀결로서 내각에 대한 지배를 상실하게 되고, 대통령은 그 헌법상의 권한만 행사할 뿐 행정권은 헌법의 규정(§20·§21)대로 수상이 장악하는 권력분점의 상황(cohabitation)이 발생하게 된다. 그런데 프랑스를 제외한 **유럽의 반 대통령제** 국가들은, 강력한 대연정의 존재(오스트리아)나 헌법상 권한의 미약성(아일랜드·포르투갈·핀란드), 헌법개정의 용이성(아이슬란드·아일랜드) 등으로 말미암아, 그 대통령의 지위는 의원내각제의 상징적 국가원수 수준에 머물고 있다. 구 공산권 국가들과 아프리카 국가들(구 프랑스 식민지)에서 광범하게 채택되고 있는 반 대통령제는, 행정부의 수뇌가 교체되는 **'유연한 양두제'**(flexible diarchy)의 특성상, 연정 등 정치세력간의 협력을 촉진하고 '분리된 다수'(divided majority)의 난국에도 보다 잘 대처할 수 있는 정부형태로 평가된다. 그러나 대통령과 수

상 간 헌법상 권한배분의 모호성은 정국경색·불안정의 요인이 될 수 있으며, 후진적 정당정치 행태와 결합할 때에는 '분리된 소수'(divided minority)의 입헌적 독재로 전락할 우려조차 없지 않다.

[134] 양원제와 단원제 국회의 구성방식과 권한배분에 관해서는 양원제(bicameralism)와 단원제(unicameralism)의 두 유형이 대별된다. 현재, 비교헌법의 추세는 양원제 쪽으로 기울어 있다(GDP 상위 15개국 중 한국과 중국만 단원제 채택). 그러나 장기적인 추세로 본다면 양원제에서 단원제로의 변화 경향이 관찰된다(20세기 말 구 공산권 국가들의 민주화 과정에서 양원제가 일시적으로 폭증함). 오늘날 양원제의 존재의의로는 '대표민주주의'의 측면에서 지역이나 직능의 이해관계를 대변한다는 점(직능대표상원은 예외적이고 지역대표상원이 일반적임)과 '권력분립주의' 측면에서 입법권에 대한 견제·균형을 실현한다는 점을 들 수 있다. 특히 후자와 관련하여, 양원제는 ① 입법에 있어서 수(다수든 소수든)의 횡포를 저지하고, ② 현명한 지연으로 입법과열을 차단하며, ③ 정보의 폭을 넓혀 입법지식 부족을 보완하고, ④ 현상유지로써 입법의 안정성을 제고하며, ⑤ 정책의 장기적 예견가능성을 높이는 등 긍정적 효과를 가진다고 한다. 지역적 이해관계를 대변하는 상원이 하원과 동등한 권한을 갖는(이질적 구성과 대칭적 권한), 이른바 '강한 양원제'는 대개 대통령제 정부형태와 친화적이며, 하원과 유사하게 구성되는 상원이 하원보다 약한 권한을 갖는(동질적 구성과 비대칭적 권한), 이른바 '약한 양원제'는 대개 의원내각제(특히 영국형 웨스트민스터 방식) 내지 반 대통령제 정부형태와 친화적이라고 한다. 그런데 지역의 특수이익을 반영하는 상원과 국민의 공동이익을 반영하는 하원이 공존하기란 쉽지 않으며, 정당정치의 귀결로서, 상원의 이념적 성향 및 그 편차는 대체로 하원의 그것과 일치하거나 오히려 격화되는 양상을 띤다(지역정치 또는 이념정치 중 우세한 쪽의 경향이 양원을 모두 지배함). 미국연방헌법이나 프랑스헌법의 사례처럼 상당한 권한을 지닌 상원이 지역이익을 과잉 대표하도록 허용할 경우, 과소 대표되는 지역(큰 주, 대도시)과 과잉 대표되는 지역(작은 주, 농어촌) 간의 불공평한 재정이전을 초래할 수 있으며, 인종적으로 또는 직업적·연령적으로 대표성의 차별이 발생할 수도 있다. 이러한 추세는 장기적으로 상

원에서의 자유주의정당(국가개입축소)과 보수정당(개혁약화·저지)의 과잉 대표로 귀결될 소지도 없지 않다.

[135] 정부형태 : 1948년 헌법~1960년 헌법 1948년의 건국헌법은 대통령제 정부형태를 채택하면서도 의원내각제적인 요소를 아울러 포함하고 있었다(혼합형 대통령제). ① 대통령이 행정권의 수반으로서 대외적 대표권을 갖도록 한 점(48헌§51), ② 대통령이 국무총리의 제청 없이 국무위원을 단독으로 임명할 수 있도록 한 점(48헌§69), ③ 국회의 국무원에 대한 불신임권을 배제한 점에서 대통령제를 취한 것으로 볼 수 있었지만, ① 정·부통령을 국민직선이 아닌 국회간선으로 선출하도록 한 점(48헌§53), ② 그 임명에 국회의 승인을 요하는 국무총리를 둔 점(48헌§69), ③ 국무총리·국무위원의 국회의원 겸직을 허용한 점(48헌§48·§53)은 의원내각제적 요소를 가미한 것으로 볼 수 있었다. 대통령이 국회 다수의석을 장악하여 독재화할 수 있다는 문제점은 대통령의 임기와 국회의 임기를 서로 교차시킴으로써 해결하고자 했고, 대통령과 국회 간의 마찰로 인해 정국교착에 빠질 수 있다는 문제점은 정부와 국회의 가능한 한 밀접하게 연결시킴(의원내각제적 요소의 가미)으로써 해결하고자 했다. 국회의 구성에서는 단원제를 채택했는데, 건국 시기의 입법효율의 요청을 감안하여, 의사지연·경비팽창을 초래할 보수적·특권적 양원제는 거부되었던 것이다. 1952년 헌법에서는 정·부통령 개별직선제를 도입(52헌§53)하여 대통령제적 요소를 강화하면서, 동시에 국무총리의 국무위원 임면제청권(52헌§69) 및 국회의 국무원 불신임권(52헌§70의2)을 신설하여 의원내각제적 요소를 강화했다. 또, 단원제 국회의 전횡을 견제하려는 입법권 분할의 요청에서 "세계의 대다수 민주국가들이 채택"했다는 양원제를 수용(52헌§31)했다. 1954년 헌법에서는 초대대통령에 한해 중임제한을 철폐(부칙)함으로써 대통령제의 임기의 고정성을 파괴했고, 아울러 국무총리제를 전격 폐지하면서 국회의 국무원 불신임권을 국무위원에 대한 개별적 불신임권(54헌§70의2)으로 축소했다. 1960년 헌법에서는 의원내각제가 전면 채택되었다. 의원내각제의 약점으로 흔히 지적되는 정치 불안의 가능성은 국회의 국무원 불신임권과 정부의 국회해산권을 엄격한 견제·균형관계에 둠으로써 대처할 수 있다고 보았고, 국무총리의 다수당 전제의 가능성은 ① 중립적 권력으로서 대통

령의 견제, ② 언론자유의 절대적 보장, ③ 위헌적 권력남용에 대한 헌법재판소의 개입 등으로 대처할 수 있다고 보았다.

[136] 정부형태 : 1962년 헌법~1987년 헌법 1960년 헌법의 의원내각제가 민주당 신파와 구파의 분당으로 파탄에 이른 다음, 1962년 헌법은 비교적 순수한 미국형 대통령제를 채택했다. 의원내각제 정부를 파국으로 이끈 정당의 미발달(정당규율의 부재) 및 상응한 정치불안과 의원의 부패 등을 감안할 때, 장기적 전망 하에 리더의 지휘로써 안정적으로 산업화를 추진해야 한다는 관점에서 대통령제가 우월한 것으로 평가되었던 것이다. 그리하여 ① 대통령은 고정된 임기로 국민에 의해 직선되고(62헌§64·§69), ② 국회의 동의나 승인 없이 대통령이 국무총리·국무위원을 임면하며(62헌§84), ③ 국무총리·국무위원의 국회의원 겸직을 배제하는(62헌§39) 등 대통령제의 요소가 전반적으로 강화되었다. 그러나 ① 정부의 법률안제출권(62헌§48)과 국무총리·국무위원·정부위원의 국회출석·발언권(62헌§58)이 여전히 인정되고, ② 국회의 국무총리·국무위원에 대한 (구속력 있는) 해임건의권(62헌§59)이 규정된 점에서 의원내각제적 요소가 완전히 사라진 것은 아니었다. 그 밖에 1962년의 대통령제 헌법은 1960년의 의원내각제 헌법의 부정이라는 시대정신에 입각하여, 1960년 헌법의 헌법재판소제도 대신 미국형 사법심사제를, 1960년 헌법의 양원제 대신 경비절감이 가능한 단원제를 각각 채택했던 것이다. 그러나 대통령의 3선을 가능하게 한 1969년의 헌법개정(69헌§69③)으로 대통령제의 임기의 고정성은 재차 파괴되어 1972년 헌법의 권위주의적 대통령제로 타락해 갔다. 즉, 6년 임기로 횟수 제한 없이 통일주체국민회의에서 간선(72헌§45·§47)되는 대통령에게 국회구성에서의 지배권을 보장하면서(72헌§40) 긴급조치권(72헌§53) 외에 국회해산권(72헌§59)까지 부여하고, 상응하여 국회의 국무총리 임명동의권(72헌§63①)과 국회의 국무총리·국무위원 해임의결권(72헌§97)을 규정했다. 1980년 헌법 또한 1972년 헌법의 권위주의적 대통령제의 골간을 약간의 개량적 수정만 부가한 채 그대로 유지했다(대통령선거인단간선[80헌§§39-41·§43], 비상조치권[80헌§51], 국회해산권[시기·횟수제한][80헌§57], 국무총리·국무위원 해임의결권[시기제한][80헌§99]). 다만, 대통령의 임기를 7년 단임으로 한정하고(80헌§45), 대통령의 임기연장·중임변경

을 위한 헌법개정 효력의 적용대상을 제한함으로써(80헌§129②) 대통령제의 임기의 고정성을 지키고자 한 점이 주목된다. 현행 1987년 헌법은 1962년 헌법의 대통령 직선제로의 복귀를 골자로 한 것이었다. 그러나 ① 대통령의 임기가 5년 단임으로 설정(87헌§70)된 점(4년 중임과 6년 단임 사이의 절충·타협), ② 1972년 헌법 및 1980년 헌법과 마찬가지로 국회의 국무총리 임명동의권(87헌§86①)을 유지한 점, ③ 1972년 헌법 및 1980년 헌법과 마찬가지로 국무총리·국무위원의 국회의원 겸직을 인정(87헌§43)한 점, ④ 국회의 국무총리·국무위원에 대한 (구속력 없는) 해임건의권(87헌§63)을 규정한 점 등에서 1962년 헌법과 구별된다.

[137] 정부형태에 관한 헌법개정론 비판　현행헌법의 대통령제에 대해서는 ① 단순상대다수의 득표만으로 대통령을 선출하도록 하여 그 민주적 정당성에 문제가 발생할 수 있다는 점(헌§67), ② 5년 단임제로 대통령의 재선을 배제함으로써 그 정치적 책임을 추궁하는 길이 막혀있다는 점(헌§70), ③ 부통령제를 폐지하여 민주적 정당성이 결여된 국무총리가 대통령의 권한을 대행한다는 점(헌§71) 등이 문제로 지적되고 있다. 우선, 대통령의 민주적 정당성 확보를 위해 프랑스에서처럼 절대다수의 득표와 결합된 결선투표제를 도입할 경우, 후보자의 난립을 유인하고 정당분열을 조장하는(나아가 소수당 대통령의 등장을 조장하는) 부작용을 초래할 뿐 아니라(앞 [90] 참조), 1차 투표와 결선투표에 걸친 후보자 간의 제휴의 과정에서 부정부패를 조장하거나 다수의사를 왜곡하게 될 가능성도 있다(후보자난립으로 콩도르세 승자[Condorcet winner]의 결선 진출이 저지될 수 있음). 다음, 단임제의 폐해로는 정치적 책임추궁의 차단 이외에 조기의 레임덕과 대통령의 조급증('결론의 욕망'[vouloir conclure])이 지적되고 있다. 그러나 중임제(미국형 4년중임제)를 도입하더라도 두 번째 임기에는 결국 레임덕은 발생하는 것이며, 오히려 장기집권 독재의 위험성과 재선을 위한 인기영합 정책의 폐해가 문제될 수 있다. 간접적이기는 하지만 대통령 임기 중의 총선이나 그 임기 종료 후의 대선에서 대통령 소속정당의 후보를 선택 또는 거부하는 방법으로써 정치적 책임을 추궁할 수도 있다. 끝으로, 대통령의 궐위로 인한 국무총리의 권한대행은 새로운 대통령을 선출하기까지 최장 60일에 그치는 것이므로(헌§68②), 그 임명에 국회의 동의를 받도록 하는 정도의

간접적인 민주적 정당성 확보만으로도 충분하다고 본다(부통령의 경우 대개 대통령의 잔여임기 동안 재직함). 대개 대통령의 러닝메이트로 동반 선출되는 부통령은 선거 전략적으로 지명되는 경우가 많아, 기실, 대통령 궐위 시의 권한대행자로는 적합하지 않다는 비판도 주목할 필요가 있다. 부통령 직위가 정치의 지역구도 완화에 도움이 된다거나, 차기 대통령 후보를 가시화하는 헌법적 장치라는 주장도 있다. 그러나 부통령 후보로 지명되려면 소정의 지역기반을 필요로 할 것이므로 부통령제는 결국 지역구도를 '복식으로' 강화시킬 뿐이며, 단임제에서 대통령이 교체할 수 없는 부통령이 존재한다는 것은 대통령의 레임덕을 가속시켜 정치 불안을 조장하는 요인이 될 수도 있다.

II.

[138] 헌재결정과 대통령제 정부형태 I 헌법재판소가 현행헌법의 대통령제 정부형태를 그 논증에 활용한 사례는 흔치 않다. 일찍이 헌법재판소는 우리나라의 정부형태에 의원내각제적 요소가 일부 있지만, 기본적으로는 대통령제를 채택하여 행정권행사에 관한 최고·최후의 결정권자는 대통령이라고 해석되는 이상, 헌법 제86조 제2항을 해석함에 있어서도 모든 행정기관이 원칙적으로 국무총리의 통할을 받아야 하는 것은 아니라고 설시한 바 있다(89헌마86·89헌마221). 또, 헌법재판소는 현행헌법이 대통령제 정부형태를 취한 이상, 수도를 결정하는 데는 국회와 대통령의 소재 여부가 결정적인 요소가 된다고 보았다(2004헌마554등·2005헌마579등). 즉, 대통령이 국가원수일 뿐 아니라 행정부 수반이므로 정부의 소재지는 대통령의 소재지로서 대표되며, 따라서 정부 각 부처의 소재지는 수도를 결정하는 데 중요한 요소가 아니라는 것이다. 그 밖에 헌법재판소는 대통령제 정부형태에서 국가원수이자 행정부 수반인 대통령 직위의 중요성("가장 중요한 국가권력담당자")을 근거로 대통령선거에서의 고액의 기탁금을 정당화하기도 했고(92헌마269등·2012헌마402)(앞 [106] 참조), 대통령제 정부형태에서 대통령은 의회에 대해 정치적 책임을 지지 않고 선거 시 국민에 대해서만 직접 책임을 진다는 이유로 대통령선거의 공정한 실시가 갖는 중요성을 강조하기도 했다(92헌마177등). 소수의견 중에는 대통령제 정부

형태에서 대통령은 정치적 지도자로서의 기능과 역할을 수행하는 까닭에, 선거에서의 중립의무에도 불구하고 정치적 표현의 자유가 폭넓게 인정되어야 한다는 주장도 발견된다(2007헌마700[반대의견]).

헌재 1994. 4. 28. 89헌마221 : "우리 헌법이 대통령중심제의 정부형태를 취하면서도 국무총리제도를 두게 된 주된 이유가 부통령제를 두지 않았기 때문에 대통령 유고시에 그 권한대행자가 필요하고, 또 대통령제의 기능과 능률을 높이기 위하여 대통령을 보좌하고 그 의견을 받들어 정부를 통할·조정하는 보좌기관이 필요하다는 데 있었던 점과 대통령에게 법적 제한 없이 국무총리해임권이 있는 점(헌법 제78조, 제86조 제1항 참조) 등을 고려하여 총체적으로 보면, 내각책임제 밑에서의 행정권이 수상에게 귀속되는 것과는 달리 우리나라의 행정권은 헌법상 대통령에게 귀속되고, 국무총리는 단지 대통령의 첫째가는 보좌기관으로서 행정에 관하여 독자적인 권한을 가지지 못하고 대통령의 명을 받아 행정각부를 통할하는 기관으로서의 지위만을 가지며, 행정권행사에 대한 최후의 결정권자는 대통령이라고 해석하는 것이 타당 … 이와 같은 헌법상의 대통령과 국무총리의 지위에 비추어 보면 국무총리의 통할을 받는 행정각부에 모든 행정기관이 포함된다고 볼 수 없(다). … 헌법이 '행정각부'의 의의에 관하여는 아무런 규정도 두고 있지 않지만, '행정각부의 장(長)'에 관하여는 '제3관 행정각부'의 관(款)에서 행정각부의 장은 국무위원 중에서 임명되며(제94조), 그 소관 사무에 관하여 법률이나 대통령령의 위임 또는 직권으로 부령을 발할 수 있다(제95조)고 규정하고 있는바 … 성질상 정부의 구성단위인 중앙행정기관이라 할지라도, 법률상 그 기관의 장(長)이 국무위원이 아니라든가 또는 국무위원이라 하더라도 그 소관 사무에 관하여 부령을 발할 권한이 없는 경우에는, 그 기관은 우리 헌법이 규정하는 실정법적(實定法的) 의미의 행정각부로는 볼 수 없(다). … 대통령이 이러한 직속기관을 설치하는 경우에도 자유민주적 통치구조의 기본이념과 원리에 부합되어야 할 것인데, 그 최소한의 기준으로서 (ㄱ) 우선 그 설치·조직·직무범위 등에 관하여 법률의 형식에 의하여야 하고, (ㄴ) 그 내용에 있어서도 목적·기능 등이 헌법에 적합하여야 하며, (ㄷ) 모든 권한이 기본권적 가치실현을 위하여 행사되도록 제도화하는 한편, (ㄹ) 권한의 남용 내지 악용이 최대 억제되도록 합리적이고 효율적인 통제장치가 있어야 할 것이다."

헌재 2004. 10. 21. 2004헌마554등 : "수도는 국가의 대표기능 내지 통합기능이 수행되는 곳이어야 한다. 우리나라와 같은 대통령제 국가의 헌법에서는 대통령이 국가를 대표하고 국가의 통일성을 유지하도록 하는바 대통령의 이러한 대내외적 활동은 그 활동이 수행되는 장소에 대하여 '수도적인 것'의 한 필수적 요소를 부여하게 된다. … 대통령제의 통치구조 아래에서 대통령은 국가원수일 뿐 아니라 행정부의 수반이므로 정부의 소재지는 대통령의 소재지로서 대표된다고 볼 수도 있기 때문에, 대통령의 소재지를 수도의 특징적 요소로 보는 한 정부 각 부처의 소재지는 수도를 결정하는 데 있어서 별도로 결정적인 요소가 된다고 볼 필요는 없다. … 우리 헌법상 최고 헌법기관(들) … 중에서도 국민의 대표기관으로서 국민의 정치적 의사를 결정하는 국회와 행정을 통할하며 국가를 대표하는 대통령의 소재지가 어디인가 하는 것은 수도를 결정하는 데 있어서 특히 결정적인 요소가 된(다). … 대통령은 국가원수로서 국가를 상징하고 정부의 수반으로서 국가운용의 최고 통치권자이며, 의회는 주권자인 국민이 선출한 대표들로 구성된 대의기관으로서 … 주권자의 의사를 대변하고 중요한 국가의사를 결정하는 중추적 역할을 담당하(기) … 때문이다."

헌재 2005. 11. 24. 2005헌마579등 : "국회는 국민의 대의기관으로서 입법기능을 담당하며 모든 국가작용은 헌법상의 법치국가원칙에 따라 법률에 기속된다. 따라서 행정부의 기본적인 기능이 국가정책의 수행이고 그 결과 어느 정도 국가의 기본 정책결정에 영향을 미칠 수 있다고 하더라도 이는 의회에서 법률로 정한 범위 안에서 이루어져야 하는 한계가 있다. … 대통령은 행정권이 속한 정부의 수반으로서(헌법 제66조 제4항), 정부를 조직하고 통할하는 행정에 관한 최고책임자다. … 국가정책의 형성과 수행에 정부가 어느 정도 영향을 미칠 수 있다고 하더라도 그 최종적인 의사결정은 대통령에 의하여 이루어진다고 보아야 한다. … 국회와 대통령은 대내외 정책에 관한 최종적인 의사결정권자로서 서로 독립하여 국가의 정책방향을 제시하고 수행하는 통제기능을 담당한다고 할 수 있다. … 이들(국회와 대통령)의 소재 여부가 수도를 결정하는데 있어서 결정적인 요소 … 대통령제 헌법을 가진 국가에서 대통령은 국가를 대표하고 국가의 통일성을 유지하는 역할을 수행한다."

헌재 2015. 7. 30. 2012헌마402 : "우리나라 국민의 전체적인 소득 수준에 비추어 볼 때, 대통령선거의 예비후보자가 납부하여야 하는 기탁금 6,000만 원은 누구나 손쉽게 마련할 수 있는 금액이라고 할 수는 없을 것이다. 그러나 … 대통령선거는 대통령제 국가인 우리나라에서 가장 중요한 국가권력담당자를 선출하는 선거이다. 따라서 국민의 관심이 집중될 수밖에 없고 후보난립의 유인이 다른 선거에 비해 훨씬 더 많다. 이 때문에 대통령선거 후보자 등록 시 요구되는 기탁금도 다른 선거에 비해 높은 3억 원으로 정해져 있다."

헌재 1995. 7. 21. 92헌마177등 : "대통령제 국가의 대통령은 국가의 원수이며 행정부의 수반일 뿐만 아니라 임기 동안 의회에 대하여 정치적 책임을 지지 아니하고 선거 시에 국민에 대해서만 직접 책임을 진다. 그러므로 대통령제를 채택하고 있는 우리나라의 경우 대통령직이 갖는 비중에 비추어 대통령선거의 공정한 실시가 갖는 중요성은 대단히 크다고 할 것 … 그렇다면 대통령선거의 중요성에 비추어 선거의 공정을 위하여 선거일을 앞두고 어느 정도의 기간 동안 선거에 관한 여론조사결과의 공표를 금지하는 것 자체는 부득이하다고 할 수 있으므로 그 금지기간이 지나치게 길지 않는 한 이를 두고 위헌이라고 할 수는 없다."

헌재 2008. 1. 17. 2007헌마700 : "[재판관 송두환의 반대의견] 대통령제를 채택하고 있는 우리나라에서 대통령은 국민의 선거라는 정치과정을 통하여 직접 통치권의 정당성을 부여받으며, 단순한 정책집행 기능을 넘어 정치적 지도자로서의 기능과 역할을 수행한다. … 우리 헌법의 대의제 민주주의와 정당제도 하에서 선거과정을 통하여 선출되는 대통령은 국회의원과 같이 태생적으로 정치적 존재이며, 따라서 대통령이 선거를 포함한 국정 전반에 관련하여 정치적 입장과 견해를 표명하는 것은 당연하고 또 필요한 것이라 하여야 한다. … 우리 헌법상 대통령 단임제를 이유로 차기 대선에 직접 참여하지 못하는 대통령이 선거에 영향을 미치는 표현을 하는 것은 금지되어야 한다는 주장이 있으나, 이에는 동의하기 어렵다. … 대통령은 비록 차기 대선에 직접 출마할 수 없는 경우에도 '소속정당이나 정파에 대한 심판을 통하여' 그간의 정책에 대한 심판을 받게 되는 것이므로 그 과정에서 필요한 정치적 견해를 밝힐 수 있어야 할 것이며, 연임 가능 여부에 따라 결론이 달라질 문제는 아니다."

[139] 헌재결정과 대통령제 정부형태 II 헌법재판소는 선거구·대표제와 정부형태의 상관관계를 원용하여 현행 소선거구 다수대표제가 헌법에 위반되지 아니한다는 논지를 전개하기도 한다(2012헌마374)(앞 [108] 참조). 소선거구 다수대표제의 양당제 촉진효과는 대통령제에서도 단일정당에 의한 정책의 뒷받침(입법적 지원)을 가능케 하는 반면(2012헌마374), 비례대표제의 강화는 원내 안정적 다수의 형성을 막아 대통령제에서의 원활한 정책수행을 어렵게 한다는 것이다(2012헌마374[보충의견])(이 점에 대해서는 후술 [141] 참조). 또, 권한쟁의심판에서 제3자 소송담당을 부정하는 논거로 대통령제의 특징(민주적 정당성의 양분)을 거론하기도 한다. 오늘날 정당국가에서 다수정당으로의 권력통합 현상을 감안하더라도, 대통령제에서는 의원내각제의 경우와 달리 정부와 국회 다수정당의 이해관계가 항상 일치하는 것은 아니므로(즉, 정부와 국회 사이의 권력견제·균형 메커니즘이 작동하므로), 굳이 소수정당에게 제3자 소송담당이라는 형식으로 별도의 통제권을 인정할 필요가 없다는 것이다(2013헌라3). 최근 헌법재판소의 대통령(박근혜) 탄핵사건 결정 중에는 현행헌법의 승자독식의 다수제적 대통령제를 분권형의 이원정부제(반 대통령제) 내지 의원내각제·책임총리제로 변경하자는 제안(2016헌나1[보충의견])이 주목된다. 물론, 헌법정책론으로서 반대통령제 개헌론이나 비례대표제 확대론에 대해서는 신중하게 접근할 필요가 있다(이 점에 대해서는 후술 [141], [142] 참조).

헌재 2016. 5. 26. 2012헌마374 : "소선거구 다수대표제는 하나의 지역구에서 1인의 국회의원을 선출하도록 하는 것으로서 선거권자가 후보자를 직접 검증하여 선택할 수 있고, 양대 정당 중심으로 득표가 집중되어 의원내각제에서는 단일정당에 의해 행정부를 구성할 수 있으며, 대통령제에서는 그 정당에 의해 정책이 뒷받침될 수 있어 정치의 책임성과 안정성에 유리하다. 또한 소선거구 다수대표제에서는 의회 내 통합적 야당을 구성할 수 있어 행정부를 견제하는 데 있어서도 효율적일 수 있다. [재판관 안창호의 보충의견] 비례대표제는 사표를 방지하고 정당의 지지에 대한 다양한 견해를 반영하고 이를 공론화하여 거대정당에 의한 정치적 독점을 배제하는 순기능을 하는 한편, 다른 한편으로는 정국의 불안정을 초래할 우려가 있다. 특히 다수당이 행정부를 구성하는 의원내각제와는 달리 대통령제 국가에서 비례대표제의 강화는 원활한 정책 수행을 위하여 필요한 안정적 다수의 형성을 어렵게 할 수 있어, 대화와 타협의 문화가 성숙되지 아니한 정치토양에서는 정국의 안정을 저해하고 국정의 효율성을 저하할 수 있음도 비례대표제의 운용에 있어 유의하여야 한다."

헌재 2015. 11. 26. 2013헌라3 : "국회법 제33조 제1항의 교섭단체를 구성하는 국회의원의 집단에게는 '제3자 소송담당'의 방식으로 권한쟁의심판을 제기할 수 있는 지위가 인정되어야 한다고 주장한다. … 다수결의 결과에 반대하는 소수의 국회의원에게 권한쟁의심판을 청구할 수 있게 하는 것은 다수결의 원리와 의회주의의 본질에 어긋날 뿐만 아니라 … 나아가 우리 헌법이 채택한 대통령제 하에서는 의원내각제의 경우처럼 정부와 국회 다수정당의 이해관계가 항상 일치하는 것으로 단정하기도 어렵다. 이에 비추어 볼 때 소수정당에게 제3자 소송담당을 인정할 필요가 있다는 주장은 선뜻 수긍하기 어렵다. [재판관 김이수·이진성·강일원의 반대의견] 현대의 정당국가적 권력분립구조 하에서는 의회와 행정부가 정당을 통하여 융합되는 현상을 보이고 있고, 대통령이 속한 여당과 의회의 다수당이 대체로 일치하는 대통령제 정부형태에서, 고전적 권력분립론에서와 같이 의회가 정부의 권력행사를 통제하는 것은 사실상 기대하기 어렵다. … 의회 내 소수파 의원들이 다수당 내지 다수파 의원들의 활동의 문제점을 적절하게 지적하고 통제할 수 있는 기회를 보장함으로써, 궁극적으로 의회의 헌법적 권한을 수호하고 의회와 정부 사이의 견제와 균형을 실현할 수 있을 것이다."

헌재 2017. 3. 10. 2016헌나1 : "[재판관 안창호의 보충의견] 그동안 우리 헌법이 채택한 대통령제는 대통령에게 정치권력을 집중시켰음에도 그 권력에 대한 견제장치가 미흡한 제왕적 대통령제로 평가된다. … 현행헌법은 … 대통령에게 법률안제출권과 예산편성·제출권, 광범위한 행정입법권 등 그 권한이 집중되어 있지만, 이에 대한 효과적인 견제장치가 없거나 제대로 작동하지 않고 있다. … 우리나라는 선거에서 1표라도 더 얻으면 제왕적 정치권력을 획득하고 그렇지 못하면 권력으로부터 소외되는 승자독식 다수대표제를 채택하고 있다. … 정경유착 등 정치적 폐습과 이전투구의 소모적 정쟁을 조장해온 제왕적 대통령제를 협치와 투명하고 공정한 권력행사를 가능하게 하는 권력공유형 분권제로 전환하는 권력구조의 개혁이 필요하다. … 이원집정부제, 의원내각제 또는 책임총리제의 실질화 등이 국민의 선택에 따라 현행헌법의 대통령제에 대한 현실적 대안이 될 수 있다. … 우리 사회의 다양한 이해관계의 조화로운 해결을 위해서는 정당의 정체성을 확립하고 비례대표 국회의원후보자의 선정과정에서 투명성과 공정성을 확보하는 가운데 비례대표제를 확대해야 한다."

III.

[140] 대통령제와 의원내각제의 장단점 흔히 의원내각제는 정치의 '민주성'과 '책임성'을 보장할 수 있으나, 그 '안정성'을 보장하기 어렵고, 대통령제는 역으로 정치의 '안정성'을 보장할 수 있으나, 그 '민주성'과 '책임성'을 보장하기 어렵다고 한다. 헌법사의 경

험(1960년 헌법의 의원내각제의 불안정성과 1962년 헌법의 대통령제의 독재화)에서 유래하는 이러한 명제는 현재에도 여전히 타당한가? 이를 ① 정부 구성·퇴진의 의회 의존 여하, ② 의원과 각료의 겸직 여하, ③ 임기의 유동성·고정성 여하, ④ 정당의 조직·활동형태 여하 등 네 가지 측면에서 분석해보자.

이하 ① **정부 구성·퇴진의 의회 의존** 여하(의원내각제는 의존, 대통령제는 비 의존), ② **의원과 각료의 겸직** 여하(의원내각제는 겸직 인정, 대통령제는 겸직 부정), ③ **임기의 유동성·고정성** 여하(의원내각제는 임기 유동적, 대통령제는 임기 고정적), ④ **정당의 조직·활동형태** 여하(의원내각제는 강한 정당구조·정당규율, 대통령제는 약한 정당구조·정당규율) 등 네 가지 측면에서 A. 의원내각제와 B. 대통령제의 민주성(a)과 독재성(b), 책임성(c)과 단기성·전문성(d), 안정성(e)과 불안성(f) 등 세 가지 차원의 여섯 가지 특징들을 각각 분석한다.

A. **의원내각제**(정부와 의회는 상호의존·공화협조 관계임)

a. **민주성** : ①의 측면에서 총선을 통한 민의의 즉각적 반영이 가능하며, ②의 측면에서 민선의 정치인이 행정 관료들을 통제하므로(특히 의원내각제에서 공무원의 정치적 중립성과 신분보장이 긴요한 이유이기도 함) 민주주의의 이상에 근접한 정부형태이다.

b. **독재성** : ①의 측면에서 정부의 민주적 정당성이 간접적인데다(특히 정당의 난립으로 연정이 수립되는 경우 국민의 정부선택의 식별가능성[identifiability]이 저하됨), 다수세력이 정부·의회를 동시에 지배함으로써 권력의 견제·균형 메커니즘이 작동하지 않을 수 있으며(특히 ④의 측면에서 당내민주주의가 부재할 경우 '다수당 독재'로 전락할 소지가 큼), ③의 측면에서 임기의 고정성이 존재하지 않으므로 수상-정부는 무제한 연임이 가능하기 때문에, 경우에 따라서는 독재체제로 전락할 가능성도 있는 정부형태이다.

c. **책임성** : ①의 측면에서 정부의 존립이 의회의 신임에 의존하며, ③의 측면에서 정부의 임기 또한 유동적이므로 책임정치의 이상에 근접한 정부형태이다.

d. **단기성·전문성** : ①과 ③의 측면에서 정부가 의회의 눈치를 살피는 경향을 조장하므로 정부 정책이 단기성을 띨 우려가 있으며, ①과 ②의 측면에서 직업정치인이 내각의 구성원이 되고 행정전문가의 입각이 제한되므로(정부의 인사권을 의회가 분점하게 됨), 전문행정 내지 행정효율의 요청에 충실하지 못할 우려가 있다. 즉, 책임정치의 요청이 전문행정의 요청보다 우선시 되는 정부형태이다.

e. **안정성** : ①과 ②의 측면에서 정부 정책에 대한 의회의 제도적(입법적)·인적 지원이 가능하며(야당도 '그림자 내각'[shadow cabinet]을 통해 집권에 대비한 정책 능력의 훈련이 가능함[인적 연속성을 통한 정책의 안정성 확보]), ③의 측면에서 임기의 고정성이 존재하지 않으므로 수상-정부는 무제한 연임이 가능할 뿐 아니라, ④의 측면에서 정당을 통한 내각(집권당

수뇌부)의 소속의원 지배 또한 가능하기 때문에(강한 정당규율이 전제가 됨), 정부·의회의 의존·공화를 통해 정치의 장기적 안정성을 담보할 수 있게 된다.

f. 불안성 : ①과 ③의 측면에서 임기 중 내각불신임과 의회해산·총선실시가 반복됨으로써 정치 불안을 조장할 우려가 있으며, ②의 측면에서 의원과 각료의 겸직이 가능함에 따라 의원들로서는 각료 자리를 둘러싸고 정치 불안(=입각의 기회)을 조장할 유인을 가질 뿐 아니라, ④의 측면에서 정당구조의 불안이 정치 불안으로 직결될 가능성도 있다(1960년 의원내각제 헌법의 제2공화국은 집권당의 분당으로 정치파국에 이르렀고, 이러한 정당구조의 취약성이 1962년 헌법에서 대통령제를 채택한 원인으로 작용함).

B. 대통령제(정부와 의회는 상호독립·견제균형 관계임)

a. 민주성 : ①의 측면에서 정부의 민주적 정당성이 직접적일 뿐 아니라(국민의 정부선택의 식별가능성이 제고됨), '정부적 다수'와 '의회적 다수'가 양분되어 정부와 의회의 권력을 각각 분점(민주적 정당성의 양분)하게 되며, ③의 측면에서 임기의 고정성이 존재하므로 대통령-정부는 연임에도 제한을 받게 된다. 즉, 대통령제 하의 '분리된 정부'(정부적 다수와 의회적 다수가 상호 견제·균형관계에 있음)는 '제한된' 정부(기능적-인적 권력분립[①②] 및 시간적 권력분립[③]의 측면에서)이며, 제한된 정부는 민주적인 정부이다.

b. 독재성 : ①과 ②의 측면에서 국민대표기관인 의회가 강력한 행정권을 장악한 정부를 통제하는 데 제도적·인적 한계가 있을 수밖에 없다. 행정·입법의 수평적·인적 권력분립 및 정부·의회 간 민주적 정당성의 양분으로 말미암아, 총선에 나타난 민의를 행정에 반영하는 것은 제한일 수밖에 없다. 아울러 ③의 측면에서 헌법개정을 통해 임기의 고정성을 파괴함으로써, 권위주의 장기집권체제에 이르게 될 위험성도 없지 않다(1948년 헌법과 1962년 헌법의 대통령제의 경우).

c. 책임성 : ①의 측면에서 행정부와 국민 지지의 직접적인 연결을 통해 책임성이 강화되며, ③과 ④의 측면에서, 단임제의 경우 대통령-정부에 대한 직접적인 책임추궁은 불가능하지만, 임기 종료 후의 대선이나 임기 중간의 총선에서 소속정당(후보)에 대한 간접적인 책임추궁은 가능하다.

d. 단기성·전문성 : ③의 측면에서 고정된 임기 내에 정책을 서둘러 마무리 지으려는 '결론의 욕망'(vouloir conclure)이 유인으로 작용한다. ①과 ②의 측면에서 직업정치인보다는 행정전문가의 입각이 원칙이므로(인사권은 정부의 고유권한임[정부구성의 독자성]), 전문행정의 요청이 책임정치의 요청보다 우선시 되는 정부형태이다.

e. 안정성 : ①과 ③의 측면에서 정부의 의회 비 의존 및 임기의 고정성은 대통령-정부의 일정 시간 집권을 보장함으로써 정치안정에 기여하게 된다(1962년 헌법에서 안정적 산업화를 위해 대통령제를 채택한 원인임).

f. 불안성 : ①과 ③의 측면에서 지지 기반을 달리하는 정부·의회의 민주적 정당성이 서로

대립·충돌하면 대통령-정부의 고정된 임기 내에서 달리 해결방법이 존재하지 않으며(내각불신임·의회해산 불인정), 이 경우 ④의 측면에서 강한 정당규율은 대통령이 의회의 입법지원을 설득해내는 데 심각한 장애요소로 작용하여, '분리된 정부'의 충돌 상황이 종당에는 정국교착(deadlock)을 초래할 수도 있다. ①과 ③의 측면에서 정부의 인사권에 대한 의회의 통제가 미약하므로(정부구성의 독자성), 고정된 임기 중 잦은 각료 교체(엽관인사)의 유인이 정치불안의 요인으로 작용할 수 있다.

[141] 대통령제에서의 '연정' 2005. 7. 28. 노무현 대통령은 '한나라당 주도의 대연정'을 공식 제안한 바 있다. 노 대통령은 당시 야당이었던 한나라당에 대해, 지역구도 타파를 위한 선거제도 개혁에 동의할 경우 행정권을 분점할 수 있다는 이른바 대연정론을 제시하면서, 그 구체적인 실현방안으로서 중·대선거구제 내지 독일식 비례대표제로의 선거법 개정을 주장한 것이다. 만일 노 대통령의 제안을 당시 한나라당이 받아들였다면 과연 성공할 수 있었겠는지, 정당제도와 선거제도 및 헌법상 정부형태와의 관계에서 검토해보자.

우선, 중·대선거구제를 도입한다고 정치의 지역구도가 곧 타파되지는 않는다. 정당 설립기준의 완화로 정당 유동성이 증대된 점을 감안하면(앞 [122] 참조), 오히려 지역정당의 분열(가령, 영남당A·영남당B, 호남당A·호남당B)이나 무소속 출마를 조장하는 결과를 초래할 것이다. 독일식 완전 비례대표제를 도입할 경우 정치의 지역구도는 해소되더라도, 그 대가로 정당의 분열이 가속되고(극단적 정치세력의 원내진출을 조장하게 됨) 의원의 정당기속이 강화되는 반대효과를 가져올 것이다. 이러한 결과는 대통령제 정부형태와 조화되기 어렵다. 정당분열은 '분리된 정부'의 등장을 상시화(常時化) 할 뿐 아니라, 정당기속을 강화함으로써 '소수당 정부'의 운영을 현저히 곤란하게 할 것이기 때문이다(앞 [90] 참조). 소수당의 내각 참여를 매개로 한 연정(coalition)은 독일 등 유럽대륙의 의원내각제에서 널리 관찰되는 합의제적 민주주의의 정국운영 방식으로서(앞 [131] 참조), 소수당에게 참정의 기회를 부여하고 행정부 내부에 견제·균형의 메커니즘을 작동시킨다는 장점을 지닌다. 그러나 국가원수이자 행정수반인 대통령 '직위의 유일성'(primus solus)을 전제로 하는 대통령제 정부형태의 다수제적 민주주의와는 와는 조화되기 어렵다. 그것은 정부구성(각료임명)에 있어 책임원리(의원내각제)와 능률원리(대통령제)의 장점을 모두 훼손하는 '열성교배종'이 될 위험성이 높다. 즉, 연정을 통해 일단 의회 내 다수세력을 형성한 후에는 타 정파를 배척하는 경향이 있으며, 행정부의 책임을 분산·악화시킬 뿐 아니라 국민의 정부선택의 식별가능성(identifiability)을 저하시키고, 무능한 각료라도 연정유지(의회 내 다수세력 확보)의 필요 때문에 그 해임이 곤란해진다는 것이다. 대체로 대통령제 정부형태에서 연정은 쉽게 깨지는 경향이 있다. 의원내각제의 연정이 대개 선거 직후 그 결과의 반영으로서 이루어지는 데 반해, 대통령제에서는 대개 선거 직전 득표 전략의 일환으로서 이루어진다(노 대통령도 지방선거 직전에 대연정을 제의했음). 그런데 각료의 인사권을 대통령이 행사하는 대통령제 정부형태(정부구성의 독자성)에서, 선거 전의 연정 약속은 선거 후에 그 이행을 보장받을 수 없기 때문이다(의원내각제의 경우 내각의 구성·존속이 의회 다수세력에 의존하나 대통령제에서는 원칙적으로 그러한 구속이 없음).

[142] 반대통령제 헌법 개정론의 문제점 국회의장 직속 헌법연구자문위원회 결과보고서(2009)와 헌법개정자문위원회 헌법개정안(2014)은 **프랑스형 반 대통령제(이원정부제) 정부형태로의 개헌방침**을 확정했다. 한편으로는 이른바 '제왕적 대통령제'(imperial presidency)에서 대통령 권한 편중의 병폐를 제거하고, 다른 한편으로는 '분리된 다수' 상황에서 대통령과 국회의 대립·충돌을 해결하는 방편으로서, 프랑스형 반 대통령제가 그 대안이 될 수 있다는 주장이 다수의 지지를 얻고 있다. 반 대통령제의 도입은 현행 대통령제의 문제점을 치유하는 데 적절한 대안이 될 것인가?

반 대통령제의 도입은 **헌법해석론과 헌법개정론의 두 측면에서 논의**해 볼 수 있다. 우선, **현행헌법의 대통령제**가 이른바 '여소야대' 정국에서 **반 대통령제식으로 해석·운용**될 수 있는지 검토되어야 한다. 1958년의 프랑스헌법은 수상에게 정부 책임자 지위를 부여한 반면("Le Premier ministre dirige l'action du Gouvernement."[§21①]), 현행헌법은 정부 수반의 지위를 국무총리가 아니라 대통령에게 부여했다(헌§66④·§86②). 또, 프랑스헌법은 대통령에게 국민투표부의권·국민의회해산권과 같은 소극적인 저지적 권한(pouvoir d'empêcher)을 산발적으로 규정한 반면, 현행헌법은 대통령에게 적극적이고 주도적인 권한들을 포괄적으로 부여하고 있다. 이러한 규범구조의 명시적 차이는 현행헌법을 반 대통령제적으로 해석·운용할 수 없도록 만드는 결정적 요인이다. 그렇다면, **현행헌법을 개정**하여 **반 대통령제 정부형태를 도입**하는 것은 헌법정책상 적절한 방안인지 검토해보자. 프랑스 특유의 헌법관습과 관용적·지성적 정치문화 아래에서만 실현 가능한 이 제도가 과연 우리 정치상황에 적합한지는 의문이다. 드골 대통령 이래 **대통령의 권위를 보장**하는 헌법관습 내지 실질적 헌법의 뿌리가 강고하다는 점(국제무대에서 프랑스의 권위를 대표하는 대통령), 그리고 동거정부(cohabitation)의 수상은 유력한 차기 대통령으로서 현 대통령의 권위를 가급적 보장한다는 점(수상도 나중에 권위 있는 대통령 지위를 누리고자 하므로)을 감안할 때, **'절제와 지성'**(modération et intelligence)이라는 프랑스 특유의 정치문화의 배경 없이, 단순한 제도이식만으로 "두 입으로 한 목소리를 내는" 반 대통령제의 운영이 쉽사리 가능할 것으로 보이지 않기 때문이다. 아울러 우리는 허약한 정당시스템과 강력한 대통령이야말로 반 대통령제를 실패로 이끄는 악성(惡性) 조합이 된다는 점을 명심할 필요가 있다. **파편화된 취약한 정당구조**(앞 [122] 참조) 하에서, 직선의 권위를 지닌 대통령이 국회해산권을 매개로 헌법상 약화된 권한을 회복하여 '제왕적 대통령'의 실권을 휘두르는, **'분리된 소수' 대통령의 입헌적 독재**라는 악몽이 현실화 될 위험조차 없지 않다는 것이다. 반 대통령제 정부형태는 의원내각제의 실패 경험을 반영하거나 대통령의 권한 강화를 위한 방안으로 채택된 사례는 있어도, 대통령제의 과도한 권력집중의 문제를 해결하기 위해 채택된 사례는 찾아보기 힘들다. 사회주의 체제전환이라는 특수한 사정을 채택 배경으로 하고, 또 EU 가입이라는 특수한 조건 하에서 그 민주적 작동이 가능했던, **동유럽 반 대통령제 국가**에서의 **일부 성공 경험**도 이를 섣불리 일반화해서는 안 될 것으로 본다.

[143] 양원제 헌법 개정론의 문제점 종래 학계에서는 **양원제 도입의 논거**로서 ① 정치의 지역구도 극복과 권력구조의 지방분권화, ② 국회 의사절차상 위헌·위법의 근절 필요성, ③ 통일친화적인 국가구조의 모색 등이 제시되었고, 그 **반대논거**로서 ① 상·하원의 상호 충돌상황의 문제, ② 양원제가 전제로 하는 연방제의 적실성 문제, ③ 추가되는 경제적 비용의 문제 등이 제시되었다. 헌법연구자문위원회 결과보고서(2009)는 양원제의 도입논거로서 ① 의회 내 상호견제를 통한 의안심의 과정의 신중성 제고, ② 상원을 통한 입법부·행정부의 극단적 대립상황 조정의 두 가지를 들고 있으며, 비록 최종연구결과로 채택되지는 않았지만 그 논의과정에서는 ③ 상원으로 하여금 '지역의 이익을 대표'하도록 한다는 관점도 상당히 강력했던 것으로 보인다. 그리하여 헌법개정자문위원회 헌법개정안(2014)은 **지역대표형 양원제를 도입하는 개헌방침**을 확정했다. 그 양원제 구상이 실현된다면 과연 어떤 정치적 효과를 가져다줄 것인가?

헌법연구자문위원회의 양원제 구상에는 다음과 같은 부작용들이 불가피하게 수반될 것이다. 우선, 우리 정치상황에서 대표성을 우대받게 될 지역이란 결국 인구밀도가 낮은 비수도권-농어촌지역이 될 수밖에 없고, 이는 장기적으로는 **상원에서 자유주의정당·보수정당의 과잉 대표**로 귀결될 가능성이 높다(앞 [134] 참조). 또한, 상원에서의 지역에 대한 과잉 대표를 인정할 경우, 한편으로는 하원에서의 선거구 간 인구편차(현재 선거구 평균인구수 기준 상하 $33\frac{1}{3}$%의 인구편차까지 용인됨[2012헌마192등])를 더욱 줄이는 계기가 되겠지만, 다른 한편으로는 **중앙-지방간 불공평한 재정이전**을 초래하거나 **소수자의 대표성을 약화**시킬(특히 연령적 소수자, 즉 수도권-도시지역 거주 청년층이 피해자가 될 가능성이 높음) 공산이 크다(앞 [134] 참조). 아울러, 우리 정당정치의 현실에서 상원을 장악하게 될 정치세력의 실체가 어떻게 구성될지도 짚어봐야 한다. 즉, 현재의 정치지형에서 상원은 정책정당 간 건전한 경쟁의 장으로 발전하기보다는, '지역 세력의 연합체'에 불과한 **지역정당 간의 대립구도가 증폭**된 형태로 재현될 뿐이리라 예측한다(앞 [134] 참조). 한편, 헌법연구자문위원회 결과보고서(2009)는 양원의 의사가 불일치할 때 "양원협의회에서 단일안을 만들"고 그렇지 못할 경우 "하원 재적의원 2/3 이상의 재의결로써 확정"하도록 했다. 이는 헌법개정자문위원회 헌법개정안(2014)의 양원합동회의 방식(안§74④⑤)에 비해 상원의 권한을 보장하는 형태여서 **상당히 강력한 양원제를 채택**한 것으로 볼 수 있다. 그러나 이처럼 강력한 양원제는 헌법연구자문위원회 결과보고서(2009)와 헌법개정자문위원회 헌법개정안(2014)이 공히 채택한 **반 대통령제(이원정부제) 정부형태**와는 비교헌법상 그다지 친화적이지 않다는 점 또한 지적되어야 할 것이다(앞 [134] 참조).

[144] 대통령-국회의원 임기불일치 조정 현행헌법에서는 대통령의 임기와 국회의원의 임기가 각각 5년(헌§70), 4년(헌§42)으로 서로 불일치하는 까닭에, 대선·총선을 기준으로 한 행정부와 입법부의 관계구조가 20년을 주기로 4유형(대통령)·5유형(국회)으로 순환하는 문제가 발생한다. 헌법을 개정하여 양자의 불일치를 조정한다고 했을 때, 어떤 헌법정책적인 방안이 가능하며, 각 방안은 어떤 정치적인 효과를 초래할 것인지 검토해보자.

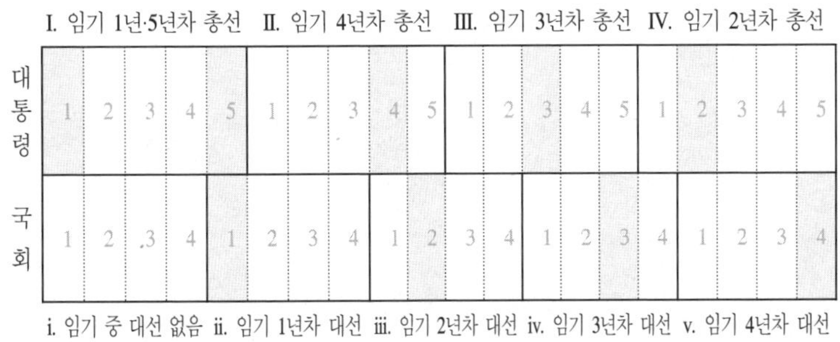

대통령제에서 대선 후 1년 이내에 치러지는 총선은 밀월선거(honeymoon election)라 하여, 집권당이 원내 다수당이 되는 경향이 있는 반면, 거꾸로 대선 전 1년 이내에 치러지는 총선은 역밀월선거(counter-honeymoon election)라 하여, 대선에 대비한 정당 간 제휴·연합의 시험무대가 될 수 있다고 한다. 그러나 대선 직후에 치러지는 총선에서 집권당이 이른바 동반당선효과(coattail effect)를 누릴 것이라는 가정은 불확실한 것이며, 대통령과 의회의 교차선거(staggered election)가 이른바 '분리된 다수'의 등장을 어느 정도 조장하는 것은 사실이지만, 대통령과 의회의 동시선거(concurrent election)가 반드시 '일치된 다수'의 등장을 보장하는 것도 아니라고 한다. 동시선거의 동반당선효과가 발휘되지 않았을 때, 교차선거의 경우와 달리, 대통령은 그 대부분의 임기를 '분리된 다수'의 상태로 보내야 한다. 나아가 오히려 교차선거 쪽이 대통령의 임기 중 국민의 의사를 반영할 수 있어 책임정치의 이념에 적합한 것이라는 의견도 있다. 기실, 이론적으로 보면 권력분립을 이상으로 하는 대통령제 정부형태에서는 '분리된 다수'란 견제와 균형의 메커니즘을 작동시켜주는 바람직한 상태일 수도 있다.

현행 1987년 헌법에서 대통령(5년 임기)과 국회의원(4년 임기) 선거주기의 불일치 문제는, 순전히 우연에 따라 대통령직의 차별(4개 유형)과 국회의원직의 차별(5개 유형)이 발생한다는 점에서, 가급적 이를 시정하는 편이 바람직하다. 그러나 대통령의 임기를 국회의원에 맞추어 4년으로 조정해야만 하는 것은 아니며, 거꾸로 국회의원의 임기를 대통령에 맞추어 5년으로 조정할 수도 있다. 미국에서처럼 정당규율이 약하고 자유투표(교차투표)가 보편화된 상황이라면 '분리된 다수'나 '일치된 다수'나 별반 차이가 없을 수 있지만, 우리처럼 대통령제 하에서 정당구조는 취약하되 **정당규율은 상당히 강력한 상황**이라면 **'분리된 다수'의 정국교착 위험성**은 무시하기 어려운 헌법정책적인 고려사항이 된다. 그렇다면, **대통령 중임제로의 변경**을 동반할 경우에는(대통령의 책임을 물을 수 있는 기회가 존재함), '분리된 다수'의 위험한 확률을 높이는 교차선거 방식을 반드시 채택할 필요는 없다. 그러나 현행처럼 **대통령 단임제를 유지**할 경우에는(대통령의 책임을 물을 수 있는 기회가 없음), 동시선거 방식의 '일치된 다수'의 불확실한 약속(대통령 임기 대부분을 '분리된 다수'로 보낼 위험을 수반하는)을 기대하느니, 차라리 임기 중에 총선을 통해 민의를 물을 수 있는 **교차선거 방식이 적절**할 것이다.

제8장 입법권과 국회·국회의원

I.

[145] 입법의 개념 입법권의 국회귀속 현행헌법 제40조는 "입법권은 국회에 속한다."라고 규정하여, 일반적이고(불특정 다수인 대상) 추상적인(불특정 다수 경우 규율) 법규범(광의의 실질적 입법)을 정립하는 작용은 원칙적으로 국회에 귀속된다는 것을 선언했다. 즉, **실질적 의미의 입법**에 관한 권한은 헌법에 별도 규정이 없는 한 원칙적으로 국회의 권한에 속하며(국회중심입법원칙), 이처럼 국회의 권한에 속하는 **형식적 의미의 법률**의 제·개정은 마찬가지로 헌법에 별도 규정이 없는 한 원칙적으로 국회가 단독으로 의결한다(국회단독의결원칙). 국민의 자유·권리를 제한하거나 의무를 부과하는 내용의 법규범(협의의 실질적 입법), 즉 **법규(Rechtssatz)사항**은 민주적 정당성을 갖춘 국민대표기관인 국회에서 정립하는 것이 **민주주의**의 요청에 부합할 뿐 아니라, 이를 일반적·추상적이고 명확한 법규범의 형식으로 정립하는 것이 예측가능성과 법적 안정성의 보장을 요체로 하는 **법치주의**의 요청에도 부합한다(헌§37②). 법규사항 이외에 헌법 또는 법률이 형식적 의미의 법률로써 규정하도록 한 **입법사항**(법률사항)도 형식적 의미의 법률의 내용에 포함된다. 오늘날 국가공동체의 본질적인 사항, 특히 기본권에 관한 본질적인 사항은 원칙적으로 국민대표기관인 의회에서 결정하도록 유보되어 있다(**본질성이론**에 따른 **의회유보원칙**)(앞 [75] 참조). 그러나 현행헌법 제40조의 국회중심입법원칙과 국회단독의결원칙은 광범한 예외를 허용하는 매우 느슨한 헌법원칙이다. 즉, **기능적 권력분립론**(앞 [72] 참조)의 관점에서 헌법은 헌법기관 사이에 입법기능을 합리적으로 분담시킴으로써 상호 견제·균형을 도모하고 있는 것이다. 그리하여 **국회중심입법원칙의 예외**로는 긴급입법(헌§76), 행정입법(헌§75·§95), 조약체결·비준(헌§73), 사법입법(헌§108·§113②), 자치입법(헌§117①), 선거관리·국민투표관리·정당사무입법(헌§114⑥) 등을 들 수 있으며, **국회단독의결원칙의 예외**로는 정부의 법률안제출(헌§52), 대통령의 법률안거부·확정법률공포(헌§53), 헌법재판소의 위헌법률심판(헌§111①1호) 등을 들 수 있다. 현행헌법상 국회가 단독으로 행사할 수 있는 실질적 입법사항으로는 헌법개정심

의·의결(헌§128①·§130①), 법률안심의·의결(헌§53), 조약체결·비준동의(헌§60①), 국회규칙 제정(헌§64①) 등이 있다.

[146] 의회주의 국회의 헌법상지위 **의회주의**(Parlamentarismus)란 국민의 대표기관인 의회를 중심으로 국정이 운영되는 헌법원리를 말한다. 즉, 민주적 선거를 통해 국민의 대표들로써 의회를 구성하고, 이들이 공개회의에서의 이성적 토론으로써 국가의 중요 정책을 심의하되, 참여의 보장을 전제로 한 다수결원리에 따라 최종적인 결정이 이루어져야 한다는 것이다. 그런데 오늘날 **행정국가·정당국가**의 현실에서 권력의 중심이 의회에서 행정부와 정당으로 넘어갔을 뿐 아니라, 사회가 복잡해지면서 의회 내 **이해의 갈등**이 첨예화되고, 여기에 회의체기관인 의회의 **의사진행상 비효율**까지 노정되는 등, 여러 요인들이 복합적으로 작용하여 **의회주의의 위기**를 초래하고 있다. 현행헌법은 1980년 헌법과 달리 '제3장 국회'를 '제4장 정부'의 앞에 배치했으나, 기실, 민주적 정당성의 양분을 요체로 하는 **대통령제 정부형태**에서, 의회의 헌법상 지위는 대통령을 수반으로 하는 행정부에 병렬적인 것이 될 수밖에 없다(국회의 최고기관성 부정). 일찍이 1948년의 건국헌법 제정에 즈음한 헌법초안 가운데 일본국헌법(§41)을 본떠 입법의원을 "국권의 최고기관"으로 규정한 조선임시약헌(1947)(§12)의 사례가 있었고, 임시정부 시기 대한민국임시헌장(1944)의 제정에 즈음해서도 의정원을 "민국의 최고권력기관"으로 규정하자는 제안이 있었으나, 우리 헌법사에서 국회의 최고기관성을 명문으로 규정한 적은 실제로 단 한 번도 없다. 현행헌법상 국회는 우선, **국민대표기관**으로서의 지위를 갖는다(국민과 국회는 무기속·자유위임의 정치적 대표관계에 있음). 대통령이 단일한 국가이익의 대표자(헌§66①)로서 '중립적 권력'을 의미한다면, 국회는 다원적 사회이익의 대표자로서 '당파적 권력'을 의미한다. 또한, 국회는 **입법기관**이자 **국정통제기관**으로서의 지위를 갖는다. 그러나 오늘날 행정국가화 경향으로 말미암아 입법의 중심은 의회에서 정부로 넘어가고 있으며, 정당국가화 경향으로 말미암아 의회의 정부통제기능도 현저히 약화되고 있다. 국회의 조직과 의사(議事), 권한 및 국회의원의 지위·특권 등에 관해서는 헌법 외에 **국회법**에서 상세한 규정을 두고 있다.

[147] 국회구성·운영 의사절차·정족수 현행헌법은 국회의 구성에 관해 단원제를 채택하면서, 국회의장·부의장(헌§48·국회§§9-20의2) 및 보통·평등·직접·비밀선거에 의해 선출되는 200인 이상의 국회의원(지역구국회의원과 비례대표국회의원)(헌§40·국회§§24-32)으로 이를 조직하도록 했다. 그 밖에 현행헌법은 국회의 위원회에 대한 근거규정도 두고 있는데(국무총리·국무위원·정부위원의 위원회 출석·발언 및 위원회의 국무총리·국무위원·정부위원에 대한 출석요구·질문[헌§62]), 국회법상 의안처리는 원칙적으로 '위원회 중심주의'에 의거하도록 했다(위원회 중심주의에 대해서는 후술 [153], [154] 참조). 또한, 국회법은 국회운영과 관련한 주요사항을 교섭단체(대표의원)(국회§33)와 협의하도록 함으로써 국회에 대한 정당의 지배를 강화하고 있다. 국회는 4년의 임기(입법기 또는 의회기) 내에서 정기회와 임시회의 회기별로 운영된다(헌§42·§47). 국회의 의사절차에는 의사공개의 원칙("국회의 회의는 공개한다. 다만, 출석의원 과반수의 찬성이 있거나 의장이 국가의 안전보장을 위하여 필요하다고 인정할 때에는 공개하지 아니할 수 있다."[헌§50①])이 적용된다(본회의공개[국회§75], 위원회공개[국회§71], 위원회방청[국회§55], 소위원회공개[국회§57⑤], 청문회공개[국회§65④], 회의록공개[국회§118], 의사중계방송[국회§149의2], 정보위원회비공개[국회§54의2①], 징계회의비공개[국회§158], 비공개회의록열람[국회§62]). 또, 동일 임기 내에서는 회기계속의 원칙("국회에 제출된 법률안 기타의 의안은 회기 중에 의결되지 못한 이유로 폐기되지 아니한다. 다만, 국회의원의 임기가 만료된 때에는 그러하지 아니하다."[헌§51])이 적용되며, 소수파의 의사방해를 막아 의사의 능률을 도모하기 위한 국회법상의 원칙으로서 일사부재의의 원칙("부결된 안건은 같은 회기 중에 다시 발의 또는 제출하지 못한다."[국회§92])도 적용된다. 의안은 다수결의 원칙("국회는 헌법 또는 법률에 특별한 규정이 없는 한 재적의원 과반수의 출석과 출석의원 과반수의 찬성으로 의결한다. 가부동수인 때에는 부결된 것으로 본다."[헌§49])에 따라 결정된다. 헌법은 본회의의 의결정족수(헌§49)만 규정했지만, 국회법은 본회의의 의사정족수(국회§73①)와 의결정족수(국회§109) 및 상임위원회의 의사정족수·의결정족수(국회§54)까지 규정했다. 그 밖에 현행헌법은 다양한 특별의결정족수도 규정했다(국회의원제명[헌§64③], 대통령탄핵소추의결[헌§65②], 헌법개정안의결[헌§130①], 법률안재의결[헌§53④], 국무총리·국무위원해임건의의결[헌§63②], 대통령탄핵소추발의[헌§65②], 일반탄핵소추의결[헌§65②], 계엄해제요구[헌§77⑤], 헌법개정안발의[헌§128①], 국무총리·국무위원해임건의발의[헌§63②], 일반탄

핵소추발의[헌§65②], 국회임시회집회요구[헌§47①] 등). 그러나 **과도한 가중다수결**은 소수가 거부권을 행사하여 다수의 의안가결을 저지하는 결과를 낳으므로 다수결의 원칙에 위배되는 모순을 초래하게 된다.

[148] 국회의 헌법상권한 국회의 헌법상 권한은 ① 입법에 관한 권한, ② 재정에 관한 권한, ③ 헌법기관구성에 관한 권한, ④ 국정통제에 관한 권한, ⑤ 의사와 내부규율에 관한 자율권 등으로 대별된다. **입법에 관한 권한**으로는 헌법개정심의·의결(헌§128①·§130①)과 법률안심의·의결(헌§53) 외에 국내법(법률)과 동일한 효력을 갖는 **조약**(헌§6①)에 대한 **체결·비준동의**(헌§60①)가 중요한 의미를 갖는다. **재정에 관한 권한**으로는 예산심의·확정(임시예산·추가경정예산)(헌§54·§56), 계속비의결 및 예비비의결과 그 지출승인(헌§55), 결산심사(헌§99·국회§84·§128의2), 기채동의 및 국가부담계약체결동의(헌§58) 등을 들 수 있다. 국가의 재정에 관한 사항이지만 세입·세출결산과 회계검사는 대통령 소속의 감사원 권한에 속하는데(헌§97), 이를 국회의 권한으로 이관해야 한다는 헌법정책 차원의 주장도 제기되고 있다. 국가의 재정에 관해서는 헌법 외에 **국가재정법**이 상세한 사항을 규정하고 있다. 그 밖에 국회의 재정에 관한 권한과 관련해서는 재정의 민주화와 재정에 관한 국회의결주의의 관점에서, 조세에 대한 헌법적 통제를 의미하는 **조세법률주의**(헌§59·§38)와 **조세평등주의**(헌§11①·§38) 및 **특별부담금**에 대한 헌법적 한계 문제가 중요한 의미를 갖는다. **헌법기관구성에 관한 권한**으로는 대통령선출(헌§67②), 헌법재판관선출(헌§111③), 중앙선거관리위원회위원선출(헌§114②), 국무총리임명동의(헌§86①), 대법원장·대법관임명동의(헌§104①②), 헌법재판소장임명동의(헌§111④), 감사원장임명동의(헌§98②) 등을 들 수 있다. 헌법재판관의 임명에 대통령·국회·대법원장이 동등 비율로 관여하도록 한 규정(헌§111②③)은 이태리헌법(§135)에서 유래한 것인데(그 헌법적 의의에 대해서는 앞 [10] 참조), 입법에 대한 위헌심사권을 행사하는 헌법재판관은 그 전원이 국회의 동의를 얻어 임명되어야 한다는 주장도 제기되고 있다. **국정통제에 관한 권한**으로는 탄핵소추(헌§65), 국정감사·조사(헌§61), 긴급재정경제처분·명령 및 긴급명령의 승인(헌§76③), 계엄해제요구(헌§77⑤), 외교·국방정책동의(헌§60), 일반사면동의(헌§79②), 국무총리·국무위원해임건의(헌§63), 국무총리·국무위원·정부위원 국회출

석요구·질문(헌§62②) 등을 들 수 있다. 탄핵소추 및 심판절차에 대해서는 헌법재판소법(4장2절)이, 국정감사·조사에 대해서는 「국정감사 및 조사에 관한 법률」(약칭 : 국감국조법)과 「국회에서의 증언·감정 등에 관한 법률」(약칭 : 국회증언감정법)이 각각 상세한 규정을 두고 있다. 국정통제에 해당하는 사항이지만 행정기관 및 공무원에 대한 직무감찰은 감사원의 권한에 속하는데(헌§97), 이 권한도 세입·세출결산 및 회계검사와 함께 국회에 이관해야 한다는 주장이 제기되고 있다. **국회의 자율권**으로는 국회규칙의 자율적 제정(헌§64①) 외에, 의사(議事)절차에 관한 자율권, 질서유지에 관한 자율권, 내부조직에 관한 자율권, 국회의원 신분에 관한 자율권(헌§64②③④) 등을 들 수 있다. 주로 **의사절차상의 하자**와 관련하여 그에 대한 사법적 통제의 한계 및 그 결의의 효력 여하가 국회의 자율권을 둘러싼 헌법적 문제로 논란되고 있다.

[149] 국회의원 헌법상지위 겸직금지와 특권 국회의원은 **국회의 구성원**(헌§41①)이자 **국민의 대표자**로서 선거인과는 무기속·자유위임의 정치적 대표관계에 있다(헌§7①·§45·§46②). 그러나 오늘날 정당국가에서 국회의원은 **정당의 대표자**로서 당론을 강제당하는 처지에 놓이게 된다. 양자의 지위가 충돌할 경우, 국회의원에게는 국익우선의 의무(헌§46②)가 부과되므로, 전자(국민대표자 지위)가 우선할 수밖에 없다. 국회법도 "의원은 국민의 대표자로서 소속정당의 의사에 기속되지 아니하고 양심에 따라 투표한다."(국회§114의2)라고 규정하여 이를 입법적으로 보장하고 있다(단, 헌법재판소는 무기속·자유위임에도 불구하고 정당 내부의 사실상 강제는 가능하다고 봄[2002헌라1]). 국회의원이 그 **당적을 변경**하거나 그 소속 **정당이 강제해산** 당한 경우 의원 지위의 유지 여부에 대해, 현행헌법은 1962년 헌법(62헌§38)과 달리 명문규정을 두고 있지 않으며, 공직선거법도 전국구(비례대표)국회의원의 당적 변경 경우(공선§192④) 외에는 명문규정을 두고 있지 않다. 결국, 대의제의 무기속·자유위임과 정당국가에서의 정당기속 중 어느 쪽을 우선할 것인지에 따라, 헌법규정의 부재에 대한 해석은 서로 달라질 수 있다고 본다(헌법재판소는 당적 변경의 경우는 명문규정이 없는 한 의원 지위를 유지하는 것[92헌마153]으로, 위헌정당해산의 경우는 명문규정의 부재에도 불구하고 의원 지위를 상실하는 것[2013헌다1]으로 판단함). 한편, **국회의원의 겸직** 인정 범위

에 대해 현행헌법은 "국회의원은 법률이 정하는 직을 겸할 수 없다."(헌§43)라고 규정하여 법률에 이를 위임했다. 2013. 8. 13.자 개정 국회법은 국무총리 또는 국무위원의 직, 공익 목적의 명예직, 다른 법률에서 의원이 임명·위촉되도록 정한 직, 정당법에 따른 정당의 직 이외에는 원칙적으로 국회의원의 겸직을 금지했다(국회§29). 아울러 국회의원이 그 직무 외에 영리를 목적으로 하는 업무에 종사하는 것까지 원칙적으로 금지했다(국회§29의2). 권력분립의 원칙상 이해충돌의 위험성을 방지하고, 국회의원의 직무전념성을 확보한다는 차원에서 그 입법목적의 정당성을 일단 인정할 수 있으나, 직업의 자유(헌§15)와 공무담임권(헌§25)에 대한 과도한 제한이 될 소지도 있으며, 국회의원의 전문성을 약화하는 부작용도 있을 수 있다(지방의회의원의 겸직금지에 대해서는 앞 [73], [113] 참조). 그 밖에 현행헌법은 국회의 기능을 확보하기 위한 국회의원의 특권으로서 **면책특권**(헌§45)과 **불체포특권**(헌§44)을 규정했다. 헌법상 평등원칙(헌§11①)에도 불구하고 국회의원에게만 예외적으로 인정되는 이러한 특권은, 최근, 그 제도남용으로 인한 **국회의원의 과잉보호**가 문제점으로 노정되어 학문적 또는 정치적 차원의 비판에 직면해 있다. 그리하여 해석적 방법 또는 입법적 방법으로 이들 특권을 제한하려는 노력이 다양하게 시도되고 있다.

II.

[150] 입법재량의 헌법적 한계 입법권은 일반적·추상적 법규범을 정립하는 권한일 뿐 아니라 민주적 정당성을 갖춘 국민대표기관에 의해 행사되는 권한인 까닭에, 그 입법내용의 형성에 있어서는 원칙적으로 **입법자의 재량권**이 널리 인정된다. 그러나 입법자의 입법내용 형성의 재량(입법재량권·입법형성권)은, 무엇보다도, 의회유보를 내포하는 법률유보의 원칙, 법률의 일반성(및 추상성)의 원칙, 포괄위임금지(수권입법의 명확성) 및 명확성의 원칙, 비례성 또는 과잉금지의 원칙, 합리성 또는 자의금지의 원칙, 법률의 체계정당성의 원칙, 소급입법금지 및 신뢰보호의 원칙 등 제 헌법원칙을 준수해야 한다는 한계를 갖는다(앞 [67], [75], [76] 참조). **비례성 또는 과잉금지원칙**은 기본권제한의 합헌성 판단에서 엄격한 심사기준으

로 흔히 적용된다. 그러나 이 비례성 또는 과잉금지원칙의 구체적 판단에서, 입법재량이 폭넓게 인정되는 사항이라면, 헌법재판소는 그 **하부원칙을 완화해서 적용**하기도 한다. 대개, 피해의 최소성을 완화해서 판단한 사례가 많으나(2012헌마287)(앞 [99] 참조), 수단의 적정성을 완화해서 판단한 사례도 있다(2004헌마456)(앞 [96] 참조). 특히, **사회적 연관성과 기능**이 큰 영역의 기본권제한은 그 규제에서 입법자의 재량이 폭넓게 인정되므로(89헌마214등·2003헌바18·2003헌마930·2005헌바101), 비례성 또는 과잉금지원칙의 판단에도 완화된 심사기준이 적용(경제규제입법의 경우)되는데(2001헌바71·2006헌바86·2008헌마581·2010헌마219), 이때 피해의 최소성 판단은 **명백성통제**(입법자의 판단이 현저히 잘못된 경우에만 통제)에 그친다고 본 사례도 있다(99헌바76등). 그 밖에 비례성 또는 과잉금지원칙 중 피해의 최소성을 완화하여 판단한 사례로는 **상업광고에 대한 규제**의 경우를 들 수 있다(2003헌가3).

헌재 2002. 10. 31. 99헌바76등 : "기본권을 제한하는 법률의 위헌성 여부가 미래에 나타날 법률 효과에 달려 있다면, 헌법재판소가 과연 어느 정도로 이에 관한 입법자의 예측판단을 심사할 수 있으며, 입법자의 불확실한 예측판단을 자신의 예측판단으로 대체할 수 있는 것일까? … 법률이 개인의 핵심적 자유영역(생명권, 신체의 자유, 직업선택의 자유 등)을 침해하는 경우 이러한 자유에 대한 보호는 더욱 강화되어야 하므로, 입법자는 입법의 동기가 된 구체적 위험이나 공익의 존재 및 법률에 의하여 입법목적이 달성될 수 있다는 구체적 인과관계를 헌법재판소가 납득하게끔 소명·입증해야 할 책임을 진다고 할 것이다. 반면에, 개인이 기본권의 행사를 통하여 일반적으로 타인과 사회적 연관관계에 놓여지는 경제적 활동을 규제하는 사회·경제정책적 법률을 제정함에 있어서는 입법자에게 보다 광범위한 형성권이 인정되므로, 이 경우 입법자의 예측판단이나 평가가 명백히 반박될 수 있는가 아니면 현저하게 잘못되었는가 하는 것만을 심사하는 것이 타당하다고 본다. 이러한 한계까지는 입법자가 무엇을 공익으로 보는가, 공익을 어떠한 방법으로 실현하려고 하는가는 입법자의 형성권에 맡겨져야 한다. … 의료인은 의료공급자로서의 기능을 담당하고 있고, 의료소비자인 전국민의 생명권과 건강권의 실질적 보장이 의료기관의 의료행위에 의존하고 있으므로, '의료행위'의 사회적 기능이나 사회적 연관성의 비중은 매우 크다고 할 수 있다. 이러한 관점에서 볼 때, '국가가 계약지정제를 택하더라도 입법목적을 똑같이 효율적으로 달성할 수 있기 때문에 강제지정제를 택한 것은 최소침해의 원칙에 반하는가.'에 대한 판단은 '입법자의 판단이 현저하게 잘못되었는가.'하는 명백성의 통제에 그치는 것이 타당하다고 본다."

헌재 2005. 10. 27. 2003헌가3 : "상업광고는 표현의 자유의 보호영역에 속하지만 사상이나 지식에 관한 정치적, 시민적 표현행위와는 차이가 있고, 한편 직업수행의 자유의 보호영역에 속하지만 인격발현과 개성신장에 미치는 효과가 중대한 것은 아니다. 그러므로 상업광고 규제에 관한 비례의 원칙 심사에 있어서 '피해의 최소성' 원칙은 같은 목적을 달성하기 위하여 달리 덜 제약적인 수단이 없을 것인지 혹은 입법목적을 달성하기 위하여 필요한 최소한의 제한인지를 심사하기보다는 '입법목적을 달성하기 위하여 필요한 범위 내의 것인지'를 심사하는 정도로 완화되는 것이 상당하다. … 이 사건 조항이 의료인의 기능(技能), 즉 의료행위를 할 수 있는 기술적인 능력이나 재능 및 진료방법, 즉 진찰과 치료방법에 대한 광고를 일률적으로 금지하고 있는 것은 그러한 규제를 달성하기 위한 필요한 범위를 넘어선 것이다. … 이 사건 조항이 의료인의 기능과 진료방법에 대한 광고를 금지하고 이에 대하여 벌금형에 처하도록 한 것은 입법목적을 달성하기 위하여 필요한 범위를 넘어선 것이므로, '피해의 최소성' 원칙에 위반된다."

[151] 합리성·자의금지 (완화된 심사기준) **합리성 또는 자의금지원칙**은 기본권제한의 합헌성 판단에서 입법재량이 폭넓게 인정되는 사항에 대한 완화된 심사기준으로 종종 적용된다. 헌법재판소는 **절차적 기본권**인 재판청구권의 경우, 제도적 보장의 성격이 강하여 광범한 입법형성권이 인정되므로, 관련 법률에 대해서는 완화된 심사기준인 합리성 내지 자의금지원칙이 적용된다고 본다(2003헌가7·2006헌마99)(앞 [111] 참조). 또한, **평등원칙 위반**(평등권 침해) 여부의 심사에서도 민주주의와 권력분립의 관점에서 원칙상 완화된 심사기준인 합리성 내지 자의금지원칙이 적용된다고 본다(90헌마110등)(앞 [72] 참조). 그 밖에 보상·지원 등 **수혜적 조치**에서의 차별(99헌바81등·2003헌마841·2006헌바35·2006헌마87·2009헌바111·2011헌바228·2013헌바419)이라든가, 직업수행의 자유에서의 차별(2000헌바84)이나 **사회적 기본권**(근로권·사회보장수급권)에서의 차별(2004헌마670·2014헌바254), 기탁금 반환기준 및 선거비용 보전기준에서의 차별(2010헌마542·2008헌마491·2010헌바232), 선거운동 주체의 차별(2010헌마259등·2011헌마267) 기타 **입법재량이 폭넓게 인정**되는 사항에서의 차별(고소권[2008헌바56], 친고죄고소취소시점[2008헌바40], 중혼취소청구권자[2009헌가8], 연금지급요건[2008헌바128], 공무원임용결격[2009헌바122], 시험장선정[2011헌마782등] 등)에는 완화된 심사기준인 합리성 내지 자의금지원칙이 적용된다고 본다. 한편, 법률의 일반성·추상성이 문제되는 **개인대상법률·개별사건법률** 내지 **처분법률**(처분적 법률)(89헌마32등)의 경우에도 헌법재판소는 평등원칙 위반 여부에 따라 그 위헌 여부를 판단하는데(96헌가2등·99헌마613·2003헌마841·2007헌마1468)(앞 [75] 참조), 차별적인 수혜조치(2003헌마841)나 특별검사에 관한 사항(2007헌마1468) 등 입법재량이 폭넓게 인정되는 경우라면 완화된 심사기준을 적용한다.

헌재 1989. 12. 18. 89헌마32등 : "국가보위입법회의법 부칙 제4항 후단이 규정하고 있는 '… 그 소속공무원은 이 법에 의한 후임자가 임명될 때까지 그 직을 가진다.'라는 내용은 행정집행이나 사법재판을 매개로 하지 아니하고 직접 국민에게 권리나 의무를 발생하게 하는 법률, 즉 법률이 직접 자동집행력을 갖는 처분적 법률의 예에 해당하는 것이며 … 공무원에게 귀책사유의 유무를 불문하고 면직시키는 것으로 규정하고 있기 때문에 헌법상 보장되고 있는 공무원의 신분보장규정(구 헌법 제6조 제2항, 헌법 제7조 제2항)과의 관계에서 그 위헌 여부가 문제되는 것 … 이는 결국 임기 만료되거나 정년 시까지는 그 신분이 보장된다는 직업공무원제도의 본질적 내용을 침해하는 것으로서 헌법에서 보장하고 있는 공무원의 신분 보장 규정에 정면으로 위반된(다). … 위 법률이 제정될 당시에 이미 공무원의 신분을 취득하여 이를 보유하고 있는 청구인들에게 적용되었던 것으로서 이는 실질적으로 소급입법에 의한 공무원의 신분보장규정 침해라고 할 것이다."

헌재 2001. 2. 22. 99헌마613 : "이 사건 폐지법은 세무대학설치의 법적 근거로 제정된 기존의 세무대학설치법을 폐지함으로써 세무대학을 폐교하는 법적 효과를 발생하는 것이므로, 동법은 세무대학과 그 폐지만을 규율목적으로 삼는 처분법률의 형식을 띤다. 그러나 이와 같은 처분법률의 형식은 폐지대상인 세무대학설치법 자체가 이미 처분법률에 해당하는 것이므로, 이를 폐지하는 법률도 당연히 그에 상응하여 처분법률의 형식을 띨 수밖에 없는 필연적 현상이다. 한편 어떤 법률이 개별사건법률 또는 처분법률의 성격을 띠고 있다고 해서 그것만으로 헌법에 위반되는 것은 아니다. 따라서 아래에서 보는 바와 같이 정부의 조직 및 기능 조정을 위해 세무대학을 폐지해야 할 합리적 이유가 있는 것이므로 이 사건 폐지법은 그 처분법률의 성격에도 불구하고 헌법적으로 정당하다 할 것이다."

헌재 2005. 6. 30. 2003헌마841 : "연합뉴스사를 주무관청인 문화관광부장관의 지정절차도 거치지 아니하고 바로 법률로써 국가기간뉴스통신사로 지정하고 … 정부의 예산으로 재정지원을 할 수 있는 법적 근거를 법률로써 창설 … '개인대상법률'으로서 처분적 법률에 해당한다. … 심판대상조항이 일반국민을 그 규율의 대상으로 하지 아니하고 특정 개인만을 그 대상으로 한다고 하더라도 이러한 차별적 규율이 합리적인 이유로 정당화되는 경우에는 허용된다고 할 것이다. … 뉴스통신사의 권한을 제한하거나 새로이 의무를 부과하는 것이 아니라 국내 뉴스통신시장의 진흥을 위하여 뉴스통신사에 대한 재정지원 등 혜택을 부여하는 것을 내용으로 하는 시혜적 법률의 경우에는 그 입법형성권의 범위가 더욱 넓어진다고 하겠다. … 연합뉴스사를 국가기간뉴스통신사로 지정하고 이에 대하여 재정지원 등 여러가지 혜택을 부여한 심판대상조항에는 수긍할 만한 합리적인 이유가 있다고 할 것이므로, 이를 두고 평등원칙에 어긋나는 자의적 차별이라고 하기는 어렵다."

헌재 2008. 1. 10. 2007헌마1468 : "우리 헌법은 처분적 법률로서의 개인대상법률 또는 개별사건법률의 정의를 따로 두고 있지 않음은 물론, 이러한 처분적 법률의 제정을 금하는 명문의 규정도 두고 있지 않으므로 특정한 규범이 개인대상 또는 개별사건법률에 해당한다고 하여 그것만으로 바로 헌법에 위반되는 것은 아니다. 다만 이러한 법률이 일반국민을 그 규율대상으로 하지 아니하고 특정 개인이나 사건만을 대상으로 함으로써 차별이 발생하는바, 그 차별적 규율이 합리적인 이유로 정당화되는 경우에는 허용된다고 할 것이다(헌재 1996. 2. 16. 96헌가2등, 헌재 2001. 2. 22. 99헌마613, 헌재 2005. 6. 30. 2003헌마841등 참조). … 특별검사제도를 인정할지 여부는 물론, 특정 사건에 대하여 특별검사에 의한 수사를 실시할 것인지 여부, 특별검사에 의한 수사대상을 어느 범위로 할 것인지는, 국민을 대표하는 국회가 … 제반 사정을 고려하여 결정할 문제로서, 그 판단에는 본질적으로 국회의 폭넓은 재량이 인정된다고 보아야 할 것이다. 따라서 특별검사제도에 관한 국회의 결정이 명백히 자의적이거나 현저히 부당한 것으로 인정되지 않는 한 존중되어야 할 것인바 … 국회가 여러 사정을 고려하여 이 사건 법률 제2조가 규정하고 있는 사안들에 대하여 특별검사에 의한 수사를 실시하도록 한 것이 명백히 자의적이거나 현저히 부당한 것이라고 단정하기 어렵다."

[152] 법률제정절차 현행헌법 제52조·제53조는 **법률제정절차**에 대해 규정했다. 즉, 그것은 ① 국회의원 또는 정부의 법률안 **제출**(헌§52) → ② 국회의 법률안 **심의·의결**(재적의원 과반수의 출석과 출석의원 과반수의 찬성[헌§49]) → ③ 의결된 법률안의 **정부이송**(헌§53①) → ④ 이송 후 15일 이내 대통령의 **공포**(헌§53①) 또는 그 전부에 대한 무수정 **재의요구**(환부거부)(헌§53②③) → ⑤ 이송 후 공포·재의요구 없이 15일 경과(헌§53⑤) 또는 국회의 재의결(재적의원 과반수의 출석과 출석의원 2/3 이상의 찬성[헌§53④])로 법률로서 **확정** → ⑥ 대통령의 지체 없는 **공포**(헌§53⑥1문) 또는 확정(헌§53⑤)·이송(헌§53④) 후 5일 이내 국회의장의 **공포**(헌§53⑥2문) → ⑦ 20일 경과 후 **발효**(헌§53⑦)의 순서로 진행된다. 1948년 헌법은 일부거부·수정거부의 금지를 규정하지 않았고, 재의결 정족수도 '재적의원 3분지 2 이상의 출석과 출석의원 3분지 2 이상의 찬성'으로 했으며, 국회의장의 공포권도 규정하지 않았으나(48헌§40), 1962년 헌법에서 현행헌법과 동일한 내용으로 개정되었다(62헌§49). 우선, 법률안의 제출과 관련하여, 국회법은 **국회의원 10인** 이상의 찬성으로 법률안을 제출할 수 있으며(국회§79①), **위원회**도 그 소관사항에 대해 위원장 명의로 법률안을 제출할 수 있도록 했다(국회§51). 법률안의 수정동의에는 국회의원 30인 이상의 찬성을 요한다(예산안 수정동의는 국회의원 50인 이상의 찬성을 요함)(국회§95①). 헌법재판소는 대통령의 법률안제출행위나 국회의 법률안의결은 헌법소원심판의 대상인 **공권력의 행사**에 해당하지 않으며(92헌마174·2003헌마566)(앞 [9] 참조), 정부의 법률안제출행위는 권한쟁의심판의 대상인 **처분**에도 해당하지 않는다고 한다(2004헌라3)(앞 [16] 참조). 또, 국회법 제95조 제1항의 **수정안**이란 원안과의 동일성이 인정되는 범위 내에서 제출된 것만 의미하지는 않는다고 넓게 해석한다(2005헌라6).

헌재 2006. 2. 23. 2005헌라6 : "국회법상 수정안의 범위에 대한 어떠한 제한도 규정되어 있지 않은 점과 국회법 규정에 따른 문언의 의미상 수정이란 원안에 대하여 다른 의사를 가하는 것으로 새로 추가·삭제 또는 변경하는 것을 모두 포함하는 개념이라는 점에 비추어, 어떠한 의안으로 인하여 원안이 본래의 취지를 잃고 전혀 다른 의미로 변경되는 정도에까지 이르지 않는다면 이를 국회법상의 수정안에 해당하는 것으로 보아 의안을 처리할 수 있는 것으로 볼 수 있다. … 위와 같이 국회법 제95조상의 수정의 개념을 폭넓게 보는 해석이 가능하다면 복수차관제와 일부청의 차관급 격상을 내용으로 하는 정부조직법 개정안에 대한 수정안인 방위사업청 신설을 내용으로 하는 의안(이하 '이 사건 수정안'이라 한다)을 국회의장이 적법한 수정안에 해당하는 것으로 보고 의안을 처리하였다 하더라도 이를 명백히 법률에 위반된다고 할 수는 없다. [재판관 권성·송인준·주선회의 인용의견] 국회법상 '수정안'은 원안과 동일성이 인정되는 범위 안에서 제출된 경우에만 수정안으로 볼 수 있다. … 수정은 추가·삭제·변경 등 원안을 손질하여 고치는 것이므로 원안의 기본적인 내용을 변경하지 않는 범위 내에서 이루어져야 한다. … 이 사건 수정안은 이 사건 원안과 전혀 다른 별개의 의안으로서 국회법상의 수정안으로 볼 수 없다."

[153] 국회법의 법률안(안건)처리절차 국회에 제출된 법률안은 소관 상임위원회에 회부되어(국회§81) 그 심사를 먼저 거치게 되며(국회§58), 이어 법제사법위원회의 체계·자구심사를 거쳐(국회§86) 소관 상임위원회의 결정에 따라 본회의에 부의되거나 폐기된다(국회§87). 국회법은 위원회 회부 법률안에 대한 국회의장의 본회의 '직권상정'을 억제하기 위해, 천재지변·국가비상사태 이외에 국회의장이 각 교섭단체대표의원과 합의하는 경우에만 위원회에서의 심사기간을 지정할 수 있도록 했다(국회§85). 동시에, 위원회에 회부된 법률안은 재적의원 5분의 3 이상의 찬성 또는 소관위원회 재적위원 5분의 3 이상의 찬성으로 이를 신속처리대상안건으로 지정할 수 있으며(국회§85의2①), 또한 소관위원회 재적위원 5분의 3 이상의 찬성으로 법제사법위원회에 대해 본회의 부의요구를 의결할 수 있으며(국회§86③), 본회의에 부의된 법률안은 재적의원 5분의 3 이상의 찬성으로 그에 대한 무제한토론을 종결시킬 수 있도록 했다(국회§106의2⑥). 한편, 헌법재판소는 신속처리대상안건 지정요구동의의 정족수 요건(국회§85의2①)이 구비되지 않았다는 이유로 소관위원회 위원장이 그 표결실시를 거부한 행위 및 심사기간 지정요건(국회§85①)이 구비되지 않았다는 이유로 국회의장이 그 지정을 거부한 행위에 대해 모두 소관위원회 위원 또는 국회의원의 심의·표결권을 침해할 가능성이 없다고 보았다(2015헌라1). 또, 본회의의 안건심의에 있어서 제안자의 취지 설명(국회§93)은 컴퓨터 단말기(2006헌라2)나 e-의안시스템 입력

(2009헌라8등)으로 대체할 수 있지만, 의원의 질의·토론신청이 없었다(2006헌라2)면 몰라도, 질의·토론신청 여부를 아예 확인조차 않거나(2009헌라8등)거나 질의·토론신청이 있었음에도 이를 무시한 채(2009헌라7) 질의·토론절차를 생략했다면 이는 심의·표결권의 침해라고 보았다.

헌재 2016. 5. 26. 2015헌라1 : "소관위원회 재적위원 과반수의 서명이라는 신속처리대상안건 지정요건을 갖춘 신속처리안건지정동의가 소관위원회 위원장에게 제출되어야 … (소속) 위원들도 비로소 신속처리안건지정동의를 표결할 권한을 가지게 (된다). … 재적위원 과반수에 못 미치는 11명의 위원이 서명한 신속처리안건지정동의를 피청구인 기재위 위원장에게 제출 … 이 사건 표결실시 거부행위로 인하여 청구인의 신속처리안건지정동의에 대한 표결권이 직접 침해당할 가능성은 없다. … 국회법 제85조의2 제1항 중 재적위원 5분의 3 이상의 찬성을 요하는 부분이 위헌으로 선언되더라도 … 이 사건 표결실시 거부행위의 효력에는 아무런 영향도 미칠 수 없다. … 국회법 제85조 제1항에 따르면 국회의장은 심사기간 지정사유가 있더라도 얼마든지 자신의 직권상정권한을 행사하지 않을 수 있으므로, 국회의장이 해당 법안을 직권상정하지 않는 경우에는 통상적인 입법절차를 통해, 즉 상임위원회의 전체회의에서 재적위원 과반수의 출석과 출석위원 과반수의 찬성으로 의결하여(국회법 제54조, 제58조), 본회의에 부의되고 상정된 법안에 대하여 법률안 심의·표결권을 행사할 수 있을 뿐인 것이다. 그러므로 이 사건 심사기간 지정 거부행위로 말미암아 청구인들의 법률안 심의·표결권이 직접 침해당할 가능성은 없다고 할 것이다."

헌재 2008. 4. 24. 2006헌라2 : "국회법 제93조는 '위원회의 심의를 거치지 아니한 안건에 대해서는 제안자가 그 취지를 설명하도록' 정하고 있으나, 그러한 취지 설명의 방식에는 제한이 없고 제안자가 발언대에서 구두설명을 하지 않더라도 서면이나 컴퓨터 단말기에 의한 설명 등으로 이를 대체할 수 있으므로, 발언대의 마이크를 사용하기 어려울 만큼 소란스러운 상황에서 피청구인이 제안자의 취지 설명을 컴퓨터 단말기로 대체하도록 한 것이 국회법 제93조를 위반하였다고 할 수 없다. 또한, 의사진행 방해로 의안상정·제안설명 등 의사진행이 정상적으로 이루어지지 못하고 질의신청을 하는 의원도 없는 상황에서 피청구인이 '질의신청 유무'에 대한 언급 없이 단지 '토론신청이 없으므로 바로 표결하겠다.'라고 한 행위가 위원회 심의를 거치지 않은 안건에 대하여 질의·토론을 거치도록 정한 국회법 제93조에 위반하여 청구인 국회의원들의 심의·표결권을 침해할 정도에 이르렀다고는 보기 어렵다."

헌재 2009. 10. 29. 2009헌라8등 : "안건의 제안취지 설명 절차가 위법하여 국회의원의 심의·표결권을 침해하였는지 여부(소극) [재판관 이강국·이공현·조대현의 적법의견] 이 사건에서 국회의원들이 실제로 신문법 수정안을 표결할 때에는 법률안의 취지와 내용을 알 수 있는 상태에 있었으므로, 신문법 수정안에 대한 제안취지의 설명은 이루어졌다고 볼 것이다. [재판관 민형기·이동흡·목영준의 적법의견] 신문법 수정안이 표결개시 선언될 때 e-의안시스템에 입력되었을 뿐 아직 회의진행시스템에 입력되지 아니한 절차적 흠결이 있다. 그러나 청구인들이 e-의안시스템에 의하여도 신문법 수정안의 내용을 파악할 수 있었고, 표결이 실질적으로 개시되기 전에 의안이 회의진행시스템에 입력된 이상, 회의장의 질서가 극도로 문란하였던 상황에서 피청구인이 위와 같은 제안취지 설명을 유효한 것으로 보고 표결절차를 진행한 것은 국회의장의 자율적 의사진행권한범위를 벗어나지 아니하였다. … 질의·토론절차가 위법하여 국회의원의 심의·표결권을 침해하였는지 여부(적극) [재판관 이강국·조대현·김희옥·송두환의 위법의견] 국회의 심의절차는 의회주의 이념을 기초로 하는 국회 입법절차의 본질적인 부분이다. … 국회법 제93조도 … 특히 위원회의 심사를 거치지 아니한 안건에 대하여는 본회의의 의결에 의하여도 질의·토론절차를 생략할 수 없도록 함 … 피청구인이 청구인들에게 신문법 수정안에 대한 질의·토론신청을 할 수 있는 기회를 사전에 부여하였다고 볼 수 없으므로, 이러한 상태에서 질의·토론절차를 생략한 피청구인의 의사진행은 국회법 제93조를 위배하여 청구인들의 심의·표결권을 침해한 것이다. [재판관 김종대·이동흡의 위법의견] 국회의장이 질의·토론신청이 있었는지 여부를 확인하거나 이를 언급도 하지 아니한 채 질의·토론을 생략하고 곧바로 표결처리에 나아가는 의사진행은 국회의장의 의사진행 권한의 한계를 넘어 청구인들의 질의·토론의 기회를 봉쇄하는 것으로서 정당화될 수 없으므로, 청구인들의 심의·표결권을 침해한 것이다."

헌재 2011. 8. 30. 2009헌라7 : "위원회의 심사를 거친 안건이지만 청구인으로부터 적법한 반대토론 신청이 있었으므로 원칙적으로 피청구인이 그 반대토론 절차를 생략하기 위해서는 반드시 본회의 의결을 거쳐야 할 것인데(국회법 제93조 단서), 피청구인은 청구인의 반대토론 신청이 적법하게 이루어졌음에도 이를 허가하지 않고 나아가 토론절차를 생략하기 위한 의결을 거치지도 않은 채 이 사건 법률안들에 대한 표결절차를 진행하였으므로, 이는 국회법 제93조 단서를 위반하여 청구인의 법률안 심의·표결권을 침해하였다."

[154] 의회주의, 자유위임, 의장·부의장·위원회 **의회주의**에 대해 헌법재판소는 "민주적으로 선거된 국회에서 다수결로 국가의 중요정책을 결정하고 입법을 행하는 제도"라고 정의하면서(96헌마97), **국회의 자율권**도 "의회주의사상에 뿌리를 두"고 있는 것으로 보며(2002헌라1), **긴급재정경제명령**은 "의회주의에 중대한 침해"가 될 수 있으므로 그 발동요건이 엄격히 해석되어야 한다고 했다(93헌마186)(앞 [44] 참조). 또, 권한쟁의심판에서 **제3자 소송담당**을 부정하는 논거로 의회주의를 제시하기도 하며(2005헌라8·2006헌라5·2011헌라2·2013헌라3)(앞 [15], [139] 참조), **위임입법의 법리**의 헌법적 근거로서 의회주의를 제시하기도 한다(행정입법 내용의 정당성과 수권 법률 위임의 적법성은 무관)(93헌바2·96헌바18등·2004헌바79·2008헌바34·2009헌바145등). 헌법재판소는 국민대표기관으로서 국회의 구성원인 국회의원은 **무기속·자유위임**하에 있는 것으로 보며, 위헌정당해산과 같은 비상상황이 아닌 한 그 국민대표성 내지 자유위임성은 유지되는 것으로 본다(92헌마153·96헌마186·2013헌다1)(앞 [94], [101] 참조). 그런데 헌법재판소는 대통령제와 조화되기 어려운 강한 정당규율을 조장하거나

(2002헌라1), 대통령제의 압박에 취약한 연성의 정당구조를 조장하는(92헌마153) 입장을 취함으로써, 오늘날 **정당국가적인 현실**에 기인한 **의회주의의 위기**를 증폭시키는 결과를 야기하고 있다(앞 [71], [94], [118], [122], [132], [140] 참조). 국회의 구성과 관련하여 헌법재판소는 국회의 원 구성 지연(96헌마207)이라든가 상임위원회 위원선임(98헌마472등)은 헌법소원심판의 대상이 되지 않는 것으로 본다. 또한, 헌법재판소는 **국회의장**의 헌법상 국가기관으로서의 지위를 인정하면서, 상임위원회 위원 선임·개선은 국회의장의 의사정리권한에 속하는 사항이라고 했다(2002헌라1). 그리고 법률안 가결선포권한은 국회의장에게 있으므로, 이를 대리했을 뿐 법적 책임이 없는 **국회부의장**은 권한쟁의심판의 피청구인적격이 없다고 했다(2009헌라8등)(앞 [15] 참조). 헌법재판소는 우리나라 국회의 의안심의는 **'위원회 중심주의'**를 채택하고 있어, 상임위원회의 구성과 활동 여하가 국회의 업적과 성패를 좌우한다고 보았다(2002헌라1). 따라서 상임위원회의 심사권은 법률상 부여된 위원회의 고유한 권한이므로, 상임위원회에서의 위원의 심의권 침해를 이유로 한 권한쟁의심판의 피청구인적격은 국회의장이 아니라 상임위원회 위원장에게 있다고 한다(2008헌라7등)(앞 [15] 참조). **교섭단체**는 정당국가에서 의원의 정당기속을 강화하는 수단으로 기능하지만(2002헌라1), 대의제 민주주의의 취지상 국회운영 관련 주요사항은 교섭단체(대표의원)보다는 **국회운영위원회**와 협의하도록 하는 것이 입법론 상으로는 훨씬 바람직하다. 헌법재판소도 국회의장이 효율적인 회의진행을 위해 교섭단체대표의원과의 협의를 거치지 않고 **의사일정을 변경**한 것은 국회법 위반이 아니라고 설시한 바 있다(2006헌라2).

> 헌재 1996. 11. 28. 96헌마207 : "국회는 국민의 선거에 의하여 선출된 국회의원을 그 본질적 요소로 하는 합의체기관이고, 이러한 국회를 기본요소로 하는 의회주의는 민주적으로 선거된 국회에서 다수결로 국가의 중요정책을 결정하고 입법을 행하는 제도를 의미한다. 따라서 국회가 그 직무를 수행하기 위하여는 먼저 적절한 원 구성이 이루어져야 하며, 헌법 제48조는 그 최소한도의 구성원리로서 의장 1인과 부의장 2인을 선출하도록 하고 있고, 국회법은 구체적으로 그 선출방법과 아울러 선출시기를 국회의원총선거후의 경우 국회의원 임기개시후 7일에 집회되는 최초의 임시회의 집회일로 정하고 있다(국회법 제15조 제2항, 제5조 제2항). 따라서 제15대 국회의원의 경우 1996. 5. 30. 임기가 개시되었으므로 6. 5. 의장과 부의장의 선거가 행하여져야 하는데 7. 4.에 이르러서야 의장과 부의장이 선출되고 원 구성이 이루어졌다. … 국회법에 규정된 시한 내에 의장과 부의장을 선출하지 않는 등 국회의 원 구성

을 하지 않은 것만으로는 청구인들이 주장하는 바와 같이 행복추구권 등 헌법상 보장된 청구인들의 기본권이 침해받을 여지가 없다고 할 것이므로 청구인들로서는 헌법소원심판을 청구할 수 없는 것이다."

헌재 1996. 6. 26. 93헌바2 : "위임입법의 법리는 헌법의 근본원리인 권력분립주의와 의회주의 내지 법치주의에 바탕을 두는 것이기 때문에 행정부에서 제정된 대통령령에서 규정한 내용이 정당한 것인지 여부와 위임의 적법성은 직접적인 관계가 없다. 즉, 이 사건 심판대상조항의 위임에 따라 대통령령으로 규정한 내용이 헌법에 위반될 경우라도 그 대통령령의 규정이 위헌으로 되는 것은 별론으로 하고, 그로 인하여 정당하고 적법하게 입법권을 위임한 수권법률인 이 사건 심판대상까지도 위헌으로 되는 것은 아니라고 할 것이(다)."

헌재 1998. 10. 29. 96헌마186 : "국민주권주의를 규정한 헌법 제1조 제2항, 국회의 구성에 관한 헌법 제41조 제1항으로부터 국회구성권을 도출해 내고서 여기에는 국회의 정당간의 의석분포를 결정할 권리, 즉 '국회구도결정권'도 포함되는 것으로 논리를 펴고 있다. … 헌법의 기본원리인 대의제 민주주의 하에서 국회의원선거권이란 것은 국회의원을 보통·평등·직접·비밀선거에 의하여 국민의 대표자인 국회의원을 선출하는 권리에 그치고, 개별 유권자 혹은 집단으로서의 국민의 의사를 선출된 국회의원이 그대로 대리하여 줄 것을 요구할 수 있는 권리까지 포함하는 것은 아니다. 또한 대의제도에 있어서 국민과 국회의원은 명령적 위임관계에 있는 것이 아니라 자유위임관계에 있기 때문에 일단 선출된 후에는 국회의원은 국민의 의사와 관계없이 독자적인 양식과 판단에 따라 정책결정에 임할 수 있다. … '국회구성권'이란 유권자가 설정한 국회의석분포에 국회의원들을 기속시키고자 하는 것이고, 이러한 내용의 '국회구성권'이라는 것은 오늘날 이해되고 있는 대의제도의 본질에 반하는 것이므로 헌법상 인정될 여지가 없다."

헌재 2014. 12. 19. 2013헌다1 : "국회의원의 국민대표성과 정당기속성 (1) 국회의원은 어느 누구의 지시나 간섭을 받지 않고 국가이익을 우선하여 자신의 양심에 따라 직무를 행하는 국민 전체의 대표자로서 활동을 하는 한편(헌법 제46조 제2항 참조), 현대 정당민주주의의 발전과 더불어 현실적으로 소속정당의 공천을 받아 소속정당의 지원이나 배경 아래 당선되고 당원의 한 사람으로서 사실상 정치의사 형성에 대한 정당의 규율이나 당론 등에 영향을 받아 정당의 이념을 대변하는 지위도 함께 가지게 되었다. (2) 공직선거법 제192조 제4항은 비례대표 국회의원에 대하여 소속정당의 '해산' 등 이외의 사유로 당적을 이탈하는 경우 퇴직된다고 규정하고 있는데, 이 규정의 의미는 정당이 스스로 해산하는 경우에 비례대표 국회의원은 퇴직되지 않는다는 것으로서, 국회의원의 국민대표성과 정당기속성 사이의 긴장관계를 적절하게 조화시켜 규율하고 있다. … 헌법을 수호한다는 방어적 민주주의 관점에서 … 국회의원의 국민대표성은 부득이 희생될 수밖에 없다. … 국회의원이 헌법기관으로서 정당기속과 무관하게 국민의 자유위임에 따라 정치활동을 할 수 있는 것은 헌법의 테두리 안에서 우리 헌법이 추구하는 민주적 기본질서를 존중하고 실현하는 경우에만 가능한 것."

헌재 1999. 6. 24. 98헌마472등 : "이 사건 헌법소원의 경우, 피청구인은 1998. 8. 23. 국회의원

김병태와 그 밖의 9인의 국회의원(의료 및 제약업체의 사업주 등 겸직)을 국회 보건복지위원회 위원으로, 같은 날 국회의원 김허남(전직 사립학교재단의 이사장)을, 같은 해 9. 11. 국회의원 정희경(전직 사립학교재단의 이사장)을 국회 교육위원회 위원으로 각 선임하였던 바, 이러한 선임행위는 국회법 제48조에 근거한 행위로서 국회 내부의 조직을 구성하는 행위에 불과할 뿐 국민의 권리의무에 대하여 직접적인 법률효과를 발생시키는 행위라고 할 수 없다. 즉, 피청구인이 지적하고 있듯이 국회의원을 위원으로 선임하는 행위는 국민의 대표자로 구성된 국회가 그 자율권에 근거하여 내부적으로 회의체 기관을 구성·조직하는 '기관 내부의 행위'에 불과한 것이다. 따라서 피청구인의 이 사건 선임행위는 그 자체가 국회 내부의 조직구성행위로서 국민에 대하여 어떠한 직접적인 법률효과를 발생시키지 않기 때문에 이로 인하여 청구인들의 기본권이 현재 직접 침해되고 있다고 할 수 없다."

헌재 2003. 10. 30. 2002헌라1 : "국회의장은 헌법 제48조에 따라 국회에서 선출되는 헌법상의 국가기관이다. 헌법과 법률에 의하여 국회를 대표하고 의사를 정리하며, 질서를 유지하고 사무를 감독할 지위에 있고(국회법 제10조), 이러한 지위에서 본회의 개의일시의 변경, 의사일정의 작성과 변경, 의안의 상정, 의안의 가결선포 등의 권한을 행사한다(헌재 1997. 7. 16. 96헌라2). 이 사건과 같은 상임위원의 선임 또는 개선은 이와 같은 국회의장의 직무 중 의사정리권한(議事整理權限)에 속하는 것이다."

헌재 2003. 10. 30. 2002헌라1 : "상임위원회(Standing Committee)를 포함한 위원회는 의원 가운데서 소수의 위원을 선임하여 구성되는 국회의 내부기관인 동시에 본회의의 심의 전에 회부된 안건을 심사하거나 그 소관에 속하는 의안을 입안하는 국회의 합의제기관이다. 위원회의 역할은 국회의 예비적 심사기관으로서 회부된 안건을 심사하고 그 결과를 본회의에 보고하여 본회의의 판단자료를 제공하는 데 있다. 우리나라 국회의 법률안 심의는 본회의 중심주의가 아닌 소관 상임위원회 중심으로 이루어진다. 소관 상임위원회에서 심사·의결된 내용을 본회의에서는 거의 그대로 통과시키는 이른바 '위원회 중심주의'를 채택하고 있는 것이다(헌재 2000. 2. 24. 99헌라1). 오늘날 의회의 기능에는 국민대표기능, 입법기능, 정부감독기능, 재정에 관한 기능 등이 포함된다. 의회가 이러한 본연의 기능을 수행함에 있어서는 국민대표로 구성된 의원 전원에 의하여 운영되는 것이 이상적일 것이나, 의원 전원이 장기간의 회기동안 고도의 기술적이고 복잡 다양한 내용의 방대한 안건을 다루기에는 능력과 시간상의 제약이 따른다. 이러한 한계를 극복하기 위한 방안으로 위원회제도가 창설된 것이다. 그리하여 상임위원회의 구성과 활동은 의회의 업적과 성패를 실질적으로 결정짓는 변수가 되고 있다고 평가되고 있다. … (국회)법 제48조 제1항은 국회 내 상임위원회의 구성에 관하여 '상임위원은 교섭단체 소속의원수의 비율에 의하여 각 교섭단체대표의원의 요청으로 의장이 선임 및 개선한다.'고 규정하고 있다."

헌재 2003. 10. 30. 2002헌라1 : "교섭단체(Negotiation Group)는 원칙적으로 국회에 일정 수 이상의 의석을 가진 정당에 소속된 의원들로 구성되는 원내의 정당 또는 정파를 말한다. 정당은 국민의 정치적 의사형성을 목적으로 하는 국민의 자발적 조직이다. 따라서 원내에 의석을 확보한 정당은 정당의 정강정책을 소속의원을 통하여 최대한 국정에 반영하고 소속의

원으로 하여금 의정활동을 효율적으로 할 수 있도록 권고·통제할 필요가 있다. 법은 국회에 20인 이상의 소속의원을 가진 정당은 하나의 교섭단체가 되며, 국회 내 상임위원회의 구성은 교섭단체 소속의원수의 비율에 의하여 각 교섭단체대표의원의 요청으로 의장이 선임 및 개선한다고 규정하고 있어(제33조 제1항, 제48조 제1항), 국회운영에 있어 교섭단체의 역할을 제도적으로 보장하고 있다. 교섭단체는 정당국가에서 의원의 정당기속을 강화하는 하나의 수단으로 기능할 뿐만 아니라 정당소속 의원들의 원내 행동통일을 기함으로써 정당의 정책을 의안심의에서 최대한으로 반영하기 위한 기능도 갖는다."

헌재 2008. 4. 24. 2006헌라2 : "국회법상 '협의'의 개념은 의견을 교환하고 수렴하는 절차라는 성질상 다양한 방식으로 이루어질 수 있고, 그에 대한 판단과 결정은 종국적으로 국회의장에게 맡겨져 있다. 피청구인 국회의장은 장내소란으로 국회법에 따른 정상적인 의사진행을 기대하기 어려운 상황에서 효율적인 회의진행을 위하여 의사일정 제5항이던 사립학교법 중 개정 법률안을 제일 먼저 상정하여 심의할 필요가 있다고 판단한 점, 사립학교법 중 개정 법률안의 상정 자체에 반대하던 한나라당 대표의원과의 협의는 실질적인 의미가 없는 상황이었던 점, 당시 회의록에 의하면 한나라당 의원들을 포함하여 274명의 의원들이 본회의장에 출석하고 있는 것으로 기재되어 있으므로 의사일정을 변경하더라도 그 자체로 국회의원들의 심의·표결에 지장이 있었다고 보기 어려운 점 등을 고려해 볼 때, 피청구인이 한나라당 대표의원과 직접 협의 없이 의사일정순서를 변경하였다고 하여 국회법 제77조 위반으로 보기 어렵다."

[155] 의사공개, 다수결, 일사부재의 국회 의사절차에 관한 기본원칙 중 **의사공개의 원칙**에 대해 헌법재판소는 방청 및 보도의 자유와 중계방송의 자유 및 회의록 열람·공표의 자유를 내용으로 하는바, 이는 국민의 기본권으로서 **알 권리**의 한 내용을 이루며, 오늘날 위원회 중심주의에서는 **위원회**(상임위원회별로 실시되는 국정감사 포함)의 회의도 당연히 공개되어야 하는 것으로 본다(98헌마443등·2007헌바17·2008헌라7등). 그러나 위원회의 위원장은 회의의 질서유지를 위해 필요한 경우 **방청을 불허**할 수 있으며, 그에 대한 위원장의 판단에는 국회의 자율권 존중의 차원에서 폭넓은 재량이 인정된다고 본다(98헌마443등). 또, 소위원회 회의의 공개 여부는 소위원회 또는 소위원회가 속한 위원회에서 스스로 결정할 수 있으며(98헌마443등), 국회법에서 **소위원회의 비공개 요건**을 헌법의 규정(헌§50①단서)과 동등한 수준으로 정한 것은 위헌의 소지가 발생하지 않는다고 본다(2007헌바17). 헌법재판소는 **회의장을 폐쇄**하여 외통위 위원인 소수당 국회의원의 출입을 불가능하게 한 상태에서, 동 위원장이 회의를 개의하여 안건을 상정·회부한 행위는 의사공개의 원칙을 위반하여 위원들

의 심의권을 침해한 것이라고 결정했다(2008헌라7등). 한편, **다수결의 원칙**을 위반한 **의사절차상의 하자**에 대해 헌법재판소는, 종래, 국회 내 부분기관인 국회의원이나 교섭단체의 권한쟁의심판 당사자능력을 부정했고(90헌라1), 국회의원의 심의·표결권 등 침해를 이유로 헌법소원심판을 청구할 수도 없다고 했다(90헌마125). 그러나 이후 헌법재판소는 선례를 변경하여 국회의원과 국회의장 등 국회 내 부분기관의 권한쟁의심판 당사자능력을 인정했고(96헌라2)(앞 [15] 참조), 이에 따라, 소수파 의원들을 배제한 다수파 의원의 의안 단독 처리는 헌법과 국회법의 다수결의 원칙에 반하여 **국회의원의 심의·표결권**(96헌라2) **혹은 심의권**(2008헌라7등)**을 침해**한 것이라고 결정했다(앞 [70] 참조). 또한, 표결의 자유와 공정이 현저히 저해된 경우에도 다수결의 원칙 위반으로 인한 국회의원의 표결권 침해를 인정한다(2009헌라8등). 그 밖에 헌법재판소는 재적의원 과반수의 출석에 미달한 경우에도 일단 의사는 부결로 확정된 것이므로, 이를 재 표결에 부치는 것은 **일사부재의 원칙에 위배되는 표결권의 침해**(2009헌라8등)라고 보았다. 다만, 의사절차상 의사공개 원칙 위반이나 다수결 원칙 위반 혹은 일사부재의 원칙 위반 등의 하자가 있더라도, 국회의 자율권을 존중하는 취지에서 당해 의결 자체의 취소나 무효 확인은 인용하지 않았다(96헌라2·2008헌라7등·2009헌라8등·2009헌라7)(앞 [16] 참조).

헌재 2000. 6. 29. 98헌마443등 : "헌법 제50조 제1항은 '국회의 회의는 공개한다.'라고 하여 의사공개의 원칙을 규정하고 있다. … 의사공개의 원칙은 방청 및 보도의 자유와 회의록의 공표를 그 내용으로 하는데 … 오늘날 국회 기능의 중점이 본회의에서 위원회로 옮겨져 위원회 중심주의로 운영되고 있고, 법안 등의 의안에 대한 실질적인 심의가 위원회에서 이루어지고 있음은 주지의 사실인바, 헌법 제50조 제1항이 천명하고 있는 의사공개의 원칙은 위원회의 회의에도 당연히 적용되는 것으로 보아야 한다. 의사공개에 관한 국회법의 규정 또한 이러한 헌법원칙을 반영하고 있다. 국회법 제75조 제1항은 … 본회의 공개원칙을, 동법 제65조 제4항은 … 위원회에서 개최하는 청문회 공개원칙을 분명히 밝히고 있으며, 국회법 제71조는 본회의에 관한 규정을 위원회에 대하여 준용하도록 규정하고 있다. … 국회법 제55조 제1항은 '위원회에서는 의원이 아닌 자는 위원장의 허가를 받아 방청할 수 있다'고 규정하고 있는바, 이는 … 위원회의 공개원칙을 전제로 한 것이다. … 위원장이 방청을 불허하는 결정을 할 수 있는 사유란 회의장의 장소적 제약으로 불가피한 경우, 회의의 원활한 진행을 위하여 필요한 경우 등 결국 회의의 질서유지를 위하여 필요한 경우로 제한된다고 할 것이다. 이와 달리 국회법 제55조 제1항을 위원장에게 아무런 사유의 제한 없이 방청을 불허할 수 있는 재량권을 부여한 것으로 풀이한다면 헌법과 국회법에서 정한 위원회 공개의

원칙이 공동화되어 부당하다. 이와 같이 방청불허를 할 수 있는 사유 자체는 제한적이지만 그러한 사유가 구비되었는지에 관한 판단, 즉 회의의 질서유지를 위하여 방청을 금지할 필요성이 있는지에 관한 판단은 국회의 자율권 존중의 차원에서 위원장에게 폭넓은 판단재량을 인정하여야 할 것이다. … 국회 회의의 공개 여부에 관하여 회의 구성원의 자율적 판단을 허용하는 헌법의 취지에 따라, (예산결산특별위원회 계수조정)소위원회 회의의 공개 여부 또한 소위원회 또는 소위원회가 속한 위원회에서 … 여러 가지 사정을 종합하여 합리적으로 결정할 수 있다 할 것이다. … 국정감사를 공개로 하는 경우에도 위원장은 국회법 제55조에 따라, 즉 국정감사의 원활한 운영 등 질서유지를 위하여 필요한 때에는 국민의 방청을 불허할 수 있다. … 국정감사가 소관 상임위원회별로 실시되는 이상 국정감사에 관하여도 위원회에 관한 국회법 제55조가 적용된다고 할 것이기 때문이다."

헌재 2009. 9. 24. 2007헌바17 : "국회 의사공개의 원칙은 대의민주주의 정치에 있어서 공공정보의 공개를 통해 국정에 대한 국민의 참여도를 높이고 국정운영의 투명성을 확보하기 위하여 필요불가결한 요소이다. 이 같은 헌법규정의 취지를 고려하면, 국민은 헌법상 보장된 알 권리의 한 내용으로서 국회에 대하여 입법과정의 공개를 요구할 권리를 가(진다). … 다만, 의사공개의 원칙 및 알 권리 역시 절대적인 것이 아니고 헌법유보 조항인 헌법 제21조 제4항과 일반적 법률유보 조항인 헌법 제37조 제2항에 의하여 제한될 수 있음은 물론이며 … 헌법 제50조 제1항 단서에서 … 의사공개의 원칙에 대하여 예외를 둔 것은 의사공개의 원칙 및 알 권리에 대한 헌법유보에 해당한다. 동항 단서에서는 '출석의원 과반수의 찬성'에 의한 회의 비공개의 경우에 그 비공개 사유에 대하여는 아무런 제한을 두지 아니하여 의사의 공개 여부에 관한 국회의 재량을 인정하고 있다. … 국회법 제57조 제5항 본문에서 '소위원회의 회의는 공개한다.'라고 규정한 것은 헌법 제50조 제1항 본문에서 천명한 국회 의사공개의 원칙을 확인한 것에 불과하다 할 것이다. … 국회법 제57조 제5항 단서는 … 소위원회 고유의 자율권을 따로이 부여한 조문이 아니라 국회 의사공개의 원칙 및 알 권리에 대한 헌법유보에 해당하는 헌법 제50조 제1항 단서의 취지를 소위원회의 경우에도 그대로 반영한 것에 불과하(다). … 국회법 제54조는 위원회의 의결은 재적위원 과반수의 출석과 출석위원 과반수의 찬성으로 함을 규정하고 있고, 이 규정은 국회법 제57조 제7항에 의하여 소위원회에 준용되므로, 소위원회의 비공개 의결에는 출석위원 과반수의 찬성이라는 절차적 요건이 충족되어야 하며, 이는 국회 회의의 비공개 의결에 출석의원 과반수의 찬성을 요하도록 절차적 통제를 가한 헌법의 규정과 궤를 같이하는 것이라고 볼 수 있다. … 국회법 제57조 제5항 단서는 회의 비공개의 사유 및 절차 등 요건을 헌법이 규정한 비공개 요건에 비하여 더 완화시키고 있는 것이 아니므로, 기본권을 법률로서 제한할 때 문제되는 과잉금지의 원칙에 어긋난다고 볼 여지가 없다. … 소위원회 회의의 비공개 요건을 … 국회법 제57조 제5항 단서와 같이 헌법의 규정과 동등한 수준으로 규정하는 것은 위헌의 소지가 발생하지 않는다고 보아야 할 것이다."

헌재 2010. 12. 28. 2008헌라7등 : "헌법 제50조 제1항은 … 의사공개의 원칙을 천명하고 있고, 이를 받아 국회법 제75조 제1항도 '본회의는 공개한다. 다만, 의장의 제의 또는 의원 10

인 이상의 연서에 의한 동의로 본회의의 의결이 있거나 의장이 각 교섭단체대표의원과 협의하여 국가의 안전보장을 위하여 필요하다고 인정할 때에는 공개하지 아니할 수 있다.'고 규정하고 있다. 국회법 제71조에 따라 국회법 제75조 제1항은 상임위원회에도 준용된다. … 의사공개의 원칙은 구체적으로는 방청의 자유, 보도의 자유, 중계방송의 자유, 회의록 열람·공표의 자유 등을 포함한다(국회법 제149조, 제149조의 2 참조). 의사공개의 구체적 실현을 위하여 국회 의사의 중계방송제도를 도입하고 있다. 다만, 의장은 방청권을 발행하여 방청을 허가하며, 질서유지를 위하여 방청인 수를 제한하거나 퇴장명령을 내릴 수 있다(국회법 제152조, 제154조). … 1) 이 사건에서, 피청구인(외통위 위원장)은 회의가 시작되기 훨씬 전 … 회의장의 출입문을 폐쇄하고 내부에 책상 등으로 바리케이드를 설치하게 함으로써 외통위 위원인 소수당 국회의원의 출입까지 불가능하게 한 상태에서 이 사건 회의를 개의하여 이 사건 상정·회부행위를 하였는바, 이는 의사공개의 원칙에 위배된다 하겠다. 2) 나아가, 이 사건 회의는 비공개를 위한 요건과 절차도 갖추지 아니하였다. 상임위원회 본회의를 공개하지 아니하려면 국회법 제75조 제1항 단서에 따라 상임위원회의 의결이 있거나 국가안전보장의 필요성에서 위원장과 교섭단체위원이 협의하여야 하는데, 이 사건에서 회의의 비공개를 위한 의결이나 교섭단체의 협의가 있었음을 인정할 아무런 증거가 없다. 3) 따라서, 이 사건 상정·회부행위는 공개되지 않은 회의에서 이루어진 것이므로 의사공개의 원칙을 규정한 헌법 제50조 제1항 및 이를 구체화한 국회법 제75조 제1항에 위배 … 하여 청구인(외통위 위원)들의 이 사건 동의안에 대한 심의권을 침해하였다고 할 것이다."

헌재 2009. 10. 29. 2009헌라8등 : "표결절차에서, 표결의 자유와 공정이 현저히 저해되고 그로 인하여 표결 결과의 정당성에 영향을 미쳤을 개연성이 있는지 여부 및 다수결의 원칙에 위배되어 국회의원의 표결권을 침해하였는지 여부(적극) [재판관 이강국·이공현·조대현·김희옥·송두환의 위법의견] 헌법 제49조가 천명한 다수결의 원칙은 국회의 의사결정 과정의 합리성 내지 정당성이 확보될 것을 전제로 한 것이고, 국회의원의 법률안 표결권은 국회의 구성원으로서 자신과 다른 국회의원의 표결권이 모두 정당하게 행사되고 확인되는 과정을 거쳐 국회의 최종 의사로 확정되는 국회입법권의 근본적인 구성요소이다. 따라서 법률안에 대한 표결의 자유와 공정이 현저히 저해되고 이로 인하여 표결결과의 정당성에 영향을 미칠 개연성이 인정되는 경우라면, 그러한 표결절차는 헌법 제49조 및 국회법 제109조가 규정한 다수결 원칙의 대전제에 반하는 것으로서 국회의원의 법률안 표결권을 침해한다. 신문법 수정안 표결 전후의 무질서하였던 회의장 상황 및 현행 전자투표방식의 맹점 등을 고려할 때, 피청구인으로서는 표결과정에서 요구되는 최소한의 질서를 확보하고 위법한 투표행위나 투표방해 행위를 제지하는 등의 조치를 취하였어야 함에도 그러지 못한 결과, 신문법 수정안에 대한 표결 과정에 권한 없는 자에 의한 임의의 투표행위, 위법한 무권 또는 대리투표행위로 의심받을 만한 여러 행위, 투표방해 또는 반대투표행위 등 정상적인 절차에서 나타날 수 없는 투표행위가 다수 확인되는바, 신문법 수정안에 대한 표결절차는 자유와 공정이 현저히 저해되었다. 신문법 수정안 표결 전후 상황, 위법의 의심이 있는 투표행위의 횟수 및 정도 등을 종합하면, 신문법 수정안의 표결결과는 극도로 무질서한 상황에서 발생한 위법한 투표행위, 정당한 표결권행사에 의한 것인지를 객관적으로 가릴 수 없는 다수의 투표행위들이 그대로 반영된 것으로서, 표결과정의 현저한 무질서와 불합리 내지 불공정이 표결결과의 정당성에 영향을 미쳤을 개연성이 있다. 결국, 피청구인의 신문법안 가결선포행위는 헌법 제49조 및 국회법 제109조의 다수결 원칙에 위배되어 청구인들의 표결권을 침해한 것이다."

헌재 2009. 10. 29. 2009헌라8등 : "[재판관 조대현·김종대·민형기·목영준·송두환의 위법의견] 헌법 제49조 및 국회법 제109조는 의결정족수에 관하여 일부 다른 입법례와는 달리, 의결을 위한 출석정족수와 찬성정족수를 병렬적으로 규정하고 있고, '재적의원 과반수의 출석'과 '출석의원의 과반수의 찬성'이라는 규정의 성격이나 흠결의 효력을 별도로 구분하여 규정하고 있지 아니하다. 국회의원이 특정 의안에 반대하는 경우 회의장에 출석하여 반대 투표하는 방법뿐만 아니라 회의에 불출석하는 방법으로도 반대의사를 표시할 수 있으므로, '재적의원 과반수의 출석'과 '출석의원 과반수의 찬성'의 요건이 국회의 의결에 대하여 가지는 의미나 효력을 달리 할 이유가 없다. 전자투표에 의한 표결의 경우 국회의장의 투표종료선언에 의하여 투표결과가 집계됨으로써 안건에 대한 표결절차는 실질적으로 종료되므로, 투표의 집계결과 출석의원 과반수의 찬성에 미달한 경우는 물론 재적의원 과반수의 출석에 미달한 경우에도 국회의 의사는 부결로 확정되었다고 볼 수밖에 없다. 결국 방송법 수정안에 대한 1차 투표가 종료되어 재적의원 과반수의 출석에 미달되었음이 확인된 이상, 방송법 수정안에 대한 국회의 의사는 부결로 확정되었다고 보아야 하므로, 피청구인이 이를 무시하고 재 표결을 실시하여 그 표결 결과에 따라 방송법안의 가결을 선포한 행위는 일사부재의 원칙(국회법 제92조)에 위배하여 청구인들의 표결권을 침해한 것이다."

헌재 2009. 10. 29. 2009헌라8등 : "[재판관 이강국·이공현·김희옥·이동흡의 적법의견] 헌법 제49조 및 국회법 제109조의 '재적의원 과반수의 출석'이라는 의결정족수는 국회의 의결을 유효하게 성립시키기 위한 전제요건인 의결능력에 관한 규정으로서, '출석의원 과반수의 찬성'이라는 다수결 원칙을 선언한 의결방법에 관한 규정과는 그 법적 성격이 구분된다. 따라서 의결정족수에 미달한 국회의 의결은 유효하게 성립한 의결로 취급할 수 없다. 국회에서의 실무관행도 이와 같고, 의결정족수를 국회의 의결을 유효하게 성립시키기 위한 전제요건으로 보는 것은 비교법적으로도 공통된 것으로서, 이렇게 보지 않을 경우 소수의 국회의원만이 참석한 상태에서의 표결도 가능하고 이때에는 굳이 투표결과를 확인할 필요도 없이 부결이 된다는 결론에 이르게 되어 대의민주주의의 원리에도 부합하지 않는다. 따라서 방송법 수정안에 대한 투표가 종료된 결과 재적의원 과반수의 출석이라는 의결정족수에 미달된 이상, 방송법 수정안에 대한 국회의 의결이 유효하게 성립되었다고 할 수 없으므로, 피청구인이 방송법 수정안에 대한 재 표결을 실시하여 그 결과에 따라 방송법안의 가결을 선포한 것이 일사부재의 원칙에 위배된다고 할 수 없다."

[156] 조약체결·비준 동의권 조약의 체결에 대해서는 그것이 외국과의 협상이라는 측면에서는 전문성을 갖춘 행정부가 이를 주도케 하는 것이 적절하겠지만, 반면 그것이 국내법으로서의 효력을 갖는다는 점(헌§6①)에서, 그리고 오늘날에는 국제적

사항이 국내에 곧 영향을 미친다는 점에서, 입법부의 관여를 어느 정도 인정하지 않을 수 없다. 현행헌법은 대외적 대표권을 갖는 국가원수(헌§66①), 즉 대통령에게 조약체결·비준권을 우선 부여하고(헌§73), 동시에 그것이 국민의 자유·권리에 영향을 미친다는 점(헌§37②)을 고려하여, 국민대표기관이자 국정통제기관인 국회에게 일정한 조약의 체결·비준에 대해 **소극적 통제권으로서 동의권**(헌§60①)을 부여했다(2006헌라5[별개의견])(앞 [34] 참조). 즉, 대외적 대표권을 갖는 대통령에게 조약을 둘러싼 협상의 주도권이 인정되는 이상, 국회는 헌법 제60조 제1항에 **열거된 조약에 한해**(2006헌라4) 소극적 동의권을 행사할 뿐이다. 구체적인 법적 권리·의무를 창설하는 내용이 없는 **공동성명**(주한미군 전략적 유연성 존중)(2006헌라4) 혹은 당사자 간 법적 구속력을 인정할 수 없는 **신사협정**(쌀 관세화 유예 관련 합의문)(2005헌라8[별개의견])은 국회의 조약체결·비준동의의 대상이 아니다. 헌법재판소는 **남북합의서**는 일종의 공동성명 또는 신사협정에 준하는 성격을 가질 뿐이어서, 국가간의 조약 또는 이에 준하는 것으로 국내법과 동일한 효력을 인정할 수 없다고 보았다(92헌바6등)(앞 [57], [59] 참조). 「**주둔군지위협정**(SOFA)」(대한민국과 아메리카합중국 간의 상호방위조약 제4조에 의한 시설과 구역 및 대한민국에서의 합중국 군대의 지위에 관한 협정)은 미국에서는 그 체결에 상원의 동의를 요하지 않는 행정협정(executive agreement)이지만, 현행헌법상으로는 국회의 동의를 요하는 조약이다(97헌가14). 국회의 **동의를 요하는 시기**는 "조약문이 확정되어 기속적 동의표시가 요청되기 이전"(2006헌라5[별개의견]), 즉 정식조약은 대통령의 서명 후 비준 이전, 약식조약(비준을 거치지 않음)은 가서명 후 정식서명 이전의 시점이다. 국회의 동의는 **조약의 효력발생요건**이지만, 국회의 동의가 대통령의 비준(또는 정식서명)을 강제할 수는 없다. 또, 국회는 **조약에 대한 수정동의권**은 갖지 않는다고 본다. 조약체결·비준의 과정에서 상대방과의 신뢰성을 지킬 필요가 있을 뿐 아니라, 국회는 조약체결·비준에 대한 적극적 참여권이 아니라 소극적 통제권을 갖는 데 불과하기 때문이다. 국회의 동의를 거친 후 대통령의 비준(또는 정식서명)까지 완료하여 최종 공포된 조약은 국내법과 동일한 효력을 가지며(헌§6①), 따라서 위헌법률심판의 대상이 될 수 있다(2000헌바20). **조약의 종료**에 대해서는 국회의 동의를 요하지 않으며 대외적 대표권을 갖는 대통령이 이를 단독으로 결정할 수 있다. 대통령이 헌법

제60조 제1항에 열거된 조약의 체결·비준에 국회의 동의를 받지 않은 경우, 국회의원의 심의·표결권(조약체결·비준동의안에 대한)이 국회 외부의 대통령과의 관계에서 침해될 소지는 없고, 국회의원이 **제3자 소송담당**의 형태로 국회의 조약체결·비준동의권이 침해되었음을 대통령에 대해 주장할 수도 없으므로, 권한쟁의심판의 당사자는 국회이지 개별 국회의원이 될 수 없다는 것이 헌법재판소의 확립된 선례이다(2005헌라8·2006헌라5·2011헌라2·2013헌라3)(앞 [15], [139], [154] 참조).

헌재 2008. 3. 27. 2006헌라4 : "조약은 '국가·국제기구 등 국제법 주체 사이에 권리의무관계를 창출하기 위하여 서면형식으로 체결되고 국제법에 의하여 규율되는 합의'라고 할 수 있다. 이러한 조약의 체결·비준에 관하여 헌법은 대통령에게 전속적인 권한을 부여하면서(헌법 제73조), 조약을 체결·비준함에 앞서 국무회의의 심의를 거쳐야 하고(헌법 제89조 제3호), 특히 중요한 사항에 관한 조약의 체결·비준은 사전에 국회의 동의를 얻도록 하는 한편(헌법 제60조 제1항), 국회는 헌법 제60조 제1항에 규정된 일정한 조약에 대해서만 체결·비준에 대한 동의권을 가진다. 이 사건 공동성명은 한국과 미합중국이 서로 상대방의 입장을 존중한다는 내용만 담고 있을 뿐, 구체적인 법적 권리·의무를 창설하는 내용을 전혀 포함하고 있지 아니하므로, 이 사건 공동성명은 조약에 해당된다고 볼 수 없다. 그 내용이 헌법 제60조 제1항의 조약에 해당되는지 여부를 따질 필요도 없이 이 사건 공동성명에 대하여 국회가 동의권을 가진다거나 국회의원인 청구인이 심의표결권을 가진다고 볼 수 없다. 이 사건 공동선언이 조약임을 전제로 청구인의 조약체결비준에 대한 동의권 및 심의표결권이 침해되었음을 주장하는 이 사건 심판청구는 심판의 대상이 부존재하여 부적법하다고 할 것이다."

헌재 2007. 7. 26. 2005헌라8 : "[재판관 이동흡의 별개의견] 세계무역기구 회원국들과의 쌀협상 과정에서 작성된 이 사건 합의문은 법적 효력을 발생하게 하는 조약체결을 위한 국내절차를 전혀 거치지 아니한 점, 조약의 일반적인 명칭과 다른 명칭과 형태로 체결된 점, 이 사건 양허안 개정안의 원만한 체결을 위하여 이해관계국과 사이의 신의에 기초하여 작성되었다고 볼 수 있는 점 등을 고려하면, 법적 구속력이 있는 헌법상의 조약이라고 보기보다는 당사국 간의 신의에 기초하여 이루어진 신사협정이라고 봄이 상당하므로, 이 사건 합의문이 조약임을 전제로 한 이 사건 심판청구는 심판의 대상도 부존재하여 각하를 면할 수 없다."

헌재 2000. 7. 20. 98헌바63 : "일찍이 헌법재판소는 '남북합의서는 남북관계를 '나라와 나라 사이의 관계가 아닌 통일을 지향하는 과정에서 잠정적으로 형성되는 특수관계'임을 전제로 하여 이루어진 합의문서인바, 이는 한민족공동체 내부의 특수관계를 바탕으로 한 당국간의 합의로서 남북당국의 성의 있는 이행을 상호 약속하는 일종의 공동성명 또는 신사협정에 준하는 성격을 가짐에 불과'하다고 판시하였고(헌재 1997. 1. 16. 92헌바6등), 대법원도 '남북합의서는 … 남북한 당국이 각기 정치적인 책임을 지고 상호간에 그 성의 있는 이행을 약속한 것이기는 하나 법적 구속력이 있는 것은 아니어서 이를 국가 간의 조약 또는 이에 준하는 것으로 볼 수 없고, 따라서 국내법과 동일한 효력이 인정되는 것도 아니다'고 판시하여(대판

1999. 7. 23. 98두14525), 남북합의서가 법률이 아님은 물론 국내법과 동일한 효력이 있는 조약이나 이에 준하는 것으로 볼 수 없다는 것을 명백히 하였다."

헌재 1999. 4. 29. 97헌가14 : "이 사건 조약은 그 명칭이 '협정'으로 되어있어 국회의 관여 없이 체결되는 행정협정처럼 보이기도 하나 우리나라의 입장에서 볼 때에는 외국군대의 지위에 관한 것이고, 국가에게 재정적 부담을 지우는 내용과 근로자의 지위, 미군에 대한 형사재판권, 민사청구권 등 입법사항을 포함하고 있으므로 국회의 동의를 요하는 조약으로 취급되어야 하는 것이고, 당시의 헌법(1962. 12. 26. 전면개정된 것) 제56조 제1항도 외국군대의 지위에 관한 조약, 국가나 국민에게 재정적 부담을 지우는 조약, 입법사항에 관한 조약의 체결·비준에 대하여는 국회가 동의권을 가진다고 규정하고 있는 것이다. … 위헌제청 이유에 따르면 제청신청인들은 이 사건 조약이 국회의 동의를 얻지 않아 절차적 하자가 있다는 취지로도 다툰 것으로 보이나, 1967. 2. 9. 발행 관보(호외)에 의하면 이 사건 조약은 국회의 비준동의(1966. 10. 14.)와 대통령의 비준 및 공포를 거친 것으로 인정된다. 따라서 이 사건 조약이 국내법적 효력을 가짐에 있어서 성립절차상의 하자로 인하여 헌법에 위반되는 점은 없다."

헌재 2001. 9. 27. 2000헌바20 : "이 사건 조항(국제통화기금협정 제9조[지위, 면제 및 특권] 제3항[사법절차의 면제] 및 제8항[직원 및 피용자의 면제와 특권], 전문기구의 특권과 면제에 관한 협약 제4절, 제19절(a))은 각 국회의 동의를 얻어 체결된 것으로서, 헌법 제6조 제1항에 따라 국내법적·법률적 효력을 가지는바, 가입국의 재판권 면제에 관한 것이므로 성질상 국내에 바로 적용될 수 있는 법규범으로서 위헌법률심판의 대상이 된다. … 국제통화기금 임직원의 '공적(公的) 행위'에 대한 재판권 면제 등을 규정한 이 사건 조항에 대하여, 청구인은 '국제통화기금과 그 직원의 재판권 면제는 필요한 최소한에 그쳐야 하며, 불법행위를 원인으로 손해배상을 구하는 경우까지 면제되는 것으로 해석하면 위헌'이라는 한정위헌 청구를 하고 있다. 그런데 규범통제제도에서 한정위헌 청구는 법조항 자체의 위헌성 문제로 볼 여지가 있는 경우에만 적법(하다). … 이 사건 조항의 합헌적 적용 범위에 불법행위가 배제될 것인지, 배제된다면 어느 범위의 불법행위가 배제될 것인지는, 규범 자체에 내포된 구성요건 요소라기보다는 개별 사안에서 법원의 해석에 의하여 판단될 문제로 보인다."

헌재 2010. 12. 28. 2008헌라7등 : "헌법 제60조 제1항은 … 조약의 체결·비준에 대한 동의권이 국회에 있음을 천명하고 있다. 국회가 가지는 조약의 체결·비준에 대한 동의권은 조약체결·비준동의안에 대한 심의·표결권을 포함한다 할 것이고, 국회의원의 조약체결·비준동의안에 대한 심의·표결권은 비록 헌법에는 이에 관한 명문의 규정이 없지만 의회민주주의의 원리, 조약의 체결·비준에 대한 동의권을 국회에 귀속시키고 있는 헌법 제60조 제1항, 국민에 의하여 선출되는 국회의원으로 국회를 구성한다고 규정하고 있는 헌법 제41조 제1항으로부터 당연히 도출되는 헌법상의 권한으로서, 국회의 다수파의원에게만 보장되는 것이 아니라 소수파의원과 특별한 사정이 없는 한 국회의원 개개인 모두에게 보장되는 것 … 이 사건 동의안은 그 내용상 ① 그 분쟁에 대하여 국내 사법권을 제한하고 전속관할을 별도로 창설하는 등 '주권의 제약에 관한 조약'이고, ② 국가와 국민에게 중대한 재정적 부담을 지우는 조약임은 물론, ③ 이로 인하여 국내법의 수정·삭제·입법 등을 필요로 하는 '입법사항에 관한 조약'으로서, 헌법 제60조 제1항이 정하는 그 체결·비준에 국회의 동의를 필요로 하는 조약에 해당한다는 점에 대하여는 당사자 사이에 다툼이 없다. 따라서 이 사건 상정·회부행위 및 이 사건 심판청구 당시 국회의원으로서 외통위 위원인 청구인들 각자에게 이 사건 동의안에 대한 심의·표결권이 인정된다 할 것이다. … 피청구인이 회의장 출입문의 폐쇄상태를 이 사건 회의 직전부터 이 사건 회의가 종료될 때까지 위법하게 유지하여 회의의 주체인 소수당 소속 위원들의 출입을 봉쇄한 상태로 이 사건 회의를 개의하여 행한 이 사건 상정·회부행위는 다수결의 원리, 의사공개의 원칙 및 국회법 제54조, 제75조 제1항에 위배하여 청구인들의 이 사건 동의안에 대한 심의권을 침해하였다고 할 것이다."

[157] 예산 및 예산관련제도 **예산**(budget)이란 1회계연도에 있어서 국가의 세입·세출의 예정계획으로서 국회의 의결로 성립·발효하는, 법률(헌§53)과 구별되는 일종의 법규범(헌§54)이다(2006헌마409). 법률과 달리, 예산은 1회계연도에 한정된 국가의 재정행위만을 규율하는 까닭에, 일반국민을 구속하지 않으므로 **헌법소원의 대상**이 될 수 없다(2006헌마409). 또한, 예산은 법률의 경우와 달리 정부가 편성·제출권을 독점하며(헌§52·§54②)(단, 독립기관의 예산은 특례 있음[국재§6①·§40·국가정보원법§12①]), 국회가 심의·확정한 후 공포 없이 의결만으로 효력을 발하며(헌§53·§54①②), 국회는 정부의 동의 없이 적극적 수정(증액)을 할 수 없으며(헌§57), 대통령은 의결된 예산에 대해 재의요구(거부)를 할 수 없다(헌§53). 1회계연도를 넘어 지출할 필요가 있는 경우 국회는 원칙상 5년 또는 10년을 연한으로 하여 **계속비**로서 의결할 수 있으며(헌§55①·국재§23)(예산일년주의의 예외에 해당함), 예측할 수 없는 지출에 충당하기 위해(단, 공무원의 보수 인상을 위한 인건비 충당은 제외함) 국회는 원칙상 예산총액의 100분의 1 이내의 금액을 **예비비**로 계상·의결할 수 있다(그 지출은 차기국회 승인을 요함)(헌§55②·국재§22). 예산의 불성립의 경우 일정 목적의 경비는 전년도 예산에 준해서 **임시예산**(준예산)으로 집행할 수 있으며(헌§54③), 예산의 변경은 **추가경정예산**의 편성·제출 및 의결로써 가능하다(헌§56·국재§89). 그런데 국회법은 매년 11월 30일까지 위원회의 예산안 심사가 종료되지 않을 때에는 그 다음날 본회의에 회부된 것으로 보는 **예산안의 본회의 자동부의제도**(국§85의3①②)를 도입했으므로, 예산안 심의·확정을 둘러싼 국회 내 여·야 간의 정쟁이 헌법상 임시예산(준예산)제도의 실행으로 이어질 헌법장애상태의 가능성은 크게 감소되었다.

헌재 2006. 4. 25. 2006헌마409 : "헌법소원심판은 '공권력의 행사 또는 불행사'로 인하여 헌법상 보장된 기본권을 침해받은 경우에 제기할 수 있다(헌법재판소법 제68조 제1항). 여기의 '공권력'에는 입법작용도 당연히 포함되므로 국회가 제정한 법률이 헌법소원의 대상이 된다는 점은 의문이 없다. 그러나 국회가 의결한 예산 또는 국회의 예산안 의결은 헌법소원의 대상이 된다고 볼 수 없다. 예산도 일종의 법규범이고 법률과 마찬가지로 국회의 의결을 거쳐 제정되지만 예산은 법률과 달리 국가기관만을 구속할 뿐 일반국민을 구속하지 않는다. 가사 예산이 정부의 재정행위를 통하여 국민의 기본권에 영향을 미친다고 하더라도 그것은 관련 법령에 근거한 정부의 구체적인 집행행위로 나타나는 것이지 예산 그 자체나 예산안의 의결행위와는 직접 관련성이 없다. 이 사건 실시협약에 따른 공사가 진행되어 청구인들 토지에 대한 수용, 사용 등의 제한이 있더라도 이는 예산안의 의결 또는 예산의 집행 행위에 의한 것이 아니라 수용, 사용이라는 구체적인 집행행위에 기인된다고 할 것이다. 이 사건 예산안 의결행위가 청구인들의 어떤 권리를 제한하거나 의무를 부과하지 않으며 작위나 부작위를 명하는 것도 아니다. 그렇다면 피청구인의 이 사건 예산안 의결은 헌법재판소법 제68조 제1항 소정의 공권력의 행사에 해당한다고 볼 수 없고 이에 대한 헌법소원은 헌법소원의 대상이 될 수 없는 것을 그 대상으로 한 것이어서 부적법하다."

[158] 조세에 관한 헌법적 통제 오늘날 복지주의를 지향하는 사회국가에서 소요되는 재원은 "국가 또는 지방자치단체 등 공권력의 주체가 **재정조달의 목적**으로 특별한 반대급부 없이 강제적으로 부과·징수하는 과징금"(91헌가6), 즉 조세가 위주로 될 수밖에 없다. 동시에 조세는 국가경제 내지 국민경제활동을 일정 방향으로 유도하는 **경제정책적인 목적**을 달성하기 위해 부과되기도 한다(종합부동산세[2006헌바112 등]나 주택양도소득세[2009헌바146]의 경우). 그러나 조세는 국민의 재산권(헌§23①)에 대한 가장 직접적이고 강력한 제한을 수반하는 점에서 **입헌주의적인 통제**의 관철이 절실히 요구되는 분야이기도 하다(조세국가에 있어서 재정입헌주의의 요청). **조세법률주의**(헌§59·§38)와 **조세평등주의**(헌§11①·§38)와 같은 헌법원칙의 준수가 강조되는 이유도 바로 여기에 있다. 반면, 조세법의 영역은 그 규율대상이 **기술적·전문적**이며 **다양하고 가변적**이라는 특징을 지니고 있다. 따라서 법률이 세부사항을 직접 규율하기보다 탄력적인 규율을 위해 이를 행정입법에 위임할 필요성이 널리 인정될 뿐 아니라, 기존 입법의 존속 내지 그 미비에 대한 신뢰는 보호의 가치나 필요성이 낮다고 한다(앞 [76] 참조). 또한, 조세의 형평성의 판단에 있어서도 형식적인 평등을 고집할 것이 아니라 그 **실질적인 내용**을 살펴야 할 것이라고 한다. 조세의 부과·징수를 통해 어떤 경제정책적인 목적을 지향하는 경우에도 일정한 헌법적 한계가 준수되지 않으면 안 된다. 특히, 헌법재판소는 부동산(주

택) 가격의 안정이라는 정책목적을 달성하기 위한 종합부동산세 혹은 주택양도 소득세의 부과·징수에 있어서도, 혼인과 가족생활에 대한 특별한 보호를 규정한 헌법 제36조 제1항의 한계를 준수하지 않으면 안 된다고 결정했다(2006헌바112 등·2009헌바146). 대개 연방국가의 경우 연방정부와 주정부 간 혹은 주정부 상호 간의 **조세의 수직적 혹은 수평적 배분**(tax sharing system)이 흔히 문제되는데, 우리의 경우도 재산세의 공동세 전환에 따른 특별시와 자치구의 권한쟁의 사례에서 보듯(2007헌라4)(앞 [115] 참조), 중앙정부와 지방자치단체 간 혹은 지방자치단체 상호간의 세수배분 조정 문제를 둘러싼 **재정헌법**(Finanzverfassung)의 **쟁점**들이 머지않아 본격적으로 논란될 것으로 전망된다.

헌재 1991. 11. 25. 91헌가6 : "우리 헌법은 국민주권주의와 국민의 기본권 보장 차원에서 조세의 부과·징수에 있어서는 반드시 법률적 근거를 필요로 하게 하고(조세의 합법률성의 원칙), 아울러 조세관계 법률의 내용이 형평의 원칙 내지 평등의 원칙에 합당하여 조세의 부과 징수 대상자로서의 국민이 합리적 기준에 의하여 평등하게 처우되도록 하고 있으니(조세의 합형평성의 원칙), 헌법 전문, 제1조, 제10조, 제11조 제1항, 제23조 제1항, 제38조, 제59조가 그 근거이며, 국세기본법 제18조 제1항, 제19조 등은 조세의 합형평성의 원칙을 재확인하고 있다. … 조세의 합법률성의 원칙은 … 과세요건과 절차 및 그 법률효과를 미리 법률로써 명확하게 규정하여 이를 국민에게 공포함으로써, 국민으로 하여금 세제상 자신에게 불이익을 초래한 행위를 스스로 삼가거나 자제할 수 있도록 하는 등 장래에의 예측과 행동방향의 선택을 보장하고, 그 결과로 국민의 재산권이 국가의 과세권의 부당한 행사로부터 침해되는 것을 예방하고 국민생활의 법적 안정성을 보호하려는 데 그 참뜻이 있는 것이다. … 조세의 합형평성의 원칙은 조세권자의 자의가 배제되고 객관적인 사실을 기초로 한 합리적인 근거에 의하여 조세가 부과·징수되도록 내용이 규정되어야 함을 의미하는 것이라고 할 수 있으며, 따라서 그런 법률이라고 할 수 있기 위하여서는 과세대상의 선정규정과 과세금액의 산정규정에 합리성이 배려되어 결국 과세적격 사유가 있는 대상에 대하여 그 능력에 합당한 과세액이 부과·징수되도록 규정되어 있는 것을 의미하는 것이(다)."

헌재 2008. 11. 13. 2006헌바112등 : "특정한 조세 법률조항이 혼인이나 가족생활을 근거로 부부 등 가족이 있는 자를 혼인하지 아니한 자 등에 비하여 차별 취급하는 것이라면 비례의 원칙에 의한 심사에 의하여 정당화되지 않는 한 헌법 제36조 제1항에 위반된다 할 것이다. 이는 단지 차별의 합리적인 이유의 유무만을 확인하는 정도를 넘어, 차별의 이유와 차별의 내용 사이에 적정한 비례적 균형관계가 이루어져 있는지에 대해서도 심사하여야 한다는 것을 의미한(다). … 부동산을 소유한 배우자 등 가족이 1세대를 구성하였다는 이유만으로, 종합부동산세의 부담에 있어 그 과세기준 금액과 누진세율 구조상 그 불이익이 더욱 커지게 되는 상황에서, 이 사건 세대별 합산규정에 따라 부부 일방 또는 가족인 세대원의 특유재산까지 세대별로 합산하여 과세대상으로 삼고, 여기에 누진세율까지 적용하는 것은 그 입법목적을 고려하더라도 헌법 제36조 제1항의 헌법원리에 비추어 적절한 방법이라 할 수 없다. 더욱이 투기 등으로 인한 부동산 가격의 앙등은 통화량의 팽창에 의한 가수요, 주택 등의 수요·공급 원리, 경제정책의 실패 등이 복합적으로 작용하여 발생하는 것으로서 오로지 세제의 불비 때문에 발생하는 것만이 아닌데도, 부동산 가격의 안정 등의 입법목적을 달성하기 위하여 헌법 제36조 제1항의 규정 취지와는 부합하기 어려운 이 사건 세대별 합산규정까지 그 수단으로 삼는 것은 적절하다고 보기 어렵다."

헌재 2011. 11. 24. 2009헌바146 : "주택가격의 안정과 주거생활의 안정을 도모하기 위하여 사실상 1세대 3주택 이상의 주택소유를 억제할 수 있는 정도의 … 고율의 단일세율(양도소득 과세표준의 60%)을 정한 것으로 … 일반 양도소득세율에 비하여 고율의 단일세율이라는 이유만으로 침해의 최소성원칙을 벗어났다고 볼 수는 없다. … 국가의 재정수요를 충족시킨다는 조세 본래의 기능을 넘어 투기적 목적의 주택소유를 막고 이를 통하여 주택이라는 한정된 재화가 일부 사람들에게 집중적으로 소유되는 것을 막아 국민 다수의 주거생활의 안정을 이룩하려는 공익(보다) … 1세대 3주택 이상에 해당하는 납세의무자가 입게 되는 불이익이 … 균형을 상실할 정도로 크다고 할 수도 없(다). … 이 사건 법률조항에 의하여 혼인한 부부 또는 가족과 함께 세대를 구성한 자에게 더 많은 조세를 부과하는 것이 혼인과 가족생활을 특별히 더 보호하도록 한 헌법 제36조 제1항에 위반되는지 여부가 문제된다. … '1세대'를 양도소득세 중과세의 단위로 함에 있어 혼인으로 새로이 1세대를 이루는 자를 위하여 상당한 기간 내에 보유 주택수를 줄일 수 있는 경과규정 등의 완화규정을 두지 아니한 것은 최소침해성원칙에 위배된(다). … 주택의 투기적 수요를 막아 주거생활의 안정을 기하려는 공익은 헌법상 근거를 둔 것이 아닌 입법정책적 법익에 불과하다. 그러나 이 사건 법률조항으로 인하여 침해되는 것은 헌법이 강도 높게 보호하고자 하는 헌법 제36조 제1항에 근거하는 혼인의 자유 또는 혼인에 따른 차별금지라는 헌법적 가치이다."

[159] 조세법률주의와 조세평등주의 현행헌법은 국민의 납세의무조항(헌§38)을 규정한 외에 "조세의 종목과 세율은 법률로 정한다."(헌§59)라고 규정하여 **조세법률주의**의 원칙을 별도로 명문화했다. 그 내용으로는 우선, **과세요건법정주의**와 **과세요건명확주의**(헌§37②) 및 **포괄위임금지**(조세에 관한 수권입법의 명확성)(헌§75·§95)를 들 수 있는데, 이는 법치주의원리의 한 내용인 명확성의 원칙(앞 [67], [75] 참조)이 조세입법의 경우에 구체화된 것으로 볼 수 있다. 헌법재판소는 조세법률주의는 조세법규의 엄격한 해석·적용을 요구하므로 그에 대한 유추해석이나 확장해석은 허용되지 않으며(89헌가95·95헌바41), 이미 실효된 법률조항을 대상으로 그에 대한 해석을 통해 과세의 근거를 창설해내는 것도 조세법률주의의 원칙에 위배된다고 본다(2009헌바123)(앞

[31], [35], [73] 참조). 또, 과세요건명확주의(조세감면규정에도 적용됨)에 대한 판단은 명확성의 원칙 일반의 경우와 마찬가지로, **수범자**인 납세자의 **예견가능성을 보장**하고 **법집행자**인 과세관청의 **자의적·차별적 적용가능성**을 배제하는지 여부를 기준으로 한다(2011헌바269·2012헌바92·2012헌바195·2013헌바177·2014헌바474). 한편, 헌법재판소는 조세법규의 포괄위임금지원칙 위반 여부 심사에 있어서도, **위임의 예측가능성 판단**(입법목적 및 관련 법규 전체를 유기적·체계적으로 종합 판단할 때 그 대강의 예측가능 여부) 및 **위임의 구체성·명확성과 필요성 정도 판단**(침해행정법규·급부행정법규 여부 및 규율대상의 다양성·가변성과 전문성·기술성 여부)에서 포괄위임금지원칙 일반에 적용되는 기준을 그대로 적용하고 있다(96헌바52등·98헌가11등·2002헌가6·2004헌가26). 동일한 판단기준을 적용하여 헌법재판소는, 국세 부과 제척기간의 기산일인 '국세를 부과할 수 있는 날'의 구체적인 내용을 대통령령으로 정하도록 규정한 것(2011헌바132), 자산의 양도차익을 계산함에 있어서 그 취득시기 및 양도시기를 대통령령으로 정하도록 규정한 것(2013헌바204), 대통령령이 정하는 대주주가 상장주식을 양도한 경우에 양도소득세를 부과하도록 규정한 것(2012헌바355), 공익법인 등의 출연재산에 대한 상속세과세가액 불산입 요건 중 상속재산의 출연방법을 대통령령으로 정하도록 규정(수익적 규정의 위임)한 것(2012헌바284), 조세감면 또는 중과의 대상이 되는 업종의 분류를 통계청장이 고시하는 한국표준산업분류에서 정하도록 규정(행정규칙에 위임)한 것(2013헌바183등)(앞 [72] 참조) 등은 조세법률주의 및 포괄위임금지원칙에 위배되지 않는다고 결정했다. 조세법률주의의 또 다른 내용을 이루는 **소급과세금지**(헌§13②) 역시 법치주의원리의 한 내용인 소급입법금지 및 신뢰보호의 원칙(앞 [67], [76] 참조)이 조세입법의 경우에 구체화된 것으로 볼 수 있다. 헌법재판소는 조세법규의 경우에도 **진정 소급입법**과 **부진정 소급입법**을 구분하여 전자는 원칙상 금지되는 것으로(2012헌바10), 후자는 신뢰이익과 공공복리를 종합적으로 비교형량하여 신뢰보호원칙에 위배되거나(94헌바12)(앞 [76], [85] 참조), 혹은 위배되지 않는 것으로(2006헌바99)(앞 [76], [86] 참조) 각각 판단한다(부진정 소급입법에도 해당하지 않는 경우 역시 신뢰보호원칙만 문제됨[2002헌바63]). 조세법률주의의 예외로는 지방세기본법상 조례에 의한 지방세 부과·징수(지세§5①) 외에, 조약(헌§6①)에 의한 세율규정이나 긴급재정경제명령(헌§76①)에 의한 과세를 들 수 있다. **조세평등주의**는 평등원칙(헌§11①)의 조세법적 표현(2014헌바

261)으로서 국민의 납세의무조항(헌§38)도 그 근거가 된다. 애초 헌법재판소는 재산권 보장을 위한 실질적 조세법률주의와 조세평등주의를 동시에 적용하여 그 위반을 적극 논증하기도 했으나(93헌바49등·96헌바14·97헌가13), 전반적으로는 조세평등주의 위배 여부의 판단에서 조세입법자에 광범한 입법재량을 인정하는 입장을 취하고 있었다(92헌바46·96헌바64·98헌마55). 헌법 제36조 제1항의 위반이 문제된 경우(2006헌바112등·2009헌바146)를 제외하고는, 최근까지도 대체로 평등원칙에 관한 완화된 심사기준을 적용하여 조세평등주의 위배 여부를 판단한다(2013헌바177·2013헌마831·2011헌바269·2013헌바193·2014헌바261).

헌재 2012. 5. 31. 2009헌바123 : "과세요건법정주의 및 과세요건명확주의를 포함하는 조세법률주의가 지배하는 조세법의 영역에서는 경과규정의 미비라는 명백한 입법의 공백을 방지하고 형평성의 왜곡을 시정하는 것은 원칙적으로 입법자의 권한이고 책임이지 법문의 한계 안에서 법률을 해석·적용하는 법원이나 과세관청의 몫은 아니다. 뿐만 아니라 구체적 타당성을 이유로 법률에 대한 유추해석 내지 보충적 해석을 하는 것도 어디까지나 '유효한' 법률조항을 대상으로 할 수 있는 것이지 이미 '실효된' 법률조항은 그러한 해석의 대상이 될 수 없다. 따라서 관련 당사자가 공평에 반하는 이익을 얻을 가능성이 있다 하여 이미 실효된 법률조항을 유효한 것으로 해석하여 과세의 근거로 삼는 것은 과세근거의 창설을 국회가 제정하는 법률에 맡기고 있는 헌법상 권력분립원칙과 조세법률주의의 원칙에 반한다. 따라서 이 사건 전부개정법의 시행에도 불구하고 이 사건 부칙조항이 실효되지 않은 것으로 해석하는 것은 헌법상의 권력분립원칙과 조세법률주의의 원칙에 위배되어 헌법에 위반된다."

헌재 2015. 4. 30. 2011헌바269 : "조세법률주의는 과세요건법정주의와 과세요건명확주의를 핵심내용으로 하며 … 조세의 부과·징수에 관한 규정뿐 아니라 조세감면규정에도 적용된다. … 과세요건명확주의 문제는 납세자의 입장에서 어떠한 행위가 당해 문구에 해당하여 과세의 대상이 되는 것인지 예견할 수 있을 것인가, 당해 문구의 불확정성이 행정관청의 입장에서 자의적이고 차별적으로 법률을 적용할 가능성을 부여하는가(에) … 따른 종합적인 판단을 요한다. … 구 조세특례제한법 제97조 제1항에서 '임대주택'에 대한 정의규정을 두고 있는 이상 이 사건 법률조항의 임대주택은 같은 조 제1항의 임대주택을 의미한다고 보는 것이 일반적인 입법방식에 부합한다. 입법연혁 상으로도 이 사건 법률조항은 구 조세특례제한법 제97조 제1항과 동일한 정책적 목적 하에 동시에 신설되었고, 현재까지 이와 같은 규정 체계가 그대로 이어지고 있다. … 이 사건 법률조항의 '임대주택'은 같은 조 제1항에서 정한 임대주택, 즉 제1항의 감면요건을 갖춘 임대주택만을 의미(함은) … 명백하다. 그리고 이는 납세의무자의 입장에서 충분히 예견가능할 뿐만 아니라, 과세관청의 자의적·차별적 적용가능성의 여지를 두고 있다고 보기도 어렵다. 따라서 … 조세법률주의에 위배되지 아니한다."

헌재 1999. 3. 25. 98헌가11등 : "헌법 제38조 및 제59조에 의거한 조세법률주의에도 불구하고 … 경제현실의 변화나 전문적 기술의 발달에 즉시 대응하여야 할 필요 등 부득이한 사정이 있는 경우에는, 법률로 규정하여야 할 사항에 관하여 국회 제정의 형식적 법률보다 더 탄력성이 있는 행정입법에 위임함이 허용된다고 할 것이다. … 헌법 제75조 … '구체적으로 범위를 정하여'라 함은 … 누구라도 당해 법률 그 자체로부터 대통령령 등에 규정될 내용의 대강을 예측할 수 있어야 함을 의미한다고 할 것이고, 그 예측가능성의 유무는 당해 특정조항 하나만을 가지고 판단할 것은 아니고, 관련 법조항 전체를 유기적·체계적으로 종합 판단하여야 (한다). … 위임의 구체성·명확성의 요구 정도는 그 규율대상의 종류와 성격에 따라 달라질 것이지만, 특히 처벌법규나 조세법규와 같이 국민의 기본권을 직접적으로 제한하거나 침해할 소지가 있는 법규에서는 구체성·명확성의 요구가 강화되어 그 위임의 요건과 범위가 일반적인 급부행정의 경우보다 더 엄격하게 제한적으로 규정되어야 하는 반면에, 규율대상이 지극히 다양하거나 수시로 변화하는 성질의 것일 때에는 위임의 구체성·명확성의 요건이 완화되어야 할 것이다. … 고급오락장용 건축물이 무엇인지 하는 것은 재산세 중과세 요건의 핵심적 내용을 이루는 본질적이고도 중요한 사항이다. 따라서 고급오락장용 건축물을 과세대상으로 규정하는 경우에는 구체적이고 명확하게 규정하지 않으면 헌법상의 조세법률주의 요청에 부응할 수 없다 할 것이다. … 같은 조항의 입법목적, 지방세법의 다른 규정 또는 기타 관련 법률을 살펴보더라도 고급오락장용 건축물의 기준과 범위를 예측해 내기 어려울 뿐만 아니라, 행정입법에 전적으로 위임할 수밖에 없는 불가피성도 없다 할 것이다. 그렇다면 … 위임입법의 한계를 일탈하여 … 포괄위임금지원칙을 위배하였(다)."

헌재 2003. 4. 24. 2002헌가6 : "양도소득세의 과세대상으로 '제1호 내지 제4호 외에 대통령령이 정하는 자산의 양도로 인하여 발생하는 소득'을 규정 … 양도소득세의 입법목적, 소득세법의 체계나 다른 규정, 관련 법규를 살펴보더라도 대통령령에 위임되는 자산의 기준과 범위를 예측해 내기 어렵다. … 제1호 내지 제4호에 규정된 양도소득세의 과세대상을 살펴보아도 그로부터 이 사건 법률조항의 위임을 받아 대통령령에 규정될 자산의 종류나 범위를 예측할 수가 없다. … 규율대상의 가변성 또는 위임입법의 불가피성의 측면에서도 이 사건 법률조항은 정당화되기 어렵다. … 물론 양도소득세의 과세대상이 되는 자산을 결정하는 기준은 고정된 것이 아니므로 사회현상과 경제발전의 정도 및 사회·경제적 정책의 변화 등의 여러 변수에 따라 변할 수밖에 없다. 그렇지만 그 변화의 정도가 법률이 아닌 행정입법으로써 즉시 대응하지 않으면 안 될 정도로 강하다고 인정하기는 어렵다. … 설령 그러한 즉각적인 대응의 필요성이 인정된다 하더라도 최소한의 기준은 법률에 남겨두는 것이 조세법률주의 또는 포괄위임금지원칙의 요청에 부응하는 것이라 할 것이다."

헌재 2014. 7. 24. 2012헌바105 : "헌법 제13조 제2항은 소급과세금지원칙을 규정 … 국세기본법 제18조 제2항은 '국세를 납부할 의무가 성립한 소득·수익·재산·행위 또는 거래에 대하여는 그 성립 후의 새로운 세법에 의하여 소급하여 과세하지 아니한다.'고 하여 소급과세금지원칙을 규정하고 있다. 이는 헌법 제13조 제2항의 소급과세금지원칙을 구체화한 것 … 국세기본법은 납세의무의 성립시점을 소급입법 과세의 기준시점으로 보고 있다. 납세의무는 조세법규에 정해진 과세요건이 충족된 때에 그 내용과 범위가 성립되는데, 이 사건 개정조항에 따라 '결손금 소급공제 대상 중소기업이 아닌 법인이 결손금 소급공제로 환급받은 사실'이라는 과세요건이 충족되면 그때 조세채무가 성립된다고 보아야 한다. 그런데 심판대상조항은 개정 후 법인세법의 시행 이전에 결손금 소급공제 대상 중소기업이 아닌 법인이 결손금 소급공제로 법인세를 환급받은 경우에도 이 사건 개정조항을 적용할 수 있도록 규정하고 있으므로, 이는 이미 종결한 과세요건사실에 소급하여 적용할 수 있도록 하는 것이다. 따라서 심판대상조항은 청구인이 이 사건 개정조항이 시행되기 전 환급세액을 수령한 부분까지 사후적으로 소급하여 적용되는 것으로서 헌법 제13조 제2항에 따라 원칙적으로 금지되는 이미 완성된 사실·법률관계를 규율하는 진정 소급입법에 해당한다."

헌재 2008. 5. 29. 2006헌바99 : "이 사건에서 문제되는 법 제128조 제3항과 같이 '사업연도의 종료 이후에 비로소 그 적용 여부가 결정되는' 세액감면배제에 관한 규정이 개정된 경우에는 … 소급입법의 판단은 납세의무의 '성립 여부'가 아닌 '경정결정 또는 수정신고 여부'를 기준으로 하여야 할 것이다. 따라서 '이미 경정결정 또는 수정신고된 납세의무'에 대하여 개정법령을 적용하는 것은 진정 소급입법으로서 허용되지 않는다고 보아야 할 것인바 … 비록 수정신고는 위 조항의 개정 후에 이루어졌다고 하더라도 개정법에 따라 감면이 배제되는 '소득의 귀속연도'와 '납세의무자의 과소신고 시기'는 위 조항의 개정 전이 될 것이므로 … 부진정 소급입법에 해당한다고 봄이 상당하다. … 조세법의 영역에 있어서는 … 구법질서에 의거한 신뢰를 바탕으로 적극적으로 새로운 법률관계를 형성하였다든지 하는 특별한 사정이 없는 한 원칙적으로 세율 등 현재의 세법이 변함없이 유지되리라고 기대하거나 신뢰할 수는 없다. … 구법상의 입법미비 사항을 악용하면 일부 세액을 누락하고 신고하여도 감면규정을 계속 적용받을 수 있을 것이라는 점에 대한 신뢰, 즉 세법상의 흠결을 계속 이용할 수 있을 것이라는 점에 대한 신뢰에 해당한다고 볼 수 있어 그 보호가치와 필요성은 극히 적(다)."

헌재 1997. 10. 30. 96헌바14 : "이혼시의 재산분할제도는 본질적으로 혼인 중 쌍방의 협력으로 형성된 공동재산의 청산이라는 성격에, 경제적으로 곤궁한 상대방에 대한 부양적 성격이 보충적으로 가미된 제도라 할 것이어서, 이에 대하여 재산의 무상취득을 과세원인으로 하는 증여세를 부과할 여지가 없(다). … 이혼 시 재산분할을 청구하여 상속세 인적공제액을 초과하는 재산을 취득한 경우 그 초과부분에 대하여 증여세를 부과하는 것은 … 현저히 불합리하고 자의적이며 재산권 보장의 헌법이념에 부합하지 않으므로 실질적 조세법률주의에 위배된다. … 이혼과 배우자의 사망은 비록 혼인관계의 종료를 가져온다는 점에서 공통점이 있다 하더라도 그로 인한 재산관계·신분관계는 여러 가지 면에서 차이가 있다. … 증여세의 상속세 보완세적 기능을 관철하는 데에만 집착한 나머지 배우자상속과 이혼 시 재산분할의 재산관계의 본질적이고도 다양한 차이점을 무시하고 이를 동일하게 다루는 것은, 본질적으로 다른 것을 같게 다룸으로써 자신의 실질적 공유재산을 청산 받는 혼인당사자를 합리적 이유 없이 불리하게 차별하는 것이므로 조세평등주의에 위배된다."

헌재 1998. 5. 28. 97헌가13 : "과점주주 중 '주식을 가장 많이 소유한 자'라도 '법인의 경영을 사실상 지배하는 자'가 아니거나 '당해 법인의 발행 주식총액의 100분의 51 이상의 주식에 관한 권리를 실질적으로 행사하는 자'가 아닌 과점주주에게는 제2차 납세의무를 부담하게 할 수 없(다). … 과점주주 자신이 법인의 경영을 사실상 지배하거나 당해 법인의 발행 주식총액의 100분의 51 이상의 주식에 관한 권리를 실질적으로 행사하는 자에 해당하는지 여부에 관계없이, 과점주주 중 주식을 가장 많이 소유한 자와 서로 도와서 일상생활비를 공통으로 부담한다는 이유만으로 책임의 범위와 한도조차 뚜렷하게 설정하지 아니한 채 법인의 체납세액 전부에 대하여 일률적으로 제2차 납세의무를 지우는 것은 과점주주들 간에 불합리한 차별을 하여 조세평등주의와 실질적 조세법률주의(헌법 제11조 제1항, 제38조, 제59조)에 위반되고 과점주주의 재산권(헌법 제23조 제1항)을 침해하게 된다."

헌재 1999. 11. 25. 98헌마55 : "조세평등주의라 함은 헌법 제11조 제1항에 규정된 평등원칙의 세법적 구현으로서, 조세의 부과와 징수를 납세자의 담세능력에 상응하여 공정하고 평등하게 할 것을 요구하며 합리적인 이유 없이 특정의 납세의무자를 불리하게 차별하거나 우대하는 것을 허용하지 아니한다. 조세평등주의가 요구하는 이러한 담세능력에 따른 과세의 원칙(또는 응능부담의 원칙)은 한편으로 동일한 소득은 원칙적으로 동일하게 과세될 것을 요청하며(이른바 '수평적 조세정의'), 다른 한편으로 소득이 다른 사람들 간의 공평한 조세부담의 배분을 요청한다(이른바 '수직적 조세정의'). 그러나 이러한 담세능력에 따른 과세의 원칙이라 하여 예외 없이 절대적으로 관철되어야 한다고 할 수 없고, 합리적 이유가 있는 경우라면 납세자 간의 차별취급도 예외적으로 허용된다 할 것이다. 세법의 내용을 어떻게 정할 것인가에 관하여 입법자에게는 광범위한 형성의 자유가 인정되며, 더욱이 오늘날 조세입법자는 조세의 부과를 통하여 재정수입의 확보라는 목적 이외에도 국민경제적·재정정책적·사회정책적 목적달성을 위하여 여러 가지 관점을 고려할 수 있기 때문이다."

헌재 2014. 7. 24. 2013헌바177 : "조세 법률관계에 있어서 과세는 개인의 담세능력에 상응하여 공정하고 평등하게 이루어져야 하고 합리적인 이유 없이 특정의 납세의무자를 불리하게 차별하거나 우대하는 것은 허용되지 아니하는바, 이를 조세평등주의라고 한다. 과세물품조항 및 납세의무자조항의 취지는 환경오염원이자 교통혼잡을 유발하는 자동차 등의 연료를 제조·판매하여 이익을 얻는 자에게 과세하는 데 있다. … 유사석유제품 제조자는 석유제품 제조자와 본질적으로 동일한 집단이다. … 판매수익의 차이를 이유로 유사석유제품 제조자와 석유제품 제조자를 서로 다른 비교집단이라고는 할 수 없다. … 유사석유제품 제조자와 석유제품 제조자 모두에게 교통·에너지·환경세를 과세하면서 동일하게 제조량을 과세표준으로 삼은 것은, 본질적으로 '같은 것을 같게' 취급한 것이므로 이들 조항에 의한 차별취급이 존재하지 않는다. 따라서 … 조세평등주의에 위배되지 아니한다."

[160] 부담금의 개념·유형과 헌법적 한계 **부담금**이란 법률상의 부과권자가 그 명칭을 불구하고 재화 또는 용역의 제공과 관계없이 특정 공익사업과 관련하여 부과하는 조세 외의 금전지급의무를 말한다(부담금관리기본법§2). 헌법재판소는 부담금 혹은 특별부담금(Sonderabgaben)이라는 용어를 쓰고 있는데, 텔레비전 방송수신료는 명칭이나 법률규정에도 불구하고 그 실질적인 내용상 특별부담금에 해당한다고 보며(98헌바70·2006헌바70), 개발이익환수법에 따른 개발부담금은 부담금관리기본법 별표상 부담금

으로 명시되어 있음에도 그 실질적인 내용상 조세에 해당한다고 본다(2013헌바191등). 헌법재판소는 부담금의 헌법적 정당화 요건을 심사함에 있어서, 우선, **재정조달(충당) 목적**의 부담금과 **정책실현(유도) 목적**의 부담금을 구분하고 있다. 즉, 운송사업자 및 교통수단 제조업자에게 부과되는 교통안전기금 분담금(97헌가8), 카지노사업자에게 부과되는 관광진흥개발기금 납부금(97헌바84)(단, 내국인 국외여행자에게 부과되는 관광진흥개발기금 납부금은 두 성격을 모두 가짐[2005헌바5]), 공연장 등 문화시설 이용자에게 부과되는 문예진흥기금 납입금(2002헌가2), 영화관 관람객에게 부과되는 영화상영관 입장권 부과금(2007헌마860), 신규 주택 수분양자 또는 그 개발사업자에게 부과되는 학교용지부담금(2003헌가20·2007헌가9) 등은 전자에 해당하지만, 먹는 샘물 제조업자 또는 그 수입판매업자에게 부과되는 수질개선부담금(98헌가1·2002헌바42), 수도권 인구집중 유발시설의 건축주에게 부과되는 과밀부담금(2000헌바23) 등은 후자에 해당한다고 본다. 헌법재판소는 정책실현(유도) 목적의 부담금에 대해서는 그 **헌법적 정당화 요건**이 재정조달(충당) 목적의 부담금보다 **완화**될 수 있다고 본다(2002헌바42).

헌재 2008. 2. 28. 2006헌바70 : "수신료는 공영방송사업이라는 특정한 공익사업의 소요경비를 충당하기 위한 것으로서 일반 재정수입을 목적으로 하는 조세와 다르다. 또, 텔레비전방송을 수신하기 위하여 수상기를 소지한 자에게만 부과되어 공영방송의 시청가능성이 있는 이해관계인에게만 부과된다는 점에서도 일반국민·주민을 대상으로 하는 조세와 차이가 있다. 그리고 '한국방송공사의 텔레비전방송을 수신하는 자'가 아니라 '텔레비전방송을 수신하기 위하여 수상기를 소지하는 자'가 부과대상이므로 실제 방송시청 여부와 관계없이 부과된다는 점, 그 금액이 공사의 텔레비전방송의 수신정도와 관계없이 정액으로 정해져 있는 점 등을 감안할 때 이를 공사의 서비스에 대한 대가나 수익자부담금으로 보기도 어렵다. 따라서 수신료는 공영방송사업이라는 특정한 공익사업의 경비조달에 충당하기 위하여 수상기를 소지한 특정집단에 대하여 부과되는 특별부담금에 해당한다고 할 것이다. … 어떤 공과금이 조세인지 아니면 부담금인지는 단순히 법률에서 그것을 무엇으로 성격 규정하고 있느냐를 기준으로 할 것이 아니라, 그 실질적인 내용을 결정적인 기준으로 삼아야 (한다)."

헌재 2016. 6. 30. 2013헌바191등 : "구 '부담금관리기본법' … 은 제3조에서 '부담금은 별표에 규정된 법률에 따르지 아니하고는 설치할 수 없다.'라고 규정하면서, 별표 제54호에서 '개발이익환수에 관한 법률 제3조에 따른 개발부담금'을 동법에서 말하는 부담금 중의 하나로서 열거하고 있다. 그러나 어떤 공과금이 조세인지 아니면 부담금인지는 단순히 법률에서 그것을 무엇으로 성격 규정하고 있느냐를 기준으로 할 것이 아니라, 그 실질적인 내용을 결정적인 기준으로 삼아야 한다. … 개발부담금은 비록 그 명칭이 '부담금'이고 국세기본법이나 지방세기본법에서 나열하고 있는 국세나 지방세의 목록에 빠져 있다고 하더라도, '국가 또는 지방자치단체가 재정수요를 충족시키기 위하여 반대급부 없이 법률에 규정된 요건에 해당하는 모든 자에 대하여 일반적 기준에 의하여 부과하는 금전급부'라는 조세로서의 특징을 지니고 있다는 점에서 실질적인 조세로 보아야 할 것이다. … (개발부담금은) 국가나 지방자치단체의 활동을 위한 재정수입의 원천이 되므로 고도의 공공성과 공익성을 가지며 … 조세와 마찬가지로 그 징수의 확보를 보장할 필요가 있다."

헌재 1999. 1. 28. 97헌가8 : "교통안전기금의 재원의 하나로 운송사업자들 및 교통수단 제조업자들에 대하여 부과되는 분담금은 교통안전사업의 재정충당을 위한 특별부담금(Sonderabgaben)의 일종으로 볼 수 있고, 그 사용목적이 교통안전사업으로 제한되며 부과대상자가 특정사업자들로 한정된다는 점에서 조세와는 다르다고 할 것이나, 공익사업의 재정충당을 위하여 부과된다는 점에서 조세유사적 성격을 가진다. 위 분담금의 분담방법 및 분담비율에 관한 사항을 대통령령으로 정하도록 규정한 교통안전공단법 제17조는 국민의 재산권과 관련된 중요한 사항 내지 본질적인 요소인 분담금의 분담방법 및 분담비율에 관한 기본사항을 구체적이고 명확하게 규정하지 아니한 채 시행령에 포괄적으로 위임함으로써, 분담금 납부의무자로 하여금 분담금 납부의무의 내용이나 범위를 전혀 예측할 수 없게 하고, 나아가 행정부의 자의적인 행정입법권행사에 의하여 국민의 재산권이 침해될 여지를 남김으로써 경제생활의 법적 안정성을 현저히 해친 포괄적인 위임입법으로서 헌법 제75조에 위반된다."

헌재 1999. 10. 21. 97헌바84 : "이 사건 납부금은 관광사업의 효율적 발전 및 관광외화수입의 증대라는 과제를 위한 재정충당을 위하여 카지노사업자라는 특정집단으로부터 징수되는 공과금으로서 특별부담금에 해당한다고 할 것이다. … 카지노업은 관광사업 중에서 수익성이 가장 높고, 다른 관광사업과는 달리 등록·지정이 아닌 허가를 받도록 하고 있을 뿐만 아니라, 그 허가요건도 전에 비하여 강화되어 매출액 및 이익의 증가가 예상되는 상황에서, 부족한 관광진흥개발기금의 확충을 통하여 관광사업의 발전에 필요한 재원을 확보하기 위하여 카지노사업자에게 일정금액을 관광진흥개발기금에 납부하게 하여 이 기금을 관광사업의 발전을 위한 특정한 용도에만 사용하도록 하는 것은 관광사업의 발전이라는 입법목적의 달성을 위한 적절한 방법으로 인정되고, 카지노업의 총매출액 개념의 특수성 및 카지노업의 높은 수익성에 비추어 카지노사업자에 대하여 총매출액의 100분의 10의 범위 안에서 납부금을 부과한 것이 과도한 것으로 볼 수도 없으므로, 구 관광진흥법 제10조의4 제1항이 과잉금지의 원칙에 위배하여 카지노사업자의 재산권을 침해하였다고 할 수 없다."

헌재 2003. 1. 30. 2002헌바5 : "국외여행자 납부금의 재정충당 및 유도적 성격에 비추어 볼 때, '내국인 국외여행자'는 일반인과 구별되는 사회적으로 동질성을 가지는 특정집단으로서 관련된 공익적 과제 등에 관하여 집단적 책임이 있을 뿐만 아니라, 기금의 운용을 통한 관광시설의 개선 등 국내 관광사업의 발전과도 객관적인 관련성이 있다. 한편, 전체인구 중 20%를 넘지 않는 상대적으로 소수(少數)인 내국인 국외여행자가 관광수지적자에 대한 직접적 원인을 제공하고 있다는 점에 비추어 보면, 입법자가 관광진흥개발기금의 재원확대를 위하여 일반국민을 대상으로 한 조세의 방법을 선택하지 아니하고, 내국인 국외여행자만을 부과

대상으로 한정한 현행 납부금제도를 선택한 것은 나름대로 합리성을 가진다. 한편, 이 사건 납부금이 일반적인 재정수입에 포함되는 것이 아니라 각종 관광시설의 건설 등 한정된 용도에만 사용된다. … 이 사건 납부금이 이른바 '침해의 최소성의 원칙'이나 '법익균형성의 원칙'에 위배된다고 볼 수도 없다. 따라서 이 사건 법률조항이 과잉금지의 원칙에 위배하여 내국인 국외여행자의 재산권 등의 본질적인 내용을 침해하였다고 볼 수 없다."

헌재 2003. 12. 18. 2002헌가2 : "[재판관 하경철·권성·김효종·송인준의 위헌의견] 특별부담금은 그 성격에 따라 ① 일정한 과제의 수행에 필요한 재정경비를 조성하는 것을 목적으로 한 '재정충당 특별부담금'과 ② … 금전의 부담을 지워 간접적으로 일정한 국가목적의 달성을 유도하는 기능을 가진 '유도적 특별부담금'으로 나눌 수 있다. … 문예진흥기금의 납입금은 문화예술진흥이라는 특정한 공익목적을 달성하는 데 필요한 재원을 확보하고자 부과하는 것이므로 이는 재정충당 목적의 특별부담금이라 할 것이다. … 재정충당 목적의 특별부담금인 경우 적어도 객관적 근접성과 집단적 책임성은 특별부담금의 본질적인 허용요건이라고 보아야 할 것이다. … 첫째, 문예진흥기금의 모금대상인 시설을 이용하는 자(를) … 동질성 있는 특별한 집단으로 인정하는 것은 대단히 무리라고 할 것이다(집단의 동질성 부존재). … 둘째, 문예진흥기금의 납입의무를 지는 사람들이 … 문화예술진흥의 목적을 달성하는 데 대하여 객관적으로 더 근접한 위치에 있다고 볼 수는 없다(객관적 근접성 부존재). … 셋째, 공연 등을 관람하는 일부의 국민들만이 문화예술의 진흥에 집단적으로 특별한 책임을 부담하여야 할 아무런 합리적인 이유도 발견되지 아니한다(집단적 책임성 부존재). … 넷째, 문예진흥기금이 공연관람자 등의 집단적 이익을 위해서 사용되는 것도 아니다. 현실적으로 문예진흥기금은 문예진흥을 위한 다양한 용도로 사용되고 있다(집단적 효용성 부존재)."

헌재 2008. 11. 27. 2007헌마860 : "[재판관 이강국·김종대·이동흡·목영준의 기각의견] 영화관 관람객이 입장권 가액의 100분의 3을 부과금으로 부담하도록 하(는) … 영화상영관 입장권 부과금제도는 영화발전기금의 재원마련을 위한 재정조달 목적 부담금으로서, 영화예술 및 한국 영화산업의 발전이라는 과제를 위한 것이다. 이는 조세가 아닌 부담금으로 그 재원을 마련할 수 있는 특수한 공적 과제이며, 영화관 관람객은 이에 대하여 특별히 밀접한 관련성이 인정되는 집단이다. 영화관 관람객은 영화라는 단일 장르의 예술의 향유자로서 집단적 동질성이 있고, 영화예술의 진흥 발전에 객관적 근접성이 있으며, 영화발전기금의 집행을 통한 영화의 장기적인 발전의 이익은 궁극적으로 영화산업의 소비자인 관람객에게 돌아가게 되어 그 집단적 책임성 및 효용성도 인정된다. 또한, 부담금관리기본법에 따라 그 징수의 타당성과 적정성은 지속적인 입법자의 통제를 받는다. … 영화상영관 입장권 부과금 제도는 영화관 관람객의 재산권 및 영화관 경영자의 직업수행의 자유를 침해하지 아니한다. 그리고 영화관 관람객은 영화의 본래적·전형적 소비자라는 점에서 이들의 평등권도 침해하지 않는다."

헌재 2005. 3. 31. 2003헌가20 : "의무교육에 관한 한 일반재정이 아닌 부담금과 같은 별도의 재정수단을 동원하여 특정한 집단으로부터 그 비용을 추가로 징수하여 충당하는 것은 의무교육의 무상성을 선언한 헌법에 반한다고 할 것이다. … 중등교육에 관한 교육재정과 관련하여 재정조달 목적의 부담금을 징수할 수 있다고 하더라도 이는 일반적인 재정조달 목적의 부담금이 갖추어야 할 요건을 동일하게 갖춘 경우에 한하여 허용될 수 있(다). … 일반적인 납세의무를 부담하고 있는 국민이 일정한 지역에서 주택을 분양받아 의무교육시설 확보의 필요성을 야기하였다고 하더라도 이로 인하여 의무교육시설의 확보가 곧바로 특별한 공익사업으로서 전환된다고 볼 수 없다. … 수분양자 개인의 입장에서 보면, 학교용지확보 필요성에 있어서 수분양자들의 구체적 사정을 거의 고려하지 않은 채 수분양자 모두를 일괄적으로 동일한 의무자집단에 포함시켜 동일한 학교용지부담금을 부과하는 것은 합리적 근거가 없는 차별에 해당(한다). … 이 사건 법률조항에 의하여 확보된 학교용지부담금은 지방자치단체(특별시·광역시·도)별로 운영되기 때문에 반드시 수분양자들의 자녀들이 다니게 될 학교의 용지확보를 위하여 사용된다고 볼 수도 없다. … 신규 주택의 수분양자들이 위 공익사업에 대하여 일반국민들에 비하여 밀접한 관련성을 갖는다고 보기 어려움에도 … (이)들에게만 학교용지확보를 위한 부담금을 부과하는 것은 합리적인 이유가 없는 차별에 해당한다."

헌재 2008. 9. 25. 2007헌가9 : "의무교육무상에 관한 헌법 제31조 제3항은 … 의무교육의 비용을 오로지 국가 또는 지방자치단체의 예산, 즉 조세로 해결해야 함을 의미하는 것은 아니다. 따라서 의무교육의 대상인 수분양자가 아닌 개발사업자에게 학교용지부담금을 부과 … (조항은) 더 이상 헌법 제31조 제3항의 의무교육의 무상성과는 관계가 없다. … 개발사업이 진행되는 지역에서 단기간에 형성된 학교신설 수요에 부응하기 위한 … 학교시설 확보는 특별한 공익사업으로서의 성격을 가진다. … 개발사업자들은 … 학교용지확보의 필요성을 야기시켰다는 점에서 형식적으로 일반국민과 구별되는 동질성을 가지고 있다. … 개발사업자는 개발사업을 통해서 이익을 창출함과 동시에 학교신설의 필요성을 야기한 자로 학교용지확보라는 공적 과제와 객관적으로 밀접한 관련성을 가지고 있다. … 개발사업자는 학교용지확보라는 과제의 달성에 관하여 조세 외적으로 부담을 져야할 책임을 가지고 있(다). … 학교의 신설이 담보될 경우 개발사업자는 분양에 있어서의 편의와 분양가격의 상승이라는 이익을 얻을 수 있게 될 것이고 따라서 … 납부의무자의 집단적 이익에도 기여한다. … 부담금관리기본법 제7조에 의(해) … 학교용지부담금 징수의 타당성이나 적정성에 대하여는 매년 입법자의 지속적 심사가 이루어지고 있(다). … 부담금 부과의 근거조항은 헌법상 평등원칙에 위배되지 아니한다. … 재산권의 제한에 있어 비례의 원칙 위반 여부 … 납부의무자인 개발사업자의 재산권을 과도하게 침해하였다고 볼 수는 없다."

헌재 1998. 12. 24. 98헌가1 : "수질개선부담금은 … 그 내용상 환경에 관한 부담금이고, 기능상으로는 정책목표 달성을 유도하고 조정하는 성격을 가진 부담금이다. … 수질개선부담금과 같은 부담금을 부과함에 있어서는 평등원칙이나 비례성원칙과 같은 기본권제한입법의 한계를 준수하여야 함은 물론 이러한 부담금의 부과를 통하여 수행하고자 하는 특정한 사회적·경제적 과제에 대하여 조세외적 부담을 지울 만큼 특별하고 긴밀한 관계가 있는 특정집단에 국한하여 부과되어야 하고, 이와 같이 부과·징수된 부담금은 그 특정과제의 수행을 위하여 별도로 관리·지출되어야 하며 국가의 일반적 재정수입에 포함시켜 일반적 국가과제를 수행하는 데 사용되어서는 아니 된다. … 먹는 샘물 제조업 자체를 허용하면서 단지 판매가액의 최고 20%의 한도에서 부담금을 부과하도록 하였다 하여 헌법재판소가 관여할 정도로 현저히 자의적이거나 과도한 비율의 부담금을 책정한 것이라 볼 수 없다."

헌재 2004. 7. 15. 2002헌바42 : "재정조달 목적 부담금의 헌법적 정당화 요건 : … 첫째, 부담금은 조세에 대한 관계에서 어디까지나 예외적으로만 인정 … (국가의) 일반적 재정수입에 포함시켜 일반적 과제를 수행하는 데 사용할 목적이라면 반드시 조세의 형식으로 해야(한다). … 둘째, 부담금 납부의무자는 재정조달 대상인 공적 과제에 대하여 일반국민에 비해 '특별히 밀접한 관련성'을 가져야 한다. 당해 과제에 관하여 납부의무자 집단에게 특별한 재정책임이 인정되고, 주로 그 부담금 수입이 납부의무자 집단에게 유용하게 사용될 때 위와 같은 관련성이 있(다). … 셋째, … 부담금이 장기적으로 유지되는 경우에 있어서는 그 징수의 타당성이나 적정성이 입법자에 의해 지속적으로 심사될 것이 요구된(다). … 정책실현 목적 부담금의 헌법적 정당화 요건 : … 첫째, … 부담금에 대한 조세의 우선적 지위가 인정되는 것은 어디까지나 그 부과목적이 재정조달에 있는 경우라 할 것이며, 특정한 정책실현에 목적을 둔 모든 경우에도 같다고 볼 것은 아니다. … 둘째, … 정책실현 목적 부담금의 경우에는 … '재정조달 대상인 공적 과제와 납부의무자 집단 사이에 존재하는 관련성' 자체보다는 오히려 … '특정 사회적·경제적 정책목적과 부담금의 부과 사이에 존재하는 상관관계'에 더 주목하게 된다. … (먹는 샘물 수입판매업자에 대해 수질개선부담금을 부과하는) 이 사건 법률조항은 먹는 샘물 수입판매업자의 직업의 자유와 재산권, 국민의 행복추구권을 필요 이상으로 지나치게 제약함으로써 헌법에 위반되는 것이라고는 볼 수 없다."

헌재 2001. 11. 29. 2000헌바23 : "이 사건 과밀부담금은 … 원인자부담금의 성격을 지니며, 다른 한편으로 … 부분적으로 수익자부담금의 성격도 지닌다. 그러나 과밀부담금은 전통적 의미의 부담금에 전제되어 있는 특정의 공익사업이라는 것이 존재하지 아니하고 … 수도권의 과밀해소 및 지역균형발전이라는 국가적 목적 달성을 유도하기 위해 부과되는 것이라는 점에서 특별부담금이라고 할 것이다. … 특별부담금을 부과함으로써 국민의 재산권을 제한하는 법률규정이 헌법에 위배되지 않기 위하여는 헌법 제37조 제2항에서 정하고 있는 과잉금지의 원칙이 지켜져야 하고, 평등의 원칙에 위배되어서는 아니 됨은 물론이다. … 과밀부담금을 당해 건물의 전체 건축비를 기준으로 일정비율의 범위 내에서 부과하도록 한 것이 과잉금지원칙에 반하는 것은 아니다. … 과밀부담금의 부과자체가 그 목적이 정당하고 적절한 수단이며, 구체적인 부과방법 또한 … 적정한 것이라면 … 합리적 근거 없이 차별하는 것이라고 말할 수는 없다."

[161] 탄핵제도의 개념과 유형 **탄핵제도**(impeachment)란 일반사법절차에서 소추·처벌하거나 일반징계절차에서 징계하기 곤란한 고위직 행정공무원 또는 법관처럼 신분이 보장된 공무원이 직무상 중대한 비리를 범한 경우, 이를 의회가 소추하여 처벌하거나(형사재판 성격의 탄핵) 파면하는(징계처벌 성격의 탄핵) 제도를 말한다. 의원내각제에서 의회의 불신임은 정치적 책임을 추궁하는 장치라는 점(현행헌법의 국무총

리·국무위원해임건의[헌§63]도 동일함)에서 법적 책임을 추궁하는 장치인 탄핵과 구별되며, 직접민주정의 요소로서 국민소환(국민파면)은 국민이 직접 그 책임을 추궁하는 장치라는 점에서 의회를 통한 간접민주제적 책임추궁 장치이자 의회의 국정통제 수단인 탄핵과 구별된다. 헌법재판소도 헌법상 제도인 탄핵과 법률상 제도인 주민소환은 평등원칙 심사의 비교대상이 될 수 없다고 한다(2007헌마843). 양원제를 취한 대부분 국가에서는 하원이 탄핵소추권을, 상원이 탄핵심판권을 각각 분장한다. 미국연방헌법도 고위직·신분보장 공무원에 대해 임명동의권을 갖는 상원이 그 민주적 정당성을 바탕으로 탄핵심판을 결정하도록 했다(탄핵심판과 위헌심사의 '분리체제' 채택). 하원의 소추에 맞설만한 위상을 가진 상원만이 그 심판을 맡을 수 있을 뿐 아니라, 대법원이 탄핵심판과 형사재판을 모두 관장하면 이중재판이 될 우려가 있다는 것이다(The Federalist, no.65). 우리의 경우, 1948년 헌법은 국회 재적의원 3분의 2 이상의 출석과 출석의원 3분의 2 이상의 찬성으로 탄핵소추를 의결하도록 하고(48헌§46), 대법관 5인과 국회의원 5인으로 구성되고 부통령이 재판장이 되는 비상설의 탄핵재판소에서 그 3분의 2 이상 찬성으로 탄핵심판을 결정하도록 했다(48헌§47)(탄핵심판과 위헌심사의 '분리체제' 채택). 1952년 헌법은 양원제를 도입하면서 탄핵재판소의 구성원 중 국회의원을 참의원의원으로 수정했고(52헌§47), 1954년 헌법에서는 탄핵소추의 의결정족수를 각원 재적의원 과반수의 찬성으로 완화했다(54헌§46). 1960년 헌법에서는 탄핵재판소를 폐지하고 그 탄핵심판권을 헌법재판소로 이관(탄핵심판과 위헌심사의 '일치체제'로 변경)했다가(60헌§82의3·5호), 1962년 헌법에서는 대법원판사 3인과 국회의원 5인으로 구성되고 대법원장이 위원장이 되는 탄핵심판위원회를 별도로 설치하도록 했다(탄핵심판과 위헌심사의 '분리체제'로 복귀)(62헌§62)(1969년 헌법에서 대통령에 대한 탄핵소추의 의결정족수를 재적의원 3분의 2 이상으로 강화함[69헌§61②]). 1972년 헌법에서 탄핵심판위원회를 폐지하고 헌법위원회가 탄핵심판권까지 관장하도록 한 이래(72헌§109①2호), 1980년 헌법(80헌§112①2호)과 현행헌법(87헌§111①2호)까지 탄핵재판과 위헌심사의 '일치체제'가 이어지고 있다. 그런데 현행헌법의 대통령 단임제(헌§70)에서는 대통령에 대해 직접 정치적 책임을 추궁하는 길이 봉쇄되어 있을 뿐 아니라, 대통령 궐위 시에 잔여임기 동안 재직하는 부통령제를 두지 않고 바로 새로운 대통령을 선출하도록 한 까닭에, 그리고, 이미지가 강조되는 오늘날의 '비디오정치'에서는 의회 내 다수세력을 확보하지 못한 '외부자'(outsider) 대통령이 종종 등장하는 까닭에, 정치적 대립·갈등의 해결수단으로서 사법적 절차인 탄핵에 의존하는 경향이 점차 노골화되고 있다('정치의 사법화'). 그러나 헌법재판소가 위헌심사 외에 탄핵심판까지 관장하는 현행헌법의 일치체제에서는, 민주적 정당성의 기초가 허약한(특히, 양원제에서의 상원과 비교할 때) 헌법재판소가 대통령의 법적 책임을 사법적으로 규명하기보다 정치적 여론재판에 휩쓸리게 되는 문제점도 노정하고 있다('사법의 정치화').

헌재 2009. 3. 26. 2007헌마843 : "주민소환제를 규범적인 차원에서 정치적인 절차로 설계할 것인지, 아니면 사법적인 절차로 할 것인지는 현실적인 차원에서 입법자가 여러가지 사정을 고려하여 정책적으로 결정할 사항이라 할 것이다. 그런데 주민소환법에 주민소환의 청구사유를 두지 않은 것은 입법자가 주민소환을 기본적으로 정치적인 절차로 설정한 것으로 볼 수 있고, 외국의 입법례도 청구사유에 제한을 두지 않는 경우가 많다는 점을 고려할 때 우리의 주민소환제는 기본적으로 정치적인 절차로서의 성격이 강한 것으로 평가될 수 있다 할 것이다. … 대통령 등 탄핵소추 대상 공무원의 권한행사 정지요건(탄핵소추의 의결)과 비교할 때 이 조항의 권한행사 정지요건(주민소환투표의 발의)이 너무 가벼워 평등의 원칙에 위배된다고 주장한다. 그러나 탄핵소추는 일정 범위의 고위직 국가공무원이 그 직무집행에 있어서 헌법이나 법률을 위반한 때 국회의 탄핵소추 의결에 따른 헌법재판소의 탄핵 결정이 있을 경우 그를 공직에서 추방하는 헌법상의 제도이고, 주민소환은 지방자치제에 있어서 주민에 의하여 선출된 공직자에 대하여 그 선출한 주민 자신이 신뢰를 철회하는 정치적 의사표시를 통하여 공직을 박탈하는 법률상의 제도로서 양 제도는 성격과 차원을 달리하므로, 대통령 등 탄핵소추 대상 공무원과 선출직 지방공직자인 청구인을 평등권 침해 여부 판단에 있어 본질적으로 같거나 다르다는 의미에서 비교의 대상으로 삼을 수는 없(다)."

[162] 탄핵소추대상·사유·절차와 탄핵심판 **탄핵소추의 대상**에 대해 현행헌법은 "대통령, 국무총리, 국무위원, 행정각부의 장, 헌법재판소 재판관, 법관, 중앙선거관리위원회 위원, 감사원장, 감사위원 기타 법률이 정한 공무원"이라고 명시했다(헌§65①). 검찰청법의 검사(검찰§37), 경찰법의 경찰청장(경찰§11⑥), 선거관리위원회법의 각급선거관리위원회 위원(선관§9·2호), 「방송통신위원회의 설치 및 운영에 관한 법률」의 방송통신위원회 위원장(방통§6⑤) 등이 법률이 정한 탄핵소추 대상 공무원에 해당한다. **탄핵소추의 사유**에 대해 현행헌법은 "직무집행에 있어서" "헌법이나 법률을 위배한 때"라

고 명시했다(헌§65①). 즉, 직무관련성이 인정되는 행위라야 하므로 순수한 사적인 행위라든가 재직 이전·이후의 행위는 탄핵사유가 될 수 없다. 따라서 대통령의 직위를 보유하고 있는 상태가 아닌, 당선 후 취임 시까지 **'대통령당선자'** 신분에서의 행위는 탄핵소추의 사유가 될 수 없다(2004헌나1). 그러나 여기에서 '직무'란 법제상 소관 직무에 속하는 고유 업무와 사회통념상 이와 관련된 업무를 말하고, 따라서 대통령의 경우, 법령에 근거한 행위뿐만 아니라 대통령의 지위에서 국정수행과 관련하여 행하는 모든 행위를 포괄한다(2004헌나1·2016헌나1). 탄핵이란 법적 책임을 추궁하는 장치이므로(정치적 심판절차가 아니라 규범적 심판절차이므로) 직무관련행위가 헌법이나 법률에 위배될 것을 요건으로 하는데, 여기서 '헌법'이란 명문의 헌법규정 외에 헌법재판소 결정으로써 형성·확립된 불문헌법까지 포함하며, '법률'이란 형식적 의미의 법률 외에 그와 동등한 효력을 갖는 조약·국제법규까지 포함한다(2004헌나1·2016헌나1). 그러나 헌법재판소는 대통령의 **'성실한 직책수행의무'**는 헌법적 의무에 해당하지만 규범적으로 이행이 관철될 수 있는 성격의 의무가 아니므로, 원칙적으로 사법적 판단의 대상이 될 수 없다고 본다(2004헌나1·2016헌나1). 한편, **탄핵소추의 절차**에 있어서도 **국회의 자율권**이 권력분립의 원칙상 존중되어야 하므로, 국회가 탄핵소추의 의결 전 소추사유를 충분한 조사하지 않은 것, 탄핵소추의 의결 전 국회 내에서 충분한 질의·토론을 거치지 않은 것, 탄핵소추의 의결이 개별 소추사유별로 이루어지지 않은 것 등이 헌법·법률을 위반했다거나 국회의원의 권한을 침해했다고는 볼 수 없으며, 탄핵소추절차에 **적법절차원칙**이 직접 적용되는 것도 아니라고 한다(2004헌나1·2016헌나1). 탄핵소추가 의결되어 국회의 소추의결서가 헌법재판소로 송달되면 탄핵심판이 있을 때까지 권한행사가 정지되며, 임명권자는 피소추자의 사직원을 접수하거나 해임할 수 없다(헌§65③·국회§134②·헌재§50). 헌법재판소는 사법기관으로서 탄핵소추기관인 국회의 탄핵소추의결서에 기재된 소추사유에 구속되며, 탄핵소추의결서에 기재되지 아니한 새로운 사실을 탄핵심판절차에서 소추위원이 임의로 추가하는 것은 허용되지 않는다고 한다(2004헌나1·2016헌나1). 그러나 헌법재판소는 대통령에 대한 탄핵의 경우, 탄핵심판절차가 헌법수호제도라는 점 및 대통령이 직선의 민주적 정당성을 지닌다는 점을 논거로 들어, **'헌법수호의 관점에서 중대한 법위반'** 및 '국민의 신임을 배반한 행위'가 있을 때에만 파면이 정당화된다고 설시했다(2004헌나1·2016헌나1)(앞 [43] 참조). 탄핵의 결정은 재판관 6명 이상의 찬성이 있으면 족하므로(헌재§23②1호), 재판관 1명이 결원된 상황에서 8명의 재판관만으로도 탄핵의 결정은 가능하다고 본다(2016헌나1). 탄핵결정은 공직으로부터 파면함에 그치며 민사상·형사상 책임이 면제되지는 않는다(헌§65④)(징계처벌 성격의 탄핵). 피청구인이 탄핵결정 선고 전에 해당 공직에서 이미 파면되었을 때에는 헌법재판소는 심판청구를 기각해야 한다(헌재§53②).

헌재 2004. 5. 14. 2004헌나1 : "헌법 제65조에 규정된 탄핵사유를 구체적으로 살펴보면, '직무집행에 있어서'의 '직무'란, 법제상 소관 직무에 속하는 고유 업무 및 통념상 이와 관련된 업무를 말한다. 따라서 직무상의 행위란, 법령·조례 또는 행정관행·관례에 의하여 그 지위의 성질상 필요로 하거나 수반되는 모든 행위나 활동을 의미한다. 이에 따라 대통령의 직무상 행위는 법령에 근거한 행위뿐만 아니라, '대통령의 지위에서 국정수행과 관련하여 행하는 모든 행위'를 포괄하는 개념으로서, 예컨대 각종 단체·산업현장 등 방문행위, 준공식·공식만찬 등 각종 행사에 참석하는 행위, 대통령이 국민의 이해를 구하고 국가정책을 효율적으로 수행하기 위하여 방송에 출연하여 정부의 정책을 설명하는 행위, 기자회견에 응하는 행위 등을 모두 포함한다. … 헌법 제65조 제1항은 … 탄핵사유의 요건을 '직무'집행으로 한정하고 있으므로, 위 규정의 해석상 대통령의 직위를 보유하고 있는 상태에서 범한 법위반행위만이 소추사유가 될 수 있다고 보아야 한다. 따라서 당선 후 취임 시까지의 기간에 이루어진 대통령의 행위도 소추사유가 될 수 없다. 비록 이 시기 동안 대통령직 인수에 관한 법률에 따라 법적 신분이 '대통령당선자'로 인정되어 대통령직의 인수에 필요한 준비 작업을 할 수 있는 권한을 가지게 되나, 이러한 대통령당선자의 지위와 권한은 대통령의 직무와는 근본적인 차이가 있고, 이 시기 동안의 불법정치자금 수수 등의 위법행위는 형사소추의 대상이 되므로, 헌법상 탄핵사유에 대한 해석을 달리할 근거가 없다."

헌재 2004. 5. 14. 2004헌나1 : "탄핵심판절차는 행정부와 사법부의 고위공직자에 의한 헌법침해로부터 헌법을 수호하고 유지하기 위한 제도이다. … 우리 헌법은 헌법수호절차로서의 탄핵심판절차의 기능을 이행하도록 하기 위하여, 제65조에서 탄핵소추의 사유를 '헌법이나 법률에 대한 위배'로 명시하고 헌법재판소가 탄핵심판을 관장하게 함으로써 탄핵절차를 정치적 심판절차가 아니라 규범적 심판절차로 규정하였고, 이에 따라 탄핵제도의 목적이 '정치적 이유가 아니라 법위반을 이유로 하는' 대통령의 파면임을 밝히고 있다. … '헌법'에는 명문의 헌법규정뿐만 아니라 헌법재판소의 결정에 의하여 형성되어 확립된 불문헌법도 포함된다. '법률'이란 단지 형식적 의미의 법률 및 그와 등등한 효력을 가지는 국제조약, 일반적으로 승인된 국제법규 등을 의미한다. … 헌법 제69조는 대통령의 취임선서의무를 규정하면서, 대통령으로서 '직책을 성실히 수행할 의무'를 언급하고 있다. 비록 대통령의 '성실한 직책수행의무'는 헌법적 의무에 해당하나, '헌법을 수호해야 할 의무'와는 달리, 규범적으로 그 이행이 관철될 수 있는 성격의 의무가 아니므로, 원칙적으로 사법적 판단의 대상이 될 수 없다고 할 것이다. 대통령이 임기 중 성실하게 의무를 이행했는지의 여부는 주기적으로 돌아오는 다음 선거에서 국민의 심판의 대상이 될 수 있을 것이다. 그러나 대통령 단임제(에서는) … 간접적으로 그가 소속된 여당에 대하여 정치적인 반사적 이익 또는 불이익을 가져다 줄 수 있을 뿐이다. … 정치적 무능력이나 정책결정상의 잘못 등 직책수행의 성실성 여부는 그 자체로서 소추사유가 될 수 없어, 탄핵심판절차의 판단대상이 되지 아니한다."

헌재 2004. 5. 14. 2004헌나1 : "국회가 탄핵소추를 하기 전에 소추사유에 관하여 충분한 조사를 하는 것이 바람직하나, 국회법 제130조 제1항(은) … 조사의 여부를 국회의 재량으로 규정하고 있으므로 … 헌법이나 법률을 위반하였다고 할 수 없다. … 탄핵소추의 중대성에 비추어 국회 내의 충분한 질의와 토론을 거치는 것이 바람직하(나) … 국회법 제130조 제2항을 '탄핵소추의 경우에는 질의와 토론 없이 표결할 것을 규정한 것'으로 해석할 여지가 있기 때문에 국회의 자율권과 법해석을 존중 … 탄핵소추의결은 개별 사유별로 이루어지는 것이 국회의원들의 표결권을 제대로 보장하기 위해서 바람직하나, 우리 국회법상 이에 대한 명문 규정이 없(다). … 탄핵소추를 함에 있어서 피청구인에게 혐의사실을 정식으로 고지하지도 않았고 의견 제출의 기회도 부여하지 않았으므로 적법절차원칙에 위반된다고 주장한다. … 국회의 탄핵소추절차는 국회와 대통령이라는 헌법기관 사이의 문제이고, 국회의 탄핵소추의결에 의하여 사인으로서의 대통령의 기본권이 침해되는 것이 아니라, 국가기관으로서의 대통령의 권한행사가 정지되는 것이다. 따라서 국가기관이 국민과의 관계에서 공권력을 행사함에 있어서 준수해야 할 법원칙으로서 형성된 적법절차의 원칙을 국가기관에 대하여 헌법을 수호하고자 하는 탄핵소추절차에는 직접 적용할 수 없다고 할 것이고 … 탄핵소추절차와 관련하여 피소추인에게 의견진술의 기회를 부여할 것을 요청하는 명문의 규정도 없으므로, 국회의 탄핵소추절차가 적법절차원칙에 위배되었다는 주장은 이유 없다."

헌재 2004. 5. 14. 2004헌나1 : "헌법재판소는 사법기관으로서 원칙적으로 탄핵소추기관인 국회의 탄핵소추의결서에 기재된 소추사유에 의하여 구속을 받는다. 따라서 헌법재판소는 탄핵소추의결서에 기재되지 아니한 소추사유를 판단의 대상으로 삼을 수 없다. 그러나 탄핵소추의결서에서 그 위반을 주장하는 '법규정의 판단'에 관하여 헌법재판소는 원칙적으로 구속을 받지 않으므로, 청구인이 그 위반을 주장한 법 규정 외에 다른 관련 법 규정에 근거하여 탄핵의 원인이 된 사실관계를 판단할 수 있다. 또한, 헌법재판소는 소추사유의 판단에 있어서 국회의 탄핵소추의결서에서 분류된 소추사유의 체계에 의하여 구속을 받지 않으므로, 소추사유를 어떠한 연관관계에서 법적으로 고려할 것인가의 문제는 전적으로 헌법재판소의 판단에 달려있다. … 소추의결서에 기재되지 아니한 새로운 사실을 탄핵심판절차에서 소추위원이 임의로 추가하는 것은 허용되지 아니한다. 2004. 3. 11. 대통령의 '총선과 재신임의 연계발언' 부분은 국회 탄핵소추의결서에 적시되지 않은 사실로서 국회의 탄핵의결 이후 소추의원 의견서에 추가된 소추사유이므로, 판단의 대상으로 삼지 않기로 한다."

헌재 2004. 5. 14. 2004헌나1 : "'대통령을 파면할 정도로 중대한 법위반이 어떠한 것인지'에 관하여 일반적으로 규정하는 것은 매우 어려운 일이나, 한편으로는 탄핵심판절차가 공직자의 권력남용으로부터 헌법을 수호하기 위한 제도라는 관점과 다른 한편으로는 파면결정이 대통령에게 부여된 국민의 신임을 박탈한다는 관점이 함께 중요한 기준으로 제시될 것이다. 즉, 탄핵심판절차가 궁극적으로 헌법의 수호에 기여하는 절차라는 관점에서 본다면, 파면결정을 통하여 헌법을 수호하고 손상된 헌법질서를 다시 회복하는 것이 요청될 정도로 대통령의 법 위반행위가 헌법수호의 관점에서 중대한 의미를 가지는 경우에 비로소 파면결정이 정당화되며, 대통령이 국민으로부터 선거를 통하여 직접 민주적 정당성을 부여받은 대의기관이라는 관점에서 본다면, 대통령에게 부여한 국민의 신임을 임기 중 다시 박탈해야 할 정도로 대통령이 법위반행위를 통하여 국민의 신임을 저버린 경우에 한하여 대통령에 대한 탄핵사유가 존재하는 것으로 판단된다. … 구체적으로 … 대통령의 파면을 요청할 정도로 '헌법수호의 관점에서 중대한 법위반'이란, 자유민주적 기본질서를 위협하는 행위로서 법치국가원리와 민주국가원리를 구성하는 기본원칙에 대한 적극적인 위반행위를 뜻하는 것이고, '국민의 신임을 배반한 행위'란 '헌법수호의 관점에서 중대한 법위반'에 해당하지 않는 그 외의 행위유형까지도 모두 포괄하는 것으로서, 자유민주적 기본질서를 위협하는 행위 외에도, 예컨대, 뇌물수수, 부정부패, 국가의 이익을 명백히 해하는 행위가 그의 전형적인 예라 할 것이다."

헌재 2017. 3. 10. 2016헌나1 : "헌법 제7조 제1항은 … 공무원을 '국민 전체에 대한 봉사자'로 규정하고 공무원의 공익실현의무를 천명하고 있고, 헌법 제69조는 대통령의 공익실현의무를 다시 한 번 강조하고 있다. … 대통령의 공익실현의무는 국가공무원법 제59조, 공직자윤리법 제2조의2 제3항, '부패방지 및 국민권익위원회의 설치와 운영에 관한 법률' 제2조 제4호 가목, 제7조 등 법률을 통해 구체화되고 있다. … 피청구인의 이러한 일련의 행위는 최○원 등의 이익을 위해 대통령으로서의 지위와 권한을 남용한 것으로서 공정한 직무수행이라 할 수 없다. 피청구인은 헌법 제7조 제1항, 국가공무원법 제59조, 공직자윤리법 제2조의2 제3항, 부패방지권익위법 제2조 제4호 가목, 제7조를 위반하였다. … 공권력 개입을 정당화할 수 있는 기준과 요건을 법률로 정하지 않고 대통령의 지위를 이용하여 기업으로 하여금 재단법인에 출연하도록 한 피청구인의 행위는 해당 기업의 재산권(헌법 제23조 제1항) 및 기업경영의 자유(헌법 제15조)를 침해한 것이다. … 피청구인의 이와 같은 일련의 행위들은 기업의 임의적 협력을 기대하는 단순한 의견제시나 권고가 아니라 구속적 성격을 지닌 것으로 평가된다. … 대통령은 고도의 정책적 결정을 내리는 과정에서 중요한 국가기밀을 다수 알게 되므로, 대통령의 비밀엄수의무가 가지는 중요성은 다른 어떤 공무원의 경우보다 크고 무겁다. … 피청구인이 최○원에게 위와 같은 문건이 유출되도록 지시 또는 방치한 행위는 국가공무원법 제60조의 비밀엄수의무를 위반한 것이다. … 피청구인은 국민으로부터 위임받은 권한을 사적 용도로 남용하여 적극적·반복적으로 최○원의 사익추구를 도와주었고, 그 과정에서 대통령의 지위를 이용하거나 국가의 기관과 조직을 동원하였다는 점에서 법 위반의 정도가 매우 중하다. … 피청구인은 자신의 헌법과 법률 위배행위에 대하여 국민의 신뢰를 회복하고자 하는 노력을 하는 대신 국민을 상대로 진실성 없는 사과를 하고 국민에게 한 약속도 지키지 않았다. 이 사건 소추사유와 관련하여 피청구인의 이러한 언행을 보면 피청구인의 헌법수호의지가 분명하게 드러나지 않는다."

헌재 2017. 3. 10. 2016헌나1 : "피청구인은, 현재 헌법재판관 1인이 결원된 상태여서 헌법재판소법 제23조에 따라 사건을 심리할 수는 있지만 8인의 재판관만으로는 탄핵심판 여부에 대한 결정을 할 수 없고, 8인의 재판관이 결정을 하는 것은 피청구인의 '9인으로 구성된 재판부로부터 공정한 재판을 받을 권리'를 침해하는 것이라고 주장한다. … 대통령의 권한행사가 정지되고 대통령 권한대행이 행사할 수 있는 권한의 범위에 관하여 논쟁이 존재하는 현 상황은 심각한 헌정위기 상황이다. 게다가 대통령 권한대행이 헌법재판소장을 임명할 수 없다는 견해를 따르면 헌법재판소장의 임기 만료로 발생한 현재의 재판관 공석 상태를 종결하고 9인 재판부를 완성할 수 있는 방법도 없다. 이와 같이 헌법재판관 1인이 결원이 되어 8인의 재판관으로 재판부가 구성되더라도 탄핵심판을 심리하고 결정하는 데 헌법과 법률상 아무런 문제가 없다. 또 새로운 헌법재판소장 임명을 기다리며 현재의 헌정위기 상황을 방치할 수 없는 현실적 제약을 감안하면 8인의 재판관으로 구성된 현 재판부가 이 사건 결정을 할 수밖에 없다. 탄핵의 결정을 하기 위해서는 재판관 6인 이상의 찬성이 있어야 하는데 결원 상태인 1인의 재판관은 사실상 탄핵에 찬성하지 않는 의견을 표명한 것과 같은 결과를 가져 오므로, 재판관 결원 상태가 오히려 피청구인에게 유리하게 작용할 것이라는 점에서 피청구인의 공정한 재판받을 권리가 침해된다고 보기도 어렵다. 따라서 이 부분 피청구인의 주장도 받아들이지 아니한다."

[163] 국정감사와 국정조사 현행헌법은 국회의 국정 전반에 대한 정례적인 조사, 즉 **국정감사**와 한정된 국정 사안에 대한 부정기 조사, 즉 **국정조사**를 모두 규정했다(헌§61). '**정기적 일반국정조사**'를 의미하는 국회의 국정감사는 1948년 헌법에서부터 명문화되었던 것으로서(48헌§43), 비교헌법상으로는 유례를 찾기 힘든 국회우월적인 제도이다. 1962년 헌법에서는 "재판과 진행 중인 범죄수사·소추에 간섭할 수 없다."는 국정감사의 한계조항을 두었는데(62헌§57), 1972년 헌법에서는 아예 삭제되었다가 1980년 헌법에서 1962년 헌법과 동일한 한계조항을 덧붙인 국정조사만 부활되었고(80헌§97), 현행헌법에서는 국정감사와 국정조사가 모두 아무런 한계조항 없이 부활되기에 이르렀다(87헌§61). 국정감사는 **소관 상임위원회별**로, 상임위원장이 국회운영위원회와 협의하여 작성한 **감사계획서**에 의해, 매년 정기회 집회일 이전 30일 이내의 기간을 정하여 실시하되, **공개를 원칙**으로 한다(국감§2①②·§12). 그러나 선진 각국에서 선례를 찾기 힘든 이 국정감사에 대해서는, 주로 의원의 전문성 부족으로 말미암아 연례행사 성격의 형식적 감사가 매년 반복됨으로써, 행정효율에 장애요소만 될 뿐이라는 비판이 제기되고 있다('국감폐지론'). 한편, '**부정기적 특정국정조사**'를 의미하는 국정조사의 경우, 국회의 입법

권 등 권한을 행사하는 데 반드시 필요한 **보조적 권한**으로서 바이마르헌법 이래 다수 헌법에서 명문으로 이를 규정했다. 그런데 국감국조법상 조사요구서의 의결에는 재적의원 4분의 1 이상의 찬성만으로 족한 반면(국감§3①), **조사계획서의 승인**에는 별도의 규정이 없어 일반의결정족수를 요하는 까닭에(국감§3④⑤), 여·야 정당 간의 합의가 없으면 유효적절한 국정조사의 수행이 사실상 곤란하다는 문제점이 지적되고 있다. 국정조사를 둘러싼 여·야 간의 정쟁으로 말미암아, 국정조사가 종료된 후 본회의에서 **조사결과보고서가 채택**된 경우도 드문 실정이다(제17대 국회~제19대 국회 사이 총 4건 채택). 국정조사는 **특별위원회 또는 상임위원회**가 **청문회**를 개최, 관련 증인을 출석케 하여 그 증언을 청취하는 **공개의 방식**으로 대개 진행된다(국감§2①·§10③·§12). 증인이 정당한 이유 없이 출석하지 않는 때 위원장은 **동행명령장을 발부**하여 출석을 강제할 수 있으며(증감§6), 증인의 동행명령 거부나 증언시의 폭행·협박·모욕 등은 **국회모욕죄**로 처벌되고(증감§13), 선서한 증인·감정인의 허위의 진술·감정은 **위증죄**로 처벌된다(증감§14). 헌법재판소는 국회증언감정법이 증언거부권 고지에 관한 규정을 두지 않은 것과 국회에서의 위증을 형사소송·민사소송 등에서의 위증보다 무겁게 처벌하는 것은 평등원칙에 위배되지 않는다고 보았다(2012헌바410). 국회의 국정감사·조사권에는 일정한 한계가 있다. 우선, **권력분립상의 한계**로서, ① 국회는 정부 또는 해당 기관에 시정요구를 할 수 있을 뿐 그 스스로 직접 조치를 취할 수 없으며(국감§16), ② 계속 중인 재판 또는 수사 중인 사건의 소추에 관여할 목적으로 행사되어서는 안 되며(국감§8), ③ 광역지방자치단체에 대한 감사는 국가위임사무와 국가가 보조금 등 예산을 지원하는 사업에 제한된다(국감§7·2호). 다음, **기본권 보장상의 한계**로서 ① 국정과 무관한 개인의 사생활을 침해할 수 없으며(국감§8), ② 형사소송법 제148조 또는 제149조에 해당하는 경우에는 증언 등을 거부할 수 있다(증감§3①). 끝으로, **국가이익상의 한계**로서, 군사·외교·대북관계의 국가기밀에 관한 사항의 경우 그 발표로 국가안위에 중대한 영향을 미친다는 주무부장관의 소명이 있는 때에는 증언 등을 거부할 수 있다(증감§4①).

헌재 2015. 9. 24. 2012헌바410 : "입법자가 형사소송법에는 증언거부권 고지에 관한 규정을 명문으로 두면서도 국회증언감정법에는 이를 두지 않은 것은 양 절차에서 증언거부권의 고지 여부를 달리 취급하려는 의사로 볼 수 있고, 이러한 입법자의 의사는 존중되어야 한다. … 국회증언감정법은 처음부터 그와 같은 고지 규정을 두지 않았다. 이는 입법상의 흠결이나 오류로 단정하기 어렵고, 입법자가 국회증언감정법상 증언절차와 형사소송절차 사이의 목적 내지 성질상 차이 등을 고려한 것으로 보인다. 이와 관련하여 대법원도 … '입법의 경위 및 규정 내용에 비추어 볼 때, 이는 양 절차에 존재하는 그 목적·적용원리 등의 차이를 염두에 둔 입법적 선택으로 보인다.'고 판시한 바 있다(대판 2011. 7. 28. 2009도14928). … 국회에서의 위증은 국민을 대표하는 국회의 권위를 훼손하고 국회의 의정활동 전반, 그리고 그것과 연관된 다수의 국민에게 광범위하게 영향을 미칠 수 있으며 형사소송·민사소송 등에서의 위증보다 엄격한 절차(본회의 또는 위원회의 고발)를 거쳐야 처벌될 수 있다는 점을 고려할 때, 심판대상조항이 국회에서의 위증에 대하여 형사소송·민사소송 등에서의 위증보다 무거운 법정형을 정하였다고 하더라도 이를 그 범죄의 죄질 및 이에 따른 행위자의 책임에 비하여 지나치게 가혹한 것이어서 현저히 형벌체계상 균형을 잃고 있다고 할 수 없다. 더욱이 심판대상조항의 법정형은 1년 이상 10년 이하의 징역이므로 … 법관은 얼마든지 선고유예나 집행유예를 선고할 수 있다. … 국회에서의 위증죄가 지니는 불법의 중대성, 절차의 엄격성 등에 비추어 볼 때 법정형에 벌금을 규정하지 않은 것이 그 범죄에 대한 형벌 본래의 목적과 기능을 달성함에 있어 필요한 정도를 일탈하였다고 할 수 없다."

헌재 2015. 9. 24. 2012헌바410 : "[재판관 이진성·서기석·조용호의 반대의견] 심판대상조항은 법률에 의하여 선서한 증인이 허위의 진술을 한 경우 처벌하는 규정으로서, 그 본질에 있어서 형법상 위증죄와 다르지 않다. 형법상 위증은 법관의 심증형성에 곧바로 영향을 미쳐 사람의 생명·신체·재산 등에 직접적 불이익을 가져올 수 있음에 반하여, 국회에서의 위증은 그 효과가 간접적인 측면이 있으므로, 심판대상조항의 위증죄가 형법상 위증죄보다 반드시 그 불법의 정도가 더 무겁다고 볼 수는 없다. 또한, 심판대상조항은 형법상 위증죄와 달리 법관이 벌금형을 아예 선고할 수 없도록 함으로써 법관의 양형재량의 범위를 필요 이상으로 불합리하게 좁혀 놓았다. 따라서 심판대상조항은 형벌체계상의 정당성이나 균형성을 현저히 상실하여 평등원칙에 위배된 것이다. [재판관 이정미의 반대의견] 국회에서의 증인의 경우 그 신청과 선정에 있어 안건이나 국정감사·국정조사와의 직접적 관련성이 적은 경우도 있고, 법원에서의 증언에 비하여 신문할 사항이 광범위하고 포괄적이어서 증인으로서는 예측하기 어려우므로, 국회에서의 증인에 대하여는 오히려 고지의무 규정을 둘 필요성이 높다고 할 것이다. 그리고 증언거부권 고지 규정을 둔다고 하더라도 신문절차상 지연 등의 문제점이 발생할 것이라고 보기도 어렵다. 따라서 심판대상조항은 국회증언감정법상 증인과 형사소송법상 증인을 합리적 이유 없이 차별 취급하여 평등원칙에 위반된 것이다."

[164] 국무총리·국무위원 해임건의의 효력 현행헌법 제63조는 국회의 국정통제에 관한 권한의 하나로서 **국무총리·국무위원에 대한 해임건의**를 규정했다. 여기서는 대통령에 대한 국회의 국무총리·국무위원 해임건의의 **법적 구속력**(강제력) 여하가 문제된다. 그 **법적 구속력을 인정하는 논거**로는 ① 이 제도가 현행헌법상 **의원내각제적 요소**

로서 도입된 이상 취지에 맞게 그것이 유효하게 기능하도록 적극적으로 해석되어야 한다는 점(정치규범으로서 헌법의 목적해석·기능해석의 요청), ② 이 해임건의안을 현행헌법이 국회의 일반의안과 구분하여 별도로 규정한 이상 헌법이 명문으로 제도화한 입헌자의 의도를 충분히 존중해야 한다는 점(입헌자의 의도를 고려한 역사해석의 요청)을 든다. 반면, 그 법적 구속력을 부정하는 논거로는 ① 현행헌법은 1972년 헌법(72헌§97①③)과 1980년 헌법(80헌§99①③)의 법적 구속력 있는 해임'의결'이 아니라 해임'건의'라고 규정하면서 마찬가지로 해임'건의'라고 규정한 1962년 헌법의 "대통령은 특별한 사유가 없는 한 이에 응하여야 한다."는 조항(62헌§59③)을 삭제한 점, ② 현행헌법은 1972년 헌법(72헌§59①) 및 1980년 헌법(80헌§57①②)과 달리 대통령에 의한 국회해산을 삭제했으므로 이와 권력적 균형관계에 있는 국회의 국무총리·국무위원 해임의결을 헌법해석상으로도 굳이 유지할 필요가 없는 점, ③ 정부구성 및 정부존속의 독자성을 요체로 하는 대통령제의 제도논리상 국무총리·국무위원에 대한 국회의 구속력 있는 해임의결(의원내각제의 내각불신임에 해당함)을 인정할 수 없다는 점을 든다. 헌법재판소도 법문 상 '결의'가 아니라 '건의'라고 규정된 점 및 대통령에게 국회해산권을 부여하고 있지 않은 점을 들어, 후자(비구속설)의 입장을 취한 바 있다(2004헌나1).

> 헌재 2004. 5. 14. 2004헌나1 : "대통령이 2003. 4. 25. 국회 인사청문회가 고영구 국가정보원장에 대하여 부적격 판정을 하였음에도 이를 수용하지 아니한 사실, 2003. 9. 3. 국회가 행정자치부장관 해임결의안을 의결하였음에도 이를 즉시 수용하지 아니한 사실이 인정된다. (가) 대통령은 그의 지휘·감독을 받는 행정부 구성원을 임명하고 해임할 권한(헌법 제78조)을 가지고 있으므로, 국가정보원장의 임명행위는 헌법상 대통령의 고유권한으로서 법적으로 국회 인사청문회의 견해를 수용해야 할 의무를 지지는 않는다. 따라서 대통령은 국회 인사청문회의 판정을 수용하지 않음으로써 국회의 권한을 침해하거나 헌법상 권력분립원칙에 위배되는 등 헌법에 위반한 바가 없다. (나) 국회는 국무총리나 국무위원의 해임을 건의할 수 있으나(헌법 제63조), 국회의 해임건의는 대통령을 기속하는 해임결의권이 아니라, 아무런 법적 구속력이 없는 단순한 해임건의에 불과하다. 우리 헌법 내에서 '해임건의권'의 의미는, 임기 중 아무런 정치적 책임을 물을 수 없는 대통령 대신에 그를 보좌하는 국무총리·국무위원에 대하여 정치적 책임을 추궁함으로써 대통령을 간접적이나마 견제하고자 하는 것에 지나지 않는다. 헌법 제63조의 해임건의권을 법적 구속력 있는 해임결의권으로 해석하는 것은 법문과 부합할 수 없을 뿐만 아니라, 대통령에게 국회해산권을 부여하고 있지 않는 현행 헌법상의 권력분립질서와도 조화될 수 없다."

[165] 국회의 자율권 의사절차상 하자 **자율권**이란 회의체로서 국회가 그 의사와 내부사항을 여타 헌법기관의 간섭 없이 헌법과 법률에 따라 독자적으로 결정할 수 있는, 의회주의와 권력분립의 원칙으로부터 유래하는 권한(2002헌라1)을 말한다. 여기에는 ① **집회·휴회·폐회·회기 등**에 관한 자율권(헌§47·국회§§4-5·2장), ② 국회의장·부의장의 선출과 위원회의 위원선임(98헌마472등) 및 사·보임(2002헌라1) 등 **내부조직**에 관한 자율권(원내조직권 또는 자주조직권)(헌§48·국회§§9-22의3·5장), ③ 의사와 내부규율에 관한 **규칙**(국회규칙) **제정**의 자율권(헌§64①), ④ **의사**에 관한 자율권, ⑤ 의장의 경호권과 의장·위원장의 질서유지권(국회13장) 등 **내부 질서유지**에 관한 자율권(내부경찰권과 의원[議院]가택권), ⑥ 의원의 자격심사·징계(헌§64②③④·국회§138·14장)와 사직허가(국회§135) 등 **의원신분**에 관한 자율권 등이 포함된다. **국회규칙의 법적 성격**에 대해서는 ① 헌법·법률의 수권으로 국회가 제정하는 명령, 즉 국회법의 시행령으로 보는 **명령설**, ② 국회가 자주적으로 제정하는 독자적인 법규범으로 보는 **자주법설**, ③ 합의제 헌법기관의 내부적 사안을 규율하고 그 내부에서만 효력을 갖는 독자적인 법규범으로 보는 **내부법설** 등으로 견해가 나뉜다(내부법설은 국회법[헌§64①]도 내부적 효력만을 갖는 내부법이라고 함). **의사절차상 하자의 헌법적 통제문제**에 대해 헌법재판소는 ① **헌법이나 법률의 규정을 명백히 위반한 흠**이 있는 경우에는 국회의 자율권이 배제되어 헌법재판소의 심사가 가능하다고 보며(96헌라2)(앞 [70], [155] 참조), ② 국무총리임명동의안을 둘러싼 투표절차의 적법 여부와 효력 등에 관해서는 자율적 의사진행권한을 갖는 국회의장의 판단을 존중해야 한다고 보며(98헌라3), ③ 법률안 가결·선포행위와 관련된 사실인정에 관해서도 국회의 자율권 존중해야 하는 이상 국회본회의 **회의록의 기재내용**에 의거하여 판단할 수밖에 없다고 본다(99헌라1). 그러나 ④ 의사절차상 의사공개 원칙 위반이나 다수결 원칙 위반 혹은 일사부재의 원칙 위반 등의 하자가 있더라도 국회의 자율권을 존중하는 취지상 당해 의결 자체의 취소나 무효 확인은 인용하지 않는다(96헌라2·2008헌라7등·2009헌라8등·2009헌라7)(앞 [16], [155] 참조). 국회 의사절차의 하자는 권한쟁의심판절차를 통해 해결되어야 할 문제이므로, **헌법소원심판**의 대상이 되지 않으며(97헌마8등) **저항권행사**의 대상이 되지도 않는다(97헌가4)(앞 [45] 참조). 내부 질서유지의 자율권과 관련하여, 헌법재판소는 회의의 질서유지를 위한 위원장의 **방청불허 여부 판단**은 국회의 자율

권에 속한다고 보았으며(98헌마443등)(앞 [155] 참조), 외통위 위원장이 회의 중 **회의장 출입문을 폐쇄**한 행위는 국회의 자율권의 내용을 이루는 상임위원회 위원장의 질서유지권의 한계를 일탈한 것이라고 보았다(2008헌라7등).

헌재 2003. 10. 30. 2002헌라1 : "국회는 중요한 헌법기관으로서 스스로의 문제를 자주적으로 처리할 수 있는 폭넓은 자율권을 갖는다. 국회의 자율권은 의회주의사상에 그 뿌리를 두고 권력분립의 원칙에 입각하여 현대 헌법국가의 의회에서는 당연한 국회기능의 하나로 간주되고 있다. 국회의 자율기능은 국회가 갖는 입법·재정·통제·인사기능의 실효성을 높이기 위한 불가결한 전제조건을 뜻하기 때문이다. 규칙제정(헌법 제64조 제1항, 법 제166조), 신분보장(헌법 제44조, 제45조, 제64조 제2항～제4항), 질서유지(법 제143조, 제144조, 제150조) 등의 규정은 그 제도적 표현이라고 할 수 있다. 이 중 국회가 외부의 간섭 없이 독자적으로 그 내부조직을 할 수 있는 권능, 즉 국회의 기관인 의장 1인과 부의장 2인을 선거하고 그 궐위시에 보궐선거를 실시하고 의장·부의장의 사임을 처리하며, 필요할 때 임시의장을 선출하고 그 직원을 임면하고 교섭단체와 위원회를 구성하는 것 등은 모두 자율적인 국회내부의 조직구성행위이다. 이러한 관점에서 볼 때, 이 사건 사·보임행위는 기본적으로 국회의 조직자율권에 해당하는 행위라고 할 수 있고, 따라서 이를 평가함에 있어 헌법이나 법률에 명백히 위반되는 것이 아닌 한 성급하게 위헌이라는 평가를 내려서는 안 된다."

헌재 1997. 7. 16. 96헌라2 : "국회는 국민의 대표기관·입법기관으로서 폭넓은 자율권을 가지고 있고, 그 자율권은 권력분립의 원칙이나 국회의 지위·기능에 비추어 존중되어야 하는 것이지만, 한편 법치주의의 원리상 모든 국가기관은 헌법과 법률에 의하여 기속을 받는 것이므로 국회의 자율권도 헌법이나 법률을 위반하지 않는 범위 내에서 허용되어야 하고, 따라서 국회의 의사절차나 입법절차에 헌법이나 법률의 규정을 명백히 위반한 흠이 있는 경우에도 국회가 자율권을 가진다고는 할 수 없다. 헌법 제64조도 국회의 자율권에 관하여 국회는 법률에 저촉되지 아니하는 범위 안에서 의사와 내부규율에 관한 규칙을 제정할 수 있고, 의원의 자격심사·징계·제명에 관하여 자율적 결정을 할 수 있다고 규정하고 있다. 이 사건은 국회의장이 국회의원의 헌법상 권한을 침해하였다는 이유로 국회의원인 청구인들이 국회의장을 상대로 권한쟁의심판을 청구한 사건이므로, 이 사건 심판대상은 국회의 자율권이 허용되는 사항이라고 볼 수 없고, 따라서 헌법재판소가 심사할 수 없는 국회내부의 자율에 관한 문제라고 할 수는 없다. … 피청구인이 국회법 제76조 제3항을 위반하여 청구인들에게 본회의 개의일시를 통지하지 않음으로써 청구인들은 이 사건 본회의에 출석할 기회를 잃게 되었고 그 결과 이 사건 법률안의 심의·표결과정에도 참여하지 못하게 되었다. 따라서 … 청구인들이 헌법에 의하여 부여받은 권한인 법률안 심의·표결권이 침해되었음이 분명하다."

헌재 1998. 7. 14. 98헌라3 : "그 자율권의 범위 내에 속하는 사항에 관한 국회의 판단에 대하여 다른 국가기관이 개입하여 그 정당성을 가리는 것은 바람직하지 않고, 헌법재판소도 그 예외는 아니다. … (국무총리)임명동의안에 대한 투표절차의 적법 여부 등 … 그 투표절차를 둘러싼 여러 문제를 어떻게 처리할 것인지는 국회의 자율권의 범위 내에 속하는 문제라 할 것 … 여·야의 타협과 절충을 통하여 자율적으로 해결할 수 있었(으나) … 이를 위하여 열린 3당 총무회담마저 … 결렬되고 말았다. 이러한 사정 하에서라면 이 사건 투표절차에 관한 최종적 판단권은 결국 국회의 대표자로서 의사진행에 관한 전반적이고 포괄적인 권한과 책임이 부여된 국회의장, 즉 피청구인에게 유보되어 있다 … (국회법 제76조 제2항 참조). 피청구인으로서는 이미 행해진 투표의 효력을 어떻게 볼 것인지, 투표가 중단된 것으로 볼 것인지, 그렇지 않고 투표가 종결된 것으로 보아 개표절차를 진행할 것인지, 재투표를 실시할 것인지, 아니면 이러한 판단 일체를 미루고 계속 여·야간의 대화와 타협을 촉구할 것인지 등 가능한 여러 방안에 대한 선택권을 가진다. 피청구인에게 인정되는 이러한 자율적 의사진행권한은 넓게 보아 국회의 자율권의 일종이고, 피청구인이 이처럼 논란의 여지가 많은 사실관계 하에서 개표절차를 진행하여 표결결과를 선포하지 아니하였다 하여 그것이 헌법이나 법률에 명백히 위배되는 행위라고는 인정되지 않으므로 다른 국가기관은 이를 존중하여야 한다."

헌재 2000. 2. 24. 99헌라1 : "[재판관 이재화·고중석·이영모·하경철의 기각의견] … 청구인들은 이 사건에서 회의록에 기재한 사항에 관하여 이의신청도 하지 아니하였다. 회의록은 회의에 관한 공적 기록이며 회의와 관련하여 문제가 생겼을 때에는 유력한 증거가 된다. 회의에서의 의결·결정·선거 그 밖의 효력은 회의록의 기재에 의하여 입증되는 것이므로, 회의록의 기재내용의 진정을 증명하는 취지로 의장, 의장을 대리한 부의장, 임시의장과 사무총장 또는 그 대리자가 서명·날인하여 국회에 보존해 두는 것이다. 국회의 자율권을 존중하여야 하는 헌법재판소로서는 이 사건 법률안 가결·선포행위와 관련된 사실인정은 국회본회의 회의록의 기재내용에 의존할 수밖에 없고 그 밖에 이를 뒤집을 만한 다른 증거는 없다. … 피청구인의 이 사건 법률안 가결·선포행위는 헌법 제49조, 국회법 제112조 제3항 위반으로 인정할 수 있는 증거가 없으므로, 청구인들의 법률안 심의·표결권을 침해하는 위법이 있다는 이 사건 권한쟁의심판청구는 기각을 면할 수 없다. [재판관 김용준·김문희·한대현의 인용의견] 헌법재판소가 권한쟁의심판사건의 심리와 관련하여 국회의 회의절차에 관한 사실인정을 함에 있어서 이 사건과 같이 위 회의록이 사실대로 정확히 작성된 것인지 그 자체에 관하여 청구인들과 피청구인 사이에 다툼이 있는 등 위 회의록의 기재내용을 객관적으로 신빙할 수 없는 사정이 있는 경우라면, 위 회의록에 기재된 내용에 얽매일 것이 아니라, 변론에 현출된 모든 자료와 정황을 종합하여 건전한 상식과 경험칙에 따라 객관적·합리적으로 판단하여야 한다."

헌재 2010. 12. 28. 2008헌라7등 : "국회의 권위를 지키고 원활한 회의운영을 하기 위하여는 국회의 질서가 엄격하게 유지될 필요가 있다. … 질서유지권은 집회 등에 관한 자율권, 내부조직에 관한 자율권, 국회규칙의 자율적 제정권(헌법 제64조 제1항), 의사에 관한 자율권, 의원신분에 관한 자율권(헌법 제64조 제2항)과 더불어 국회의 자율권의 한 내용을 이룬다. … 국회법 제49조 제1항은 '위원장은 위원회를 대표하고 의사를 정리하며, 질서를 유지하고 사무를 감독한다.'라고 하여 위원장의 직무로서 질서유지를 규정하고 있다. 이를 구체화하여 국회법 제145조는 위원장의 회의에서의 질서유지권을 규정하고 있는바, 의원이 위원회의 회의장에서 이 법 또는 국회규칙에 위배하여 회의장의 질서를 문란하게 한 때에는 이를 경고 또는 제지할 수 있고(같은 조 제1항), 제1항의 조치에 응하지 아니한 의원이 있을 때에는 당일의 회의에서 발언함을 금지하거나 퇴장시킬 수 있으며(같은 조 제2항), 회의장이 소란하여 질서를 유지하기 곤란하다고 인정할 때에는 회의를 중지하거나 산회를 선포할 수 있다(같은 조 제3항). … 상임위원회 위원장의 질서유지권은 상임위원회에서 위원들을 폭력으로부터 보호하고 안건이 원활하게 토의되게 하기 위하여 발동되는 것이므로, 위와 같은 목적을 위하여 행사되어야 하는 한계를 지닌다고 하겠다. … 이 사건 질서유지권 발동행위 중 회의장 출입구 폐쇄상태를 이 사건 회의 개시 무렵부터 회의 종료 시까지 유지한 부분은 이를 정당화할 만한 불가피한 사정이 있었다고 보기 어렵다."

[166] 면책특권과 불체포특권 국회의원의 **면책특권**(헌§45)과 **불체포특권**(헌§44)은 17세기 영국에서 군주와 의회 간 권력투쟁의 역사적 경험에서 비롯된 것으로서, 성문헌법 중에서는 미국연방헌법(Article I, Section 6, Clause 1)이 이를 최초로 명문화했다. 전자는 인적 처벌조각사유에, 후자는 일시적 체포유예의 특권에 각각 해당하는바, 합리적 이유 있는 차별이어서 평등원칙(헌§11)에 위배되지는 않는다고 본다. 단, 오늘날 그 제도남용이 문제시되는 상황에서 해당 요건은 예외조항으로 엄격히 해석되지 않으면 안 된다. 우선, **면책특권의 주체**는 국회의원이며, 그 임기개시 후 임기만료 전까지 이를 향유한다. 국무위원을 겸직한 국회의원의 경우, 국무위원 자격에서 행한 발언이라면 면책되지 아니하나, 국회의원 자격에서 행한 발언이라면 면책된다고 본다. 단, 인적 처벌조각사유이므로 그 교사자나 방조자 등 공범은 면책되지 않는다. 헌법상 명문규정이 없는 이상 지방의회의원에 대해서는 예외적 특권인 면책특권을 유추 적용할 수 없다. 다음, **면책특권의 내용**은 ① 국회에서 ② 직무상 행한 ③ 발언·표결에 관하여 ④ 국회 외에서 ⑤ 책임을 지지 않는다는 것이다. "**국회에서**"란 국회 의정활동 중(회의 중)에 이루어진 발언·표결만을 의미하지만, 대법원은 국회의사당 내 기자실에서 본회의 질문원고를 사전에 배포한 행위도 직무부수행위로서 면책특권의 대상이 된다고 본다(91도3317). 단, 이 사안에서는 "대한민국의 국시는 반공이 아니라 통일"이라는 발언 자체가 언론의 자유(헌§21①)의 보호범위 내에 있어, 애당초 면제될 법적 책임 자체가 아예 존재하지 않는 경우였다. 국회 회의에서 발언한 보도자료를 인터넷 홈페이지 게재한 것은 면책특권의 대상이 되지 않는다(2009도14442). "**직무상 행한**" 행위의 범위에는 국회의원의 정부·행정기관에 대한 자료제출의 요구와 같은 직무부수행위

까지 포함되는 것으로 본다(96도1742). **"발언과 표결"**은 언론의 자유(헌§21①)로 보호되는 범위를 넘어 명예훼손죄나 모욕죄의 형사상 범죄를 구성하거나 민사상 손해배상책임을 지는 경우를 의미한다. 국회법 제146조(모욕 등 발언의 금지)는 국회 내 징계책임의 근거조항일 뿐이며, 명예훼손 또는 모욕 등 발언이 면책특권의 적용대상에서 배제된다는 의미는 아니다. 단, 대법원은 "발언내용 자체가 직무와 무관함이 분명하거나, 명백히 허위임을 알면서도 허위의 사실을 적시하여 타인의 명예를 훼손하는 경우"는 면책특권의 대상이 될 수 없다고 한다(2005다57752). **"국회 외에서" "책임을 지지 아니"**하는 것이므로 국회 외의 형사·민사의 법적 책임이 면제될 뿐, 국회 내 징계책임(국회§146·§155)이나 정당 내 징계책임 및 정치적 책임은 면제되지 않는다. 한편, **불체포특권의 내용**은 ① 국회의원은 회기 중 체포 또는 구금되지 않으며, ② 회기 전 체포 또는 구금되었더라도 국회의 요구가 있으면 회기 중 석방되지만, ③ 현행범인이거나 국회의 동의가 있다면 그 특권에도 불구하고 체포 또는 구금된다는 것이다. **"체포 또는 구금"**에는 행정상의 강제처분까지 포함되며, **"현행범인"**에는 준현행범인(형소§211②)도 포함된다(예외적 특권이므로 그 적용범위를 가급적 제한할 필요가 있음). 정부가 체포·구금에 대한 **"국회의 동의"**를 요청한 경우, 국회가 반드시 여기에 구속되는 것은 아니다. 계엄이 시행 중인 경우 국회의원은 현행범인이 아닌 한 회기 중, 회기 전을 막론하고 체포 또는 구속되지 않는다(계엄§13).

> 대판 1992. 9. 22. 91도3317 : "가. 국회의원의 면책특권의 대상이 되는 행위는 직무상의 발언과 표결이라는 의사표현행위 자체에 국한되지 아니하고 이에 통상적으로 부수하여 행하여지는 행위까지 포함하고, 그와 같은 부수행위인지 여부는 결국 구체적인 행위의 목적·장소·태양 등을 종합하여 개별적으로 판단할 수밖에 없다. 나. 원고의 내용이 공개회의에서 행할 발언내용이고(회의의 공개성), 원고의 배포시기가 당초 발언하기로 예정된 회의 시작 30분 전으로 근접되어 있으며(시간적 근접성), 원고 배포의 장소 및 대상이 국회의사당 내에 위치한 기자실에서 국회출입 기자들만을 상대로 한정적으로 이루어지고(장소 및 대상의 한정성), 원고 배포의 목적이 보도의 편의를 위한 것(목적의 정당성)이라면, 국회의원이 국회본회의에서 질문할 원고를 사전에 배포한 행위는 면책특권의 대상이 되는 직무부수행위에 해당한다. 다. 국회의원의 면책특권에 속하는 행위에 대하여는 공소를 제기할 수 없으며 이에 반하여 공소가 제기된 것은 결국 공소권이 없음에도 공소가 제기된 것이 되어, 형사소송법 제327조 제2호의 '공소제기의 절차가 법률의 규정에 위반하여 무효인 때'에 해당되므로 공소를 기각하여야 한다."

대판 2011. 5. 13. 2009도14442 : "피고인은 당일 법제사법위원회가 개의되기 직전에 보도의 편의를 위하여 이 사건 보도자료를 기자들에게 배포하였고, 그 날 열린 법제사법위원회의 법무부 소관 현안보고 과정에서 이 사건 보도자료의 주요 내용을 발언한 사실을 알 수 있다. 피고인이 국회 법제사법위원회에서 발언할 내용이 담긴 이 사건 보도자료를 사전에 배포한 행위는 국회의원의 면책특권의 대상이 되는 직무부수행위에 해당한다고 할 것이다. 따라서 이 사건 공소사실 중 보도자료 배포에 의한 허위사실적시 명예훼손 및 통신비밀보호법 위반의 점에 대한 부분은 형사소송법 제327조 제2호의 '공소제기의 절차가 법률의 규정에 위반하여 무효인 때'에 해당되어 그 공소를 기각하여야 한다. … 인터넷 홈페이지 게재에 의한 허위사실적시 명예훼손의 점에 대하여 … 그 내용이 허위이고 피고인이 허위임을 인식하였음을 인정할 증거가 없다는 이유로 무죄로 판단한 것은 정당한 것으로 수긍할 수 있(다). … 인터넷 홈페이지 게재에 의한 통신비밀보호법 위반의 점에 대하여 … 이 사건 보도자료를 인터넷 홈페이지에 게재함으로써 통신비밀을 공개한 행위는 형법 제20조의 정당행위로서 위법성이 조각되는 경우에 해당한다고 볼 수 없다."

대판 1996. 11. 8. 96도1742 : "면책특권의 대상이 되는 행위는 국회의 직무수행에 필수적인 국회의원의 국회 내에서의 직무상 발언과 표결이라는 의사표현행위 자체에만 국한되지 않고 이에 통상적으로 부수하여 행하여지는 행위까지 포함되므로, 국회의원이 국회의 위원회나 국정감사장에서 국무위원·정부위원 등에 대하여 하는 질문이나 질의는 국회의 입법 활동에 필요한 정보를 수집하고 국정통제기능을 수행하기 위한 것이므로 면책특권의 대상이 되는 발언에 해당함은 당연하고, 또한 국회의원이 국회 내에서 하는 정부·행정기관에 대한 자료제출의 요구는 국회의원이 입법 및 국정통제 활동을 수행하기 위하여 필요로 하는 것이므로 그것이 직무상 질문이나 질의를 준비하기 위한 것인 경우에는 직무상 발언에 부수하여 행하여진 것으로서 면책특권이 인정되어야 한다. … 소추기관은 면책특권이 인정되는 직무행위가 어떤 범죄나 그 일부를 구성하는 행위가 된다는 이유로 공소를 제기할 수 없고, 또 법원으로서도 그 직무행위가 범죄나 그 일부를 구성하는 행위가 되는지 여부를 심리하거나 이를 어떤 범죄의 일부를 구성하는 행위로 인정할 수 없다. … 피고인의 위 질의 및 자료제출요구를 제외한 나머지 행위만으로도 위 판시 각 항의 공갈죄를 인정하기에 충분하다."

대판 2007. 1. 12. 2005다57752 : "헌법 제45조는 … 국회의원의 면책특권을 인정하고 있는바, 이는 국회의원이 국민의 대표자로서 국회 내에서 자유롭게 발언하고 표결할 수 있도록 보장함으로써 국회가 입법 및 국정통제 등 헌법에 의하여 부여된 권한을 적정하게 행사하고 그 기능을 원활하게 수행할 수 있도록 보장하는 데에 그 취지가 있는 것이다. 이러한 면책특권의 목적 및 취지 등에 비추어 볼 때, 발언내용 자체에 의하더라도 직무와는 아무런 관련이 없음이 분명하거나, 명백히 허위임을 알면서도 허위의 사실을 적시하여 타인의 명예를 훼손하는 경우 등까지 면책특권의 대상이 된다고 할 수는 없다 할 것이지만, 발언 내용이 허위라는 점을 인식하지 못하였다면 비록 발언 내용에 다소 근거가 부족하거나 진위 여부를 확인하기 위한 조사를 제대로 하지 않았다고 하더라도, 그것이 직무 수행의 일환으로 이루어진 것인 이상 이는 면책특권의 대상이 된다고 할 것이다. … 이 사건 발언 내용이 허위라고 생각하면서도 발언을 하였다기보다는 당시 대통령을 둘러싼 정치자금 의혹이 제기되어 있던 상황에서 이에 대한 수사를 촉구하기 위하여 미처 진위 여부를 정확하게 파악하지 못하거나 다소 근거가 부족한 채로 이 사건 발언을 하였다고 봄이 상당하고, 따라서 이 사건 발언이 면책특권의 범위를 벗어나는 것이라고 보기는 어렵다 할 것이다."

III.

[167] 본회의 직권상정 제한과 다수결원리 「국회선진화법」으로 흔히 통칭되는 2012. 5. 25.자 개정 국회법은 종래 의안 '날치기' 통과의 통로로 악용되어온 국회의장의 본회의 '직권상정'을 억제하기 위해, 천재지변·국가비상사태 이외에는 국회의장이 각 교섭단체대표의원과 합의하는 경우에만 **위원회에서의 심사기간을 지정**할 수 있도록 했다(국회§85). 동시에 그에 대한 보완책으로서 야당의 이른바 '위원회 파업'을 통한 입법저지를 배제하여 입법의 능률을 최대한 확보하기 위해, 위원회에 회부된 법률안은 재적의원 5분의 3 이상의 찬성 또는 소관위원회 재적위원 5분의 3 이상의 찬성으로 이를 **신속처리대상안건으로 지정**할 수 있도록 하고(국회§85의2①), 또 법제사법위원회에 대해서도 소관위원회 재적위원 5분의 3 이상의 찬성으로 **본회의 부의요구를 의결**할 수 있도록 했다(국회§86③). 아울러 본회의에 부의된 법률안은 재적의원 5분의 3 이상의 찬성으로 그에 대한 **무제한토론을 종결**시킬 수 있도록 했다(국회§106의2⑥)(이상 앞 [153] 참조). 그런데 여기서 재적의원 또는 재적위원 5분의 3 이상의 찬성이라는 의결정족수 요건은 헌법 제49조 및 국회법 제54조·제109조의 다수결원리를 위반한 것이 아닌가 하는 의문이 제기되고 있다. 헌재 2016. 5. 26. 2015헌라1 결정에서 법정의견은, 국회의장이 각 교섭단체대표의원과 합의하는 경우에만 위원회에서의 심사기간을 지정할 수 있도록 그 본회의 직권상정을 제한하더라도, '**위원회 중심주의**'를 채택한 점에 비추어 이는 국회의 **의사자율권**에 벗어난 것이 아니며 **다수결원리**를 위반한 것도 아니라고 했다. 이에 대해 인용의견은, 재적의원 과반수가 요구하더라도 그 안건에 대한 본회의 심의·표결을 허용하지 않은 것은, '**본회의 결정주의**'에 따른 국회의 의사결정구조를 저해·왜곡함으로써 **의사자율권**의 한계를 일탈했으며, 원칙상 가중다수결을 배제하고 절대다수결을 요구하는 **다수결원리**에도 위배된다고 했다.

국회의장의 본회의 직권상정을 제한하는 국회법 규정이 일체의 의안에 예외 없이 적용되는 것은 아니다. 가령, 국회의 동의를 요하거나 국회에서 선출되는 **공직후보자의 임명동의안 혹은 선출안**의 경우(국회§46의3①), 「인사청문회법」이 국회법의 특별법으로 우선 적용되므로, **인사청문특별위원회**에서 소정의 기간 내에 심사 또는 인사청문을 마치지 아니한 때에는 국회의장은 이를 바로 본회의에 부의할 수 있다(인청§9③). 그 외 헌법재판소재판관 등의 공직후보자에 대해 **상임위원회별로 인사청문회**가 열리는 경우(국회§65의2②), 국회가 소정의 기간 내에 인사청문경과보고서를 송부하지 아니한 때에는 대통령 또는 대법원장은 그를 바로 헌법재판소재판관 등으로 임명 또는 지명할 수 있다(인청§6④).

헌재 2016. 5. 26. 2015헌라1 : "쟁점법안에 대하여 쉽사리 국회의장의 직권상정권한을 동원하던 관행을 시정하고, 대화와 타협에 의한 의회정치의 정상화를 위하여 국회법 제85조 제1항 제3호에 의장이 각 교섭단체대표의원과 합의하는 경우라는 심사기간 지정사유를 두어 합의제를 강화한 것을 두고, 국회의 입법형성권이나 의사자율권을 벗어난 것이라 보기도 어렵다. … 일반정족수는 다수결의 원리를 실현하는 국회의 의결방식 중 하나로서 국회의 의사결정시 합의에 도달하기 위한 최소한의 기준일 뿐, 이를 헌법상 절대적 원칙이라고 보기는 어렵다. 헌법 제49조에 따라 어떠한 사항을 일반정족수가 아닌 특별정족수에 따라 의결할 것인지 여부는 국회 스스로 판단하여 법률에 정할 사항이다. 국회법 제109조도 '의사는 헌법 또는 이 법에 특별한 규정이 없는 한, 재적의원 과반수의 출석과 출석의원 과반수의 찬성으로 의결한다.'라고 규정하여 국회법에 의결의 요건을 달리 규정할 수 있음을 밝히고 있다. 이러한 점에 비추어 볼 때 가중다수결은 헌법 제53조 제4항, 제64조 제3항, 제65조 제2항, 제130조 제1항과 같이 그 결정의 의미와 중요성이 특별히 엄중한 경우에만 요구된다는 인용의견은, 헌법 제49조의 문언의 의미를 벗어난 것이(다). … 우리 국회는 의안 심의에 관한 국회운영의 원리로 '위원회 중심주의'를 채택하고 있으므로, 상임위원회의 심사는 법률을 제정하는 데 있어서 무엇보다도 중요한 과정이라 할 수 있다. … 국회 재적의원 과반수가 요구하면 국회의장이 의무적으로 해당 법안을 본회의에 상정하여야 한다는 의견은, 다수파 의원들이 원하는 법안은 상임위원회의 논의 등 모든 입법절차를 생략한 채 본회의를 통과할 수 있어야 한다는 결론에 도달하는 것으로서 다수파의 독재를 허용하여야 한다는 것과 다름없고, 이는 결국 국회 의사의 형성과정에서 소수의 참여 및 토론과 설득의 기회를 배제하자는 것이어서 오히려 다수결의 원리의 정당성 근거를 정면으로 부인하고 있는 것이다."

헌재 2016. 5. 26. 2015헌라1 : "[재판관 서기석·재판관 조용호의 인용의견] 헌법 제49조 … 국회법 제109조 … 일반정족수에 의한 절대다수결의 원칙을 표명하고 있다. … 우리 헌법은 국회의 기본적인 의사결정이 다수결원리에 의하여 이루어지도록 하면서, 국회에 의한 의사결정의 대상인 '특정 안건'이 그 내용과 의미에 비추어 가중다수결이 요구될 정도로 헌법상 중요하다고 평가되지 않는 한 절대다수결을 의사결정방식의 원칙으로 삼고 있는 것이다. … 합의체 결정기관인 국회가 공개적이고 합리적인 토론을 거치되, 최종적으로는 다수결원리에 따라 그 의사를 결정하고 이를 관철하는 것이 바로 의회민주주의를 실현하는 것이다. 국회의 소수파에게 보장된 것은, 다수결에 의한 국회의 최종적인 의사결정이 있기 전 그 의사를 형성하는 과정에 참여하여 소수파의 의견을 개진하고 영향력을 행사할 수 있는 기회인 것이지, 의안에 대한 무조건적인 거부권이나 국회의 다수파를 대신하여 의안을 결정할 수 있는 권한이 아니다. … 우리 헌법은 국민을 대표하는 합의체 결정기관인 국회의 의사를 결정하는 주체는 본회의이며, 국회의 최종적인 권한 행사도 본회의를 통하여 이루어진다는 의미에서 '본회의 결정주의'를 채택하고 있다고 할 것이다. … 본회의 결정주의에 따른 국회의 의사 결정구조를 저해하거나 왜곡하는 형태의 의사절차를 국회법에 규정할 경우 이는 국회의 입법재량 및 자율권의 한계를 일탈한 것으로서 헌법에 위반된다. … 국회법 제85조 제1항(은) … 위원회 단계에서 교착상태에 빠진 쟁점안건에 대하여 재적의원 과반수가 심사기간 지정 요구를 하는 경우 국회의장이 의무적으로 심사기간을 지정하도록 하는 내용의 규정을 마련하지 아니함으로써, 당해 안건에 대하여 재적의원 과반수가 요구하더라도 그 안건에 대한 국회의원의 본회의에서의 심의·표결을 원천 봉쇄하고 있는바, 이는 헌법 제49조에 의한 국회 의사결정방식으로서의 다수결원리와 헌법상의 본회의 결정주의에 위반(된다)."

[168] 포괄위임금지, 부담금 정당화요건 사례연습 갑은 경기도 ○○시장으로부터 주상복합건물을 신축하는 내용의 주택건설사업계획승인을 받고, 「대도시권 광역교통관리에 관한 특별법」(약칭 : 광역교통법) 제11조 제1항 제4호 등에 따라 1,082,311,000원의 광역교통시설부담금 부과처분을 받았다. 갑에게 부과된 부담금의 액수는 광역교통법 제11조 제1항 제4호, 제11조의3 제1항 제2호에 따라 "{1㎡당 표준건축비×부과율×건축연면적}－공제액"의 계산식으로 산출된 것인바, 광역교통법 제11조의3 제5항에서는 위 계산식의 계산요소 중 "건축연면적"과 "공제액" 부분의 기준을 대통령령으로 정하도록 위임하고 있다. 이에 대해 갑은 ① 부담금 산정기준을 대통령령에 포괄적으로 위임했다는 점, ② 부담금의 헌법적 정당화 요건을 구비하지 못했다는 점을 주장하고자 한다. 갑은 어떤 헌법적 절차에서 어떤 헌법적 요건을 갖추어 어떤 헌법적 논거를 제기할 수 있는가? 갑의 주장에 대해 국토해양부장관은 어떤 반대논거를 제기할 수 있는가?

갑은 ○○시장의 광역교통시설부담금 부과처분을 대상으로 행정소송을 제기할 수 있으며(헌§107②), 이때 임의적 절차로서 행정심판을 먼저 거칠 수도 있다(헌§107③). 또, 행정소송을 제기하면서 당해 법원에서 광역교통법 제11조의3 제5항에 대해 위헌법률심판제청을 신청할 수 있으며(헌§107①·헌재§41①), 동시에 광역교통법 시행령(대통령령) 제16조의2 제4항·제6항의 위헌·위법을 주장할 수 있다(헌§107②). 두 경우 모두 '재판의 전제성' 요건을 구비해야 한다. 당해 법원이 갑의 위헌법률심판제청신청을 기각할 경우에는 30일 이내에 헌법소원(위헌소원)심판을 청구할 수 있다(헌재§68②·§69②). 이 경우도 마찬가지로 '재판의 전제성' 요건을 구비해야 한다. 광역교통법 시행령 제16조의2 제4항·제6항은 광역교통시설부담금 부과처분이라는 '구체적 집행행위'를 매개로 실현되는 것이므로, 동 시행령 조항을 대상으로 한 헌법소원(법령소원)심판의 청구는 기본권 침해의 직접성을 인정하기 어려울 것이다. 광역교통시설부담금 부과처분 그 자체는 헌법소원심판의 대상이 될 수 없다(보충성원칙[헌재§68① 단서]과 재판소원금지원칙[헌재§68①본문] 참조).

갑은 위 ①의 점과 관련하여, A. 광역교통법 제11조의3 제5항은 침해행정법규이므로 급부행정법규의 경우보다 위임의 구체성·명확성의 요구 정도가 강화될 뿐 아니라(2000헌가10) 광역교통시설부담금은 조세유사적 성격을 갖는 재정조달(충당) 목적의 부담금이어서 그 산정기준은 법률에 직접 구체적이고 명확하게 규정되어야만 함에도(97헌가8), B. 본질적 사항으로서 의회에 유보되어 있다고 보아야 할 부담금의 산정기준을 아무런 추가기준이나 한계범위의 설정 없이 대통령령에 그대로 위임하고 있어(2000헌가10·2002헌가6), C. 광역교통법의 입법목적(광역교통법 제1조)을 참작하여 관련 법규 전체를 유기적·체계적으로 종합 판단하더라도 대통령령에 규정될 내용의 대강을 예측할 수 있을 정도로 수권 법률의 위임이 구체적이고 명확하지 못하다는 등의 논거를 제기할 수 있다. 이에 대해 국토해양부장관은 A. 광역교통시설부담금에 관한 사항은 그 규율대상의 성격상 지극히 다양하고 수시로 변화되어 행정기관의 전문적·기술적 판단에 따른 탄력적 규율을 요하므로 하위법령에 위임할 필요성이 인정되며(2001헌바52), B. 광역교통법의 적용대상자인 광역교통시설부담금의 납부의무자는 해당 분야의 전문가라고 할 수 있는 사업시행자로서 대통령령에 규정될 내용이 대체적으로 어떤 것인지 충분히 예측할 수 있는 지위에 있는 까닭에(2001헌바52), C. 광역교통시설 건설·개량의 재원을 마련한다는 광역교통시설부담금의 부과취지를 고려할 때 수권 법률의 위임은 대통령령에 규정될 내용의 대강을 예측할 수 있을 정도로 구체적이고 명확하다는 등의 반대논거를 제기할 수 있다(헌법재판소의 입장도 동일함[2007헌바26]).

갑은 위 ②의 점과 관련하여, A. 광역교통시설부담금은 재정조달(충당) 목적의 부담금에 해당하므로 조세에 대한 관계에서 예외적으로만 인정되어야 하는데(2002헌바42), B. 부담금 납부의무자인 사업시행자가 재정조달의 대상인 공적 과제에 대해 일반국민에 비해 '특별히 밀접한 관련성' 즉, a. 집단의 동질성 b. 객관적 근접성 c. 집단적 책임성 d. 집단적 효용성 등 제 요건을 모두 갖추었다고 보기는 어려운바(2002헌바42·2002헌가2), C. 특히 광역교통시설부담금의 수입이 반드시 그 납부의무자인 사업시행자의 집단적 이익을 위해 사용된다고 할 수 없다(광역교통법 제11조의6 제3항 각 호 참조)(2003헌가20)는 등의 논거를 제기할 수 있다. 이에 대해 국토해양부장관은 A. 광역교통시설부담금은 광역교통법 제11조의6에 의거 특별회계로 별도 관리되어 주로 광역교통시설 개선사업에 지출되고 있으며(98헌가1), B. 부담금 납부의무자인 사업시행자는 광역교통시설 건설·개량수요를 야기한 동질적 집단으로서 주택건설을 통해 이익을 얻었을 뿐 아니라 상응하여 광역교통시설 확보에도 조세 외적으로 부담을 져야할 책임을 지는바(2007헌가9), C. 부담금관리기본법 별표 제26호 및 제6조의2·제7조에 의해 광역교통시설부담금 징수의 타당성이나 적정성에 대한 입법자의 지속적 심사가 이루어지고 있다(2002헌바42·2007헌가9)는 등의 반대논거를 제기할 수 있다.

[169] 박근혜 탄핵결정의 법리적 문제점 헌재 2017. 3. 10. 2016헌나1 결정의 논증방식은 그 직접의 선례에 해당하는 헌재 2004. 5. 14. 2004헌나1 결정의 논지와 비교할 때, 두 가지 점에서 중대한 흠결을 노정하고 있다. 즉, 탄핵소추사실이 합리적인 의심이 없는 정도로 입증되었는지 의문이 있으며, 헌법수호 또는 국민신임의 관점에서 중대한 법 위배행위가 있었는지도 의문이 있다.

첫째, 탄핵소추사유에 해당하는 사실들이 충분히 특정되었다 하더라도(형사소송법상 공소사실과 같은 정도로 특정되지는 못했더라도), 그것들이 충분히 입증되었는지에 대해서는 여전히 의문이 있으며, 그 입증정도와 입증책임에 적용될 법규에 대해 설시하지 않은 것도 문제이다. 특히, "탄핵심판의 경우에는 형사소송에 관한 법령을 준용"하도록 한 헌법재판소법 제40조 제1항의 명문규정을 선례(2014헌마7)와의 관계에서 어떻게 해석할 것인지 전혀 밝히지 않았다. 현행헌법의 탄핵제도가 징계처벌적인 성격을 가지는 이상 헌법이나 법률을 위배한 행위는 반드시 고의나 과실에 의할 필요는 없겠지만, 그러한 행위 자체를 입증하는 증거 및 증거조사에 대해서는 형사소송에 관한 법령을 준용해야 할 것으로 본다. 헌법재판소법 제40조 제1항 제2문은 그 제1문과 달리 탄핵심판의 경우 "헌법재판의 성질에 반하지 아니하는 한도" 여하를 막론하고 형사소송에 관한 법령을 준용할 것을 명문으로 규정했다. 또, 권한쟁의심판 및 헌법소원심판의 경우에는 행정소송법을 (민사소송에 관한 규정과) "함께" 준용하도록 한 점과 비교할 때, 그러한 문구가 없는 탄핵심판에서는 형사소송에 관한 법령만을 단독으로 준용하도록 예정하고 있다. 나아가 동조 제2항은 형사소송에 관한 법령이 민사소송에 관한 법령에 저촉될 때 후자의 적용을 배제하도록 했다. 한편, 헌법재판소법 제51조는 "동일한 사유로 형사소송이 진행되고 있는 경우에는 재판부는 심판절차를 정지할 수 있다."라고 규정함으로써, 탄핵재판의 사실인정과 형사재판의 사실인정이 서로 불일치하는 것을 방지하는 장치를 마련했다. 만일, 탄핵재판의 증거 및 증거조사에서 민사소송에 관한 법령이 준용된다면, 동일한 사유에 대한 형사재판 결과와의 불일치는 용인될 수밖에 없으므로 이러한 규정은 불필요했을 것이다. 이상 헌법재판소법의 취지에 비추어, 소추사유에 해당하는 사실의 입증에 관한 한 형사소송법의 엄격한 증거법칙(형소2편3장2절)을 적용했어야 하며, 그 입증의 정도 또한 "합리적인 의심이 없는 정도의 증명에 이르러야" 했다고 본다(형소§307②).

둘째, 헌재 2004. 5. 14. 2004헌나1 결정에서는 '헌법수호의 관점에서 중대한 법위반'(A.)과 '국민의 신임을 배반한 행위'(B.)를 범주적으로 구별한 후, 후자의 사례로 "공익실현의 의무가 있는 대통령으로서 명백하게 국익을 해하는 활동을 하는 경우"를 들었다. 그런데 헌재 2017. 3. 10. 2016헌나1 결정에서는 위 A. B. 두 범주를 모호하게 뭉뚱그려, '대의민주제의 원리와 법치주의의 정신을 훼손한 행위'(a.)로서 '대통령으로서의 공익실현의무를 중대하게 위반한 것'(b.)이라고 설시했다. 헌재 2004. 5. 14. 2004헌나1 결정의 논지에 의할 때, 위 a. 행위가 A. 범주에 해당하려면 "자유민주적 기본질서를 위협하는 행위로서 법치국가원리와 민주국가원리에 대한 적극적인 위반행위"라야 하며, 위 b. 행위가 B. 범주에 해당하려면 "뇌물수수, 공금의 횡령 등 부정부패" "국회 등 다른 헌법기관 권한의 침해" "국가조직을 이용한 국민탄압" "국가조직을 이용한 부정선거운동이나 선거조작" 등에 준하는 것이라야 한다. 과연, a. 행위를 곧 A. 범주에 해당하는 것으로, b. 행위를 곧 B. 범주에 해당하는 것으로 각각 평가할 수 있을지 의문스럽다. 또, 헌재 2017. 3. 10. 2016헌나1 결정에서는 ① 헌법·법률 위배행위가 적극적·반복적으로 이루어진 점, ② 대통령의 지위를 이용하거나 국가의 기관·조직을 동원한 점, ③ 잘못을 시정하지 않고 오히려 사실을 은폐하고 관련자를 단속한 점, ④ 검찰이나 특별검사의 조사에 응하지 않고 청와대에 대한 압수수색도 거부한 점 등을 **'중대한 법 위배행위'**의 논거로서 제시했다. 그중 ①②의 점은 헌재 2004. 5. 14. 2004헌나1 결정의 취지("국가조직을 이용하여 [선거에] 관권개입을 시도하는 등 적극적·능동적·계획적으로 이루어진 것")에 일부 부합하는 바 없지 않으나, 그렇다고 하더라도, 이러한 논거들로써 곧 헌법·법률에 대한 **'위배 그 자체의 중대성'**이 인정되는 것인지 여전히 의문스럽다. 헌법재판소가 논거로서 제시한 것들은 일반 형사재판에서 행위자의 주관적 형사책임을 가중하는 요소일 수는 있어도, 탄핵수호를 요체로 하는 징계처벌적인 성격의 탄핵재판에서 직선된 대통령의 파면을 정당화하는 요소라고 보기는 어렵기 때문이다. 특히, 그중 ④의 점은 재직 중 형사상 소추되지 아니하는(강제수사의 배제까지 포함) 대통령의 당연한 특권(헌§84)을 행사한 것일 뿐이기에 의문은 계속 남는다.

헌재 2017. 3. 10. 2016헌나1 : "탄핵심판은 고위공직자가 권한을 남용하여 헌법이나 법률을 위반하는 경우 그 권한을 박탈함으로써 헌법질서를 지키는 헌법재판이고(헌재 2004. 5. 14. 2004헌나1), 탄핵결정은 대상자를 공직으로부터 파면함에 그치고 형사상 책임을 면제하지 아니한다(헌법 제65조 제4항)는 점에서 탄핵심판절차는 형사절차나 일반 징계절차와는 성격을 달리 한다. 헌법 제65조 제1항이 정하고 있는 탄핵소추사유는 '공무원이 그 직무집행에 있어서 헌법이나 법률을 위배한' 사실이고, 여기에서 법률은 형사법에 한정되지 아니한다. 그런데 헌법은 물론 형사법이 아닌 법률의 규정이 형사법과 같은 구체성과 명확성을 가지지 않은 경우가 많으므로 탄핵소추사유를 형사소송법상 공소사실과 같이 특정하도록 요구할 수는 없고, 소추의결서에는 피청구인이 방어권을 행사할 수 있고 헌법재판소가 심판대상을 확정할 수 있을 정도로 사실관계를 구체적으로 기재하면 된다고 보아야 한다. 공무원 징계의 경우 징계사유의 특정은 그 대상이 되는 비위사실을 다른 사실과 구별될 정도로 기재하면 충분하므로(대판 2005. 3. 24. 2004두14380), 탄핵소추사유도 그 대상 사실을 다른 사실과 명백하게 구분할 수 있을 정도의 구체적 사정이 기재되면 충분하다."

헌재 2004. 5. 14. 2004헌나1 : "'국민의 신임을 배반한 행위'란 '헌법수호의 관점에서 중대한 법위반'에 해당하지 않는 그 외의 행위유형까지도 모두 포괄하는 것으로서, 자유민주적 기본질서를 위협하는 행위 외에도, 예컨대, 뇌물수수, 부정부패, 국가의 이익을 명백히 해하는 행위가 그의 전형적인 예라 할 것이다. 따라서 예컨대, 대통령이 헌법상 부여받은 권한과 지위를 남용하여 뇌물수수, 공금의 횡령 등 부정부패행위를 하는 경우, 공익실현의 의무가 있는 대통령으로서 명백하게 국익을 해하는 활동을 하는 경우, 대통령이 권한을 남용하여 국회 등 다른 헌법기관의 권한을 침해하는 경우, 국가조직을 이용하여 국민을 탄압하는 등 국민의 기본권을 침해하는 경우, 선거의 영역에서 국가조직을 이용하여 부정선거운동을 하거나 선거의 조작을 꾀하는 경우에는, 대통령이 자유민주적 기본질서를 수호하고 국정을 성실하게 수행하리라는 믿음이 상실되었기 때문에 더 이상 그에게 국정을 맡길 수 없을 정도에 이르렀다고 보아야 한다. 결국, 대통령의 직을 유지하는 것이 더 이상 헌법수호의 관점에서 용납될 수 없거나 대통령이 국민의 신임을 배신하여 국정을 담당할 자격을 상실한 경우에 한하여, 대통령에 대한 파면결정은 정당화되는 것이다."

헌재 2004. 5. 14. 2004헌나1 : "대통령은 특정 정당을 지지하는 발언을 함으로써 '선거에서의 중립의무'를 위반하였고, 이로써 국가기관이 국민의 자유로운 의사형성과정에 영향을 미치고 정당간의 경쟁관계를 왜곡해서는 안 된다는 헌법적 요청에 위반하였다. 그러나 이와 같은 위반행위가 국가조직을 이용하여 관권개입을 시도하는 등 적극적·능동적·계획적으로 이루어진 것이 아니라, 기자회견의 자리에서 기자들의 질문에 응하여 자신의 정치적 소신이나 정책구상을 밝히는 과정에서 답변의 형식으로 소극적·수동적·부수적으로 이루어진 점, 정치활동과 정당활동을 할 수 있는 대통령에게 헌법적으로 허용되는 '정치적 의견표명'과 허용되지 않는 '선거에서의 중립의무 위반행위' 사이의 경계가 불분명하며, 종래 '어떠한 경우에 선거에서 대통령에게 허용되는 정치적 활동의 한계를 넘은 것인지'에 관한 명확한 법적 해명이 이루어지지 않은 점 등을 감안한다면, 자유민주적 기본질서를 구성하는 '의회제'나 '선거제도'에 대한 적극적인 위반행위에 해당한다고 할 수 없으며, 이에 따라 공선법 위반행위가 헌법질서에 미치는 부정적 영향은 크다고 볼 수 없다."

[170] 국회 조약체결·비준 동의 관련 사례연습 다음 주어진 가상 상황에서 주어진 질문에 답하라.

정부는 ○○국과 **자유무역협정**(FTA)의 **체결**을 위한 협상을 진행해오고 있었는데, 최근 중요사항에 대한 양국 간 합의가 극적으로 타결되었다. 동 협정에 대한 가서명을 거쳐 **정식서명까지 완료**된 시점에서, 야당은 농·어민들의 피해를 우려하여 정부가 제출한 **비준동의안에 반대한다는 당론**을 정했다. 이후 다음 다섯 상황이 각각 **전개되었다**(각각의 상황은 서로 독립적이며 시간적 선후관계는 없음).

① 여당 소속 국회 외교통일위원회 위원장은 비준동의안 심의·의결을 저지하려는 의원들의 물리적 회의진행 방해를 미리 봉쇄하기 위해 회의 시작 15분 전 **회의장 출입문을 폐쇄**한 다음, 정시 개회하여 비준동의안을 상정한 후 그 상태로 심의·표결절차까지 전격 완료했다. 그런데 이 사실을 사전에 통보받지 못한 일부 야당 소속 외교통일위원회 위원들은 회의장 출석이 원천적으로 차단되고 말았다. 이에 야당 소속 위원들은 헌법재판소에 **권한쟁의심판을 청구**하고자 한다. 이들은 누구를 상대로 어떤 주장을 제기할 수 있으며, 이에 대해 헌법재판소는 어떤 판단을 내려야 하는가? 이들이 이후 **권한쟁의심판청구를 취하**했다면 헌법재판소는 어떤 판단을 내려야 하는가?

② 야당 소속 국회 외교통일위원회 위원 갑은 소속정당의 반대 당론에도 불구하고 전체 국익을 위해 비준동의안은 가결되어야 한다는 소신을 갖고 있었다. 외교통일위원회의 심의·표

결과정에서 갑이 비준동의안에 찬성하는 입장을 고수하자, 야당 원내대표의원은 국회의장에게 요청하여 갑의 **소속 상임위원회**를 외교통일위원회에서 여성가족위원회로 **변경하는 조치**를 취했다. 이에 대해 갑은 헌법재판소에서 어떤 절차를 통해 어떤 주장을 제기할 수 있으며, 헌법재판소는 어떤 판단을 내려야 하는가?

③ **국회의원 보궐선거**에 출마한 을은 문제의 자유무역협정 체결 과정에서 양국 간 이면합의가 있었음을 추측케 하는, 외교부 고위공직자들 간 대화를 비밀 녹음한 파일을 확보했다. 중앙선거관리위원회에 의해 **당선인으로 결정·공고**된 바로 다음날, 을은 **국회의사당 내에서 기자회견**을 열어 문제의 대화내용을 전격 폭로하면서, 자유무역협정 체결 과정에서 외교부 고위공직자들이 ○○국 측과 이면합의를 했다고 주장했다. 이에 녹음 파일 속의 대화 당사자들은 을을 **명예훼손 및 통신비밀보호법 위반**으로 고소함과 동시에, 명예훼손을 이유로 각각 1억 원씩의 **불법행위 손해배상청구소송**을 제기했다. 을에 대해 법원은 어떤 판단을 내려야 하는가?

④ 문제의 **비준동의안이 국회에 제출**된 시점에서 한국가톨릭농민회는 ○○국과의 자유무역협정이 **소속 회원들의 기본권을 침해**한다는 이유로 헌법재판소에 헌법소원심판을 청구했다. 그 청구에 대해 헌법재판소는 어떤 판단을 내려야 하는가?

⑤ 야당의 반대로 비준동의안의 국회 의결이 종국적으로 좌절되자 격분한 대통령은 단독으로 그에 대한 비준절차를 강행하기로 결심했다. 대통령은 **국무회의**에서 국무총리를 비롯한 대다수 국무위원들이 **반대**했음에도 불구하고, 문제의 자유무역협정을 **국회의 동의 없이 비준**한 후 국무총리와 관계 국무위원의 **부서도 받지 않은 채 즉시 공포·발효**시켰다. 야당 국회의원들은 대통령의 독단적 조치에 항거하면서, 모든 법적 수단을 동원하여 이를 무효화하겠다고 선언했다. 야당 국회의원들은 헌법재판소에서 어떤 절차를 통해 어떤 주장을 제기할 수 있으며, 이에 대해 헌법재판소는 어떤 판단을 내려야 하는가?

위 ①에서 회의장 출석을 차단당한 외교통일위원회 위원들은 **국회 외교통일위원회 위원장(국회의장이 아님)을 상대**로 상임위원회에서의 심의·표결권 침해를 이유로 한 권한쟁의심판을 청구할 수 있으나(2008헌라7등), 이들이 대통령·정부를 상대로 조약체결·비준동의권 내지 심의·표결권 침해를 이유로 한 권한쟁의심판을 청구할 수는 없다(2005헌라8·2006헌라5). 헌법재판소는 동 위원장의 행위가 **다수결의 원칙**(헌§49·국회§54) 및 **의사공개의 원칙**(헌§51①·국회§75①·§71)을 위반했을 뿐 아니라 위원장의 질서유지권의 한계를 일탈하여, 동 위원들의 상임위원회에서의 **심의·표결권을 침해**한 것이라고 **확인·선언**할 수 있다. 그러나 권한침해확인결정의 기속력에도 불구하고 심의를 거쳐 가결된 비준동의안 자체를 취소하거나 이를 무효로 선언할 수는 없다(96헌라2·2008헌라7등·2009헌라8등·2009헌라7·2009헌라12). 그런데 동 위원들이 **권한쟁의심판의 청구를 취하**했다면, 권한쟁의심판의 객관적·공익적 성격에도 불구하고, 심의·표결권의 행사 여부와 권한쟁의심판의 청구 여부가 국회의원의 자유로운 판단에 맡겨져 있는 이상, 민사소송법의 소의 취하에 관한 규정을 준용(헌재§40)하여 이를 인정해야 할 것이다(2000헌라1).

위 ②에서 갑은 **국회의장을 상대**로 국회의원의 (외교통일위원회에서의) 심의·표결권 및 외교통일위원회 위원으로 활동할 권한의 침해를 이유로 한 **권한쟁의심판을 청구**할 수 있다(2002헌라1). 갑에 대한 국회의장의 사·보임행위는 국회의 조직자율권에 해당하는 행위로서 헌법상 용인될 수 있는 정당 내부의 사실상 강제의 범위 내에 속하므로 국회의원의 심의·표결권을 침해한 것이 아니다(2002헌라1). 그러나 헌법재판소 결정(2002헌라1)의 논지는 비례대표제·의원내각제를 채택한 독일연방헌법재판소의 결정(BVerfGE 80, 188)과 비교할 때, 그보다 **강력한 정당기속을 용인**한 것으로서 우리 소선거구제·대통령제와 조화되기 어렵다는 비판이 제기된다(앞 [94], [118] 참조). 한편, 심의·표결권은 국회의원에게 부여된 권한이지 국회의원 개인에게 보장된 기본권이 아니므로 헌법소원심판을 청구할 수는 없다(90헌마125).

위 ③에서 을은 의원임기 개시 후의 **보궐선거에서 당선인으로 결정·공고**된 다음날인 기자회견 시점에 이미 국회의원으로서의 지위를 가진다(공선§14②단서). 그러나 을의 국회 내 기자회견에서의 발언은 국회 회의에서 곧 발언할 원고를 국회 기자실에서 국회출입 기자들을 대상으로 회의 시작 직전에 미리 배포하는 경우처럼 **직무부수행위에 해당**하는 예외적인 상황(91도3317·2009도14442)이 아닌 한, **면책특권**(헌§45)의 대상이 되지는 않는다("국회에서 직무상 행한 발언"으로 볼 수 없음). 만일, 을의 행위가 예외적 상황(회의의 공개성, 시간적 근접성, 장소 및 대상의 한정성, 목적의 정당성)에서 이루어진 직무부수행위라면, 그 발언내용 자체가 직무와 무관함이 분명하거나 명백히 허위임을 알면서 명예를 훼손하는 경우로 보기는 어려우므로(2005다57752) 면책특권의 요건을 충족한다. 그렇다면, 검찰은 이에 대해 공소를 제기할 수 없고 법원도 그 범죄 구성 여부를 심리하거나 범죄 구성을 인정할 수 없다(96도1742). 을에 대한 공소제기가 있었다면, 법원은 형사소송법 제327조 제2호("공소제기의 절차가 법률의 규정에 위반하여 무효인 때")에 의거, **공소기각의 판결**을 내려야 한다(91도3317·2009도14442). 명예훼손을 이유로 불법행위 손해배상을 청구한 민사소송에 대해서도 법원은 청구기각의 판결을 내려야 한다. 을의 행위가 면책특권에 해당하지 않을 경우, 그는 형사소송절차에서 자신의 행위가 **형법 제310조의 위법성 조각사유**에 해당(진실성·상당성·공익성 요건을 구비해야 함)한다거나(명예훼손의 경우), **형법 제20조의 정당행위**에 해당한다고(통신비밀보호법 위반의 경우) 주장할 수 있다(2009도14442). 또한, 명예훼손을 이유로 한 민사소송절차에서도 위법성 조각사유에 해당한다고 주장할 수 있다(2010다61793). 언론매체에 공개되지 않은 사실로서 공적 관심의 대상이 되고 있는 현안이라면, 전파성이 강한 인터넷 매체에 당사자의 실명을 공개한 경우가 아닌 한, 위법성 조각사유에 해당하는 것으로 인정할 수 있다고 본다(2009도14442).

위 ④에서 비준동의안에 대한 국회의 의결은 조약의 발효를 위한 효력요건이므로, 그것이 **국회에 제출된 사실**만으로는 국가기관간의 내부적 행위에 불과하고, 아직 국민에 대해 직접 법률효과를 발생시키는 행위라고 할 수 없다(92헌마174). 비준동의안이 **국회에서 의결**된 후에도 대통령은 이에 구속되지 않고 비준을 거부할 수 있으므로, 이는 여전히 국민에 대해 직접 법률효과를 발생시키는 행위라고 할 수 없다(2003헌마566). 즉, 두 경우 모두 헌법소원의 대상인 **공권력의 행사**로 볼 수 없다. 국회에 제출된 비준동의안이 국회의 의결을 거치고, 이어 대통령의 비준(약식조약의 경우 서명)까지 완료한 후, 최종적으로 대통령이 이를 **조약으로 정식 공포**(헌§6①)했을 때, 비로소 기본권 **침해의 현재성**을 인정할 수 있게 된다(99헌마553). 또,

단체는 구성원의 기본권을 대신 주장할 수 없으므로 한국가톨릭농민회는 소속 회원들의 기본권 침해를 주장하는 헌법소원심판에서 **자기관련성** 요건을 충족하지 못했다(90헌마56·2006헌마1028·2011헌마502).

위 ⑤에서 **국무회의**는 의결기관이 아니라 **심의기관**(헌§88①·§89)이므로 대통령은 그 심의결과에 구속되지 않는다. **부서**(헌§82)가 결여된 대통령의 국법상 행위에 대해서는, 부서는 적법요건이므로 탄핵소추의 사유가 될 뿐이라는 유효설과 헌법이 규정한 형식적 요건을 결여한 것이어서 효력이 없다는 무효설(다수설)이 나뉜다. 그러나 **조약체결·비준에 대한 국회의 동의**(헌§60①)는 효력요건이므로, 국회의 동의를 획득하지 못한 조약은 국내법으로서의 효력(헌§6①)을 가질 수 없다. **국회의원 개개인**은 대통령을 상대로 조약체결·비준동의권 침해를 이유로 한 권한쟁의심판을 청구할 수 없으며(제3자 소송담당 부정), 국회가 그 다수결에 의한 의결로써 대통령을 상대로 권한쟁의심판을 청구하여 조약체결·비준동의권 침해를 주장할 수 있을 뿐이다. **재적의원 과반수**를 이루는 다수의원 혹은 그들로 구성된 **교섭단체**라 하더라도 자유투표가 보장되는 소속 국회의원의 표결을 통제할 수는 없으므로(국회§114의2), 이미 강행된 대통령의 비준행위가 국회의 권한을 침해하였는지의 여부를 판단하는 권한쟁의심판에서 이들의 권리보호이익은 부정되지 않는다(98헌라1[인용의견]). 그러나 헌법재판소는 대통령이 국회의 권한을 침해했다고 확인·선언할 수 있을 뿐, 이미 비준·공포된 조약 자체를 취소하거나 이를 무효로 선언할 수는 없다(96헌라2·2008헌라7등·2009헌라8등·2009헌라7·2009헌라12). 그 밖에 문제의 자유무역협정에 대해 위헌법률심판을 제청(또는 제청신청)하는 방법을 통해, 헌법재판소의 **위헌법률심판절차**에서 그 절차적 하자(국회 동의의 결여)로 인한 위헌무효를 주장할 수도 있다(97헌가14). 또한, 국회는 대통령에 대한 탄핵소추를 의결하는 방법을 통해, 헌법재판소의 **탄핵심판절차**에서 대통령의 일련의 행위가 헌법에 위배됨을 주장할 수도 있다(2004헌나1·2016헌나1).

제9장 행정권과 대통령·행정부

I.

[171] 행정·집행, 정부의 개념, 회의체구조 현행헌법은 미국연방헌법과는 달리 '**행정권**'(administrative power)이라는 용어를 사용하고 '**집행권**'(executive power)이라는 용어를 사용하고 있지 않다. 학술적으로는 양자를 구별하여 후자는 통상의 법집행작용을 의미하는 '**협의의 행정권**' 외에 고도의 정치적 결단에 해당하는 '**통치행위**'(Regierungsakt)까지 포함하는 '**광의의 행정권**'을 의미하는 것이라고 한다. 현행헌법 제66조 제4항은 "행정권은 대통령을 수반으로 하는 정부에 속한다."라고 규정하여, 법을 집행하는 작용 중 능동적·적극적인 법형성행위(수동적·소극적인 법판단·법선언행위인 '사법'에 대비되는) 및 법을 초월한 정치적 결단인 통치행위, 다시 말해 **광의의 실질적 행정권**(통상의 법집행작용[=협의의 실질적 행정권]+통치행위)은 원칙적으로 대통령을 수반으로 하는 정부에 귀속된다는 것을 선언했다. 여기서 '**정부**'란(제4장의 표제 '정부'와 마찬가지로) 광의의 행정부, 즉 제4장 제1절의 '대통령'과 제4장 제2절의 협의의 '행정부'(국무총리와 국무위원, 국무회의, 행정각부, 감사원)를 포괄하는 '**집행부**'(executive branch)(대통령+협의의 행정부)를 의미한다. '정부', 즉 광의의 행정부에 관한 사항("국가행정기관의 설치·조직과 직무범위의 대강"[정조§1])은 **정부조직법**이 이를 규정한다. 아울러 현행헌법 제66조 제1항은 "대통령은 국가의 원수이며, 외국에 대하여 국가를 대표한다."라고 규정하여, 단일한 주권의 대내외적 대표자를 의미하는 국가원수 지위는 정부 가운데 대통령에게만 귀속된다는 것을 선언했다. 즉, 현행헌법의 대통령제 정부형태에서 대통령은 국가원수이자 행정수반인 '유일한 일인자'(primus solus)이다. 그런데 1948년 헌법 이래 현행헌법에 이르기까지 역대헌법은 **국무회의**(또는 국무원)라는 합의제 회의조직의 심의(또는 의결)로써 정부의 권한을 행사하도록 했다. 특히, 1960년 헌법을 제외한 역대헌법은 **대통령**이 **국무회의**(또는 국무원)의 **구성원**(의장)이 되도록 함으로써, 대통령제 정부형태에서의 '행정부의 단일성'과 조화되기 어려운, 의원내각제적인 회의체 중심의 국정운영 방식을 예정하고 있다. 동시에 행정각부의 장(장관)은 국무위원 중에서 임명하도록 하는 **중복·겸임체제**를 시종 유지하고 있다.

[172] 대통령의 지위·권한, 신분상 특권 현행헌법상 국회와 함께 직선(헌§67)의 민주적 정당성을 갖는 **국민대표기관**(단일한 국가이익의 대표자[헌§66①]로서 '중립적 권력'을 의미함)인 대통령은 우선, 그 **국가원수**(헌§66①) **지위**(집행권의 '존엄한 부분'[dignified part]에 상응)에 기초하여 다음 권한들을 보유·행사한다. ① 국가대표자(헌§66①)로서의 **대외권한**(조약체결·비준, 외교사절신임·접수·파견, 선전포고·강화[헌§73], 국군 외국파견, 외국군대 국내주류[헌§60②] 등), ② 국가·헌법수호자(헌§66②·§69)로서의 **비상권한**(위헌정당해산제소[헌§8④], 긴급명령과 긴급재정경제처분·명령[헌§76], 계엄선포[헌§77] 등), ③ 국정통합·조정자로서의 **저지적 권한**(국민투표부의[헌§72], 헌법개정제안[헌§128①], 법률안거부[헌§53] 등)과 **개입적 권한**(법률안제출·공포[헌§52·§53], 예산안편성·제출[헌§54②·§56], 국회임시회집회요구와 국회출석·발언·의견표시[헌§47①③·§81], 사면·감형·복권[헌§79] 등) 및 **의례적 권한**(영전수여[헌§80] 등), ④ 헌법기관구성권자로서의 **조직권한**(대법원장·대법관 임명[헌§104①②], 헌법재판소장·헌법재판소재판관 임명[헌§111②③④], 중앙선거관리위원회위원 임명[헌§114②] 등). 또한, 그 **행정수반**(헌§66④) **지위**(집행권의 '실행적 부분'[efficient part]에 상응)에 기초하여 다음 권한들을 보유·행사한다. ① 행정부구성권자로서의 **인사(人事)권한**(국무총리·국무위원과 행정각부의 장 임명[헌§86①·§87①·§94①], 감사원장·감사위원 임명[헌§98②③], 공무원 임면[헌§78] 등)(정부구성의 독자성[동의권·제청권의 예외 있음]), ② 행정최고책임자로서의 **집행적·지휘적 권한**(행정입법[대통령령] 발포[헌§75], 국군통수[헌§74①], 국무회의 주재[헌§88③], 국가안전보장회의 주재[헌§91②] 등)(국가안전보장회의[헌§91] 외에 국가원로자문회의[§90]·민주평화통일자문회의[§92]·국민경제자문회의[§93] 등 헌법상 자문기관의 자문을 거칠 수 있음). 직선의 민주적 정당성을 갖는 국가원수=행정수반으로서 대통령의 지위를 보장하기 위해 그 **신분은 헌법상 특별한 보호**를 받는다. 즉, ① 가중된 정족수(재적의원 3분의 2 이상)에 의한 탄핵소추를 받지 않는 한 고정된 임기 동안 재직이 보장되며(헌§65·§68·§70), ② 내란·외환의 죄를 범한 경우를 제외하고는 재직 중 형사상 소추 받지 않는 특권을 향유하며(헌§84), ③ 직전대통령은 국가원로자문회의의 의장이 되며(헌§90②) 이외의 전직대통령도 「전직대통령 예우에 관한 법률」(약칭 : 전직대통령법)에 따른 예우를 받는다(헌§85). 동시에 대통령은 직무상의 의무(헌§66②③·§69)와 겸직금지의무(헌§83)를 부담한다.

[173] 국무총리와 국무회의 역대헌법에서 국무총리제도는, 이를 완전히 삭제했던 1954년 헌법과 의원내각제를 채택했던 1960년 헌법을 제외할 경우, 대통령제 정부형태에서는 다소 이질적인 요소로서 존속해왔다. 한편으로는 1960년 헌법 이래 부통령제를 폐지한 데 따른 대통령 권한대행의 필요성에서(단, 1948년 헌법도 대통령 궐위 시 부통령의 권한대행은 후임자 선출 시까지 한시적인 것으로 규정했음[48헌§56]), 다른 한편으로는 대통령을 보좌하고 그 정치적 무책임성(직선의 단임제 대통령)을 대신하는 완충(buffer)기능의 필요성에서, 정부의 제2인자이자 국무회의의 부의장인 국무총리를 규정했던 것이다. 국무총리는 대통령의 명을 받아 행정각부를 통할하며(헌§86②), 정부조직법에 의거 각 중앙행정기관의 장을 지휘·감독하고 위법·부당한 명령·처분을 중지·취소할 뿐 아니라(정조§18), 그 자신이 국무조정실·국민안전처·인사혁신처·법제처·국가보훈처·식품의약품안전처 등 소속기관을 거느린 독임제 행정관청(정조§20·§§22의2-25)이다. 나아가 그 임명에 국회의 사전 동의를 요할 뿐 아니라(헌§86①) 국무위원과 행정각부의 장 임명을 제청하는(헌§87①·§94) 점에서, 적어도 법규정상으로는 국회의 지지를 바탕으로 강력한 지도력을 발휘할 수 있는 헌법기관이다. 그러나 대통령이 국무총리 및 그에 의해 제청된 국무위원, 행정각부의 장을 아무런 헌법상 제한 없이 해임할 수 있는 까닭에(해임건의[헌§63·§87③]는 구속력이 없음), 그 한도에서 대통령의 국무총리 등에 대한 우월적 지위가 제도적으로 보장되어 있다. 대통령의 국법상 행위에 대한 국무총리와 관계 국무위원의 부서(헌§82)도, 대통령의 부서 없는 행위의 효력에 대해서는 무효설이 다수설이기는 하지만, 대통령이 부서를 거부하는 국무총리 등을 제한 없이 해임할 수 있는 한, 대통령의 권한행사에 대한 실질적 통제수단은 되지 못한다. 한편, 국무회의제도는 애당초 1948년 헌법에서 의원내각제적 성격의 합의체 의결기관(국무원)으로 도입되었으나(48헌§68), 1962년 헌법에서 미국형 대통령제로의 권력구조 순화에 발맞추어 정책심의기관으로 그 성격이 전환되었다(62헌§83①). 현행헌법상 국무회의는 정부의 필수적 정책심의기관(헌§88①)으로서, 그 심의사항(헌§89)은 반드시 국무회의의 심의를 거쳐야 하지만(심의를 거치지 않은 대통령의 국법상 행위의 효력에 대해서는 무효설이 다수설임) 대통령은 그 심의결과에 구속되지 않는다.

[174] 감사원과 선거관리위원회 감사원은 대통령 소속의 독립기관으로서 세입·세출결산, 회계검사와 직무감찰을 담당하는 합의제 헌법기관이다(헌§97). 정부 소속의 행정기관이지만 직무상 독립성을 요청하는 특수성을 고려하여, 그 조직·직무 등에 관해서는 정부조직법이 아니라 감사원법에서 이를 별도로 규정하고 있다(헌§100). 세입·세출결산, 회계검사와 직무감찰 등의 직무는 원래 재정 및 국정통제에 관한 권한을 갖는 의회(국민대표기관)가 행사하는 것이 입헌주의헌법의 대원칙에 부합한다. 대일본제국헌법(1889) 제72조를 본떠 회계검사원을 별도로 둔 대한민국임시헌법(1919) 제53조·제54조, 대한민국임시약헌(1940) 제40조, 대한민국임시헌장(1944) 제58조·제59조, 중화민국약법(1914) 제57조·제58조를 본떠 심계원을 별도로 둔 1948년 헌법 제95조, 결산심사 외에 회계검사와 직무감찰까지 감사원에서 담당하도록 하여 종래 감찰원(감찰위원회) 기능까지 통합한 1962년 헌법 제92조·제95조 등, 역대헌법은 예외 없이 정부 소속 독립기관에 회계·감찰기능을 부여했다. 이는 곧 입헌주의발전 초기의 '의회에 대한 불신'에서 유래한 결과로 볼 수 있다. 감사원의 제 권한을 국회에 이관해야 한다는 주장(앞 [148] 참조)은 원칙론으로서는 타당하나, 우리 헌법사의 오랜 전통에 뿌리박은 감사원제도를 일조일석에 폐기하기에는 무리가 따른다고 본다. 한편, 중앙 및 각급의 선거관리위원회는 1960년 헌법에서 중앙선거관리위원회가 처음 헌법기관으로 신설되고(60헌6장), 1962년 헌법에서 각급선거관리위원회까지 추가로 규정되면서(62헌3장4절) 현행제도에 이르게 된 것이다. 선거관리위원회는 입법부·행정부·사법부 어디에도 소속되지 않고 독립적인, 선거·국민투표 관리와 정당사무 처리를 담당하는 합의제 헌법기관이다. 중앙선거관리위원회는 그 사무 및 내부규율에 관한 규칙을 제정할 수 있으며(헌§114⑥), 각급선거관리위원회의 조직·직무 등에 관해서는 선거관리위원회법에서 이를 규정하고 있다(헌§114⑥).

II.

[175] 대통령의 헌법상 지위와 형사상 특권 대통령제 정부형태에서 대통령은 국가원수이자 행정수반(헌§66①④)이라는 막중한 지위에 있으며, 동시에 직선의 민주적 정당성을 부여받은 국

민대표기관(헌§67)이기도 하다. 바로 이 때문에 대통령에 대한 탄핵심판에서의 파면결정은 그것이 가져올 지대한 효과를 압도할 정도로 중대한 법위반이 있을 때에만 정당화될 수 있다(2004헌나1)(앞 [43], [162], [169] 참조). 헌법재판소는 대통령도 정당활동을 할 수 있는 사인으로서의 지위에서는 기본권의 주체가 될 수 있는 것이지만, 선거활동에 관해 대통령의 정치활동의 자유와 선거중립의무가 충돌할 때는 후자가 강조되고 우선되어야 한다고 본다. 그리고 대통령의 형사상 불소추특권(헌§84)에 대해 헌법재판소는 "일반국민과는 달리 대통령 개인에게 특권을 부여한 것"은 아니므로, 재직 중 형사상의 소추를 할 수 없는 범죄에 대한 공소시효의 진행은 헌법이나 법률상 명문규정의 부재에도 불구하고 당연히 정지되는 것이라고 한다(94헌마246·96헌가2등)(앞 [84] 참조). 한편, 형사처벌을 받은 전직대통령에 대해 예우의 중단을 규정하지 않은 것을 이유로 한 헌법소원심판에서, 이후 전직대통령법이 개정되어 예우를 배제하도록 한 이상, 그 청구는 권리보호이익이 결여된 것이라고 헌법재판소는 결정했다(95헌마325).

헌재 2004. 5. 14. 2004헌나1 : "대통령은 국가의 원수이자 행정부의 수반이라는 막중한 지위에 있고(헌법 제66조), 국민의 선거에 의하여 선출되어 직접적인 민주적 정당성을 부여받은 대의기관이라는 점에서(헌법 제67조) 다른 탄핵대상 공무원과는 그 정치적 기능과 비중에 있어서 본질적인 차이가 있으며, 이러한 차이는 '파면의 효과'에 있어서도 근본적인 차이로 나타난다. 대통령에 대한 파면결정은, 국민이 선거를 통하여 대통령에게 부여한 '민주적 정당성'을 임기 중 다시 박탈하는 효과를 가지며, 직무수행의 단절로 인한 국가적 손실과 국정 공백은 물론이고, 국론의 분열현상 즉, 대통령을 지지하는 국민과 그렇지 않은 국민간의 분열과 반목으로 인한 정치적 혼란을 가져올 수 있다. 따라서 대통령의 경우, 국민의 선거에 의하여 부여받은 '직접적 민주적 정당성' 및 '직무수행의 계속성에 관한 공익'의 관점이 파면결정을 함에 있어서 중요한 요소로서 고려되어야 하며, 대통령에 대한 파면효과가 이와 같이 중대하다면, 파면결정을 정당화하는 사유도 이에 상응하는 중대성을 가져야 한다. 그 결과, 대통령을 제외한 다른 공직자의 경우에는 파면결정으로 인한 효과가 일반적으로 적기 때문에 상대적으로 경미한 법위반행위에 의해서도 파면이 정당화될 가능성이 큰 반면, 대통령의 경우에는 파면결정의 효과가 지대하기 때문에 파면결정을 하기 위해서는 이를 압도할 수 있는 중대한 법위반이 존재해야 한다."

헌재 2008. 1. 17. 2007헌마700 : "원칙적으로 국가나 국가기관 또는 국가조직의 일부나 공법인은 공권력 행사의 주체이자 기본권의 '수범자'로서 기본권의 '소지자'인 국민의 기본권을 보호 내지 실현해야 할 책임과 의무를 지니고 있을 뿐이므로, 헌법소원을 제기할 수 있는 청구인적격이 없다. … 개인의 지위를 겸하는 국가기관이 기본권의 주체로서 헌법소원의 청구적격을 가지는지 여부는, 심판대상조항이 규율하는 기본권의 성격, 국가기관으로서의 직무와 제한되는 기본권 간의 밀접성과 관련성, 직무상 행위와 사적인 행위 간의 구별가능성 등을 종합적으로 고려하여 결정되어야 할 것이다. 그러므로 대통령도 국민의 한사람으로서 제한적으로나마 기본권의 주체가 될 수 있는바, 대통령은 소속정당을 위하여 정당활동을 할 수 있는 사인으로서의 지위와 국민 모두에 대한 봉사자로서 공익실현의 의무가 있는 헌법기관으로서의 지위를 동시에 갖는데, 최소한 전자의 지위와 관련하여는 기본권 주체성을 갖는다고 할 수 있다. … 선거에서의 공정성 요청은 매우 중요하고 필연적인바, 공명선거의 책무는 우선적으로 국정의 책임자인 대통령에게 있다. … 선거를 구체적으로 실행하는 데 있어서 행정부 공무원의 지원과 협조 없이는 현실적으로 불가능하므로 행정부 수반인 대통령의 선거중립이 매우 긴요하다. … 대통령의 선거개입은 선거의 공정을 해할 우려가 무척 높다. 결국 선거활동에 관하여 대통령의 정치활동의 자유와 선거중립의무가 충돌하는 경우에는 후자가 강조되고 우선되어야 한다."

헌재 1995. 1. 20. 94헌마246 : "헌법소원심판청구로 공소시효가 정지되는지의 여부 … 공소시효제도(의) … 실질은 국가형벌권의 소멸이라는 점에서 형의 시효와 마찬가지로 실체법적 성격을 갖고 있는 것이다. 그러므로 그 예외로서 시효가 정지되는 경우는 특별히 법률로써 명문의 규정을 둔 경우에 한하여야 할 것이다. … 대통령의 불소추특권에 관한 헌법의 규정은 대통령이라는 특수한 신분에 따라 일반국민과는 달리 대통령 개인에게 특권을 부여한 것이 … 아니라, 단지 국가의 원수로서 외국에 대하여 국가를 대표하는 지위에 있는 대통령이라는 특수한 직책의 원활한 수행을 보장하고, 그 권위를 확보하여 국가의 체면과 권위를 유지하여야 할 실제상의 필요 때문에 대통령으로 재직 중인 동안만 형사상 특권을 부여하고 있는 것(이다). … 헌법 제84조 때문에 대통령의 재직 중 국가의 소추권행사가 금지되어 있음에도 불구하고, 대통령의 범죄행위에 대한 공소시효의 진행이 대통령의 재직 중에도 정지되지 않는다고 본다면, 대통령은 재직 전이나 재직 중에 범한 대부분의 죄에 관하여 공소시효가 완성되는 특별한 혜택을 받게 되는 결과, 일반국민이 누릴 수 없는 특권을 부여받는 셈이 되는 것이다. … 헌법이나 형사소송법 등의 법률에 대통령의 재직 중 공소시효의 진행이 정지된다고 명백히 규정되어 있지는 않다고 하더라도, 위 헌법규정의 근본취지를 대통령의 재직 중 형사상의 소추를 할 수 없는 범죄에 대한 공소시효의 진행은 정지되는 것으로 해석하는 것이 원칙 … 위 헌법규정은 … 국가의 소추권행사의 법률상 장애사유에 해당(한다)."

헌재 1997. 1. 16. 95헌마325 : "(전직대통령 예우에 관한 법률은) 전직대통령이 일정한 형사처벌을 받는 경우에 예우를 중단한다는 규정을 두고 있지 아니하였다. 그러나 1995. 12. 29. 법률 제5118호로 위 제7조가 개정되어 전직대통령이 재직 중 탄핵결정을 받아 퇴임한 경우, 금고 이상의 형이 확정된 경우, 형사처분을 회피할 목적으로 외국정부에 대하여 도피처 또는 보호를 요청한 경우, 대한민국의 국적을 상실한 경우 등에는 예우법에 의한 예우를 하지 아니하며, 다만 필요한 경우의 경호·경비의 예우만을 할 수 있게 규정하였다(제2항). 그렇다면 이 사건 예우법이 이 사건 심판청구 이후 위와 같이 개정된 이상 … 헌법소원심판으로 인한 권리보호의 이익이 소멸 또는 제거되었다고 할 것이다."

[176] 긴급입법권·긴급처분권과 계엄선포권 현행헌법은 대통령의 비상권한(비상대권)으로서 긴급명령권과 긴급재정경제처분·명령권(헌§76) 및 계엄선포권(헌§77)을 규정했다. 양자 모두 비상시의 헌법수호수단으로서, 통치권자에 의해 발동되는 합헌적 국가긴급권(위임적 독재)에 해당한다(앞 [40], [44] 참조). 현행헌법 제76조 제1항의 긴급재정경제명령과 제2항의 긴급명령 등 긴급입법권은, 국회의 집회를 기다릴 여유가 없거나(긴급재정경제명령의 경우) 국회의 집회가 불가능한(긴급명령의 경우) 일정한 국가비상사태에서, 대통령이 법률과 동일한 효력을 갖는 명령을 발동할 수 있도록 하는 일종의 비상입법제도를 인정한 것이다(국회중심입법원칙의 예외). 현행헌법 제76조 제1항의 긴급재정경제처분, 즉 긴급처분권 역시 국회의 집회를 기다릴 여유가 없는 일정한 국가비상사태에서, 대통령이 국회의 의결을 요하는 조치를 단독으로 취할 수 있도록 하는 일종의 비상재정제도를 인정한 것이다(재정에 관한 국회의결주의의 예외). 그것은 국회의 입법이나 의결이 적시에 가능한 경우에는 허용되지 않을 뿐 아니라(국회의 집회를 기다릴 여유가 없거나 국회의 집회가 불가능해야 함), 국민의 기본권을 정지하거나 타 헌법기관의 권한에 개입하는 '헌법적 효력'을 갖지는 않는 점에서, 1972년 헌법의 긴급조치권(72헌§53) 내지 1980년 헌법의 비상조치권(80헌§51)과 구별된다. 또한 그것은 국회의 승인을 효력유지의 조건으로 하는데(헌§76③④), 국회의 수정승인 가부에 대해 논란이 있으나, 이미 완성된 행위에 대한 소극적 사후추인을 의미하는 '승인'(헌§55②)의 개념상, 기성 긴급입법·긴급처분에 적극적 수정을 부가한 승인이란 인정될 수 없다고 본다. 헌법재판소는 긴급재정경제명령의 경우, 위기상황의 유무에 관한 제1차적 판단은 대통령에게 맡겨져 있지만, 그 발동요건(상황·목적·내용·절차)은 엄격히 해석되어야 한다고 보았다(93헌마186)(앞 [44] 참조). 또, 법률의 효력을 갖는 긴급재정경제명령이 국민의 기본권 침해와 직접 관련되는 경우에는, 그것이 고도의 정치적 결단에 의해 행해지는 통치행위라 하더라도 헌법재판소의 심판대상이 된다고 보았다(93헌마186)(앞 [48] 참조). 국회의 승인권을 통한 통제 외에, 헌법재판소는 긴급입법에 대한 위헌법률심판권(헌§111①1호)과 헌법소원심판권(헌§111①5호)을 통해, 법원은 긴급입법에 대한 위헌제청권(헌§107①)과 긴급처분에 대한 처분심사권(헌§107②)을 통해, 각각 긴급입법과 긴급처분을 통제할 수 있다. 한편, 현행헌법 제77조의 계엄선포권은 병

력을 동원하여 국가비상사태에 대응하는, **고전적 국가긴급권**에 해당하는 것이다. 계엄에는 비상계엄과 경비계엄의 두 종류가 있는데(헌§77②·계엄법§2①②③), 비상계엄이 선포된 경우 영장제도와 언론·출판·집회·결사의 자유 등 **국민의 기본권에 특별한 조치**를 취할 수 있으며(헌§77③·계엄법§9), **정부와 법원의 권한**에 관해서도 **특별한 조치**(계엄사령관의 행정사무·사법사무 관장)를 취할 수 있다(헌§77③·계엄법§7①). 계엄을 선포한 때에는 대통령은 지체 없이 국회에 통고해야 하며(헌§77④), 국회는 재적의원 과반수의 찬성으로 계엄의 해제를 요구할 수 있다(헌§77⑤).

[177] 국민투표부의권과 법률안거부권 대통령의 **국민투표부의권**(헌§72)과 **법률안거부권**(헌§53②③④)은 국가정책에 대해 국민의 의사를 묻는 방법 또는 국회입법에 대해 재의결을 요구하는 방법으로써 국회의 결정을 차단하는 **저지적 권한**(pouvoir d'empêcher)이다. 헌법재판소는 직접민주정의 요소인 국민투표제도는 대의제의 원칙상 예외적으로만 인정될 수 있으며, 따라서 **대통령의 신임을 묻는 국민투표**(plebiscite)는 허용되지 않는다고 보았다(2003헌마694등[반대의견]·2004헌나1)(앞 [17], [69] 참조). 즉, ① 현행헌법 제72조의 국민투표는 대통령에게 발의권이 독점되어 정치적 남용의 위험이 있으므로 가급적 엄격하고 축소적으로 해석되어야 하는데, ② 선거는 '인물'에 대한 결정을, 국민투표는 '사안'에 대한 결정을 각각 그 내용으로 하는 까닭에 국민투표의 대상인 '중요정책'에는 대통령에 대한 국민의 신임이 포함되지 않으며, ③ 국민투표는 국민에 의한 국가권력의 행사방법의 하나로서 명시적인 헌법적 근거를 필요로 하므로 '대표자에 대한 신임'은 그 대상이 될 수 없다는 것이다(2004헌나1). 또한, 헌법재판소는 현행헌법 제72조의 국민투표는 대통령에게 그 임의적인 발의권이 독점적으로 부여된 것이어서, 국민에게 특정 국가정책을 **국민투표에 회부할 것을 요구할 권리**는 인정되지 않으며, 따라서 대통령이 어떤 국가정책을 국민투표에 부의하기 전에는 국민의 국민투표권이 침해될 가능성은 없다고 한다(2005헌마579등·2012헌마166). 그리고 한미무역협정은 법률적 효력이 인정될 뿐이므로 그에 의해 성문헌법이 개정될 수는 없고, 따라서 헌법 제130조 제2항에 따른 국민투표권이 침해될 가능성도 없다고 한다(2012헌마166). 한편, **법률안거부권**(재의요구권)은 원래 몽테스키외의 「법의 정신」에서는 양원 사이 견제·균형의 장치로서 거론된 것이었는

데, 미국연방헌법(Article I, Section 7, Clause 2)에서 이를 대통령의 법률안거부권이라는 형태로 명문화했다(현행헌법과 달리 보류거부도 인정되고 거부 기한은 10일로 설정됨). 미국연방헌법의 제정자들은 의회의 부당한 공격으로부터 대통령을 보호하고, 급조된 악법으로부터 공익을 보호한다는 데 그 제도적 의의를 두었다(The Federalist, no.73). 의원내각제에서는 설령 수상에게 법률안거부권을 부여하더라도, 의회가 내각불신임으로써 그 행사를 무력화할 수 있으므로 굳이 이를 규정할 제도적 실익이 없다. 대통령의 재의요구는 국회의 재의결 시까지 법률의 확정을 잠정적으로 정지시키는 소극적인 **조건부 정지권**이다(국회의 재의결 전까지 대통령은 재의요구를 철회할 수 있음). 현행헌법은 일부거부·수정거부를 명문으로 부정하며(헌 §53③)(미국연방헌법은 명문 규정이 없으나 Clinton v. City of New York 사건[1998]에서 판례상 부정됨), 보류거부도 인정하고 있지 않다. 대통령이 법률안거부권을 행사하려면 그것이 위헌이라거나, 집행 불능이라거나, 국익에 반한다거나, 부당한 정치공세라는 등 객관적으로 납득되는 **정당한 이유**가 있어야 한다.

헌재 2005. 11. 24. 2005헌마579등 : "헌법 제72조 국민투표권 … 우리 헌법은 국민에 의하여 직접 선출된 국민의 대표자가 국민을 대신하여 국가의사를 결정하는 대의민주주의를 기본으로 하고 있어, 중요정책에 관한 사항이라 하더라도 반드시 국민의 직접적인 의사를 확인하여 결정해야 한다고 보는 것은 전체적인 헌법체계와 조화를 이룰 수 없다. 헌법재판소 역시 헌법 제72조가 대통령에게 국민투표의 실시 여부, 시기, 구체적 부의사항, 설문내용 등을 결정할 수 있는 임의적인 국민투표발의권을 독점적으로 부여하였다고 하여 이를 확인하고 있다(헌재 2004. 5. 14. 2004헌나1). 따라서 특정의 국가정책에 대하여 다수의 국민들이 국민투표를 원하고 있음에도 불구하고 대통령이 이러한 희망과는 달리 국민투표에 회부하지 아니한다고 하여도 이를 헌법에 위반된다고 할 수 없고, 국민에게 특정의 국가정책에 관하여 국민투표에 회부할 것을 요구할 권리가 인정된다고 할 수도 없다. … 결국 헌법 제72조의 국민투표권은 대통령이 어떠한 정책을 국민투표에 부의한 경우에 비로소 행사가 가능한 기본권이라 할 수 있다. 따라서 이 사건 법률이 설사 수도를 분할하는 국가정책을 집행하는 내용을 가지고 있고, 대통령이 이를 추진하고 집행하기 이전에 그에 관한 국민투표를 실시하지 아니하였다고 하더라도, 국민투표권이 행사될 수 있는 계기인 대통령의 중요정책 국민투표 부의가 행해지지 않은 이상, 청구인들의 국민투표권이 행사될 수 있을 정도로 구체화되었다고 할 수 없으므로 그 침해의 가능성은 인정되지 않는다."

헌재 2013. 11. 29. 2012헌마166 : "(1) 헌법 제72조에 따른 국민투표권의 침해가능성 유무 … 대통령이 한미무역협정을 체결하기 이전에 그에 관한 국민투표를 실시하지 아니하였다고 하더라도 국민투표권이 행사될 수 있는 계기인 대통령의 중요정책 국민투표 부의가 행해지지 않은 이상 청구인의 국민투표권이 행사될 수 있을 정도로 구체화되었다고 할 수 없으므로 그 침해의 가능성은 인정되지 않는다. (2) 헌법 제130조 제2항에 따른 국민투표권의 침해가능성 유무 … 반드시 헌법에 의하여 규율되고 개정되어야 할 사항을 입법자가 법률의 형태로 규정하여 국민이 헌법 제·개정에 관하여 가지는 권한을 침해할 수 있으나(헌재 2004. 10. 21. 2004헌마554등 참조), 성문헌법 조항의 경우는 그러한 문제가 발생하지 아니한다. … 우리 헌법 제6조 제1항은 … 규정하고, 헌법 부칙 제5조는 … 규정하는바, 우리 헌법은 조약에 대한 헌법의 우위를 전제하고 있으며, 헌법과 동일한 효력을 가지는 이른바 헌법적 조약을 인정하지 아니한다고 볼 것이다. 한미무역협정의 경우, 헌법 제60조 제1항에 의하여 국회의 동의를 필요로 하는 우호통상항해조약의 하나로서 법률적 효력이 인정되므로, 규범통제의 대상이 됨은 별론으로 하고, 그에 의하여 성문헌법이 개정될 수는 없다. 이같이 한미무역협정이 성문헌법을 개정하는 효력이 없는 이상, 한미무역협정의 체결로 헌법개정절차에서의 국민투표권이 행사될 수 있을 정도로 헌법이 개정된 것이라고 할 수 없으므로 그 침해의 가능성은 인정되지 않는다."

[178] 대통령의 행정입법권과 포괄위임금지원칙 대통령의 **행정입법권**(헌§75)은 대통령이 국회 다수정당의 입법적 지지를 확보하지 못하는 이른바 '분리된 정부'의 상황에서, 그 정책집행을 가능케 해주는 중요한 수단이 된다. 넓은 의미의 행정입법에는 본래적 의미의 행정입법 외에 자치입법(헌§117①)까지 포함되며, 본래적 의미의 행정입법은 그 제정권자에 따라 **대통령령**(헌§75)과 **총리령·부령**(헌§95)으로 분류된다. 또한 그것은 국민의 자유·권리를 제한하거나 의무를 부과하는 내용(법규사항)을 규정함으로써 행정조직 외부에 효력을 미치는(대외적 구속력을 갖는) **법규명령**과 그 이외의 **행정명령**(행정규칙)으로 분류되며, 법규명령은 다시 법률의 위임에 의거한(새로운 입법사항의 규정이 가능함) **위임명령**과 법률을 집행하기 위한 **집행명령**으로 분류된다. 권력분립·의회주의·법치주의가 지배하는 입헌주의헌법에 있어서, **국회입법의 원리적 정당성**은 부정할 수 없다(2000헌가10). 반면, 오늘날 복잡·다기한 행정영역에 있어서 국회의 기술적·전문적 능력이나 시간적 적응능력에는 한계가 있으므로, **위임입법의 현실적 불가피성** 또한 부정할 수 없다(2000헌가10). 국회입법의 원리적 정당성과 위임입법의 현실적 불가피성 사이에서 양자 간 헌법적 한계를 긋는 기준이 곧 **포괄위임금지원칙**이라고 할 수 있다. 즉, "법률에서 구체적으로(위임의 종적 한계) 범위를 정하여(위임의 횡적 한계) 위임받은 사항"에 대해서만, 새로운 입법사항을 규정하는 위임명령을 발할 수 있도록 한 것이다(헌§75). 수권 법률의 구체성

과 명확성을 요구하는 현행헌법의 포괄위임금지원칙은, 한편으로는 정부와 국회 사이 입법기능의 적정한 배분기준을 의미하는 것이면서, 다른 한편으로는 **법률의 명확성원칙**이 행정입법에 관하여 구체화된 **특별규정**이기도 하다(94헌바37등·2004헌가29등). 헌법재판소는 현행헌법이 인정하고 있는 위임입법의 형식을 예시적인 것으로 보므로, 포괄위임금지원칙은 대통령령 외에 ① 부령(2012헌가3), ② 행정규칙(2013헌바183등·2014헌바382·2015헌바191)(앞 [72] 참조), ③ 대법원규칙(2013헌바27·2013헌바370등)에도 적용된다고 한다. 그러나 ① 조례(92헌마264), ② 공법상 법인의 정관(2000헌마122·2005헌바31) 등 자치법규에는 적용되지 않으며, 위임입법이 아니라 범죄구성요건의 일부를 이루거나(2006헌바12), 범죄구성요건으로 차용한 데 불과한 경우(2011헌바39)에도 적용되지 않는다고 한다.

헌재 2002. 6. 27. 2000헌가10 : "우리 헌법은 권력분립주의에 입각하여 국민의 권리와 의무에 관한 중요한 사항은 주권자인 국민에 의하여 선출된 대표자들로 구성되는 국회에 의하여 법률의 형식으로 결정되도록 하고 있다. 이러한 의회주의 내지 법치주의의 기본원리는 입법부가 그 입법의 권한을 행정부 내지 사법부에 위임하는 것을 금지함을 내포하고 있다. 그러나 현대국가에 있어서 국민의 권리·의무에 관한 것이라 하여 모든 사항을 국회에서 제정한 법률만으로 규정하는 것은 불가능한데 이는 행정영역이 복잡·다기하여 상황의 변화에 따라 다양한 방식으로 적절히 대처할 필요성이 요구되는 반면, 국회의 기술적·전문적 능력이나 시간적 적응능력에는 한계가 있기 때문이다. 이에 따라 헌법은 제75조에서 '대통령은 법률에서 구체적으로 범위를 정하여 위임받은 사항과 법률을 집행하기 위하여 필요한 사항에 관하여 대통령령을 발할 수 있다.'고 규정하여 위임입법의 근거를 마련하는 한편 대통령령으로 입법할 수 있는 사항을 법률에서 구체적으로 범위를 정하여 위임받은 사항으로 한정함으로써 위임입법의 범위와 한계를 제시하고 있다."

헌재 2013. 2. 28. 2012헌가3 : "헌법 제95조는 부령에의 위임근거를 마련하면서 '구체적으로 범위를 정하여'라는 문구를 사용하고 있지는 않지만, 법률의 위임에 의한 대통령령에 가해지는 헌법상의 제한은 당연히 법률의 위임에 의한 부령의 경우에도 적용된다. 따라서 법률로 부령에 위임을 하는 경우라도 적어도 법률의 규정에 의하여 부령으로 규정될 내용 및 범위의 기본사항을 구체적으로 규정함으로써 누구라도 당해 법률로부터 부령에 규정될 내용의 대강을 예측할 수 있도록 하여야 한다."

헌재 2016. 6. 30. 2013헌바370 : "헌법 제108조 … 에서 열거하고 있는 사항에 대해서는 대법원이 법률에 저촉되지 않는 한 법률에 의한 명시적인 수권이 없이도 이를 규칙으로 정할 수 있다는 의미이다(헌재 1995. 12. 28. 91헌마114 참조). … 헌법이 위임입법의 형태로 제75조와 제95조에서 열거하고 있는 대통령령, 총리령 또는 부령 등의 행정입법은 예시적인 것으로 보아야 한다(헌재 2004. 10. 28. 99헌바91). 따라서 법률은 헌법 제108조에서 열거하고 있는 사항은 물론, 위 조항에서 열거하고 있지 않은 사항에 대해서도 이를 대법원규칙에서 정하도록 위임할 수 있(다). … 법률은 헌법 제108조에서 열거하고 있는 사항은 물론, 열거하고 있지 않은 사항에 대해서도 이를 대법원규칙에서 정하도록 위임할 수 있다고 할 것인데 … 위임입법이 대법원규칙인 경우에도 수권 법률에서 이 원칙을 준수하여야 하는 것은 마찬가지이다(헌재 2014. 10. 30. 2013헌바368 참조). 다만, 대법원규칙으로 규율될 내용들은 소송에 관한 절차와 같이 법원의 전문적이고 기술적인 사무에 관한 것이 대부분일 것인바 … 수권 법률에서의 위임의 구체성·명확성의 정도는 다른 규율 영역에 비해 완화될 수 있을 것이다. … 심판대상조항은 소송비용으로 인정되는 변호사보수 금액의 '범위'를 정하도록 위임 … 포괄위임금지원칙을 위반하지 아니한다."

헌재 1995. 4. 20. 92헌마264 : "이 사건 조례들은 담배소매업을 영위하는 주민들에게 자판기 설치를 제한하는 것을 내용으로 하고 있으므로 주민의 직업선택의 자유 특히 직업수행의 자유를 제한하는 것이 되어, 지방자치법 제15조 단서 소정의 주민의 권리의무에 관한 사항을 규율하는 조례라고 할 수 있으므로, 지방자치단체가 이러한 조례를 제정함에 있어서는 법률의 위임을 필요로 한다. 그런데 조례의 제정권자인 지방의회는 선거를 통해서 그 지역적인 민주적 정당성을 지니고 있는 주민의 대표기관이고, 헌법이 지방자치단체에 대해 포괄적인 자치권을 보장하고 있는 취지로 볼 때 조례제정권에 대한 지나친 제약은 바람직하지 않으므로, 조례에 대한 법률의 위임은 법규명령에 대한 법률의 위임과 같이 반드시 구체적으로 범위를 정하여 할 필요가 없으며 포괄적인 것으로 족하다고 할 것이다. … 조례에 의한 규제가 지역의 여건이나 환경 등 그 특성에 따라 다르게 나타나는 것은 헌법이 지방자치단체의 자치입법권을 인정한 이상 당연히 예상되는 불가피한 결과이므로, 이 사건 심판대상규정으로 인하여 청구인들이 다른 지역의 주민들에 비하여 더한 규제를 받게 되었다 하더라도 이를 두고 헌법 제11조 제1항의 평등권이 침해되었다고 볼 수는 없다."

헌재 2001. 4. 26. 2000헌마122 : "위임입법을 엄격한 헌법적 한계 내에 두는 이유는 무엇보다도 권력분립의 원칙에 따라 국민의 자유와 권리에 관계되는 사항은 국민의 대표기관인 의회가 정하는 것이 원칙이라는 법리에 기인한 것이다. 즉, 행정부에 의한 법규사항의 제정은 입법부의 권한 내지 의무를 침해하고 자의적인 시행령 제정으로 국민들의 자유와 권리를 침해할 수 있기 때문에 엄격한 헌법적 기속을 받게 하는 것이다. 그런데 법률이 행정부가 아니거나 행정부에 속하지 않는 공법적 기관의 정관에 특정 사항을 정할 수 있다고 위임하는 경우에는 그러한 권력분립의 원칙을 훼손할 여지가 없다. 이는 자치입법에 해당되는 영역이므로 자치적으로 정하는 것이 바람직하다. … 헌법재판소는 … 조례에 대한 법률의 위임은 법규명령에 대한 법률의 위임과 같이 반드시 구체적으로 범위를 정하여 할 필요가 없으며 포괄적인 것으로 족하다(헌재 1995. 4. 20. 92헌마264등)고 판단한 바 있는데, 법률이 공법상의 법인의 정관에 위임한 경우에도 그것이 그 법인의 자치적인 규율 사항이라고 보는 한 같은 법리가 적용된다고 할 수 있다. … 법률이 정관에 자치법적 사항을 위임한 경우에는 헌법상의 포괄위임금지의 원칙이 원칙적으로 적용되지 않는다고 볼 것이다."

헌재 2006. 3. 30. 2005헌바31 : "법률이 자치적인 사항을 정관에 위임할 경우 원칙적으로 헌법상의 포괄위임금지원칙이 적용되지 않는다 하더라도, 그 사항이 국민의 권리·의무에 관련되는 것일 경우에는, 적어도 국민의 권리와 의무의 형성에 관한 사항을 비롯하여 국가의 통치조직과 작용에 관한 기본적이고 본질적인 사항은 반드시 국회가 정하여야 할 것인바, 각 국가유공자 단체의 대의원의 선출에 관한 사항은 각 단체의 구성과 운영에 관한 것으로서, 국민의 권리와 의무의 형성에 관한 사항이나 국가의 통치조직과 작용에 관한 기본적이고 본질적인 사항이라고 볼 수 없으므로, 법률유보 내지 의회유보의 원칙이 지켜져야 할 영역이라고 할 수 없다. 따라서 각 단체의 대의원의 정수 및 선임방법 등을 정관으로 정하도록 규정하고 있는 '국가유공자 등 단체설립에 관한 법률' 제11조가 법률유보 혹은 의회유보의 원칙에 위배되어 청구인의 기본권을 침해한다고 할 수 없다."

헌재 2007. 7. 26. 2006헌바12 : "이 사건 법률조항의 범죄구성요건에 해당하는 '법령에 위반하여 (대한민국 또는 대한민국 국민의 재산을 국외에 이동하거나 국내에 반입하여야 할 재산을 국외에서 은닉 또는 처분하여 도피시킨 때에는)' … 라는 부분이 다소 포괄적이고 추상적이라는 점을 부인할 수는 없다. 그러나 이 부분이 범죄구성요건 중 행위태양인 '국외 이동 또는 국외 도피' 부분을 수식·한정하고 있으므로, 법률의 합리적 해석을 통하여 이때의 '법령'은 '외국환 관리에 관한 법률과 법규명령'이라고 쉽게 예측될 수 있다. 결국 이 사건 법률조항 부분은 수범자로 하여금 그 의미내용을 합리적으로 파악할 수 있도록 규정되었다 할 것이므로 명확성의 원칙에 위반된다고 보기 어렵다. … 특정경제범죄 가중처벌 등에 관한 법률 제4조 제1항의 '법령에 위반하여'라는 범죄구성요건은 법률에서 하위법령에 위임하는 입법형식이 아니라, 그 자체로 완성된 구성요건을 구비하고 있는 것이고, 다만 그 법령의 적용과 관련하여 다른 법령을 전제로 하고 있는 것에 지나지 않는다. 결국 위 법률조항은 위임입법이 아니므로 이를 전제로 한 포괄위임입법금지 위반 주장은 받아들일 수 없다."

헌재 2013. 7. 25. 2011헌바39 : "이 사건 법률조항은 '관계 중앙행정기관의 장이 소관 분야의 산업경쟁력 제고 등을 위하여 법령이 규정한 바에 따라 지정 또는 고시·공고하는 기술'을 (범죄)구성요건의 하나로 삼고 있으나, 위 지정 또는 고시·공고는 이 사건 법률조항이 아니라 다른 관계 법령 즉 '관계 법률과 그 법률에 의하여 위임된 명령'에 의하여 수권된 것으로서 별도의 근거법률을 가지고 있다. 또한 다른 관계 법령에 의한 지정 또는 고시·공고는 어떤 '특정한 기술'을 관련 법령상의 지원·조장 등의 수익적 행정행위의 대상으로 지정하는 행정처분으로서의 성격을 갖는 데 불과한 것도 있으므로, 위임입법의 경우와 같이 행정기관이 법률의 위임에 의하여 법규로서의 성질을 가지는 일반적·추상적 규범을 정립한 것이라고 볼 수 없는 것도 있다. 이러한 점에서 이 사건 법률조항은 이미 존재하는 다른 법령을 전제하고 그 법령에 기한 지정 또는 고시·공고를 구성요건으로 '차용'하고 있는 데 불과한 것이지 하위법령에 구성요건의 형성을 '위임'하고 있는 것은 아니다. 따라서 이 사건 법률조항이 위임입법임을 전제로 위 조항이 위임입법의 한계를 벗어난 것이라는 청구인의 주장은 타당하지 않다."

[179] 위임 구체성·명확성과 예측가능성 판단기준 수권 법률의 위임은 구체적이고 명확한 것이라야만 수범

자의 예측가능성을 보장할 수 있는 것인데, 헌법재판소는 위임의 구체성·명확성 및 이에 따른 예측가능성의 판단기준을 다음과 같이 제시하고 있다. 우선, 당해 법률(규정)의 **입법목적 및 관련 법규 전체를 유기적·체계적으로 종합 판단**할 때 행정입법에 규정될 내용의 **대강을 예측**할 수 있을 정도로 수권 법률의 위임은 구체적이고 명확해야 한다(2000헌가10·2004헌가30·2008헌가6). 다음, 규율영역이 **다양하고 가변적**이며 **전문적·기술적**인 분야에 속하여, 행정입법에 의한 탄력적 규율이 요청되는 경우 위임의 필요성은 폭넓게 인정되고, 상응하여 위임의 구체성·명확성의 요구 정도는 완화된다(2001헌바52·2004헌가30·2007헌가4·2012헌가3·2013헌가6·2015헌마236등·2014헌가6등). 또한, 규율내용이 침해행정법규에 속하는 핵심적·본질적 사항이 아니라 **급부행정법규에 속하는 사항**일 때에는 위임의 구체성·명확성 요구 정도는 완화된다(2000헌가10·2001헌바52·2004헌가30·2011헌마827·2013헌가6). 침해행정법규 중에서도 그 규율수단이 형벌인 경우(**처벌법규의 위임**)에는 위임의 구체성·명확성이 더욱 엄격하게 요구된다(2008헌가6·2013헌바374·2015헌마236등). 한편, 규율대상이 일반인이 아니라 **예측능력이 높은 전문가**인 경우에도 위임의 구체성·명확성의 요구 정도는 완화된다(2001헌바52·2012헌가3·2015헌마236등·2014헌가6등[반대의견]).

> 헌재 2002. 6. 27. 2000헌가10 : "위임입법의 위와 같은 구체성·명확성의 요구 정도는 … 특히 국민의 기본권을 직접적으로 제한하거나 침해할 소지가 있는 법규에서는 구체성·명확성의 요구가 강화되어 그 위임의 요건과 범위가 일반적인 급부행정법규의 경우보다 더 엄격하게 제한적으로 규정되어야 한다. 다만, 그 예측가능성의 유무를 판단함에 있어서는 당해 특정 조항 하나만을 가지고 판단할 것이 아니고 관련 법조항 전체를 유기적·체계적으로 종합 판단하여야 하며, 각 대상법률의 성질에 따라 구체적·개별적으로 검토하여야 할 것이다. … 자격정지 처분에 있어서 정지기간은 정지처분의 사유 못지않게 정지처분의 핵심적·본질적 요소라 할 것(임에도) … 이 사건 법률조항은 정지기간의 범위에 관하여 아무런 규정을 두고 있지 않을 뿐만 아니라, 국가기술자격법의 다른 규정이나 자격기본법 등 다른 관련 법률에서도 기술자격 정지에 관련된 규정을 찾아 볼 수 없다. 이에 따라 이 사건 법률조항의 규정내용과 국가기술자격법의 다른 규정 및 관련 법규를 유기적·체계적으로 종합하여 판단해 보아도 이 사건 법률조항의 위임에 따라 시행령에 규정될 자격정지 기간의 범위 특히 상한이 대강 어떤 것이 될지를 전혀 예측할 수 없다."

> 헌재 2002. 12. 18. 2001헌바52 : "사업시행자에 의하여 개발된 토지 등의 처분계획의 내용·처분방법·절차·가격기준 등에 관하여 필요한 사항을 대통령령으로 정할 수 있도록 위임한 산업입지 및 개발에 관한 법률 제38조 제2항이 위임입법으로서 갖추어야 할 구체성·명확성의 정도 … 이러한 일련의 산업단지의 개발절차는 … 일종의 '급부행정' 영역에 속한다고 볼 수 있다. 특히 이 사건 법률조항은 … 그 규율영역의 성격상 입주기업 등에 대한 관계에

서 기본권을 제한하거나 침해하는 것이 아님은 더욱 명백하다. … 이 사건 법률조항은 수분양자에 대한 관계에서 급부를 제공하는 것을 규율영역으로 삼고 있고, 규율내용의 기초가 될 사실관계 등이 다양하고, 수시로 변화하는 성질을 갖고 있는 점에 비추어 행정입법을 통하여 신축적이고 탄력적으로 규율하여야 할 필요성이 크다고 보이는 바, 이 점에서 이 사건 법률조항이 위임입법으로서 갖추어야 할 구체성·명확성의 요구 정도는 완화될 수 있다고 판단된다. … 이 사건 법률조항의 피 적용자는 주로 해당 분야의 전문가라고 할 수 있는 사업시행자와 그로부터 산업입지를 분양 등 처분 받는 기업들인데, 이들은 대통령령에 규정될 '처분계획의 내용·처분방법·절차·가격기준 등'이 대체적으로 어떤 것인지 충분히 예측할 수 있는 지위에 있다는 사정을 고려하면 더욱 그러하다."

헌재 2005. 7. 21. 2004헌가30 : "'자동차운전전문학원을 졸업하고 운전면허를 받은 사람 중 교통사고를 일으킨 비율이 대통령령이 정하는 비율을 초과하는 때'에는 학원의 등록을 취소하거나 1년 이내의 운영정지를 명할 수 있도록 한 (것) … 처벌법규나 조세법규와 같이 국민의 기본권을 직접적으로 제한하거나 침해할 소지가 있는 법규에서는 구체성·명확성의 요구가 강화되어 그 위임의 요건과 범위가 일반적인 급부행정의 경우보다 더 엄격하게 제한적으로 규정되어야 하며, 규율대상이 다양하거나 수시로 변화하는 성질의 것일 때에는 위임의 구체성·명확성의 요건이 완화된다. … 대통령령에 규정될 '교통사고'가 어떤 종류나 범위의 것이 될 것인지, 언제 발생한 것을 뜻하는지 등에 관한 아무런 대강의 기준도 제시하지 않고 있으며, 도로교통법의 전반적 체계와 관련 규정을 보아도 이를 예측할 만한 단서가 없다. … 도로교통법 시행령은 이 사건 조항의 대상이 되는 '교통사고'를 '사망사고'에 한정하고 있으나, 헌법 제75조가 요청하는 위임입법의 예측가능성은 법규명령에 의하여서가 아니라 먼저 그 수권 법률의 내용으로부터 예견 가능하여야 (한다). … 교통사고를 일으킨 사람의 비율을 정하는 것은 운전전문학원이 영업정지 등 행정처분을 받느냐 안 받느냐를 정하는 핵심적인 것이므로, 위임을 하더라도 법률에서 구체적 기준을 정하여 위임하여야 한다."

헌재 2008. 7. 31. 2007헌가4 : "[재판관 이강국·민형기·이동흡·송두환의 헌법불합치의견] 법률이 고시와 같은 형식으로 입법위임을 할 때에는 적어도 행정규제기본법 제4조 제2항 단서에서 정한 바와 같이 법령이 전문적·기술적 사항이거나 경미한 사항으로서 위임이 불가피한 경우이어야 할 것인데, 이 사건 위임규정에서 위임하고 있는 사항은 제한상영가 등급분류의 기준에 대한 것으로 그 내용이 도덕이나 윤리와 관련이 깊은 가치판단적인 것이어서 사회현상에 따라 급변하는 내용들도 아니고, 특별히 전문성이 요구되는 것도 아니며, 그렇다고 일반인들은 알기 어려운 기술적인 사항도 아닐 뿐만 아니라, 더욱이 표현의 자유의 제한과 관련되어 있다는 측면에서 보면 경미한 사항이라고도 할 수 없는데도, 이 사건 위임규정은 제한상영가 등급을 포함한 영화상영 등급분류 기준을 영상물등급위원회(의 규정)에 위임하고 있으므로, 이는 그 자체로서 포괄위임금지원칙에 위반된다 할 것이다. … 제한상영가 등급은 그 자체로 형사처벌 법규의 구성요건을 구성하고 있지는 않으나 영화진흥법 제39조의2 제2호는 제한상영가 등급의 영화를 관람할 수 없는 청소년 또는 고등학교에 재학 중인 학생을 입장시킨 자는 3년 이하의 징역 또는 3천만 원 이하의 벌금에 처하도록 하고 있는바, 이와 같이 처벌법규와 불가분적 관계를 형성하고 있고, 더구나 표현의 자유를 제한하는 규정이라는 점에서 위임의 구체성·명확성 정도는 강화될 것이다."

헌재 2013. 2. 28. 2012헌가3 : "동일한 장소에서 행하여지는 사업의 일부를 도급에 의하여 행하는 사업의 사업주로 하여금 그의 수급인이 사용하는 근로자가 산업재해 발생위험이 있는 장소에서 작업을 할 때에는 산업재해예방을 위한 조치를 하도록 규정하면서 그 장소 및 조치의 내용을 부령인 노동부령에 위임 … (가) 위임의 필요성 … 산업기술의 급속한 발달로 인하여 규율영역이 확대되고 예상치 못했던 위험요소의 출현이 증가함에 따라 산업재해 발생위험이 있는 장소 및 산업재해 예방조치의 구체적이고 세부적인 사항에 대하여 법률에서 일일이 규정하는 것은 불가능하므로, 탄력적이고 신속한 대응을 위하여 행정입법에 위임할 필요성이 인정된다. … (나) 예측가능성 … 이 사건 법률조항의 실제 수범자인 사업주는 전문성을 띤 한정된 범위의 집단에 해당한다. … 사업의 일부분을 직접 영위하고 있는 사업주로서는 근로자가 어떤 일을 하고 있는지, 어떤 유형의 산업재해가 발생할 수 있는지, 그 위험발생이 가능한 장소는 어디인지, 그 장소에서 산업재해예방을 위한 적절한 조치는 무엇인지 등을 용이하게 파악할 수 있고, 이는 사업주의 기본적 의무이기도 하므로(제5조), 시행규칙에 위임될 사항에 대한 예측가능성은 더욱 높아진다고 할 수 있다."

헌재 2015. 5. 28. 2013헌가6 : "처벌법규나 조세법규와 같이 국민의 기본권을 직접적으로 제한하거나 침해할 소지가 있는 법규에서는 구체성·명확성의 요구가 강화되어 그 위임의 요건과 범위가 일반적인 급부행정법규의 경우보다 더 엄격하게 제한적으로 규정되어야 하는 반면에, 규율대상이 지극히 다양하거나 수시로 변화하는 성질의 것일 때에는 위임의 구체성·명확성의 요건이 완화된다. … 현대 생활에 있어 자동차 등은 일상생활에 없어서는 안 될 필수품으로 자리 잡고 있으며, 실제로 자동차 등의 보급률 및 운전면허 소지자의 수는 해마다 증가하여 왔다. 이와 같이 자동차 등의 이용이 일상생활에 있어 보편화되면서 자동차 등에 대한 의존도가 높아지고 자동차 등 운전이 차지하는 비중이 점차 커짐에 따라 자동차 등을 이용한 범죄행위의 태양이 날로 다양해지고 변화의 속도도 빨라지고 있으므로, 현실의 변화에 대응하여 유연하게 규율하도록 하기 위해서는 자동차 등을 이용한 범죄행위의 세부적인 유형을 탄력성이 있는 행정입법에 위임할 필요성이 인정되고, 그 위임의 구체성과 명확성의 요구는 완화된다 할 것이다."

헌재 2016. 7. 28. 2015헌마236등 : "청탁금지법상 수수가 허용되는 외부강의 등의 사례금이나 사교·의례 목적의 경조사비·선물·음식물 등의 가액은 시대적·경제적·문화적 변화나 국민인식 변화에 따라 달라질 수 있고, 경제규모와 물가수준, 공직자등의 지위·직책, 맡고 있는 업무의 특성, 강의내용이나 시간 등 여러 가지 요소를 고려하여 정해져야 하므로 그 가액을 일률적으로 법률에 규정하기 곤란한 측면이 있다. 따라서 사회통념을 반영하고 현실의 변화에 대응하여 유연하게 규율할 수 있도록 수수가 허용되는 금품 등의 가액이나 외부강의 등의 사례금을 탄력성 있는 행정입법에 위임할 필요성이 인정된다. … 금지되는 행위가 어떤 것이라고 예측할 수 있을 정도의 내용이 법률에 정해지고 이에 따르는 제재가 법률에 명백히 규정된 이상 그 법률 조항이 포괄위임금지원칙에 위배된다고 볼 수 없다. 더욱이 이 사건의 경우 위임조항의 수범자는 사립학교 관계자와 언론인으로서 위임조항이 위임하는 내용 및 범위에 대해 충분히 이해할 수 있는 사람들이다. 또 위임조항이 문제되는 것은 과태료의 제재가 따르는 법률조항으로 범죄의 구성요건과 형벌에 관한 법률조항에 비하여 포괄위임금지원칙을 완화하여 적용하여야 한다. 이와 같은 수범자의 특성이나 위반행위에 따르는 제재가 형벌이 아닌 행정질서벌이라는 점에 비추어 보아도 위임조항이 포괄위임금지원칙에 위배된다고 보기는 어렵다."

헌재 2016. 11. 24. 2014헌가6등 : "식품관련 영업은 식품산업의 발전 및 관련 정책의 변화에 따라 수시로 변화하는 특성이 있으므로 수범자인 영업자의 범위나 영업형태를 하위법령에 위임할 필요성이 있다. 식품관련 영업자가 준수하여야 할 사항 역시 각 영업의 종류와 특성, 주된 업무태양에 따라 달라질 수밖에 없으므로 하위법령에 위임할 필요가 있다. 그러나 심판대상조항('식품접객영업자 등 대통령령으로 정하는 영업자와 그 종업원은 영업의 위생관리와 질서유지, 국민의 보건위생 증진을 위하여 총리령으로 정하는 사항을 지켜야 한다.')은 식품접객업자를 제외한 어떠한 영업자가 하위법령에서 수범자로 규정될 것인지에 대하여 아무런 기준을 정하고 있지 않다. … '영업의 위생관리와 국민의 보건위생 증진'은 식품위생법 전체의 입법목적과 크게 다를 바 없고, '질서유지'는 식품위생법의 입법목적에도 포함되어 있지 않은 일반적이고 추상적인 공익의 전체를 의미함에 불과하므로, 이러한 목적의 나열만으로는 식품관련 영업자에게 행위기준을 제공해주지 못한다. … 수범자와 준수사항을 모두 하위법령에 위임 … 그 내용들을 전혀 예측할 수 없게 하고 있으므로, 포괄위임금지원칙에 위반된다. [재판관 김창종·안창호·서기석의 반대의견] 위임의 필요성은 인정하면서도 예측가능성이 없다고 본 다수의견과 달리 예측가능성 역시 인정되어 포괄위임금지원칙에 위반된다고 볼 수 없(다). … 심판대상조항의 수범자는 … 자신의 영업 범위 내에서 영업의 위생관리와 국민의 보건위생 증진을 위하여 준수하여야 할 사항이 어떠한 것일지 예측할 수 있는 정도의 전문지식과 능력을 갖추고 있다고 보아야 한다."

헌재 2010. 2. 25. 2008헌가6 : "법률에 의한 처벌법규의 위임은 헌법의 기본권보장 우위사상에 비추어 그 요건과 범위가 보다 엄격하게 제한적으로 이루어져야 할 것이다. 따라서 첫째, 처벌법규의 위임은 특히 긴급한 필요가 있거나 미리 법률로써 구성요건을 상세히 정할 수 없는 부득이한 사정이 있는 경우에 한정되어야 하고, 둘째, 이러한 경우에도 처벌대상 행위가 어떠한 것일 것이라고 예측할 수 있을 정도의 범죄구성요건의 대강은 법률에서 정해야 하고, 셋째, 형벌의 종류 및 그 상한과 폭을 법률에서 명백히 규정하여야 할 것이다. … '이 법 또는 이 법에 의한 명령의 시행을 위하여 필요한 사항으로서 노동부령이 정하는 사항'을 '보고를 하지 아니하거나 허위의 보고를 한' 경우에 1천만 원 이하의 벌금형으로 처벌함을 밝히고 있을 뿐 … 처벌법규의 구성요건의 구체적인 내용을 모두 하위법령인 노동부령에 위임하고 있다. 따라서 '이 사건 법률조항 자체'만으로는 수범자가 처벌대상이 되는 행위의 범위가 어떠한 것인지를 전혀 예측할 수 없을 뿐만 아니라, 관련 법조항 전체를 유기적·체계적으로 종합 판단해 보더라도 앞서 살펴본 바와 같이 수범자가 그 내용을 예측할 수 있을 정도로 내용이 명확하지 아니하다. 나아가 이 사건 법률조항의 규범내용을 노동부령으로 특별히 위임할 긴급한 필요가 있거나, 미리 법으로써 자세히 정할 수 없는 부득이한 사정도 발견하기 어렵다. … 포괄적 위임입법으로서 헌법 제75조에 위반된다 할 것이다."

[180] 대통령의 사면권과 그 헌법적 통제 국정통합·조정자로서 대통령은 사법에 대해 개입하는 권한을 보유하는데, **사면**(협의의 사면권) **및 감형과 복권**의 권한(헌§79)(광의의 사면권)이 그것이다. 미국연방헌법의 제정자들은 반란·폭동의 주동자를 대통령이 적시에 사면함으로써 국가의 평온을 조기에 회복할 수 있을 것으로 보았다(The Federalist, no.74). 현행헌법은 사면·감형·복권에 관한 사항은 법률로 정하되, 대통령의 사면권 남용을 막기 위해 **일반사면**은 **국회의 동의**를 얻도록 했다(헌§79). **사면법**에 의하면, 사면에는 죄의 종류를 정하여 이에 해당하는 모든 죄인에게 형의 선고의 효력을 소멸시키거나 공소권을 소멸시키는 **일반사면**(사면§5①1호·§8)과 형의 선고를 받은 특정인에 대해 형의 집행을 면제하는 **특별사면**(사면§5①2호·§9)이 있다. 감형·복권에도 죄 또는 형의 종류를 정하여 일반적으로 행하는 **일반감형·일반복권**(사면§5①3호·§8)과 특정인에 대해 행하는 **특별감형·특별복권**(사면§5①4호·§9)이 있다. 사면·감형·복권은 모두 국무회의의 심의를 거쳐야 하며(헌§89·9호), 일반사면·일반감형·일반복권은 대통령령으로써 해야 한다(사면§8). 헌법재판소는 사면에 관한 사항은 입법자에게 **광범한 입법재량 내지 형성의 자유**가 부여되어 있는데, 특별사면의 대상을 '형'으로 규정할 것인지 '사람'으로 규정할 것인지는 입법재량사항에 속하며, 선고된 형 전부를 사면할 것인지 일부만을 사면할 것인지도 사면권자의 전권사항이라고 했다(97헌바74). 그 밖에 대통령의 사면권행사에 대해 헌법재판소의 사법적 심사가 가능한지 여부가 논란되고 있다. 헌법과 법률의 절차에 따라 적법하게 행해진 사면이라면, 권한쟁의심판의 대상이 되지는 않을 것으로 본다. 국회의 동의를 거치지 않고 일반사면을 행한 경우 국회가 권한쟁의심판을 청구할 수는 있지만, 제3자 소송담당이 인정되지 않는 이상 국회의원이 이를 청구할 수는 없다. 사면에서 제외된 자가 평등권침해를 주장하며 일반국민 또는 일반재소자가 헌법소원심판을 청구한 사건에서, 헌법재판소는 **자기관련성과 직접성**을 모두 부정한 바 있다(97헌마404·99헌마499). **동일사건 내지 동종사건**에서 일부 죄인을 정치적 고려에서 사면한 경우, **사면에서 제외된 자**가 평등권침해를 주장하며 헌

법소원심판을 청구한다면? 대통령이 타인을 사면한 공권력의 행사에 대해서는 자기관련성·직접성을 인정할 수 없을 것이며(타인에 대한 사면이 취소·축소된다 하더라도 자신이 사면의 혜택에 참여할 수 있는 가능성은 없음[2002헌마312]), 대통령이 자신을 사면하지 않은 공권력의 불행사에 대해서는 헌법상 사면의무를 인정할 수 없을 것이다. 다만, 대법원은 사면에 관한 사항은 「공공기관의 정보공개에 관한 법률」의 비공개대상정보에는 해당하지 않는다고 본다(2005두241).

헌재 2000. 6. 1. 97헌바74 : "(가) 사면은 형의 선고의 효력 또는 공소권을 상실시키거나, 형의 집행을 면제시키는 국가원수의 고유한 권한을 의미하며, 사법부의 판단을 변경하는 제도로서 권력분립의 원리에 대한 예외가 된다. 사면제도는 역사적으로 절대군주인 국왕의 은사권(恩赦權)에서 유래하였으며, 대부분의 근대국가에서도 유지되어 왔고, 대통령제국가에서는 미국을 효시로 대통령에게 사면권이 부여되어 있다. 사면권은 전통적으로 국가원수에게 부여된 고유한 은사권이며, 국가원수가 이를 시혜적으로 행사한다. … (나) 우리 헌법 제79조 제1항은 … 대통령의 사면권을 규정하고 있고, 제3항은 … 사면의 구체적 내용과 방법 등을 법률에 위임하고 있다. 그러므로 사면의 종류·대상·범위·절차·효과 등은 범죄의 죄질과 보호법익, 일반국민의 가치관 내지 법 감정, 국가이익과 국민화합의 필요성, 권력분립의 원칙과의 관계 등 제반사항을 종합하여 입법자가 결정할 사항으로서 입법자에게 광범위한 입법재량 내지 형성의 자유가 부여되어 있다. 따라서 특별사면의 대상을 '형'으로 규정할 것인지, '사람'으로 규정할 것인지는 입법재량사항에 속한다 할 것이다. (다) 사면에는 일반사면과 특별사면이 있으며(사면법 제2조), 특별사면은 이미 형의 선고를 받은 특정인에 대하여 형의 집행을 면제하거나, 선고의 효력을 상실케 하는 사면이다. … 징역형의 집행유예와 병과된 벌금형에 대하여는 아무런 규정도 두고 있지 않(은) … (사면법)은 위에서 본 사면권의 의의와 성질 등에 비추어 볼 때 입법자의 재량범위를 현저히 일탈한 것이라고 할 수 없다. 따라서 선고된 형 전부를 사면할 것인지 또는 일부만을 사면할 것인지를 결정하는 것은 사면권자의 전권사항에 속하는 것이고, 징역형의 집행유예에 대한 사면이 병과된 벌금형에도 미치는 것으로 볼 것인지 여부는 사면권자의 의사인 사면의 내용에 대한 해석문제에 불과하다 할 것이다. … (라) 결론적으로 사면의 은사적 성격 및 특별사면의 입법취지 등을 종합하면 병과된 형의 일부만을 사면하는 것은 헌법에 위반된다고 볼 수 없다."

헌재 1998. 9. 30. 97헌마404 : "기본권을 침해받은 자라 함은 공권력의 행사 또는 불행사로 인하여 자기의 기본권이 현재 그리고 직접적으로 침해받은 자를 의미하며 단순히 간접적·사실적 또는 경제적인 이해관계가 있을 뿐인 제3자는 이에 해당하지 않는다는 것이 우리 재판소의 확립된 판례이다. 이 사건의 경우, 청구인들은 대통령의 특별사면에 관하여 일반국민의 지위에서 사실상의 또는 간접적인 이해관계를 가진다고 할 수는 있으나 대통령의 청구외인들에 대한 특별사면으로 인하여 청구인들 자신의 법적 이익 또는 권리를 직접적으로 침해당한 피해자라고는 볼 수 없으므로, 이 사건 심판청구는 자기관련성·직접성이 결여되어 부적법하다."

헌재 2000. 4. 27. 99헌마499 : "청구인은 무기형을 선고받고 현재 대전교도소에서 복역 중인 자인바, 대통령이 1999. 8. 15. 김현철과 일부 정치인에 대하여 광복절 특별사면을 실시하자, 그것이 대통령의 사면권을 남용하여 청구인의 평등권을 침해한 위헌적 공권력행사라고 주장하면서 1999. 8. 25. 이 사건 헌법소원심판을 청구하였다. … 이 사건의 경우, 청구인은 대통령의 특별사면에 관하여 일반국민의 지위에서 사실상의 또는 간접적인 이해관계를 가진다고 할 수는 있으나, 대통령의 청구외인들에 대한 특별사면으로 인하여 청구인 자신의 법적 이익 또는 권리를 직접적으로 침해당한 피해자라고는 볼 수 없으므로, 이 사건 심판청구는 자기관련성·직접성이 결여되어 부적법하다."

대판 2006. 12. 7. 2005두241 : "구 공공기관의 정보공개에 관한 법률 제7조 제1항 제6호는 비공개대상정보의 하나로 '당해 정보에 포함되어 있는 이름·주민등록번호 등에 의하여 특정인을 식별할 수 있는 개인에 관한 정보'(이하 '개인식별정보'라 한다)를 규정하면서, 같은 호 단서 (다)목으로 '공공기관이 작성하거나 취득한 정보로서 공개하는 것이 공익 또는 개인의 권리구제를 위하여 필요하다고 인정되는 정보'는 제외된다고 규정하고 있(다). … 공개를 청구한 사면대상자들의 사면실시건의서와 그와 관련된 국무회의 안건자료 … 대통령이 행하는 사면권 행사가 고도의 정치적 행위라고 하더라도 위 정보의 공개가 정치적 행위로서의 사면권 자체를 부정하려는 것이 아니라, 오히려 사면권 행사의 실체적 요건이 설정되어 있지 아니하여 생길 수 있는 사면권의 남용을 견제할 국민의 자유로운 정치적 의사 등이 형성되도록 위 정보에의 접근을 허용할 필요성이 있는 점(에 비추어) … 정보의 공개로 얻는 이익이 이로 인하여 침해되는 당사자들의 사생활의 비밀에 관한 이익보다 더욱 크다고 할 것이므로 정보공개법 제7조 제1항 제6호 소정의 비공개사유에 해당되지 않는(다)."

[181] 특별검사제와 개별 특검법의 위헌 여부 대통령의 국법상 행위는 **문서**로써 하며(문서주의), 이 문서에는 국무총리와 관계 국무위원이 **부서한다**(헌§82). 그 밖에 일정 사항은 국무회의의 **심의**를 거쳐야 하며(헌§89), 필요에 따라 자문기관의 **자문**을 거칠 수도 있다(헌§§90-93). 또, 국회의 (사전)**동의**나 (사후)**승인**을 받도록 한 경우에는 이를 거쳐야 한다. 대통령의 권한행사에 대한 국회의 중요한 통제장치 가운데 하나가 **특별검사제**다. 특별검사(special prosecutor)란 고위공직자의 비리나 국정의혹사건을 독립적으로 수사·기소하는 기구로서, 국회의 개별입법에 의해 설치·운영된다는 점에서 **국회에 의한 행정통제 장치**로서의 의미를 지닌다. 헌법상 영장발부의 신청을 독점하는(헌§12③) 검사는 기소독점주의·기소편의주의가 인정되는 현행체제에서 수사권과 공소권을 모두 장악하고 있다. 검찰청법에 따른 항고(검찰§10)와 형사소송법에 따른 재정신청(형소§260)이 검사의 불기소처분에 대한 통제장치로서

인정되지만(2012헌마983), 법무부장관의 제청으로 대통령에 의해 임명·보직되는(검찰§34①) 행정부 소속 검사가 대통령 등 고위공직자의 비리 등을 독립적으로 공정하게 수사·기소할 것을 기대하기란 어렵다. 애당초 특별검사제는 미국에서 워터게이트(Watergate) 사건을 계기로 처음 도입되었는데, 연방대법원은 그것이 ① 대통령의 공무원 임명권(Article II, Section 2, Clause 2)을 침해하지 않으며(법무부장관 추천으로 연방항소법원 특별재판부가 특별검사를 임명함), ② 법원사법의 원칙(Article III)에도 위배되지 않고, ③ 대통령의 특별검사 해임권이 제한되더라도 권력분립의 원칙에 위배되지 않는다고 판시했다(Morrison v. Olson[1988]). 우리나라의 경우, 1999년 이래 처분적 법률의 성격을 지닌 특별검사법이 총 11건(「최순실특검법」 포함) 제정·시행되었는데, 2014년에는 일반적 성격의 「특별검사의 임명 등에 관한 법률」(약칭 : 특검법)까지 제정·시행된 바 있다. 헌법재판소는 「한나라당 대통령후보 이명박의 주가조작 등 범죄혐의의 진상규명을 위한 특별검사의 임명 등에 관한 법률」에 대해, ① 이는 처분적 성격을 갖지만 **평등권**(헌§11①)을 침해하지 않고(앞 [151] 참조) 불법적 심문을 받지 않을 권리 및 공정한 재판을 받을 권리도 침해하지 않으며, ② 특별검사의 수사대상을 포괄적으로 규정했다 하더라도 **명확성원칙**에 위배되지 않으며, ③ 특별검사의 임명에 대법원장이 관여하도록 한 것도 **권력분립원칙**에 위배되지 않고(앞 [72] 참조) 소추기관과 심판기관의 분리원칙이나 적법절차원칙에 위배되지도 않지만, ④ 특별검사가 동행명령장을 발부하도록 하고 이를 거부한 경우 벌금형에 처하도록 한 것은 **영장주의원칙**(§12③)에 위배된다고 결정했다(2007헌마1468). 그러나 처분적 법률의 성격을 지닌 기왕의 특별검사법에서 대법원장·대한변호사협회·정당(원내교섭단체) 등, 그때그때 특정 정치세력에게 유리한 인물·집단으로 하여금 특별검사를 추천하도록 규정한 것은 문제가 없지 않다.

헌재 2014. 2. 27. 2012헌마983 : "2007. 6. 1. 형사소송법의 개정으로 재정신청 대상범죄가 확대되고 재정신청 전에 검찰청법상의 항고를 필수적으로 거치도록 하는 항고전치주의가 채택됨에 따라, 불기소처분에 대한 항고를 기각하는 처분에 대하여 불복절차로서 기존의 재항고제도와 재정신청제도가 병존적으로 존재할 수 있게 되었는데, 이와 같은 재정신청의 확대에도 불구하고 재항고를 그대로 존치시킬 것인지 아니면 그 불복방법을 재정신청으로 일원화할 것인지는 입법재량의 영역에 속하는 것이다. 그런데 만일 재정신청과 재항고를 병존적으로 유지하는 경우, 불기소처분의 항고기각처분에 대한 불복절차가 이원화되어 절차상의 혼란이 불가피해지고 검찰과 법원의 판단이 모순 저촉될 우려가 있게 된다. 그리고 이미 항고에 의하여 불기소처분의 당부에 관한 검찰의 내부적 의사가 확인된 만큼 고소인 등으로 하여금 다시 재항고절차를 거치도록 할 필요성이 크지 않다. 더욱이 재정신청은 독립한 사법기관에 의하여 중립적이고 객관적으로 불기소처분의 당부가 심사되는 절차로서 심리결과 기소가 강제되는 등의 강력한 법적 효과가 부여되므로, 재정신청권만을 인정하였다고 하여서 고소·고발인의 권리구제에 부족함이 있다고 할 수 없다. 따라서 입법자가 재정신청을 할 수 있는 고소인 또는 고발인에 대하여는 재항고권을 부여하지 않은 것에는 합리적인 이유가 있다고 인정되므로, 이 사건 법률조항이 청구인의 평등권을 침해한다고 볼 수 없다."

헌재 2008. 1. 10. 2007헌마1468 : "미국식 특별검사제도 … (도입을) 찬성하는 논거는, ㉮ 현행 우리 검찰의 기소독점주의 및 기소편의주의에 대한 제도적 견제장치로서 검찰의 미흡한 수사 및 불기소처분 등을 보정하기 위하여 필요하고, ㉯ 권력형 부정사건 및 정치적 성격이 강한 사건에서 대통령이나 정치권력으로부터 독립된 특별검사에 의하여 수사 및 공소유지가 되게 함으로써 법의 공정성 및 사법적 정의를 확보할 수 있으며, ㉰ 국민의 기본권 보장 및 권력남용 방지라는 차원에서 볼 때 권력분립원칙을 실질적으로 확보하는 것이라고 한다. 이에 반해 반대하는 논거는, ㉮ 특별검사제도는 검사의 신분과 정치적 중립성이 헌법과 법률에 의하여 보장되는 우리나라에 적합하지 않고, ㉯ 정략적 차원에서 특별검사제를 실시하여 정치적 여론재판이 지속될 경우 정치적 혼란이 가중되고 국정수행에 방해가 될 우려가 있으며, ㉰ 권력분립원칙이 훼손되고 특별검사의 무리한 수사로 국가기밀누설 및 인권침해의 우려가 있다는 것이다."

헌재 2008. 1. 10. 2007헌마1468 : "특별검사제도의 취지상 특별검사의 수사대상을 정함에 있어서 본질적으로 국회의 폭넓은 재량이 인정되어야 하는 점, 수사대상의 범위를 확정하는 특별검사가 법률전문가인 점, 이 사건 법률 제2조 제7호가 '제1호 내지 제6호 사건과 관련한 진정·고소·고발사건 및 위 각 호 사건 수사과정에서 인지된 관련사건'이라고 규정하여 다소 모호한 부분이 있으나 제2조 제1호 내지 제6호 규정과 유기적·체계적으로 관련지어 보면 특별검사의 수사대상이 불분명하다고 보기는 어려운 점 등에 비추어 보면, 이 사건 법률 제2조 각 호는 수범자가 통상의 법 감정과 합리적 상식에 기하여 그 구체적 의미를 충분히 예측하고 해석할 수 있는 규정이라 할 것이므로 명확성의 원칙에 반하지 아니한다."

헌재 2008. 1. 10. 2007헌마1468 : "[재판관 이강국·김희옥·민형기·이동흡·목영준의 위헌의견] 참고인에 대한 동행명령제도는 참고인의 신체의 자유를 사실상 억압하여 일정 장소로 인치하는 것과 실질적으로 같으므로 헌법 제12조 제3항이 정한 영장주의원칙이 적용되어야 한다. 그럼에도 불구하고 법관이 아닌 특별검사가 동행명령장을 발부하도록 하고 정당한 사유 없이 이를 거부한 경우 벌금형에 처하도록 함으로써, 실질적으로는 참고인의 신체의 자유를 침해하여 지정된 장소에 인치하는 것과 마찬가지의 결과가 나타나도록 규정한 이 사건 동행명령조항은 영장주의원칙을 규정한 헌법 제12조 제3항에 위반되거나 적어도 위 헌법상 원칙을 잠탈하는 것이다. [재판관 이공현·김종대의 위헌의견] 신체의 자유와 관련한 헌법상 영장주의는 '신체에 대해 직접적이고 현실적인 강제력이 행사되는 경우'에 적용되는 것으로 보아야 하는바, 이 사건 동행명령조항은 … 벌금형이라는 제재를 수단으로 하여 그 출석의무의 이행을 심리적·간접적으로 강제하는 것이어서, 영장주의의 적용대상이 될 수 없다. 따라서 이 사건 동행명령조항은 영장주의에 위반된다고 볼 수 없다. 그러나 이 사건 동행명령조항은 정당한 사유 없이 동행명령을 거부한 자를 형사처벌하도록 규정함으로써 침해의 최소성에 반하여 청구인들의 신체의 자유를 침해하였다."

[182] 국무총리·국무위원·행정각부, 국무총리서리 현행헌법상 **국무총리**는 대통령의 제1순위 권한대행자(헌§71·정조§12②)인 동시에, 대통령의 행정각부 통할을 보좌하는 기관(헌§86②·정조§26①)이다(89헌마86·89헌마221)(앞 [138] 참조). 따라서 현행 대통령제 정부형태에서 국무총리의 소재지는 수도를 결정하는 요소(헌법사항)가 될 수 없으며, 국무총리가 행정중심복합도시로 이전하더라도 대통령제 정부형태에 어떤 변경이 초래되지는 않는다(2004헌마554등·2005헌마579등)(앞 [138] 참조). 헌법재판소는 대통령이 해외 순방중인 경우를 정부조직법 제12조의 '사고'에 해당하는 것으로 보아 국무총리의 권한대행을 인정한 바 있다(2013헌다1). 국회의 동의(헌§86①)를 받지 않은 상태에서 대통령이 **국무총리서리**를 임명하는 것은 현행헌법상 허용되는가? **합헌론**은 ① 대통령제 정부형태의 제도논리상 헌법규정(헌§86①)은 정부구성의 독자성을 가급적 인정하는 쪽으로 해석되어야 하는바, ② 국무총리서리제도는 헌법사의 오랜 관행으로서 헌법관습 내지 헌법변천(앞 [47] 참조)으로 볼 수 있다고 한다. **제한적 합헌론**은 ① 대통령이 새로 선출되어 신정부가 출범하는 상황에서 국회의 국무총리임명동의안 처리가 지연되는 경우, ② 정부조직법상 국무총리 궐위 시의 직무대행 규정이 없으므로(정부조직법 제22조[구 정부조직법 제23조]의 '사고'에는 '궐위'가 포함될 수 없음) 부득이 국무총리서리를 인정할 수밖에 없다고 한다(98헌라1[기각의견]). **위헌론**은 ① 국무총리임명에 대한 국회의 동의는 대통령 권한대행자인 국무총리에게 최소한 간접적인 민주적 정당성을 부여하는 규정으로서(민주주의의 요청), ② 대통령의 자의적 행정부구성권을 통제함으로써 국회의 견제·균형을 실현하는 수단이므로(권력분립의 요청), ③ 헌법의 명문규정상 승인이 아니라 동의라고 되어 있는 이상 국무총리서리는 인정할 수 없고(법치주의의 요청), ④ 정부조직법 제22조의 '사고'는 '궐위'까지 포함하는 것으로 해석(합헌적 확장해석)하는 편이 타당다

고 한다(98헌라1[인용의견]). 한편, 국무총리는 국무위원과 행정각부의 장의 임명을 제청하고 국무위원의 해임을 건의한다(헌§87①③·§94). 그러나 국무총리의 제청 없이 대통령이 단독으로 한 임명이라도 효력에는 영향이 없으며(탄핵소추의 사유가 될 뿐임), 국무총리의 임명제청이나 해임건의가 대통령을 법적으로 구속하는 것도 아니다. 현행헌법은 행정각부의 의의에 관해 아무런 규정도 두고 있지 않지만, 그 기관의 장(長)이 국무위원이고(헌§94) 그 소관 사무에 관하여 부령을 발할 권한이 있는 경우라야(헌§95) 행정각부에 해당한다(89헌마86·89헌마221)(앞 [138] 참조).

헌재 2005. 11. 24. 2005헌마579등 : "권력구조 및 국무총리의 지위 변경 여부 … 이 사건 법률에 의하여 대통령을 중심으로 국무총리와 국무위원 그리고 각부 장관 등으로 구성되는 행정부의 기본적인 구조에 어떠한 변화가 발생하지 않으며, 대통령은 여전히 주요정책에 대한 최종결정권자의 지위를 가지며 국무총리는 대통령의 보좌기관으로서의 역할을 수행한다. … 국무총리에 대한 권한의 부여는 이 사건 법률에 의하여 이루어지는 것은 아니며 대통령의 결정에 의한 것으로서 그에 대한 책임은 대통령이 부담하는 것이다. … 국무총리의 권한과 위상은 기본적으로 지리적인 소재지와는 직접적으로 관련이 있다고 할 수 없고, 비록 이 사건 법률에 의하여 결과적으로 국무총리의 권한이 일부 강화될 가능성이 있다고 하더라도 이를 대통령제 정부형태를 다른 형태의 제도로 변경하는 것으로 볼 수는 없다. … 국무총리제도가 채택된 이래 줄곧 대통령과 국무총리가 서울이라는 하나의 도시에 소재하고 있었다는 사실을 들어 이에 대한 관습헌법이 존재한다고 주장한다. 그러나 국무총리의 소재지는 헌법적으로 중요한 기본적 사항이라 보기 어렵고 나아가 이러한 규범이 존재한다는 국민적 의식이 형성되었는지조차 명확하지 않으므로 이러한 관습헌법의 존재를 인정할 수 없다."

헌재 2014. 12. 19. 2013헌다1 : "대통령이 직무상 해외 순방 중이던 2013. 11. 5. 국무총리가 주재한 국무회의에서 피청구인에 대한 정당해산심판청구서 제출안이 의결되었고, 위 의안에 대하여는 차관회의의 사전 심의를 거치지 않은 사실이 인정된다. 정부조직법 제12조에 의하면, 대통령은 국무회의의 의장으로서 회의를 소집하고 이를 주재하지만 대통령이 사고로 직무를 수행할 수 없는 경우에는 국무총리가 그 직무를 대행한다. 대통령이 해외 순방 중인 경우는 일시적으로 직무를 수행할 수 없는 경우로서 '사고'에 해당된다고 할 것이므로(직무대리규정 제2조 제4호 참조), 위 국무회의의 의결이 위법하다고 볼 수 없다. 또한 국무회의 규정 제5조 제1항에 의하면 국무회의에 제출되는 의안은 긴급한 의안이 아닌 한 차관회의의 심의를 거쳐야 한다고 규정하고 있으나, 의안의 긴급성에 관한 판단에는 원칙적으로 정부의 재량이 있다고 할 것이고, 피청구인 소속 국회의원 등이 연루된 내란관련 사건이 발생한 상황에서 제출된 피청구인 해산심판청구에 대한 의안이 긴급한 의안에 해당한다고 본 정부의 판단에 재량의 일탈이나 남용의 위법이 있다고 단정하기 어렵다. … 이 사건 정당해산심판청구는 관련 법령에 따라 적법하게 이루어진 것으로 그 절차에 하자가 없(다)."

헌재 1998. 7. 14. 98헌라1 : "[재판관 김용준의 각하의견] (가) … 국회의 부분기관에게 국회를 위한 '제3자 소송담당'을 허용하는 것은 소수자를 보호하기 위한 것이므로 … 재적의원 과반수를 이루는 다수의원이나 그들 의원으로 구성된 교섭단체의 경우에는 그들 스스로 국회의 의결을 거쳐 침해된 국회의 권한을 회복하기 위한 방법을 강구할 수 있으므로 … '제3자 소송담당'을 허용할 필요성은 없는 것이다. (나) … 대통령이 국회의 동의를 얻지 아니하고 국무총리서리를 임명한 행위가 국회에 대한 관계에서 국무총리의 임명에 관한 국회의 동의권한을 침해한 것인지의 여부는 별론으로 하고, 국회의원인 청구인들과의 관계에서 국무총리임명동의안에 관한 청구인들의 심의·표결권한(을) … 침해할 가능성이 있다고 볼 수 없다. [재판관 조승형·고중석의 각하의견] (가) 대통령이 헌법에 정한 바에 따라 국회에 국무총리 임명동의요청을 한 다음 국회가 그 사정으로 임명동의안을 처리해 주지 아니한 특별한 사정이 있는 경우에 국무총리서리를 임명한 것은 … 대통령이 헌법 제87조 제1항, 정부조직법 제23조에 따라 국무총리가 사고로 인하여 직무를 수행할 수 없을 때에 국무위원을 임명하여 국무총리 직무대행자를 지명할 수 있는 것에 준하여 국회가 임명동의안을 의결할 때까지 한시적으로 국무총리 직무대행자를 임명한 것에 불과하(다). … (나) 청구인들은 국회의 다수당인 한나라당 소속 국회의원들로서 그들만으로도 국무총리임명동의안에 대한 가부를 결정하여 분쟁을 스스로 해결할 수 있는 방법이 있음에도 불구하고, 그 동의안에 대한 의결절차를 마치지도 아니한 채 미리 헌법재판소에 권한쟁의 심판을 청구한 것이므로, 청구인들의 이 사건 심판청구는 권리보호이익이 없어 부적법하다."

헌재 1998. 7. 14. 98헌라1 : "[재판관 김문희·이재화·한대현의 인용의견] 1. (1) 헌법 제86조 제1항에 규정된 국무총리 임명에 대한 국회의 동의권한은 그 속성상 필연적으로 국무총리 임명동의안에 대한 국회의원들의 표결권한을 내포하고 있다. … 국회의원으로서 이 사건 임명처분으로 국무총리 임명에 관한 국회의 동의권한 및 자신들의 국무총리임명동의안에 대한 표결권한을 동시에 침해받았다고 주장하면서 권한쟁의심판을 청구할 자격이 있다. (2) 청구인들이 다수당의 구성원으로서 스스로 이 사건 임명동의안을 처리할 수 있는지의 여부는 이미 행해진 이 사건 임명처분이 청구인들의 권한을 침해하였는지의 여부와는 직접적인 관련이 없다. 따라서 청구인들이 장차 이 사건 임명동의안을 부결시켜 청구 외 김종필을 국무총리로 재직하지 못하게 할 수 있다고 하더라도 그것과는 별도로 이 사건 임명처분에 의한 권한침해를 다툴 이익이 있다. 2. (1) 헌법 제86조 제1항은 '국무총리는 국회의 동의를 얻어 대통령이 임명한다.'고 명시하여 대통령이 국무총리를 임명함에 있어서는 '반드시 사전에' 국회의 동의를 얻어야 함을 분명히 밝히고 있다. 이는 법문 상 다른 해석의 여지없이 분명하고 … 국회가 대통령과 공동으로 임명에 관여하는 것이라고 보아야 (하므로) … 대통령이 국회의 동의 없이 국무총리를 임명하였다면 그 임명행위는 명백히 헌법에 위배(된다). … (2) 정부조직법 제23조는 국무총리가 '사고'로 인하여 직무를 수행할 수 없을 때 직무대행자가 국무총리의 직무를 대행하도록 하고 있는데, 여기서의 '사고'는 국무총리가 직무를 행할 수 없는 일반적인 경우 즉, '사고'와 '궐위'를 포괄하는 넓은 개념으로 해석하는 것이 타당하다. … 국무총리 직무대행자를 지명함으로써 국정공백을 방지할 수도 있었다."

헌재 1998. 7. 14. 98헌라1 : "[재판관 이영모의 기각의견] 1. 국무총리의 궐위는 대통령으로 하여금 새 행정부 구성을 할 수 없게 하고 있는데도 헌법은 궐위된 국무총리의 직무를 누가, 어떤 방법으로 수행하는지에 관하여 아무런 규정을 하지 않고 있다. 헌법제정자는 이와 같은 특수한 경우를 예상하지 못하였고, 이러한 헌법규정의 흠 때문에 대통령의 국무총리서리 임명이 헌법에 합치되는지 여부는 해석에 의하여 가려볼 수밖에 없다. 그런데 이 사건의 경우와 같은 조건을 갖춘 특수한 경우에 한하여 대통령은 국무총리임명동의안을 국회가 표결할 때까지 예외적으로 서리를 임명하여 총리직을 수행하게 할 수 있고, 대통령의 이 국무총리서리 임명행위는 헌법 제86조 제1항의 흠을 보충하는 합리적인 해석범위 내의 행위이므로 헌법상의 정당성이 있다. 2. 정부조직법 제23조에는 국무총리가 '사고'로 직무를 수행할 수 없는 경우에 직무대행을 하는 규정을 두고 있을 뿐, '궐위'된 경우에 관한 규정은 없다. '사고'와 '궐위'의 개념은 대통령(헌법 제71조), 국회의장(국회법 제12조, 제16조), 대법원장(법원조직법 제13조 제3항), 헌법재판소장(헌법재판소법 제12조 제4항)의 경우에 이를 구분하여 규정하고 있으므로 사고의 개념에 궐위를 포함시키는 해석론은 옳다고 볼 수 없다. 신임 대통령의 취임으로 국무총리와 국무위원은 모두 사직서를 제출한 상태이고 국회는 국무총리임명동의안을 처리하지 못하고 있는 경우에, 사직서를 제출한 종전의 국무총리가 총리의 직무를 수행하거나 국무위원이 그 직무를 대행하여야만 헌법과 정부조직법의 관계조항에 부합한다는 견해는 현실과 실질적인 면을 도외시한 것이다."

[183] 감사원과 선거관리위원회 감사원의 지방자치단체에 대한 감사의 한계와 관련하여, 헌법재판소는 지방자치단체의 자치사무에 대해서도 감사원이 합목적성 감사를 할 수 있도록 한 것은 지방자치권의 본질적 내용을 침해하지 않는다고 보았다(2005헌라3)(앞 [115] 참조). 또한, 헌법재판소는 선거관리위원회는 독립된 합의제 헌법기관으로서(2007헌마700), 국가기관과 지방자치단체 간 권한쟁의심판의 당사자능력이 인정된다고 보았다(2005헌라7)(앞 [15] 참조). 그러나 선거관리위원회가 지방선거 예상 소요경비를 산출하여 자치구에 통보한 행위는 권한쟁의심판의 대상인 '처분'에 해당하지 않는다고 한다(2005헌라7)(앞 [16] 참조). 중앙선거관리위원회가 대통령의 공직선거법 위반 사실을 확인한 후 그 재발방지를 촉구하는 조치를 내린 경우, 탄핵발의의 계기가 될 수도 있어 공권력의 행사에 해당한다고 보았다(2007헌마700).

헌재 2008. 5. 29. 2005헌라3 : "위임사무나 자치사무의 구별 없이 합법성 감사뿐만 아니라 합목적성 감사도 포함한 이 사건 감사는 감사원법에 근거한 것(이다). … 감사원의 헌법상 지위에 관하여 보면, 감사원은 국가의 세입세출의 결산, 국가 및 법률이 정한 단체의 회계검사와 행정기관 및 공무원의 직무에 관한 감찰을 하기 위하여 대통령 소속하에 설치되는 헌법기관으로서, 그 직무의 성격상 고도의 독립성과 정치적 중립성이 보장되어야 한다. 감사원법이 '감사원은 대통령에 소속하되 직무에 관하여는 독립의 지위를 가진다.'(제2조 제1항)

고 천명하면서 감사원의 인사·조직 및 예산편성상의 독립성 존중(제2조 제2항), 감사위원의 임기보장·신분보장·겸직 및 정치운동의 금지(제6조, 제8조, 제9조, 제10조) 등을 규정하고 있는 것은 바로 감사원의 직무상·기능상의 독립성과 중립성을 보장하기 위한 제도적 장치라고 헌법재판소도 판시한 바 있다(헌재 1998. 7. 14. 98헌라2 참조). 청구인들은 지방자치권의 헌법상 보장이라는 취지에 비추어 볼 때 국가기관인 감사원에 의한 지방자치단체의 자치사무에 대한 감사는 지방자치법 제171조나 '국정감사 및 조사에 관한 법률' 제7조 제2호에 준하여 합법성 감사에 한정되어야 한다고 주장하나 … 이 사건 관련규정으로 인하여 지방자치단체의 인사권이나 자치행정의 자기책임적 판단이 말살될 정도로 지방자치권의 본질이 훼손되었다고 보기는 어렵다. 따라서 … 지방자치단체의 고유한 권한을 유명무실하게 할 정도로 지나친 제한을 함으로써 지방자치권의 본질적 내용을 침해하였다고는 볼 수 없다."

헌재 2008. 1. 17. 2007헌마700 : "선거관리위원회는 공정한 선거관리 등을 위하여 설립되어 국회·정부·법원·헌법재판소와 병립하는 독립된 합의제 헌법기관이고(헌법 제114조 제1항), 그 독립성과 공정성을 보장하기 위하여 위원의 임기를 보장하고 있으며(같은 조 제3항), 특히 중앙선거관리위원회의 위원은 대통령, 국회 및 대법원장이 균등하게 구성하도록 하고 있다(같은 조 제2항). 한편 대통령은 헌법을 수호할 책무를 지므로(헌법 제66조 제2항) 다른 헌법기관의 결정을 존중하고 법에 따라 적법하게 권한을 수행할 의무를 지고 있을 뿐 아니라, 만일 대통령이 그 직무집행에 있어서 헌법이나 법률을 위배한 때에는 탄핵의 대상이 될 수도 있다. … 그렇다면 중앙선거관리위원회 위원장이 중앙선거관리위원회 전체회의의 심의를 거쳐 대통령의 위법사실을 확인한 후 그 재발방지를 촉구하는 내용의 이 사건 조치를 청구인인 대통령에 대하여 직접 발령한 것이 단순한 권고적·비권력적 행위라든가 대통령인 청구인의 법적 지위에 불리한 효과를 주지 않았다고 보기는 어렵다(… 이 사건 조치에 의하여 청구인의 위법사실이 유권적으로 확인됨으로써 탄핵발의의 계기가 부여된다). … 선례(헌재 2003. 3. 27. 2002헌마106 결정)의 중지촉구는 장래에 개최될 예정인 대담·토론회에 관하여 … 선거관리위원회가 취할 수 있는 조치를 통고한 것인 데 반하여, 이 사건 조치는 청구인의 과거의 행위가 위법임을 유권적으로 확인하고 이를 청구인에게 통지하면서 그 재발방지를 촉구한 것이다."

III.

[184] 대통령의 헌법상 권한은 과연 강력한가? 슈거트/캐리(Shugart/Carey)는 대통령의 헌법상 권한을 입법적 권한(legislative powers)과 비입법적 권한(non-legislative powers)으로 양분하여, 전자의 강도를 ① 법률안거부권 ② 일부거부권 ③ 명령제정권 ④ 배타적 입법권 ⑤ 예산안편성·제출권 ⑥ 국민투표부의권 등 여섯 지표로 측정하고(각 4점 만점, 총 24점), 후자의 강도를 ① 내각조직권 ② 내각해임권 ③ 내각불신임권 등 행정부 구성에 관

한 권한 및 ④ 의회해산권의 네 지표로 측정했다(각 4점 만점, 총 16점). 그에 따르면, 현행헌법상 대통령의 입법적 권한은 총 9/24점으로, 비입법적 권한은 총 9/16점으로 각각 산출된다. 슈거트/캐리의 실증적 분석에 의하면, 대통령제 정부형태의 고장(breakdown)위험은 입법적 권한의 강도보다는 비입법적 권한의 강도와 상관관계가 큰 것으로 나타난다. 역대헌법상 대통령의 이 권한 수치를 종적으로 비교해보면, 현행헌법의 그 수치 총계는 1948년 헌법 및 1962년 헌법의 그것과 거의 동일한 수준으로 산출된다. 즉, 1948년 헌법과 1962년 헌법은 국민투표부의권이 규정되지 않은 점에서 입법적 권한 수치(6/24점)는 현행헌법보다 낮았지만, 국무위원·행정각부장관 임명에 국무총리의 제청을 요하지 않거나(1948년 헌법), 국무총리 임명에 국회의 승인이나 동의를 요하지 않는(1962년 헌법) 점에서 그 비입법적 권한 수치(12/16점)는 양자 모두 현행헌법보다 높았다. 슈거트/캐리의 구분에 따른 대통령의 입법적 권한에서 현행헌법상 상당한 수치로 측정되는 법률안거부권(①)과 국민투표부의권(⑥)은, 그러나, 우리 헌정의 실제를 살펴본다면 거의(①) 또는 아예(⑥) 행사되지 않는 것들이다. 현실정치에서 실질적 의미를 갖는 것은 명령제정권(③)과 예산안편성·제출권(⑤)인데, 이 역시 국회의 입법권(조세법률주의에 입각한 조세입법권 포함)과 예산심의·확정권이나 헌법재판소의 헌법소원심판권·위헌법률심판권(포괄위임금지원칙 위반 여부 심사)으로써 적절히 통제되고 있다. 비입법적 권한 중 내각조직권(①)은 국회 인사청문회 절차의 강화로 말미암아 상당한 제약을 받고 있으며, 이에 따라 내각해임권(②)에까지 실질적인 영향을 미치고 있는 것이 현실이다(신 국무총리·국무위원 임명의 제약으로 인해 구 국무총리·국무위원의 해임이 사실상 제한받음). ③의 권한과 관련하여, 해임건의권이 사실상의 구속력을 가질 수밖에 없는 상황상의 한계(해임건의안의 가결 자체가 대통령의 국회의원 과반수 지지의 상실을 의미함)도 유의할 필요가 있다. 현실의 정치관행까지 반영하여 세계 130개 정부형태에서 대통령 권한의 강도를 측정한 시아로프(Alan Siaroff)의 연구에 의할 때, 현행헌법상 대통령의 권한 수치는 6.00으로 측정되어, 미국형 대통령제의 평균 수치 6.91보다 오히려 낮으며(미국형 대통령제의 35개 사례 중 우리보다 대통령 권한 수치가 낮은 경우는 단 하나도 없음), 심지어 반 대통령제 정부형태의 평균 수치 5.00(프랑스는 7.00)과도 별 차이 없는 것으로 나타난다. 현행헌법의 대통령 권한이 '제왕적 대통령제'에 해당하는 수준이라는, 철 지난 유행가의 식상한 곡조는 이제 그만 읊어대야 한다.

현행헌법상 대통령의 입법적 권한은, 우선 법률안거부권의 경우 재의결에 재적의원 과반수의 출석과 출석의원 3분의 2 이상의 찬성을 요하는 점(헌§53④)에서 2/4점으로, 일부거부권이 인정되지 않는다는 점(헌§53③)에서 0/4점으로 각각 측정된다. 다음, 행정입법권과 긴급입법권을 포괄하는 명령제정권의 경우 헌법상 요건·절차 등의 제한이 부가된 점(헌§75·§76)에서 1/4점으로 측정된다. 한편, 대통령의 배타적 입법권은 인정되지 않으므로 0/4점으로, 예산안편성·제출권의 경우 국회가 정부동의 없이 예산항목을 증액할 수 없다는 점(헌§57)에서 3/4점으로 각각 측정된다. 끝으로, 국민투표부의권의 경우 슈거트/캐리는 0/4점으로 잘못 측정했으나, 실체적 요건(대상)에 제한이 부가되었을 뿐이라는 점(헌§72)에서 3/4점으로 측정하는 것이 적절하다. 현행헌법상 대통령의 비입법적 권한은, 우선 내각조직권의 경우 대통령이 국회의 동의를 얻어 국무총리를 임명하며 국무총리의 제청으로 국무위원과 행정각부의 장을 임명하는 점(헌§86①·§87①·§94)에서 1/4점으로 측정된다. 다음, 내각해임권의 경우 대통령이 국무총리·국무위원과 행정각부의 장을 해임할 수 있다(해임건의권은 법적 구속력이 없음)는 점(헌§78·§86①·§87①·§94)에서 4/4점으로 측정된다. 또한, 내각불신임권과 의회해산권은 현행헌법상 양자 공히 인정되지 않으므로 각각 4/4점과 0/4점으로 측정된다.

[185] 대통령의 형사상 특권과 강제수사 가부 현행헌법 제84조의 대통령의 형사상 불소추특권이 '기소'만을 면제하는 특권인지(기소면제설), '강제수사'의 면제까지 포함하는 특권인지(강제수사면제설) 논란되고 있다. 첫째, 현행헌법은 이 제84조 외에 형벌불소급에 관한 제13조 제1항에서 '소추'라는 표현을 쓰고 있는데, 두 경우 모두 형사소송절차에서의 강제수사까지 배제하는 의미로 해석되어야 한다(체계해석). 만일 '기소'만을 배제하려는 의도였다면, 현행헌법에 '기소'라는 용어가 아예 없는 것도 아니므로(헌§28), 입헌자는 명시적으로 '기소'라는 표현을 사용했을 것이다. 둘째, 이 제84조는 수사권·기소권을 보유한 형사사법기관과의 관계에서 대통령의 직무수행을 가급적 보장함으로써, 헌법이 대통령에게 수권한 국가원수이자 행정수반으로서의 정치적 기능을 적정하게 발휘할 수 있도록 해석되어야 한다(목적해석·기능해석). 만일 현직 대통령에 대한 강제수사가 가능하다고 해석한다면, 야당의 고소·고발 남발에 따른 체포·구속·압수·수색의 반복으로, 대통령의 정상적인 직무수행은 사실상 기대하기 어렵게 될 것이다. 셋째, 이 제84조의 비교헌법상 모법이라고 할 수 있는 「중화민국헌법초안」(1936) 제54조는 "總統除犯內亂或外患

罪外, 非經罷免或解職, 不受刑事上之訴究"라고 규정했는데, 동일한 내용인 「중화민국헌법」(1947) 제52조도 형사상의 소구(訴究)와 관련된 소환·체포·압수·수색 등 강제처분까지 면제하는 것으로 해석되고 있다. 강제수사면제설의 입장을 취한다면, 대통령이 강제수사를 거부했다는 사실을 **법위반의 중대성 인정논거**로 활용한 헌법재판소의 결정(2016헌나1)은 타당성을 인정하기 어렵다(앞 [169] 참조).

[186] 포괄위임금지원칙 관련 사례연습 지난 2015년 유행했던 중동호흡기증후군(MERS)과 관련하여 각급지방자치단체는 감염의 우려가 있는 사람들을 대상으로 **'자가격리(자가치료)' 처분**을 내린 바 있다. 그런데 「감염병의 예방 및 관리에 관한 법률」(약칭 : 감염병예방법) 제41조 제3항 제2호 및 제4항을 근거로 한 이러한 처분은, 구체적으로 대상자가 **어느 정도까지 격리**되어야 하는지 법률의 규정만으로써는 명확히 알 수 없어 논란이 되었다. 갑은 ○○구청장으로부터 "귀하는 「감염병의 예방 및 관리에 관한 법률」 제41조 제3항 제2호에 따라 자가격리 대상임을 통지합니다. 본 통지에 따르지 않을 경우 「감염병의 예방 및 관리에 관한 법률」 제80조 제2호에 따라 300만 원 이하의 벌금형에 처할 수 있습니다."라는 요지의 통지서를 받았는데, 여기에는 자가격리 기간을 연·월·일로 명시하고 자가격리 장소를 "자택 등 거주지"로 지정하면서 대상자의 주소를 하기(下記)했을 뿐이었다. **포괄위임금지원칙**(헌§75) 위반을 주장한다면, 갑은 어떤 헌법적 논거를 제기할 수 있는가? 갑의 주장에 대해 ○○구청장은 어떤 반대논거를 제기할 수 있는가?

갑은 다음 논거들을 제기할 수 있다. ① 자가격리(자가치료) 처분은 "감염병환자 등과 접촉하여 감염병이 감염되거나 전파될 우려가 있는 사람"의 기본권을 그 귀책사유와 무관하게 제한하는 처분이므로, 그 근거조항인 감염병예방법 제41조 제3항 제2호과 위임조항인 동조 제4항은 **침해행정법규**에 해당하여 위임의 구체성·명확성의 요구 정도는 강화된다(2000헌가10). ② 자가격리(자가치료)의 방법·절차 등은 **본질적 사항**으로서 **의회에 유보**되어 있으므로, 하위법령에 위임하더라도 법률에서 명시적으로 구체적 기준을 정해서 해야 한다(2000헌가10·2004헌가30). ③ 자가격리(자가치료) 처분의 근거조항과 위임조항은 감염병예방법 제80조 제2호의 **처벌조항과 불가분적 관계**를 형성하고 있으므로 위임의 구체성·명확성 요구 정도는 강화된다(2007헌가4). ④ 감염법예방법의 위임조항은 자가격리(자가치료)의 방법과 절차 등을 아무런 추가기준이나 한계범위의 설정 없이 전부 대통령령에 위임한 것이어서(2002헌가6), 일반 환자의 입장에서는 감염병예방법의 입법목적(감염병예방법 제1조)을 참작하여 관련 법규 전체를 유기적·체계적으로 종합 판단하더라도 대통령령에 규정될 내용의 대강조차 예측할 수 없다.

○○구청장은 다음 반대논거들을 제기할 수 있다. ① 자가격리(자가치료)의 내용은 감염병의 종류·성격에 따른 차단·확산방지의 필요성에 따라 신속·탄력적으로 정해야 할 전문적·기술적 사항으로, 오늘날 감염병은 그 종류·성격이 다양하고 그 감염양상 또한 수시로 변화하는 점에 비추어 하위법령에 위임할 필요성이 인정된다(2001헌바52). ② 감염병의 종류·성격과 감염양상은 매우 다양할 것이므로 상응한 자가격리(자가치료)의 내용이 모두 기본권제한의 본질적 사항이라고는 볼 수 없고, 따라서 입법자가 이를 일일이 직접 법률에 열거해야 한다거나 반드시 법률에서 명시적으로 구체적 기준을 정해서 위임해야 한다고는 볼 수 없다(2013헌가6). ③ 자가격리(자가치료)의 방법·절차 등 구체적 내용이 그 자체로 처벌법규의 구성요건이 되는 것은 아닐 뿐더러, 감염병예방법이 형벌의 종류와 상·하한을 정하지 않고 이를 대통령령에 위임한 것은 아니다(2008헌가6·2013헌바374). ④ 감염병의 전파를 차단하여 그 유행을 방지한다는 감염병예방법의 입법목적(감염병예방법 제1조)을 참작하여, 감염병예방법 제41조 각 항 및 동조 제3항 각 호의 조치들을 유기적·체계적으로 종합 판단하면 대통령령에 규정될 자가격리(자가치료)의 대강의 내용을 예측할 수 있다.

[187] 포괄위임금지, 부담금 정당화요건 사례연습 갑은 유기질비료를 생산하여 이를 합성수지재질인 유기질비료포장재로 포장하여 판매하는 유기질비료생산판매업자로 「자원의 절약과 재활용촉진에 관한 법률」(약칭 : 자원재활용법) 제16조에서 정한 재활용의무생산자이다. 한국환경공단은 자원재활용법 제38조 제2항에 따라 환경부장관으로부터 재활용부과금의 산정·부과 및 납부고지에 관한 업무를 위탁받은 공단이다. 한국환경공단은 갑이 유기질비료포장재의 재활용의무를 이행하지 않았다는 이유로 자원재활용법 제19조에 따라 갑에 대해 재활용부과금을 부과하는 처분을 하였다. 이에 갑은 ① 자원재활용법 제16조 제1항, 제17조 제1항·제2항, 제19조 제2항의 위임조항이 포괄위임금지원칙에 위배된다는 점, ② 자원재활용법 제19조 제1항에 의거 부과·징수된 재활용부과금이 부담금의 헌법적 정당화 요건을 갖추지 못했다는 점을 주장하고자 한다. 갑은 어떤 헌법적 논거를 제기할 수 있는가? 갑의 주장에 대해 한국환경공단은 어떤 반대논거를 제기할 수 있는가?

「자원의 절약과 재활용촉진에 관한 법률」(법률 제14230호, 2016. 5. 29. 일부개정, 2016. 5. 29. 시행) 제1조(목적) 이 법은 폐기물의 발생을 억제하고 재활용(再活用)을 촉진하는 등 자원(資源)을 순환적으로 이용하도록 함으로써 환경의 보전과 국민경제의 건전한 발전에 이바지함을 목적으로 한다. 제16조(제조업자 등의 재활용의무) ① 생산단계·유통단계에서 재질·구조 또는 회수체계의 개선 등을 통하여 회수·재활용을 촉진할 수 있거나 사용 후 발생되는 폐기물의 양이 많은 제품·포장재 중 대통령령으로 정하는 제품·포장재의 제조업자나 수입업자(포장재는 포장재를 이용한 제품의 판매업자를 포함하되, 대통령령으로 정하는 업종 및 규모의 사업장을 운영하는 자로 한정한다. 이하 "재활용의무생산자"라 한다)는 제조·수입하거나 판매한 제품·포장재로 인하여 발생한 폐기물을 회수하여 재활용하여야 한다. … 제17조(재활용의무율) ① 환경부장관은 재활용의무생산자의 제품·포장재의 출고량, 재활용가능자원의 분리수거량(…), 회수·재활용 실적 및 재활용 여건 등을 고려하여 제16조에 따른 제품·포장재별로 연간 출고량 중 재활용하여야 하는 양의 비율(이하 "재활용의무율"이라 한다)을 주무부장관과 협의하여 고시하여야 한다. ② 재활용의무생산자가 재활용의무율에 따라 재활용하여야 하는 양(이하 "재활용의무량"이라 한다)의 산출기준은 출고량, 제품·포장재별 재활용의무율 등을 고려하여 대통령령으로 정한다. 제19조(재활용부과금의 징수 등) ① 환경부장관은 재활용의무생산자가 제16조에 따른 의무를 이행하지 … 아니하는 경우에는 재활용의무량 중 재활용되지 아니한 폐기물의 재활용에 드는 비용에 그 100분의 30 이하의 금액을 더한 금액(이하 "재활용부과금"이라 한다)을 재활용의무생산자 … 에 부과하여 징수한다. ② 재활용부과금의 산출기준이 되는 폐기물의 재활용에 드는 비용, 그 납부시기·절차, 그 밖에 필요한 사항은 대통령령으로 정한다. … ⑤ 재활용부과금 … 은 「환경정책기본법」에 따른 환경개선특별회계의 세입으로 한다. … 제20조(폐기물부담금과 재활용부과금의 용도) … 재활용부과금은 다음 각 호의 용도에 사용한다. … 4. 재활용가능자원의 구입 및 비축 5. 재활용을 촉진하기 위한 사업의 지원 6. … 재활용부과금(가산금을 포함한다)의 징수비용 교부 7. 그 밖에 자원순환 촉진을 위하여 필요한 사업의 지원

「부담금관리기본법」(법률 제13879호, 2016. 1. 27. 타법개정, 2017. 1. 28. 시행) 제3조(부담금 설치의 제한) 부담금은 별표에 규정된 법률에 따르지 아니하고는 설치할 수 없다. 제6조의2(부담금운용종합계획서의 국회제출 등) … ② 기획재정부장관은 제1항에 따라 부담금운용계획서를 받으면 이를 기초로 부담금운용종합계획서를 작성하여 매년 회계연도 개시 120일 전까지 국회에 제출하여야 한다. … 제7조(부담금운용종합보고서의 국회제출 등) … ② 기획재정부장관은 제1항에 따라 부담금운용보고서를 받으면 이를 기초로 부담금운용종합보고서를 작성하여 매년 5월 31일까지 국회에 제출하여야 한다. … [별표] 이 법에 따라 설치하는 부담금(제3조 관련) … 64. 「자원의 절약과 재활용촉진에 관한 법률」 제19조에 따른 재활용부과금

[188] 대통령의 헌법재판소장 임명권 한계 지난 2006년, 전효숙 헌법재판소장후보자의 헌법재판소장 임명동의안을 둘러싸고 정치권과 헌법학계에서 위헌 논란이 제기된 바 있다. 문제는 임기 도중 헌법재판관을 스스로 사퇴한 전 후보자를 다시 헌법재판관으로 기용한 뒤, 임기 6년의 헌법재판소장에 임명하려는 것이 헌법의 규정과 정신에 부합하느냐이다. 대통령의 이러한 임명권의 행사는 헌법상 허용되는 것인가?

헌법 제111조 제4항은 "헌법재판소의 장은 국회의 동의를 얻어 재판관 중에서 대통령이 임명한다."라고 규정했다. 헌법재판소장과 헌법재판관의 '직위의 중첩성'을 전제로 한 이 규정에 의할 때, ① 헌법재판소장은 현직 헌법재판관 중에서 임명하는 것이 원칙이며(그 임기는 헌법재판소재판관으로서의 잔여기간에 한정됨), ② 헌법재판소 외부 인사를 지명해 두 직위(헌법재판소장·헌법재판관)를 동일인에게 귀속시키는 것도 가능하지만(국무위원과 행정각부의 장[헌§94], 중앙선거관리위원장과 위원[헌§114②]의 경우와 마찬가지임), ③ 현직 헌법재판관 중에서 헌법재판소장을 임명하되 그 임기를 새로 6년으로 부여하는 것은 불가능하다. 헌법 제112조 제1항은 "헌법재판관의 임기는 6년으로 하"도록 규정했다. 그 헌법적 의미는 ① 대통령·국회·대법원장은 각자 몫의 헌법재판관 임기가 종료한 시점에만 임명·선출·지명의 권한을 행사할 수 있으며(임명권자·선출권자·지명권자의 정치적 영향력을 차단할 필요가 있음), ② 대통령·국회·대법원장이 특정 헌법재판관을 임기종료 전에 사퇴시켜 다시 임명·선출·지명하는 편법으로써 이 조항의 한계를 탈피할 수 없다는 것이다. 이렇게 해석하지 않을 경우, ③ 그 임기의 한계 때문에 몇 개월(경우에 따라서는 며칠) 차이로 헌법재판관을 임명·선출·지명하지 못하는 대통령·국회·대법원장은 편법의 유혹에 빠질 것이며, 그 결과 후임자가 헌법재판관을 임명·선출·지명할 기회를 박탈하는 결과가 초래될 것이다.

여기서 우리는 대법원장과 헌법재판소장의 헌법상 지위의 차이에 유의해야 한다. 대법원장은 ① 사법부 위계의 정점에 위치하는 대법원의 장으로서(헌§101②), ② 대법관 임명을 제청하고(헌§104②) 헌법재판관·중앙선거관리위원 각 3인을 지명하며(헌§111③·§114②), ③ 대법관과 별도로 6년 단임의 임기규정이 있다(헌§105①②). 반면, 헌법재판소장은 ① 헌법재판관과의 관계에서 '동료 중의 일인자'(primus inter pares)일 뿐이어서, ② 헌법재판소의 '행정적' 대표자에 불과하며, ③ 헌법기관의 구성에 관여하는 권한이 없음은 물론 헌법재판관과 별도의 임기규정도 없다. 요컨대 현행헌법상 대법원장과 대법관은 '직위의 중첩성'이 인정되지 않으나, 헌법재판소장과 헌법재판관은 '직위의 중첩성'이 인정된다. 또한 우리는 수평적·시간적 권력분립의 요청과 대통령에 의한 헌법재판소 지배의 위험성에도 유의해야 한다. 즉, 현직 헌법재판관 중에서 헌법재판소장을 임명하되 그 임기를 새로 6년으로 부여하는 대통령의 권한행사방식은 다음과 같은 문제를 야기한다. ① 헌법재판소 구성에서 대통령·국회·대법원장의 "3 : 3 : 3" 배분원칙을 깨뜨릴 수 있다('수평적 권력분립' 파괴의 위험). 즉, 대통령·국회·대법원장의 지분이 "4 : 3 : 2" 혹은 "4 : 2 : 3"으로 변형될 우려가 있다는 것이다(대통령은 국회·대법원장 선출·지명 몫의 헌법재판관에 대해 지배력을 행사하고 싶은 유혹에 빠지기 쉬움). ② 헌법재판관을 임기종료 전에 사퇴시켜 헌법재판소장·헌법재판관으로 다시 임명함으로써 대통령의 헌법재판소에 대한 지배권 행사가 가능하게 될 수 있다('시간적 권력분립' 파괴의 위험). 특히, 임기종료가 가까운 헌법재판관의 경우 추가 6년 임기를 보장받으면서 헌법재판소장으로 임명될 수 있다는 기대로 말미암아, 대통령과 집권세력에 정치적으로 종속될 위험성이 커지게 된다.

[189] 총리서리 임명 후 대통령 탄핵 시 권한대행자 다음 주어진 가상 상황에서 주어진 질문에 답하라.

대통령은 국무총리가 지병으로 급서하자 전 서울시장 갑을 후임 국무총리로 지명했다. 그러나 대통령의 소속정당이 국회 과반수 의석을 확보하지 못한 상황에서, 국무총리지명자 아들의 병역기피 문제를 둘러싸고 여·야 대립이 격화하여, 야당 측은 인사청문특별위원회 출석을 거부하는 등 **국무총리 임명동의절차가 파행**으로 치달았다. 임명동의안이 국회에 이송된 지 3주가 지나도록 파행이 계속되었음에도, 국회의장의 임명동의안 본회의 직권상정(인청§9③)을 기대하기 어렵다고 판단한 대통령은, 갑을 일단 **국무총리서리로 임명**하여 직무를 개시하도록 했다. 그러자, 국회의 국무총리 임명동의권(헌§86①)이 침해당한 데 반발한 국회의원들은 "대통령이 권한을 남용하여 헌법기관인 국회의 권한을 침해했다."(2004헌나1)는 것을 소추사유로 하여 대통령에 대한 **탄핵소추안을 가결**시켰다. 이 경우에, 탄핵소추의 의결을 받아 **권한행사가 정지**(헌§65③)된 **대통령의 적법한 권한대행자는** 누구인가? 국무총리서리(헌§71)인가 아니면 기획재정부장관이 겸임하는 부총리(헌§71·정조§12②)인가? 탄핵심판절차의 진행 중 대통령 지명의 헌법재판관이 임기만료로 퇴임한 경우, 대통령 권한대행자는 그 **후임 헌법재판관을 지명**할 수 있는가?

위 상황에서 대통령이 **탄핵소추의 의결**로 권한행사가 정지(헌§65③)된 것은 대통령이 **'사고'**로 인하여 직무를 수행할 수 없는 경우에 해당하므로, 국무총리, 법률에 정한 국무위원의 순서로 그 권한을 대행하게 된다(헌§71). 그런데 대통령의 **국무총리서리 임명**을 **위헌**으로 판단(앞 [182] 참조)할 경우, ① 대통령의 국무총리서리 임명 자체를 아예 무효로 할 것인지 아니면 이를 대통령에 대한 탄핵사유로 인정함에 그치고 **법적 효력 자체는 유지**시킬 것인지(위헌유효설), ② 그 법적 효력을 상실시키더라도 임명 시점에 **소급하여 실효**시킬 것인지(소급무효설) 아니면 ③ 국회의 임명동의안 부결 또는 헌법재판소의 위헌결정을 기다려 **장래적으로 실효**시킬 것인지(장래무효설) 등에 따라 대통령의 권한대행자는 달라질 수 있다. **소급무효설**에 의하면 그 권한대행자는 제2순위인 기획재정부장관이 겸임하는 부총리가 된다(헌§71·정조§12②). **위헌유효설**은 물론 **장래무효설**에 의하더라도 그 권한대행자는 일단 국무총리서리가 될 수밖에 없다. 대통령이 탄핵소추의 의결을 받아 그 권한행사가 정지된 상황이라면, 국회의 임명동의안이 부결되거나 헌법재판소의 위헌결정이 내려지기 전까지는, 국무총리서리가 대통령의 적법한 권한대행자가 된다고 본다(장래무효설). 그 구체적 논거는 헌법해석론·헌법이론·헌법정책론의 세 차원에서 찾아볼 수 있다.

우선, **헌법해석론 차원의 논거**를 들 수 있다. 대통령의 국무총리서리 임명은 위헌이지만 그 법적 효력은 다음 두 기관의 결정을 거쳐서 비로소 확정된다. 첫째, 민주적 정당성을 갖춘 국민대표기관인 국회가 **임명동의안을 부결**시키는 방법을 통해 **'정치적 결정'**으로써 그 법적 효력을 박탈한다. 둘째, 정치적 사법기관인 헌법재판소가 권한쟁의심판절차에서 국무총리서리

임명을 취소하거나 무효를 확인(헌재§66②)하는 방법을 통해 '사법적 결정'으로써 그 법적 효력을 박탈한다. 국민대표기관인 국회의 입법권행사에 위헌적 요소가 있더라도 헌법재판소의 위헌결정을 거쳐 비로소 그 효력이 부인되는 것과 마찬가지로, 국민대표기관인 대통령의 행정부구성에 위헌적 요소가 있더라도 헌법재판소의 위헌결정이 있을 때 비로소 그 효력이 부인되는 것이다. 헌법재판소법도 권한쟁의심판절차에서 ① 국가기관의 처분을 취소하는 결정의 소급효를 원칙상 인정하지 않고 있으며(헌재§67②), 그 논리적 귀결로서 ② 문제된 처분의 효력을 정지하기 위하여 가처분신청을 할 수 있는 것으로 하고 있다(헌재§65). 즉, 헌법재판소의 최종결정이 있거나 혹은 국무총리서리 임명의 효력을 정지시키는 가처분결정이 내려지기 전까지는 국무총리서리 임명의 효력이 유지되며(장래무효설), 따라서 그 권한대행자로서의 지위도 한시적으로는 유지된다는 의미로 해석된다.

다음, 헌법이론 차원의 논거를 들 수 있다. 헌법이 대통령 권한대행자인 국무총리의 임명에 국회의 사전 동의를 거치도록 한 취지는 간접적으로나마 그 민주적 정당성을 가급적 확보하려는 데에 있다. 그런데 위 상황에서 국무총리서리나 제2순위 권한대행자인 기획재정부장관 겸임 부총리나, 양자 모두 그 임명에 국회 동의절차를 거치지 않았다는 점에는 차이가 없다. 즉, 헌법이론적인 측면에서 볼 때, 국무총리서리의 경우 헌법규정(헌§86①) 위반의 법적 효력에 관해 장래무효설의 입장을 취한다면, 현재 시점에서 대통령 권한대행자로서 요구되는 민주적 정당성의 기초는 양자 모두 결여되었다. 그렇다면 국회와 마찬가지로 국민대표기관으로서 민주적 정당성을 갖춘 대통령의 의사를 가급적 존중하는 편이 적어도 간접적인 민주적 정당성의 확보라는 헌법이론적인 요청에 오히려 부합하는 결과가 된다. 대통령의 행정부구성권에 대한 국회의 통제라고 하는 권력분립론의 측면에서 보더라도, 국회의 동의를 애당초 거칠 필요가 없는 기획재정부장관 겸임 부총리보다는, 국회가 그 진퇴 여부를 추후 임명동의안 처리절차를 통해 통제할 수 있는 국무총리서리 쪽이, 헌법이론적인 요청에 부합하는 권한대행자라고 판단된다.

끝으로, 헌법정책론 차원의 논거를 들 수 있다. 위 상황에서 국무총리서리가 권한대행자가 되는 것과 기획재정부장관 겸임 부총리가 권한대행자가 되는 것 중에서 어느 쪽이 헌법정책상 더 나은가 하는 측면이 검토될 필요가 있다. 관건은 개인의 주관적 역량 측면이 아니라 객관적 제도 측면에서의 타당성 판단이다. 재임 중인 기획재정부장관 겸임 부총리는 적어도 행정경험을 갖추었다는 점에서 신임의 국무총리서리보다 권한대행자로서 더 적합할 수 있다. 하지만 ① 국무총리는 대통령의 보좌기관으로서 대통령의 명을 받아 행정각부를 통할하고 각 중앙행정기관의 장을 지휘·감독하는 외에 별도의 업무영역이 없는 반면(헌§86②·정조§18) 기획재정부장관 겸임 부총리는 고유한 업무영역을 갖는 점(정조§27), ② 기획재정부장관 겸임 부총리가 권한대행자가 될 경우 국무총리서리의 존재는 행정부의 정치적 안정에 장애요인으로 작용할 수 있다는 점, ③ 국무총리서리를 소급적 원천 무효로 본다면 기획재정부장관 겸임 부총리가 대통령의 직무와 국무총리의 직무를 대행하고(정조§22) 기획재정부장관의 본래 직무까지 세 직무를 한 사람이 수행하게 된다는 점 등을 감안할 때, 국무총리서리에게 대통령 권한대행자로서의 직위를 부여하는 편이 헌법정책적인 관점에서는 합목적적으로 여겨진다.

한편, **대통령 권한대행자의 직무범위**에 대해서는 ① 잠정적 현상유지에 국한되므로 정책전환·인사이동은 불가하다는 설, ② 궐위 시는 현상유지적일 필요는 없지만 사고 시는 현상유지에 국한되므로 정책전환·인사이동은 불가하다는 설, ③ 대통령의 사고가 장기화 될 때에는 현상유지만으로 대처할 수 없으므로 궐위 시와 사고 시를 구별할 필요는 없다는 설 등이 제기되고 있다. 기실, 위 가상 상황은 대통령(박근혜) 탄핵사건에서 이미 현실화된 바 있고, 헌법재판소는 "대통령의 권한행사가 정지되고 대통령 권한대행이 행사할 수 있는 권한의 범위에 관하여 논쟁이 존재하는 현 상황은 심각한 헌정위기"라고 우려한 바 있다(2016헌나1). 생각건대, ① 현행헌법상 대통령 권한대행자의 직무범위를 제한하는 **명시적 헌법규정**이 없다는 점, ② 어느 범위까지 그 직무를 제한할 것인지 **명확한 헌법적 기준**을 제시하기 어렵다는 점, ③ 헌법재판관 1인의 추가 임명이 **탄핵심판의 인용**에 불리하게 작용하지 않는다는 점(2016헌나1) 등을 고려할 때, 대통령 권한대행자의 헌법재판관 지명권을 굳이 **배제할 법리적 근거는 없다**고 본다. 물론, 대통령 권한대행자의 정치적 판단으로 **그러한 권한행사를 자제**하는 것은 가능할 뿐 아니라 경우에 따라서는 필요하기도 한 일이다.

제10장 사법권과 법원·법관

I.

[190] 사법의 개념과 범위 사법권의 법원귀속 현행헌법 제101조 제1항은 "사법권은 법관으로 구성된 법원에 속한다."라고 규정하여, 법을 집행하는 작용 중 쟁송절차에 의거한 수동적·소극적인 법판단·법선언행위, 즉 **실질적 의미의 사법**에 관한 권한은 원칙적으로 법관으로 구성된 독립적·제3자적 기관인 법원에 귀속된다는 것을 선언했다(법원사법원칙). 법원이 행사하는 사법권으로는 ① 사인간의 생활관계에 관한 분쟁을 재판하는 민사재판권, ② 범죄를 확정하여 형벌을 부과하는 형사소송절차를 처리하는 형사재판관, ③ 행정작용에 관한 분쟁을 재판하는 행정재판권, ④ 정치적 성격을 띠는 헌법적 분쟁을 사법적 절차에 따라 재판하는 헌법재판권 등을 상정할 수 있다. 그러나 법원사법원칙을 규정한 현행헌법 제101조 제1항은 현행헌법 제40조의 경우와 마찬가지로 예외를 허용하는 느슨한 헌법원칙이며, 따라서 위 ①~④의 실질적 의미의 사법권이 모두 법원에 독점적으로 귀속되는 것은 아니다. **행정재판권**의 경우 현행헌법은 (행정)처분의 위헌·위법 여부의 심사는 대법원 이하 각급법원의 관할이라고 규정하는 등(헌§107②·§101②), '권리구제의 일반성'에 충실한 **영미형의 사법국가주의**를 원칙적으로 채택했다(헌§101①). 그러나 재판의 전심절차로서 사법절차가 준용되는 한에서 행정청에 의한 행정심판을 인정했으며(헌§107③), 「법원조직법」은 최고법원인 대법원 산하 각급법원의 하나로 행정법원을 별도로 설치하도록 했고(법조§3①6호), 「행정소송법」은 제소기간제한(행소§21)과 직권심리주의(행소§26) 등 행정소송의 특수성을 감안한 특례 규정들을 두었다. 즉, '행정재판의 전문성'을 고려하여 **대륙형의 행정국가주의** 요소를 보완적으로 가미한 것이다. **헌법재판권**의 경우 현행헌법은 **유럽형 규범통제제도**(단, 구체적 규범통제만 인정)를 위주로, **미국형 사법심사제도**를 혼용하는 방식의 제도설계를 선택했다(앞 [4] 참조). 즉, 법규범에 대한 위헌심사(=규범통제)에 있어서, 위헌위법명령규칙심사 및 위헌법률심판제청은 대법원 이하 각급법원의 관할로 하고(헌§107①②), 위헌법률심판은 헌법재판소의 관할로 했다(헌§107①·§111①1호). 그 밖에

현행헌법은 탄핵심판(§111①2호), 정당해산심판(§111①3호), 권한쟁의심판(§111①4호) 및 헌법소원심판(§111①5호) 등을 헌법재판소의 관할로 했다. 반면, 헌법재판권에 속하는 사항 가운데 선거쟁송심판은 대법원과 고등법원의 관할로 했다(이상 앞 [3], [110] 참조).

[191] 사법권의 한계 　실질적 의미의 사법권은 원칙상 법원에 귀속되지만(헌§101①), 여기에는 실정법상·국제법상·권력분립상·사법본질상 일정한 한계가 수반된다. 첫째, 헌법이 명문으로 사법권의 범위에서 제외하거나 제한을 부과한 경우가 있다(실정법상 한계). 현행헌법은 국회의원의 자격심사·징계·제명은 국회의 자율권에 속하는 사항으로 보아 법원에의 제소를 배제했다(헌§64②③④). 또, 비상계엄하의 군사재판은 일정 범죄 중 법률이 정한 경우에 한해 사형을 선고하는 경우를 제외하고는 단심으로 할 수 있도록 했다(헌§110④). 둘째, 「외교관계에 관한 비엔나협약」에 따라 특권과 면제(privileges and immunities)를 향유하는 외교관 등에게는 체재국의 형사재판권·민사재판권이 미치지 않는다(국제법상 한계). 「주둔군지위협정(SOFA)」에 의하면 주한미군(군속·가족)의 공무집행중의 범죄에 대해서는 미국측이 1차적 재판권을 보유하도록 되어 있어(SOFA§22), 사법권에 대한 중대한 제약으로 작용하고 있다. 셋째, 고도의 정치적 결단을 의미하는 통치행위의 경우 사법심사를 가급적 자제하는 것이 합목적적이라고 하며, 그 밖에 ① 국회의 자율권에 속하는 사항 ② 특별권력관계에서의 처분 ③ 행정청의 자유재량행위 등도 사법권의 한계에 속하는 사항으로 흔히 분류된다(권력분립상의 한계). 그러나 통치행위에 대한 사법심사의 배제는 극히 예외적으로만 인정되며, 국회의 자율권에 속하는 사항도 일정 경우 헌법재판소의 심사대상이 될 수 있다. 그리고 특별권력관계에서의 처분이나 행정청의 자유재량행위에 대해서는 사법심사가 배제되지 않는 것이 원칙이다. 넷째, 사법작용의 본질상 재판권의 행사가 가능하려면 ① 구체적 사건에 관해(구체적 사건성) ② 소송으로써 실질적 이익을 얻을 수 있고(소의 이익) ③ 제소의 적격을 갖춘 당사자(당사자적격)가 ④ 현존하는 분쟁의 종국적 해결을 위해(사건의 성숙성) 구체적인 소송을 제기했어야 한다(사법본질상의 한계). 미국연방헌법(Article III, Section 2, Clause 1)은 '사건성 또는 쟁송성'(case or

controversy) 요건을 명시하여 사법본질상의 한계를 성문화했다. 현행헌법에는 이처럼 '주관적 권리구제'의 수단으로서 사법권 발동의 한계를 명시한 규정은 없으며, '객관적 제도쟁송 내지 가치쟁송'의 성격이 강한 헌법재판에서는 사법본질상의 한계 중 일부가 완화되기도 한다. 가령, 당해 소송의 종료로 재판의 전제성이 소멸했음에도(즉, 구체적 사건성이 결여되었음에도) 위헌법률심판의 필요성을 인정하기도 하며(앞 [4] 참조), 권리보호이익을 상실한 헌법소원심판청구에 대해서도(즉, 소의 이익이 결여되었음에도) 일정 요건 하에 그 적법성을 인정하기도 하며(앞 [13] 참조), 과거의 침해나 장래의 침해에 대해서도(즉, 사건의 성숙성이 결여되었음에도) 기본권 구제의 실효성을 위해 헌법소원심판청구의 현재성 요건을 충족한 것으로 보기도 한다(앞 [12] 참조).

[192] 사법권의 독립 사법권의 독립은 역사적으로는 군주가 그 대권의 행사로서 재판절차를 직접 장악하는(이른바 "adveniente principe, cessat magistratus" 원칙), '궁정사법'(Lit de justice) 내지 '관방사법'(Kabinettsjustiz)의 종식으로부터 비롯된다. 그 시기는 대체로 법치주의의 역사적 발전과정과 겹치는데(앞 [67] 참조), 영국의 경우 쿠크경의 시대 '보통법(common law)의 지배'(이른바 "The King himself should be under no man, but under God and the Law" 원칙)의 확립은 곧 군주의 대권으로부터 사법권의 독립의 출발(이른바 "The King may sit in the King's Bench, but the Court gives the judgment" 원칙)을 의미하는 것이었다. "중간권력(군주와 시민 사이의)으로서 법을 담당하는 귀족계급(이른바 '법의 기탁소'[un dépôt de lois]로서 법복귀족)을 결여한 정치체제는 결국 종교세력이 지배하는 전제국가로 전락하고 만다."고 보았던 몽테스키외의 사법독립론은 미국연방헌법(Article III)에서 종신의 임기가 보장되는 독립한 미국연방대법원(The Supreme Court of the United States)으로써 성문헌법의 일부로 제도화된다. 즉, 칼날을 쥔 행정부와 돈줄을 잡은 입법부와 비교하여, 그 허약성으로 말미암아 '가장 덜 위험한' 기관(the least dangerous branch)인 사법부에 대해, 종신의 임기를 보장함으로써 행정부·입법부로부터의 독립을 보호하도록 요구했던 것이다(The Federalist, no.78). 현행헌법은 사법권의 독립에 관해, 우선 기구로서의 '법원'의 독립을 규정했다(헌§101①). 아울러, 행정부로부터 법원의 독립을 보장하기 위해 법원의 조직과 법관의 자격

에 대해서 입법부가 제정한 법률로써 규정하도록 했다(법원조직·법관자격법정주의[헌§102③·§101③]). 이에 따라 제정된 법률이 「법원조직법」이다. 또한, 입법부로부터 법원의 독립을 보장하기 위해 소송절차 등 법규사항이 포함되는 대법원규칙을 자율적으로 제정(실질적 입법권을 보장)하도록 했다(사법자치제[헌§108]). 다음, 법원의 구성원인 '법관'의 독립을 규정했다. 여기에는 첫째, **법관의 재판상 독립**(직무상 독립 또는 물적 독립)의 보장이 포함된다(헌§103). 이때, **"헌법과 법률에 의"**한 심판(법적 기속)이란 헌법적 관습에 의한 심판도 포함하지만, 죄형법정주의가 지배하는 형사재판에서는 형식적 의미의 법률에 의한 심판만을 의미한다. 또, **"양심에 따"른 심판**(양심적 기속)이란 헌법 제19조의 주관적 기본권의 보호대상으로서의 양심이 아니라 법조인으로서의 객관적·법리적 양심에 따른 심판을 의미한다. 그리고 **"독립"한 심판**이란 법원 외부의 정부·국회 등 타 국가기관과 소송당사자 및 언론·정당 등 사회·정치세력으로부터의 독립 뿐 아니라, 법원 내부의 상급법원(장) 또는 소속법원장·재판장으로부터의 독립까지 포함하는 의미이다(단, 판례의 통일성 유지를 위한 상급심 재판의 해당 사건에 관한 기속성은 인정됨[법조§8]). '법관'의 독립에는, 둘째, **법관의 신분상 독립**(인적 독립)의 보장이 포함된다. 이는 법관인사의 독립(헌§104③·법조§41③·§44①), 법관자격법정주의(헌§101③), 법관 임기제(연임제)와 정년제(헌§105·법조§§45-45의2), 법관의 신분보장(헌§106·법조§§46-47) 등을 주요 내용으로 한다.

II.

[193] 헌법 제101조 제1항과 사법의 개념 헌법재판소는 현행헌법 제101조 제1항의 사법권을 **실질적 의미의 사법개념**에 기초한 것으로 본다. 즉, "사법(司法)의 본질은 법 또는 권리에 관한 다툼이 있거나 법이 침해된 경우에 독립적인 법원이 원칙적으로 직접 조사한 증거를 통한 객관적 사실인정을 바탕으로 법을 해석·적용하여 유권적인 판단을 내리는 작용"이라고 하며(95헌가5), "사법절차를 특징짓는 요소로는 **판단기관의 독립성·공정성, 대심적(對審的) 심리구조, 당사자의 절차적 권리보장** 등을 들 수 있다."고 한다(98헌바8). 그리하여 반국가행위자에 대해 검사의 청구로써 의무적으로 궐석재판을 행하도록 하면서 법원으로 하여금 증거조사 없이 형을 선고하도

록 한 것은 입법권에 의한 사법권 침해에 해당하지만(95헌가5), 파산관재인의 선임 및 직무감독에 관한 법원의 권한을 제한한 것은 이에 해당하지 않는다고 보았다(2001헌가1등). 또, 재판이란 사실확정과 법률의 해석·적용을 그 본질로 하므로, 법관에 의해 사실적 측면과 법률적 측면의 한 차례의 심리검토의 기회가 보장된다면 헌법상 재판을 받을 권리(헌§27①)는 보장된 것이라고 보았다(90헌바25).

헌재 1996. 1. 25. 95헌가5 : "사법(司法)의 본질은 법 또는 권리에 관한 다툼이 있거나 법이 침해된 경우에 독립적인 법원이 원칙적으로 직접 조사한 증거를 통한 객관적 사실인정을 바탕으로 법을 해석·적용하여 유권적인 판단을 내리는 작용이라 할 것이다. 그런데 특조법 제7조 제7항이 특정 사안에 있어 법관으로 하여금 증거조사에 의한 사실판단도 하지 말고, 최초의 공판기일에 공소사실과 검사의 의견만을 듣고 결심하여 형을 선고하라는 것은 입법에 의해서 사법의 본질적인 중요부분을 대체시켜 버리는 것에 다름 아니어서 … 헌법이 정한 입법권의 한계를 유월하여 사법작용의 영역을 침범한 것이라고 할 것이다. 따라서 특조법 제7조 제7항 본문은 사법권의 법원에의 귀속을 명시한 헌법 제101조 제1항에도 위반된다."

헌재 2001. 3. 15. 2001헌가1등 : "통상 무엇이 사법권인지는 일률적으로 정의하기는 어려우나, '사법(司法)의 본질은 법 또는 권리에 관한 다툼이 있거나 법이 침해된 경우에 독립적인 법원이 원칙적으로 직접 조사한 증거를 통한 객관적 사실인정을 바탕으로 법을 해석·적용하여 유권적인 판단을 내리는 작용'이며(헌재 1996. 1. 25. 95헌가5), 따라서 법원이 사법권을 행사하여 분쟁을 해결하는 절차가 가장 대표적인 사법절차라 할 수 있을 것이고, 그렇다면 사법절차를 특징짓는 요소로는 판단기관의 독립성·공정성, 대심적(對審的) 심리구조, 당사자의 절차적 권리보장 등을 들 수 있다(헌재 2000. 6. 1. 98헌바8). … 파산절차 중 '파산관재인의 선임 및 직무감독에 관한 사항'은 법 또는 권리에 관한 분쟁을 법원이 대심적 심리에 의한 사실인정을 바탕으로 법을 해석·적용하여 유권적인 판단을 내리는 작용이 아니(므로) … 사법의 본질적 사항은 아니라 할 것이다. … 이 사건 조항으로 인하여 파산관재인의 선임과 감독에 관한 법원의 권한이 제한되는 것은 사실이지만 … 그 정도의 제한을 가지고 사법의 본질이 훼손되었다거나 권력분립을 정한 헌법정신에 반하여 법원의 재판권 내지 사법권의 본질을 침해하는 것이라고까지는 할 수 없다."

헌재 1992. 6. 26. 90헌바25 : "대저 재판이란 사실확정과 법률의 해석·적용을 본질로 함에 비추어 법관에 의하여 사실적 측면과 법률적 측면의 한 차례의 심리검토의 기회는 적어도 보장되어야 할 것이며, 또 그와 같은 기회에 접근하기 어렵도록 제약이나 장벽을 쌓아서는 안 된다고 할 것으로, 만일 그러한 보장이 제대로 안되면 재판을 받을 권리의 본질적 침해의 문제가 생길 수 있다고 할 것이다. 그러나 모든 사건에 대해 똑 같이 세 차례의 법률적 측면에서의 심사의 기회의 제공이 곧 헌법상의 재판을 받을 권리의 보장이라고는 할 수 없을 것이다. 국가에 따라서는 국민에게 상고심에서 재판을 받을 권리를 헌법상 명문화한 예도 있다. 그러나 그와 같은 명문규정이 없고 상고문제가 일반 법률에 맡겨진 것이 우리 법제라면 헌법 제

27조에서 규정한 재판을 받을 권리에 모든 사건에 대해 상고법원의 구성 법관에 의한, 상고심 절차에 의한 재판을 받을 권리까지도 포함된다고 단정할 수 없을 것이(다). … 대법원의 최고법원성을 규정한 헌법 제101조 제2항(에서) … '법원은 최고법원인 대법원과 각급법원으로 구성한다.'고 규정하였지만 이것이 각급법원의 심리를 거치고 난 뒤에는 어느 사건이건 막론하고 차별 없이 모두 대법원에 상고할 수 있다는 취지의 규정으로는 이해되지 않는다."

[194] 사법국가주의와 행정심판 현행헌법 제101조 제1항은 행정재판 등에 관한 **사법국가주의의 원칙**을 천명하면서도, 동 제107조 제3항은 "재판의 전심절차로서 행정심판을 할 수 있다. 행정심판의 절차는 법률로 정하되, 사법절차가 준용되어야 한다."라고 규정하여 **행정심판의 헌법적 근거조항**을 두었다. 이는 현행헌법이 기본원리로 채택한 3권분립주의의 구체적 표현으로서, 일체의 법률적 쟁송을 심리·재판하는 작용인 사법작용은 헌법 그 자체에 의한 유보가 없는 한 오로지 대법원을 최고법원으로 하는(헌§101②) 법원만이 담당할 수 있고, 또 행정심판은 어디까지나 법원에 의한 **재판의 전심절차**로서만 기능해야 함을 의미한다(92헌가11등·99헌바17등). 헌법재판소는 행정심판에 해당하는 특허청의 항고심판심결이나 결정에 대해 대법원에 상고하도록 한 것(92헌가11등), 마찬가지로 행정심판임이 분명한 법무부변호사징계위원회의 징계결정이나 기각결정에 대해 대법원에 즉시항고 하도록 한 것(99헌가9·2001헌가18)은 현행헌법 제101조 제1항 및 제107조 제3항에 위배된다고 보았다. 그러나 「국가배상법」 제9조의 배상결정전치주의(99헌바17등)는 사법국가주의를 표방한 헌법 제101조 제1항에 위배되지 않는다고 보았다. 헌법재판소는 헌법 제107조 제3항의 의미와 관련하여, "판단기관의 독립성·공정성, 대심적(對審的) 심리구조, 당사자의 절차적 권리보장 등" 사법절차의 본질적 요소를 전혀 구비하지 않았다면 **사법절차의 '준용'** 요구에 위배된다고 보았다(98헌바8·2000헌바30·2005헌바86). 그러나 사법절차가 준용되어야 한다고 해서, 사법절차의 심급제에 따른 불복할 권리까지 준용되어야 한다는 취지는 아니라고 한다(2013헌바122). 그리고 행정심판을 임의적 전치절차로 할 것인지, 아니면 필요적 전치절차로 할 것인지에 대해서는 광범한 입법형성권이 인정된다고 한다(2001헌바40·2005헌바86·2013헌바186·2015헌바229).

헌재 1995. 9. 28. 92헌가11등 : "특허청의 항고심판심결이나 결정은 그 판단주체로 보아 행정심판임이 분명하고, 이러한 행정심판에 대하여는 법원에 의한 사실적 측면과 법률적 측면의 심사가 가능하여야만 비로소 특허사건에 대한 사법권 내지는 재판권이 법원에 속한다고 할 수 있을 것인바, 특허법 제186조 제1항이 이러한 행정심판에 대한 법원의 사실적 측면과 법률적 측면에 대한 심사를 배제하고 대법원으로 하여금 특허사건의 최종심 및 법률심으로서 단지 법률적 측면의 심사만을 할 수 있도록 하고 재판의 전심절차로서만 기능해야 할 특허청의 항고심판을 사실확정에 관한 한 사실상 최종심으로 기능하게 하고 있는 것은, 앞서 본 바와 같이 일체의 법률적 쟁송에 대한 재판기능을 대법원을 최고법원으로 하는 법원에 속하도록 규정하고 있는 헌법 제101조 제1항 및 제107조 제3항에 위반된다고 하지 아니할 수 없다."

헌재 2000. 6. 29. 99헌가9 : "법무부변호사징계위원회의 징계결정이나 기각결정은 그 판단주체 및 기능으로 보아 행정심판에 불과함이 분명하고, 이러한 행정심판에 대하여는 법원에 의한 사실적 측면과 법률적 측면의 심사가 가능하여야만 비로소 변호사징계사건에 대한 사법권 내지는 재판권이 법원에 속한다고 할 수 있을 것인바, 이 사건 법률조항은 이러한 행정심판에 대한 법원의 사실적 측면과 법률적 측면에 대한 심사를 배제하고, 대법원으로 하여금 변호사징계사건의 최종심 및 법률심으로서 단지 법률적 측면의 심사만을 할 수 있도록 하고, 재판의 전심절차로서만 기능해야 할 법무부변호사징계위원회를 사실확정에 관한 한 사실상 최종심으로 기능하게 하고 있는 것은, 앞에서 본 바와 같이 일체의 법률적 쟁송에 대한 재판기능을 대법원을 최고법원으로 하는 법원에 속하도록 규정하고 있는 헌법 제101조 제1항 및 제107조 제3항에 위반된다고 하지 아니할 수 없다."

헌재 2000. 2. 24. 99헌바17등 : "배상신청인으로서는 그가 원하지 않더라도 법원의 본안판결을 받기 위해서는 반드시 배상신청을 하여야 하므로 이를 위해 어느 정도의 수고와 시간을 투자하여야 하는 것이지만, 배상결정을 전치요건으로 하는 것이 법관에 의한 재판을 받을 기회의 접근에 장애가 된다거나, 그로 인하여 재판을 받는 것 자체가 지연됨으로써 재판청구권의 본질적 내용을 침해한다고는 볼 수 없다. … 배상위원회의 배상결정은 배상신청인의 동의 없이는 효력을 발생하지 않는 것으로서 배상신청인을 구속하지도 않고, 지방자치단체를 상대로 하는 배상사건에 있어서 지방자치단체를 구속하지도 않는다(국가배상법 제15조 참조). 이와 같은 배상결정의 효력에 초점을 맞추어 보면 배상심의 및 배상결정의 성격을 사법작용이라고는 할 수 없고, 행정심판과도 다르다. … 배상결정제도는 민사분쟁조정제도에 가까운 일종의 소송 외 분쟁해결제도라고 말할 수 있다. 또, 배상결정이 법에 의한 배상사건에 대한 법원의 재판을 배제하는 것이 아니라(면) … 이 사건 법률조항이 사법국가주의를 표명하고 있는 헌법 제101조 제1항에 위배된다고는 볼 수 없다."

헌재 2000. 6. 1. 98헌바8 : "(산업재해보상보험법상의 보험급여에 관한 결정에 대해) 심사청구 및 재심사청구라는 이중의 행정심판절차를 거치지 아니하고서는 행정소송을 제기할 수 없는 제약을 가하고 있는 것 … 헌법 제107조 제3항(은) … 행정심판은 어디까지나 재판의 전심절차로서만 기능하여야 한다는 점과 행정심판절차에 사법절차가 준용되어야 한다는 점은 헌법이 직접 요구하고 있(다). … 따라서 입법자가 행정심판을 전심절차가 아니라 종심절차로 규정함으로써 정식재판의 기회를 배제하거나, 어떤 행정심판을 필요적 전심절차로 규정하면서도 그 절차에 사법절차가 준용되지 않는다면 이는 헌법 제107조 제3항, 나아가 재판청구권을 보장하고 있는 헌법 제27조에도 위반된다 할 것이다. 반면 어떤 행정심판절차에 사법절차가 준용되지 않는다 하더라도 임의적 전치제도로 규정함에 그치고 있다면 위 헌법조항에 위반된다 할 수 없다. 그러한 행정심판을 거치지 아니하고 곧바로 행정소송을 제기할 수 있는 선택권이 보장되어 있기 때문이다. … 법에 의한 심사청구, 재심사청구제도는 이를 거친 다음 행정소송을 제기하는 것이 보장되어 있으므로 재판의 전심절차라는 헌법적 한계를 준수하고 있음이 분명하다. … 사법절차를 특징짓는 요소로는 판단기관의 독립성·공정성, 대심적(對審的) 심리구조, 당사자의 절차적 권리보장 등을 들 수 있을 것이다. 그런데, 헌법 제107조 제3항은 행정심판에 사법절차가 '준용'될 것만을 요구하고 있으므로 위와 같은 사법절차적 요소를 엄격히 갖춰야 할 필요는 없다고 하더라도, 적어도 사법절차의 본질적 요소를 전혀 구비하지 아니하고 있다면 '준용'의 요구에 대하여는 위반된다고 할 것이다. … 심사청구·재심사청구의 절차는 전체적으로 대심주의 구조에 가깝도록 배려되어 있다고 할 수 있고, 증거조사신청권 등 당사자의 절차적 권리가 상당히 보장되어 있으며, 재결의 절차와 방식, 재결의 효력 등의 면에서도 사법절차를 준용하고 있다고 볼 수 있다. … 먼저, 재심사청구에 관하여 보건대 … (산업재해보상보험)심사위원회는 그 구성과 운영에 있어서 심의·재결의 독립성과 공정성을 객관적으로 신뢰할 수 있을만하다 할 것이다. … 다음으로 심사청구에 관하여 본다. 보험급여에 관한 결정기관인 (근로복지)공단이 스스로 재결기관이 된(다). … 그러나 … 실제로 보험급여에 관한 결정은 … 공단의 소속기관인 지역본부 내지 그 지사에 의하여 행하여지고, 그에 대한 심사청구업무는 공단본부에서 담당한다. … 심의·재결의 독립성과 공정성이 본질적으로 배제되어 있다고 하기 어렵다."

헌재 2001. 6. 28. 2000헌바30 : "지방세 부과처분에 대한 이의신청·심사청구의 심의·의결기관인 지방세심의위원회는 위원회는 그 구성과 운영에 있어서 심의·의결의 독립성과 공정성을 객관적으로 신뢰할 수 있는 토대를 충분히 갖추고 있다고 보기 어렵다. … 이의신청·심사청구제도는 그 심리절차의 면에서 헌법이 요청하는 사법절차성을 보장하지 않고 있다. … 사법절차의 기본적 요소라 할 대심적(당사자주의적) 심리구조가 매우 빈약하고, 당사자의 절차적 권리보장의 본질적 요소가 결여되어 있기 때문이다. … 지방세법 제78조 제1항은 … 명문으로 행정심판법의 적용을 배제하고 있다. … 이의신청·심사청구라는 2중의 행정심판을 필요적으로 거치도록 하면서도 사법절차를 준용하고 있지 않으므로 이 사건 법률조항은 헌법 제107조 제3항에 위반될 뿐만 아니라, 사법적 권리구제를 부당히 방해한다고 할 것이어서 재판청구권을 보장하고 있는 헌법 제27조 제3항에도 위반된다고 할 것이다."

헌재 2014. 6. 26. 2013헌바122 : "헌법 제101조 제1항(과) … 헌법 제107조 제2항은 … 입법권 및 행정권으로부터 독립된 사법권의 권한과 심사범위를 규정한 것일 뿐이다. 그리고 헌법 제107조 제3항은 '재판의 전심절차로서 행정심판을 할 수 있다. 행정심판의 절차는 법률로 정하되, 사법절차가 준용되어야 한다.'라고 규정하고 있으나, 이는 행정심판제도의 목적이 행정의 자율적 통제기능과 사법 보완적 기능을 통한 국민의 권리구제에 있으므로 행정심판의 심리절차에서도 관계인의 충분한 의견진술 및 자료제출과 당사자의 자유로운 변론 보장 등과 같은 대심구조적 사법절차가 준용되어야 한다는 취지일 뿐, 사법절차의 심급제에 따른 불복할 권리까지 준용되어야 한다는 취지는 아니다. 그러므로 이 사건 법률조항(행정심판청구를 인용하는 재결이 행정청을 기속하도록 규정하여, 행정심판재결에 불만이 있는 경우 상대방은 행정소송을 제기할 수 있지만 지방자치단체의 장은 이 사건 법률조항으로 인하여 행정소송을 제기할 수 없도록 한 행정심판법 제49조 제1항)은 헌법 제101조 제1항, 제107조 제2항 및 제3항에 위배된다고 볼 수 없다."

헌재 2002. 10. 31. 2001헌바40 : "조세부과처분, 도로교통법상의 처분 등과 같이 대량적으로 행해지는 처분으로서 행정의 통일을 기해야 할 필요가 있거나, 행정처분의 특성상 전문적·기술적 성질을 가지는 것 등에 대해서만 예외적으로 개별법률에서 필요적 전치주의를 채택하였다. … 행정심판제도는 재판의 전심절차로서 인정되는 것이지만, 공정성과 객관성 등 사법절차의 본질적인 요소가 배제되는 경우에는 국민들에게 무의미한 권리구제절차를 밟을 것을 강요하는 것이 되어 국민의 권리구제에 있어서 오히려 장애요인으로 작용할 수 있으므로, 헌법 제107조 제3항은 사법절차에 준하는 객관성과 공정성을 갖춘 행정심판절차의 보장을 통하여 행정심판제도의 실효성을 어느 정도 확보하고자 하는 것이다. … 입법자는 행정심판을 임의적 또는 필요적 전치절차로 할 것인가에 관하여 … 광범위한 입법형성권이 인정된다. 더욱이 입법자가 헌법 제107조 제3항의 요청에 따라 행정심판절차를 준사법절차로서 형성함으로써 국민의 간편하고도 경제적인 권리구제절차로서 행정심판의 기능이 어느 정도 확보된 이상, 어떠한 경우에 국민으로 하여금 먼저 행정심판을 거치게 할 것인지에 관하여 결정하는 것은, 그 결정이 명백히 자의적인 것이 아닌 한, 입법자의 광범위한 재량에 속한다고 할 것이다."

[195] 통치행위 등 사법권 한계 관련 선례 사법권의 한계와 관련하여, 헌법재판소는 우선, **통치행위**라 할지라도 국민의 기본권 침해와 직접 관련되는 경우에는 헌법재판소의 심판대상이 된다고 보았다(93헌마186)(앞 [48] 참조). 유신헌법의 사법심사 배제조항에도 불구하고 긴급조치의 위헌성은 현행헌법에 따라 이를 다툴 수 있다고 보았으며(2010헌바70등), 수도이전 문제를 국민투표에 붙일지 여부에 관한 대통령의 의사결정도 국민투표권이라는 국민의 기본권 침해와 직접 관련되는 이상 헌법재판소의 심판대상이 된다고 보았다(2004헌마554등). 대법원도 통치행위의 개념 자체는 인정하면서도, 남북정상회담 개최 과정의 불법송금행위(2003도7878)나 유신헌법의 긴급조치의 위헌성(2010도5986)(앞 [48] 참조)은 대법원이 이를 심사할 수 있다고 보았다. 헌법재판소가 통치행위를 사법심사의 대상에서 배제한 사례로는 국군의 외국파견결정에 대해 위헌 여부의 판단을 자제한(사법자제설) 결정(2003헌마814)을 들 수 있다(앞 [61] 참조). 한편, 헌법재판소는 **국회의 자율권**에 속하는 사항이라 할지라

도 헌법이나 법률의 규정을 명백히 위반한 흠이 있는 경우에는 헌법재판소의 심사가 가능하다고 보며(96헌라2·98헌라3)(앞 [70], [155], [165] 참조), 공법상 특별권력관계에서의 처분도 사법적 심사의 대상이 된다고 본다(92헌바21·91헌마80·2007헌마890[반대의견]·2012헌마854[보충의견])(앞 [112] 참조). 행정청의 자유재량행위도 단순히 부당한 처분에 그치지 않고 재량권의 일탈·남용이 위법에 이른 경우에는 사법적 심사의 대상이 된다.

헌재 2013. 3. 21. 2010헌바70등 : "유신헌법 제53조 제4항은 '긴급조치는 사법적 심사의 대상이 되지 아니한다.'라고 규정하고 있었다. 그러나 비록 고도의 정치적 결단에 의하여 행해지는 국가긴급권의 행사라고 할지라도 그것이 국민의 기본권 침해와 직접 관련되는 경우에는 헌법재판소의 심판대상이 될 수 있다는 점(헌재 1996. 2. 29. 93헌마186), 이러한 사법심사 배제조항은 근대입헌주의에 대한 중대한 예외가 될 뿐 아니라 기본권보장 규정이나 위헌법률심판제도에 관한 규정 등 다른 헌법 조항들과 정면으로 모순·충돌되는 점, 현행헌법에서는 그 반성적 견지에서 긴급재정경제명령·긴급명령에 관한 규정(제76조)에서 사법심사 배제 규정을 삭제하여 제소금지조항을 승계하지 아니한 점 및 긴급조치의 위헌 여부는 원칙적으로 현행헌법을 기준으로 판단하여야 하는 점에 비추어 보면, 이 사건에서 유신헌법 제53조 제4항 규정의 적용은 배제되고, 모든 국민은 현행헌법에 따라 이 사건 긴급조치들의 위헌성을 다툴 수 있다고 보아야 한다(헌재 1989. 12. 18. 89헌마32등 참조)."

헌재 2004. 10. 21. 2004헌마554등 : "비록 고도의 정치적 결단에 의하여 행해지는 국가작용이라고 할지라도 그것이 국민의 기본권 침해와 직접 관련되는 경우에는 당연히 헌법재판소의 심판대상이 될 수 있다(헌재 1996. 2. 29. 93헌마186 참조). … 신행정수도건설이나 수도이전의 문제가 … 그 자체로 고도의 정치적 결단을 요하여 사법심사의 대상으로 하기에는 부적절한 문제라고까지는 할 수 없다. … 신행정수도건설이나 수도이전의 문제를 국민투표에 붙일지 여부에 관한 대통령의 의사결정(이) … 국민의 기본권 침해와 직접 관련되는 경우에는 헌법재판소의 심판대상이 될 수 있고, 이에 따라 위 의사결정과 관련된 법률도 헌법재판소의 심판대상이 될 수 있다. … 국민투표권은 헌법상 보장되는 기본권의 하나이다(헌재 2001. 6. 28. 2000헌마735 참조). 그러므로 대통령의 의사결정이 국민의 국민투표권을 침해한다면, 가사 위 의사결정이 고도의 정치적 결단을 요하는 행위라고 하더라도 이는 국민의 기본권 침해와 직접 관련되는 것으로서 헌법재판소의 심판대상이 될 수 있고, 따라서 이 사건 법률의 위헌성이 대통령의 의사결정과 관련하여 문제되는 경우라도 헌법소원의 대상이 될 수 있다."

대판 2004. 3. 26. 2003도7878 : "남북정상회담의 개최는 고도의 정치적 성격을 지니고 있는 행위라 할 것이므로 특별한 사정이 없는 한 그 당부를 심판하는 것은 사법권의 내재적·본질적 한계를 넘어서는 것이 되어 적절하지 못하지만, 남북정상회담의 개최과정에서 재정경제부장관에게 신고하지 아니하거나 통일부장관의 협력사업 승인을 얻지 아니한 채 북한 측에 사업권의 대가 명목으로 송금한 행위 자체는 헌법상 법치국가의 원리와 법 앞에 평등원칙 등에 비추어 볼 때 사법심사의 대상이 된다고 판단한 원심판결을 수긍한 사례 … 입헌적 법치주의국가의 기본원칙은 어떠한 국가행위나 국가작용도 헌법과 법률에 근거하여 그 테두리 안에서 합헌적·합법적으로 행하여질 것을 요구하며, 이러한 합헌성과 합법성의 판단은 본질적으로 사법의 권능에 속하는 것이다. 다만, 국가행위 중에는 고도의 정치성을 띤 것이 있고, 그러한 고도의 정치행위에 대하여 정치적 책임을 지지 않는 법원이 정치의 합목적성이나 정당성을 도외시한 채 합법성의 심사를 감행함으로써 정책결정이 좌우되는 일은 결코 바람직한 일이 아니며, 법원이 정치문제에 개입되어 그 중립성과 독립성을 침해당할 위험성도 부인할 수 없으므로, 고도의 정치성을 띤 국가행위에 대하여는 이른바 통치행위라 하여 법원 스스로 사법심사권의 행사를 억제하여 그 심사대상에서 제외하는 영역이 있다. 그러나 이와 같이 통치행위의 개념을 인정한다고 하더라도 과도한 사법심사의 자제가 기본권을 보장하고 법치주의 이념을 구현하여야 할 법원의 책무를 태만히 하거나 포기하는 것이 되지 않도록 그 인정을 지극히 신중하게 하여야 하며, 그 판단은 오로지 사법부만에 의하여 이루어져야 하는 것이다."

헌재 2010. 10. 28. 2008헌마638 : "[재판관 이강국의 반대의견] … 현대 법치국가원리와 특별권력관계에서의 기본권제한 (1) 고전적인 공법이론에 따르면 군인의 복무관계, 공무원의 근무관계, 수형자의 복역관계, 학생의 재학관계 등 이른바 '특별권력관계'에서는 '일반권력관계'와는 달리 법률에 의한 기본권제한의 원칙이 존중될 필요가 없다고 보았다. 하지만 오늘날 확립된 법치주의 헌법질서에서는 특별권력관계에서도 그러한 특별한 생활질서를 설정하고 유지하기 위한 필요한 범위 내에서는 일반국민에 대한 기본권제한과는 다른 방법과 범위로 기본권을 제한할 수 있는 것이지만, 그러한 경우에도 기본권제한에 관한 법치주의원칙이 그대로 적용되어야 한다는 점에 관하여는 이론(異論)이 없다. 따라서 법률에 의한 기본권제한, 기본권제한에 대한 사법적 통제 등 법치주의의 기본원칙은 이른바 '특별권력관계'에서도 예외 없이 적용되어야 하는 것이다. (2) 우리 헌법은 국가의 존립과 국민의 안전을 위하여 제5조 제2항, 제74조 제1항·제2항 등에서 군사제도를 창설하고, 제27조 제2항, 제39조 제1항·제2항, 제110조 제1항 내지 제4항 등에서 군인에 대한 특별한 헌법적 지위를 부여하고 있다. 이와 같이 헌법이 직접 승인·설정한 특별권력관계로서의 군대와 복무관계에 있는 군인에 대하여는 특별권력관계를 설정한 목적을 달성하기 위하여 필요한 범위 내에서는 일반국민에게 허용되지 아니하는 기본권제한이 가능하다고 할 것이다. 더욱이 남·북한이 군사적으로 첨예하게 대립하고 있는 우리나라의 특수한 안보 상황에서는 군인의 기본권은 더욱 크게 제한될 수밖에 없을 것이다. 그러나 그럼에도 불구하고 이른바 '특별권력관계'에 있는 군인의 기본권을 제한하기 위해서는 법률에 의한 기본권제한과 기본권제한에 관한 사법적 통제라고 하는 법치주의의 기본원칙은 그대로 지켜져야 할 것이다. … (불온도서의 소지·전파 등을 금지하는) 이 사건 법조항은 헌법 제75조의 포괄위임금지의 원칙에 위반되며, 그 위임을 받은 이 사건 복무규율조항 및 이 사건 지시는 위헌적인 위임조항에 근거하고 있어 그 자체로서 위헌으로서 청구인들의 기본권을 침해하였다."

헌재 2016. 11. 24. 2012헌마854 : "[재판관 김이수·안창호의 보충의견] … 직무수행과 관련하여 공무원의 기본권 주체성을 인정할 수 있는지에 대해 의문이 제기될 수 있으므로, 이에 대해 다음과 같이 보충의견을 밝힌다. … 종래 공무원·군인·학생·재소자 등 소위 특별권력관계에 있는 국민도 일반국민과 같이 기본권의 주체로서 기본권을 주장할 수 있는지의 문제가 제기되었었다. 19세기 독일 공법이론의 산물인 특별권력관계이론에 따르면, 국민은 일반국민과 특별권력관계에 있는 국민으로 구분되고 후자에게는 기본권이 적용되지 않는다고 한다. 즉 기본권이란 국가의 침해로부터 사회의 구성원을 보호하고자 하는 것인데, 공무원관계와 같이 개인이 사회에서 이탈하여 국가와의 특별한 권리·의무관계에 들어가는 경우 개인은 기본권의 주체인 '사회의 구성원'이 아니라 '국가조직의 일부분'으로 간주된다. 그 결과 특별권력관계에 있는 국민은 기본권의 보호를 받지 못하게 되어 그에 대한 규율은 기본권의 제한에 해당하지 아니하며 법률유보의 원칙 등이 적용되지 아니한다. 그러나 현대법치국가에서는 국가와 특수한 관계에 있는 국민에 대하여 기본권보호의 사각지대를 인정한 특별권력관계이론은 더 이상 용인될 수 없는 이론이다. 모든 국가기관이 기본권의 구속을 받는 헌법국가에서 기본권의 구속으로부터 자유로운 국가행위의 영역은 원칙적으로 인정되지 않는다. … 공적 과제를 수행하면서 공문서를 작성하는 공무원은 이 사건 공문서 조항의 직접적 수범자로서 … 자신이 원하는 표기방식대로 작성할 수 없는 불이익을 입게 되었다고 할 수 있으(므로) … 공무원인 청구인의 기본권 주체성은 인정될 수 있다고 할 것이다."

[196] 사법원의 독립 : 법관의 신분보장 사법권의 독립과 관련하여, 헌법재판소는 국민의 재판청구권(헌§27①)이 올바로 행사될 수 있도록 하기 위한 **법관의 신분상 독립**을 특히 강조하고 있다. 가령, 「1980년 해직공무원의 보상 등에 관한 특별조치법」이 보상대상에서 제외한 "차관급 상당 이상의 보수를 받은 자"에 법관을 포함시키는 것은 **법관의 신분을 일반공무원에 비해 가중적으로 보장**하고 있는 헌법 제106조 제1항에 위반된다고 보았다(91헌가2). 그러나 법관의 재판상 독립(헌§103)이 보장되고 이를 뒷받침하는 법관의 신분상 독립이 헌법과 법률에 의해 보장되는 이상, 법관**에 대한 대법원장의 인사처분**이 소청이나 행정소송절차에 의한 권리구제의 실효성을 기대하기 어려운 경우라고 할 수 없으므로, 그것을 **헌법소원의 보충성의 원칙**에 대한 예외로는 인정할 수 없다고 했다(92헌마247). 또, **법원조직법의 법관의 정년조항**은 평등권·공무담임권을 침해하지 않을 뿐 아니라, 법관정년제 규정(헌§105④)과 병렬적인 법관의 신분보장 규정(헌§106)에도 위배되지 않는다고 했다(2001헌마557). 한편, 국민의 재판청구권(헌§27①)을 실질적으로 보장하기 위해서는 사법의 독립성 외에 사법의 책임성도 함께 요구되는데, 사법의 책임성을 실현하기 위한 **법관 연임심사에서의 근무평정제도**는 사법의 독립성을 침해하지 않는다고 보았다

(2015헌바331)·

헌재 1992. 11. 12. 91헌가2 : "모든 공무원의 신분(보장)은 헌법 제7조 제2항에 의하여 법률이 정하는 바에 의하여 보장되고 있고 법관도 공무원이므로 당연히 그 신분이 보장되고 있음에도, 헌법이 별도의 규정(제106조)을 두어 특별히 가중 보장하고 있는 것은 법관은 일반 공무원에 비하여 그 신분이 더욱 두텁게 보장되어야 하기 때문이다. … 법관에 대하여 헌법이 직접적으로 그 신분보장 규정을 두고 있는 이유는 사법권의 독립을 실질적으로 보장함으로써, 헌법 제27조에 의하여 보장되고 있는 국민의 재판청구권이 올바로 행사될 수 있도록 하기 위한 것임은 의문의 여지가 없다. 헌법 제27조 제1항이 규정하고 있는 국민의 재판청구권의 보장내용은 헌법과 법률이 정한 자격과 절차에 의하여 임명되고(헌법 제104조, 법원조직법 제41조 내지 제43조), 물적 독립(헌법 제103조)과 인적 독립(헌법 제106조, 법원조직법 제46조)이 보장된 법관에 의한 재판을 받을 권리를 의미하며, 사법권의 독립은 재판상의 독립 즉 법관이 재판을 함에 있어서 오직 헌법과 법률에 의하여 그 양심에 따라 할 뿐 어떠한 외부적인 압력이나 간섭도 받지 않는다는 것뿐만 아니라, 그 수단으로서 법관의 신분보장도 차질 없이 이루어져야 함을 의미하는 것이다. 특히 신분보장은 법관의 재판상의 독립을 보장하는데 있어서 필수적인 전제로서 정당한 법절차에 따르지 않은 법관의 파면이나 면직처분 내지 불이익처분의 금지를 의미하는 것이다. … 법관의 신분보장은 그의 직무인 재판상의 독립을 유지하는 데 있어서 필수불가결의 조건으로서 사법권의 독립을 보장하는 중요한 구성요소라고 하지 않을 수 없는 것이다. 모든 직업공무원의 신분은 보장되어야 하지만 그중에서도 시비선악을 가리는 판관인 법관은 더욱 두텁게 그 신분이 보장되어야 하는 것이며 그것이 헌법이 법관에 대하여 일반적인 공무원 신분보장규정과는 별도로 제헌 헌법 당시부터 그 신분보장규정을 두고 있는 이유인 것이다."

헌재 1993. 12. 23. 92헌마247 : "청구인은 … (광주지방법원 판사로 전보 발령한) 이 사건 인사처분이 사법부의 장으로서 법관에 대한 인사권자이기도 한 대법원장에 의하여 행하여진 것이기 때문에, 법원행정처의 소청심사위원회는 물론 법원의 행정소송절차에 따른 심판으로는 권리구제의 실효성을 기대하기는 매우 어렵다고 할 특별한 사정이 있다고 보아야 할 것이고, 이와 같은 사정이 있을 때에는 바로 헌법소원심판을 청구하여 그 권리를 구제받을 수밖에 없다 할 것이므로 보충성의 원칙에 대한 예외가 인정되어야 한다고 주장한다. … '보충성의 원칙'의 적용을 배제할 예외적인 사유가 있다고 하기 위해서는 그 구제절차가 당해 사건에 관하여 객관적으로 실효성이 없을 것임이 확실히 예견되는 경우라야 할 것이다. … 법관은 헌법 제103조가 '법관은 헌법과 법률에 의하여 그 양심에 따라 독립하여 심판한다.'고 규정하여 법관의 독립을 보장하고 있을 뿐만 아니라 헌법과 법률에 의하여 그 신분을 두텁게 보장함으로써 이를 뒷받침하고 있는 터이므로, 소청심사위원이나 행정소송의 재판을 담당할 법관에 대한 인사권자와 청구인에 대한 이 사건 인사처분권자가 동일인이라는 이유만으로 소청이나 행정소송절차에 의하여서는 권리구제의 실효성을 기대하기 어렵다고 할 수 없다. … 이 사건 심판의 대상이 대법원장의 인사처분이라는 이유만으로 헌법소원의 보충성의 원칙에 대한 예외로 보아야 한다는 청구인의 주장은 이를 받아들일 수 없다."

헌재 2002. 10. 31. 2001헌마557 : "이 사건 법률조항이 법관의 정년을 직위에 따라 순차적으로 낮게 차등하게 설정한 것은 법관 업무의 성격과 특수성, 평균수명, 조직체 내의 질서 등을 고려하여 정한 것으로 그 차별에 합리적인 이유가 있다고 할 것이므로, 청구인의 평등권을 침해하였다고 볼 수 없다. … 공무담임권의 제한의 경우는 그 직무가 가지는 공익실현이라는 특수성으로 인하여 그 직무의 본질에 반하지 아니하고 결과적으로 다른 기본권의 침해를 야기하지 아니하는 한 상대적으로 강한 합헌성이 추정될 것이므로, 주로 평등의 원칙이나 목적과 수단의 합리적인 연관성 여부가 심사대상이 될 것이며, 법익형량에 있어서도 상대적으로 다소 완화된 심사를 하게 될 것이다. … 다른 국가공무원의 정년보다 오히려 다소 높고, 정년제를 두고 있는 외국의 법관 정년연령을 비교하여 보아도 이 사건 법률조항의 일반법관의 정년이 지나치게 낮다고 볼 수는 없다. 그렇다면, 이 사건 법률조항은 … 공무담임권을 침해하고 있다고 할 수 없다. … 우리는 헌법규정 사이의 우열관계, 헌법규정에 대한 위헌성 판단을 인정하지 아니하고 있으므로, 그에 따라 헌법 제106조 법관의 신분보장 규정은 헌법 제105조 제4항 법관정년제 규정과 병렬적 관계에 있는 것으로 보아 조화롭게 해석하여야 할 것이고, 따라서 정년제를 전제로 그 재직 중인 법관은 탄핵 또는 금고 이상의 형의 선고에 의하지 아니하고는 파면되지 아니하며, 징계처분에 의하지 아니하고는 정직·감봉 기타 불리한 처분을 받지 아니한다고 해석하여야 하고, 그러한 해석 하에서는 헌법 제105조 제4항에 따라 입법자가 법관의 정년을 결정한 이 사건 법률조항은 그것이 입법자의 입법재량을 벗어나지 않고 기본권을 침해하지 않는 한 헌법에 위반된다고 할 수 없(다)."

헌재 2016. 9. 29. 2015헌바331 : "사법권의 독립은 권력분립을 그 중추적 내용의 하나로 하는 자유민주주의 체제의 특징적 지표이고 법치주의의 요소를 이룬다. … 헌법이 사법의 독립을 보장하는 것은 그것이 법치주의와 민주주의의 실현을 위한 전제가 되기 때문이지, 그 자체가 궁극적인 목적이 되는 것은 아니다. 국민의 재판청구권을 실질적으로 보장하기 위해서는 사법의 독립성 외에 책임성도 함께 요구되는데, 판사의 연임제도는 사법의 책임성을 실현하는 제도의 하나로 이해할 수 있다. 다만, 사법의 책임성을 지나치게 강조할 경우 오히려 법관의 독립이 침해될 가능성이 있으므로 근무평정제도는 어디까지나 판사에 대한 연임제를 객관적으로 운용하고, 판사의 성실한 직무수행 및 인사의 공정성과 객관성을 확보하기 위하여 필요한 부분에서 합리적으로 이루어져야 할 것이다. … 판사의 근무성적에 대한 평가 없이는 판사로서 정상적인 직무를 수행할 수 없는 자를 그 직에서 배제하여 사법의 책임성을 실현하려는 목적을 달성하기 어렵다. … 연임심사에 반영되는 판사의 근무성적에 대한 평가는 10년이라는 장기간 동안 반복적으로 실시되어 누적된 것이므로, 단기간이나 일회적으로 이루어진 특정 업무에 대한 평가와 달리 평정권자의 자의적인 평가를 통해 특정 가치관을 가진 판사를 연임에서 배제하는 수단으로 남용될 가능성이 크다고 볼 수 없다. … 근무성적평정을 실제로 운용함에 있어서는 재판의 독립성을 해칠 우려가 있는 사항을 평정사항에서 제외하는 등 평정사항을 한정하여 이러한 가능성을 최소화할 수 있으며, 실제 연임심사과정에서 해당 판사에게 의견진술권 및 자료제출권이 보장되고, 연임하지 않기로 한 결정에 불복하여 행정소송으로 취소를 구할 수 있는 점 등을 고려할 때 … 이 사건 연임결격조항이 근무성적이 현저히 불량하여 판사로서의 정상적인 직무를 수행할 수 없는 판사를 연임할 수 없도록 규정하였다는 점만으로 사법의 독립을 침해한다고 볼 수 없다.”

[197] 재판의 심급제와 공개제 현행헌법 제101조 제1항과 제102조 제3항은 대법원 이하 각급법원에 의한 **재판의 심급제**(審級制)를 예정했다. 헌법의 위임에 따라 「법원조직법」은 대법원 ← 고등법원 ← 지방법원 ← 지방법원지원의 ‘4급3심제’를 원칙으로 채택했다. 이 ‘4급3심제’의 심급구조는, 프로이센의 사법제도를 본뜬 일본의 재판소구성법(1890)이 ‘4급3심제’를 취했던 것을, 대한제국 시기 재판소구성법(1907)이 다시 모방한 데에서 비롯된다. 그러나 「법원조직법」이 예정하고 있는 ‘4급3심제’ 심급구조는 하급심 법원조직, 특히 그 재판인력이 불비했던 사법근대화 초기의 유습에 불과하다(‘삼세판의 신화’). ‘소송의 폭증’으로 말미암아 ‘만성 과부화(過負荷) 운영’에 시달리고 있는 우리 법원의 현실에서, 사법정책적으로 종래의 ‘4급3심제’를 계속 유지해야 하는지는 의문이다. 헌법재판소는 대법원이 모든 사건을 상고심으로서 관할해야 하는 것은 아니며, 모든 사건에 대해 대법원의 재판을 받을 권리가 헌법상 보장되는 것도 아니라고 보아, **상고허가제**(90헌바1)와 **심리불속행제도**(97헌바37등·99헌마461등·2001헌마781·2002헌마459·2003헌마591·2004헌마441·2005헌마567·2006헌마551등·2007헌마589·2010헌마625등)를 모두 합헌으로 결정했다. 현행헌법 제109조는 원칙적인 **재판의 공개제**를 규정했다(재판의 원칙적 공개, 심리의 예외적 비공개). 재판의 공개는 헌법이 보장하는 사법원칙이면서 공개재판을 받을 권리(헌§27③) 및 알 권리(헌§21)의 직접 보장내용이 된다(90헌마133). 그러나 대법원은 방청인의 수를 제한하는 조치가 공개재판주의의 취지에 반하는 것은 아니라고 한다(90도646).

헌재 1995. 1. 20. 90헌바1 : “심급제도는 사법에 의한 권리보호에 관하여 한정된 법발견자원의 합리적인 분배의 문제인 동시에 재판의 적정과 신속이라는 서로 상반되는 두 가지의 요청을 어떻게 조화시키느냐의 문제로 돌아가므로 기본적으로 입법자의 형성의 자유에 속하는 사항이다. 그리고 상고허용 여부의 객관적 기준은 상고제도를 어떠한 목적으로 운용할 것인가에 따라 달라지게 된다. 상고제도의 목적을 법질서의 통일과 법발전 또는 법창조에 관한 공익의 추구에 둘 것인지, 아니면 구체적 사건의 적정한 판단에 의한 당사자의 권리구제에 둘 것인지, 아니면 양자를 다 같이 고려할 것인지는 역시 입법자의 형성의 자유에 속하는 사항이고, 그중 어느 하나를 더 우위에 두었다 하여 헌법에 위반되는 것은 아니다. … 개정 전 특례법 제11조 및 제12조는 헌법이 요구하는 대법원의 최고법원성을 존중하면서 다른 한편, 대법원의 민사소송사건에 있어서 상고심 재판을 받을 수 있는 객관적인 기준으로서 법질서의 통일 및 법의 발전을 구체적 사건에서의 적정한 판단에 의한 당사자의 권리구제보다 더 우위에 둔 규정으로서 합리성이 있다고 할 것이므로 헌법에 위반되지 아니한다."

헌재 2007. 7. 26. 2006헌마551등 : "특례법 제4조 및 제5조가 규정하고 있는 심리불속행제도는 … 과거의 상고허가제와는 달리 모든 당사자에게 상고를 폭넓게 허용하되 … 상고심의 초기단계에서 … 상고로서의 의미가 없거나 나아가 상대방의 권리실현을 부당하게 저지하려는 의도가 담긴 남상고를 제한하려는 것이 그 제도의 본질이라고 할 수 있다. … 헌법 제101조 제2항은 … 규정하고, 헌법 제102조 제3항은 … 규정하여 대법원을 최고법원으로 하고 그 아래에 심급을 달리하여 각급 법원을 두도록 하고 있다. 헌법이 위와 같이 대법원을 최고법원으로 규정하였다고 하여 대법원이 곧바로 모든 사건을 상고심으로서 관할하여야 한다는 결론이 당연히 도출되는 것은 아니다. 헌법 제102조 제3항에 따라 법률로 정할 '대법원과 각급 법원의 조직'에는 그 관할에 관한 사항도 포함되며, 따라서 대법원이 어떤 사건을 제1심으로서 또는 상고심으로서 관할할 것인지는 법률로 정할 수 있는 것으로 보아야 하기 때문이다. 헌법 제27조 제1항은 … 규정하고 있으므로 국민은 법률에 의한 정당한 재판을 받을 권리가 있고, 하급심에서 잘못된 재판을 하였을 때에는 상소심으로 하여금 이를 바로잡게 하는 것이 재판청구권을 실질적으로 보장하는 방법이 된(다). … 사건의 경중을 가리지 아니하고 모든 사건에 대하여 대법원을 구성하는 법관에 의한 균등한 재판을 받을 권리를 의미한다거나 또는 상고심 재판을 받을 권리를 의미하는 것이라고 할 수는 없다. … 심급제도는 사법에 의한 권리보호에 관하여 한정된 법 발견 자원의 합리적인 분배의 문제인 동시에 재판의 적정과 신속이라는 서로 상반되는 두 가지의 요청을 어떻게 조화시키느냐의 문제로 돌아가므로 원칙적으로 입법자의 형성의 자유에 속하는 사항이다."

헌재 1991. 5. 13. 90헌마133 : "정보에의 접근·수집·처리의 자유, 즉 알 권리는 표현의 자유와 표리일체의 관계에 있으며 자유권적 성질과 청구권적 성질을 공유하는 것이다. … 이러한 알 권리는 표현의 자유에 당연히 포함되는 것으로 보아야 (한다). … 헌법상 입법의 공개(제50조 제1항), 재판의 공개(제109조)와는 달리 행정의 공개에 대하여서는 명문규정을 두고 있지 않(다). … 알 권리의 실현은 법률의 제정이 뒤따라 이를 구체화시키는 것이 충실하고도 바람직하지만, 그러한 법률이 제정되어 있지 않다고 하더라도 불가능한 것은 아니고 헌법 제21조에 의해 직접 보장될 수 있다고 하는 것이 헌법재판소의 확립된 판례인 것이다."

대판 1990. 6. 8. 90도646 : "재판의 심리와 판결은 공개하여야 하는 것이지만, 심리는 국가의 안전보장 또는 안녕질서를 방해하거나 선량한 풍속을 해할 염려가 있을 때에는 법원의 결정으로 이를 공개하지 아니할 수 있는 것이다(헌법 제109조, 법원조직법 제57조 제1항). … 공판은 제한된 공간인 법정에서 이를 행하여야 하는 것이므로(법원조직법 제56조 제1항, 형사소송법 제275조 제1항), 방청하기를 희망하는 국민 모두에게 무제한으로 방청을 허용할 수 없음은 너무도 당연하다. 따라서 법원이 법정의 규모·질서의 유지·심리의 원활한 진행 등을 고려하여 방청을 희망하는 피고인들의 가족·친지 기타 일반국민에게 미리 방청권을 발행하게 하고 그 소지자에 한하여 방청을 허용하는 등의 방법으로 방청인의 수를 제한하는 조치를 취하는 것이 공개재판주의의 취지에 반하는 것은 아니므로, 이 점에 관한 논지도 이유가 없다."

[198] 특별법원의 금지 **특별법원**(헌§110①)의 의미에 대해, 다수설은 현행헌법 제101조 제1항과 제2항에 규정에 비추어 신분이 보장된 법관이 아닌 자가 재판을 담당하거나, 대법원을 최종심으로 하지 않는 **예외법원**(Ausnahmegerichte)을 의미한다고 한다(93헌바25·2008헌바162). 반면, 소수설은 관할이 특수한 사항에 한정된 **특수법원**(besondere Gerichte)을 의미한다고 한다. **군사재판**은 군판사 외에 법관의 자격이 없는 장교(심판관)가 재판관이 될 뿐 아니라(헌§110③·군사법원법§22③·§24), 일정 경우에는 대법원의 최종심을 배제하는 단심재판이 인정되므로(헌§110④), 전형적인 특별법원(Sondergerichte)=예외법원에 해당하는 것이어서 헌법 제110조의 명문규정에 의해서만 정당화될 수 있다. 헌법재판소는 사법권의 독립 등 헌법의 근본원리에 위반되거나 재판청구권 등 기본권의 본질적 내용을 침해해서는 안 된다는 데에 특별법원으로서 **군사법원의 헌법적 한계**가 있다고 한다(93헌바25). 또, 현역병으로 입대한 군인이 그 신분취득 전 저지른 범죄에 대해 군사법원의 재판을 받도록 한 것이 재판청구권과 같은 절차적 기본권의 침해는 아니라고 본다(2008헌바162).

헌재 1996. 10. 31. 93헌바25 : "헌법 제110조 제1항에서 '특별법원으로서 군사법원을 둘 수 있다.'는 의미는 군사법원을 일반법원과 조직·권한 및 재판관의 자격을 달리하여 특별법원으로 설치할 수 있다는 뜻으로 해석되므로, 법률로 군사법원을 설치함에 있어서 군사재판의 특수성을 고려하여 그 조직·권한 및 재판관의 자격을 일반법원과 달리 정하는 것은 헌법상 허용되고 있다. 그러나 아무리 군사법원의 조직·권한 및 재판관의 자격을 일반법원과 달리 정할 수 있다고 하여도 그것이 아무런 한계 없이 입법자의 자의에 맡겨 질 수는 없는 것이고, 사법권의 독립 등 헌법의 근본원리에 위반되거나 헌법 제27조 제1항의 재판청구권, 헌법 제11조 제1항의 평등권, 헌법 제12조의 신체의 자유 등 기본권의 본질적 내용을 침해하여서는 안 될 헌법적 한계가 있다고 할 것이다. … 헌법 제110조 제2항에 의하면 군사법원의 상고심은 대법원에서 관할한다고 규정하여 대법원을 군사재판의 최종심으로 하고 있고, 군사법원법 제21조 제1항은 '군사법원의 재판관은 헌법과 법률에 의하여 그 양심에 따라 독립하여 재판한다.'라고 규정하여 재판관의 재판상의 독립을, 같은 조 제2항은 '군사법원의 재판관은 재판에 관한 직무상의 행위로 인하여 징계 기타 어떠한 불이익한 처분도 받지 아니한다.'라고 규정하여 재판관의 신분을 보장하고 있으며, 또한 같은 법 제22조 제3항, 제23조 제1항에 의하면 군사법원의 재판관은 반드시 일반법원의 법관과 동등한 자격을 가진 군판사를 포함시켜 구성하도록 하고 있(다). … 헌법이 허용한 특별법원으로서 군사법원의 한계를 일탈하여 사법권의 독립을 침해하고 위임입법의 한계를 일탈한 것이거나, 헌법 제27조 제1항의 재판청구권, 헌법 제11조의 평등권을 본질적으로 침해한 것이라고 할 수 없(다)."

헌재 2009. 7. 30. 2008헌바162 : "재판청구권과 같은 절차적 기본권은 원칙적으로 제도적 보장의 성격이 강하기 때문에, 자유권적 기본권 등 다른 기본권의 경우와 비교하여 볼 때 상대적으로 광범위한 입법형성권이 인정되므로, 관련 법률에 대한 위헌심사기준은 합리성원칙 내지 자의금지원칙이 적용된다(헌재 2005. 5. 26. 2003헌가7). … 이 사건 법률조항은 현역병으로 입대한 군인이 그 신분취득 전 저지른 범죄에 대하여도 군사법원의 재판을 받도록 하고 있으나, 이는 군사법원을 두는 취지 및 군사법원이 '신분적인 재판권'을 가지는 점을 고려할 때, 군 입대 전 저지른 범죄를 입대 후 저지른 범죄와 달리 볼 이유가 없다는 판단에 따른 것으로서, 이러한 입법형성은 다음에서 보는 바와 같은 이유로 입법재량의 범위를 일탈해 합리성원칙 내지 자의금지원칙에 위배된 것이라고 볼 수 없다. … 군대의 특수성으로 인하여 일단 군인신분을 취득한 군인이 군대 외부의 일반법원에서 재판을 받는 것은 군대조직의 효율적인 운영을 저해한다고 할 것이다. … 형사재판(의) … 양형은 일반적으로 재판받을 당시, 즉 선고시점의 피고인의 군인신분을 주요 고려 요소로 해 군의 특수성을 반영할 수 있어야 하므로 … 군사법원에서 담당하도록 하는 것이 타당하다. … 군사법원의 상고심은 대법원에서 관할하고(헌법 제110조 제2항) … 군사법원규칙도 군법무관회의의 의결을 거쳐 대법원이 정하므로(군사법원법 제4조 제1항 및 제2항), 궁극적으로는 헌법과 법률이 정한 법관에 의한 최종적인 재판이 보장되고 있으며, 군사법원에 관한 내부규율을 정함에 있어서도 대법원이 종국적인 관여를 하고 있다."

III.

[199] 헌법 제5장의 역사적 기원과 그 모법 현행헌법의 법원에 관한 제5장의 역사적 기원을 살펴보면, 해방공간에서 좌파·중간파·우파 간 사법에 대한 상이한 가치정향들이 우파의 입장을 위주로 중간파의 입장을 수용한 형태로 1948년 헌법에 고착되어, 1987년 헌법까지 이어지고 있음을 발견하게 된다. 광복 직후 좌파 헌법초안에 나타난 사법의 가치정향은 ① 법원·검찰의 병립과 검사의 독립보장을 통한 검찰권의 위상 강화 및 ② 법관선거제도와 배심재판제도의 수용을 통한 인민사법의 구현을 강조하는 것이었다. 반면, 우파 헌법초안에 나타난 사법의 가치정향은 ① 법원에 대한 검찰권의 위상 약화, ② 법관선거제도의 배제(고위법관에 대한 대통령임명과 국회인준)와 배심재판제도의 배제, ③ 법원에 의한 위헌심사제도와 법관 임기의 종신제 등 사법의 전문성과 독립성을 강조하는 것이었다. 한편, 중간파 헌법초안에 나타난 사법의 가치정향은 ① 법원에 대한 검찰권의 위상 약화, ② 법관선거제도의 배제(최고법원 법관에 대한 국민심사)와 배심재판제도의 수용, ③ 법관에 대한 10년 임기제 채택 등 사법의 독립성과 민주성을 서로 조화하려는 것이었

다. 1948년 헌법(제5장)은 ① 법원에 대한 검찰권의 위상 약화(좌파 가치의 배척), ② 법관선거제도의 배제(대법원장에 대한 대통령임명과 국회승인)와 배심재판제도의 배제(우파 가치의 수용), ③ 법원에 의한 위헌심사제도의 배제(우파 가치의 배척), ④ 법관에 대한 10년 임기제 채택(중간파 가치의 수용) 등을 골자로 하는 것이었다. 이상 1948년 헌법(제5장)에 나타난 사법의 가치정향은 현행 1987년 헌법의 그것과 비교할 때 본질적인 차이는 없다. 1954년 헌법에서 군사재판(군법회의)에 관한 규정을 신설하고(54헌§83의2), 1960년 헌법에서 법관선거인단에 의한 대법원장·대법관 선거제도를 채택함(60헌§78)과 동시에 유럽형 헌법재판소제도를 도입하고(60헌§83의3·§84의4), 1962년 헌법에서 법관추천회의의 제청·동의에 의한 대법원장·대법원판사 임명제도를 채택함(62헌§99)과 동시에 미국형 사법심사제도를 전면적으로 도입하고(62헌§102), 1972년 헌법에서 일반법관도 대법원장이 아니라 대통령이 임명하도록 하면서(72헌§103②) 대법원판사에 대한 규정을 삭제함과 동시에 유럽형 헌법위원회제도를 도입하고(72헌§§109-111), 1980년 헌법에서 대법원판사에 대한 규정을 부활하면서(80헌§103③·§105②·§106②) 일반법관은 대법원장이 임명하도록 함(80헌§105③)과 동시에 유럽형 헌법위원회제도를 유지하는(80헌§§112-114) 등, 구체적 사법 규정의 굴곡은 있었지만 1948년 헌법(제5장)의 상술한 네 골자는 현행헌법(제5장)에도 의구하게 계승되고 있다. 그런데, 1948년 헌법 및 1962년 헌법에서 유래된 현행헌법(제5장)의 다수 조문들은 일본국헌법(1946)의 조문들과 유사성이 두드러진다는 점도 지적되어야 할 것이다. 가령, 현행헌법 제101조 제1항·제2항은 일본국헌법 제76조 제1항과, 현행헌법 제103조는 일본국헌법 제76조 제3항과, 현행헌법 제105조 제3항은 일본국헌법 제80조 제1항 제2문과, 현행헌법 제107조 제2항은 일본국헌법 제81조와, 현행헌법 제108조는 일본국헌법 제77조 제1항과, 현행헌법 제109조는 일본국헌법 제82조와 각각 유사성이 인정된다(현행헌법 제105조 제4항과 일본국헌법 제80조 제1항 단서, 현행헌법 제106조와 일본국헌법 제78조, 현행헌법 제107조 제3항과 일본국헌법 제76조 제2항 사이에도 부분적 유사성이 발견됨).

[200] 배심제 위헌 여부　배심재판제도의 헌법적 수용이라는 좌파·중간파의 요구를 배척한 1948년 헌법에서 현행헌법에 이르기까지, 배심제에 관한 근거조항은 발

견되지 않는다. 「국민의 형사재판 참여에 관한 법률」(약칭 : 국민참여재판법)이 제정되면서 배심제의 위헌 논란이 불거진 이유도 바로 여기에 있다. 위헌설에 의하면, ① 배심제는 현행헌법 제101조 제1항의 사법권의 법관귀속 규정에 위배되며, ② 현행헌법 제27조 제1항의 법관에 의한 재판을 받을 권리를 침해할 뿐 아니라, ③ 현행헌법 제101조 제1항과 제27조 제1항 및 제106조의 법관은 직업법관만을 의미한다고 한다. 반면, 합헌설에 의하면, ① 현행헌법 제101조 제1항은 예외를 허용하는 느슨한 원칙규정으로서(앞 [190] 참조) 제1조 제2항의 국민주권주의가 그 예외의 헌법적 근거가 될 수 있으며, ② 당사자에게 배심재판에 대한 선택권을 부여하는 이상 재판청구권에 대한 침해는 아예 발생할 수 없고, ③ 현행헌법 제101조 제1항과 제27조 제1항 및 제106조의 법관은 직업법관 외에 시민법관(배심원)까지 포함하는 의미로 해석된다고 한다. 생각건대 배심제는 군사법원 등 특별법원에 의한 재판의 경우와 달리, 국가기관에 대해 추가적인 권력배분을 초래하지 않으므로, 반드시 명문의 헌법규정을 그 근거로서 요구하는 것은 아니라고 본다. 헌법재판소는 국민참여재판을 받을 권리가 헌법상 재판청구권으로서 보장되는 것은 아니지만(2008헌바12), 설령 그것이 법률상의 권리에 불과하더라도 이를 배제함에 있어서는 헌법상 적법절차원칙에 따라야 한다는 제한이 부과된다고 한다(2012헌바298)(앞 [11] 참조). 또, 국민주권주의 이념이 곧 사법권을 포함한 모든 권력을 국민이 직접 행사하여야 하고, 이에 따라 모든 사건을 국민참여재판으로 할 것을 요구한다고 볼 수는 없다고 한다(2015헌바63)(앞 [53] 참조).

헌재 2009. 11. 26. 2008헌바12 : "'국민참여재판을 받을 권리'가 헌법상 재판청구권으로서 보장되는지에 관하여는, 연방헌법과 수정헌법 규정을 통하여 배심재판을 받을 권리를 헌법상 권리로 보장하고 있는 미국의 경우와 달리 우리 헌법에서는 그와 같은 명문규정이 없고, 단지 헌법 제27조 제1항에서 '모든 국민은 헌법과 법률이 정한 법관에 의하여 법률에 의한 재판을 받을 권리를 가진다.'고 규정하고 있다. 위 규정은 '모든 국민은 헌법과 법률이 정한 자격과 절차에 의하여 임명되고(헌법 제101조 제3항, 제104조, 법원조직법 제41조 내지 제43조), 물적 독립(헌법 제103조)과 인적 독립(헌법 제106조, 법원조직법 제46조)이 보장된 법관에 의하여 합헌적인 법률이 정한 내용과 절차에 따라 재판을 받을 권리를 보장하는 것이고, 여기서 재판이라고 함은 구체적 사건에 관하여 사실의 확정과 그에 대한 법률의 해석·적용을 보장한다는 것으로서 결국 법관이 사실을 확정하고 법률을 해석·적용하는 재판을 받을 권리를 보장한다는 것'을 의미한다(헌재 2002. 2. 28. 2001헌가18 참조). 따라서 우리 헌법상 헌법과 법률이 정한 법관에 의한 재판을 받을 권리라 함은 직업법관에 의한 재판을 주된 내용으로 하는 것이므로 '국민참여재판을 받을 권리'가 헌법 제27조 제1항에서 규정한 재판을 받을 권리의 보호범위에 속한다고 볼 수 없다."

헌재 2014. 1. 28. 2012헌바298 : "국민참여재판을 받을 권리는 우리 헌법상 기본권으로서 보호될 수는 없지만, 사법의 민주적 정당성과 신뢰를 높이기 위해 국민참여재판제도를 도입한 취지와 국민참여재판을 받을 권리를 명시하고 있는 재판참여법의 내용(제3조 제1항, 제8조 제1항 등)에 비추어 볼 때, 재판참여법에서 정하는 대상 사건에 해당하는 한 피고인은 원칙적으로 국민참여재판으로 재판을 받을 법률상 권리를 가진다고 할 것이고(대판 2011. 9. 8. 2011도7106등 참조), 이러한 형사소송절차상의 권리를 배제함에 있어서는 헌법에서 정한 적법절차원칙을 따라야 할 것이다. … 적법절차원칙에서 도출할 수 있는 가장 중요한 절차적 요청 중의 하나로 당사자에 대한 적절한 고지와 의견 및 자료 제출의 기회를 부여할 것을 들 수 있는데(헌재 2012. 12. 27. 2011헌바225 참조), 재판참여법은 국민참여재판 배제결정과 관련하여 피고인에 대하여 적절한 고지와 의견제출의 기회를 부여하고 있다. … 이 사건 참여재판 배제조항은 그 절차와 내용에 있어 합리성과 정당성을 갖추었다고 할 것이므로, 적법절차원칙에 위배되지 아니한다."

참 고 문 헌

권영성, 「헌법학원론」(법문사, 1981/2010)
계희열, 「헌법학(상·중)」(박영사, 1995/2007)
김철수, 「헌법개설」(박영사, 1983/2015)
법제처, 「헌법주석서 1~4」(법제처, 2015)
성낙인, 「헌법학」(법문사, 2001/2017)
정종섭, 「헌법학원론」(박영사, 2006/2016)
한국헌법학회, 「헌법 판례100선」(법문사, 2012)
한수웅, 「헌법학」(법문사, 2011/2017)
한태연, 「헌법과 정치체제」(법문사, 1987)
헌법재판소, 「헌법재판소결정해설집」(헌법재판소, 2002/2015)
헌법재판소, 「헌법재판소판례요지집」(헌법재판소, 1999~)
헌법재판소, 「헌법재판소판례집」(헌법재판소, 1989/2016)
헌법재판소, 「헌법재판실무제요」(헌법재판소, 2015)
헌법재판연구원, 「주석 헌법재판소법」(헌법재판연구원, 2015)
허영, 「한국헌법론」(박영사, 1990/2017)

판 례 색 인

저자 약력

부산 출생

서울대학교 법과대학 사법학과 졸업

서울대학교 대학원 법학과 수료(법학박사)

미국 인디애나대학 로스쿨, 독일 괴팅겐대학교 국가학·정치학연구소, 중국정법대학 법과대학에서 헌법학 연구

헌법재판소 헌법연구위원

중앙대학교 법학전문대학원 교수

주요 저서

비교헌법사론 : 대한민국 입헌주의의 형성과 전개, 법문사, 2013 [한국연구재단우수학자(국가석학)지원]

비교헌법사 : 대한민국 입헌주의의 연원, 법문사, 2008 [한국연구재단저술지원]

'체제전환'과 국가 : 독일통일·중국개혁의 비교헌법론, 영남대학교 출판부, 2003 [문화관광부우수학술도서]

헌법과학 : 새로운 방법론의 탐색, 동현출판사, 2002

사례교재

헌법(국가조직)

2017년 7월 21일 초판 인쇄
2017년 7월 28일 초판 발행

저　자 신 우 철
발행인 김 영 훈
기획 영업 전 영 완　　편　집 김 병 성
발행처 도서출판 문우사 MoonWoo
주　소 경기도 고양시 일산동구 정발산로 24
(장항동, 웨스턴돔타워) 2동 814호
전　화 031) 901-6542, 070) 4200-6542
팩　스 031) 906-6542
이메일 moonwoosa@hanmail.net
홈페이지 www.munu.co.kr
출판신고번호 제396-2013-000113호

정가 19,000원　ISBN 979-11-85994-41-3